晚清

京师南城政治文化研究

赵雅丽◎著

凤凰出版传媒集团
凤 凰 出 版 社

图书在版编目（CIP）数据

晚清京师南城政治文化研究 / 赵雅丽著. -- 南京 :
凤凰出版社, 2011.8
ISBN 978-7-5506-0797-2

Ⅰ. ①晚… Ⅱ. ①赵… Ⅲ. ①政治文化－研究－北京
市－清后期 Ⅳ. ①D691

中国版本图书馆CIP数据核字(2011)第173340号

书　　名　晚清京师南城政治文化研究
著　　者　赵雅丽
责任编辑　李相东
选题策划　北京时代华语图书股份有限公司
出版发行　凤凰出版传媒集团
凤凰出版社（原江苏古籍出版社）
南京市中央路165号　邮编210009
发行部电话　025—83223462
集团网址　凤凰出版传媒网　http：//www.ppm.cn
印　　刷　北京嘉业印刷厂
大兴区黄村镇李村　邮编：102600
开　　本　700×1000毫米　1/16
印　　张　38
字　　数　430千字
版　　次　2011年9月第1版　2011年9月第1次印刷
标准书号　ISBN 978-7-5506-0797-2
定　　价　68.00元

本书提要

本书采取将晚清士大夫文化和京师南城（主要是宣南）社会环境相结合的方法，以同光清流派为中心，分析南城以中下层京官为主体的政治文化模式及其流变。本书讨论的重点：一、晚清政治文化的理论来源、运作模式及其与南城特定地域环境的关系；二、横向探析同光清流派在民族危机日迫、内部病症深重的背景下，议政氛围日浓，形成以儒学德治为核心理念，应对危局的种种建言及其政治运作；三、纵向考察同光清流派分别在当时若干重大历史事件中的政治心理、政治观念及其自身的历史命运；四、清流主干张之洞在晚清教育改革中的清流本色及其变异。

目录
Contents

绪论：关于研究对象的几点思考

选择本项研究，有很多困惑。在逐渐搜寻史料和不断反问中，有些体会，虽然零零散散，但毕竟体现了努力思考的过程。

本书主题选定在晚清京师南城政治文化研究。研究对象是政治文化，承载这一文化的是当时京师南城（主要是宣南）一带区域范围有限而社会关系、思想状态都非常复杂的士大夫群体，尤以清流言官著称于世。对这个主题在理论上需要层层界定，需要层层剥离，最后凸现主题。

要做到以下几点，以清流派为中心研究南城政治文化，在文字背后有这样一些概念必须清晰：

1. 什么叫政治文化；

2. 什么是中国士大夫的政治文化，这样一个政治文化，它的传统政治特色是什么；

3. 晚清政治文化界定；

4. 最后落实到京师南城以清流言官们为主体的心理、言论、行为所反映的政治文化内涵的界定。

一、政治文化界定

了解界定，并非是罗列政治文化的各种概念解释，而是如何经过分析和综合，得出一种较合理的、能勾画本书主题的解释。政治文化是政治学、文化学分别交织而又分别派生的次生概念，国际上相关学派论述至少有三十多种。我们要依研究对象的概念考虑我们研究的界定。时下，之所以出现不同解释，原因之一似乎是我们可以从政治学、文化学两种意识角度来解释政治文化。

我们界定的政治文化，首先重视从政治学角度的考察。政治学是项从事历史学勾勒的主干，而后以社会学、文化学等理论方法来支撑这个主干，试图在历史的纵向发展脉络与横向的逻辑结构中，通过结合比较来展现问题。本书倾向于如何从政治学支持历史学的角度来考虑政治文化，得出如下大体上的界定：一个社会的特定政治集团为了维系一种良性的社会秩序与目标而形成的本集团在思想倾向、政治倾向、价值观念、利益准则与行为规范上的文化的认同。简要地讲，就是该集团的广泛的政治心理和宏观的政治理念的统一。

晚清京师南城政治文化尤其是第二次鸦片战争以后，以“清流”为群体的政治文化究竟是什么？有以下几个因素：一是当时特定的社会政治文化环境，即历史大背景；二是这个清议群体的发言基调，特别是其角色地位；三是南城地区。以此要素可以把第二次鸦片战争至戊戌变法前的宣南政治文化特点概括为：集中居住在南城的以中下层京官为主体的士大夫群体（以清流言官为主），出于内忧外患，即出于对内部危机和外部入侵的焦虑，对以儒学为主干的传统文化的缅怀，而得出的对大清帝国复兴和重建的思考，特别是基于他们自身角色地位所规定的那种由政治参与而构成的意识与行为、由政治参与来影响政府决策可能性的期待感。以此为方向，其中包含了几个要素：

1. 大背景要素：内忧外患的焦虑感、传统文化的缅怀、再创帝国的期待，是鸦片战争前后经世派的共同特点，但有一点不同，就是由于当时危机的深化，这种焦虑感和对传统文化的复兴感较第一次鸦片战争时期要深重得多。

2. 他们是京官群体，是以宣南地区这样一个社会文化带为依托。

3. 他们自身的角色地位是中下层京官，由于其政治参与而可能影响政府决策，并把政府决策转化为政府行为，他们对此寄予相当大的期望。这种把政府决策转化为政府行为可能性的角色定位，规定了他们的意识与行为，其核心意识可以简化为“以德救国”，即以文化道德来拯救国家和社会的迫切感超过任何过去一个时代。这种文化心理和意识，区别于偏离京师的口岸或其他地方上的经世派，观念上也不同于洋务派。当然在质上又不同于戊戌维新派，他们只是积累了戊戌变法中某些发言因素。本书拟从这样几个方向，从这几个假设，在限定范围内来勾勒资料和进行研究。

对这样的政治文化，对清流的势头的研究，应该讲还有继续拓深和细化的余地。在既往关于中国近代思想文化史的前沿成果中，大体有两种路向来勾画这一时期的思想地图。或者是从时代属性，即从地主阶级改革派——洋务派——到戊戌维新派来铺叙精神文化发展的脉络，或者是从思想属性，即以保守主义、自由主义和激进主义来界定当时的思想分野。

这两种路向都有许多有启发性的研究成果，但对清流群体的分析，则似嫌薄弱。究其原因有二：

一是过去在诠释近代中国的思想发展历程时，在主观上勾勒的思想地图比较简单化。怎样从多脉络、多空间的总体研究中去把握京师清流和地方经世、口岸洋务等等思想的关系时，似乎还缺少清流派的位置。有一批学者已经提出了清流党转化为洋务派的观点，如认为张之洞由保守转化为洋务，或认为他属于务实的洋务派等等。本书期待这种研究由点到面地继续深入。

二是有些学者只关注了清流派的一种品格，即他们的封建性和保守性，而未从政治文化角度对清流进行全面界定。著名的《剑桥中国晚清史》将“清流党”列在“排外主义”一目，说他们是一批“年轻的、咬文嚼字而又没有经验的官员”。国内有些学者也曾对他们下过实质上是封建顽固派、保守派，轻言战事而没有对策的评语。有的著作大约是因为用这种评语不大好处理张之洞，于是把他从清流名单中略去不提了。

清流的思想脉络与封建主义、保守主义自有相通之处。清流派无疑属于维护大清王朝的营垒。问题在于当第二次鸦片战争以后中国出现了深刻的政治危机、民族危机、文化危机，并由此引发了各种复杂的问题时，应有一个超出非此即彼的评判标准，看到他们这些人应对危机的思路与发言中的某些合理性成分，恐怕不能用保守、激进来考虑，应该不是非此即彼的评判标准所能解决的，至少要考虑能够进行深入的剥离与考析。

由于人们主观思想地图的简单化，人们研究清流集团对其守旧性的简单界定，使过去研究过于简单。清流党所持的文化保守主义或民族保守主义立场（《剑桥中国晚清史》中批评的“强调中国的道德力量”的立场），实质上是晚清年代当中国传统文化遇到外来异质文化空前的压力时，人们产生的一种重新弘扬自己的传统文化，唤醒和重建本土文化的急迫感。当时，无论是京师和地方，也无论是精英和大众，都在外部冲击下进行了多种重建本土文化的努力（有的学者称之为“文化本土运动”）。尽管这些都属于不成熟时代的不成熟的努力，但清流们的封建性、保守性，和民国初元遗老遗少们的封建性、保守性，是两回事。

因此，文化保守中应当包含为了文化保守而转换文化的含义，包含将传统文化向当代文化转换的探索。不应只顾及一次思想论战，未考察全部思想进程中的脉络变化，认为清流无非是同文馆之争或铁路之争的负面一方等等，这样，既不能涵盖当时整个言官群体的发言脉络，又不能解释说明清流党首张之洞为什么会进行转化，不能解释张之洞思想特色始终保持一贯而前后发言为之不同的原因。

二、南城政治文化考量

地区文化与清流思想结合的研究，即将两者编织打通很困难。本研究拟以言官清要们的一个共同的政治行为模式来打通两者。清流派的政治文化，即对内忧外患的忧虑，特别是对自己特定角色地位，在这样基础上发生的特定的思想行为，这样一种政治文化，在当时整个一种政治框架前提下，形成一种由政治参与，经过几个环节，到形成政府行为的模式。他们的一个共同的政治行为模式的有力推行需要一个有利的地区为依托，一种能够既沟通中央又能沟通地方的文化圈作为支撑和依托，而这样的一种依托会强化这种政治行为模式，亦即没有这样一种社会氛围依托，这种模式的力度会降低，或者说面貌会不一样。而这种政治行为模式在当时不仅是由整个社会环境，也是由微观的具体环境所规定的。据此，本项研究力图通过以下几点模式来做出史实的勾勒。

1. 政治参与，即学者们常说的晚清士大夫政治积极性的高涨。

2. 这样的群体政治参与怎样力图影响或变成政府的决策。

3. 由政府决策怎样变成或落实到一种政府行为。

4. 由政府行为达到清流派的一种初步的、在原有框架之下逐步变革的目标。

这样，在达到的预设目标里，清流们得以分享其既得利益。这样的一种政治行为模式在第一次鸦片战争之后就存在，在当时君权之下扩大士大夫的群体参与，只有这种模式才可能行得通。

这样一个模式，需要什么样的地区文化才最有利，需要什么样的情境下可能较为有力地推行？

1. 它首先是派系政治。这里的派系政治不含贬义，它指的是政治同调的人要结成派系，形成一个小圈子，或者按学术语言讲是同调的横向联合。京师南城地区尤其是宣南地区，京官居住那么集中，恰好能为派系政治的形成提供有力的地域前提。这种情况至少表现在两点上：一是京师南城地区，它是都市的边缘，城市的乡村，它有利于贴近权力中心去结成各种横向的同调联合，可以结成各种圈子。二是既然它地近京师内城，地处宫廷的边缘，则它可能有力地影响大员，甚至是皇帝。前清流中最重要的大员是军机大臣、堂官兼总署大臣的李鸿藻。据陈宝琛日记记载，他自已曾见到李鸿藻两次，但是张之洞、黄体芳、张佩纶等与李鸿藻却经常保持联系，这在李慈铭日记中也得到印证。伊犁事件、中法战争等相关材料中也有记载。慈禧太后曾单独召见张之洞、黄体芳、张佩纶。这样的横向联合形成的基调可能直接地影响中枢。因此，对于这样的横向联合，居住条件十分重要。

这样一种横向联合的有利条件，可以通过细节描绘呈现出来。因为他们居住相近，一种重大决策的过程里可以说是互通声气。典型的是如本书下面的章节里写到的午门护军殴打太监等案例。在两个最主要的护军案奏折里，张之洞、陈宝琛经常联系的是张佩纶。至少有四件通信来往材料可以证明他们商议的细节，如怎么上奏，哪些先上哪些后上，是奏折还是奏折奏片一起上，等等。其他也如此，如谁上奏折，谁去呼应，谁去推动，谁讲什么话，互相之间通常都先有议论。这样一类议论，是一种集体性的政治参与，目的是为了影响中枢，影响政府决策与政府行为。至少京官们集中居住的一种条件——为其他士大夫群体不能达到的有利条件，在宣南地区形成了。

2. 这样一种地区有利于形成清要们公众议论的若干空间。具体而言就是当时的寺庙、陶然亭，等等，最重要的是松筠庵。它是明嘉靖朝著名的谏臣杨继盛故居，杨因两度上书弹劾权要被诛，因而松筠庵本身就是一种政治符号，一种敢于直言上奏、敢于据死力争以保卫皇权和实现自身价值的符号。这样，因为居住条件的方便，一些舆论空间形成了。在这一有利的舆论空间里，出现了一系列的集会，如龙树寺、法源寺、松筠庵、陶然亭的各种集会等等。这样一些“政治俱乐部”的形成，都应该是围绕这个模式进行的，即从集体性的政治参与出发，来达到预设的政治目标。

3. 南城的文化氛围容易强化这批清要们的基调，即在审美上、情感交流上的基调，如慈仁寺书摊庙会、后来的琉璃厂的氛围，等等。胡思敬的《国闻备乘》中描述清要们各种爱好，如金石、藏书、鉴古、碑文及其他爱好，虽然清流们的学派不同，爱好有别，但均经过琉璃厂这类集市庙会形成了一种相互联系的结合点，更重要的是对传统文化从不同角度的一种追求。这样一种爱好实际上折射了他们的理论背景与政治基调。

最后要考虑的问题是，正如一些论者已注意到京师南城这样一种地区与省市地方的联系，与口岸的联系，特别是与地方上具有改革倾向的精英们的联系。这些联系，是通过各种渠道形成的。如清要们被放出去做学政，从而与地方士绅有广泛的联系。重要的清要们基本上都外放过。同样也可以找到地方绅士一些告状的材料，不是直接送到督察院，而是递到了清要们手中的例子。潘祖荫曾因违制而受到过处分。这样一种联系，它作为一种文化圈与另一种文化圈的联系，比较方便。这样的联系，不仅在于很多人被派出去，而且还在于更多的人走进来。在会馆里，在三年顺天乡试与北京会试里，士子如林，这些准备入仕的读书人，与京官们之间形成了复杂的联系。还有应诏进京的官员，多住过法源寺等寺庙或会馆，这样一些人也形成过联系。当时记载有很多公宴，即京官清要们出份子宴请外来进京的人。公宴的性质不同，有人为了打秋风，收红包，因为京官当时多清苦，但也常见各种政治联系。如陈宝琛与淮军名将刘铭传的联系，他为刘起草的建筑铁路的奏折就属于后者。这样几个条件，凭借的是京师南城地区的一种文化资源优势。这一优势有利于上述政治行为模式的推进，对从政治参与到政府行为起到很大作用，因而在研究考察上，可以将清流思想与区域文化研究结合起来，方法上可以再做探讨。在这样一个政治行为模式里，在第二次鸦片战争后到戊戌变法前的几个环节中，最重要的环节应该是政治参与，因为其他问题要依靠皇权，要依靠中枢的决定来管理。这几个条件首先都是从怎么有利于以集体性政治参与来考察与审视的。同时在这种中国晚清士大夫行为模式的变迁里，也积累了政治参与的变量，即政治参与的深度、政治参与的范围、政治发言的内容等等，这样的一种变量过程中酝酿着后来戊戌变法时的一个新的理论脉络的质变。旧脉络里有很多新因素，尽管京官们当时不可能自觉意识到这些新因素，但史学研究者可以靠后知之明，通过对思想和事件的解析，从京官们的发言动机、发言内容、发言氛围、发言涉及的问题，等等，描摹出这一思想脉络的发展逻辑，其中有很多要素是通向“公车上书”的。从这样一种动向里就有可能找到对戊戌变法起源做出更有历史感的解释。

这样一种士大夫清议的政治行为模式，为什么不能传下去？慈禧为什么要解散“清流党”？在史书上一般从权力斗争的角度来解释，如慈禧与奕䜣的权力之争，慈禧需要清流们的言论对奕䜣权力加以制衡，但当奕䜣权力被削弱，变得不那么重要后，清流存在的必要性也就不那么重要了。在清流考察上，清流的兴起、散落，从历史叙述上，我们形成以上想法。除此外更深层的原因是什么？清流命运与奕䜣权势的关系并不密切。从清流派的奏折看，他们中的多数人也并不反对奕䜣力主的洋务。更深层的原因要考虑言官、清要们政治参与所发生的变量。这批人好言弊政，有一种要求体制变革的冲动，这一种冲动和当时大清帝国内部体制的僵硬性发生激烈的冲突，而不能为中枢所容纳时，这样才引起了表面看来似乎是清流人才的沉寂与星散。

“清流”讲究的是以德政人心作为拯救国家和社会的基点。“德治”实际上是把道德教化作为治国的手段或主要手段，用政治与道德二者的协调来达到稳定与持续统治的目的。在当时清流的奏折中，它还是儒家传统的思路，亦即一种以民本思想为基础的“重民”视野。首先讲的是选贤与能，选出道德高尚的人、清正端方的人、有深谋远虑的人，作为国家机器的重要组成部分。选贤与任能需要有一个恰当的选拔人才的机制，要求有一套比较完整的选拔官僚的制度，也就是理想化的表现士大夫政治的科举制度。再接下来，选拔出来的人首要的标准就是德，清廉是准入仕途的核心。其次是应对能力。这样一套东西落实到更广阔的执政层面上，即在社会上要考虑到选择人才的广泛性与怎样找到选材标准的革新。这样一些传统的治国理念，在第二次鸦片战争后，经过多次内忧外患的冲击，逐渐增加了新的标准、新的内容。如在选贤任能的标准上，要求选拔洋务人才，在考虑如何把洋务人才选拔到官僚制度中时已经考虑并提出了科举考试内容的改革。在思考以德治国时，增加了经世的内容，不仅是理学经世，还增加了应变能力的内容，等等。这样一些要素，可以说是在旧传统框架内对政治文化在理念上的扩充。

这样一些“兴利除弊”的要素，确实在当时触及了中枢的弊病。这样一些呼声在高涨时，不能为慈禧所容纳。在最后，慈禧申饬清流时最重要的理由是在用人标准上干预了她的权力。这样一种说法也可以反衬出当时清流们在其传统思路里增加了新的内容。从政治心理而言，恐怕是这样的一个问题：慈禧也好，军机大臣也好，六部堂官们也好，内阁大学士也好，他们未必不觉察清流所提出的这些弊病，仅仅用封建顽固派、拒绝一切新的变革这样一种笼统的说法是解释不清楚的。封建顽固派不在于不了解弊病，而在于他们恰好是旧政弊病的最大受益者，哪怕是对当时一些最糟糕的东西加以变革，也会直接触及到他们的利益。这才应该是慈禧为首的中枢集团后来对清流们的议政不感兴趣的本质性原因。

三、宣南文化形态的变迁

事情发展至此，客观局势发展势必要求士大夫政治行为模式的转变，这种行为转变也就直接或间接地改变或影响了京师南城地区文化形态的改变。客观上改革的需要，与主体制度上的僵硬，它使得清流们处于两难之中，亦即这种思想脉络的前进，必须把清流们的政治参与权改变为部分的政府决策权，或者说，从政治参与、中枢决策、政府行为改变成由政府与代表社会利益的精英们共同决策。

把当时政府行为变成政府与精英们的共同行为，然后达到一个新的目标，或者可以说形势要求一种政治制度改革性质的权力划分。有的论者提出，从权力而言，权力可以有两个层次：一个是政府权力，由政府支配控制；一个是与政府权力相并存的社会权力。社会权力自古有之，在中国古代的乡土社会里，由于家族的构造而形成的一种自发性的基层权力，集中体现为宗法权力。在历史长河中，政府权力与宗法权力（基层权力）并不总是相互协调的。许多研究者已经提出，经过太平天国起义后，在二者之间，即在政府权力与基层宗法权力中间形成了一个新的权力空间，即不满于现状的地方精英的权力空间。权力要分为两个层次，政府权力与社会权力各有自己的权力度，从而形成一个全社会的政治权力整合。

戊戌变法实质上是要求实现一种中国式的议会，即在皇权国家的框架内，逐步实现由政府与向往新学的地方精英们的共同决策、共同合作达到社会分权，使中国由古代走向近代、由传统政治走向近代政治的转型。当然这种转型涉及到很多复杂的思想观念，如议会政治、民族国家概念等。我们这里涉及到的是政治参与权的扩张，如怎样实现维新人士在旧制度内部行使部分的政治决策权、落实部分的政治行为运作功能，等等。这是中国式的议会政治，这是戊戌变法的任务。不仅是慈禧，而且是始终保持着中国传统道德拯救主义为特色的清流们所达不到的，是他们智慧、能力、认识所达不到的境界。但值得注意的是，旧体制往往形成新东西。京师南城是戊戌变法新思路的策源地之一，它与湖南、天津一样成为变革的瞩目之地。前面一系列量变的积累显然对这样一种策源地的形成，有一种重要的承接关系。

本研究力图上挂下联，找到清流群体在中国近代思想文化史发展脉络里的恰当位置。

第一点，戊戌思潮与清流势头在理论背景、文化观念上存在相通之处。萧公权先生在《近代中国与新世界》（江苏人民出版社，2007 年）中认为，康有为的心理是通向西学，但不认为中国的道德伦理价值原则不如西方。他仅仅是认为中国在科技和政制方面不如西方，但他相信儒学较西学优越，它是中国传统，只有传统才使得中国值得保留。康有为的《孔子改制考》与《大同书》前后不同，前者为文化民族主义，后者文化大同主义。其实，梁启超的《清代学术概论》已经发现他的老师的这两种书在前后思想脉络上发生的变化。

本书考察的南城政治文化与文化民族主义有关联，也有区别。值得注意的是康有为应对政治危机而强调对传统文化的认同感与“前清流”思想特色上的某种延续性。康有为关心西学有两个基点：政（基本体制）与艺（西方科技），但他相信儒学体系较西学优越得多。儒学是中国在世界之林存在的根基。在这种割裂文化体系的理念中，值得注意的是其“以德治人心”观念与清流观念的息息相通。儒学的德政被看成中国振兴的主要根基。由此可以把清流势头看成是向戊戌思潮发展的思想脉络之一。

第二点，基于这两种思潮的文化认同，在社会关系上则产生了前后两个群体中某些人物发生的相互交织或复杂联系的现象。这从清流派与维新人士之间联系网络中可以看出来。如据《清史稿》和李慈铭日记等材料记载，“戊戌六君子”中的杨锐，是张之洞担任四川学政时的得意门生。在张外放山西巡抚后，杨从张氏为幕，参预机要。1885 年，杨在顺天乡试中举，逐渐由内阁中书进入内廷。甲午之战后，他结识康有为和梁启超，先后加入强学会和保国会，列名“公车上书”。又如朱一新，由翰林院编修升为御史，1886 年清议高潮刚过，他突然上奏折，弹劾李莲英，原因是慈禧派奕谖、李莲英到天津检阅海军，李一路招摇，于是有此一折，引起廷议轰动。这种直言风格冒了很大的政治风险。朱因此被贬官，随即被两广总督张之洞聘去，主持省城的广雅书院。《康有为全集》中有“答朱榕声书”，内容是 1890 年自己追随廖平（他也是张之洞在四川学政任上选中的学生，与杨锐齐名），从古文经学向今文经学转化，发现孔子救国的微言大义，因而有大计划，即颂扬孔教。康把第一年的学习心得在第二年函告朱，说明两人通经致用的基调相同。

还要提到的是，康有为的政治改革之声，或者说他参与政治的意愿，最初在很大程度上也是通过言官表达的。据孔祥吉《康有为变法奏议研究》，1888年，康到北京参加顺天乡试呈《上清帝第一书》时，曾在京官中广泛联络，并为言官们考订或代草奏章，如他多次为直言敢谏的监察御史屠仁守草折，诸折内容包括开言路、铸银钱、修清江浦铁路、停海军捐、以门灾示警请行实政等等。作者提出，康氏早期变法思想带有清流派的特色。这是很有见地的观点。至于康有为和张之洞这前后两个政治群体中的核心人物，也发生过多次的社会联系。有些学者的研究表明，1886年张之洞担任两广总督时，康有为托人请求张之洞开设译书局，未果；1895年后张之洞与康有为的联系颇多，第一次联系为此后的联合与冲突作了铺垫。从这点看，戊戌精英与清流人士之间的联系网络，隐含了从清议到变法的某种思想发展轨迹。

第三点，文化理念上的认同，与交际网络上的延续，落实到宣南地区的社会文化环境里，体现了清要言官（及其联系的地方精英们）和维新派人士各自居停之所的近距离的交错与重合。康有为住南海会馆，梁启超住新会会馆，时称“京师三公子”的谭嗣同、徐仁铸、陈三立都住在浏阳会馆，杨深秀住闻喜会馆。而徐仁铸、陈三立、杨深秀等人，都是进士出身，时在翰林院或科道任职，并同康、梁持政治同调、交往密切的京官。至于从禁烟派到清流派多次集会议政，起草奏议的松筠庵，由于1895年4月康有为在这里召开应试举人集会，策划起草《上清帝第二书》（“公车上书”）而倍添风采，成为表达近代京师南城政治文化的著名旧址。因此，当年清流议政的活动空间，也成为了戊戌思潮在同一空间得以延续与传播的依托。

这三个层面，一个是文化理念，一个是人际网络关系，一个是共同的交往空间。本项研究拟从这三个方面来思考两种思想的内在联系，做出研究方法上的尝试。

戊戌变法失败后，南城的文化形态也发生了变异。有美国学者从会馆角度说明戊戌变法后清王朝加强了对会馆的控制，会馆文化衰落，这当然是一个重要的角度。但是随着大清王朝的灭亡，随着京官群体的散落消逝，随着政治中心的经过一次非常混乱组合后的南移，此时“大清帝国”没有了，清议和维新也没有了，这些思潮所依托的南城地区的文化构造也就发生了重大的变化。我们不能仅用1912年秋天孙中山先生北上、在几座会馆的活动来继续解释政治文化。从整体上而言，晚清南城文化形态在清末民初以后，已经由一种比较鲜明的政治文化而褪变为原有的各种传统文化的集中地，其中包括学术文化（由于历史文化的承继，这里仍然居住着一些名人、文士，更多的是考据、抄碑、著述等）、收藏文化（琉璃厂是文房四宝等收藏家的乐园）、娱乐文化（天桥）和老北京人多少代延续传承至今的民俗文化，等等。

这样一个区域文化形态的变化，刚好是思想文化变迁的结果。不过，对这种文化形态演变的研究，是本项目视野之外的问题。

第一编　历史背景和地域环境

◆ 本书要研究的清流，指的是翰詹讲官与科道言官。要做此研究，就要考虑翰詹科道等衙门的人员组成以及如何选拔出来的，这些衙门的功能是什么，这种功能为什么能从中迸发出政治参与积极性，当时重要思想为什么由此处发生而非由体制的其他机构部件里发生……

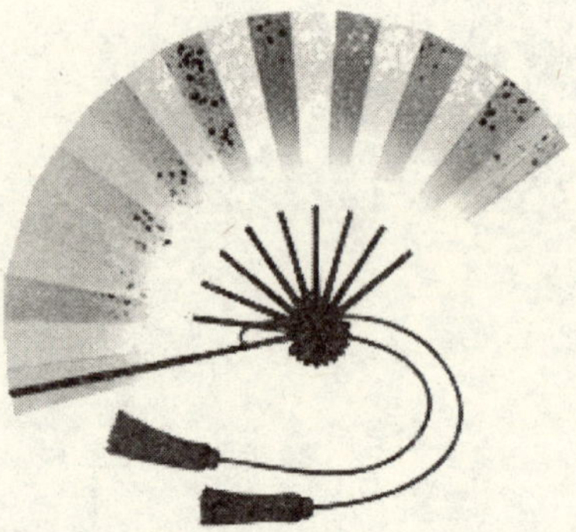

第一章 翰詹衙门的功能及其属员的政治能量

本书要研究的清流，指的是翰詹讲官与科道言官。要做此研究，就要考虑翰詹科道等衙门的人员组成以及如何选拔出来的，这些衙门的功能是什么，这种功能为什么能从中迸发出政治参与积极性，当时重要思想为什么由此处发生而非由体制的其他机构部件里发生。本章通过考察清代翰詹制度的源流沿革，探讨翰詹衙门的内在功能、翰林院风气的经世与政治化、翰詹集团的政治能量，从制度史视角来考察翰詹科道集居之地的京师南城的政治文化。这是本文研究的整体视角，因为只有政治参与，才是政治文化的本质。

一、起源及历史沿革

（一）清朝以前翰詹制度的源流

翰詹科道皆在唐朝建立，随着中国传统政治体制的成熟，随着这些政治体制与士大夫政治的成熟相适应而建立。唐代官制有两个重大变革，即科举制与翰詹制度。两个制度可以概括为：当时传统政治制度里，它从大部件分为两个部件：一个部件是操作工具，即行政机构；一个部件是思想工具，即一批具有较深厚的思想文化根底的文人所组成的为维护这种制度而构成的一个思想机器，即翰詹科道监察机构。

翰林制度是从唐至清代特有的一项职官制度，在中国封建社会政治史、文化史上发挥了重要作用。

翰林最初的性质是“天下以艺能技术见召者之所处也”①，各色人士以其专长听候君主召见，称翰林待诏。唐玄宗时较多地选用文学士人，称翰林供奉，用于起草诏令，议论时事。开元二十六年（738），在翰林院之南另建学士院，专门负责掌管“内制”。原有翰林院自此一分为二，一是翰林学士院，属在禁中起草诏命、参与机务的枢要部门；二是翰林院，属杂处各众技能之人，在内廷供奉君主的普通机构。唐朝后期，随着藩镇割据与宦官专权局面的出现，皇帝和朝臣联合反对宦官的斗争以及朝臣内部的党争愈演愈烈，翰林学士在政治上发挥了更大的作用。

宋代是翰林制度发展的重要时期，集中表现在三方面：其一，继承唐、五代的优势，翰林学士院与翰林院发展成截然不同的衙署；其二，翰林学士组织结构严整；其三，翰林制度与科举制度的关系得以确立，非进士不入翰林，由此推进了宋代人文政治的发展。

辽西夏金元，都是以少数民族为统治主体的王朝，它们程度不同地学习汉王朝的统治体制，无一例外地承袭了唐宋的翰林制度，以此标榜文治，笼络与安置汉族知识分子。

明代翰林院的发展变化，以明成祖永乐为分界，前一时期的翰林院拥有唐宋翰林学士院的职能，翰林官充当皇帝的辅弼，在当时政治舞台上扮演了不可或缺的角色。后期翰林院向唐旧翰林院回归，走上了重文词、远政治的道路，取而代之的是新的近侍机构——内阁。

詹事府，秦官，汉因之，掌皇后太子家（东宫）事务的机构，有很多官称十分古老，如洗马、中允等。太子门大夫、庶子、洗马、舍人属二傅。唐复置詹事府，太子詹事一人，又增少詹事一人。《礼记·燕义》：周天子之官有庶子官。《周礼·夏官》：诸子（即庶子官）掌国子之倅，掌其戒令，与其教治。秦汉魏以后皆有其官。唐，设左右春坊，分立左右庶子、中允、谕德、赞善等官，掌侍从谕赞。是庶子始于周，而分左右春坊及置谕德、赞善则始于唐。中允，亦太子官署，见《汉官仪》。职在中庶子下，洗马上。唐贞观初，改太子中允额余人为中允，掌侍从礼仪，校正启奏，通判坊局事。则中允始于

① 《唐会要》，卷57，翰林院。

汉。洗马，秦官，汉曰洗马，太子出，则当值者前驱导威仪。则洗马始于秦。而司经局之名则改于隋。至今皆沿之。

清沿明制，通过延续与建立与之相适应的明朝官僚体制来与关外满族及中原腹地的士大夫建立组织上、文化上的联系。1644 年 6 月，多尔衮进京后明智地把明官员复职，同月设立翰詹科道。这两个衙门开始属于内三院即内阁的机构，属于内阁的官员。

（二）清朝翰詹制度的沿革

1. 构建、编制、规模

清代翰林院延明制，其院址、格局、官阶、序列以及分工在下面这则日记中讲得十分清楚。

光绪九年（1883）十一月二十三日，阅香山黄才伯《翰林记书》，凡二十卷，专记明代翰林掌故，多正史所未及。考有明清华职掌制度沿革、科第升降者，莫备于此矣。

庶吉士之设，皆谓始于永乐二年（甲申），至二十一年戊辰科，始定一甲一人授修撰，第二人、第三人授编修。至今因之。

又，翰林以学士侍读（抄者按：疑为侍读学士）、侍讲学士为堂上官，侍读、侍讲、五经博士、典籍待诏为属官，编修、检讨为史官、典薄、孔目为首领官。始于洪武十八年，至正统七年，于京师玉河西岸建翰林院正堂三间。中设大学士、学士及侍读、侍讲学士公坐；左为史官堂，以居编、检等，右为讲读堂，以居侍读、侍讲等，亦至今因之①。

从这则日记可以看出，当时翰林院办公室的格局分为正堂、左堂、右堂。

又据石继昌《春明旧事》：宣内头发胡同（东口达宣武门大街，西口为南沟沿——今佟麟阁路），其西口路北系清翰林院讲习馆②。

据《清史稿·职官二》（卷 115）载“定掌院学士为专官”，之外设侍读学士、侍讲学士，以及修撰、编修、检讨、庶吉士等；院下设庶常馆、起居注馆及国史馆；主要职能是编修书籍、撰拟册文，为皇室讲经解史，充当科举考

① 《越缦堂国事日记》六，页 3236。

② 《春明旧事》，页 85。

官，属清要华职。

具体职能有：

（1）会议制度与詹事府相同。遇到重大的政事，下令内阁、军机处、六部九卿，如果包括小九卿，则詹事府、翰林院要开御前会议，并要上奏章。

（2）给皇帝讲经。从顺治初沿至清末，经筵日讲官就是皇帝的教官，有两个职务：一是根据经书编写讲义，二是皇帝听经后发表议论，他们将此记载入起居注，成为后代统治的原则性的思考，皇帝的思想通过这些贯彻下来。

（3）编修国史。重大事件发生后，有很多奏章，根据奏章编写国史并修前朝国史，承担史官的任务。

（4）外任学政。这些翰林学士多被派出去做学政，成为专差，到各地主持科举考试。顺治年间，翰林五品以下官派出去当学政，到外地举行科举考试，开拓了清要人士与地方士绅联系的传统。

由此，翰林院为咨询机构、积累文化资料的机构、思考的机构，为皇帝提供咨询，是天子身边的近臣，随时备皇帝咨询。翰林院最下面的一批人即庶吉士，是新进进士中被考官或者皇帝认为最为优秀的人才。按照明清惯例，会试一甲三名直接入仕，授为修撰、编修，其余则部分外放，部分为科道官吏，如六科给事中，最优秀的一批则送到翰林院见习，见习官员即庶吉士。庶吉士有定额，经过训练后，正式进入翰林院。

顺治元年设詹事府，为辅导东宫太子之机构，同年十一月裁撤，其事务并入内三院。

詹事府编制：汉少詹事、右谕德、左中允、左赞善、右中允、右赞善、正字、录事各一员，汉录事一员。汉右中允、右赞善各一员。起居注满汉主事各一员。正字、录事各一员。

詹事府的职掌是：凡皇帝坐朝或秋审、朝审以及九卿、翰、科、道会议之事，詹事、少詹事均得“侍班”或参加集议。凡纂修实录、圣训，詹事府詹事、少詹事例得充任副总裁官及纂修官。纂修其他书史，少詹事皆得充任纂修官。此外，有些职掌是与翰林院互兼的。清初规定，凡东宫千秋节（东宫诞辰）及元旦、冬至行礼庆祝、表笺文式，由詹事府坊局官撰拟颁发。

詹事府内部机构分左右春坊、司经局及主簿厅，其职官及分掌如下：

左右春坊：设左、右庶子满、汉各1人，左右中允满、汉各1人，左右赞善满、汉各1人，掌记注、纂修之事。其汉员，分别兼翰林院侍读、侍讲、编修、检讨等衔。

司经局：设洗马满、汉各1人，掌经籍、典制、图书刊刻的收藏。其汉员兼翰林院修撰衔。初设汉正字2人，掌缮写讲章及装潢之事。

主簿厅：设主簿满、汉各1人，掌文移；笔帖式满6人，掌翻译。

詹事府的机构掌章奏、文移事务，另设满、汉主簿2人管理。

从詹事府的具体执掌看，已无本府的专职，实际上变成了翰林院的辅佐机构。光绪二十八年（1902），改革官制，以詹事府名实不符，首先裁撤，其事务归入翰林院。

张之洞后来编撰书目问答、劝学篇等与其洗马经历有关。这些人品级并不高，伊犁事件是时张之洞为洗马，从五品，午门护军太监互殴案时，翁同龢日记记载，说依靠左右两庶子的奏折扳回局面，其中张之洞为从四品。詹事府与翰林院互兼，其最大功能是会议大政事，奉旨九卿入班会议时要发言；左右春坊执掌读与讲，签与奏，皇帝咨询。

2. 清代翰詹制度沿革

沈云龙先生主编的《近代中国史料丛刊》中有金鼎雯著《清朝翰詹科道编年》，提供了清朝翰詹科道的源流、沿革方面材料。金鼎雯是清国使馆总纂官、翰林院编修。该书记录翰詹制度沿革甚为详细，起自天聪三年，止于道光十三年七月，凡178页。仅摘其大意如下：

天聪三年夏四月，命儒臣分直文馆。

天聪十年三月，改文馆为内三院：国史院，掌记注起居诏令、收藏御制文字、编纂史书、撰写告庙祝文、修实录等职；秘书院：撰外国往来书札、谕文武官勒书等职；宏文院，进讲御前，侍讲太子并教诸亲王。

崇德元年，于各院设大学士，“内三院为朝廷近臣”。

顺治元年五月初二，摄政王至京师，初三，令各衙门官员照旧录用。沿明制，五月设詹事府、翰林院。

八月，定在京文武官支给俸禄柴值，俱仍明旧例。

俸银：正三品：八十八两八钱四分。正四品：六十二两四分四厘。正五品：四十二两五钱五分六厘。从六品：二十九两八分四厘。正七品：二十七两四钱九分。从七品：二十五两八钱九分六厘。

薪银：詹事府正詹事掌管如系尚书，岁给一百四十四两，如系侍郎，一百二十两。少詹事七十二两，府丞四十八两。主簿、录事，各二十四两。左右春坊：谕德、中允、赞善，司经局洗马，各四十八两。翰林院大学士，七十二两。侍读、侍讲、修撰，各四十八两。编修、检讨，各三十六两。待诏、孔目各二十四两。庶吉士，各十二两。

十一月，定翰林院为正三品衙门，裁詹事府。大学士冯铨定奏：明翰林院原额官二十员：学士一员，正三品；侍读学士二员，侍讲学士二员，正四品；侍读二员，侍讲二员，正五品；修撰三员，从六品；编修四员，正七品；检讨四员，从七品。

再，该院原额虽止二十员，因事殷繁，又系储才地，备将来内阁、宗伯、少宰之选，明用人多至三四十员，故会典载无定额。庶吉士三年一选，或二三十员，亦无定额。诰敕房典籍二员，首领官孔目一员。俱仍旧。旨允。

按：唐元宗置翰林院待诏，以张说、张九龄等为之。掌四方表疏批答，应和文章。继乃选文学士，号翰林供奉，后又改翰林供奉为学士，别置学士院，专掌内命。“至明始，以一甲进士，先授修撰、编修，余拔为庶吉士，三年散馆，授职编修、检讨。会推阁臣，非由词臣起家不得与。则翰林院之名起于唐。”

顺治二年二月，复置詹事府。詹事一员，少詹事二员，左春坊左庶子、左谕德、左中允各一员；右春坊右庶子、右谕德、右中允各一员。

三月，定内三院为二品衙门。

四月，令翰林官由内三院补授。

闰六月，裁翰林院归内三院。官制：大学士二员，二品；学士四员，三品；侍读六员，四品；笔帖式三员，七品。

顺治三年，定制：进士殿试毕，由内三院题请授庶吉士。届期，上御便殿，内院学士进呈新进士名单，次第引见，候钦选。

按：明洪武十八年，以诸进士未更事，俾观政于诸司，仍称进士。其在翰林院等近侍衙门者，采书“庶常吉士”之义，名庶吉士。正统后，始定庶吉士止入翰林。则庶吉士之名始于明。

又洪武二十一年会试，以一甲第一人为修撰，第二第三人为编修（其他留清要衙门者为庶吉士），国朝因之。命宏文院学士、侍读教习庶吉士。至康熙九年定以掌院学士或内阁学士领其事。一甲进士虽授职，并同庶吉士教习，以待散馆。

又按：是年会试，名士傅以渐授一甲一名进士，为内翰林宏文院修撰。

四年六月：庶吉士散馆。沿明制，二甲除编修，三甲除检讨。

六年，散馆，改庶吉士二人为给事中，二人为监察御史。

按：庶吉士散馆，改科道始于此。

九年四月，复置詹事府，定詹事府官额："汉詹事一员，少詹事二员，主簿一员，录事二员，通事舍人二员。左春坊左庶子、左谕德各一员，左中允、左赞善各二员。右春坊右庶子、右谕德各一员，右中允、右赞善各二员。司经局洗马一员，正字二员。俱以内三院官兼之。"

"专设满洲詹事一员，掌府事而司其印信。詹事以下，正字以上，由内院题补。主簿以下，由吏部题补。"

五月，定詹事府品级："詹事正三品，少詹事从三品。左右庶子，从四品。谕德、洗马，从五品。中允，正六品。赞善，从六品。主簿，从七品。正字，正九品。录事、通事舍人从九品。詹事府官职掌，与翰林院互兼。惟验看月选官，每岁朝审，则詹事、少詹事与九卿科道入班。詹事班次大理寺卿。……其会议大政事，奉旨下九卿詹事科道者，亦入班会议。左右春坊，掌讲读笺奏之事。司经局收贮书籍。正字掌缮写讲章及装潢之事。"

七月，定按省遴选庶吉士。"给事中高辛允奏准，按直省大小，直隶、江南、浙江各五人。江西、福建、湖广、山东、河南各四人。陕西、山西各二人。广东一人。以二十人习清书，二十人习汉书。满洲四人，蒙古二人，汉军四人，一体读书。"

顺治十年夏四月，御试翰林官于太和门，由此可见翰林的地位、数量、职责。"先是三月，上曰：朕辑往制，每科考选庶吉士入馆读书，历升编、检、讲、读及学士等官，不与外任，所以諮求典故，撰拟文章。充是选者，清华崇异，过于常员。然必品行端方，文章卓越，方为称职。乃者翰林官不下百员，其中通经学古，与未尝学问者，朕何由知？今将亲加考试。……至是与试者六十二人。试题：君子怀德论；请立常平仓疏。"

次日，上亲举定去留，留任和外放。

六月，"始以翰林五品以下官，提督江南、江北、直隶学政。……至是始专差，惟习清书者不与。"

十二年，春三月，诏选日讲官。以满汉词官博学者八人，以原衔充讲官，凡自掌院学士、詹事以下，坊、局、编、检以上官，得题请讲用。"侍朕左右，以备咨询。”日讲礼：“每岁自二月经筵后始，夏至日止；八月经筵后始，冬至日止，每日于部院官奏事后进讲。讲章缮正副两本，以正本先期进呈，以副本进讲。”此谓“经筵日讲”，简用者称“经筵日讲官”。

十二年九月，定翰詹外转例。“詹事以布政使用，支正三品俸。少詹事以布政使用。侍读学士以按察使用。侍读、中允以参政用。编、检以副使用。”

又记经筵：“经筵，每岁春秋二仲举行。由翰林院列讲官名，奏请派满汉各二人直，讲官同掌院学士会议所讲经书，奏定，撰讲章，缮清汉文进呈，钦定预缮正副本。俟御论发出，翻译清文以进。届期，驾御文华殿，讲官进讲毕，恭听御论。礼成，翰林院官恭进御论及讲章正本。”由此可见，讲官的职能：一是编写讲义，给皇帝讲解御定的经书，二是记录皇帝的见解，存档。

十五年，敕改内三院为内阁，别置翰林院。内阁，满称多尔吉衙门，大学士加殿阁衔，秩仍正五品。置翰林院（满字称笔帖黑衙门，汉字称翰林院），掌院学士、学士秩仍正五品。

十六年正月，停设满洲翰林官，止设满洲掌院学士。

二月，定翰林院职掌：“经筵日讲，撰拟进讲。外藩奏书，令四译馆翻译。考选庶吉士，开列教习庶吉士职名。纂修翻谨书吏，开列纂修职名。会试乡试及武会试主考，开列职名。拟封赠诰敕，开列翰林官职名，题补翰林官员，及差遣俸满丁忧给假行文等事。侍直侍班。扈从贴黄修玉牒。捧勒书。祭告郭庙、陵寝、社稷、岳镇、海渎、历代帝王陵寝、先师阙里各祝文，由撰拟。恭上皇太后徽号，遵封太妃，册立皇后，封册妃嫔，各宝册印文。恭上恭加尊谥、升祔册谥册宝文，均由院撰进。封赠诰敕文，至康熙七年，吏部经题准各照官衔，按品刊定文武颁给，停止撰拟。”

“谨按：纂修实录、圣训，掌院学士充副总裁，读、讲学士以下充纂修官。修玉牒，以修撰、编修、检讨职名，移宗人府，充纂修官。其编辑诸书，掌院学士充正副总裁官，读、讲学士以下，充纂修官。小成，皆得奏请颁赐列衡。殿试：掌院学士充读卷官，讲、读学士以下，充受卷、弥封、掌卷官。”

五月，设翰林院侍读学士、侍讲学士、侍读、侍讲各三员。

顺治十七年六月，“诏翰林官分班值景运门内外。上曰：翰林官，原系文学侍从之臣，今欲于景运门内建造直房，令翰林官直宿。朕不时召见顾问，并观其学术才品。”

十八年，庶吉士散馆，改用为给事中、监察御史及部用、外放。散馆该部用始于此。

康熙元年，四月，定制：讲读学士以下官，通差各省正副考官。掌院学士并充会试考官，讲读学士以下充同考官。

六年丁未，以国史馆侍读学士杨永宁为光禄寺卿。翰林院改补京堂始此。

九年，设翰林院官（按：与前停设满翰林官有变）：侍读学士、侍讲学士、侍读、侍讲，满汉各三员。满汉典簿、孔目各一员。待诏各二员。习满字笔帖式十六员，习汉字笔帖式十六员。品秩如顺治十五年例。

十年八月，设起居注馆于太和门西廊。以翰林院满汉各四员充日讲起居注官。

按：起居注官是史官传统，自古帝王临朝，“左史记言，右史记动。盖欲使一举动一出言之微，无不著为法则。”（雍正元年四月复日讲起居注官谕）。康熙设置官后，于五十六年裁，只令翰林五员于理政时轮侍。凡重务要旨仍令内阁诸臣记存。至雍正元年，复置起居注官，临政、祀庙、郭祭时，令满汉各二人侍班，不独记谕旨政务，“或朕有一言之过，一事之失，皆必实书，用以自警”。

十月，定制：文武会试考官（含主考），兼用侍读、侍讲学士。

十二月，定内阁学士衔名。始此（位在讲、读学士之上）。

十四年十一月，复置詹事府官。

满汉詹事各一员，兼翰林院侍读学士。

少詹事各二员，兼翰林院侍讲学士。

左右春坊庶子各二员，兼翰林院侍读侍讲。

谕德各二员，俱兼翰林院修撰。

司经局洗马各一员，俱兼翰林院修撰。

左右中允各四员，俱兼翰林院编修。

左右赞善各四员，俱兼翰林院检讨。

主簿各一员。录事二员。正字各一员。

吏目 6 员。总计 32 官，38 员。

十七年正月，特授户部郎中王士祯为侍讲。

二十八年五月，命大学士徐文元兼掌院学士，重臣兼领掌院学士始此。

三十三年五月，敕派翰詹官日值南书房。至四十七年停。

三十七年十二月，裁满少詹事以下官。

三十八年七月，裁汉右中允右赞善以下官。

三十九年四月，诏选编检改授科道。编检改科道始于此。（按：翰詹可能为科道）

四十二年，勒各地关税银汇集千四百另四两，均给在馆庶吉士。

五十年三月，令翰林官教习新科进士。诸进士选庶吉士外，俱交礼部，命翰林院官教习。

五十年八月，诏翰林官得列名请补六部侍郎。

五十二年五月，裁汉右谕德、左中允、左赞善、录事各一员。按：乾隆年间，间有裁员，如十三年、十四年等。

雍正元年正月，诏庶吉士充文乡会试外詹官。

四月，复置日讲起居注官。

十月，命大学士及掌院教习择写翰林官，学问优长者留本院。才具练达可当科道吏部之选；或长于吏治，编修可为道府，庶吉士可为州县。十三年始有授庶吉士为知府者。始此。

二年二月定制：翰詹官升转，咨吏部题请。由翰林院会同詹事府，以应升官及其次序职名，咨送吏部题请简用。

三年，晋翰林院官秩。侍读、侍讲学士，从四品。侍读、侍讲，从五品。如顺治元年定制。

十一年五月，置教习馆，给庶吉士廪饩。月给银四两五钱。教习馆在正阳门内以东，当翰林院西南偶，面城南向。

乾隆元年二月，勒翰林官拟写谕旨：古来制诰，多出词臣之手。令掌院学士以下，编检以上官，各以己意拟写上谕一道呈览。倘于国计民生有利者，朕即见诸施行。

九月，御试博学鸿词于保和殿。先是雍正十一年四月，诏举博学鸿儒，令内外大臣遴选。是年应试 176 人。一等 5 人，授编修；二等 10 人，有出身者授检讨。余均授庶吉士。

二年，诏翰詹科道轮进经史奏议。分翰詹为一班，科道为一班，每日轮一人具奏。析式：先标经史，下注义疏；或节略史文，下注史断。后皆附所见，曰：臣按云云。以千言为率。“朕广挹群言，可以因事览观，随时触发”，亦可验群臣学识。

五月，御试翰詹于乾清宫。题：“为君难为臣不易论”及诗赋。试罢升级降调休致有差。

八年四月，御试翰詹于圆明园正大光明殿。题：“以养人为本论”及诗赋。升赏降调休致有差。

按：这种考试谓“大考”。二年五月试：一等3人，二等10人，三等20人，四等56人，博学鸿词共98人。至秋七月，又试续到博学鸿词，一等1人，二等3人。以下未计列。可知此时翰林院詹事府人数为百余人（不计庶吉士），大致和顺治时相等。

五年试：一等3人，二等9人，三等17人，四等71人（降调、罚俸、休致）。应试者翰詹共100人。可能有少数借故逃考的，也有出去当学政的等，大体可以推断，翰詹衙门的正式官员，（不包括笔帖式等吏目和庶吉士），应为一百多人。

九年十月，重修翰林院工成。上亲临赐宴。君臣限韵作诗。“凡籍翰林，及既改官而旧为翰林者，皆与焉，凡百六十有五人。”

十年五月，选宗室达麟图为庶吉士。定制：宗室不入科目。雍正初立宗学，供宗人子弟读书，五年一试，合格者为进士。至此，为宗室入翰林始。（按：宝廷以此例入清要）

十三年五月，御试翰詹于乾清宫。与试八十七人。一等，侍读学士齐召南，升内阁学士，其他二人俱升赏。四等54人，降知县6人，休致12人，其他罚俸一年。未预试1人，以四等论处，罚俸三年。共计88人。

十六年五月，诏停边省庶吉士分习清书。略谓：旧制习清书者，不拘省分，清汉各半。雍正以来，分习清书者渐少，每科十四五员，十七八员不等。惟清书汉书难以兼顾，庶吉士散馆考试时，虽有以清书优而授职者，但留馆后遇有通考，往往绌于诗赋列为下等，改令别用。究其所肄清书，“自散馆一试外，别无职分应用之处。微独边省即北五省庶吉士上类。然翰苑中江浙人员较多，而远省或竟无一人”。结果留馆者“翰苑中江浙人数较多”（他们天分高，学业勤，能精通汉文、清文），而北五省人少，“远省或竟无一人”。

十七年六月，御试翰詹于正大光明殿。69人与试。考试分四等。

按：该书此后记二十三年御试，与试60人。二十八年御试，与试68人，未试1人，共69人。三十三年御试，与试68人，其中2人不入等，革职。五十年御试，与试123人。五十六年御试，与试95人。与这种考试的同时，都“并试满洲外班翰林官”，不在右数之内。可知翰詹官员大体数目。

九月：万寿恩科会试，士子云集。有年至耄耋尚与观光而未能入彀者。所有八十岁以上徐文靖等四人给翰林院检讨衔。七十岁上张简等十人给国子监学正衔。

十八年谕："詹事府东宫僚佐，储贰未建，其官原可不设，第以翰林叙进之阶，姑留以备词臣迁转地耳。"自此，詹事府官员专备翰林院迁转之资。

二十九年春二月，"上曰：翰林人员向有外用道府例，著大学士会同掌院学士选带引见。"

三十年三月，裁司经局正字衔。原正字从九品，向有应选中书补题。以无应办事，裁。

三十六年十月，以侍读、侍讲学士、及侍读、侍讲、中允、赞善等官，例俱坐补原官。惟清要额缺有限，守候需时。读讲等系衔虽殊，品秩相等。而反缺之中允、赞善，亦非若满员之诠用殊途分别五六品顶戴者可比。嗣后此等官员，准自各自通融补用。

按：不必坐补原官，可通融交叉升迁。中允、赞善在各部的对品，是主事。

三十八年闰三月，准御史康淮奏，散馆后历俸三年之编修、检讨，可保送御史。按：翰林转科道。

七月，"特命进士邵晋涵、周永年、余集与壬辰科庶吉士一体散馆，校勘四库全书。""时四库全书总裁，奏调晋涵等来京，同司校勘。"

八月，"特授编修纪昀、郎中陆锡熊为侍读。上曰：办理四库全书处，将永乐大典内检出各书，陆续进呈。朕亲加批阅，间予题评。见其考订分排，具有条理，而撰述提要，粲然可观，则成于纪昀、陆锡熊之手。二人学闻本优，校书亦极勤勉，甚属可嘉。纪昀曾任学士，陆锡熊现任郎中，著加恩均授翰林院侍读，遇缺即补，以示奖励。"

按：纪昀，住虎坊桥。任侍读学士，因漏言，充军乌鲁木齐。获释后，被命修《四库全书》，但乾隆认为他是一介"腐儒"，不与重用。嘉庆对他的评价："纪昀读书虽多，而不明理。"根据是两条：一是喜欢好看的女人，"年七十好色不衰"；二是好吃，"日食肉数十斤"。"嘉庆中，以资深仅得协办，盖终身未登政府。"与朱珪同出身，但纳用大异①。

---

① 邓之诚：《骨董琐记全编》，页88、95。

四十年十月，定左右中、赞升转例。“吏部奏：汉中允正六品，赞善从六品，请中允缺，由右转左；将左右赞善按次具题升转。允行。”

十二月，“特授候补监丞，侍朝中书张能照为庶吉士。大学士于敏中奏令总校四库全书荟要。”

四十一年六月，诏设文渊阁阁官。略谓：沿宋馆阁之制，于文华殿后设文渊阁藏四库全书（按：此前虽有文渊阁大学士之衔，并非即大学士兼衔职掌，亦无“文渊阁”之地）。文渊阁各职掌官，于内阁、翰詹衙门内兼用。

经会议，“议设文渊阁领阁事二员，以大学士、协办大学士、翰林院掌院学士兼充。总司典掌。文渊阁直阁士六员，以科甲出身内阁学士、詹事、少詹事、读讲学士兼充。同司典守厘辑。文渊阁校理十六员，以庶子、侍读、侍讲、洗马、中允、赞善、修撰、编修、检讨。满员用内班及科甲出身之内阁侍读兼充。分司注册点验。”

文渊阁提举一员，以内务府大臣兼充。并派内府司员、笔帖式分管。文渊阁检阅八员，以科甲内阁中书兼充。每岁五六月，提举会同领阁大臣定期，奏请曝书。直阁校理官，公同启阁翻晾。检阅官随同点验。

七月，以大学士舒赫法、于敏中以原衔充文渊阁领阁事。内阁学士刘墉、詹事金士松、侍读学士陆费墀、陆锡熊，侍讲学士纪昀、朱珪以原衔充文渊阁直内阁。

四十五年七月，原云南巡抚孙士毅罢职来京，上念其学问优，命与纪昀、陆锡熊总辑《四库全书》。职衔编修。（按：罢官大吏当“助教”，为七品）

四十七年二月，以《四库全书》第一部告成，赐宴文渊阁，赏总裁九人，总纂、分校等官七十七人，以如意、文绮、笔墨砚笺等物。《四库全书》，凡三万六千册；荟要一万二千册。

五十四年冬十二月，裁詹事府官兼衔。“上曰：本日阅洗马周琼请代奏谢恩折。内有‘补授司经局洗马兼翰林院修撰’字样。修撰系一甲一名进士专衔，仍用假借兼摄，所谓名不正也。”“因思詹事府衙门詹事、庶子、中允、赞善，亦俱兼翰林院读讲学士、侍读、侍讲、编修、检讨等衔，系沿前明旧例。嗣后毋庸再兼翰林院虚衔，以昭核实。”

按：这个谕旨，将翰林院和詹事府的官制分为两个系统，所谓改变了清朝开国以后相沿一百多年的明代旧制。但翰詹的主要职权仍是一致的，或边际不清的。这在清流的历史中可以看出来。

五十六年十月，更定满洲翰詹官升转例。

旧例：满少詹事，讲、读学士，均以庶子、侍读、侍讲、洗马、司业为内班，较俸拟升。以通政司参议、光禄寺、鸿胪寺少卿、科道、郎中为外班，吏部会同大学士选拟正陪引见。

至是吏部奏定，少詹事缺出，以内班讲读学士论俸升转；以庶子、侍读、侍讲、洗马、司业，作为其次应升。讲读学士缺出，专以内班庶子、侍读、侍讲、洗马、司业升用，论俸拟正陪引见补授。中允、赞善，向例定为外班，遇应升时，中允试俸一年，赞善二年，期满方准予升。亦奏定毋庸试俸。至庶子、侍读、侍讲、洗马、司业，内外班轮用，仍循旧例行。

按：翰詹衙门各官满汉并立，惟满员的选拔（科考）及升转例与汉员不同。内班（两衙门之内）官员们可以交叉升转。此外，设满洲外班翰詹官，由通政司、光禄、鸿胪寺官员补缺。

二、清代翰詹衙门的功能及清要官员的政治能量

（一）翰詹清要的政治能量

从以上制度看，翰詹清要集团是一个酝酿很大政治能量，包括政治能量和思想能量的集团，在此会迸发各种思想，突破统治当局的各种沉默。原因有二：

1. 其成员由科举中式后进士中选拔出来的佼佼者们组成。充任翰林者都是精通经史、饱读诗书之人，特别是明清之后，都是当时知识阶层中的精英。按照传统文化尺度而言，在皇帝和考官眼中，他们最为优秀。

2. 科举制度是将中国人分成是否具有政治参与权的两个等级制度的考试，通过选拔中式的士大夫有制度化的政治参与权，未被选拔的士大夫则没有政治参与权；在科举制度内部还有分层：科举制度选拔出来具有政治参与权的士大夫官僚集团，由于翰林院詹事府的存在，又被分成了能否有可能进入皇帝身边、有没有顺利进入到最高咨询、决策机构的可能性的两个科层。从理论上讲，没有经过翰林院训练的士人，或者说没有成为“天子近臣”的士人，较难进入决策机构，或皇帝的最高咨询机构——当时的内阁，“会推阁臣，非由词臣起家不得与。”

3. 这种构成，决定了翰林群体必定对封建政治文化产生重大影响。

明代翰林院人数是20人，体制规定学士1人，正三品；侍读学士2人、侍讲学士2人，正五品；侍读、侍讲各2人，正四品；修撰3人，从六品；编修4人正七品；检讨4人，从七品。以上除了学士、侍读学士、侍讲学士为中等官员外，侍读、侍讲以下多为低层官员，这样一种官制，虽然名义上只有20人，由于公务繁重且有意识把这里视为储才之地、选拔人才之所，因此明朝多达30至40多人。清代也有40多人左右。

清朝修《四库全书》，皆由翰林负责，清朝修书的四库馆就设在翰林院内，先后有数以百计的翰林参加了《四库全书》的修撰。同时，作为成功地进入中枢机构的士大夫中显达之人，翰林有机会实践儒家的政治理想，以其知识、节操影响社会，实现“达则兼济天下”的抱负。从唐末翰林充当反对方镇、打击宦官、巩固统一的重要力量，到宋代翰林踊跃议论朝政，批评时事，推进文治，历代翰林都积极发挥了他们在当朝政治生活中的作用。更为重要的是，他们所表现的那种以天下国家为己任，于国事民生不敢忘怀的情怀，凸现“为天地立心，为生民立命，为往圣继绝学，为万世开太平”的独特文化品质。

最后，值得一提的是，由科举而翰林，由翰林而宰臣，这种古代士大夫人生理学的三部曲，也对全社会起到了文化示范作用。虽然不同时期的翰林官权力轻重不同，作用大小各异，但翰林的社会地位始终非常优越，明清人甚至视“点翰林”为人生最荣耀之事。……从总体上说，翰林制度实施为中国古代知识分子提供了活动的舞台，翰林作为一个承担着文化使命的特殊群体，在中国历史上扮演了文化创造者、守护者和传播者的角色①。

（二）翰詹衙门的内在功能：“思想”的依托

从翰詹衙门的内部构成来看，汉族士大夫在发言权上占据绝对优势。这种构成和满汉并列的军机处、内阁、六部等行政系统有很大的不同。翰林院与詹事府作为研究机构、文化积累机构、咨询机构，其官员皆有广阔的发展前途。“清制：非翰林出身，不能入阁。故士林咸视此为储相之地，以分入翰林院任

① 杨果：《古代翰林制度及其对封建文化的影响》，《光明日报·史林》，1999. 2. 12。

职最为清贵"①。李慈铭《越缦堂国事日记》编后记云："光绪九年，由赵桐孙、许竹筼（景澄），邀约李主讲天津北海学堂、天津书院，生计较优。而其生平愿望，在"主文衡（考官，选人才），或居言路"②。这应是士大夫共同的意向。这些士大夫可以利用自己的文化优势和翰林院的文化资源来编织思想，进而以天子近臣的位置来影响和推动决策。

有的西方学者按字义将"清谈"、"清流"翻译成"纯粹的谈话"，似乎难于表达清要集团既成的和潜在的政治能量。翰詹衙门的职能和构成，以及儒家文化中传承下来的士大夫使命感传统，规定了在这个政治空间里很容易发出令天子们不高兴的声音。由此我们可以理解，为什么文化高压政策稍有松动，以洪亮吉上书为标志的士大夫政治热情首先从这个政治空间里迸发出来的。

在《近代中国的思想历程（1840－1949）》中，作者从士大夫集居条件、他们包括诗文酒会的种种联系网络的角度来理解促成政治热情高涨的条件。但当时作者还没有把翰林院、詹事府本身存在的有利于这种高涨的政治功能表达出来。本文在考察作为外在优势的宣南社区时，进一步和翰詹衙门的内在功能联系起来。在严格得近于僵化的国家机器内部，翰詹科道是一个"思想"的机构③。在清朝国家机器内部，首先发出不和谐声音（即"清议"声音）的机构即是翰詹科道衙门。而翰詹科道衙门的清议声音，又首先发自于乾隆后期在诗文酒会中结成同调的文人。如，洪亮吉的上书及其贬谪经历，就是以翰詹衙门为中心的点缀文治武功的学术文化转向对朝廷不很和谐的政治文化的转折点。

三、清要官员的地域优势及其对儒学经世的认同

乾隆十六年五月，诏停边省庶吉士分习清书。诏：云贵川粤桂等省庶吉士，嗣后不必令习清书。直、鲁、豫、山、陕等省，若庶吉士人数在三四员以上者，酌派少壮者一二人习清书。浙江等省，人数在五六员以上者，酌派二三

① 张舜徽：《爱晚庐随笔·学林脞录》，卷1，"翰林院"条。

② 光绪十六年，补山西道监察御史，"数上封事，不避权要"，"慈铭遇事建言，大臣则就孙毓汶，孙楫（顺天府尹），疆臣则纠德馨"。

③ 张之洞当过司经局洗马，这种经历和他后来能写出《书目问答》、《劝学篇》等名著，有很大关系。

人。“率以三十岁以下者充之。每科通计在十人内外，宁缺毋滥。”

这个文件，和清早起限制江浙一带科举比例的规定相似，是一个警惕江浙士人参政的重大举措。乾隆认为江浙士人基于其文化资源的积累，“天分优而学业勤”，他们通汉族经典，又能学“外语”（满文），故可以在庶吉士散馆后的历次专业大考中占据优势，“翰苑中江浙人数较多”，而北五省和边省的“专业”（儒学）相对低于江浙，那些专攻“外语”的博士后们在散馆后进行的朝廷考试（论文诗赋）时，往往由于专业荒废“列入下等，改令别用”。

据此，皇帝想用一种“外语”免修或减修的改革来达到翰詹人员在地域构成的相对平衡，打破江浙人士对这个机构的某种垄断。这是乾隆皇帝对几次御试经验的总结。

这个文件显示出了几个值得注意的事实：

1. 从顺治到乾隆初年，清要衙门中不仅形成了汉族士大夫由于语言优势居于发言优势的传统（雍正朝以降，“分习清书者渐少”），而且在汉族士大夫的地域构成上，“边省之选馆本少”，又以江浙籍人士亦即那一批从清初以来即以经世或考据与经世互补为传统的士人为骨干。但乾隆讲北五省士人学业声律竟全不如江浙也未必。学派不同，例如陕西关中理学，就很有优势。

2. 几次散馆后的大考，以对策和诗赋为试题。与之相对应的文字载体，自然也是汉文，这就是“以文载道”的法则。这种考核说明了随着满族王公宗室权利的逐渐衰落——随着专制发展而由几代皇帝主动采取的对应，至乾隆朝，王公们实际上已失去了参政权——清帝国的政治体制和政治思维进一步儒学化。故庶吉士们原来所习清书“自散馆一试外，别无职分应用之处”。这种政治文化和政治格局，凸现了翰詹衙门的儒学文化功能，尽管在盛世，它还暂时局限于点缀、诠释的功能。

3. 乾隆的这份上谕，其发言背景是针对清初发源于江浙的几次政治事件如明史案和多次文字狱，但上谕作为一种定制而加以实施的长期结果，却是有利于儒学文化在更广大的社区的崛起。北五省和边远省份的士人们在“流动站”免去了“外语”之苦，得以专攻儒学经史，这一方面确然在某种程度上弱化了江浙籍翰詹的地域优势，但另一方面又促进了各个地域的翰詹士大夫以儒学为中心的文化认同，这应是清流兴起的一个前提。一批来自不同地域、不同学派的清要们基于政治同调而产生了超越地域和学派的政治联合，首先在宣南。

第二次鸦片战争中，集中在京师的“清流”名士可举出名字的13人，其中湖南5人，贵州、四川3人，云南2人，江南1人，江西2人①。前述乾隆上谕中“远省或竟无一人”的区域性格局已然改观。

到同光年间，“清流党”中的领袖和骨干大部分是直隶人；李高阳（理学家）、张南皮（经学家）和张丰润。同乡情谊成为这三人之间联系最密切的一个条件，同时，他们和黄体芳、孙衣言（瑞安人）、陈宝琛（侯官人）、俞樾（杭州人）等又形成了一种超越学派和社区的政治联系。当这些人再沿着亲缘、乡缘、学派、科举和行政等网络将意向延升到四面八方的时候，其结果当然突破了乾隆的初衷。在政治衰败时期，清议即政治批评的势头也逐渐地扩大和铺展开来了。

比较一下，历朝试题（据前引金鼎雯书），也会发现某种政策应对和学术风格的变化。

顺治十年第一次御试：君子怀德论；请立常平仓疏。

康熙十七年诏举博学鸿儒，“振起文运，阐发经史”，看内外官推荐，无论已仕未仕者入试。次年三月御试博学鸿儒于体仁阁，题：一诗一赋。与试143人。选出50人，令修明史。

五月御试翰詹，未载试题。

二十三年正月御试：经史赋；懋勤殿早春应制五言排律诗；班马异同辨。

三十三年御试：丰泽园赋，理学有真伪论。

六月再试：万寿无疆赋。

五十四年正月御试，明四目四达聪论；为有活头源水来诗（按：朱熹名诗）。

这几次试，均无与试人数确切记载。

该书记乾隆朝御试较详，包括试题、规模、一二等官员升迁职衔等项。

乾隆元年，勒翰林官拟谕旨。实际上亦是一种考试。

三年五月御试：为君难为臣不易论；一赋一诗。

八年四月，礼以养人为本论，一赋一诗。

闰四月，谕，略谓：昨考翰林时，由部属等官用入翰詹衙门者皆不与。伊等虽不由庶吉士升转，俱科甲出身，升任翰詹，纵不能作诗，岂不能作文？翻

① 王代功述：《湘绮楼府君年谱》，页45-46。

译？试题：知人则哲论，另试翻译题，并一诗一赋。

大考满洲外班翰詹官从此始。按：满人有自己的科考，不由庶吉士出身，中式任部院官后可升转入翰詹各品，谓之“外班”。

十三年五月，一赋一诗，时务疏。

十七年六月，纳凉赋，风动万年枝诗，拟董仲舒第三策。

二十三年三月：瑾瑜匿瑕赋，河防得失疏，野舍时雨润诗。

二十八年五月，江汉朝宗赋，结网求鱼诗，畿辅水利疏

三十三年四月，拟张华鷦鹩赋，紫禁樱桃出上阑诗，新疆屯田议。

五十年二月，以仁安人以义正我赋，循名责实诗，圣人定以中正仁义而主静论。

五十六年，拟张衡天象赋；眼镜诗；拟刘向请封甘延寿陈汤疏。

嘉庆三年二月，御试翰詹于正大光明殿。试题拟徐阶井鲋赋，以题为韵；春雨如膏诗，五言八韵，得讹字，除邪教疏（按：时，五省教门起事方炽）与试69人。

按：这次大考中，侍读学士曹振镛升少詹事，此人在道光时为大学士，以“多叩头，少说话”为传世名言。侍读英和升侍读学士，侍讲学士刘镮之转侍读学士，这两位都是嘉道名臣。二人均考在二等。

嘉庆八年三月，御试翰詹于乾清宫。试题：拟潘岳藉田赋；知人安民论；怀德维宁诗。与试75人，编修王引之考在一等，升侍讲；编修鲍桂星考在二等，升中允。

十七年二月，御试翰詹于正大光明殿。试题：帝京赋，精一执中论，限题限韵五言诗一首。与试125人。

二十三年二月，御试乾清宫。试题：澄海楼赋；观于海者难为水诗；以义制事，以礼制正论。与试112人。

道光四年八月，御试正大光明殿。八月获赋，以岁丰乃节俭为韵；昨夜停前叶有声诗；以义正万民论。与试120人。其中一等潘赐恩等五人，潘由侍读升侍讲学士；二等，编修翁心存、少詹事龚守正、编修徐广缙、蔡庚飏、许乃普等俱记名遇缺题奏。凡五十一人。三等六十人，四等四人。

十三年七月，御试正大光明殿。试题：落叶赋；马援讨交趾论；研精耽道诗；与试116人。其中，许乃普（二等）由侍读升侍讲学士。侍讲吴文镕（二等）转侍读。侍讲周祖培（二等）转侍读。

这些试题说明了：

1. 从康雍乾以降，清朝君主有选择、有批判地确立了以理学为治国大法的指导原则。所谓有选择有批判，就是排除“理高于势”的儒学理想主义，而以君权为“理”的最高尺度。从康熙三十三年御试试题《理学有真伪论》，到雍正自撰的《朋党论》和乾隆写的批评程颐的论文，都反映了君主独揽的思路。

当理学被君主运用自如之后，历朝试题都不出一个主题：中正仁义。它以各种角度要求翰詹们做出阐释。

2. 这些试题，历经数朝，从以理学为中心的宏观思考逐渐向经世务实的方向过渡。

如从“君子怀德论”（顺治）、“明四目达四聪”、“为君难为臣不易论”、“礼以养人为本论”（康熙），到乾隆中叶对黄患、永定河患以及对边疆拓殖的思考。

嘉庆以降的论题几乎是针对变动而发。最典型的是嘉庆三年的“除邪教疏”、八年的“知人安民论”，都是对盛世之后突发的民众造反的思考。十七年的“精一执中论”和二十三年的“以义制事以礼制心论”，即可以看出中枢对这场造反的一种反思。至于道光朝的两道试题，“以义正万民论”，是这种反思的延续，就连显示风雅的诗（以岁丰为节俭限韵）也反映出国库的困难——它缺乏盛世诸如“鹪鹩赋”、“樱桃诗”的闲情逸致了。

试题的这种转向，反映了政治格局的变化，也在一定程度上折射出翰林院这座学术衙门的风气在逐渐的经世、政治化。

3. 但是，很可能是由大学士、掌院学士们给出，经皇帝御点的这些试题，没有或者不可能反映历史趋势的更深刻的变动。他们的脑子里，没有这种东西。诸如人口、田地、外患、商业化等等，超越了中枢的思维。翰林们的清醒者，也不会在考试中去借题揭开，列为四等。于是，种种更深层的“治世大法”，是在京官和地方士人的著作、笔记和诗文中，也就是在体制之外出现的。

李慈铭《越缦堂国事日记》里，有多次乡试、会试的试题，上谕档中记载更为全面。

4. 有一点可以肯定，从盛世积累下来的理学资源，经由鸦片战争特别是太平天国起事，在我们研究的时段有一个高于前人的复兴。理学和经世学得到了更好的结合。“理学经世”是研究同光清流的文化背景和思想资源。这个资源，被中下层京官们所共享和分享，因而产生出思想的复杂性。

同光朝的官僚士大夫，包括中下层京官，分享这一资源，并依据各自的生活经历、角色地位和对不同政治热点的关注，产生出不同的甚至是对立的思路。如以理学本源论为依托得出西学之本在于政治的郭嵩焘；如以保守德政人心价值为中心而有选择地吸收西学的曾纪泽和张之洞（西学中源和中体西用）；又如固守理学构架而完全拒绝外来文化的倭仁，以及学术远逊于乃师的徐桐。李鸿藻在当时是和倭仁、周祖培等齐名的理学家，但由于政治派系活动，他没有留下什么学术力作。就连工于历史、小学、掌故、考据的李慈铭，在有一次被名伶称为“理学名儒”、“道学先生”时，也非常高兴，“此曹公议，远胜公卿”，郑重地记在光绪八年十一月初七日的《荀学斋日记》里。

这种理论背景，是清流之间、清流与其他派系的官员之间关系的一种纽带。由于时局复杂化，它派生出许多复杂的思想。

四、小结

翰林院詹事府为天子近臣，会推阁臣非词臣起家不得与，不是翰林起家的人不能进入阁臣，因此这里成为进士们热衷的地方，因为这里是最接近皇帝的渠道。通过奏折、发言、日讲来影响皇帝的思路与决策。清初主要内阁学士品级虽然不高（五品），但是却是天子近臣，这些人可以贴近天子身边，有一种进入政治咨询、直至顺利进入政治决策的通道，是由其功能特性所规定的。翰林院有两个大变化：顺治从内阁分出，单立翰林院，雍正时设立军机处成为皇权独揽的秘密班子，内阁被架空，权力被削弱；翰林院作为一种咨询机构，在政府操作上的咨询功能逐渐褪色，让位于军机处，但反之，其思想功能及理论思考本色则得以扩充。

从翰林院詹事府衙门内部构成来看，汉族士大夫发言权显然占到绝对优势。这样的构成与满汉并列的行政系统如军机处、六部有很大的不同。这些士大夫可以利用翰林院这样的空间，利用这里的文化资源，利用自己的文化优势，利用接近皇帝的地位，来影响和推动中枢的决策此乃其特色作用。同时，在清朝国家机器内部，首先发出不和谐声音即“清议”声音的机构也是翰詹科道衙门。

带着这些问题，把考察京师南城地区外在的文化与环境优势进一步与考察翰詹衙门的内在功能联系起来。这样一个社区，是在体制之外；但体制内部的国家机构翰詹衙门的功能，容易与外部相联系、相碰撞，而容易调动士大夫积极性。翰林院与清流士大夫是双重宝剑，即在道德拯救之义支配下，一方面指向中央大员，如制约奕䜣等，另一方面还用其发言位置来说明宇宙皇权的合法性，因此可以制约慈禧，从安德海事件、午门护军太监互殴事件、吴可读"尸谏"事件可以看出。三个事件为一个性质，表明清流对皇权旁落、对历史上屡次出现的乱争之源即太后垂帘专权的焦虑。清流担忧慈禧，慈禧也担忧清流，二者之间的合分与政治权力斗争、与政治心理变化有很大关系。

第二章
京师南城的区域文化环境

京师南城，由于“满汉分城居住”政策，由于科举制度的作用，成为汉族朝官、京官、学者、士人、举子、商贾集居、生活和交往的空间。而修习儒家经典的文化精英群体，品行端方，文章卓越，或为文学侍从之臣，充日讲起居注官，日值南书房，得帝王不时召见、顾问而为天子近臣；或主掌文衡，充各省正副考官、充会试考官、同考官，地位清华崇异。

本章拟从介绍南城的名迹、名宿及士人的觞咏、描述南城士人（主要是中下层京官群体）的生活入手，来回顾康乾时期词臣文士们令人遐往的社交生活，展现南城独特的人文资源与区位环境优势。

一、“士流题咏率署宣南”

这些文士（翰詹词臣）例属闲曹①，好做诗文酒会。本节摘录戴璐《藤阴杂记》康熙年间文人宴集觞咏之地，旨在透过它所体现的人、物、景、事、诗、文，重现名流文士的宴集、觞咏、问学场景，体味其繁艳的文人气息，展

① 陈康祺《郎潜纪闻初笔》“翰林院詹事府”条记载，世称翰林院讲、读学士“无事日有事，有事日无事”，詹事府衙门“开印日封印，封印日开印”。盖每翰林院直日，讲、读学士递无事折。如有应奏事件，则由掌院具折，而学士弗与也。至于东宫官属，即政务清闲，用印日少，故有此对。

现南城的人文资源魅力①。

1. 天坛道院

胡会恩有《道院看牡丹》诗："碧落清虚人罕到，香林诘屈马偏谙。玉壶酒贮芳春思，石鼎诗联永夜谈。共说元都添绝艳，不须崇敬访名蓝。"冯廷魁有《神乐观送同年之官》诗："尺五天边春昼晴，同游南陌曲尘生。客来弥勒龛中坐，诗向桃花潭上成。"鲍西冈《坐树下》诗："风蝉吟不尽，返影下林丘"②。

2. 金鱼池③

吴梅村祭酒有《金鱼池》诗："金鱼池上定新巢，杨柳青青已放梢。"胡南苕有诗："菰黍菖华满帝畿，散朝仙侣叩岩扉。齐回玉勒连钱骑，并试香罗叠雪衣。日射朱鱼吹浪沫，花随彩燕扑帘飞。"曹溶有诗："旁城微雨踏花过，五色文鱼戏绿波。不为水亭堪系马，香车珠箔动人多。"王渔洋有《冬日过金鱼池》诗："记来剧饮暮春天，络马青丝白玉鞭。却倚回廊望珠箔，吴歌赵舞为君妍"④。汤纬堂大奎有《过金台书院观金鱼池得鱼字五十韵》诗云："载咏施（愚山）王（渔洋）句，长怀韦杜居。风流犹昨耳，吟赏复谁欤？花鸟余文藻，菰芦愧栎樗。陈诗聊纪兴，清露滴蟾蜍"⑤。

---

① 陈康祺《郎潜纪闻初笔》，卷3记载："中城珠玉锦绣，东城布帛菽粟，南城禽鱼花鸟，西城牛羊柴炭，北城衣冠盗贼。"

② 《藤阴杂记》，卷5。

③ 《帝京景物略》云：金故有鱼藻池，旧志云，池上有殿，榜以瑶池，殿之址今不可寻矣，居人界池为塘，植柳覆之，岁种金鱼，以为业，池阴一带园亭甚多，南抵天坛，一望空阔，每端午日走马于此。《燕都游览志》亦云：鱼藻池在崇文门外西南，俗呼曰金鱼池、蓄养朱鱼以供市易，部人入夏至端午，结篷列肆，狂歌轰饮于秽流之上，以为愉快。

④ 《藤阴杂记》，卷5。

⑤ 《藤阴杂记》，卷5。

3. 金台书院

在金鱼池北，盖仿首善遗意①，董于京兆尹。昔陈句山京兆兆仑，延顾虞东镇、姚砺圃汝金掌教，得人最盛。

4. 精忠庙

在金鱼池西，祀岳忠武，自灵佑宫灯市罢后，庙设烟火，人竞往观。又土塑秦桧，以煤炭燔之至尽，曰烧秦桧，盖仿火判之形也。秦涧泉作赋，纪心斋作词，先大夫同作四律。诗云："谁于火树现雄豪，腰腹皤然尚沃膏。脚色似曾夸进士，头衔犹未换功曹。……一片热肠人海坐，年年灯影照霜袍。""装点须眉异素工，鼻头出火耳生风。阴阳为炭灵其下，蜡炬成灰夜未中。……熏天炙手须臾事，薄尽心肠是老公。""烛龙向夜吐星芒，踏遍宣南宣北坊"②。

5. 灵佑宫

查他山慎行有《凤城新年词》："才了歌场便买灯，三条五剧一层层。东华旧市名空在，灵佑宫前另结棚。"陈其年维崧有《同人集灵佑宫会饮》诗。陈泽州廷敬有《至日陪祀同王阮亭灵佑宫早起》诗③。

6. 梁园

梁园，在京城西南（金中都），亭榭花木极盛一时，牡丹、芍药几十亩。(明) 吴宽《大匏翁家藏集》载："小南城梁家园径事芍药最盛，人多携酒赏之，后其家废，无一本存焉。"孙退谷谓梁园引凉水河从城南经潘家河沿入园。阮葵生《茶余客话》谓："梁家园积水到门，颜其堂曰半山房，后有疑野亭、朝爽楼，前对西山，后绕清波，极亭台花木之胜。池之南北，旗亭歌榭不断，游人泛舟，竟尽忘返，赋诗者甚多。"龚鼎孳有《招董玉虬文骥梁园李家庄泛舟观灯》诗："此地足烟水，当年几溯游。"王横云有《宋荔裳招饮梁家

---

① 据陈康祺《郎潜纪闻初笔》，金台书院在崇文门外金鱼池上，国初名"首善义学"，乾隆中始称书院，但不是明首善书院。明首善书院为邹南皋、冯少墟讲学之所，在大时雍坊，宣武门内天主堂，即其故址。

② 《藤阴杂记》，卷5。

③ 《藤阴杂记》，卷5。

园》诗："半顷湖光摇画艇，一帘香气扑新荷。""林间绿酒常浮月，座上清歌迴遏云。"沈心斋有《陈以树招饮梁家园警露轩》诗："野旷天高启八窗，门前一碧响淙淙"①。

7. 善果寺

王渔洋有游寺诗："偶然偕素侣，佛日到香林。亭午无人处，青苔满院阴。三衣消瘦服，半偈妙明心。爱就鱼山宿，萧条写梵音"②。

8. 慈仁寺

歌咏诗作不胜枚举。潘稼堂耒有诗："一窗幡影看烧笋，满院松阴听弈棋。多少龙山泥饮客，篮舆风味有谁知。"查他山有诗："高林鸣枯风，院静如泼水。时有杖藜僧，下阶拾槐子。"宋牧仲荦有《筠廊偶笔》："慈仁寺窑变观音，以庄严妙丽胜。"王横云有《杂咏》诗："慈仁寺里海榴红，却与江南色相同。移向小庭闲伫立，绛唇微语曲栏风。"高念东珩有《慈仁寺》诗："一月招提到几回，长松百丈羽幢开。市人熟识应含笑，又向东廊看画来。"查他山慎行有《饮严侍御曾榘鸾枝花下作》："卖花声里过斜街，不记招寻月几回。只有绣衣真爱客，印泥封酒必同开。"龚鼎孳有《寒食日白下诸子招集慈仁寺花下》、《春夜集慈仁海棠花下》等诗题。

慈仁寺内有大毗卢阁、双松、海棠花③。冯益都有诗："入眼黄花矜晚节，举头鸿雁惜归程。"田山姜雯有诗："千层佛火出层云，面对西山正夕曛。老树风悬雕鹗宅，荒原草长骆驼群。……侧耳秋城闻战鼓，登坛重起旧将军。"商宝意、王楼村式丹有诗。曹秋岳溶有《九日登高》诗："相怜皂帽俯长松，斜日蓬蒿古殿钟。层阁萧条飞燕雀，满城苍翠落芙蓉。"宋荔裳琬有《慈仁寺

① 陈康祺《郎潜纪闻初笔》，卷6。

② 《藤阴杂记》，卷7。

③ 大毗卢阁高三十六级，长廊四周，城市郊原，历历可睹。仰瞻宫阙，如傍云霄；俯眺西山，俨入襟袖。殿前双松，时已称数百年物。东一株高四丈余，偃盖三层，涛声满天；西一株仅二丈余，低枝横荫数亩，鳞皴爪攫，以数十红架承之。阮亭作双松歌，又言其下可置数十席。出总圣门为海棠院，皆僧寮也。海棠干数围，亦元时物。阁后有窑变观音，高尺许，宝冠绿帔，相极慈悲。寺前后凡七层。今毗卢阁改为平殿三间，双松入木厂。海棠院今废为染衣之所。惟窑变观音尚存。珠龛宝座，装饰精严，游人瞻玩，辄不能去。

看海棠作》："维摩室外沙棠树，疑是散花天女移。妖靥最怜终半放，快游不必定前期。蝶衣乱舞轻风下，莺语流连夕照时。"查查浦有绝句"十三松下小回旋，杰阁毗卢尺五天。笑指卢沟桥上影，人随车马蚁衔连"①。

9. 玉皇阁

在盆儿胡同。严宗伯我斯有《登玉皇阁》诗："双阙生缥缈外，万山青在有无中。题诗旧日苔痕碧，著屐重来柿叶红。莫惜登高佳节过，好携尊酒送飞鸿。"胡南苕有《冬日侍李容斋夫子登城南玉皇阁》诗②。

10. 松筠庵

在宣武门外达志桥（炸子桥），杨继盛故宅。杨继盛（1516－1555），字仲芳，别号椒山，直隶容城人。嘉靖二十六年进士，授南京吏部主事，改兵部员外郎。嘉靖三十年，"俺答躏京师"，咸宁侯仇鸾疏请"开互市市马，冀与俺答媾"。杨继盛上疏弹劾有"十不可、五谬"，被诬入狱，出狱后贬狄道典史，一个月仇鸾死，杨继盛调南京户部主事，三日后迁刑部员外郎。遭严嵩嫉妒，改兵部武选司，到任一月即上《请诛贼臣疏》，历数严嵩"十大罪"和"五奸"，请诛严嵩。疏入下狱，嘉靖三十四年被害。七年后，赠太常少卿，谥忠愍。

乾隆五十一年，杨寿楠、李融等访知杨忠愍故宅。其时曹学闵、阮葵生等"倡议鼎新，榜曰'忠愍故宅'，仍号松筠。"故居正堂内有杨继盛塑像，"庵不佛，塑幞头神像，相沿为城隍神。五月，抬像换水，结会立碑，既而寂然。"杨氏起草疏稿的书房，称"谏草堂"，壁上刻其劾严嵩奏疏。徐乾学题忠愍书

---

① 陈康祺《郎潜纪闻初笔》，卷7。邓之诚《骨董琐记全编》：慈仁寺松，毁于清初，亦光绪初叶补种者，偃卧颇有致。慈仁之毁，以义和拳设坛寺中，八国联军入都纵火焚之。后复建为昭忠祠。

② 《藤阴杂记》，卷7。

画诗中说："从此馨香辉鼎俎，至今岩谷锁松筠"①。

11. 长椿寺

明孝定太后建，寺中供奉太后像及九莲菩萨画像。为文人雅士宴集唱和之地。徐华隐嘉炎有《展田妃像》诗。长椿寺潘稼堂耒有《和重九益都公集长椿寺》诗。渔洋戊辰入都，总宪立斋徐公邀饭长椿寺。同集者相国冯公，刑侍高公，健庵徐公。胡南苕会恩《雨后过长椿寺夜集》诗。朱竹垞有《送梁药亭佩兰长椿寺联句》诗。毛西河有《陪益都夫子长椿寺观剧》诗："春色融融起化城，楝花风发坐来清。当轩一奏开元乐，满院如闻上苑莺。"韩文懿有《戊午春读书长椿寺》诗。唐东江孙华有《长椿寺瞻慈圣李太后御容》诗。

龚鼎孳爱妾顾媚（横波夫人）在寺旁建座妙光阁。陈廷敬、汤右曾等名士在此登高觞咏。冯溥有《九日登阁诗》，陈维崧有《重阳登高》诗、《戊申九日登长椿寺妙光阁诗》，张大受有《妙光阁看丁香花用昌黎出游诗韵》，潘耒有《和重九益都公集长椿寺》诗，徐嘉炎有《陪合肥夫子招集妙光阁度曲看花》二律，查他山有《步入一茎庵登妙光阁》诗："偶然联客袂，随意叩禅关。门径忽新改，居僧出未还。一尖城上塔，几点树头山。此处宜看雪，危梯约再攀"②。

妙光阁后有九莲阁，王渔洋有《与郑山公登九莲阁》诗："凭阑试聘望，远近一寒林。不见西山色，苍茫云外深。"

---

① 马芷庠：《老北京旅行指南》，页143－144。道光年间，僧心泉募资在祠西南隅建"谏草亭"，内有椒山手植榆树一株及石碑一块。道光三十年腊八日，客居京师的袁崇、秦谊亭（字炳文）、俞凰翰（字珊庆，号少轩、石年）、华翼纶、汪叔明（字昉）、张士保（字鞠如）、叶道芬（字君兰，号香士）、周学濬（字缦云）、冯培元、华翼纶等于松筠庵消寒结画社，合作长卷，一时有名。谏草亭后为清流议事处，清流派人物常在此聚会，议论时政，臧否人物，魏元旷《坚冰记》载，"光绪初，黄体芳、张佩纶、陈宝琛、宗室宝廷等数十人，常于松筠庵为会，讨论朝政，正言弹劾，一时殿陛风生。"甲午战争爆发后，黄绍基、文廷式、沈曾植、戴鸿慈、沈曾桐等常在此聚会，议论时局，三次联衔上书，力主抗战，康有为在此发动了公车上书。恽毓鼎《崇陵传信录》论此曰："清故事，凡言官有白简，多先集议于此。光绪间，康有为为三上万言书，即在此亭内。"宣统二年，御史江春霖以言事斥官，留联于庵云："三疏流传，枷锁当年称义士；一官归去，锦衣今日愧先生。"

② 《藤阴杂记》，卷8。

12. 弘衍庵

在醋张胡同。王渔洋有《与施愚山看海棠》诗："韦杜城南十万家，东风处处酒旗斜。不知冷节匆匆过，犹见僧楼一树花。""木鱼声静佛香迟，日午风帘自在垂。好是维摩方丈室，恰逢天女散花时。"纪太仆复亨曾寓此庵。

13. 悯忠寺

王渔洋有《吊宋谢文节公》诗。纪太仆复亨《叠山集》有诗。姚贞庵汝金诗。憨忠寺石坛，传为唐太宗征高丽回瘗战骨处。赵翼有诗。寺旁明末侍御赵譔徇节葬此，未及议恤。乾隆二年，御史传为詝奏请赐谥忠愍，建景忠庵。滇人即作会馆，一时征诗甚众。(宋荦)《筠廊偶笔》谓："悯忠寺见唐贯休面阿罗汉十六轴，最奇古"①。

14. 圣安寺

有王渔洋与施愚山、宋牧仲联句。朱彝尊称寺藏金元帝后及旃檀佛像，有"画壁商喜留，吴装何诡丽"、"绝笔追顾陆，璎珞杂佩遂"等句②。

15. 崇效寺

在柳湖村西。竹垞过寺诗云："白花秋细细，红枣晚攒攒。更上荒台望，遥山五髻盘。"宋牧仲有《秋日同人游圣安、崇效二寺》诗："柳湖古寺市南头，芳草闲房处处幽。岁月已同游伴改，依然文宴此中留。"王楼村式丹有诗："尚书清兴属萧晨，野寺烟光洽主宾。莫讶门前驻车马，官场自有爱闲人。"吴荆山士玉诗："旧是城南联句处，满天诗色碧云高。"缪湘芷沅诗："停云回忆殿西头，种树参天翠色幽。"郭于宫元釪诗："圣安寺是尚书寺，不让佳名擅枣花（王渔洋改崇效为枣花寺）。"吴天章雯《崇效寺雪坞上人种竹》诗："崇效窗前竹几竿，移来依旧碧檀栾。敲风忽醒三生梦，过雨真添五月寒。"陈泽州有《崇效寺看枣花书雪坞诗后》、《枣林寺门遇袁杜少》诗。王渔洋有《甲戌五月望日，宋山言至邀过崇效寺，访雪坞法师看枣花同赋》、《雪中怀拙庵》诗。田山姜有《坐雪坞三语轩茶话》诗。阮吾山《法时帆学士旧

---

① 《藤阴杂记》，卷8。
② 《藤阴杂记》，卷8。

藏诗册跋》："三十年前，余从庙市购一诗册，皆己未博学鸿词翰林赋送邱季贞洗马回淮南之作。诗翰各有可观，凡八人：海盐彭羡门、平湖陆义山、嘉兴徐华隐、任丘庞雪崖、东明袁杜少、长州冯方寅（勖）、宝应乔石林、山阳李公凯（铠）也。乾隆戊申秋八月，法时帆学士过余寓斋，出此册见示，亦前数公手迹。盖同游崇效寺看梅之作，惟羡门、石林二公不与焉。按邱洗马南归，在康熙甲戌之秋，距己未已十有六年，诸公尚同在馆中。其看梅诸咏，未署何年岁，然诗中称义山、华隐宗伯学士，公凯为学士，盖已在癸未以后。是时羡门已历少宰，石林先以言河工事罢归，距甲戌又十余年矣。是数君子于同年中气谊弥笃，白首如新，有足多者。……缅冷客之胜致，足见前辈风流。……觉百年前风会人物，宛乎可想"①。

16. 永光寺

本元刹，梁药亭佩兰寓。吴鉴南璜随父朴庭寓寺侧，生子，商宝意盘寄诗："原是释迦亲抱送，永光古寺翠微僧"②。

17. 延寿寺

宋徽宗北来寓此。赵瓯北翼吊诗："两河有地更新主，四海无家作寓公。遗迹不须悲古刹，黄龙北去更途穷。" "往事无端感靖康，但知割地少周防。……可怜问寝循家法，古寺犹传礼佛香"③。

18. 琉璃厂

吴梅村有琉璃厂诗："琉璃旧厂虎房西，月斧修成五色泥。遍插御花安凤吻，绛绳扶上广寒梯"④。洪亮吉有《十五夜琉璃厂步月》描绘灯市夜景："一市人如海，尘从隙处穿。帷车排窄巷，社火压汤圆。浊酒呼朋饮，奇闻借客传。欲寻容足地，飞爆向肩燃。"

---

① 《藤阴杂记》，卷8。

② 《藤阴杂记》，卷9。

③ 《藤阴杂记》，卷10。

④ 《藤阴杂记》，卷10。

19. 万柳堂

在京师广渠门内，夕照寺之旁，为大学士冯溥别业，康熙己未诏开博学鸿词科时，待诏者曾雅集于此。后归仓场侍郎石文桂（按：康熙十五年进士），旋施为寺，圣祖赐额为拈花寺①。陈维崧有《万柳堂修禊唱和诗序》："三月三日，水面丽人；一觞一咏，林边名士。"朱彝尊有《万柳堂记》。毛奇龄诗记万柳堂修禊情形："曲江修禊已三年，胜饮无如柳下偏。地旷尽教油幔接，溪回不碍羽觞传。沿堤草向春深发，夹路花从雨后妍。陪得蓬山旧仙侣，到来满座尽云烟"②。陈廷敬有《重阳宴集诗》记万柳堂诗酒盛会。康熙二十一年，冯溥致仕前与门下士子22人在万柳堂修禊③。乾隆年间，姚鼐曾与友人到万柳堂游览，并分韵赋诗④。乾隆壬申，辽东李豸青山人（锴），招诗人修禊寺中，宁邸秋明主人闻之，携酒肴歌吹来会，凡二十有二人，咸有赋咏⑤。

20. 吕家藤花

在万善给孤寺东。倪给谏国琏联句："一庭芳草围新绿，十亩藤花落古香。"商宝意诗："万善寺旁吕氏宅，满架古藤翠如织。铁干谁镌大德年，模糊辨是元朝植。"今屡易其主，藤尚无恙⑥。

21. 兴圣寺

在琉璃厂南。胡南苕有《大雪步至兴圣寺，访沈存田一揆同年，用东坡聚星堂雪韵》。近潘榕堂司马汝诚寓寺，雪中召客，亦用聚星堂韵。胡、潘前

---

① 陈康祺《郎潜纪闻初笔》卷8"拈花禅寺"条。"广渠门内万柳堂，清初文人雅集之地，原为大学上冯溥别墅，后归石文桂改建家庙，为拈花寺。"——石继昌：《春明旧事》，页313。

② 《藤阴杂记》，卷10。

③ 邓之诚《古董琐记全编》记载，"阮文达（元）尝于拈花寺补柳，属朱寉年（按：字野云，号野莹、野云山人）作图。同光时，潘文勤尚补植新柳，招胜流觞咏。顾其地荒辟，积潴为泊，去御河流处绝远，今竟无过而问之者矣。"

④ 姚鼐：《惜抱轩诗集训纂》，页57。

⑤ 《藤阴杂记》，卷10。

⑥ 《藤阴杂记》，卷10。

后丙辰进士，亦巧合矣①。

22. 刺梅园

城南刺梅园，士大夫休沐余暇，往往携壶榼，班坐古松树下，觞咏间作。谭舍人吉璁佐郡延安，同官于此祖饯，联句五十韵。朱竹垞《同何侍御元英钦松下》诗："禁烟高柳遍龙潭，未得同游只自惭。小春风携最好，又骑骢马到城南。"又《刺梅园饯陆进》诗："刺梅园里青松树，笑我重来竟白头。"孙松坪致弥诗："好觅南邻朱检讨，典衣还醉刺梅园"②。

23. 黑窑厂

国初宴游之地，春秋登高诗充栋。芝麓尚书花朝宴集中有"年年步屧此登台"句。又招汪苕文、王阮亭、李湘北、陈其年饯董玉虬，以秦州杂诗分韵。徐憺园《憺园集》有《陈说岩太宰招同竹垞、西溟黑窑厂最高处燕集》诗："张幄以御风，重毡覆青油。芳茵藉促坐，曲几罗庶羞"③。

24. 龙爪槐

城南有龙爪槐，僧言三百年矣。当时名流屐齿所必经，饮槐下，竟日清风谡谡，可以忘暑。徐虹亭钪《菊庄词话》："白门纪伯紫云：'壬子季夏，仆与合肥龚宗伯、山阳陈黄门台孙同饮龙爪槐树下填词。"孙司空在丰《饮龙爪槐下》诗："槐绿阴阴花事稀，到来庭翠欲侵衣。龙蟠车盖横空态，鸟啄林芳自乐饥。……蓟门长啸还携酒，拼得如泥醉不归"④。

25. 陶然亭

在黑窑厂南慈悲庵内，又名江亭。康熙三十四年，工部郎中监督厂事江藻所建，取白居易"更待菊黄家酿熟，与君一醉一陶然"诗句以名之。此亭

① 《藤阴杂记》，卷10。

② 《藤阴杂记》，卷10。

③ 徐乾学：《说岩先生招同竹垞（朱彝尊）、西溟（姜宸英）黑窑厂最高处宴集赋谢》，《澹园文集》，卷8。

④ 《藤阴杂记》，卷8。邓之诚《骨董琐记全编》：本唐兴诚寺，龙爪槐，嘉庆中补植，其废亦久。南皮张文襄尝补种二株，招名流觞咏其下，今即其地为祠以祀文襄。

“坐对西山，莲花亭亭，阴晴万态。亭之下菰蒲十顷，新水浅绿，凉风拂之，坐卧皆爽”，为“软红尘中清凉世界”①。春秋佳日，宴会无虚，“宣南士夫宴游屡集，宇内无不知有此亭者”，皆因“地近宣南，举趾可及，故吟啸遂多”②。

查他山有《游陶然亭》诗：“望远村东缓辔游，忽从饮马得清流。黄尘乌帽抽身晚，白露苍葭洗眼秋。风偃万梢铺井底，日斜双鹭起城头。谁怜一派萧萧意，我是江南不系舟。”董文恪公邀蔡殿撰以台、陈光禄孝泳、先大夫游陶然亭，即事有作。吴白华、曹习庵、程鱼门、阮吾山、赵璞函文哲、陆耳山、吴稷堂省兰等曾集陶然作展重阳会，送董东亭潮假归海盐，联句五十韵。

各省公车至京，场后同乡宴集。吾乡向在陶然亭设宴，饮酒论文。孙宫允人龙、严都谏源焘、吴比部岩在座，龙轰饮尽致，不醉无归。此举四十余年不废。自庚寅以后，余倡议，应京兆试亦循此例。严海珊刺史，暮年赴滇，邀姚砺圃（鼒）陶然亭话别，有无花无水水遇不以时之感。沈东田方伯就养京邸，秋日步至陶然亭，以楹帖“慧眼光中，开半亩红莲碧沼；烟花象外，坐一堂白月清风”为韵，成十四绝句。宋芝山葆淳作《湘管斋图》，题屋字韵七古，一时和者甚众。朱笠亭琰诸君又合作一图，无轩答诗。嗣是，历游南北，和者数百人。无轩自叠韵至三十首，录为《湘管联吟》。……辛亥八月秋，法时帆式善会己亥同年于陶然亭，即席赋诗。伊墨卿秉绶二律，超妙擅场③。

26. 风氏园古松

风氏园古松，见于诸家题咏。高文良其倬赋长歌：“浓阴数亩自周遮，横列十人容坐语。”缪湘芷沅集：“风氏园旁数武有武家窑，与黑龙潭相对。水木清华，渚涂文环互；风日澄霁，宛似江南”④。

---

① 陈宗蕃：《燕都丛考》引《顺天府志》语，页662。

② 震钧：《天咫偶闻》，卷7。

③ 《藤阴杂记》，卷10。

④ 《藤阴杂记》，卷10。邓之诚《骨董琐记全编》云：风氏园古松，形如偃龙，高不过丈，余阴可荫广延五丈。自明中叶后，屡见之名人题咏，言其地为黑窑常（按：陶然亭窑台）登高归途所必经，度当在龙泉寺之东，与龙爪槐（按：指龙树寺）相去不远（雍正二年酷暑中枯萎）。

27. 双林寺

出东便门，循河五里为双林寺，林木蔚秀。查他山有《秋饮双林寺河亭上》诗。朱竹垞有《严侍郎沆招集吴氏园亭》诗。毛西河请假，同年饯于沙河门外。朱竹垞赋长律二十韵①。

28. 韦公寺

在左安门外，宋牧仲有《游安亲王园不得入，过寺有作》。高念东侍郎《韦公寺看海棠》诗："燕子初来杏子酸，早朝几度又春残。……纵使海棠嗔醉客，岂无芳草待吟鞍。风光好处皆游遍，不信如今是作官"②。

29. 丰台园③

朱竹垞有《王书招同人宴集丰台药圃》诗："上苑寻幽少，东山载酒行。发函初病起，出郭始心清。元老风流独，群贤少长并。甘从布衣饮，真得古人情。""山田围辋水，左右出丰台。是日孤亭坐，繁花四面开。蚁浮倾更满，蝶舞去翻来。"王横云有《宛平太傅别业看芍药》诗："凤城南陌敞云庄，红药翻阶绕径芳。独殿三春矜绝丽，竞分五色炫新妆。""重枝累叶荫云根，雨露偏滋独乐园。自是黄腰登宰辅，那随青草号王孙。春来士女千群出，香入衣裾数日存。"唐东江孙华有《宛平公招同丰台园中观芍药》诗："芳园十里笋舆便，醉露欹红正斗妍。百和香吹花似海，千巡杯送酒如泉。"

丰台卖花翁张姓，女名阿钱，毛检讨奇龄纳为小姬，目有曼光，陈迦陵名曼殊。明慧能诗，以奇疾殁。检讨作别志，并录同馆哀挽之作。记其最婉丽者：汪蛟门懋麟云："荒村小婢卖花回，补屋牵萝小镜开。怪底红颜如芍药，妾家生小住丰台。"汪舟次楫云："春到长安芍药开，寻花曾一到丰台。自从解语归金谷，不是花时客也来。"赵秋谷执信云："淡红香白好容颜，宝髻堆云作百鬟。唤作佛花元自误，如今争肯住人间。"曼殊病剧，作《留视图》。

① 《藤阴杂记》，卷11。

② 《藤阴杂记》，卷11。

③ 陈康祺《郎潜纪闻初笔》卷11记"都门花事"："都门花事，以极乐寺之海棠，枣花寺之牡丹，丰台之芍药，十刹海之荷花，宝藏寺之桂花，天宁寺之菊花为最盛。春秋佳日，挈榼携宾，游骑不绝于道（花之寺中海棠，相传为董文恭公诰手植）。"

梁蕉林相国题云："百朵云光绾髻斜，焚香小坐澹铅华。画图展向春风里，好护丰台第一花"①。

30. 祖园

王横云有《夏日同人祖园宴集》诗："曾随胜侣到云庄，绿柳参天夹道长。坐树黄鹂迎客语，窥鱼白鹤爱溪凉。幽岩樽酒宜晴日，小阁蒲荷恍故乡。"王渔洋司寇有《过祖氏园亭》诗："依然春草樊川路，并马来过覆盎门。记得城南天尺五，绿芜红药水边村。"陈泽州有《重游祖氏园》诗。宋牧仲有《游祖园》诗："春光偏向客中催，选胜城南并马来。多少闲愁消欲尽，路旁茅屋绛桃开。"严存庵我斯有《游祖氏园》诗："出郭不数里，名园傍水涯。芦花围野岸，杨柳几人家。小阁临池回，疏篱抱径斜。到来幽兴极，竟日许停车。"胡南苕会恩有《祖园观荷至万泉寺》诗。王楼村式丹有《城南褚氏园亭宴集》诗②。

31. 天宁寺

徐憺园有《游天宁寺至白云观》诗："篮舆携伴惬幽怀，古寺寒钟景色佳。开阁青山方满坐，入门红药已翻阶。……会向射堂看秉烛，知君不惜酒如淮。"又："浮图宝铎半空闻，仙观还看傍白云。霜树绀园鸦自集，岩花丹灶鹤依群。"王渔洋有《天宁寺浮图》诗。朱竹垞有《寓天宁寺》诗。查查浦嗣栗有《塔灯》诗。严存庵有《过天宁寺》。王渔洋请假归新城，绘《载书图》，都人于彰义门外祖饯，赋诗成帙③。

按：康乾年间是南城人文景观形成的重要时期。"士流题咏率署宣南"④，江南诗文风会的极盛状况在京师南城得到了延续和展现。南城的自然景观，因为这些风会人物的雅集觞咏、放意诗酒而具有了文化的色彩，其才学名节与风流文采，使南城成为天下士人遐往之地，"相逢尽属龙门客，只是常鳞不敢登。"清代，对士大夫结党警惕颇高，限制颇严，但是并未禁止诗文雅集。以上词臣，多身居翰詹清要，以其天赋奇情、"博学鸿词"、字画文学、经学史学而名重一时，点缀着皇朝的文治武功，"燕郊春事，朱邸谦光，诗虎酒龙，

① 《藤阴杂记》，卷11。
② 《藤阴杂记》，卷11。
③ 《藤阴杂记》，卷12。
④ 夏仁虎：《旧京琐记》，卷8。

分张旗鼓，洵升平之嘉话，骚雅之清游也。余入都，曾一叩寺门，孱僧扪虱，古佛卧阶，万树垂杨，无复一丝青翠。回车不觉唏叹曰：康、乾二朝士大夫，真神仙中人"①。"缅冷客之胜致，足见前辈风流。……觉百年前风会人物，宛乎可想"②。"当日风流集，茶烟相望，令人艳想"③。

兹据《藤阴杂记》南城名迹所录诗词及《清代宣南人物事略初编》，作顺康雍乾各朝《南城诗词文学史学"名流""名士"一览表》：

姓名	字	号	生卒年	出身
孙承泽	耳北、耳伯	北海、退谷、退谷逸叟、退谷老人、退翁	1592－1676	明崇祯四年进士
金之骏	岂凡		1593－1670	明万历四十七年进士
吴伟业	骏公	梅村，别署鹿樵生、灌隐主人、大云道人	1609－1672	明崇祯四年进士
冯溥	孔博	易斋	1609－1692	顺治四年进士
李渔	谪凡	笠翁	1611－1680	
高珩	葱佩	念东、紫霞道人	1612－1697	明崇祯十六年进士
曹溶	秋岳、洁躬、鉴躬	倦圃、鉏菜翁	1613－1685	明崇祯十年进士
宋琬	玉叔	荔裳	1614－1674	顺治四年进士
龚鼎孳	孝升	芝麓	1615－1673	崇祯七年进士
施闰章	尚白、屺云	愚山、萝居士、蠖斋、矩斋、施侍读、施佛子	1619－1683	顺治六年进士。康熙十八年举鸿博
梁清标	玉立、棠村	蕉林、苍岩	1620－1691	明崇祯十六年进士
毛奇龄	大可、于一	秋晴、初晴、晚晴、西河先生	1623－1716	康熙十八年举鸿博
董文骥	玉虬		1623－1685	顺治六年进士
谭吉璁	舟石	洁园、小谭大夫	1623－1679	康熙十八年举鸿博

① 陈康祺《郎潜纪闻初笔》卷8"拈花禅寺"条。
② 阮吾山：《法时帆学士旧藏诗册跋》，《藤阴杂记》，卷8。
③ 李慈铭：《越缦堂辛巳日记》。

姓名	字	号	生卒年	出身
艾元征	允洽	长人	1624 – 1676	顺治三年进士
汪琬	苕文	钝庵、玉遮山樵、尧峰	1624 – 1691	顺治十二年进士。康熙十八年举鸿博
徐倬	方虎	苹村	1624 – 1713	康熙十二年进士
陈维崧	其年	迦陵	1625 – 1682	康熙十八年举鸿博
汪楫	次舟、舟次	悔斋	1626 – 1689	康熙十八年举鸿博
赵吉士	天羽、渐岸	恒夫	1628 – 1706	顺治八年中举
姜宸英	西溟	湛园、苇间	1628 – 1699	康熙十九年举鸿博。三十六年探花
邱象升	曙戒	南斋	1629 – 1689	顺治十二年进士
朱彝尊	锡鬯	竹垞、小长芦钓鱼师、金风亭长	1629 – 1709	康熙十八年举鸿博
陆棻	初名世枋，字次友、义山	雅坪	1630 – 1699	康熙六年进士。十八年举鸿博一等
徐嘉炎	胜力	华隐	1631 – 1703	康熙十八年举鸿博
徐乾学	原一	健庵	1631 – 1694	康熙九年探花
彭孙遹	骏孙	羡门、金粟山人	1631 – 1700	顺治十六年进士。康熙十八年举鸿博第一
王士祯	子真、贻上	阮亭、渔洋山人	1634 – 1711	顺治十五年进士
程可则	周量、湟溱	外号石胶		顺治九年会试第一
宋荦	牧仲	漫堂、西陂、绵津山人、西陂老人、西陂放鸭翁	1634 – 1713	
徐旭龄	元文		? – 1687	顺治十二年进士
王泽宏	涓来			顺治十二年进士
李铠	公凯			顺治十八年进士。康熙十八年举鸿博
唐孙华	实君、东江		1634 – 1723	康熙二十七年进士
孙致弥	恺似、松坪		? – 1671	康熙二十七年进士
严我斯	就思	存庵		康熙三年状元

姓名	字	号	生卒年	出身
田雯	紫纶、子纶、纶霞	山姜、漪亭、蒙斋	1635－1704	康熙三年进士
李天馥	湘北	容斋	1635－？	顺治进士
徐釚	电发	虹亭、鞠庄、拙存、枫江渔父	1636－1708	康熙十八年举鸿博
邵长蘅	子湘	青门山人	1637－1704	诸生
万斯同	季野	石园	1638－1702	康熙十八年荐博学鸿词科，不就
陈廷敬	子端	说岩、午亭	1639－1712	顺治十五年进士
汪懋麟	季角	蛟门	1640－1688	康熙六年进士
乔莱	子静、石林		1642－1694	康熙六年进士。十八年举鸿博一等
李光地	晋卿	厚庵、榕村	1642－1718	康熙九年进士
王原祁	茂京	麓台、石师道人	1642－1715	康熙九年进士
孙在丰	屺瞻		1644－1689	康熙九年榜眼
胡会恩	孟纶	苕山	？－1676	康熙十五年进士
吴雯	天章		1644－1704	康熙十八年举鸿博，报罢
洪升	昉思	稗畦、稗村、南屏樵者	1645－1704	康熙七年国子监肄业
王式丹	方若	楼村	1645－1718	康熙四十二年状元
王鸿绪	季友	俨斋、横云	1645－1723	康熙十二年榜眼
潘耒	次耕、稼堂	止止居士	1646－1708	康熙十八年举鸿博
孔尚任	聘之、季重	东塘、岸堂	1648－1718	
查慎行	嗣琏　悔余	夏重　他山	1650－1727	康熙四十二年进士
陆肯堂	邃升、澹成		1650－1696	康熙二十四年状元
庞垲	霁公	雪崖		康熙十八年举鸿博
袁佑	杜少	霁轩		康熙十八年举鸿博
冯勖	方寅			康熙十八年举鸿博
查嗣栗	德尹	查浦、晚晴	1652－1733	康熙三十九年进士

姓名	字	号	生卒年	出身
陈元龙	广陵	乾斋	1654－1736	康熙二十四年榜眼
汤右曾	西涯		1656－1722	康熙二十七年进士
吴暻	元朗		1662－?	康熙二十七年进士
赵执信	伸符	秋谷、饴山老人	1662－1744	康熙十八年进士
吴士玉	荆山	臞庵	1665－1733	康熙四十五年进士
缪沅	湘芷、澧南	永思	1672－1730	康熙四十八年进士
张照	得天	泾南、天瓶居士	1691－1745	康熙四十八年进士
张大受	日容	匠门	? －1711	康熙四十八年进士
汪由敦	师茗	谨堂、松泉居士	1692－1758	雍正二年进士
严遂成	崧占	海珊	1694－?	雍正二年进士
周长发	兰坡	石帆	1696－1777	雍正二年进士
杭世骏	大宗	堇浦	1696－1773	乾隆元年举鸿博
梁诗正	养仲	芗林	1697－1763	雍正八探花
陈兆仑	星斋	句山	1700－1771	雍正八年进士。乾隆元年举鸿博
商盘	苍雨	宝意	1701－1767	雍正八年进士
倪国琏	子珍、西昆	称畴	? －1743	雍正八年进士
鲍钤	西冈、冠亭	辛浦、待翁、梦峰居士		贡生
齐召南	次风	琼台、息园	1703－1768	乾隆元年举鸿博二等
姚汝金	念慈、改之		1705－?	乾隆元年举鸿博罢归
秦大士	鲁一、鉴泉	涧泉、秋田老人	1715－1777	乾隆十七年文武双科状元
袁枚	子才	简斋、自号仓山居士、随园主人、随园老人	1716－1797	乾隆四年进士
查礼	恂叔	俭堂、榕巢、铁桥	1716－1783	乾隆元年举鸿博，报罢
王际华	秋瑞、秋水	白斋	1717－1776	乾隆十年探花
程晋芳	鱼门	蕺园	1718－1784	乾隆三十六年进士
周于礼	亦园	立崖	1720－1778	乾隆十六年进士

姓名	字	号	生卒年	出身
王鸣盛	凤喈	西庄、西沚	1722－1798	乾隆十八年进士
戴震	东源、慎修	杲溪	1724－1777	乾隆四十年赐同进士出身
纪昀	晓岚、春帆	石云，道号观弈道人	1724－1805	乾隆十九年进士
王杰	伟人	惺国	1725－1805	乾隆二十六年状元
王昶	德甫	述庵、兰泉、琴德	1725－1806	乾隆十九年进士
纪复亨	元稺	心庵、心斋		乾隆十七年进士
蒋士铨	心余、苕生	藏园、清容居士、定甫	1725－1784	乾隆二十二年进士
赵文哲	损之、字升	璞函、璞庵	1725－1773	乾隆二十七年南巡召试一等第二名，钦赐举人，授内阁中书
赵翼	云崧、耘崧	瓯北、三半老人	1727－1814	乾隆二十六年进士
阮葵生	宝诚	吾山		举人
汤大奎	曾辂	纬堂	1728—1786	乾隆二十八年进士
汪启淑	慎仪	秀峯、訒庵	1728－1799	监生
钱大昕	晓征、辛楣	竹汀	1728－1804	乾隆十九年进士
朱筠	竹君、美叔	笥河	1729－1781	乾隆十九年进士
董潮	晓沧	东亭、臞仙	1729－1764	乾隆二十八年进士
毕沅	纕蘅	秋帆、灵岩山人	1730－1797	乾隆二十五年进士
朱珪	石君	南崖、盘陀老人	1731－1807	乾隆十二年进士
曹仁虎	来殷	习庵	1731－1787	乾隆二十二年南巡召试列一等，赐举人，授内阁中书
姚鼐	姬传、梦谷	惜抱先生、姚惜抱	1731－1815	乾隆二十八年进士
罗聘	遯夫	两峰、花之寺僧、金牛山人、衣运道人等	1733－1799	“扬州八怪”之一
翁方纲	正三、忠叙	覃溪、苏斋	1733－1818	乾隆十七年进士
陆锡熊	健男	耳山	1734－1792	乾隆二十六年进士
朱琰	桐川	笠亭		乾隆三十一年进士

姓名	字	号	生卒年	出身
沈宗骞	熙远	芥舟、研湾老圃	1736－1820	
钱泮	东注、约甫	南园	1740－1795	乾隆三十六年进士
吴锡麒	圣征	谷人	1746－1818	乾隆四十年进士
宋葆淳	帅初	芝山，晚号倦陬	1748－？	乾隆五十一年举人
黄景仁	汉镛、仲则	鹿菲子	1749－1783	
吴省兰	泉之		？－1810	乾隆四十三年赐同进士出身
伊秉绶	祖似	墨卿，晚号默庵	1754－1815	乾隆五十四年进士
凌廷堪	仲子、次仲		1755－1809	乾隆五十五年进士
阮元	伯元	云台、雷塘庵主、怡性老人	1764－1849	乾隆五十四年进士

二、宣外名宿分布概况

南城的自然景观因为名流名士而成为胜迹，他们的宅园更是一道美丽的人文风景。在前人笔记中，最注意名人住地掌故的是《骨董琐记》的作者邓之诚。据统计，该书记载的有清代名士有住地可考者凡九十二人（专段记王公权相住宅者未计），包括从明清之际的龚鼎孳、王士祯、邵长蘅、朱彝尊等中经乾隆盛世的纪昀、钱大昕、李调元、孙端人等，直到晚清年间的龚自珍、翁同龢、潘祖荫、李慈铭、袁昶等，都有较明确的住所及迁移记载。

这些名人中有六十五人住在南城，其中除三人住正阳门外的杨梅竹街及珠市口等一带外，六十二人都先后集中在宣南的狭长地区：从宣左、宣右一带起，沿宣武门大街，东边从香炉营、海北寺街、永光寺街、椿树胡同、西草厂胡同、铁门、魏染胡同、梁家园，至虎坊桥、菜市口，再从这里向南延及保安寺、绳匠胡同、半截胡同、米市胡同、贾家胡同、潘家河沿一带。西边从斜街（龚自珍的羽琌山馆即在此）、达智桥（时称炸子桥）南延至烂漫胡同、史家胡同、教子胡同一线。

有些胡同，名士们毗邻而居。如清初王士祯（渔洋）住保安寺街，和邵长衡门户相对，而陆冰修又与邵为一墙之隔①。晚清李慈铭住铁门时，其西邻是内阁学士马恩溥和兵部左侍郎胡瑞澜②，后来李亦搬至保安寺街。

有的住所，由文人们接续而居。该书谓：“严介溪听雨楼别墅，在神匠（今名绳匠，又名丞相）胡同。清初徐健庵尚书居之，继归溧阳史文靖。其后分为数处，毕秋帆官翰林时得之，为燕会觞咏之地。后归峨周立崖于礼。立崖好法书，藏彝颇富……健庵所属碧山堂，即休宁会馆。”

名士们在这些住地，堆石植树，凿池养花，藏书蓑画，并大都取一个风雅的斋号，成为城南延续了二百多年的文化传统。他们或在寺庙，或在别墅（如毕秋帆的听雨楼）“宴会觞咏”，形成交流。

该书记载的其他十九人，分住在内城和其他城门的城厢之内，他们中有相当一部分是贵官和满人文士，如清初的洪承畴、乾隆名臣鄂尔泰、乾嘉名士松筠及同光时的倭仁等（他住在西城都察院左）③。也有部分汉族大员享此殊荣，如昭梿《啸亭续录》“赐宅”条即载：“定制，汉员皆侨寓南城外，地势湫隘，凡赁屋时，皆高其值，京官咸以为苦。又聚集一方，人情诿诿，势所不免。列圣咸知其弊，故汉阁臣多有赐第内城者，如张文和赐第护国寺胡同，蒋文肃赐第李公桥，裘文达赐第石虎胡同，刘文定赐第阜成门大街，刘文正赐第东四牌楼，汪文端赐第汪家胡同，梁文定赐第拜斗殿，董太保赐第新街口。皆一时之荣遇也。”

兹据《古董琐记全编》、《藤阴杂记》、《清代宣南人物事略初编》粗略作《京师南城名宿旧址分布列表》：

① 《骨董琐记》，页362。

② 《越缦堂国事日记》三，页1070。

③ 邓之诚：《骨董琐记全编》，页102－103、175、361－363。

地址	姓名	斋号
宣武门左	龚芝麓（鼎孳）	香严斋①
宣武门右	陈邦彦	春晖堂②
	汪蛟门（懋麟）	十二砚斋③
正阳门、宣武门间	陆耳山（锡熊）	绿雨楼④
宣武门东街	陈泽州（廷敬）⑤	
	李湘北（天馥）	
宣外四眼井	祁文端（寯藻）	
香炉营	商宝意（盘）⑥	
后铁厂	张得天（照）	
永光寺西街	田山姜（雯）（又迁横街、粉坊胡同）	方壶居
永光寺	梁药亭（佩兰）	
椿树头条胡同	王鸣盛、钱大昕⑦	
椿树三条胡同	汪文端（由敦）⑧	时晴斋

① 戴璐：《藤阴杂记》卷9：龚芝麓尚书寓宣武门左，有香严斋。海内文人延致门下，岁暮，各赠炭资。

② 戴璐：《藤阴杂记》卷9：宣武门街右为陈少宗伯邦彦第。堂曰“春晖”，屋有藤花。文简公丙午自粤还朝，见花盛放，赋诗。今屋归全浙会馆，藤花尚盛。

③ 戴璐：《藤阴杂记》卷7：十二砚斋，朱竹垞记中书汪蛟门懋麟僦寓宣武门之右，穷巷萧然，饍炊不继。久病，梦入广庭，得石砚十二枚。寤而作歌，因名其斋。

④ 戴璐：《藤阴杂记》卷5：绿雨楼，陆文裕深旧邸（陆深，字子渊，号俨山，上海人。弘治十八年进士），在正阳、宣武二门之间，东曰素轩，北曰澹室，中为书窟。公裔孙耳山、锡熊藏有嘉靖中经筵所赐官扇，邀程鱼门晋芳、汪厚石孟鋗、赵损之文哲、阮吾山葵生、曹习庵仁虎、吴白华省钦联句。姚砺圃赋长歌。

⑤ 戴璐：《藤阴杂记》卷5：陈泽州初寓宣武门东街，与李湘北少宰比邻。有《六友斋玩月》诗。又《青藤馆昼睡》诗：“汗简纷难就，青藤蔓许长。”

⑥ 戴璐：《藤阴杂记》卷9：商宝意盘至京，寓香炉营，见歌者林建中。后二十年遇淮上，赋云：“我从弱冠游神京，僦居曾记香炉营。……君时方下黄门榻，衡宇相连宾不杂。醉倒常遗玳瑁簪，歌阑犹照珊瑚蜡。”

⑦ 与纪昀、王昶、朱筠等同年。与戴震、钱大昕、纪昀、王昶、朱筠等把酒问学，意气风发。二十三年授侍讲学士，二十四年充日讲起居注官。代表作有《十七史商榷》。与钱大昕同寓椿树头条胡同。

⑧ 汪由敦，雍正二年进士。乾隆元年，授内阁学士，入值上书房。戴璐：《藤阴杂记》卷9：椿树三条胡同，汪文端公寓，以所藏“快雪时晴”帖颜斋，曰“时晴”。公后赐第东城（东四十三条），申拂珊副宪甫接住，赋诗。沈云椒初和诗云：“花底春风敞数楹，清华水石旧知名。帘阴虚受池光合，琴响疏传竹韵并。高唱登坛凌白雪，小斋数典纪时晴。结庐岂必寻邱壑，早有云烟拂袖迎。”

地址	姓名	斋号
珠朝街	蒋士铨①	
保安寺前	王士祯（渔洋）②	
	陈维崧③	
椿树胡同	王昶④	
延旺庙街	岳钟琪	后为纪晓岚的阅微草堂⑤
贾家巷(贾家胡同)	陈句山（兆仑）	
梁家园	李雨村（调元）	看云楼
外郎营	徐本（立人）	凛存堂⑥
	王际华⑦	
麻线胡同	彭启丰尚书	
增寿寺（延寿寺）	王燕	忏园⑧

① 蒋士铨故居位于珠朝街。与黄景仁、洪亮吉、翁方纲、程晋芳等在宣南共结“都门诗社”，聚合唱论。

② 王士祯提倡“神韵说”，“海内公卿大夫文人学士，无远近贵贱，识公之面，闻公之名者，莫不尊之以为泰山北斗。”——王士祯撰，孙言诚点校：《王士祯年谱》。

③ 陈维崧常与吴伟业、龚鼎孳、姜宸英、王士祯等交往，尤与朱彝尊近密，曾合刊《朱陈村词》。

④ 王昶初寓居秦蕙田宣南“味经轩”。二十三年入都，居椿树胡同。次年寓居杨竹梅斜街兵部尚书梁诗正第。二十五年，移住教子胡同。教子胡同东侧即法源寺，与朱筠、曹仁虎、毕沅、陆锡熊、钱大昕等游法源寺。四十一年移居烂漫胡同，四十九年移居西堂子胡同，五十一年移居勾栏胡同。

⑤ 岳钟琪（1686－1754），字东美，号容斋。岳飞21世孙。历仕康雍乾三朝。征战建功，乾隆赐号威信。在京居住阎王庙街（即贾家胡同以西的延旺庙街）。

⑥ 戴璐：《藤阴杂记》卷10：外郎营，为徐文穆公本第，昔延文山先生课诸子，文庄随侍。后徐氏以第归文庄，甫兴作，而赐第护国寺，因售作全浙公产。“凛存堂”额尚在。

⑦ 王际华，乾隆十年探花，入翰林院，授编修。十四年在上书房行走，十九年迁詹事并充日讲起居注官，二十二年升内阁学士、工部侍郎。二十八年调户部右侍郎，转吏部侍郎，武英殿总裁官。初居韩家潭，后住外郎营的徐文穆宅。二十八年，将张廷玉、史贻直之赐第赐予王际华，将正堂起名为宝言堂，书室名梦舫。

⑧ 戴璐：《藤阴杂记》卷8：增寿寺西有忏园，乃王文靖公弟中丞燕别墅。万柘坡光泰诗云：“小巷大街东，园基近佛宫。残蝉斜照后，独鸟乱烟中。树老藤全白，篱荒枣半红。曲池无寸水，弹入雍门桐。”

<table>
<tr><th>地址</th><th>姓名</th><th>斋号</th></tr>
<tr><td rowspan="7">教子胡同</td><td>李文勤</td><td rowspan="2">李园、寄园②</td></tr>
<tr><td>赵吉士</td></tr>
<tr><td>吴锡麒</td><td>蒲褐山房（寄园故址）③</td></tr>
<tr><td>王兰泉</td><td rowspan="3">蒲褐山房（四人先后居之）</td></tr>
<tr><td>张南华、沈归愚</td></tr>
<tr><td>吴谷人</td></tr>
<tr><td>翁方纲①</td><td>寄园旧址</td></tr>
</table>

---

① 翁方纲（1733－1818），字正三，号忠叙，又号覃溪、苏斋，顺天大兴人。乾隆十九年钦定清文考试一等第一名。二十三年移居宣武门外横街。二十五年迁居教子胡同，赵吉士寄园旧址。与王昶、诸重光为邻，有“三家村”之称。后赵翼、蒋士铨、吴锡麟、张埙等迁居教子胡同，诗酒唱和频繁。三十七年迁孙公园，又移居潘家河沿。三十八年移住烂漫胡同。

② 戴璐：《藤阴杂记》卷7：“寄园为高阳李文勤公别墅。其西墅又名李园，狄立人亿于此设宴，见姜西溟诗。其后归赵恒夫给谏吉士，改名寄园。朱彝尊《曝书亭集》：寄园“赵恒夫所居寄园，浚池累石，分布亭馆，种花木，海内名士入都，恒流连不忍去。”《寄园寄所寄》卷三《寄园十二月（并序）》：“寄园者，黄门赵公退食之园也，地非偏僻，境隔尘嚣，有台有亭，有桥有池，有山有林，有竹有石，裴晋公之绿野，李文饶之平泉，不是过也。四时之兴不穷，九州之客常集，看花玩月，饮酒赋诗，琴尊不辍，啸咏继之。知黄都京阙之外，别有清凉闲旷之地，只觉蓬莱方丈，主人不远，而一时从游者，亦胥忘其为何处也。夫居山林之下者，不问功名之事，而处朝廷之上者，又少烟霞之趣。于是或仕或隐，各不相伴，而兼之者为难。惟公以特达之姿，超时独立，退无长往之讥，进无沈溺之恋。……乃于园中莳花叠石，编竹篱，引清泉补前人所未备，日与宾客词人，吟咏其中，正孔北海所谓座上客常满，尊中酒不空者也。”沈心斋有诗：“帘亚文禽入，花阴碧藓滋。家传清献鹤，夜静独知诗。”胡南苕初夏小集有诗。查他山有《九日游》诗：“萦成曲磴叠成冈，高著楼台短著墙。花气清如初过雨，树阴浓爱未经霜。熟游不受园丁拒，放眼从惊客路长。”张匠门大受有《同顾侠君、王玉衡上巳栽酒月张园》诗：“故人载酒城西地，狂客吹箫月上时。”王楼村有《匠门邀过寄园小集》诗。王兰泉司寇昶寓时，有蒲褐山房，勒诗于石。赵瓯北翼比邻而居。寄园有梨一株，逾常味。李高阳居时嗜之。后艾司寇元征、徐漕帅旭龄、赵给谏吉士接住，馈以为常。甲子，会辛卯同年在朝者于寄园，郑山公、王阮亭、沈绎堂、李奉倩等二十九人。

③ 初寓宣武门外兵马司前街，后迁至此。乾隆五十五年入直上书房，任国子监祭酒。与黄景仁、洪亮吉、翁方纲、蒋士铨等结“都门诗社”，诗与吴伟业齐名。书法与邵齐焘、曾燠、刘星炜、袁枚、洪亮吉、孙星衍、孔广森并称“八家”。

地址	姓名	斋号
章家桥西孙公园	孙承泽①	
	彭维新②	
	陈廷彦	
	吴省钦	晚红堂
	沈云椒	兰韵堂
西草厂胡同	姜西溟（宸英）	
绳匠胡同	陈元龙	爱日堂③
	汤西涯（右曾）	
	吴元朗（暻）	
	查他山（慎行）	
保安寺街	邵青门（长蘅）与渔洋相对而居④	
	陆冰修（嘉淑）与邵隔一墙	
	施愚山（闰章）	
	王杰⑤	

① 戴璐：《藤阴杂记》卷10：孙公园后，相传为孙退谷侍郎别业，前为安州尚书陈第，后有晚红堂，吴白华司空官翰林时赁住。公宴座师王文庄公。宅后一第，有林木亭榭，沈云椒侍郎寓焉。有兰韵堂。

② 彭维新（1679－1769），字肇周，号石原、余山，康熙四十五年进士。历任刑部、户部尚书，协办大学士。

③ 戴璐：《藤阴杂记》卷9：陈文简公元龙爱日堂第，在绳匠胡同西，有园亭，今归查氏。

④ 戴璐：卷9：邵青门长蘅与阮亭尚书书："奉别将十年，回忆寓保安寺街，踏月敲门，诸君箕坐桐阴下，清谈竟夕，恍然如隔世事。清景常有，而良会难再，念至增惆怅也。"又自序："忆己未客都门，寓保安寺街，与阮亭先生衡宇相对。愚山先生相距数十武，陆冰修仅隔一墙。偶一相思，率尔造访，都不作宾主礼。其年寓稍远，隔日辄相见。常月夜偕诸君扣阮亭门，坐梧树下，茗碗清谈达曙。愚山赠行诗有云：'蹋月夜敲门，贻诗朝满扇。'盖纪实也。"

⑤ 乾隆二十六年状元。初寓居保安寺街。二十八年入值南书房，三十二年迁侍讲，累迁内阁学士。三十九年授刑部右侍郎，转礼部，历任工部、吏部右侍郎，晋左都御史。迁至虎坊桥西侧。四十七年充《四库全书》馆副总裁，次年充三通馆总裁官，迁居宣武门外大街旁，后改建为韩城会馆。

<table>
<tr><th>地址</th><th>姓名</th><th>斋号</th></tr>
<tr><td rowspan="3">保安寺街</td><td>陈黄门（台孙）①</td><td>双槐轩</td></tr>
<tr><td>翁覃溪（翁同龢本家）</td><td></td></tr>
<tr><td>李慈铭</td><td>从铁门迁此</td></tr>
<tr><td rowspan="6">半截胡同</td><td>查查浦（嗣栗）②</td><td></td></tr>
<tr><td>汪苻洲（士鋐）</td><td rowspan="2">听雨楼⑤</td></tr>
<tr><td>韦约轩（谦恒）</td></tr>
<tr><td>秦鉴泉（大士）③</td><td></td></tr>
<tr><td>齐次风（召南）④</td><td>后移贾家巷陈句山旧居</td></tr>
<tr><td>吴兴会馆</td><td>清远堂⑥</td></tr>
<tr><td>顺承门大街</td><td>吴眉庵（应棻）</td><td>东井书屋⑦</td></tr>
<tr><td>史家胡同</td><td>德定圃（保）</td><td>东贤堂</td></tr>
</table>

① 戴璐:《藤阴杂记》卷9：陈黄门台孙寓保安寺，旁有双槐轩。

② 戴璐:《藤阴杂记》卷9：查查浦嗣栗有《同杨谌木中讷移寓半截弄》诗："衣箧书囊不满车，傍谁池馆觅新华。云离翠岫原无主，燕值雕梁便是家。随地可赊邀月酒，有钱先买探春花。故园不是无茅屋，梦里寒梅一径斜。"查查浦癸巳使广东还京，仍移半截旧寓。

③ 戴璐:《藤阴杂记》卷9：秦鉴泉学士大士，壬申状元，寓半截胡同。

④ 戴璐:《藤阴杂记》卷9：齐次风侍郎召南，移寓半截胡同。巷南逼近横街，夏日又从横街移居贾家巷，即陈句山兆仑旧宅。原宅又为齐接居。叠韵八首，有"晨夕好趋前辈召"句，谓张月槎汉、沈勉之荣仁、张南华鹏、李玉洲重华、彭芝庭启丰寓皆邻近云。句山移住粉坊，又叠前韵，有"两髯公据东西垒"，谓南华与周石帆长发寓占东西。"三馆人联远近坊"，谓同馆寓宣武门南约三十余人。杭堇浦世骏和作。

⑤ 戴璐:《藤阴杂记》卷9：北半节胡同有听雨楼，相传为严分宜东楼，前后即其故第。汪苻洲（士鋐）侍郎曾寓，见王楼村集。近韦约轩（谦恒）中丞自四松亭移居。有醉经堂、古藤书屋、得石轩、松石间精舍、槐荫馆、绿天小舫、桐华书塾。九日，同人送吴白华司空使楚，分体赋诗。

⑥ 戴璐:《藤阴杂记》卷9：北半节胡同有听雨楼……其南为吴兴会馆，自是楼旁余屋，纪太仆复亨以"清远"名其堂，公车赖以栖止。

⑦ 戴璐:《藤阴杂记》卷9：吴少司马应棻寓顺承门街东井书屋，舍宅为馆不遂。东井书屋，吴眉庵司马宴客，示《岭北集》。常以秋日召客，名曰秋盘，酒具曰犀槎。徐观察以升诗："每羡秋盘嘉，醇醪泛犀槎。"张太史映斗有《犀槎歌》。赋诗亦极一时觞咏。后归纪太仆、费学士南英。今屋已成墟，东井亦枯。

地址	姓名	斋号
米市胡同	阮亭（从斜街移此）	
	顾嗣立①	
	曹文恪（秀先）②	该胡同石芝庵
	潘文勤（祖荫）	
	于敏中	
烂漫（面）胡同	汤西涯（右曾）旧居，张南华、沈椒园先后居之	接叶亭③
	王顼龄④	锡寿堂
	嵇璜、陈用光⑤	
	史贻直⑥	广仁堂
	查礼⑦	

① （近人）铢庵《北梦录》：康熙中顾侠君嗣立“入都，寓宣武门外上斜街……其后入都修书，则移寓双井书屋……未几又移宣武门外……其第三次入都，则寓米市胡同，旋移北半截胡同，颜其居曰宣南一廛。又移南半截胡同。入翰林后，又移教场四条胡同。”

② 戴璐：《藤阴杂记》卷10：曹文恪秀先第在米市胡同。癸巳，仿真率会，邀程文恭公、嵇文恭公、吴恭定公绍诗、总宪张公若湝、大司寇崔公应阶、少司马蒋公元益，戊戌再集，易以漳浦蔡公、周文恭公煌、总宪罗公源汉，有“七人元旦五百岁”之句，朱石君（珪）先生以“二老同年十九科”为对，指蔡公也。

③ 戴璐：《藤阴杂记》卷8：接叶亭在烂面胡同中间，汤西涯少宰居焉。西涯咏斋中草木至五十二首，可谓蕃矣。雍正时张南华鹏居之，赋小集牛字韵八首。乾隆丁巳，沈椒园侍郎寓，吴少司马应棻招同人宴集首倡。后为查中丞礼、祝芷塘德麟寓。今归吴漪园太史裕德。丙辰鸿博征士来京，若杭堇浦、周兰坡长发、申笏珊，恒集接叶亭。周送翁朗夫照诗：“懒眠古巷联裙屐，接叶高亭发啸歌。”

④ 戴璐：《藤阴杂记》卷8：接叶亭对门大宅，为华亭王文恭公顼龄旧第，堂曰：“锡寿。”公曾孙绍曾、显曾入词馆，公孙祖庚保定太守，谒选道员。癸未，宴丙辰同征鸿博刘文定、曹文恭秀先、王廷尉会汾、杨侍读述曾、申副宪甫、陈太仆兆仑、钱宫庶载凡八人。

⑤ 嵇璜（1711－1794），字黻庭，号尚佐，晚号拙修。江苏无锡人。雍正八年进士。乾隆三十八年任工部尚书，后转兵部、吏部尚书。京师宅邸在烂漫胡同，后为陈用光宅。

⑥ 史贻直（1682－1763），康熙三十九年进士。雍正时任左都御史和户部尚书。乾隆年间历任工部、刑部、兵部尚书、协办大学士、大学士。居烂漫胡同内路东，原有广仁堂匾额。其宅为烂漫胡同四胜迹之一。

⑦ 查礼寓居前门外煤市街，后移住烂漫胡同，其宅为汤西崖接叶亭旧居。此后又移居南横街。

地址	姓名	斋号
海波寺街	金之俊（岂凡）①	古藤书屋
	龚鼎孳（芝麓）	古藤书屋
	何蕤音（元英）	改名丹台书屋
	章云（汉翔）	古藤书屋
	朱竹垞（彝尊）、孙松坪（致弥）	古藤书屋②
广安门内大街报国寺	孔尚任	顾亭林祠
斜街	乔莱③	一峰草堂
	龚定庵（自珍）	羽琌山馆

① 金之俊降清，任兵部侍郎，先后被授予太子少保、太子太保、太子太师以至太傅。在京宅宣武门外海波寺街。据戴璐：《藤阴杂记》卷9：海波寺街为金文通之俊第，有古藤书屋。康熙初年，御史何蕤音元英寓此，名丹台书屋。后龚鼎孳（芝麓）、何元英（蕤音）、朱彝尊（竹垞）、章云（汉翔）相继居此。

② 戴璐：《藤阴杂记》卷9：康熙丙辰，朱竹垞有《饮何少卿藤花下》诗。甲子，检讨自禁垣移居，有藤二本，有《寓斋小集六言》，又《小集送人》诗："我携家具海波寺，九月未槁青藤苗。夕阳倒影射柽柳，此时孤坐不自聊。"又《饯染孝廉佩兰》诗，又《紫藤花下作迟汤上舍右曾》诗，又《柽联句》、《寒夜赋火箸》诗、《花下醉歌送吴、魏二子联句》。至己巳，移槐市斜街。渔洋戊辰来京，竹垞邀饭古藤书屋，观米海岳《研山图》，作歌。蒋京少景祁有《集竹垞太史古藤书屋分赋·惜黄花》词："露明秋树，烟寒蔬圃。御堤边，正萧萧柳梢堪数。散发玉堂仙，遁迹金门侣。招好友，四围芳俎。帘衣风舞，蛩声夜语。落苹花，又疏疏六街凉雨。此别会何时，美景谁留取？最恼煞、丽谯催去。"同赋者黄庭、姜遴、陈枋、蒋运昌。甲戌元夕，赵恒夫吉士《饮于中翰章云汉翔古藤书屋》诗："一曲新翻出酒楼，春来六日趁人留。豸台共指红灯拥，蚕陌群酣白粥流。坐啸三休丛桂老，居停五易古藤留。自嗤旧物坚牢甚，欢宴吟传四十秋。"自注："寓为金文通甲午旧邸，递传龚芝麓宗伯、何蕤音侍御、朱竹垞太史，以及于中翰，五易主矣。予俱叨饮其中，为之志感。"孙松坪致有弥《移寓》诗。

③ 戴璐：《藤阴杂记》卷7：朱竹垞集：乔侍读莱尝辟一峰草堂于宣武门斜街之南，有《看花歌》。

地址	姓名	斋号
上斜街	顾侠君（嗣立）	小秀野堂①
	张月搓（汉）	
赵象庵②	张南华（鹏羽）	
槐市斜街	朱竹垞（彝尊）③	

① 戴璐：《藤阴杂记》卷8：顾侠君嗣立家吴中，有秀野堂（按：取苏东坡“花竹秀而野”得名）。京寓宣武门壕上（按：康熙三十五年二月三十日入京），背郭环流，杂莳花药。查查浦颜曰“小秀野。”又请鸿胪寺卿禹之鼎画《小秀野图》，并《自题小秀野四绝并序》，序云：“余不到京华，十有一年矣。家居卜筑秀野草堂五架三间，傍花映竹，几作忘世之想。今春复理装北上，虽呻吟羸背，而醉欢睡兴无日不在梦寐中也。入都后，于宣武门西三忠祠内僦屋数椽。推窗北望，雉堞云横，草深院落，颇觉萧疎可爱。因属海宁查二德尹（嗣瑮）颜之曰‘小秀野’，漫赋四绝，望诸君子属和焉。”（《秀野草堂诗集》卷7，道光廿八年刻本）。按壕上今上斜街，寓址莫考。有四绝句，“诗传辇下，一时属而和者百余人”。顾嗣立将和诗编为《小秀野唱和诗》。王原祁又为顾嗣立作《秀野草堂图》。顾氏在京广为结纳，“作逢十之集”，与名士“往来邸舍”，“文酒留连无虚日”，小秀野之名“亦遂传于都下”。四十四年，应召入四朝诗馆。四朝诗馆设局怡园，与侯官林吉人（佶）、睢州李牟山（中）、襄城刘太乙（青藜）、大名成周卜（文昭）、大兴蒋静山、钱塘吴宝崖（陈炎）、桐城刘北固、盱眙李苍存、泰州缪湘芷、江都郭于宫、武进庄书田（楷）、同郡张日容等“为文酒之会，饮如长鲸，酒酣耳热，狂歌间作，见者谓为风流人豪。”“诗酒之会，笔墨之事，殆无虚日。”“文酒之会，友朋之聚，未有盛于此时者也。”四十六年《四朝诗选》完成，移寓“宣南”春树草堂。四十七年五月，与友人举“消夏诗会”，王式丹、杨中讷、查慎行、查德尹、陈鹏年、周起渭等16人参加，有《草堂月下分韵诗》，自谓“京华风韵，赖以不坠，实自余始也。”五十一年，迁居教场四条胡同，请同年林吉人题写“晚翠”，将友人此处的诗酒唱和结集为《晚翠阁唱和诗》（《闾邱先生自定年谱》，康熙四十七年条）。

② 赵鉽，字象庵，酷爱养菊，自号菊隐，据赵慎畛《榆巢杂识》卷下“京城菊花”条，易州赵象庵官中书科中书，官闲无事，善养花，秋时菊花尤盛。凡菊之异种，不远数千里购之，故养菊独著京城。每值九秋，过晚香亭，寒香满室，耐可勾留。”

③ 戴璐：《藤阴杂记》卷7：朱竹垞于康熙己巳自古藤书屋移寓槐市斜街。考《六街花事》引：“丰台卖花者，于每月逢三日至槐市斜街上卖。”今土地庙市逢三，则槐市为今上下斜街无疑。查他山《饮朱竹垞槐市斜街新寓》诗：“槐街旧与一峰邻，酒瓮重开为洗尘。最爱今年春带闰，迟来犹作看花人。”朱竹垞《曹赞善鉴伦移居》诗：“后园虚阁压城濠，溅瀑跳珠闸口牢。正好凭栏看洗象，玉河新水一时高。”今洗象在宣武门西河内，其居必是上斜街。

地址	姓名	斋号
南柳巷	吴襄、沈东田（方伯）	赐额“兰藻”
	查他山（慎行）①	枣东书屋
	吴梅村（伟业）、祝芷堂（德麟）、曹剑亭（锡宝）、汤西崖	饲鹤轩
魏染胡同	金桧门总宪第②	一经斋
绳匠胡同	徐乾学（健庵）③、史文靖（贻直）、毕秋帆（沅）、周立崖（于礼）	碧山堂
	秦蕙田	
	姜度香	
	钱竹汀（大昕）④	移潘家河沿、横街
	刘文定⑤	
	许应骙	
	林绍年	

① 戴璐：《藤阴杂记》卷9：南柳巷对魏染胡同，查他山迁居魏染胡同，“西邻枣树垂实，故名枣东书屋。张匠门、缪湘芷于此饯饮”。又吴文简公襄旧宅，赐额“兰藻”尚存。沈东田方伯寓此。东有饲鹤轩，后祝芷堂德麟、曹剑亭锡宝俱居，相传为吴梅村祭酒故宅。汤西崖少宰亦寓。”

② 《藤阴杂记》卷9：（魏染胡同）迤南大宅，金桧门总宪第，有一经斋。

③ 《古董琐记全编》102页谓：徐健庵住地，继归溧阳史文靖，又毕秋帆得之，又归嵋峨周立崖于礼。严介溪亦居之。是该处从清初起，住过五人。考碧山堂在绳匠胡同，今改作休宁会馆。屋宇轩敞，为京师会馆之最。其南其北，昔为秦文恭师、姜度香司寇、刘司农宅，当日自合而为一宅，故能容满堂珠履。渔洋假归，门人黄叔琳、李先复、胡闰饯于碧山堂。查慎行曾是“碧山堂”的常客，诗云：“相逢尽属龙门客，只是常鳞不敢登。”龙门客应指王士祯、朱彝尊、阎若璩、万斯同等士人学者，其《饮徐尚书碧山堂花下》诗：“谢公别墅近城濠，载酒曾陪饮兴豪。不料故人还客此，犹能折柬致吾曹。商量未定将归燕，摇落何堪旧种桃。并堕平生知己泪，廿年尘土一清袍。”刘大山岩诗：“碧山堂里老尚书，二十年前此卜庐。”

④ 钱大昕在乾隆十七年入都，居绳匠胡同，在京二十三年，屡次迁居寓草场胡同、潘家河沿、椿树胡同、悯忠寺、横街、珠朝街、宣武门外大街、官菜园上街、校场胡同。

⑤ 戴璐：《藤阴杂记》卷10：刘文定师初寓横街，有《移居》诗。

地址	姓名	斋号
横街	齐次风（召南）①	
	程景伊	绿云书屋②
	施愚山（闰章）③	寄云楼
	韦约轩（谦恒）	椒书屋④
南半截胡同	礼部尚书王崇简和大学士王熙父子	怡园青箱堂⑤
北半截胡同	毕沅⑥	

---

① 齐召南居京寓所在宣武门外南横街、贾家胡同。与张汉、沈荣仁、李重华、彭启丰等为邻，过从往来。并常与朱彝尊、王士祯、姜宸英、施闰章、毛奇龄、胡天游、程晋芳、孙星衍等觞咏作赋。

② 戴璐：《藤阴杂记》卷10：程文恭景伊第在横街，有绿云书屋。

③ 施闰章以诗名噪清初诗坛。王士祯《池北偶谈》将其与宋琬合称“南施北宋”。愚山故居在骡马市大街铁门胡同11号，即宣城会馆。戴璐：《藤阴杂记》卷10：铁门宣城馆，施愚山故宅。王士禛有诗。施愚山移寓寄宋牧仲诗：“书声不敌市声喧，恨少蓬蒿且闭门。此地栖迟曾宋玉，藓墙零落旧题痕。”《旷园杂志》：“己未愚山寓邸寄云楼下老梅，四月开四花，俄而报至，施与高咏俱入翰林。南邻孙卓榜眼、茆荐馨探花，皆同里人。是科四月殿试，果符四花之兆。”

④ 戴璐：《藤阴杂记》卷9：横街有第，乃怡园之一隅，向为王氏世守，后赁张总宪若潍、吴少宰嗣爵。韦约轩中丞谦恒自黔回京，再入词馆，赁住怡园，废址尚剩四松，乃构亭于松石间，颜曰“四松”，并栽花树二十余本。又构有椒书屋，方桃杏盛开，屋又转售。住只年余。

⑤ 王崇简，宛平人。崇祯十六年进士。清定鼎北京后，经顺天府学政曹溶举荐，补选庶吉士，入翰林院授检讨，累迁侍讲、侍读、国子监祭酒、詹事府少詹事、国史院学士、吏部左侍郎、礼部尚书，加太子太保。十七年致仕。常与顾炎武、吴伟业、龚鼎孳、孙承泽、米汉雯、颜敏、王铎等往来。其长子王熙（官至大学士、礼部尚书，会满汉两文，乾隆二十一年授保和殿大学士兼礼部尚书，二十五年加太子太傅）在宅西侧南半截胡同七间楼之地建宅邸，取名怡园。吴长元《宸垣识略》：“七间楼在南横街南半截胡同口，即怡园也。”邸名“青箱堂”，朱一新：《京师坊巷志稿》：“王文贞公崇简有青箱堂。沈白溇受宏诗：西园地接红尘陌，东第门开白玉京。”

⑥ 毕沅在京初寓烂漫胡同。乾隆二十九年迁北半截胡同。后历任陕西按察使、布政使、巡抚、河南巡抚。邵晋涵、程晋芳、黄景仁、洪亮吉、孙星衍、章学诚等入其幕，编纂《续资治通鉴》220卷。

地址	姓名	斋号
南横街	吴可读①	
	曾国藩②	千佛庵
南横东街路南	毛奇龄③	四平园
虎坊桥	陈尢轩（焯）	
	毛西河（奇龄）④	众春园
李铁拐斜街	黄叔琳⑤	德寿堂
	朱筠⑥	椒花吟舫
	朱珪	
樱桃斜街	阮应商⑦	

---

① 吴可读（1812－1879），字柳堂，甘肃皋兰人。道光三十年进士。同治八年任御史。光绪五年，“尸谏”慈禧太后为同治帝立嗣。其人死后，士人仿杨椒山故宅例，在其宅建立祠堂祭祀之。马芷庠：《老北京旅行指南》“吴椒堂故宅”条：吴可读，住宣武门外南横街路北。——该书，页95－96。

② 曾国藩于道光十五年入京会试，住草厂胡同十条长沙郡馆，十八年中进士。二十年返京，寓南横街千佛庵。先后移居果子巷、鞑子营、棉花胡同六条、绳匠胡同北头路东、前门内碾儿胡同（内城）、南横街路北，贾家胡同等，与唐鉴、倭仁、吴廷栋、窦垿、何桂珍、邵懿辰等砥砺学问。

③ 毛奇龄在京寓居南横东街路南的四平园。康熙十八年开科征试博学鸿儒，入翰林院授检讨，任《明史》纂修官。时常到报国寺及琉璃厂书肆，与京师名士朱彝尊、施闰章、阎若璩、姜宸英等往来问学。

④ 戴璐：《藤阴杂记》卷9：毛西河会鸿博同年于众春园，各赋一诗，未知其地。偶见李子实笔店招帖，开设众春园口，乃即今虎坊桥西炭厂。昔时胜地，不知何时始废。竹垞己未同徐检讨钒九移寓虎坊桥，辑《瀛洲道古录》。查他山《别谭都谏瑄》诗：“宣武门东旧宅，虎坊桥畔凭栏。可惜手栽红杏，花开又让人看。”似皆桥西赁宅。阎恭定循琦廓而大之，继居者王韩城、赵副宪。

⑤ 黄叔琳在京“主持风雅，宏奖风流”而受人推崇。母九十时，御赐“德门寿母”匾额，其宅人称“德寿堂”。李铁拐斜街宅内有万卷楼藏书。又据《春明旧事》，大学士朱珪亦居此。“先是，乾隆五十五年，皇帝八十生辰，四大徽班进京庆贺，俱寓前门外以西诸街巷。其中和春班寓朱太傅对门。”——该书，页183－184。

⑥ 朱筠寓所在李铁拐斜街，有椒花吟舫，常与名流觞咏。曾任安徽、福建学政。奖掖后学，门生众多，如陆锡熊、程晋芳、任大椿、戴震、邵晋涵、汪中、章学诚、洪亮吉、黄景仁、武亿、吴鼒等。

⑦ 戴璐：《藤阴杂记》卷10：樱桃斜街，阮都谏应商寓。

地址	姓名	斋号
杨梅竹斜街	梁诗正赐第①	清勤堂
珠市口	陈泽州	
珠市口西大街	纪文达（昀）②	阅微草堂
韩家潭	王文庄（云廷）③	宝言堂、梦舫室
韩家胡同	李渔	芥子园
西便门	顾侠君④	晚翠阁
羊肉胡同	邵曰濂	
广安门内大街	王燕	忏园⑤

---

① 梁诗正在京宅杨梅竹斜街。戴璐：《藤阴杂记》卷5：南城杨梅竹斜街梁文庄公（诗正）第，清勤堂前藤花，汪文端公有诗。严海珊刺史遂成贻诗云："满架藤阴史局中，让君一手定《三通》。"吴庆坻《蕉廊脞录》"藤花"条记载，京师杨梅竹斜街蕴和店，旧为梁文庄公故宅，中有藤花厅，昔日文庄游宴地。

② 纪昀，乾隆十九年进士。二十一年任编修。二十四年任山西学政。三十三年升翰林院侍读学士。曾因两淮盐引案被流放新疆。三十八年四库馆开，主持撰成《四库全书总目》200卷。四十一年，擢侍读学士、日讲起居注官、詹事府詹事、内阁学士兼礼部侍郎，四十七年任兵部侍郎，四十八年转左侍郎，五十年任都察院左都御史，五十二年任礼部尚书。嘉庆二年迁礼部尚书。七年六月，署理兵部尚书。十年正月，复调礼部尚书，协办大学士，加太子太保，掌国子监事。宅邸名阅微草堂，位于虎坊桥路东，珠市口西大街。

③ 戴璐：《藤阴杂记》卷10：座师王文庄公，初寓韩家潭。七月二十五生辰，每于中秋前后张乐邸第，燕乙丑同年及门生。其戏台对联最为精切。堂曰"宝言"，因太夫子文山先生著《宝言堂家戒》。书室曰"梦舫"，因梦忆西溪而名。

④ 戴璐：《藤阴杂记》卷8：顾侠君嗣立寓有晚翠阁，查他山诗云："依稀宣北坊西角，鸿爪留泥我亦曾。"似在西便门街，无存。

⑤ 戴璐：《藤阴杂记》卷8：增寿寺西有忏园，乃王文靖公弟中丞燕别墅。万柘坡光泰诗云："小巷大街东，园基近佛宫。残蝉斜照后，独鸟乱烟中。树老藤全白，篱荒枣半红。曲池无寸水，弹入雍门桐。"

地址	姓名	斋号
永光寺西街	梁药亭（佩兰）①	
	田山姜（雯）、傅谨斋（为詝）	方壶斋②
	徐苹村（倬）	野航③
	陆肯堂	怀鸥、舫斋
西草厂胡同	汤西崖（右曾）④	
粉坊巷（粉房琉璃街）	田雯	古欢堂⑤
储库营胡同	阎若璩	
东琉璃厂西太平巷	王渔洋（士祯）⑥	
	程鱼门（晋芳）	

① 戴璐：《藤阴杂记》卷9：永光寺本元刹，梁药亭佩兰寓。邵青门长蘅与阮亭尚书书："奉别将十年，回忆寓保安寺街，踏月敲门，诸君箕坐桐阴下，清谈竟夕，恍然如隔世事。清景常有，而良会难再，念至增惆怅也。"又自序："忆己未客都门，寓保安寺街，与阮亭先生衡宇相对。愚山先生相距数十武，陆冰修仅隔一墙。偶一相思，率尔造访，都不作宾主礼。其年寓稍远，隔日辄相见。常月夜偕诸君扣阮亭门，坐梧树下，茗碗清谈达曙。愚山赠行诗有云：'蹋月夜敲门，贻诗朝满扇。'盖纪实也。"

② 戴璐：《藤阴杂记》卷9：傅谨斋副宪为詝移寓方壶斋，相传为田山姜故寓。田时官大鸿胪，傅尔时亦长鸿胪云。《亚谷丛书》云："京师戏馆惟太平园、四宜园最久，名亦佳。查家楼、月明楼其次。比年如方壶斋、蓬莱轩、升平轩最著。"今考诸园俱废，查楼仅存木榜。惟方壶斋屡易新名，人尚称为方壶斋。

③ 戴璐：《藤阴杂记》卷9：徐苹村侍郎邸，斋名"野航"，陆侍讲肯堂继寓，颜曰"怀鸥"，自题"舫斋"。徐恕斋以升诗："虚舟却与前因证，亦是怀鸥亦野航。"查查浦有《题怀鸥舫》诗。

④ 戴璐：《藤阴杂记》卷9：姜西溟《汤西崖移居》诗："椿树前头巷，先生卜宅成。"似今之西草厂胡同。

⑤ 戴璐：《藤阴杂记》卷10：田雯《古欢堂诗话》云：己未予"自横街移居粉坊巷。先至其处，督奴子搬家具。闷坐久，作诗题壁，有'墙角残立山姜花'之句。俄而渔洋至，见而和之。遍传都下，和者百人。"

⑥ 戴璐：《藤阴杂记》卷10：琉璃厂东门内一宅，相传王渔洋曾寓，手植藤花尚存。近程鱼门晋芳移居，以诗寄袁太史枚，有"势家歇马评珍玩，冷客摊钱问故书"之句，袁笑曰："此必琉璃厂也。"因记商宝意移居，万晴初访之，见门对云："岂有文章惊海内，从无书札到公卿。"万曰："此必商公家矣。"

三、京南士人生活素描

由于名士们或天子近臣、或翰苑词臣的身份，由于他们的天赋奇情、才学品节，由于他们的雅集交游、宴会觞咏，南城具有了“风雅”、“儒雅”、“雅致”、“博雅”之气韵，并延续传承下去，成为文化传统与独特的人文景观，令人遐往。

本节将对这些京官们（尤其是各衙门司官及翰詹科道等中下层京官群体）的“政治”与“世俗”生活如待遇、宦途、衣饰、文化、饮食、娱乐、审美情趣等做一简略回顾，从而加深对南城区域文化环境的了解。

（一）中下层京官待遇与生活景况

读陈金陵《洪亮吉评传》、胡思敬《国闻备乘》，知晚清京官平常收入主要有三：一是岁俸银，二是岁俸米，三是月公费（印结费）。陈金陵书据《清朝通典》卷四十、《清朝文献通考》卷九十，录乾隆四年（1739）定品官正俸如下：

正从一品：岁俸银 180 两，岁俸米 90 石；

正从二品：岁俸银 150 两，岁俸米 77．5 石；

正从三品：岁俸银 130 两，岁俸米 65 石；

正从四品：岁俸银 105 两，岁俸米 52．5 石；

正从五品：岁俸银 80 两，岁俸米 40 石；

正从六品：岁俸银 60 两，岁俸米 30 石；

正从七品：岁俸银 45 两，岁俸米 22．5 石；

正从八品：岁俸银 40 两，岁俸米 20 石；

正九品：岁俸银 33．114 两，岁俸米 16．557 石；

从九品：岁俸银 31．5 两，岁俸米 15．75 石。

可见，从一品至九品，俸禄有六倍之差。相比之下，亲贵宗室的收入则较高，几乎超过一品大员的 50%：

亲王：岁俸银 10000 两，岁俸米 5000 石；

贝子：岁俸银 1300 两，岁俸米 650 石；

三等男爵：岁俸银260两，岁俸米130石。

印结费的来源和发放都比较复杂，胡思敬《国闻备乘》对此考证较详："承平时，京官最称清苦。翰林仰首望差，阅三年得一试差，可供十年之用；得一学差，俭约者终身用之不尽。部曹放差者甚寡，唯藉结费以自给，其实皆私利也。结费不知始自何时，究其端，大约因军兴以后，捐例开，仕途杂，入京引见者多假冒，吏部不能诘，乃令取具各同乡京官印结，始准注选或掣签分省补用。外吏既须京员出结，即不能不稍事应酬，此亦人情之常，不须绳以苛法。其后捐生益多，出结者益众，馈遗多寡无定数，则必有相争相轧之情。于是京曹出结，官始分省，各设印结局，派专员管理而均分其数，罔有议其非者。庚子以后，各省昭信股票悉准报捐，展转鬻贩，值遂大贱。由监生捐一主事，买票不过千余金，而结费有达二千者，过于捐数几倍。行之既久，相习以为固然"①。

何刚德《春明梦录》也记载了京官收入情况："京官廉俸极薄，本无贫富之别，而所赖以挹注者，则以外省所解之照费、饭食银，堂司均分，稍资津贴耳。各部之中，以户部为较优，礼部尚书一年千二百金，侍郎一年八百金而已，此其所谓贫也。……承平时，闲曹无事，吐属风雅，思之犹神往也。余初到部时，京官俸银尚是六折发给。六品一年春秋两季应六十两，六六三十六，七除八扣，仅有三十二两。后数年，改作全俸，年却有六十金，京官许食恩，正两俸补缺后，则两份六十金，升五品则有两份八十金。俸之外有米，六品给老米，五品给白米。……俸之外则有印结银，福建年约二百金左右。吏部有查结费，与同部之同乡轮年得之，约在印结半数。此外即饭食银也，饭食银每季只两三金耳。得掌印后，则有解部照费，月可数十金，然每司只一人得之；未得掌印，则不名一钱也。当日部员如此清苦，安分从公，并未尝呼枵腹也"②。

按：二十世纪初，监生捐主事，捐纳费1000两，人情费2000两，共3000两，这不仅是门面账。李慈铭《越缦堂国事日记》光绪六年十一月二十九日日记：印结局送来是月份公费银二十二两五钱。所刻另单，言有工部主事夏震川自夏间分部后，未曾报局，因不送公费。今以十月告假，资参不给，向局索取九月份公费三十余金。自言临政不洁，原非素心，以前概不复取③。

① 《国闻备乘》"京曹印结"条。

② 《春明梦录》，卷下，页49。上

③ 《越缦堂国事日记》，五，页2659。

因京官俸入不多，仅恃同乡印结每年分得百数十金，故十分清苦，景况艰窘。就翰林而言，亦是如此，欧阳兆熊，金安清《水窗春呓》有一条记载，描述乾嘉间翰林清苦形状十分谐趣："京师有谚语，上街有三厌物，步其后有急事无不误者：一妇人，一骆驼，一翰林也。其时无不著方靴，故广坐及肆中，见方靴必知为翰林矣。"而据胡钧重《清张文襄公之洞年谱》，光绪三年（1887）张之洞四十一岁，"二月（四川学政任满）入都复命。寓永光寺中街。五月充教习庶吉士。……自还都后，处境清约，生日肃然无办，夫人典一衣，为置酒"①。

戴璐《藤阴杂记》有曲二段，一写京官之苦，一写京官之乐，极有深味。

杭州韩朝衡（字春湖）以翰林改吏部，尝填曲述司官况味，穷形尽相，一时传诵。"其司嘲云：谩道司曹，地位清高，文章收拾簿书劳，上衙门走遭。笑当年指望京官好，到如今低心下气空愁恼，要解到个中辛苦耐人熬，声从头说晓。几曾见伞扇旗锣红黑帽，叫名官从来不坐轿，只一辆破车儿代腿跑，胜有个跟班的夹垫驮包。傍天明将驴套，再休题游翰苑三载清标，只落得进司门一声短道。办事费推敲，手不停披目昏眊，那案情律意多用心操，还有滑经承弄笔蹊跷，与那疲贴写行文颠倒，细商量坐把精神耗，才得回堂说稿。大人的聪明洞照，中堂的度量容包，单只为一字宽严须计较，小司官费尽周旋敢挫挠，从今那复容高傲，免不得改稿时颠头簸脑，说堂时垂手呵腰。西苑路迢遥，候堂官偏难凑巧。东阁事更饶，抄案件常防欠早，受用些汗流浃背的秋阳照，沙飞扑面的冬风暴，那顾得股颤心摇肠枯舌燥。百忙中错误真难保，暗地里只眼先瞧，敢只望乞面去捱些脸臊，那知到吃雷回唬得魂销，若是例难逃律不饶，忙检举也半边儿焦，只怕因公罣误几降调，幸得霹历声高雨点小，赶办过平安暂报。"

"公堂事了，拜客去西头路须先到，约债去东头路须亲造，急归家栅闭沟开沿路绕，淡饭儿才一饱，破被儿将一觉，奈有个枕边人却把家常道。道只道，非絮叨，你清俸无多用度饶，房主的租银促早，家人的工钱怪少，这一只空锅儿等米淘，那一座冷炉儿待炭烧，且莫管小儿索食傍门号，眼看着哑巴牲口无麸草；况明朝几家分子，典当没分毫（分子乃京语谓庆吊也）。空烦扰，空烦扰，五旬外头颅老，休嗟悼，休嗟悼，千里外家山邈。无文貌没相巧，怪

① 《清张文襄公之洞年谱》，页46。

不得办事徒劳，升官尚早。回头顾影空堪笑，把平生壮气半向近年销，这便是那司官行乐图儿信手描。”

其司慰一曲云：“薄官天涯，首善京华，公余随伴散司衙，任逍遥似咱，便无多钱钞供挥洒，较似他风尘俗吏殊高雅，再休为长安清况辄嗟呀，且衔杯细话。有多少宦海茫茫吁可怕，那风波陡起天来大，单听得轿儿前喝道喧哗，可知那心儿里历乱如麻，到头来空倾轧，霎时间升美缺，锦上添花，蓦地里被严参，山头落马。你我赴官衙，坐道从容尽潇洒，只照常办事便不争差，可有急公文特地行查，与那紧差使横空派下，所言公案无多寡，将依样葫芦便画。特题的才能俊雅，推升的器识清华，便只要颈上朝珠将就挂，到其间科道挨班分定咱，何须一等夸京察，但盼个学政儿三年税驾，试差儿一榜通家。频年俸渐加，添置些绵衣布袜，挨时米不差，彀养个车夫奶妈，一任咱壶冰贮水消炎夏，炉煤聚火煨残腊，且落得酿酒栽花，题诗品画。客何来，几句闲谈罢，忙捧上大叶清茶，他待要决胜负，一枰对下，我还与叶宫商，弦管同抓，不用果殽嘉，器皿华，野蔬菜便似山家，尽射覆藏阄倾巨斝，直到月落参横更鼓打，且莫去，和衣共榻。回看家下，满壁的今和古书签挂，满院的开和落花枝亚，笑相迎子妇牵衣闲戏耍，奴婢儿多宽暇。鸡犬儿无惊唬，但博得夜眠时一枕头神清暇。虽则久别家，把圣水孤山梦想遐，逛厂的香车宝马，赶庙的清歌杂耍。才看了殿春风红芍药，又开到傲秋霜黄菊花。你便道茶园戏馆太喧哗，试与我窑台揽胜多幽雅。况争夸燕山八景，风日倍清华。真休暇，真休暇，暗移却春和夏。无牵挂，无牵挂，渐了却婚和嫁。忘机诈，绝虚假，受尽老健年华。清高声价，太平时节恩光大，或京堂几转，帽顶变山查。这便是老司官，头白为郎尽足夸。”

此一段描写京官之闲情逸致，使人意兴为之一快①。

（二）宦途及其与外官的交往

或居枢直清要。据欧阳兆熊、金安清《水窗春呓》“枢堂”条记载：“京官以枢直为最华要，两书房特清华而已。嘉、道两朝领袖者至丰腴，每年得馈遗有至巨万者。不过通消息，示向背，未有公然雌黄人才于其长之前者。即述旨缮拟，亦皆恪遵上意，不敢有一字轻重于其间，非若后来之可以任意干

① 瞿兑之：《杶庐所闻录·养和室随笔》，页84。

预也。”

或主掌文衡，何刚德《春明梦录》记载：

“从前京官，以翰林为最清苦。编检俸银，每季不过四十五金，所盼者，三年一放差耳。差有三等，最优者为学差。学差三年满，大省分可余三四万金，小亦不过万余金而已。次则主考，主考一次可得数千金，最苦如广西，只有九百金。若得乡会房差，则专恃门生贽敬，其丰啬以门生之贫富为转移，大率不过三百金上下，亦慰情胜无耳。然得之最逸者莫如房考。若主考则劳甚……若学差则不然，官阶大小不同，省分肥瘠亦异，三年两次，周历诸郡，随带幕友书役，竟是后车数十乘，从者数百人气象。且公费难依定额，供给取诸州县，关防之疏密，取与之严滥，即提调之知府不能言其究竟。本人亦未尝不感困难，然外面则堂哉皇哉，不失为督学礼制也”①。

翰林生活虽然清苦，但位居清要。其后，翰林也出现拥挤。赵慎畛《榆巢杂识》“京堂翰林并列”条记载：康熙三十八年，京堂悬缺者多，翰林壅滞，吏部始遵谕，将现出京堂缺及翰林官职名一并开列。对翰林而言，最不堪的是改为部曹。罗惇曧在《宾退随笔》“记部曹”一则对于这种心理有所描述：“翰林自登第，居京师，幸不夭折，则必至侍郎，故翰林恒卑视部曹，即同年同乡，其间亦各为泾渭，故新进士视失词馆为大戚，庶常散馆改部曹，有坠溷之叹”②。上述《藤阴杂记》杭州韩朝衡即以翰林改吏部，所填曲之苦乐，亦有此心理痕迹。

或外放道府。其后，部曹亦出现沉滞，而升转缓慢，陈康祺《郎潜纪闻初笔》卷六“京曹沉滞”即载：“员外郎内用九阶，方得四品，故有‘九转丹成’之号，谓员外、郎中、御史、掌道、给事中、掌科、鸿少、光少、通参

---

① 陈康祺《郎潜纪闻初笔》卷六“乾隆戊戌科主试者多状元”记载：“乾隆戊戌会试，金坛于文襄公、韩城王文端公为总裁。文襄丁巳状元，文端辛巳状元，王出于门，盖师生也。时于已大拜，王亦相继入阁。同考嘉定秦大成，癸未状元；元和陈初哲，己丑状元；休宁黄轩，辛卯状元；歙县金榜，壬辰状元。是时，凡状元在朝者，无不入场。”

② 这种状况到光绪末叶有所改变。该书谓：“立外务部，继立农、工、商、学、邮传等部，设丞参，取部曹之资深或外官之道府擢之，于是，部堂始易人。科举既废，翰林无典试之荣，乃争求调部。部曹乃嗤翰林为冷官，反睥睨之，盖物极则反之理也。当六部时，吏部为最尊，吏、礼两部曹皆进士无他途。军兴鬻爵至滥，独吏、礼两部无资郎之迹焉。工部、刑部资郎至多，部员皆至千余人。”

也。比年京曹沉滞，竟有遍历九阶者。”部分升转无望的京官则冀望外放得到肥缺，改善景况。罗惇曧《宾退随笔》这样描述“部曹”冀望升转的心理：“清制官缺，皆一满一汉，吏、户、礼、兵、刑、工六部盖沿明制，置满尚书一、侍郎二，汉尚书一、侍郎二。其下设司，皆满汉分缺，年资深者以次递补，有终岁不入署而得补者。……汉人出身科目，积资至主稿而止。……尚书、侍郎皆为翰林坐致之地，部曹无与焉。故资深者惟盼京察，京察三年一举，获记名道府，则冀外转得美缺而已；自外官复入为尚、侍者百不一二焉。”胡思静《国闻备乘》也描述了“京堂之多”因而冀望外放疗贫的心理：“四、五品京卿，旧制以郎中、给事中分途并用，递升至三品，遂跻侍郎，途虽迂曲，亦有因之以自奋者。庚子以后，候补京堂多至三、四十员，犹日进未止，或以江南候补道比之，滥可知矣。有由使差得者，有由军机章京得者，有由恤荫得者，有由劳绩得者，有由报效得者。振勋交通王文韶，进十万金，除太仆寺卿，加侍郎衔，出为商务大臣，声势甚盛。自是郎中、给谏永无推升之期，皆翘首望外放矣。”近人铢庵《北梦录》记“京官况味”说：“有清一代，京官俸薄，惟望京察外放道府，可以疗贫。”

由于京官待遇及生活状况，导致京官攀附外吏习俗的形成。（清）何刚德《春明梦录》记载：“道咸以前，外官馈送京官，夏则有冰敬，冬则有炭敬，出京则有别敬。同年同乡于别敬之外，则有团拜项，谓每岁同年同乡有一次团拜也。同光以来，则冰敬惟督抚送军机有之，余则只送炭敬而已。其数自八两起，至三百两为止。沈文肃送军机，每岁只三百金，而军机亦有不收者。其余则以官阶大小，交情厚薄为衡。后来渐重官阶而轻交情矣，大概寻常京官，非有交情不能得炭敬。而别敬则较为普通，督抚藩臬到京，除朝贵外，如同乡同年，及服官省分之京官，多有遍送，其数不过十金上下，后来竟有降至六金者。然而京官日渐加多，外官所费已不赀矣。……光宣之际，公行贿赂，专重权贵，末秩闲曹愈难沾丐矣。炭敬即馈岁之意，函中不言数目，只以梅花诗八韵十韵或数十韵代之，若四十则曰四十贤人，三百则曰毛诗一部，何等儒雅。亲贵用事时，有人送涛贝勒千金者，信面犹书“千佛名经”四字，亦尚不直致。惜涛不知所谓，举以示人，后拆开，始知是千两银票也”①。

据胡思敬《国闻备乘·满洲世阀》记载，清末满洲世阀最盛者有两家，一是裕家，即裕禄、裕长、裕德；二是溥家，即溥良、溥善、溥兴：“予戊戌入都时，满洲世阀最盛者推裕、溥二家。越二年，拳匪乱起，直隶总督裕禄走死杨村，裕长亦罢官家居。初太后拷问珍妃，于密室中搜得一簿，内书某月日收河南巡抚裕长馈金若干，太后怒曰：‘裕氏父子兄弟，余初以心膂寄之，今顾阉然媚事宫妾，可丑也！’遂斥去不用。裕德好洁，多忌讳，以父名崇纶，癸卯主礼闱，凡举子试卷有犯其家讳者皆黜之，时论大怪。后正揆席，不一年薨于位，家门稍稍零落矣。溥良、溥善、溥兴兄弟三人同时登九列，溥善以吏部侍郎兼左翼监督，因奸人盗卖陵地，牵连罢职。溥兴遇甲午厘定官制，由刑部尚书改都统，郁郁不得志，卒。今唯溥良尚存，官礼部尚书，亦无宠。近世汉员中，兄弟秉节钺者有合肥李氏、湘乡曾氏、西林岑氏、东海赵氏，同时跻卿贰者绝少。南皮二张相继参枢政，同族行辈相近，非亲属也”②。

以下李慈铭《越缦堂国事日记》中所记京官攀附外吏中就有裕家。这则日记一则反映了京官攀附外吏的习俗，二则反映了清流厌恶外吏的心态：

“光绪五年六月初九日：庚午同年来告，十二日，才盛馆张乐公宴（抄者按：凑份子）安徽巡抚裕禄，其弟编修裕德，庚午举人也，故宴之。余亦辞以疾。

京官贫不自存，逢一外吏入都，皆考论年世乡谊，曲计攀援，先往投谒，继以宴乐，冀获微润。彼外吏者，少分其朘削所得，以百之一，辇致权要，粲檄其毫末。编散部院诸司，人得锱铢，以为庆幸。于是益冥搜广询，得一因缘，动色相告，趋之若鹜，百余年来，已成故事。

近日訾郎（按：指中小京官）多于虮虱，穷不聊生，羶附腥钻，其卑弥甚。彼外吏者，益偃蹇倨侮，凡同乡同年之乏声气者，辄拒不见，亦不答拜，至有涓滴不及者。余深恶其事，前后宦京师十余年，从不投此曹一刺，即来拜

① 吴廷栋《拙修集》亦云：“本朝京官之穷，由来已久，今日尤甚，……负债者轻则数千，重则逾万，竟有煤米无处赊而借印子钱度日者。一有外官进京，则闻风往拜，继以请酒，不至则送席送菜。其实所希图者不过数两别敬，多则十余金，亦有绝无因由而竟置之不理者。京官有吉凶事则必下帖请分，至于小女于归小儿完姻小儿弥月无不有帖，……一或丁忧，则又偏游各省，逢人干谒。”

② 《国闻备乘》，页20－21。

者，亦不答之。非以矫枉鸣高也，冗官末秩，即大声疾呼，户到为谎，人孰从而问之，惟区区之心，廉耻不能尽表，故自行吾意，以存几希。而彼之过我者，以车马之便，随例编拜，其意亦本不知有我，我即不答，彼亦不知。故假杜名之辞，以省僦车之费”①。

按：作者此前为工部候补郎中。五月补为工部郎中用②。作者该年春闱及第始末甚详。是年五十六岁，自报四十六岁。也有的举子以少报多。他邻房的一个胶州人，实年八十四岁，自云九十二岁，“近来风气，老困童子试者往往冒增年岁至二十余年”，“以冀恩泽”，“故各省乡试后，大吏奏年老举人，动至数十”③。揭晓，在二甲八十六名，赐进士出身，授工部。

其时的生活景况十分清闲，即如（近人）铢庵《北梦录》所记：“人海一尘萧然无与，有闲房曲楹之安雅，有永日清风之畅适，而又有异书名卉之珍奇。此情此景，舍燕都外殊未易得。《越缦堂日记》最善写此。晚晴坐庭下作字，柳丝拂几，蕉荫照檐，竹桃弄花，明艳欲绝，此景不可多得也。又斸新笋二枝入馔，味极佳。夜雪大作，至二更，积寸许，银烛炯照，内外皎然，研朱细书，不觉其苦。三更雪霁月出，小庭靓深，竹木如绘，拨罏沦茗，徘徊久之，自喜清绝如在冰壶中也。买红梅两盆，香色颇佳，庋于窗下书几之右，时几上水仙盛开，有一丛作花数十，嫩黄艳白，翠叶亭苕，与红梅相映发，交香扇馥，清而益幽，据几校战国策，烹碧螺春茗，时啜对之，亦人生之极乐矣。此等清福，受用不易，况贫士荒年享此，尤为非分。案头置磁盘二，中以清泉养小圆石数十枚，本以蓄水仙，水仙萎后，以落梅数朵浮之，香韵清绝，时时嗅之，尝欲赋一诗纪其事，以为胜于焚香嚼茗也。梅花既渍久，易以杏花，玉白霞红，别有富艳之色。昨自极乐寺折海棠丁香归，更取其短枝零药缀之满中，濯锦浮珠，晕脂滴粉，虽石崇王济七宝床中，恐无此丽缛也。当更为一词写之，小窗幽寂，以此为清供，可以分告同人为穷愁消遣法矣。”

其后，京官奔走夤缘之风渐盛，兹录两则笔记以增了解。如《清稗琐缀》记“京官之消遣”曰：“前清京官，向称清苦，其有当权弄贿，炙手可热，车马衣冠，臣门如市者，不三数人。即术工奔走，机善夤缘，上谄下骄，藉于其期伺渔人之利者，亦属极少数人。其大半则萧索闲居，以诗酒声色自娱而已。

① 《越缦堂国事日记》，五，页2228－2229。

② 《越缦堂国事日记》，五，页2407。

③ 《越缦堂国事日记》，五，页2411－2424。

光绪、宣统间，国是最纷，政潮亦最激，而多数京官，仍颓唐如故。其供职各部者，惟每晨到署画到，近午即归，谓之上衙门，此外毫无所事，亦由各部人员，浮于所职故也。友人某尝官民政部，曾为一诗云：‘本无一事报公家，犹自蜂狂到署衙。顾我绵材羞袜线，翻嫌民政尚萌芽。上堂宛似星瞻斗，入院惟看鸟弄花。最是消闲无那处，出门闲坐东洋车。’”又如：“大抵道光季年，张石舟、何愿船等提倡经济，倭文端、曾文正等宗尚性理；光绪初年以至中叶，翁文恭、潘文勤等扢扬风雅，宝竹坡、陈弢庵等砥砺名节，京曹人才号为最盛。风会所趋，虽手无斧柯，亦俨然负朝野之望。此辈取径不同，而不事王侯高尚其事，超然尘壒之表，则约略相似。从光、宣之交，外省奔竞之习输入京师，侈然以声色货利相尚，而前辈淳雅之风几于扫地矣。汪穰卿笔记载闽京官四人为食鱼翅之会，费至数百金。有为诗嘲京官曰：‘六街如砥电镫红，彻夜轮蹄西复东，天乐看完看庆乐，惠丰吃罢吃同丰。头衔强半郎员主，谈助无非白发中，除却早衙签配字，闲来只是逛胡同。’喧寂雅俗之殊，一至于此”①。

（三）衣食行用

1. 衣冠饰物

昭梿《啸亭续录》“帽头毡帽”条描述清代士大夫的衣冠习俗曰：“余少时，见士大夫燕居皆冠便帽。其制如暖帽而窄其檐，其上用红片锦或石青色，缘以卧云如葵花式，顶用红绒结顶，后垂红缦尺余，无老少贵贱皆冠之。惟老翁夏日畏早凉，用青缎缝纫衬凉帽下，如今帽头状，初不以为燕服也。至于毡帽尚沿明式，皆农夫市贩之服，人皆贱之，近十余年盛行。帽头蟠金线组绣其上，至有用明珠宝石嵌者，如古弁制，惟顶用红绒结顶稍异古耳，士大夫皆冠之。至春秋间徜徉市衢，欲求一红缨缀冠者，未易见也。至毡帽则以细毯为之，檐用紫黑色，或有缀金线蟠龙以为饰者，非复往日粗野之制，为士大夫冬日之燕服，往日便帽之制，不复睹矣。”

又描述“服饰沿革”曰：“国初尚沿明制，套褂有用红绿组绣者，先良亲王有月白绣花褂，先恭王少时犹及见之。今吉服用绀，素服用青，无他色矣。花样，康熙朝有‘富贵不断’、‘江山万代’、‘历元五福’诸名目。又有暗纹

① 瞿兑之：《杶庐所闻录·养和室随笔》，页84。

蟒服，如宫制蟒袍而却组绣者，余少时犹服之。袍褂皆用密线缝纫，行列如绘，谓之实行，袖间皆用熨折如线，满名为‘赫特赫’。今惟蟒袍尚用之，他服则无矣。又燕居无著行衣者，自傅文忠征金川归，喜其便捷，名‘得胜褂’，今无论男女燕服皆著之矣。色料初尚天蓝，乾隆中尚玫瑰紫，末年福文襄王好著深绛色，人争效之，谓之‘福色’。近年尚泥金色，又尚浅灰色。夏日纱服皆尚棕色，无贵贱皆服之。亵服初尚白色，近日尚玉色。又有油绿色，国初皆衣之，尚沿前代绿袍之义。纯皇帝恶其黯然近青色，禁之，近世无知者矣。近日优伶辈皆用青色倭缎、漳绒等缘衣边间，如古深衣然，以为美饰。奴隶辈皆以红白鹿革为背子，士大夫尚无服者，皆一时所尚之不同也。”

又“油绿衣”条记曰，“雍正中行油绿服，无王公贵贱皆著之。后纯皇帝恶其黯溃，相戒不服，余少时犹及见之。乃近年优伶辈盛行，至于亵衣无不用之，士大夫尚未有服者。亦一时之风气使然。”

福格的《听雨丛谈》卷六记“军机坎”形制曰：“制如马褂而右襟，袖与肘齐，便于作字也。道光初年，创自军机处。因军机入直，最早最晏，衬于长褂之内，寒易著，暑易解，故又曰褂衬，又曰半袖。以杂色缎帛皆可为之，不必定如马褂之用青色也。数十年来，士农工商皆效其制，以为燕服，镶缘愈华，益失其义。按魏武作军帢，以军中服之轻便，或作五色以表方面，得毋军机坎之先声欤。”

戴璐《藤阴杂记》卷三也记载：“‘京堂詹翰两衙门，齐脱貂裘猞猁狲。昨夜五更寒彻骨，举朝谁不怨葵尊。’渔洋戏作，时康熙乙亥，任葵尊宏嘉奏三品以下禁服貂裘、猞猁狲也，一时服压韵之稳。赵恒夫吉士《元夕》诗：‘忆赐琼筵分次第，蝉貂炫服敢纷纶。’今京堂翰、詹、科、道仍准服貂，不知何年复旧。”

乾、嘉中：“汉人京官朝者皆以敝衣羸马为尚，其时不少花翎黄马褂带膝貂褂之赐，故趋朝之服较简。余记焦循《雕菰楼集》自述其会试入京谒朱文正，文正著一旧绯袍于中庭延坐，老辈风规俨然可想。咸同以后，军功多滥，章服之赐亦繁而侈风成矣。然光绪中，京官多著搭连布袍者”①。

王士祯《香祖笔记》卷一还记曰：

“二十年来，京师士大夫不复用金扇。初则尚金陵仰氏、伊氏素纸扇，继

---

① 瞿兑之：《杶庐室所闻录·养和室随笔》，页51。

又尚青阳扇，武林各色夹纱扇；未几废而不行，独尚曹氏靴扇，溧阳歌扇。一时风会，虽小物亦然，殆不可晓也。”

2. 交通出行

福格《听雨丛谈》卷三“肩舆”条记载：“本朝初年，汉人官京朝者，亦多乘马。其后准乘肩舆，三品以上用四人，四品以下用二人。今京官一二品汉大员，均乘肩舆，舁以四人。三品以下不乘肩舆，亦无二人肩舆之制。”

马的俊逸最能映衬前辈之风流。本书摘录的《藤荫杂记》中觞咏绝句如“散朝仙侣叩岩扉。齐回玉勒连钱骑。”（胡南苕）“旁城微雨踏花过，五色文鱼戏绿波。不为水亭堪系马，香车珠箔动人多。”（曹溶）“记来剧饮暮春天，络马青丝白玉鞭。”（王渔洋）“十三松下小回旋，杰阁毗卢尺五天。笑指卢沟桥上影，人随车马蚁衔连。”“尚书清兴属萧晨，野寺烟光洽主宾。莫讶门前驻车马，官场自有爱闲人。”（王式丹）足以再现康、乾二朝士大夫“燕郊春事，朱邸谦光，诗虎酒龙，分张旗鼓，洵升平之嘉话，骚雅之清游”的仙游情境，“觉百年前风会人物，宛乎可想”①。

戴璐《藤阴杂记》卷三有一则资料，颇有风趣：“京官向乘肩舆，杜紫纶诏始乘驴车，嗣后渐有骡车。余己仰入都，见京官骡车多而驴车少。然帏幔朴素，且少开旁门者，今则无不旁门，而布帏渐少。钱箨石少宗伯不能走旁门，亦不可解。阮吾山司寇官中书，坐敝车，人有十景之嘲，谓一骑嘶风、三窗印月、敝盖斜阳、断辕残雪、打头秋霆、拂面春风也。吾山自咏云：‘布帷飘瞥短辕颠，紫凤天吴百结悬。三面转移迎旭日，四窗空阔见青天。看山倚槛东西顾，唾玉随风左右便。伸足横肱吟十景，朝朝驱出暮驱旋。’”读此，快意悠然而生。

该书卷五又载：“昔正阳门专许舆入，车不准行。时京官无一乘车云。”因此，才有了昭梿《啸亭续录》里所记的诸多御赐殊荣典故。如“赐朝马”：“明制，诸朝臣皆左右长安门步行至午门，从无赐禁门骑马者。故阁臣沈鲤扶病入掖垣，屡至颠仆，为时人所怜云。国朝定制，王、贝勒、贝子皆乘马入禁门，至景运门下骑，诸大臣一仍明制。乾隆中，上念诸臣待漏入直，每遇风雪，徒步数里，甚为颠蹶，因特许诸阁臣乘马入内，以示荣宠。嘉庆己巳，上

① 阮吾山：《法时帆学士旧藏诗册跋》，《藤阴杂记》，卷8。

特旨诸大臣年逾七十者，赐肩舆入直，尤为旷典云。”又如“赐紫禁城骑马”：“本朝优礼耆臣，有赐紫禁城骑马之制。受赐诸臣，多用二人舁小椅乘之，非皆骑马趋朝也。余初入东华门时，问之老辈，或曰：‘禁卫森严，恐牲畜无知，冲突仪仗。’余颇疑之。后读乾隆五十五年上谕曰：‘内外文武大臣，特恩赏在紫禁城骑马，用资代步。但年老足疾之人，上马亦觉艰难，嗣后已经赏马之大臣，因有疾艰于步履者，仍加恩准令乘坐椅，旁缚短木，用两人舁行入直。’始知此制之由来。按《麈史》称：唐宰相皆乘马，五代始用檐子，宋时惟文潞公年高、司马温公以病，乃许乘檐子（檐子，即肩舆）。可知膺此异数，一朝仅有二人。以视我朝，凡卿贰已上，年及六十，洎在外曾著战功者，什九拜朝马之赏。即此一端，亦可见圣朝之宽大矣。……此则如今制之赏紫禁城乘轿，尤为养老尊贤之旷典。”

清代，内外城交通不便，如遇入宫觐见或办公，则需要半夜动身，且无车马不行。翰林等高官俸禄较多，《翰林雇马钱》：康熙庚臣恩例，给翰林官之员者十八人，雇马钱月三两①。但中小京官的交通费负担很重，李慈铭的一则日记可以说明这种情况：

光绪十四年二月朔日上谕：西苑（南海）工程告竣。四月初十慈禧前往驻跸。又诏改清漪园为颐和园，拟动工修整。四月初十，皇太后皇上驻跸南海。

四月二十一日，南海引见官员。《越缦堂国事日记》记：二十日，作书致友人，借了一个仆人。是夜，“三鼓时起，四鼓入正阳门，进东华门，由北池子缘景山，过大高殿，至西苑门下车。待漏于六项公所之吏直房。二十一日，辰入西苑门，缘南海进东角门，引见于勤政殿”②。

3. 饭馆酒肆

士人宴集清游，必作文酒之会。戴璐《藤阴杂记》卷八记毛奇龄《诗话》云：“宣武门竹林寺傍，有酒家，名顶泉居，酒名蓟酒。尝骑马诣益都相公第，必造饮。同官张毅文鸿烈往酟，诗云：‘竹林寺畔顶泉居，井洌香甘新窄余。’”“只有绣衣真爱客，印泥封酒必同开。”（查慎行《饮严侍御曾榘鸾枝花下作》）“莫惜登高佳节过，好携尊酒送飞鸿。”（严我斯《登玉皇阁》诗）我

① 邓之诚：《骨董琐记全编》，页339。
② 《越缦堂国事日记》，六，3685－3686页。

们可以想象出“一窗幡影看烧笋，满院松阴听弈棋。多少龙山泥饮客，篮舆风味有谁知”（潘耒）、“玉壶酒贮芳春思，石鼎诗联永夜谈”（胡会恩《道院看牡丹》）的诗境。《清稗类钞·饮食类》记“陶然亭雅会”曰：“赵味辛司马、洪稚存太史、张船山太守、吴山尊学士同官京朝，文酒过从，极一时朋簪之盛。预订每遇大雪，不相招邀，各集南下洼之陶然亭，后至者任酒资。”又记“辇下燕集”曰：“康、雍以还，承平日久，辇下簪裾，燕集无虚日，琼筵羽觞，兴会飙举。凡豪于饮者，各有名号，长洲顾侠君嗣立曰酒王，武进庄书田楷曰酒相，泰州缪湘芷沅曰酒将，扬州方觐文觐曰酒后，‘时未留须’。太仓曹亮畴彝曰酒孩儿，‘年最少也’。五人之外，如吴县吴荆山士玉、侯官郑鱼门任钥、惠安林象湖之浚、金坛王箬林澍、常熟蒋檀人涟、蒋恺思洞、汉阳孙远亭兰苾，皆不亚于将相。荆山尤方驾酒王，每裙屐之会，座有三数酒人，辄破瓮如干，罄爵无算。然醉后则嚣嚣竞作，弁侧屡僛，形骸放浪，杯盘狼藉。惟荆山饮愈啣，神愈惺，酬醋语默，不失常度，夷然洒然，略无矜持抑制之迹。其闳量，非同时侪辈所及，而欿然不以善饮之名自居。荆山一寒士，弱不胜衣，貌癯瘠无泽，而享盛名，跻右槲。昔人云：魏元忠相贵在怒时，李峤相贵在寐时。荆山之相，必贵在醉时也。”

近百年来宣南士大夫宴集多喜在北半截胡同之广和居聚饮，瞿兑之《杶庐所闻录·养和室随笔》记《广和居》一段：“广和居为旧京饶有历史之食肆，以其偏在宣武门外，近年生意日落，已歇业矣。己巳、庚午间，尝与曹缃衡同过访，因招南城旧友小饮，缃衡言肆中本有何子贞（按绍基）所欠账单，其上有贞翁亲笔数字，不知为何人谋去。询肆中最古之史料，仅出示倒字一纸（北方所谓出倒，即今南方所谓招盘也），其字云：道光十一年十月初二日立倒字人盛莲英，今在北半截胡同路东开设隆盛轩酒铺门面平房二间一处，因无力成作，情愿倒与申广泰开设广和居生理，言明出备倒价京平足银四十六两正……又据肆中人云：疱人孙姓自同治四年起入股一成四厘五，自此营业渐盛，盖亦其经营得法之一端。道光中叶，正文恬武嬉之时，京朝士大夫盛以饮食征逐为事。张之洞《食陶菜诗》云：‘今日街南询柳嫂，只缘曾识旧京人。’注云：陶凫香宗伯以西湖五柳居烹鱼之法授酒家，名曰陶菜，此即广和居之典故也。其后又有所谓‘总理’者，据《樊山续集诗》注云：当译署初设时，宣南广和酒肆以杂菜豕肉脔切为羹，名曰‘总理’。肆颇风雅，至近年犹遍悬诗人墨客名迹，无一俗笔。卒以住宅多移入内城，无法以振其业，开肆正及百年，而戛然止矣。悲夫！”

又载：“清季虽渐精肴馔，而酒犹未精，昔年京师以良乡酒为贵，实不堪饮。南酒虽较佳，亦鲜有能品鬻者。若满人及北人则多仅知饮白干耳。民国以后始知觅陈绍而饮之，庚子前后藏酒，今一斤可值一元也”①。

由记载可知，广和居在道光中叶开于北半截胡同，盛于同治初元。北半截胡同一带是京官比较集中的地方（《骨董琐记》）。何绍基、张之洞等都到过广和居，故店中墨宝颇多，当为文人集会之所。又据该书，宣统之前，内城无南式菜馆，朝贵们没有吃过苏、闽、川、粤之菜，现同光间的一些名肆，多在外城。到民国年间，外城商户多内迁，广和居这类店肆因城南社会构造变迁而倒闭了。

光绪初年到季年，京师宴饮征逐之风日甚，《清稗类钞·饮食类》的两则资料可以印证此种变化。如“京师宴会之恶习”曰：“京师为士夫渊薮，朝士而外，凡外官谒选及士子就学者，于于鳞萃，故酬应之繁冗甲天下。嘉、道以前，风气犹简静。征逐之繁，始自光绪初叶。且中进士者，凡于座师、房师及朝殿覆试阅卷大臣，例执弟子礼，位尊者或投三四刺始获见，外此乡会同年及同署、同乡皆须投谒，仆仆不得少憩，日以为常。”又“京师宴会之肴馔”曰：“光绪己丑、庚寅间，京官宴会，必假座于饭庄。饭庄者，大酒楼之别称也，以福隆堂、聚宝堂为最着，每席之费，为白金六两至八两。若夫小酌，则视客所嗜，各点一肴，如福兴居、义胜居、广和居之葱烧海参、风鱼、肘子、吴鱼片、蒸山药泥，致美斋之红烧鱼头、萝卜丝饼、水饺，便宜坊之烧鸭，某回教馆之羊肉，皆适口之品也。”下面这则资料则反映了宴饮征逐背后的官风吏治情况：“京师宴会之八不堪”曰：“光绪季年，黄岩喻志韶太史长霖在京师，厌酬酢之繁，有谢宴会私议一启，略云：供职以来，浮沉人海，历十余年，积八不堪，谨贡下忱，用告同志。一，现处忧患时代，祸在眉睫，宴会近于乐祸，宜谢者一。二，今日财政窘困，民穷无告。近岁百物昂贵，初来京师，四金之馔，已足供客，今则倍之，尚嫌菲薄。小臣一年之俸，何足供寻常数餐之客，久必伤廉，宜谢者二。三，京员旧六部，近添新署，共十一部，而官益多，加以学堂林立，巡警普设，人数倍蓰于旧，宴会之事，弥积弥繁。若欲处处周到，虽日日谒客，日日设馔，仍有不逮。且京中恶习，巳刻速客，至申不齐，午刻速客，至暮不齐。主人竟日衣冠，远客奔驰十里，炎夏严冬，尤

---

① 《枕庐所闻录·养和室随笔》，页25－26、35、51。

以为苦，宜谢者三。四，宴客略分数等，如贵人冶游，巧宦奔竞，达士行乐，可置勿论。若知交祖饯，朋友讲习，谊分当然，似非得已。然近来酒食之局，大都循例应酬，求其益处，难获一二，宜谢者四。”

（四）学术时尚

慈仁寺书市，位于广安门内大街。康熙年间，慈仁寺书市最盛，陈康祺《郎潜纪闻初笔》“京师书摊”载，“京师书摊，今设琉璃厂火神庙，谓之庙市。考康熙朝诸公，皆称慈仁寺买书，且长年有书摊，不似今之庙市仅新春半月也。相传王文简晚年，名益高，海内访先生者，率不相值，惟于慈仁寺书摊访之，则无不见，亦一佳事。”《藤阴杂记》卷七载，孔东塘尚任《燕台杂兴》云：“弹铗归来抱膝吟，侯门今似海门深。御车埽径皆多事，只向慈仁寺里寻。”自注：“渔洋龙门高峻，人不易见。每于慈仁庙市购书，乃得一瞻颜色。”故《古夫于亭杂录》云：“昔有士欲谒余，不见，以告昆山徐司寇，司寇教以每月三五于慈仁书摊候之，已而果然。”往日京师士大夫，常于冷摊中得珍物，冷摊多在慈仁寺，“王渔洋《池北偶谈》云：“已亥于慈仁市上见‘客氏拜’三字敝刺，朱克生以三钱得之，赋《客氏行》。予笑曰：‘使当天启时，此一纸过诏旨远矣。’又买正德钱二枚，背有螭虎形”①。

后慈仁庙市久废，且距城较远，被继起的琉璃厂书肆所取代。琉璃厂附近，有很多汉族京官居住，这一带的会馆也集中居住着各地赶考的举子②。康熙时灯市迁到琉璃厂，“每于新正元旦至十六日：百货云集，灯屏琉璃，万盏棚悬；玉轴牙签，千门联络；图书充栋，宝玩填街；更有秦楼楚馆遍笙歌，宝马香车游士女。……登土阜北眺，睹宫阙之巍峨，见楼台之隐约，如登海外三

① 铢庵：《北梦录》“冷摊”条。

② “京师五方所聚，其各有会馆，为初至居停，相沿甚便。”（明·沈德符：《万历野获篇·再入京都》）。“数十年来，各省争建会馆，甚至大县亦建以馆，以至外城房屋地基，价值腾贵。”（汪启淑：《水曹清暇录》）京师“为天下首善地，货行会馆之多，不啻什倍于天下各外省。且正阳、崇文、宣武门外，货行会馆之多，又不啻什百倍于京师各门外。”——李华：《明清以来北京工商会馆碑刻选编》。

山矣”①。乾隆三十八年开四库馆，“即于翰林院署藏书分三处：凡内府秘书发出到院为一处，院中旧藏《永乐大典》内有摘抄成卷、汇编成部之书为一处，各省采进民间藏书为一处。分员校勘，每日清晨诸臣入院，设大厨供给茶饭。”午后归寓，翰林院官员们校阅秘府藏书，“各以所校阅某书应考某典，详列书目，至琉璃厂书肆访查之。是时，江浙书贾，亦奔凑辇下，邮书海内，遍征善本，书坊以五柳居、文粹堂为最（又见翁方纲《复初斋诗集自注》）”②。乾嘉之际，从事整理、校勘、注疏、辑佚古籍的考据学大家也多聚集于此。文人雅士官宦们以古董古籍、拓帖收藏、古玩鉴赏为时尚，琉璃厂古玩字画街应运而生。李文藻《琉璃厂书肆记》载，“桥居厂中间，北与窑相对，桥以东街狭，多参以卖眼镜、烟筒、日用杂物者。桥以西街阔，书肆外，惟古董店及卖法帖、裱字画、雕印章、包写书禀、刻版、镌碑耳。”戴璐《藤阴杂记》记程晋芳移居，以诗寄袁枚，有“势家歇马评珍玩，冷客摊钱问故书”之句，袁枚笑曰，此必琉璃厂也。”珍宝古玩多售势力之家。

琉璃厂地区出售古今图书③、文房四宝（湖笔、徽墨、宣纸、端砚）、鼎彝瓷器、古玩珍宝、秦俑唐彩、铜器玉石、金石篆刻、古钱、古今字画、书法碑帖、线装古籍、印石图章、刻版印刷、珠宝首饰、玉石摆件、象牙雕刻、翡翠珍宝（翠玉扳指、宝石戒指、钻石别针、水晶项链）、中西乐器、木器、“明器”（冥器）、旧砖、“瓦当”、“造像”、铜镜、带钩、箭镞等“小玩艺儿”等各类古董的店铺鳞次栉比，被誉为“九市精华萃一衢”，吸引京城文人儒士和古玩商贩、收藏家聚集之地，成为“京都雅游之所”。沿街店铺金字匾额多为宰辅执政、名公巨卿、诗人名士题写，《春明古迹小识》载“旧都琉璃厂各

---

① 潘荣陛：《帝京岁时纪胜》。戴璐《藤阴杂记》卷十记琉璃厂曰：“正月游人杂沓，名曰逛厂。鲍西风钞《春游词》云：“丛脞书多卷帙残，几人著眼笑酸寒。南沙画片香泉字，幅幅装池骨董摊。”“料丝羊角灿成行，簇帛堆纱锦绣装。岁岁灯棚变新式，鳌山结撰到西洋。”

② 陈康祺：《郎潜纪闻初笔》“京师书肆”条。

③ 古旧书籍是琉璃厂最大珍宝，各种古籍书目卷帙浩繁，墨盒是琉璃厂特产，同古堂的墨盒图章，墨盒上刻字、刻画，可称“古玩”，砚，亦如此。

商店之匾额，皆系名家所书，字体不一，极尽琳琅壮观之致”①。有很多笔记描述了琉璃厂以书肆荟萃名震海内之状：

何刚德《春明梦录》记载：“京城东西二庙，每月两会期，排列古董珍宝。琉璃厂每正月必排到上元，名曰“厂甸”，视二庙尤盛，雅人好古，俗人好货，无不争趋之。”

瞿兑之《杶庐所闻录·养和室随笔》记载：“琉璃厂之为骨董、书籍、字画、南纸各肆所萃，盖始于乾隆间，书肆中有卖《缙绅》及《同年录》者，则凡仕宦者无不趋之，纸店中有卖小楷笔铜墨盒墨汁也，则应试者无不趋之。朝士大夫退食余闲，欲怡情翰墨，则亦巾车野服，于此恣一日之游。至于积学之士，欲读异书而力不能购，则坐书肆中亦得恣眼福焉。故肆主多工应对，通书史，以便与名人往还。其在光绪中有刘振卿者，山西太平人，备于德宝斋古玩铺，书则应酬交易，夜则手一编，专攻金石之学，尝著化度寺碑图考，洋洋数千言，几使翁北平无从置喙。（古玩铺）德宝（斋）主人李诚甫亦山山西太平人，肆始于咸丰季年，资仅千金，后乃逾十万，诚甫能鉴别古彝器甚精，潘祖荫、王懿荣所蓄，大半皆出其手。书肆则光绪初有宝森堂之李雨亭善成堂之饶某，雨亭卒于光绪六年，《越缦堂日记》记之云，此人知书籍源流精恶，为厂中第一。其后又有李兰甫谈笃生诸人言及各朝书板书式箸者刻者历历如数家珍”②。

胡思敬《国闻备乘》“书籍聚散”条亦载：“京师琉璃厂书贾凡三十余家，唯翰文斋韩氏席先世旧业，善结纳，资本尚充，收藏较他商为富。其能辨古书贵贱者，推正文斋谭笃生、会文斋何厚甫。厚甫之甥韩左泉亦颇识书，唯贪欲过重，尝往来达官大宅，学部侍郎宝丰、练兵大臣凤山等多受其欺。予初至京，潘祖荫、盛昱，王懿荣皆好蓄书，其时钱塘许氏、寿阳祁氏之书已有鬻于市者。后数年，祖荫之书归翰文，懿荣之书归正文，物固未有聚而不散者。许庚

---

① 《琉璃厂小志》列举了87家店铺匾额，《朝市丛载》列举37家之多。仅光绪皇帝的老师翁同龢写的就有五块，如宝古斋、赏奇斋、秀文斋等，人评“浑脱潇洒，老气横秋”；阿克敦布的清秘阁匾额“神气十足，结构精密，似脱胎于九成官，然运笔潇洒过之。”徐颂阁的松华斋匾额字体“圆润紧凑，超然绝俗，循其笔迹，系宗多宝塔，而运笔浑脱过之。”宝熙的悦古斋匾、克勤郡王的德宝斋匾、梁诗正、潘祖荫、那彦成、曾国藩的龙威阁藏书处匾额、梁启超的藻玉堂书店匾额、徐世昌的戴月轩笔铺匾、康有为的长兴书局匾额，“或祖欧黄，或宗颜赵，堪称北平匾额精华之集萃。至于恽薇荪之写苏，唐驼之写欧赵，冯公度之写颜柳，张海若之写北魏，尤足珍贵绝伦。”

② 《杶庐所闻录·养和室随笔》，页35。

身初官翰林，私取翰林院旧椠精本，别购坊间新书易之。庚子之乱，院署毁于兵，片楮无存，唯许氏易出本尚流落人间。内府图籍多贮武英殿，宦竖稍稍窃去。戊巳之间，内廷窃出殿本《朱子全书》凡数百部，每部只售四金。久之，恐事觉获罪，潜引火焚之，数十万卷顷刻而烬。当时但将管理员议处，初不知为内竖奸谋也”①。

琉璃厂之今昔，折射出清代学术风尚的变迁。兹列刘成禺《世载堂杂忆》所记“晚清朝士风尚”各条，对朝士学术时尚做一简略回顾：

如记“桐城派的盛行”：“有清中叶以还，士大夫竞趋训诂、考订之学，桐城派古文，蔚为文章泰斗。曾国藩服膺姚姬传，临文以桐城派为指归。更扩姬传之意，浸淫汉魏。据国藩日记所述，其生平作文用功处，以桐城派为体裁骨格，以汉魏以上文增益其声调奥衍。当时桐城师承籍盛，在京朝官，彼如桂林朱伯韩（琦），桂林龙翰臣（启瑞），马平王少鹤（拯）及山右冯鲁山等。在外交通声气者，如鲁通父（一同），吴子序等。奉为正宗大师者，为姚姬传大弟子上元梅伯言（曾亮）。周旋其间者，为桐城嫡派汉阳叶名琛弟叶志诜之子叶润臣（名澧）。名澧以虎坊桥西宅为集会之地，迎梅伯言入京瞻拜大师，在其《敦夙好斋集》中记载甚详。后梅伯言身在金陵，京师古文家太息伤感之文词甚夥。迨叶名琛事败，润臣亦出京，桐城古文家之帜遂倒。降及同光，张裕钊、吴汝纶之流，尚承道咸朝士遗风焉。”

又，记“舆地史学崛起”：“当时诸贤，承乾嘉学者训诂、考订、校勘之后，毅然别开门面，有志于辽、金、元三史及西北舆地之学。于是张石洲（穆）、何愿船、徐星伯蔚然崛起，观《朔方备乘》、《西北考略》、《和林金石考》、宁古塔诸志，皆足证注辽、金、元三史。李若农文田等，又研究西北金石，辅翼史料，私淑前人。后至同光，流风未坠，皆以研究西北舆地为最趋时之学。洪文卿出使大臣，译元史遗闻证补，自命以俄人史料，足征蒙古朝之文献，总理衙门颁行，成为官书。自兹以降，新化邹代钧、顺德马季立、宜都杨守敬，联合日本史地学会坪井马九三之流，创为《读史舆图》，绍道咸学风所尚而扩大之。……沈曾植之西北著述，远祖道咸，近开史派。王、沈云亡，治西北舆地史学，于焉告终。道咸间西北史地盛时，魏默深源，别树一帜，为东南海疆成《海国图志》一书。故谈辽、金、元史地者，京师以张穆等为滥

① 《世载堂杂忆》，页63。

觞；论东南西南海史地者，以魏默深等为先河。其后海禁大开，魏默深之从者日众，观《小方壶斋舆地丛钞》，诸家著述俱在。盖默深著书，名曰舆地，以其援引秦汉史籍，博引证明，实兼海国、舆地、历史为一也，其体例颇合近代著史之法。”

又，记“理学身体力行”：“当时倭仁（艮峰）提倡宋学于上，曾国藩涤生奉为表率，湘儒唐镜海（鉴）为理学名宦，得其拔识，待以殊礼。其乡人罗罗山等大讲理学于湘中，后湘军遂以治理学者为干城。国藩一生不能逃出理学窠臼。国藩于湖北汉阳刘传莹，推为理学正宗，传莹年少于国藩，国藩始终以师友礼之。常曰：‘予交流中，传莹对于宋学，身体力行，光风霁月，毫无造作，真笃行君子也。惜天不予年，刻其遗书于集中。’同光以还，治宋学之风气衰矣”①。

又，记“潘祖荫提倡公羊学说”：“在京朝士，以潘伯寅为盟主，当时公羊学说已具萌芽，潘尤喜之。其为总裁时，文有宗公羊学说者无不获隽。如汉阳万航湍之中顺天乡试，奏参革去。湖北编修魏时钜，为枪手渠魁，召集枪替人员，匿居南下洼子，作文传递。会试中进士五人，皆用公羊学，投潘所好也。魏以声名狼藉，革职回籍，为五翰林同时革职之一。”

又，“诗人荟集都下”条载，当时诗坛“以名高位重之祁寯藻、陶澍、张祥河等为领袖，荟集都下，仍以叶氏桥西邸宅为集会之所。时京中如宗涤楼（稷辰）、孔绣山、蒋通伯等数十名流，皆桥西座上客也。最推重者，为扬州潘四梅（德辅），亦如梅伯言之例，迎来京师。观冯志沂‘微尚斋’、叶名澧‘敦夙好斋’及宗涤楼诸家集，本末具在。名琛获谴，诗坛亦寂然”②。

刘体仁《异辞录》总结清代学风之变曰：“国初人解经，引经注之别见者以示其精，而案头不可少之书，惟《注疏》一部。乾嘉人解经，引经文之他见者以炫其博，而唯一法门，非三代两汉之书不敢读。同时之儒者，或专攻小学，或避而孝子、史、地理，各有所长。自《经籍纂诂》出，为训诂之渊海；自《皇清经解》出，为经典之集林；自敷文阁刊《方舆纪要》，于地志一览无余；自广雅堂辑《史学丛书》，于诸史各家咸备。于是人人可以掇拾，不废稽古之功。

道、咸而下以及光、宣，学风一变而为钟鼎、石刻，作矜奇炫异、避熟就生之计。经史大义置之度外。再变而为宋元旧板本，朽腐夏化为神奇。趋时之

① 《世载堂杂忆》，页35－39。

② 《世载堂杂忆》，页84。

士各手一编，求其歧异之处，若国史馆之校对官，若书班房之对读生，不知学问为何事矣。世道愈趋愈劣，至于如此。等而下之，译书亦然。海禁开后，士大夫稍稍讲求新学，五台徐松龛译《瀛寰志略》，无锡薛叔耘作为《续编》，侯官林文忠译《四洲志》，邵阳魏默深益以历代史书及明以后岛志，钩稽贯串而为《海国图志》。其后译局盛开，京师之同文馆，上海之制造局，以及教会附设，如广学会、益智书局之类，译出西籍，不下数百种。鸿篇巨制，不乏其人，即天文、地舆、动植物、理化之类，何莫非专门之学。较之近作寥寥短篇，不可同年而语矣"①。

（五）审美与情趣

清制，内城不准设立戏园，"以示崇俭黜奢之意。后渐多私立，睿皇帝严禁之。那御史景德得商贾重赀，乃奏称城中清冷，都人动苦拘束，请于万寿节旬日内，城内许立戏园歌演……奏入，上怒，即日遣戍，批其疏曰：'一片犬吠之声。'时谓之犬吠御史云"②。

外城戏园林立。戴璐《藤阴杂记》卷5记载："京师戏馆惟太平园、四宜园最久，其次则查家楼、月明楼，此康熙末年酒园也。查楼木榜尚存，改名广和。余皆改名，大约在前门左右，庆、乐、中和，似其故址。自乾隆庚子回禄后，旧园重整，又添茶园三处，而秦腔盛行，有魏长生、陈渼碧之流，悉载吴太初《燕兰小谱》。……京腔六大班，盛行已久，戊戌、己亥时，尤兴王府新班。湖北江右公宴，鲁侍御赞元在座，因生脚来迟，出言不逊，手批其颊。不数日，侍御即以有玷官箴罢官。于是□（原文缺字）绅相戒不用王府新班。而秦腔适至，六大班伶人失业，争附入秦班觅食，以免冻饿而已"③。

胡思敬《国闻备乘》"京师梨园"条记载，"京师人好听戏，正阳门外戏园七所，园各容千余人，以七园计，舍业以嬉者日不下万人。子弟中最负盛名者曰汪桂芬、谭鑫培。鑫培每入场，座客各增百钱，一日鬻技过百金，私宴酬赠尤多。桂芬声价出鑫培右。癸巳顺天乡试，同门诸友宴大学士裕德于湖广馆，遣使赍八十金相约，已诺之矣。裕德闻有桂芬，终宴不疲，待至四鼓，促

① 《异辞录》，页164。

② 昭梿：《啸亭续录》"犬吠御史"条。

③ 戴璐：《藤阴杂记》，卷5。

请络绎载道，竟不至，举座为之索然。德处亦京师名优，故相穆彰阿之孙、崇绮之甥，其叔萨连，官兵部左侍郎。”

京官挟优之风盛行。戴璐《藤阴杂记》卷5记载：《如是我闻》载倪少宗伯承宽《感旧方俊官作》诗云：“落拓江湖鬓欲丝，红牙按曲记当时。庄生蝴蝶归何处，惆怅残花剩一枝。”诗末有注：“俊官名兰如，吴人。为庄本淳学士所狎，有状元夫人之号。”

何刚德《春明梦录》详细记载了京官的这一审美情趣：“京官挟优挟妓，例所不许；然挟优尚可通融，而挟妓则人不齿之。妓寮在前门外八大胡同，地极湫秽，稍自爱者绝不敢往。而优则不然，优以唱戏为生，唱青衣花旦者，貌美如好女，人以像姑名之，谐音遂呼为相公。其出色时，多在二十岁以下。其应召也，便衣穿小靴，唱曲侑酒。其家名为下处。下处者，京中指下朝憩息之所为下处，故借以名之也。若就饮其家，则备十二碟以下酒，酒后啜粥而散，名曰‘排酒’。酒钱给京票四十千，又下走十千，按银价不及四金也。或在其家请客，名曰‘吃饭’。吃饭则视排酒郑重，一席之费，多者廿四金，少者亦必在十金以外；下走之犒，则随席之丰啬而定。其馔较寻常酒馆为特别。余曾为龚蔼人方伯所约，在梅兰芳之祖梅巧玲家，食真珠笋一味为最美。盖取蜀黍初吐颖时，其小如珠，摘而烹之，鲜脆极可口。余在苏赣宴客，因署后有蔬圃，每仿制之；然一盂所需，已踏破半畦蜀黍矣。京官清苦，大概只能以排酒为消遣。因下处甚清雅，夏则清簟疏帘，可以观奕，冰碗冰盆，尤可供雪藕浮瓜之便；冬则围炉赏雪，一室烘烘，绕座唐花，清香扑鼻，入其中皆有乐而忘返之意。像姑或工画，或知书，或谈时事，或熟掌故，各有一长，故学士文人皆乐与之游，不仅以顾曲为赏音也。然此皆闲曹年少时为之，若官跻卿贰，年逾耆艾，则仍屏绝征逐，以避物议。尝闻潘文勤平时最喜一善唱昆曲、兼工绘事之朱莲芬，及任侍郎，便不与之相近。而莲芬年节前往叩贺，文恭必袖廿金银券，出而亲授之，一见而别，至老不衰，都下传为韵事。盖优之风雅，远胜妓之妖冶，故禁令虽同，而从违不必一致也。后来下处渐消灭，而妓寮则车马盈门，毫无忌惮，此亦世变之相因而至者也。”

此外，士大夫的嗜好也日渐庞杂。昭梿《啸亭续录》卷五“明末风俗”条记载：“近日士大夫尚有好者，玩愒时日，莫甚于此。小说盲词，古无是物，自施耐庵作俑，其后任意编造，层见叠出，愚夫诵之，几与正史并行。助乱长奸，言之切齿。剧曲虽由元代，然脚色无多，好者尚寡。自魏伯龙改为昆曲，院本增多。近日弋阳□（原文缺字）黄诸曲，大足诲淫败俗。各部署书吏，尽用绍兴人，事由朱赓执政，莫不由彼滥觞，以至于今，未能已也。”该书“小说”条则记：“自金圣叹好批小说，以为其文法毕具，逼肖龙门，故世之续编者，汗牛充栋，牛鬼蛇神，至士大夫家几上，无不陈《水浒传》、《金瓶梅》以为把玩。余以小说初无一佳者，其他庸劣者无足论。……世人于古今经史略不过目，而津津于淫邪庸鄙之书称赞不已，甚无谓也。”

胡思敬《国闻备乘》“朝士嗜好”条的描述更为具体：“道光时，京朝士大夫好谈考据训诂，其后梅曾亮、曾国藩倡为古文，邵懿辰、龙启瑞、陈用光、王拯、朱琦皆从之游。一时为文者虽才力各有不同，皆接踵方（苞）、姚（鼐），尊尚义法，各以品谊相高。光绪初年，学派最杂，潘祖荫好金石，翁同龢、汪鸣銮好碑板，洪钧、李文田好舆地，张之洞好目录，张之万好画，薛福成、王先谦好掌故。虽不能自成一家，亦足觇其趋向。予甲午至京，祖荫死已久，之洞外用，先谦被斥旋里。及戊戌再来，汪、翁先后忤旨归，洪、李亦皆物故。其时太常卿袁昶好为诗歌，刻书籍；王懿荣、盛昱精赏鉴，收藏甚富，彬彬有儒雅风。近数年来昆冈好饮，裕德好洁，徐郙好优伶，奎俊好佛，徐琪、曾广銮好狎邪游，张百熙好搜罗浮薄名士，诸王贝勒若善耆、溥伦好弹唱，那桐、胡燏芬一意媚洋，好与西人交涉。其四品以下京官奔走夤缘求进者，终日闭车幰中，好吊死问生、宴宾客，其鄙陋者好麻雀牌。”

李慈铭同治十二年日记中记载，“近人喜讲金石，而不通文理，极为可笑。后生小子，慕而效之，以为不读一书，而可称名士矣”①。

何刚德《春明梦录》对此士风变化感慨颇深，文曰：“京师为首善之区，钟虡所在，观听肃焉。时值承平，纪纲未弛，大臣老成持重，尽有正色立朝之风；百僚庶司，不失同寅协恭之雅。即朋簪投洽，亦每以道义相规；文酒过从，依然风流儒雅。人言朋友之乐无如京师，盖于饮食酬酢外，独得真趣也。余于丁丑观政铨曹，躬逢其盛，固不以长安为不易居也。不数年，法越构衅，党派渐歧，乃激成甲午中东之战。战后余即出京，然其时风气稍移，而大防尚未溃决也。讵知党祸萌芽，潜滋暗长，戊戌政变，庚子拳乱，相逼而起。洎丙午重复到京，世事已大异昔时矣。回首春明，重温旧梦，不禁百端交集已。”

可见，京师朝士的审美和情趣多由正统变得庞杂和低俗了。

---

① 李慈铭：《越缦堂日记》。转引自金梁辑《近世人物志》，页119。

第三章
王朝危机与宣南议政风气的萌发

戴逸先生用“兴、盛、衰、亡”四个字来概括有清一代近三百年的历史大脉络①。本书所涉及的，仅仅是这种庞大的历史脉络中的一个很小的侧面——从嘉道到同光数朝，也就是清代从中衰到走向覆亡的过程中，在京师宣南地区发生的士人政治文化风景。

嘉道以来，清王朝已由盛转衰，国内社会矛盾日趋尖锐，政治上呈现出中衰景象。这种景象不仅表现在官僚群体中因为弥漫大量的腐化贪污而丧失了道义和行政活力，行政大员中昧于外情和国情者多而关心制度改革和国家防务事务者少，而且还表现为自道咸之际经过全国性农民大起义的冲击后，中央皇权趋于式微，而地方督抚权利则逐渐扩大，中央与地方之间的均势被打破，因此从某种角度上而言已不是真正意义上的一统状态。统治集团中皇帝和皇室之间、皇帝和官僚之间，中央与地方之间出现了离心离德、涣散无力的现象。这对于国家政治运作而言，尤其是皇权的施行而言，都是致命的现象，会导致致命的危机。

中国漫长的封建社会，每一个王朝的覆亡，在政治和经济的危机上，往往有相近之处，诸如吏治败坏、行政低能、经济凋敝、外部入侵和内部战乱等等，而各个时期的社会问题，则往往反映或折射出当时的时代特点。因此，本

---

① 戴逸：《清朝的兴、盛、衰、亡》，《涓水集》，北京出版社，2009 年。

章拟对嘉道年间几个最突出的社会问题略作勾勒①，再转到讨论宣南士人群体应对危机的言说和行为。

一、嘉道社会危机

（一）空前的人口压力

社会史重视人口研究。人口是社会构成中最基本的要素之一，任何社会的运行和活动，都是特定数量和素质的人口在特定历史情境下的运行和活动。研究文化史，不能排除对人口这个最基本的社会要素的关注。从清朝兴起到1870年全国农民起义处于低潮时，是一个完整的人口周期②。一头一尾的两次战乱，形成了一个人口从低谷发展到高峰，又从高峰回向低谷的周期性波动。而在此中间，由于康雍乾一百多年社会秩序的相对稳定和社会经济的平顺发展，使中国人口发生了爆破性的增长，成为出现在中国前代所无的一种历史新趋势。

中国历代人口的数据统计，是一个学界有争议的问题。中国社会科学院近代史研究所姜涛研究员的成名之作《中国近代人口史》及其后续出版的《人口与历史》对此做了深入的研究。以往学界曾较普遍认定，清乾隆朝以前历代人口的高峰值不超过7千万，而姜书则认为盛唐人口在8千万至9千万，明代人口最多的时候约为1．6亿。清盛世之前，中国自1620年（万历四十八年）后出现过一个百年的小冰期。据竺可桢研究，北方突然变冷的气候引起了大面积的旱灾和饥荒，成为华北农民大起义的原因之一。起义失败和此后清兵平定中原及江南地区的战乱，导致了灾难性的人口减半：从明末人口高峰1．6亿降到1650年（顺治七年）的8千万至1亿。此后，是前述盛世导致人

① 论述嘉道社会问题的著述较多，这里主要借鉴吸收了程歗、温乐群主编的《近代中国的政治和社会》（以下简称《政治与社会》一书关于嘉道社会问题的分析框架和研究成果，特此说明。参见该书，页75－106。

② 江涛：《中国近代人口史》引言；观其《中国近代人口问题的再认识》（《光明日报·史林》，1999．2．28），均转引自《政治和社会》，页77。

口数量超出低谷并迅速发展的近一个世纪。康熙五十九年（1720）人口已恢复到明代峰期的1．6亿；耕地也超过了明末7亿亩，达到8亿亩以上，人均土地5亩，这是康乾盛世的经济依托。再经过大约两至三代人口的繁殖，到乾隆五十九年（1794），人口3．13亿，耕地9亿，人均耕地下降到3亩。再经过约一代人，到嘉庆末年，据中国第一历史档案馆的一份奏折记载，全国人口突破了4亿大关。1840年，全国人口为4．1亿左右。但这时的全国耕地面积，仍类似于乾隆朝，人均土地则下降到了2．25亩①。

据乾嘉年代以关注时政著称的名士洪亮吉计算，当时人均土地4亩，才能维持温饱："一人之身，岁得布五丈即可无寒；岁得米四担即可无饥。""一岁一人之食，约得四亩"②。鉴于生齿日繁人地失调的社会生态，洪氏的诗文里常有对既往百年的回溯，但这种回溯并非如一般士人那样对盛世的歌颂，而是充斥了对于未来国家治平的焦虑。诸如："人未有不乐为治平之民者也，人未有不乐为治平既久之民者也。治平至百余年，可谓久矣。然其户口，则视卅年以前，增五倍焉。视六十年以前，增十倍焉。视百年数百年以前，不啻增二十倍焉"③。"升平一百载，众庶多于虱。山侵豺虎居，水夺蛟龙窟。蛟龙扰有海，豺虎何所逸？御之不以理，势必转奔突。强梁或逃窜，老弱造噬啮。不知六合内，御物固有术，欲人妥厥居，先使兽有穴，物物安其天，人禽庶堪别。升平一百载，坟茔多于田。至今城郭旁，渐少陌与阡。百载已如此，何能暨千年？况复富贵人，风水说愈坚。一茔占十亩，茔百亩已千。膏腴日以荒，庐舍日以迁。遂令阛阓中，白昼飞纸钱。不见高高峰，白杨欲参天"④。

清代人口发展有两个特点，一是翻番式增长，二是分布高度不平衡，而尤

① 以上数据，及相关论析，见戴逸主编《简明清史》（一），页324－327，《简明清史》（二），页344－352；姜涛《中国近代人口史》，页12－25。均转引自《政治和社会》，页77－78。又郭成康等著《康乾盛世历史报告》将人口膨胀列为康乾盛世的三大隐患之首。该书对明代人口蜂期的统计数据和姜书相类。作者还进一步列出了自明万历末至清历朝全国纳赋地亩一览表，该表显示：雍乾之际的纳赋地亩已恢复到明万历末年的7亿多亩，至光绪十三年为9．1亿亩。由于康乾年间对新垦地亩实行永不升科纳税的政策，故清代实际耕地面积大于此数。不过，嘉道之后的口食需求对土地供给的压力是明显的。该书提出，18世纪世界人口增幅是43．37%，而中国人口的增幅为108．67%。参见该书，页43－44、49－50。

② 《意言·生计篇》，《卷诗阁文甲集》，卷1。

③ 《意言·治平篇》，《卷诗阁文甲集》，卷1。

④ 洪亮吉：《更生斋诗续集》，光绪丁丑孟夏，授经堂重校刊，卷2。

以鸦片战争前的半个世纪最为突出。当时全国大部分人口集中在东南地区，大体上以苏南为轴心，向四方辐射。到太平天国运动前夕，南方各省人口与北方之比为7∶3。人口布局上的比例悬殊，为此前未有，也是此后直至当代所无①。这种人口布局，首先在东南地区形成了以争夺有限的土地为中心的生存竞争浪潮和日益严重的土地兼并势头。这就是洪亮吉在《意言·治平篇》等论文或诗句里所说的："兼并之家，一人据百人之屋，一户占百户之田，何怪乎遭风雨霜露、饥寒颠踣而死者之比比乎"②！"卖儿女供耶娘，人价低谷价昂。耶娘饭未足，几处抛骨肉"③。

失去土地的贫寒之家及生存竞争中的失败者，往往被挤出人口密集、耕地饱和的乡土，向原来地广人稀的地区迁移，形成了诸如川陕楚山区的棚户以及四处流移就谷的游民大军。与人口流动相适应的是，各种非正常的社会组织的大量发展，"教门林立，会匪如麻"。这就是嘉道以降农民战争多以秘密结社为组织形式的重要原因，也是直至清朝覆灭前统治者一直没有能力加以解决的社会问题。

嘉庆元年（1796），爆发了清朝第一次大规模的农民起义——以混元教为主体的民间教门起义（史称白莲教起义）。这场战事持续九年，波及五省，成为清王朝盛衰转折的标志。到嘉庆十八年九月十五日（1813. 10. 8），华北地区的八卦教（天理教）再次发难，京师附廓县的大兴黄村的一支只有两百人左右的武装徒众，乘嘉庆帝去承德避暑山庄的机会，以内监为应，突然袭入皇宫。这种农民起事史上的罕见事件，充分暴露了清王朝无可挽回的衰落之势。

（二）鸦片走私和社会腐败④

鸦片，别名罂粟，本属药材，其性能提神、止泄、辟瘴，明李时珍《本草纲目》谓之阿芙蓉，"京师售一粒金丹，云通治百病"，"惟吸食既久，则食必应时，谓之上瘾，废时失业，相依为命。甚者气弱中干，面灰齿黑，明知其害

① 姜涛：《中国近代人口史》，第七章，转引自《政治和社会》，页79。

② 《卷施阁文甲集》，卷1。

③ 洪亮吉：《更生斋诗续集》，卷1。

④ 参见曹子西主编：《北京通史》第八卷（中国书店，1994年）以及拙文《京师烟毒泛滥与禁烟策源地》，载王岗主编：《北京政治史》，页361－370。

而不能已”①。雍正七年（1729），清政府严禁鸦片输入，但葡萄牙人还是通过印度港口将鸦片输入中国。1773 年，东印度公司设立垄断鸦片生产组织，向印度农民提供款项种植“公班土”。为不影响与中国的茶叶垄断贸易，东印度公司把鸦片拍卖给英国散商，再由他们通过港角贸易走私兜售。自 1819 年始，鸦片贸易兴旺起来，到 1810 年以后即嘉庆末年每年输入鸦片 1 万箱，1836 年已达 2 万多箱。吸烟成瘾者与日俱增，吸食鸦片恶习弥散全国。

为与本书论及的宣南议政现象相呼应，这里仅以京师烟毒泛滥为例说明之。

由于鸦片吸食需要闲暇时间和富裕资金，因此吸毒人最初多是富有绅士、王朝官员、衙门胥吏、旗营官兵，这造成政府官员因吸毒而腐败，也造成因白银外流而银价腾贵，后果令人震惊。而京师作为帝都，富甲天下，迎合侍卫、官员、太监、旗丁等吸食鸦片的需要，自然成为毒品重要的销售地。当时由陆路走私到天津的大宗鸦片都销往北京，致使京师烟毒泛滥。1820 年道光皇帝登基，次年即下禁令，两广总督阮元奉旨将鸦片走私贩从澳门驱逐到伶仃岛、金星门、急水门及香港等处，但是鸦片输入量恰因为禁令而大增：鸦片既然成为禁品，贵比黄金，于是大小官吏多与商人勾结，沆瀣一气，把鸦片作为财源所致。

京城烟馆遍地。到鸦片战争前，京城吸食鸦片者有王公宗室、顺天府官员、旗丁、吏胥、太监、商人、工匠，甚至妇女、僧尼等，烟毒甚至深入皇宫内院。侍卫、内监这些皇帝身边的人，居然也吸食鸦片。道光十一年（1831）发现有的太监公然在宫中吸食多年②，致使道光皇帝甚为震惊。顺天府所属州县的地方官也不乏君子瘾。售卖鸦片的人包括游走于京师和地方的流动人口，以及熟悉京都情形的客店东伙，他们相互勾结，“房主利其重租，甘为徇隐，地方各官，颇难查拿”③。京城鸦片多从天津、广州走私而来。道光十一年（1831）十月，步军统领在宣武门外客店、正阳门外粤东会馆拿获走私鸦片的焦四等人，起获烟袋、烟锅及熬土、食烟器具各数十件，他们“或称贩自天津海船，或称买于广货担上”④。两种途径中，以天津走私最剧。同年，查获

① 中国史学会：《中国近代史资料丛刊·鸦片战争》一，页 471。

② 《清实录》，第 35 册，页 1136。

③ 《鸦片战争档案史料》，第 1 册，页 419。

④ 《鸦片战争档案史料》，第 1 册，页 101。

内务府掌仪司太监张进福等吸食鸦片案，据张进福供称：吸食鸦片已有三十余年，因听说“天津海船到来，烟土较贱”，遂借钱240吊，买烟土160两，“事后回朝阳门，当被弋获”。他还供出首领太监、掌仪司当差太监及贝勒克柯色布库等十余人，都与此案有关①。亲历鸦片战争的英国海军上尉宾汉在《英军在华作战记》中说：“从许多严厉的上谕，可以看出宫中的宦官做着很大的鸦片生意，而在各口之中，以位于北京东南九十英哩的天津最易”②。与天津贩毒不同，从广州走私入京的鸦片则主要由进京官员夹带而来，且人数众多，数量可观。嘉庆十九年（1814）九月，广东副都统萧昌年班进京，骁骑校兴亮随行，兴亮借银140两购买14罐鸦片，重达11斤，藏于箱底，由流寓者段大偷带进城，行至小井地方被盘获。据刑部审查，段大“素日亦曾有包揽漏私情事，惟系往来过客，无所记忆姓名”③。

贩卖鸦片者如此之众，数量如此之大，吸食鸦片者范围如此之广，即便是屡次禁止、迭加惩罚也不能杜绝④，其危害即如太常寺少卿许乃济的奏折所说：“嘉庆初，食鸦片者罪止枷杖，今递加至徒流绞监候各重典，而食者愈众，几遍天下。乾隆以前，鸦片入关纳税后，交付洋行兑换茶叶等货。今以功令森严，不敢公然易货，皆用银私售。嘉庆时每年约来数百箱，近年竟多至二万余箱，每箱百斤。乌土为上，每箱约价银洋八百圆；白皮次之，约价六百圆；红皮又次之，约价四百圆。岁售银一千数百万圆，每圆以库平七钱计算，岁耗银总在一千万两以上。夷商向携洋银至中国购货，沿海各省民用颇资其利。近则夷商有私售鸦片价值，无庸挟赀洋银，遂有出而无入矣”⑤。

许乃济在中国近代史上曾长期被看成是著名的“弛禁派”。自上世纪80年代中期以来，史学界许多研究表明，他和某些高官如穆彰阿、琦善等等并不

① 《鸦片战争档案史料》，第1册，页102－103。

② 中国史学会：《中国近代史资料丛刊·鸦片战争》五，页24。

③ 《鸦片战争档案史料》，第1册，页14。

④ 雍正七年，清廷首次颁布禁烟令，规定：“定兴贩鸦片者，照收买违禁货物例，枷号一月，发近边充军，私开鸦片烟馆引诱良家子弟者，照邪教惑众律，拟绞监候；为从，杖一百，流三千里；船户、地保、邻佑人等，俱杖一百，徒三年；兵役人等借端需索，计赃，照枉法律治罪；失察之汛口地方文武各官，并不行监察之海关监督，均交部严加议处。”（李圭：《鸦片事略》，卷上）其后自乾隆四十五年至道光十九年（1780－1839），清廷先后发布四五十道禁烟的谕旨和文告。

⑤ 中国史学会：《中国近代史资料丛刊·鸦片战争》一，页471－472。

是鸦片走私的既得利益者。他提出的禁烟方法，虽然充斥书生气，但所叙事实毕竟反映了鸦片走私衍生的严重后果。

（三）持续的灾荒和饥馑

晚清的社会灾荒史与农业史、人口史、教门会党史，乃至思想文化史都有密切关联。水旱灾荒的爆发，有难以抗拒的自然原因，但因灾成荒，以及灾情荒状的严重性和持续性，则莫不与国情政局攸切相关。从这个意义上讲，灾荒是自然现象，也是社会问题。诚如李文海先生所说："我国地域辽阔，地理条件和气候条件十分复杂，自古以来就是一个多灾的国家。特别是近代社会，由于经济的、政治的、社会的各种原因，自然灾害更加频繁，灾情也更为严重。可以毫不夸张地说，新中国诞生前的百余年间，几乎是无年不灾，无灾不烈"①。

中国人民大学由李文海先生牵头的"中国近代灾荒研究"课题组在上世纪80年代中叶就率先开始了关于近代中国灾荒史的研究。他们撰写的《中国近代十大灾荒》一书，从1840年到1949年的100多年中，筛选出"灾情十分严重、影响极为巨大的十次重大自然灾害"为个案，来描析灾荒的严重性和讨论灾荒和社会的关系。其中发生在晚清年间的有四次：鸦片战争爆发后连续三年的黄河大决口，咸丰五年（1855）也就是距离当代最近的一次因铜瓦厢漫决而发生的黄河大改道，咸丰年间长达7载、祸及中国约1/3地区的飞蝗泛滥，光绪初元的华北大旱灾②。

研究灾荒和社会以及和思想文化史的关系，旨在把灾荒作为社会危机的一种特殊形式来加以讨论。巨大的灾荒，总是以不同形式和程度影响了当时的政治社会格局：或者激化政治事件，促成社会运动，或者影响战争进程，或者改变政治格局和冲击政治心理，有时也以付出惨烈的生命和财富为代价，促进社会的某种进步。

和本书主题的关系最为密切的是发生在光绪初元的华北大旱灾。从光绪三年（1877）开始，华北地区发生了清代历史上最严重的大旱灾。这次旱荒以

① 李文海、程歗、刘仰东、夏明方：《中国近代十大灾荒·前言》（以下简称《十大灾荒》），页2。

② 《十大灾荒》，前言页2，正文页1－113，附录页301－303、308－310、317－318。

山西、河南为中心，覆盖直隶、甘肃、陕西三省，波及鲁、苏、皖、川四省的部分地区。旱荒从光绪三年起，持续了四年之久，而尤以光绪三年（丁丑）至光绪四年（戊寅）最为严重，被时人称为清代“二百三十余年来未见”之“大祲奇灾”，或称“丁戊奇荒”。在这块辽阔的旱荒地区，田地精赤，遍野荒丘，饿殍塞途，道殣相望。饿死人口多达1000万以上①。

这次旱荒引发了晚清文化史和社会史的重大变动。一方面是京师南城清流派廷议势头的扩展，本书后面将对清流们抨击内宫、弹劾大吏、强化荒政、广开言路、选拔人才等等的建言展开讨论。另一方面，以这次大旱灾为契机，自宋明以来在士绅群体中逐渐形成的地方性救荒传统，也就是“由官僚体制之外的民间社会所开展的救荒活动”，在中国东南地区的思想者和慈善家中得到提升，形成了跨地区的具有近代荒政意义的义赈②。

以上三个最为突出的社会问题：人口急剧膨胀、白银大量外流、灾荒日益严重。这几个危机，从本质上讲，是自嘉道直至清末，中国为外部危机和内部病症复杂交织的反映，形成了秦汉以来历代王朝没有面对过的复杂局面。

这就是晚清思想文化史，包括本书重点探讨的清议之风所面对的政治社会依托。

二、议政风气的文化来源和宣南地域环境

在19世纪前半期所发生的新的社会政治危机面前，怎样应对这些危机，开始成为士大夫们突破集权政治和文化专制而产生的普遍的议题。他们企图超越角色定位，议论和参与政治，直至以布衣之身，思考治世大法，表现出高度的政治主动性③。

---

① 《十大灾荒》，页80－113、316－318。

② 参见朱浒：《地方性流动及其超越——晚清义赈与近代中国的新陈代谢》，特别是该书“导论”部分。

③ 参见彭明、程歗主编：《近代中国的思想历程（1840－1949）》（以下简称《思想历程》）第一章“士大夫政治活力的恢复”，该章和第二至第三章（均由程歗执笔）在构廓近代中国思潮的历程时，深入讨论了士大夫群体面对康乾盛世后的危机而发生的政治心态和各种经世论说，从而将中国前近代的思潮和1840年之后的思潮作为互相承接和演变的一体化脉络而贯通起来。该书的相关研究对本书的写作启发良多。参见该书，“前言”，页5－6，正文，页1－112。

越位谋政这一现象的文化渊源来自于儒学中的理想主义传统。理想主义是儒学的经世学说的终极目标。儒学中诸如大同境界、礼治社会等理想，都是与“士”的使命相联系的。“士”是达到理想的主角。“士”的使命落实在政治制度层面，是儒家所追求的理想的君臣关系：以“礼”为最高准则的双向义务关系。孔子曰：“君使臣以礼，臣事君以忠”①。人臣的“忠”以君主是否实行礼治为前提。孟子对此加以发挥：“君之视臣如手足，则臣视君如腹心，君之视臣如犬马，则臣视君如国人；君之视臣如草芥，则臣视君为寇仇”②。这里的君臣关系被界定为三类：一体化关系，路人关系和敌对关系。维护和调整正确关系的法则是“礼”，而对“礼”持解释权的则是“士”。这种以维护礼治为己任的士，具有双重身份：在政治系统，他们是臣，和君主结成君臣关系，但在伦理系统或道统上，他们则是王侯的师，至少是友。前者是对被支配关系的认可，后者是对自身处于指导地位的肯定。

这种颂扬士的使命感的理想型的君臣关系，落实到权力运作上，是历代士大夫对于两种政治的拥护和颂扬：1. 君相制；2. 监察制。从汉唐到元，君相制在传统政治制度史上存在了一千多年。这种制度的理想形态是君主广用贤良而不亲决细务，形成以“圣君贤相”为特征的皇权体制。监察制作为君相制的支撑和补充，历代的言官制度（监察谏议制度），体现了士大夫所追求的政治参与和政治公开的诉求。除了军事机密，凡国家政务应避免暗箱操作，准许士大夫广泛参政与议政。这样，圣君贤相的统治体制和国家政务向士大夫公开的传统，就成了传统政治学中被正面定位的两个特征。它的核心是要求充分发挥士大夫政治使命感。有的学者把这种由文士在政治——社会体制中起主导作用的模式，概括为独特的士大夫政治模式③。

儒学理想发展至理学阶段后，更是将“士”的价值发挥到新的高度，形成了“立人极”、“内圣外王”等命题。对此最有代表性的论述是两篇作品：北宋理学家程颐的《论经筵札子》，明清之际政治学家、史学家黄宗羲《明夷待访录》中的《原臣》。程颐有充任帝师的经历，为孩童皇帝宋哲宗讲经。他的文章将士界定在上通天道，下治人事的位置，认为沟通天人、君民的中介是士，他们为帝师，为宰相，负有匡正君主、肩天下兴亡于一身的使命。黄氏试

① 《论语·八佾》。

② 《孟子·离娄》。

③ 阎步克：《士大夫政治衍生史稿》，页2。

图修正理学，嘲笑搬弄语录的“迂儒”、“小儒”，其《原臣》力求穷经说史，激进地把治天下比喻为“曳大木”，君与臣都是拉大木的伙伴，“名异而实同”。臣如果不以天下为事，则为君之仆妾；若以天下为事，则应为君之师友①。这两篇论文的共同点是，将君臣关系定位为政治家和哲人的合作关系，用士所担负的道德解释权来制约君权的无限膨胀。在政治衰败、社会动荡的时段，这种对士的使命感的倡扬，很容易激发读书人的政治主动性。

清朝统治者尽管以程朱理学为官方意识形态，但这并不意味着接受其全盘内容。满洲贵族以军事强大而经济文化落后的地位入主中原，这种特殊的经历，深深作用于他们的政治性格。从皇太极到乾隆的五代皇帝，经过长期努力才将清初的八旗诸王议政的制度推向了君权独揽的集权政治，这一集权过程逻辑地通向对中原士人和民众的反抗可能性的严厉防范。

君主集权和政治防范导致了政治体制上的两个重要的改变：一是传统的君相制从雍正初年改变为君主——军机处制。君主绕开内阁（内阁开始于明，一般士人将明清内阁大学士比为“相”），直接由作为其秘书班子的军机处秉旨办事，阁臣不入军机者不预军政要务。二是康熙年间就已形成的密折奏事制度。这一制度保证了皇帝和中央、地方大吏得以分别和机密地对话，不仅是军务，即便是一般政务，也形成了暗箱操作。科道言官议政的“古大臣风”受到钳制②。

为了阐述体制转折的必要和这两种制度的合理性，清初的几位皇帝都相当重视从理论上对传统的君相理想模式进行打击和清算。其中乾隆皇帝的论文很具代表性。他的《书程颐论经筵札子后》一文，点名批判程颐：程氏自命帝

---

① 《思想历程》提出黄宗羲设计的是一个使士大夫分享各级权力的政治方案。其《明夷待访录》中的《原臣》、《置相》、《学校》、《取士》等篇，主张在政治系统中，恢复宰相制度，在学校系统中中央太学由地位和宰相相等或退休宰相来主持议论“天下是非”，由名儒主持的地方学官亦然。主持人若“有干于清议，则诸生得共起而易之。”参见该书，页67-69。

② 雍正皇帝甚至在官僚来源上采取非常措施，如通过制度捐纳吸收非正途官员来抑制科举制度可能形成的座主门生结党的流弊。雍正五年上谕：“捐纳一项，向因各例人员甚多，难于铨选，故降旨停止。数年以来，将次用完，再越数年，必至无捐纳之人，而需用科目。朕近见科目之人，苟且因循，而贪赃坏法者，亦复不少。至于师友同年，夤缘请托，比比皆是。若仕途尽系科目，则彼此网结，背公营私，于国计民生，为害甚巨。古圣人立贤无方，不可执一而论。且使富厚之家，叨受官职，更不希冀功名，亦是肃清科场之道。”——《永宪录续编·开云南垦田捐纳例》。

师，曾言“天下治乱系宰相，君德成就责经筵”。这个基调被乾隆帝鉴定为四个字：“目无其君。”民族隔阂、分权敏感，使清朝开国的几代皇帝将君相论题列为禁区。他们自身经过严格训练所造就的文化素质和政治能力，又加强了这种大权独揽的圣主心态：“夫用宰相者，非人君其谁乎？使为人君者，但深居高处，自修其德，惟以天下之治乱付之宰相，己不过问，幸而所用若韩、范，尤不免有上殿之相争，设不幸而所用若王、吕，天下岂有不乱者？此不可也；且使为宰相者，居然以天下之治乱为己任，而目无其君，此尤大不可也”①。

乾隆皇帝不止一次地以君相关系为例来申明他的君臣观。北宋王禹偁曾上疏宋真宗建言五事，其中有朝廷信用宰相不起疑一条。他的《待漏院记》中，对宰相的作用也很称道。乾隆则对他的“所谓一国之政，万人之命，悬于宰相”命题发出疑问，因为宰相的品格和能力有区别，况且任用宰相的人是君，“是则一国之政，万民之命，不悬于宰相而悬于君者明矣”②。

乾隆皇帝及其父祖们的相关御制文件，表现了从政治理论、体制运作和地方治理等方面对于士大夫干政可能性的高度警惕：

在政治理论上，皇帝们强调君权独揽的正当性。他们批判宋学理想主义的君相论，但意味深长的是他们立论的依据恰好是宋学的核心——天理：天尊地卑，而君臣之分定。御制文件的叙述逻辑由此展开：君王是评判政治、社会和道德规范的最高标准，任何臣下都不允许超越君主的智慧去判断是非正邪。因此，君臣关系并非儒家理想主义的双向互补关系，而是单向的支配关系：君有智，臣有规，这种规则的核心就是臣下跟着君主走，与之同好恶，同是非，一心一德。

在体制运作上，形成了一系列严格规定，特别是厉行禁止士人联社结党。早在顺治十七年正月，顺治帝就根据礼科给事中杨雍建要求严禁订盟结社，以防范植党成风、干预朝政的奏疏拟旨：“士习不端，结社订盟，把持衙门，关

---

① 《书程颐论经筵札子后》，《御制文二集》，卷19。
② 《王禹偁待漏院记题辞》，《御制文二集》，卷10。

税公事，相煽成风，深为可恶。著严行禁止”①。同时禁止各衙门官员私交私宴：“私交私宴，著依议严行禁革。如仍前违禁，私相交结，庆贺升迁，馈送盃幣，及无端设宴献酬，假馆陈乐，长夜酣款者，科道官即行指实纠察，从重治罪。如科道官徇情容隐，不行纠参，一并治罪”②。

顺治帝的禁令特别注意到从中央到地方的官学士人凭借科举师生等网络议政干政的危险。顺治九年，一套规范生员的禁令从国子监层层发到各县学官。清代的地方志里能查到这方勒石立碑的条文：严禁生员上书陈言、干求官长、干预讼词和纠党结社。康熙二十三年《御制学校论》、四十九年《御制训饬士子文》，乾隆五年《御制正士习论》、十四年《御制正文体论》都重申了顺治帝的谕令。这些文件，表达了皇权国家对于地方权力（绅权）膨胀的警惕③。

在皇帝“乾纲独断”的极权政治之下，清入关后一个时期内的官场风气似乎是整肃的。当时在京官之间，座主门生之间或会试同年之间，看不到私门投谒、节礼近送、聚众夜饮或长日优游的景观。如名士魏象枢（顺治三年进士）的座主是内院大学士范文程（有时人将其比为汉相萧何、明开国功臣刘基），魏中式后，被选为庶吉士，当文程衙门属官，但除朔望公门行礼外，十几年“外无私谒”。直至顺治十六年，象枢乞休，文程已休致在家，才登门拜访了一次，被留下吃了一顿饭。

康雍乾三朝，在皇权独揽和士大夫政治参与功能备受压抑的政治格局下，形成了士大夫群体的两种定向：学人和臣工。学人，指沉入纯学术考据的乾嘉学派，臣工，指乾纲独断支配下的各级官员。这就是魏源所概括的“士林好训诂，官场工应对”。官场臣工成为按“圣上”一人意志运作的办事机器，一

① 《清实录·世祖实录》，卷132，页1016。杨折谓：“朋党之害，始于草野，而渐于中朝。宁拔本塞源，尤在严禁结社订盟。今之妄立社名，纠集盟誓者，所在多有。而江南之苏松，浙江之杭嘉湖为尤甚。其始由于好名，其后因之植党，相习成风，渐不可长。请饬部严饬学臣实心奉行，约束士子，不得妄立社名，纠众盟会。其投刺往来，亦不许用同社同盟字样。违者治罪。倘奉行不力，纠参处治，则朋党之根立破矣。”

② 《清实录·世祖实录》，卷131，页1013。此谕是根据工科都给事中姚延启顺治十七年正月壬申所上《各衙门大小官员私交私宴及庆贺馈送照例再行严禁》奏折所拟。

③ 这些文件，显示了清初统治者的政治理想和现实的政治操作之间，存在着前代所无的关系上的紧张。

批不知国计民生为何事的“鄙夫”①。

到乾嘉之交，清朝统治已经呈现出明显衰败的景象：盛世隐患多处显露、社会危机连锁迸发、政治和社会问题层出不穷、统治集团一筹莫展和行政低能。当时复杂的形势逐渐引起和加深了社会上的普遍不满，迫使王朝内部的有识之士重新开始对经世方略及应对举措进行反思和探索。而此时的君主正把主要精力用于挽救危机上，面对有识之士的议政势头，采取了某种宽容态度，促成了经世人物的浮现和活动，从而有利于士人议政风气的出现。

士人议政由个人抒发到群体同调，需要一个有利的社会文化环境为依托。嘉道士人生活在一个狭小的具体环境里，当时没有便捷的交通条件，没有近代化的通讯设备和缩短时空的媒体传播，他们是在彼此分隔的微观环境里，在不知道历史走向的迷茫中，凭借历史经验来思考应对危机方案的。因此，相对集中的居住条件、比较便捷的社交网络，就成为士人们得以彼此沟通交流的有利前提。京师南城就这样为文士集合和彼此认同提供了一个有利的社会文化环境。

南城作为一个特定的历史文化区域，起源于清代。按照满汉分城居住的政策，清代京师分为“满城”和“汉城”。与中枢政权和达官贵人集中的“满城”相比，位处南部（主要是宣南）的“汉城”是政治控制相对薄弱但政治讯息却比较灵通的地区。这里集居了一大批中下层京官。其中的翰詹科道官员，在光绪朝约二百人。邓之诚先生的《古董琐记全编》记载了从早清到晚清90多位名士官僚的住址，其中70%以上集居宣南②。王汝丰先生主编的《清代宣南人物事略初编》原计划收入约400位历史人物，因考虑到篇幅等原因，在“初编”中收进了120人，除跨越清代与民国的孙中山和鲁迅，计118人，其中绝大多数是知名人士③。他们在这一带购买、租赁住宅或者居住在众多的会馆和庙宇里。城南的会馆和庙宇，还为三年一度的顺天乡试和举人会试以及进京官员提供了住宿地。因而，在京官内部及其和士人外官之间形成重重的社交圈子。从乾嘉名士朱珪、翁方纲、王念孙、洪亮吉、王引之、阮元、陶澍等到晚清年间著名的林则徐、龚自珍、魏源、曾国藩、张之洞、李慈铭、康有为、梁启超、谭嗣同等等，都有在宣南的生活经历。而乾嘉士人的经历是在

① 《治篇》十一，《魏源集》，上册，页66。

② 参见《古董琐记全编》“京师名宿旧址”，页361－363。

③ 参见王汝丰主编：《清代宣南人物事略初编》，特别是“后记”和“前言”。

这样一种知识背景下展开的：一方面，晚清的外部危机和内部病症，持续地刺激了士大夫群体政治抱负的高涨；另方面，中下层京官或预备入仕的士人地位却限制了他们政治抱负与政治参与热情。“决策边缘人”的压抑感，产生了独特的以议政参政要求为基调的宣南政治文化。

宣南士人议政风气发源于原初并无议政意向因而也不存在清当局明禁之列的文人聚合行为——诗社或曰“雅集”的场合里。

诗文结社，是中国文人在悠久的历史上形成的一种集合传统。这种传统以“群”而不是以“党”的形式出现，它体现了儒学的理想观和道德观。如：“君子群而不党，小人党而不群，君子和而不同，小人同而不和。”“君子之交淡如水。”① 这种交往容易形成以血缘、地缘、业缘、情趣为基点的团体，也见于他们的活动方式：“莫春者，春服既成，冠者五六人，童子六七人，浴乎沂，风乎舞雩，咏而归。”② 至晋，这种文人机会的传统，因王羲之的兰亭集会和他记载这一盛事的书法作品而成为千古名迹。史载东晋永和元年，王羲之父子并亲朋故旧等42人，在山阴兰亭（今绍兴城外兰渚）依古俗行祓禊之礼：水滨沐浴，拂去不祥。兰亭集会，曲水流觞，宴饮诗咏。相传王羲之为这次集会写下了他一生中最得意的作品——《兰亭序》。唐以后，兰亭集会的境界一直为士大夫所追求。宋明两代，对兰亭集会的向往从临摹书法发展到山水画。如宋马远、明文征明、仇英都有兰亭修禊图传世。历代不衰的描绘，不仅仅是对一幅书法佳作的模拟，它鲜明反映的是传统文人的意境美和理想观：这是一批有独立人格的君子，他们在山野林间，白云深处，或歌咏山水，或二三探究，或孤身慎独。这是区别于佛家厌世、道家出世的审美境界，一种关怀政治又同当政者保持距离的自我定位，一种与权要之间合则留，不合则去的处世态度。这种定位或态度，集中了前述士大夫们追求的君相传统，或者说，道高于君的儒学政治理念。

这只有从政治理念的高度，我们才能从心理深层找出历代文人爱好诗文结社的情结。他们组成一个个不是以金钱、权力而是以道德标准和学术成就来作为价值评判尺度的社会圈子。从明朝东林、复社到清代的文人雅集，我们都能

① 这些语录被某些外国学者视为中国人在交友上的智慧：他们在人际关系上，一般愿意与他人保持一定的距离，只有他感到值得一交时，才会敞开胸怀接纳你。——沙莲香主编：《外国人看中国人100年》，页132。

② 《论语·先进第十一》。

找出兰亭式的政治理念和价值取向。文士们“据石命句，临流作图”、“商榷古今，纵谈雅俗”，逐渐形成政见认同。值得注意的是，这种诗文结社只有在衰世、乱世才比较著名，只有衰乱的现实，才反衬出理想的价值。

顺治末年一度有结社风气，但还看不出鲜明的政治同调，旋止。王士祯（渔洋）《分甘余话》载：“顺治末，社事甚盛，京师衣冠人士辐辏之地，往来投刺无不称社盟者。后扬给事自西（雍建）疏言之，部议有禁，遂止不行”①。

乾隆中叶之后，中枢对士大夫的防范逐渐松弛。著名诗人、学者翁方纲重人才，喜结纳，与编修程晋芳、户科给事中周原辕、编修吴锡麟、内阁中书张埙等人开诗社之举。翁方纲是乾隆十七年进士，官至詹事府少詹事、内阁学士兼礼部侍郎、鸿胪寺卿等职。他在宣外先后住包头张儿胡同、横街、教子胡同、烂面（烂漫）胡同、保安寺街等处，结交乾嘉学者多人。在教子胡同时与王昶、吴锡麟、张埙等毗邻而居，诗酒论文②。翁氏心仪苏轼，自号“苏斋”，书斋名“宝苏室”，常在东坡生卒日举行祀祷之会，即苏斋诗会。乾隆四十四年十二月十九日，翁氏举行东坡生日纪念集会时，邀请了流寓京师的常州名士洪亮吉（洪氏于是年寓京，任《四库全书》校勘）参加③，并邀请时在京的扬州画家罗聘作画。这是京师部分清要、士人和画家的一次雅集。

他们还在程晋芳寓所集会。程氏，安徽新安人，盐商世家，少时从桐城刘大櫆学过古文。此人购书好客，家道中落，时已到了出卖藏画度日的窘境。乾隆四十四年，程欲出售清初名僧石涛的《竹西歌咏图》，特邀翁、洪等人同观惜别，作诗留念。翁、洪的诗都着意于石涛是前明宗室贵族的后裔。洪氏诗中有“今日扬州胜昔时，歌台已遍堤南北”，“烂醉莫嫌狂杜牧，枯僧亦复绘扬州”等句。如果联想到江南士人非常熟悉的“扬州十日”，洪氏是在颂今，还是忆旧？他和他的诗友们各自的心绪，能引起人们的很多悬想。

除了翁方纲的集会以外，当时京官的诗文酒会还有两个，一是京官韩崶于乾隆四十三、四十四年，与梅溪、苏小霞等人，“举诗社于宣武坊之上斜街”，

---

① 《分甘余话》，页36。

② 参见王汝丰主编：《清代宣南人物事略初编》，页233－240。

③ “时翁学士方纲、蒋编修士铨、程吏部晋芳、周编修厚辕、吴编修锡麒、张舍人埙，共结诗社，首邀先生及黄君入会。每一篇出，人争传之。是以，先生遇虽甚困，而友朋之乐，以此二年为最。”——吕培：《洪江北先生年谱》。

留有《城南雅集图》①。一是稍后的乾隆五十九年，左春坊左庶子法式善、咸安宫官学教习王芑荪、内阁中书刘锡五、翰林院检讨张向陶、工部主事何道生等八人，“皆以文字论交，往来无间”，常于城南雅集，留有《城南雅集图》②。

法式善是蒙古族士人，乾隆四十五年进士，五十年，“高宗临雍，率诸生七十余人听讲，礼成，赏赉有差。本名运昌，命改今名，国语言‘竭力有为’也。”历任翰林院庶吉士、散馆检讨、四库全书提调官、国子监祭酒、侍讲学士、侍读学士等职。乾隆五十三年，移居净业湖杨柳湾（明代李东阳旧居，号西涯，为别于李东阳旧居，法式善名之为小西涯），有诗龛及梧门书室。前后在此居住了将近十二年的时间。《清史稿·列传·法式善》记载：“所居后载门北，明李东阳西涯旧址也。构诗龛及梧门书屋，法书名画盈栋几，得海内名流咏赠，即投诗龛中。”法式善“性好文，以宏奖风流为已任”，在京城“主盟坛坫三十年”，颇为当时文人名士所推戴，“论者谓接迹西涯无愧色”。所作诗文风靡一时，“诗文三馆士皆竞录之，以为楷式”③。他的诗龛是当时文人雅集的一个重要场所，留下了许多集于诗龛的作品。

有的学者认为：“翁方纲、韩崶、法式善等人的诗社，实为嘉庆时吴嵩梁等人组织的，有陶澍、林则徐参与的宣南诗社的胚胎”④。

风起于青萍之末。这几个诗社和宣南诗社都不是政治组织。不过，诗言志，在一定的条件下和一定的范围内，这些集合体中志同道合的诗友，也会将言志通向言政。宣南议政之风，在逐渐地酝酿、生发。

---

① 韩崶：《题潘功甫舍人宣南诗会图》，《还续斋稿》，续刻卷1，道光七年刊本。王汝丰主编：《清代宣南人物事略初编》、陈金陵：《洪亮吉》页275讲法式善这一次集会是乾隆四十四年，法式善是国子监祭酒，洪亮吉为此次《城南雅集图》作跋。这三点与本文异。

② 吴锡麒：《城南雅游写像记》，《有正味斋骈体文》，卷14，同治七年刻本。

③ 洪亮吉《更生斋集》卷三对法式善所作诗词以“清峭刻削，幽微宕往，无一语旁”评价，王昶《湖海诗传》卷36以为“诗质而不癯，清而能绮，故问字求诗者，往往满堂满室”。

④ 陈金陵：《洪亮吉评传》，页71－77。

三、议政风气的萌动：以洪亮吉“极言时政启”为例

促使议政之风萌动的是两大政治事件：爆发于嘉庆元年的五省教门大起事和嘉庆四年清洗和珅的案件。和珅在晚年乾隆帝的专宠下，掌握中枢权柄20多年，用亲信，排异己，由此形成了巨大的权势网络，暴露了一系列弊政：吏治腐败、行政低能、权钱交易、贿赂公行，从而引发了士人们对于明朝危机和魏忠贤专权的联想，进而将各种社会危机直至教门起义，都归结为和珅专权和吏治窳败。这种认识倒果为因，但在当时是激进的。所谓欲除“外贼”必先除内贼，成了士大夫们一条共同的思路，产生出一种群体性的批判意识和道德义愤。

在政治心理普遍变动的基础上，嘉庆皇帝清除和珅的动作相当顺手①：

嘉庆四年正月初三日，89岁的太上皇弘历病逝，嘉庆帝颙琰亲政。当日急诏他的师傅、被和珅排斥在京外的吏部尚书、署安徽巡抚朱珪进京任职，咨询国政吏治②。初四日，先革除和珅的军机大臣、九门提督两职，夺其军政大权和京师兵权。

初五日，下求言诏：凡九卿科道，有奏事者，于用人行政，一切事宜，皆得封章密奏。旋又谕各部院文武并各省督抚藩臬，凡奏疏俱直达皇帝，不得知

① 以下事件排列，见戴逸、李文海主编《清通鉴》，卷11，嘉庆元年纪事；相关内容引自该书，并参阅《清仁宗实录》，第1册，《清史稿》相关人物列传。不一一注出。

② 嘉庆提拔重用正直之臣，除朱珪外，尚有王杰（为首辅，“有大事，上必咨询，杰亦不时入告。”）、董诰（军机大臣，后调兵部尚书）、刘墉（军机大臣，后调兵部尚书）、庆桂（刑部尚书、协办大学士，入值军机处，后拜文渊阁大学士，总理刑部，不久又授命管理吏部及理藩院事）、戴衢亨（兵部尚书，兼管顺天府尹、户部三库事）、书麟（任吏部尚书）、松筠（任户部尚书）、刘权之（任礼部尚书、协办大学士）等。

会军机处①，并将密折封奏制度扩大到各省道员②。下求言诏的同日，即有吏科给事中王念孙首先向和珅发难，其所陈政事六条中的第一条，就是“除内贼以肃朝宁”，疏中历数和珅种种劣迹，请求先清朝廷，而后才能安天下③。同日，御史广兴疏奏其罪。初八日，据王念孙等列款纠劾，将和珅并户部尚书福长安革职下狱，并下各直省督抚议罪。直隶总督胡季堂条陈其罪，请依大逆律，凌迟处死，查抄和珅府第。其后，御史梁上国、何道生、谷际岐等，亦大体按如上思路，上疏建言。

十五日，定和珅二十条大罪，颁示天下，内外诸臣“疏言和珅罪当以大逆论”，嘉庆帝不忍，十八日，令和珅自尽，福长安斩监候（半年后释放，贬他到太上皇陵前永充供茶执事人）。

同月，褒扬乾隆晚年因直言弹劾和珅而获咎的言官，如御史曹锡宝，因乾隆五十一年奏劾和珅家臣刘全恃势营私，其家货、服饰、车马、器皿、居室逾制，被革职留任，其后郁愤成疾，几年后卒。嘉庆帝明诏称赞：“彼时和珅正当声势薰灼之际，举朝无一人纠劾，而曹锡宝独能抗疏执奏，殊为可嘉，不愧诤臣之职。宜加优奖，以旌直言。”追赠副都御史，由其子承荫④。又如，原内阁学士兼礼部侍郎尹壮图，乾隆五十五年疏陈各省仓库亏空，以查无实据革职留任，旋归故里。嘉庆帝以其敢言，令驰驿进京，候旨擢用⑤。又诏“烧车

---

① “嗣后陈奏事件，俱应直达朕前，俱不许另副封关会军机处，亦不得将所奏之事预先告知军机大臣。”——《清实录·仁宗实录》，卷46，页556。

② 乾隆中后期，和珅专擅军机处，任意扣押奏折，和党遍布朝野，致朝廷言路阻塞。求言诏书改变了奏折的形式，采取封章密奏、直达皇帝的形式，保证各部院、直省督抚、各路领兵大员、州县官员奏疏隐秘性，消除谏臣顾虑，也改变了上疏渠道，不必知会军机处，均可直达御前，使奏折不致被军机处官员“私行压搁，不为呈递”、“告讦督抚”，其交好者“代为隐匿”，以堵塞“通同扶饰”之弊。朝臣可直接与皇帝对话，既加强了皇权独揽，又可避免官员勾心斗角、贻误政事。此诏书表明了嘉庆帝整肃吏治，改变和珅专权的政治影响，疏通言路，重振纲纪的决心。

③ 给事中王念孙云：“和珅之罪，不减于教匪。内贼不除，外贼不可得而灭也。”

④ 昭梿《啸亭杂录》“曹剑亭之谏”、陈康祺《郎潜纪闻初笔》“曹侍御以劾和珅家人得追赠”，皆载其事。

⑤ 上谕说：“尹壮图当年陈奏省库亏空之事，实非无因，似此敢言之臣，亟宜擢用。”

御史”谢振定回京城复官①。

嘉庆帝表明了他广开言路的姿态，在“乾刚独断”和文字狱余威尚存的时代，求言之谕及相关惩治劣员的诏书屡屡下达，似乎表明了宽缓之政的某种迹象，对于沉默已久的文人士子来说，不乏感召力。一时间，言官竭诚献纳，指陈时政，弹劾贪官庸吏。嘉庆对言官指陈，其中被他认为有关国是、切中事宜者，多所采纳；对据实上陈，直言无隐之科道，也给予鼓励和擢用。其时情形如昭梿《啸亭杂录》所记，因皇帝“首下求言之诏，故一时言官皆有丰采，指摘朝政，改如转圜。虽期间不无以妄言获咎者，然其补益良多矣”②。不久，还出现“候补、捐纳微员以及平民，俱有自具封章，于军机处及部院大臣前投递者”③，“下至末吏平民，皆得封章上达，言路大开”的局面④。嘉庆四年九月，河南平民杨道纯转呈策表，提出除积弊、苏民困以固国本等建议。嘉庆帝称赞他以民人而条陈事件，所言皆为地方应办之事，“著加恩以从九品未入流，交与直隶总督胡季堂差遣委用，遇有缺出，再行咨补。”

正如有的论者认为，在嘉庆求言的气氛里，“这种声音开始具有‘清议’的气息，其重要的发言阵地是翰林院、国子监等清要机构”⑤。

不过，皇帝求治的思路和言官们改革的诉求时有扞格。和许多清要言官要求惩办和珅入手，严格整顿吏治的建言不同，嘉庆帝及其近臣如朱珪等主张对被和珅污染的官僚系统取宽容态度，对和珅的政治网络，未作彻底的清洗。四月十九日上谕：“凡为和珅荐举及奔走其门者，悉不深究，勉其悛改，咸与自新”⑥。因为和珅管理的衙门很多，得他保举升迁者自必不少，而外省官员给他送钱送礼，也在所难免。如果一意搜求，势必引起政治格局的大动荡，而且

① 谢振定被罢官后，悠游江南，所到之处，文人士大夫诗酒相接，谢氏亦诗文唱和。

② 昭梿：《啸亭杂录》“嘉庆初年谏臣”条，卷10，页351。

③ 《清实录·仁宗实录》，卷54，页649。

④ 《清史稿》卷356《列传》143《洪亮吉等传论》。

⑤ 前揭《思想历程》，页20。

⑥ 转引自《清通鉴》，第11册，页4856。

会引发党援门户、派别争斗的陋习①。

五月，王尔烈条陈武闱各款，遭到谕旨严斥："朕之广开言路，原因国事至重，必须兼听并观，臣工自当于国计民生直言无隐。乃王尔烈以断不可行之事，擅议更张，职非台谏，事非官守，真所谓无知妄渎矣。朕近阅臣工条奏，累牍连篇，率多摭拾浮词，毛举细故。其中荒唐可笑，留中不肯宣示者，尚不知凡几。若诸臣无所建白，不必有意搜求，希图塞责……嗣后有官守者，各言官守，有言责者，各尽言责。即风闻陈奏，不应以漫无凭据者，肆意指摘，开报复之渐。如内外大臣中有应举应劾之人，必须列具实迹，秉公入告"，不得以琐事空言，"逞臆渎听。朕宣谕及此，并非因封事纷陈，厌于听纳，所望者有裨国是。诸臣亦不得因有此旨，误会朕意也"②。

在这里，嘉庆帝坚持其祖父的思路：以帝王的判断为是非。六月，又颁上谕，警告当时颇为踊跃的建言者，不要为名为利，不要"忘乎其出位"，否则"断难逃朕洞察"："凡诸臣之敷陈得当，皆已见诸施行。其间妄抒臆见、荒唐

---

① 《清朝野史大观》卷3记载，和珅"既伏辜，复诏诫内外臣工曰：……和珅任事日久，专权蒙蔽，以至下情不能上达。若不立除凶恶，无以肃清庶政，整饬官方。今已明正其罪，此案业经办结。因思和珅所管衙门本多，其升任保举，自必不少。而外省官员奔走和珅门下，逢迎馈赂，皆所不免。若一一根究，连及多人，罪不及众之义。且近来弊端百出，事难悉数。现在宣示和珅罪状，其最重各款，俱已晓然昭著。倘廷臣中误会朕意，遇事搜求，尚复发攻讦阴私，摘发细故，或指一二人一二事，以实其言，则举之不胜其举，并起告讦报复之渐。是除一巨蠹，又不免流于党援门户陋习，殊非朕之本意也。朕所以治和珅之罪者，为其贻误军国重务，而又种种贪黩营私，中以立即办理，刻不容贷。此外不肯别有株连，惟在警戒将来，不复追究既往。大小臣工，毋庸心存疑惧。况臣工有才能者多，若能迁善改过，皆可为国家出力之人。即有从前热中躁进，一时失足者，但能洗心涤虑，痛改前非，仍可勉为端士，不至终身误陷匪人。特此再行明白宣示，各宜凛遵砥砺，以副朕咸与维新之意。倘经此番训饬之后，尚不知改悔，勉力修省，则是自甘暴弃，不齿士类，必当严加惩治，毋谓教诫之不预"。嘉定帝的思路是，和珅虽死，其心腹亦被贬黜，但其卵翼庞大的庇护网却难以完全查清，即便查清亦难清除，因其势力和影响已渗透到各省官僚政界之中，具有从中央到地方的普及性，人数众多、牵涉面广。作为皇帝，若进行一场清洗运动，则官僚机构会陷于瘫痪，会使这些"误入歧途"的官僚丧失了为重新效忠皇帝而进行的努力，这是很令人担心的，因为这会引起官吏反叛，果真如此，则一旦民众有变则无人辅佐皇帝加以治理。因此，这些官吏被保存下来，但已经缺丧失了政治活力和道义榜样的作用和意义，和珅一人虽倒，二十年形成的吏治积弊依然难以根除。

② 《清实录·仁宗实录》，卷44，页536－537。

可笑者，若律以妄言之条，原难曲贷。但朕既令人尽言，又复以言罪人，岂非诱之言而陷之罪乎?”“近来言事诸臣，往往不为国计民生，揆厥本衷，不出乎名利两途。其沽名者，如议增俸、赏兵等事，若蒙允准，可以市惠于人；不准，则归怨于上，似此居心，其巧诈尚可问乎？其牟利者，则请修不急工程，图沾余润。况在官言官，各有职守。近日并有封疆大吏，将他省之事越俎陈奏，或干预京师政务，忘乎其出位。夫以总督统辖两三省，幅员广阔，其任内兴利除弊之事不知凡几，何暇舍已田而芸人之田?”嗣后内外大小臣工，若怀私见，不出为名为利者，断难逃朕洞察，当治以妄言之罪”①。

他对以道德诗文自负并已显露互为呼应倾向的清要们更为警觉戒备，上谕说：“本年正月，朕亲政之初，即特颁谕旨，广开言路。原欲内外臣工各抒己见，指陈利弊，以收兼听并观之效。不特事关国计民生，弹劾官吏，俱出直言无隐，即朕用人行政，有能规谏者，如敷陈得当，朕必虚心采纳，特加奖折，以风励自位。而半载有余，条陈政务折奏，尚不乏人，从未有匡及朕躬者。”“惟近日风气，往往好为议论，造作无根之谈，或见诸诗文，自负通品。此则人心士习所关，不可不示惩戒，岂可以本朝极盛之时，而辄蹈明末声气陋习哉”②?

国子监祭酒法式善奏疏碰钉子，是这种背景下发生的一个典型案例。嘉庆四年春，法式善上疏八条，提出诏旨宜恪遵守、督抚处分宜严、忠谠宜简拔、博学鸿词科宜举行等事，基调是要求整顿吏治，行维新之政③。嘉庆读疏不悦：“率循旧章，惟恐不及，有何维新之处?”他认为所奏多条，非迎合则荒谬，但因刚开言路，暂予容忍。到这年冬天，到底寻了一个事由，罢去法式善从四品的国子监祭酒职，因查无互援实据，“加恩”赏了个七品编修，发到实录馆效力去④。

在皇帝和言官们产生明显扞格的日子里，仍有士人犯颜直言。而同年秋天的洪亮吉上书，则将清要的异议推向了高潮。

---

① 《清实录·仁宗实录》，卷46，页567-568。

② 《清实录·仁宗实录》，卷50，页640-642。

③ 陈金陵:《洪亮吉评传》，页203-205。法式善上疏后，山东道御史何道生以同一基调跟进，疏请“禁进献，饬吏治，达民隐，厘驿政”。何属法式善诗文圈子，洪亮吉的朋友。

④ 参见《清通鉴》，第11册，页4870-4871，《思想历程》，页21。官员品级参见《康乾盛世历史报告》附录一，页407-408。

洪亮吉是江苏常州人，青年时代求学和应考时，就显示了他的文采和交往能力，和同乡名士孙星衍、黄景仁等七人称“毗陵（按：今常州）七子”，得到学政朱筠、刘权之、王杰、董诰等的赏识。中年多次入幕并屡进京赴考，“在乾嘉名儒中独以关注时政著称”①。其间，他以入先后在陕西、河南、湖北主政的毕沅幕时间最长，前后凡八年。这时清初以来最大的学人幕府，如章学诚、汪中、戴震、王念孙、段玉裁、洪梧、江藩、胡世琪、程晋芳、江声、凌廷堪等先后入幕。洪氏且与毕沅、戴震、王念孙、王引之、凌廷堪，以及与青年时订交的黄景仁等，都有宣南文化的感受。这批乾嘉名士诗酒高会，相与切磋，不仅学识日进，且发生了不少政思相同的意向。洪氏赴考虽然多次不留，但于乾隆四十四年参加了翁方纲等人的诗社，结交了许多京师名士②。洪“每一篇出，人争传之”，“友朋之乐，以此二年为最”③。乾隆五十五年，洪已过不惑之年（45岁），中一甲二名进士，任翰林院编修。嘉庆二年，奉旨在上书房任皇子、皇孙们的师傅，成了接近皇族的清要近臣。

次年二月，朝廷以《征邪教疏》为题，考试翰詹各官，洪氏撰写论文数千言，将“邪教患惑”和官府压迫并列为教门起事的原因④，要求朝廷肃吏治、贷胁从、专责守、信赏罚以平“邪教”。该文“力陈内外弊政，至数千言，情词剀切”，“三月初二日，引见，蒙高宗纯皇帝记名”⑤。洪氏首开文士

---

① 马文大、陈坚：《清代经学图鉴》，页190。

② 与洪亮吉相交并有诗文酬赠的文人学士就达370多人，几乎囊括了乾嘉诗坛和学界的精英。

③ 吕培：《洪北江先生年谱》。

④ 洪氏认为此次川楚陕白莲教起事，其始虽“惑于白莲教、天主、八卦等教，欲以祈福”，但“因受地方官挟制万端，又以黔省苗氛不靖，派及数省，赋外加赋，横求无艺”，民众“忿不思患，欲借起事以避祸。”“州县官既不能消靡化导于前，及事有萌孽，即借邪教之名，把持之、诛求之，不逼至于为贼不止。”“邪教即退，州县官又利其烧烬所余，屏民使不得归，于是良民始不得不从贼。”“今日州县之恶，百倍于十年、二十年以前，上敢骫天子之法，下敢竭百姓之资。”“凡朝廷捐赈抚恤之项，中饱于有司，皆声言填补亏空，是上恩不下逮”，“无事则蚀粮冒饷，有事则避罪就功，州县以蒙其府道，府道以蒙其督抚，甚至督抚即以蒙皇上，是使下情不上达”，“有功则长随幕友皆得冒之，失事则掩取迁流颠踣于道之良民以塞责”。——《卷施阁甲集》，卷10，《洪亮吉集》，页206。

⑤ 吕培：《洪北江先生年谱》。

要求改革的基调，在当时产生了很多影响，“都下盛传予疏，竞相传写”①。

洪氏和法式善的关系更为密切。乾隆四十五年，洪亮吉与“诗龛”盟主法式善相识②。洪氏入翰林后，法式善即与之订交③，推崇亮吉为“诗佛”④。洪氏与法式善出身境遇相似，自幼均为家贫孤童，从塾成才。洪亮吉“长身火色，性豪迈，喜论当世事”⑤，“性超迈，歌呼饮酒，怡怡然，每兴至，凡朋侪所为，皆掣乱之为笑乐，而议论当世大事，则目直视，颈皆发赤，以气加人，人不能堪”⑥。而法式善则“以宏奖风流为己任”，二人的交往交游，“或溟坐岩侧，或孤行竹中”，或“据石命句，临流作图”，“相与商榷今古，纵谈雅俗”⑦。首先是情感认同，继而是对历史和现实观感发生共鸣⑧。在法式善上疏遭冷遇和受处分之间的嘉庆元年四月初二日，他邀请洪亮吉等数位诗友游安定门极乐寺。这次集会不仅是游乐，也不仅是论文，而是相当明晰地转向议政。从留下的诗文看，这是一次政治性很强的集会。几个人纵谈世事，忧从心来。在他们看来，社会危机已经到了水深火热、民生倒悬的地步，应该将“同志友”之间的议论提升为有效的治世安民之策⑨。

多年来因政治压抑感而靠集会雅歌、文字相娱来宣泄的文人情调，蕴发了联络同志，呼吁舆论，救民于水火的声音。士人们的价值认同和情感支撑，酝酿了这年秋八月洪亮吉上书，揭发时弊，抨击大僚，极言吏治腐败，甚至对嘉庆帝也颇有讽谏的敢言直谏事件。

本来，在上书房任事洪亮吉在《高宗实录》第一册编成后，准备告假回

---

① 洪亮吉：《哭任军门承恩》注，《卷施阁诗》，卷20，《洪亮吉集》，页938。

② 法式善：《洪稚存编修黔中寄书至并示入黔诗》，《存素堂诗初集录存》，卷4，《续修四库全书》，第1476册，页495。

③ 法式善：《皇清奉直大夫翰林院编修洪稚存先生行状》，《存素堂文续集》，卷2，《续修四库全书》，第1476册，页752。

④ 法式善：《又月八日同罗两峰赵味辛张船山何兰士集洪稚存编修卷施阁》，《存素堂诗初集录存》，卷3，《续修四库全书》，第1476册，页487。

⑤ 《清史稿》卷356《列传》143《洪亮吉等传》。

⑥ 恽敬：《前翰林院编修洪君遗事述》，《洪亮吉集》，页2372。

⑦ 洪亮吉：《（乾隆五十六年）七月初四日游极乐寺看荷花分韵得看字》，《卷施阁诗》，卷9。

⑧ 陈金陵：《洪亮吉评传》，页133－141。

⑨ 陈金陵：《洪亮吉评传》，页205－206。

乡。行前他出于士大夫的道德义愤，宣言“吾宁谔谔而死，不能默默而生”①，奋笔写下了数千言的《乞假将归留别成亲王极言时政启》②。他以“翰林无言事之责，不应违例自动章奏，因反复极陈时政数千言，手书三函，于二十四日上书成亲王及座师吏部尚书朱公珪、左都御史刘公权之，冀其转达圣听”③。

这封数千言的文件的基调是：从献策转为批判。指陈时政，批评官风、吏治、言路的种种弊端，大略谓：今天子求治之心急切，而弊政所以未见扭转，推原其故，盖有数端：“励精图治，当一法祖宗初政之勤，而尚未尽法也。用人行政，当一改权臣当国之时，而尚未尽改也。风俗则日趋卑下。赏罚则仍不严明。言路则似通而未通。吏治则欲肃而未肃”④。

所谓未法“祖宗初政之勤”，洪批评嘉庆帝“自三四月以来，视朝稍晏”，窃恐“退朝之后，俳优近习之人，荧惑圣听者不少”，以致“处事太缓”，又不能“集思广益”：“盖恐一人之聪明有限，必博收众采，庶无失事。请自今凡召见大小臣工，必询问人材，询问利弊。所言可采，则存档册以记之。”

洪氏提出清查和珅一案，远远没有结束，用人行政没有根本改观：“何以言用人行政未尽改也？盖其人虽已致法，而十余年来，其更变祖宗成例，汲引一已私人，犹未尝平心讨论。内阁、六部各衙门，何为国家之成法，何为和珅所更张，谁为国家自用之人，谁为和珅所引进，以及随同受贿舞弊之人，皇上纵极仁慈，纵欲宽胁从，又因人数甚广，不能一切屏除。然窃以为实有真知灼见者，自不究其从前，亦当籍其姓名，于升迁调补之时，微示以善恶劝惩之法，使人人知圣天子虽不为已甚，而是非邪正之辨，未尝不洞悉，未尝不区别。如是而夙昔之为私人者，尚可革面革心而为国家之人。否则，朝廷常若今日清明可也，万一他日复有效权臣所为者，而诸臣又群起而集其门矣。”

他直言和珅多年养成的吏治腐败，至今已到了惊人程度，致使风俗日趋卑下：“士大夫渐不顾廉耻，百姓则不顾纲常。然此不当责之百姓，仍当责之士大夫也。以亮吉所见，十余年来，有尚书、侍郎甘为宰相屈膝者矣；有大学士、七卿之长，且年长以倍，而求拜门生，求为私人者矣；有交宰相之僮隶，

① 李春光：《清代名人轶事辑览》，第4册，页1951。

② 洪亮吉：《乞假将归留别成亲王极言时政启》，《卷施阁文甲集》，《洪亮吉集》，页223。

③ 吕培：《洪北江先生年谱》。朱珪与刘权之是洪亮吉会试和乡试的座师。

④ 《清史稿》卷356《列传》143《洪亮吉等传》。

并乐与抗礼者矣。太学三馆，风气之所由出也。今则有昏夜乞怜，以求署祭酒者矣；有人前长跪，以求讲官者矣。翰林大考，国家所据以升黜词臣者也。今则有先走军机章京之门，求认师生，以探取御制诗韵者矣；行贿于门阑侍卫，以求传递代倩，藏卷而去，制就而入者矣。及人人各得所欲，则居然自以为得计。夫大考如此，何以责乡会试之怀挟替代？士大夫之行如此，何以责小民之之夸诈夤缘？辇毂之下如此，何以责四海九州之营私舞弊？”

至于地方大吏、督抚藩臬诸臣，“其贤者斤斤自守，不肖者亟亟营私。国计民生，非所计也，救目前而已；官方吏治，保本任而已。虑久远者，以为过忧；事兴革者，以为生事。此又岂国家求治之本意乎？”这种政治腐败风气已经由封疆大吏层层渗透到道府州县：“十余年来，督、抚、籓、臬之贪欺害政，比比皆是……此外，官大省、据方面者如故也，出巡则有站规、有门包，常时则有节礼、生日礼，按年则又有帮费。升迁调补之私相馈谢者，尚未在此数也。”以上种种陋习愈演愈烈，逐年加倍，“近则加倍不止”，以至对平民剥削无余，民人有冤莫伸。洪亮吉这通“极言时政”，更明确地强调了他在《征邪教疏》中提出的观点：教门造反是吏治腐败、“贪欺害政”所引起的“激变”①。因此，返本归元，“励精图治”，应从皇帝、从京师、从彻底整肃吏治开始，应该严明赏罚，“国法之宽，及诸臣之不畏国法，未有如今日之甚者。”他希望嘉庆帝能够振作士气：“士气必待在上者振作之，风节必待在上者奖成之。举一廉朴之吏，则贪欺者庶可自愧矣；进一恬退之流，则奔竞者庶可稍改矣；拔一特立独行、敦品励节之士，则如脂如韦、依附朋比之风或可渐革矣。”

洪氏在信中，还直言不讳地指出了目前的“言路似通而未通”的状况：“九卿台谏之臣，类皆毛举细故，不切政要。否则发人之阴私，快己之恩怨。十件之中，幸有一二可行者，发部议矣，而部臣与建言诸臣，又各存意见，无不议驳，并无不通驳，则又岂国家询及刍荛、询及瞽史之初意乎？……其法莫如随阅随发，面谕廷臣，或特颁谕旨，皆随其事之可行不可行，明白晓示之。

---

① 他说：“无不取之于州县，州县则无不取之于民。钱粮漕米，前数年尚不过加倍，近则加倍不止。督、抚、籓、臬以，及所属之道、府，无不明知故纵，否则门包、站规、节礼、生日礼、帮费无所出也。……究之州县，亦恃督、抚、籓、臬、道、府之威势以取于民，上司得其半，州县之入己者亦半。初行尚有畏忌，至一年二年，则成为旧例，牢不可破矣。诉之督、抚、籓、臬、道、府，皆不问也。千万人中，或有不甘冤抑，赴京控告者，不过发督抚审究而已，派钦差就讯而已。……是以州县亦熟知百姓之技俩不过如此，百姓亦习知上控必不能自直，是以往往至于激变。”

即或弹劾不避权贵，在诸臣一心为国，本不必避嫌怨。”

这份文件，与以往有着诸多不同：首先，名称上，不是直接奏陈皇帝的折子或奏疏，而是叫做“启”；其次，程序上，不是直接呈递给嘉庆帝，而是“留别成亲王”，“冀其转达圣听”；再次，在整个基调上，以批判代替了献策；最重要的是，他的表达是代表着士大夫最高精英阶层——翰林官展示出其批评态度，这些人属于天子近臣。

因此，这封信无疑是触犯了嘉庆提出开放言路时所限定的禁区，对他的国政基调提出了挑战，因而引起了皇帝的震怒和激烈反应。《清史稿》载：“书达成亲王，以上闻，上怒其语戆，落职，下廷臣会鞫。”戆，意为：愣、傻，戆直。嘉庆帝此次震怒，应该怒洪氏语言直、方式傻。

首先，皇帝认为这封信的投递方式显属违制。依清制，翰林无言事之责，洪氏上书是一封致成亲王永瑆的信，并将两个副本交给自己的两位会试和乡试的座师——朱珪和刘权之，请他们三人代递。这给嘉庆帝一种座主门生、臣下私交之中议论朝政的暗示，他认为洪亮吉为上书房行走，可把条陈密封直接上奏，也可交翰林院主管官员上递，而他却采取向成亲王（嘉庆帝的兄长）写私信的方式，又把此信交给另外两位大臣，这无异于数人交接，在背后议论君主：“其身系编修，若有条奏，原可自具封章，直达御前。乃洪亮吉辄作私书，呈递成亲王处”，这才是症结所在：以无稽之言，向各处投札，是何居心？因此，虽然朱珪、刘权之都是近臣，但出于满汉畛域的长期戒备，嘉庆帝责备他们“违例奔竞”，有结党之嫌：“此等书词，若系满洲人员投递，伊等未必不即时呈出。可见朱珪、刘权之均不免自由翰林出身，意存回护。”这两位大臣都被“降三级留任”。至于对直接收信的成亲王永瑆，嘉庆帝更存警觉。康熙晚年，各皇子因争储位，多结党互斗，纷争不已。雍正朝立秘密建储之法，到乾隆朝始成定制。乾隆三十八年，乾隆帝依制亲书颙琰名，藏于乾清宫“正大光明”匾后。在这个意义上讲，颙琰是清代依建储之制即位的第一位储君。到乾隆五十四年，颙琰被封为嘉亲王，永瑆被封为成亲王，永璇虽未被封王，但亦因书法精湛而一度得到乾隆帝宠爱。在立储密书未被揭晓之前，对于颙琰、永璇、永瑆、永璘四个皇子来说，储位之悬疑，犹未可知。从三十八年秘密立储到六十年宣布储君人选，再到次年元旦举行授受大典，乾隆帝禅位于颙琰，改元嘉庆，足足有22年的漫长时间，这期间，皇子们的隔膜自然不浅。（清）礼亲王昭梿《啸亭杂录》“成王书法”谓，“成亲王讳永瑆，为纯皇十一子。善书法，……名重一时，士大夫得片纸只字，重若珍宝。上（按乾隆）特命刊其帖，序行诸海内，以为荣云。”而嘉庆四年一位出使京师回到朝鲜的首译，在根据京师官宦舆论写给朝鲜国王的“闻见单”里，则又超越了成亲王结纳士人的范围：“十一王永瑆，总理庶务，恣行专擅，士论不韪，颇有漆室之忧”①。凡此种种，都会引起刚刚执政的嘉庆帝的猜忌。

其次，这封信的内容，对嘉庆帝自诩“洞察”一切的基调提出了异议。皇帝对于洪亮吉讽谏他平日行事，表现为高姿态的不屑一顾：“以小臣妄测高深，意存轩轾，狂谬已极”，“朕孜孜图治，廷臣共知，不值细为剖白”，但很在乎洪氏影射他“聪明有限”、“是非邪正之辨”欠缺等语（如“先法宪皇帝之严明，后法仁皇帝之宽仁”、“视朝稍晏，俳优荧惑圣听”）。对于洪亮吉一班人以道德文章“自负通品”的言行反唇相讥：洪“平日耽酒放纵，放荡礼法之外，儒风士品扫地无余”，算什么“谏诤之臣”②？据此，“洪亮吉之书札，语涉不经，全无伦次”，所具各款，“亦多出自臆度”，著“将洪亮吉革职，交军机大臣会同刑部审讯”，定拟具奏。

不过，嘉庆帝还是很快地从震怒和猜忌中冷静下来③。他先是下诏：“亮吉，读书人，体弱，毋许用刑”④。略带轻蔑的“读书人”一语，是对洪氏身份及案件的基本定性，比起诸如“居心叵测”、“不知是何肺肠”之类极端指责，要宽容得多⑤。因此，当军机大臣会同刑部等拟“以‘大不敬’律斩立决”的奏报呈上之后（永瑆是军机大臣，他似乎因此得到了解脱），皇帝朱批

---

① 吴晗：《朝鲜李朝实录中的中国史料》，下编，卷12，转引自《清通鉴》，第11册，页4862。

② 转引自《思想历程》，页23。

③ 行刑前，座师朱珪去拜见皇上：“免冠顿首曰：‘亮吉小臣妄发，罪死不赦，然亦愚忠人也。陛下幸无督过之。’上意愈解。”——《哭座师朱大兴相国》诗注：“余不随部议论死，实出于特恩，然亦公回天之力也。”《更生斋诗续集》卷6，《洪亮吉集》，页1705。

④ 《常州府志·人物传》，《洪亮吉集》，页2353。对此，洪亮吉“感动伏地。”《清史稿·洪亮吉传》则谓：“面谕勿加刑，亮吉感泣引罪。”

⑤ 洪亮吉尚未押抵伊犁，伊犁将军保宁妄测圣意，于未到之先，先递奏折，中有：“该员如稍蹈故辙，即一面正法，一面入奏，等语，朱批‘此等迂腐之人，不必与之计较。’”——《二十日抵乌普木齐那灵阿州守顾拨熊言孔徐午三大令频日致饯即席赋赠三十韵》自注，《更生斋诗》，卷2。保宁“妄测圣意，奏请俟其至毙以法，先发后闻”，嘉庆“严饬不许。”——徐珂：《清稗类钞》，第4册，页1500－1501。

改为发“从宽免死，发往伊犁，交与将军保宁严行管束。至原书三件，除成亲王呈进者留以备览。虽所陈系毫无影响之事，朕必不因此含怒，以干太和之气，而阻敢言之风，且随时批阅，藉以为始勤终怠之儆。”他说，洪亮吉“实属咎由自取”，但“朕方冀闻谠论，岂转以言语罪人？亦断不肯为诛戮言臣、自蔽耳目之庸主。今因伊言，惟自省于心，有则改之，无则加勉而已”①。

洪亮吉上书言事获罪，名躁京城。我们以洪亮吉上书为例，讨论京师南城政治文化的动向时，考察京师士民回应该案的心理和行为，非常重要。

洪亮吉上书之日，“宿宣南坊莲花寺，与知交相别，同人皆惧叵测，先生议论眠食如常”②。当洪亮吉在刑部、兵部受审理时，“在刑部三日夜，及自刑部至兵部，暨出彰仪门，慰问者不绝于道，其中多有未经识面者”③。许多百姓围观于马前，相与叹息曰：“此所谓不怕死官洪翰林也”④。又载：“自诏狱出彰仪门（广安门），赆问者不绝于道，或为之泣，亮吉意气自如”⑤。当时中外惶惑，“以为先生祸且不测。内阁中书赵怀玉先生，同里友也，诀之以酒，怀玉一滴不能下咽，而先生大嚼，以为先生未之知也，目之欲语而止者再。先生察其色异，卒问曰：‘君似有所言者，何嗫嚅也？’怀玉未有以应，已而硬咽出声曰：‘有旨’。先生遽曰：‘有旨斩立决耳，吾乃今日知死耶，君少安。’颜色不乱，饮咽如平常”⑥。行刑前，“闻圣怒不测，行刑者已伺门屏间关。……实录馆供事苏玉等数人，余（亮吉）待之素有恩，益持余泣不止。余反慰之，并口占一绝，赠诸君，有‘丈夫自信头颅好，愿为朝廷吃一刀’，闻者皆破涕为笑”⑦。

洪氏出监和遣戍出京时，受到一批官员文士的迎送。法式善等纷纷送礼慰问。满员户部主事成格，“甚贫，雅未识先生，以屋券质银三百两，尽馈之”⑧。洪氏教习的一批庶吉士，向这位犯官恭行弟子礼，愤愤具呈“不欲新

① 《清实录·仁宗实录》，卷50，页641－642。
② 吕培：《洪北江先生年谱》。
③ 吕培：《洪北江先生年谱》。
④ 支伟成：《清代朴学大师列传》。
⑤ 《常州府志·人物传》，《洪亮吉集》，页2353。
⑥ 谢阶树：《洪稚存先生传》，《洪亮吉集》，页2361。
⑦ 陈其元撰，杨璐点校：《庸闲斋随笔》，页114。
⑧ 谢阶树：《洪稚存先生传》，《洪亮吉集》，页2359。

派教习。”刚入翰林院的洪亮吉同乡张惠言①，乡、会试出自朱珪门下，而在这场开言路的争论中与座主意见不合。他为庶吉士从洪氏学，彼此志趣相投。洪亮吉入狱后，张惠言日日探望，又抱病送洪亮吉到卢沟桥，二人“抵足剧谈至四鼓乃卧”②。洪亮吉作《卢沟桥口占赠张吉士惠言并寄同馆诸君子》诗曰：“春明门外驻征轮，簪笏同来唁逐臣。我视黄州已侥幸，缀行相送较情亲”③。

这些材料，反映了年轻一代的士人对朝廷结党必出于私心的逻辑产生质疑和对群体性政治参与的认同。他们通过这个案件体验并产生了一种敢言直谏的道德神圣感。同时，也表达了平头百姓对和珅专权与吏治腐败的普遍不满。一位“逐臣”，在“辇毂”之下，得到如此规模的礼遇和同情，为清代以往所罕见。

兹作“京师士民探监及礼送洪亮吉出京大概情形一览表”（附表一）于本节之后④。

嘉庆四年九月初一，洪亮吉开始流戍。在遣戍期间，京师士人的政治关怀和民心支持在沿途延续。“先生之行也，居民闻其至，环观而拜于马前。将宿，或荐酒馔，已寝，则置牖上，以首叩户阒而去”⑤。从洪亮吉《遣戍伊犁日记》中可以看到，戍途总计160天，一路上他受到了许多地方官的礼遇和慰问，包括相识和素不相识的道府州县官员及基层教官。他们公开迎接或去拜访洪亮吉，或馈赠，或共饭，以至将洪邀到府中，“于密室相见久谈”，直至子夜。

清代没有明代君主们依靠东厂对官员实行严密监视，以至将情报人员派到地方文武官员身边当眼线的特工制度。康雍乾以来的京师官办邸报，经过逐步商业化的京师和地方报房，将诸如皇帝的诏书指令、官僚的奏疏及其升迁降调

① 张惠言，字皋文，武进人，嘉庆四年进士，翰林院庶吉士。博学，尤以词名世，创常州词派，与恽敬创阳湖文派。

② 洪亮吉：《遣戍伊犁日记》，转引自陈金陵：《洪亮吉评传》，页223。

③ 诗序云：“张君本同里故交。今岁五月，余蒙恩派教习庶吉士，张君适在其内，执弟子之礼甚恭，余不敢当也。其余诸君，亦并立络绎出送致解，故作此致意云尔。”——《更生斋诗》，卷1，《洪亮吉集》，页1199。

④ 此表主要据洪亮吉《遣戍伊犁日记》并参照陈金陵《洪亮吉评传》所提供的史料而制。

⑤ 谢阶树：《洪稚存先生传》，《洪亮吉集》，页2359。

贬斥等等消息，从省区层层传向各府州县，布衣士人在市面上也可以买到这类报章。在这种背景下，洪亮吉遣戍路线就像一条传播新闻的渠道。各地官员士民一般能看到洪翰林的直谏言行，也能了解嘉庆皇帝处理此案的微妙态度和倾向①。这就营造了嘉道政治文化传播的社会环境：从京师到地方，明显表现出一种群体性的对敢言之士的同情行为。士人们关怀政治的主动性，从京师延伸到省区，传播到基层（从朝臣、师友、士人、州县官、百姓等各个层面），士人理想主义的文化传统，以洪亮吉案件为重要契机，在逐渐复甦和萌动。

兹作“沿途地方官员迎送洪亮吉遣戍大概情形一览表”（附表二）于本节之后②。

现在把话题回到京师。洪亮吉上书遣戍后，言臣“瞻顾”、“疑惧”，“相率缄默”，谏者寥寥，朝廷政声沉寂③。嘉庆帝亲撰《谏臣论》鼓励说：“人君致治临民，未能尽善尽美，若无谏诤之臣，政不纲矣。科道之员，应效魏征之劲节，立志公正，直进弹章，毫无瞻顾。君有失德，则绳愆纠谬。若一味缄然，徒贻寒蝉之诮。望言臣洗心涤虑，常存以言事君之诚，尽摒取巧谋利之伪，上章进谏，不必妄生疑惧，当言则言，言必有中。若仍存私见，视朕为拒谏之主，更不可问罪浮于彼矣”④。

嘉庆五年四月，京师亢旱，命刑部清理庶狱，无效。十日后，皇帝亲到社稷坛拈香祈雨，经旬仍无效。按照天意示警必有冤抑的传统思维，皇帝想起了远戍新疆的“读书人”洪亮吉。闰四月初三日，他下了一道很有点自省味道的谕旨，略谓：“从来听言为郅治之本，拒谏乃失德之大。朕从不敢自作聪明，饰非文过，采择群言，折衷而用，兼听并观，唯求一是而已。去年编修洪

---

① 在遣戍途中探望和慰问的地方官员所占比例最多，最值得注意的是：他们公开迎接或拜访洪亮吉，甚至邀至府中，“于密室相见，久谈”，或者谈至三鼓而“归寓”。作为一些地方官吏对洪亮吉公开表达敬意，这是要冒风险的，因此，这种公开表达的背后，除了士大夫自身对洪亮吉犯言直谏的敬佩外，必然有着政治因素的作用，这个因素中最重要的就是嘉庆帝对洪亮吉的态度和倾向。

② 此表主要据洪亮吉《遣戍伊犁日记》并参照陈金陵《洪亮吉评传》所提供的史料而制。

③ 如刑部侍郎广兴，尝多次领钦差大臣衔赴豫、鲁办案，乘机大肆索贿受贿，但从中央到地方的言官，竟无一人主动出面弹劾，致使嘉庆勃然震怒，指斥他们“心存观望，相率缄口不言，殊非国家立台谏之意。——《清实录·仁宗实录》，卷206，页759。

④ 《清仁宗御制文余集》，卷下，《谏臣论》。

亮吉既有欲言之事，不自具折陈奏，转向成亲王及朱珪、刘权之私宅呈送，原属违例妄为。经成亲王等先后呈进原书，朕详加披阅，实无违碍之句，仍有爱君之诚，惟视朝稍宴、小人荧惑等句，未免过激。令王大臣等询问，拟以重辟，施恩改发伊犁。然以后言事者日见其少，即有言者，亦论官吏之常事，而于君德民隐，休戚相关之实，绝无言者。岂非因洪亮吉获咎，钳口不敢复言，以致朕不闻过，下情复壅，为害甚巨。洪亮吉所论，实足启沃朕心，故铭诸座右，时常观览。若实有悖逆，亦不能坏法沽名，不过违例奔竞，取巧营私之咎，况皆属子虚，何须置辨，而勤政远佞，更足警省朕躬。今特明白宣谕王大臣并洪亮吉原书，使内外诸臣，知朕非拒谏饰非之主，实为可与言之君。诸臣幸遇可与言之君，而不与言，大失致君之道，负朕求治之苦心矣。”内外大臣，仍要殚心竭虑，将政要大事，随时密奏。并即谕伊犁将军保宁，将洪亮吉释放回籍。谕旨还说，要把洪氏原书“装潢成卷，常置座右，以作良规”①。

事有凑巧，这通谕旨正在颁发，当夜，京师及京畿一带，通宵达旦，大雨不止②。我们可以想象嘉庆皇帝在内宫听雨时的兴奋心情——他不仅获得了自己是“诸臣幸遇可与言之君”，亦即纳谏圣君的确凿证据，而且在“教匪”造反、危机重重的局势中，得到了大清王朝合法性的天意明示。

嘉庆皇帝对士人议政表示出的宽容姿态，在京师流传开来，以至作为佳话载入时人笔记。昭梿《啸亭杂录》言洪氏上书成王等三人，“多诽谤朝廷语。成王以其书上闻，上悯其书生迂鲁，戍于伊犁。未逾年，即放归田里，以其书常置御座旁，曰：‘此座右良箴也。’上之宽大也若此”③。这就有利于士大夫们的政治热情在此后特定条件下的强化和发展。

---

① 吕培：《洪北江先生年谱》。

② “是日午刻，皇上朱笔亲书，谕旨交军机颁发中外。下午以后，同（形）云密布，即得甘霖。御制《得雨敬述诗》纪事。御制诗注有‘纳言克己，乃为民请命之大端’。正在颁发，是夜子时，甘霖大沛，连宵达昼。旋据报：‘近郊入土三寸有余，保定一带亦皆深透。天鉴中诚，捷于呼吸，可感亦可畏也’等语。是月二十七日，先生在伊犁，钦奉谕旨，于将军署庭涕泣叩首，恭谢圣恩讫，即呈明将军，以五月初一日东还。统计居伊犁仅及百日。同人言：‘自辟新疆以来，汉员赐还之速，未有如先生者。’”——吕培：《洪北江先生年谱》。

③ 昭梿：《啸亭杂录》，卷7，“洪稚存条”。

附表一："京师士民探监及礼送洪亮吉出京大概情形一览表"

时间	地点	探视人物	身份	内容
八月二十五日——二十七日	都御使衙门	王 苏	编修	
		赵怀玉	戚友	
		庄曾仪	戚友	
		张惠言	庶吉士	
		陶登瀛	举人	
	刑部南监	王 苏	编修	
		庄曾仪	戚友	
		陶登瀛	举人	
		王引之	进士	
		贵 庆	（满）进士	
		吴 鼒	侍讲学士	
		朱 涤	进士	
		叶继雯	进士	
		汪端光	国子监学正	
		余怀青		
		韩 葑	书法家	
		李于培	南监提牢	朝夕省视并馈赆
	出南监	官学洛		
		缪炳泰	兵部郎中	
		赵朱彤	检讨	
		庞士冠	检讨	
		崔景俨		
		黄载华		
		邵葆祺		
		蒋书山		
		赵方什		

时间	地点	探视人物	身份	内容
二十八日	刑部南监押至刑部主管赦免案件的江苏清吏司卸下刑具，兵部车驾司拨车一辆，押出彰义门	戴敦元	检讨	相送者
		管同		
		王苏		
		庄曾仪		
		邵葆祺		
		施考藩	举人	
		王卞年	世交	
		王念孙	给事中	追送不及者
		法式善	国子监祭酒	
		汪端光	国子监学正	
		张问陶	检讨	
		陈文杰	贡生	
		许学范	治中	
		阮元	内阁学士	携熙出送者
	晚至卢沟桥	庄曾仪、崔景俨、张惠言	翰林院庶吉士	送行、夜谈
二十九日	卢沟桥	长子饴孙		筹措费用车辆衣物

附表二："沿途地方官员迎送洪亮吉遣戍大概情形一览表"

时间	地点	迎送人物	内容
九月初一日	良乡县	长子饴孙	令其回家支持门户并阖门待罪、修省
初四日	直隶保定府	清苑县令李景梅	"慰劳甚至，并致赆及食物，却之不得"
		赵仲书、江宁陈淳继（表弟、朋友）	赠《说部书》。知廷寄不许作诗饮酒。自国门及嘉峪关四个月"不敢涉笔"①
初十日	直隶获鹿县	知县孔传经	"时已卧，婉辞去"
十六日	山西榆次县	知县陈日寿	谈至夜，料理甚周，馈赆乃去
		教谕崔登云、诸生何郁曾	夜半探视、受礼银二两
十七日	山西徐沟县	知县佟谨恩（乡试同年）	
二十日	山西介休县	赴四川任所兼解饷银董教增、宋鸣珂、郑玉清	
二十二日	山西霍州	知府蒋荣昌	请到府署住宿，谢绝
二十三日		附生范尔照	应邀至别墅"小饭"
		教谕恽从礼、道员胡钰	三更后探望，"以久睡，婉辞去"
二十四日		以上四人	共早餐、叙情谊
二十五日	山西平明府	临汾县令张五伦	久谈乃去
二十九日	山西安邑县	知县严廷灿	清晨探望、久谈乃去
十月初二日	陕西潼关	教馆余秀才	
初三日	陕西华阴县		

① 得知这个"不许作诗，不许饮酒"的谕旨，洪亮吉"自国门及嘉峪关凡四匝日不敢涉笔，及出关后，独行千里，不见一人，径天山涉瀚海，闻见恢奇，为平生所未有，遂偶举一笔，然要皆描摹山水，绝不敢及余事也"。——洪亮吉：《出塞纪闻》，光绪授经堂重校刊本。

时间	地点	迎送人物	内容
初四日	陕西华州	华州州判钱站	至署居住。次日游少华山。馈送
		州守李芾双之孙	看望
初六日	陕西渭南县	知县俞廷璋	谈至深夜
初七日	陕西临潼县	知县阮垣	看望
初八日	陕西西安府	县令费濬	备好“楼北客站”住所
初九日		程敦	邀赴私邸居住，婉辞
		陕布政使衙门陈望曾	看望
初十日		知县费濬	两次来访，久谈，并馈赠
		县丞程鹏、贺廷佐	看望并馈赠干粮食物
十一日	陕西咸阳县		
十五日	陕西永寿县		
十六日	陕西邠州	邠州知州庄炘（表姐夫）	谈至二鼓
十七日—二十日			叙亲谊、官场见闻，每夕谈至三鼓
廿四日	甘肃平凉县	知县徐寅来	出城二里相迎。晚间看望久谈
十一月初二日	甘肃安定县（今定西）	新任浙江按察使、原巩昌兵备道王锟	赴任起程已二十余日，特留人相迎，馈赠食品
初三日	甘肃金县		“县僻无逆旅”
初四日		布政使杨揆	派人迎入衙署
		杨揆兄芳灿、县令黄骍	交谈至二鼓
初五日			再次看望，久谈

时间	地点	迎送人物	内容
初六日	甘肃兰州	玉门县令嵇承裕	看望
		布政使杨揆	来访久谈，邀至衙署，谈至三鼓
初七日		甘肃按察使姜开阳	看望
初八日		布政使扬揆	“制衣履甚周备”，与姜开阳赠银百两，西安知府朱勋寄银二百两
初九日		杨揆、杨芳灿	饯行，二更返
初十日		姜开阳、皋兰县令丰延泰、黄骍	送行
十二日	甘肃平番		
十六日	甘肃凉州府（今武威县）	无锡人蔡骧	看望并受托办事
十七日			到武威署早饭。次日料理出关事。与谪戍伊犁原广西凌云知县韦佩金同行
廿五日	甘肃甘州府（今张掖）	县令唐以增、县丞周熊珂	“皆股馈赆”
廿七日	甘肃抚彝厅	通判于时兆	遣人邀至署，密室久谈，共饭
	甘肃高台县	知县葛本崇	移住公署，共饭，又至客邸久谈
十二月初一日—初二日	甘肃肃州（今酒泉）	知州李景玉、士人徐应鹏	看望，小饭
初三日		吏目蒋维宗、李景玉弟景春、秀才潘炯、张方龄	久谈
初四日		肃州学政赵敬业	看望
		知州李景玉	馈出关食物
初五日	甘肃嘉峪关		
初八日	甘肃玉门县	署知县姜华、典史顾光星	看望、久谈乃去。次日入署早饭
十二日	甘肃安西州	知州胡纪模	派人相迎，进州署，剧谈至更定
		学正李容、吏目徐秉中、胡纪模	看望，邀至署早饭，晚乃回。胡“饷食物及短襟皮衣，兼赠赆”

时间	地点	迎送人物	内容
二十三日	新疆哈密	通判王湖	派人相迎。晚间看望
二十四日		办事大臣塔宁阿	看望
		办事大臣伍弥乌孙	“谈至阅时乃去。”赠食物
		通判王湖	午后小饭，定更后送行并馈赆
二十八日—嘉庆五年正月初三日	新疆镇西府（巴里坤哈萨克自治县）	前河南巡抚景安	馈食物
初四日	肋巴泉		
初五日	噶顺		
初八日	三个泉		
初九日	木垒河		
初十日	奇台县	县尉张潮海（同乡）	赴署共饭留宿
		前县尉孙球	看望馈食物
十一日	古城	古城领队大臣、刑部侍郎琅玕	洪往拜访，琅玕赠给食物。
十二日	木萨	县丞蒋锦成	看望并馈春饼、牢丸及南菜数种
十五日	阜康县黑沟		
十六日—十八日	迪化（今乌鲁木齐）	迪化知州那灵阿、江都人徐午	互访。赠中毛马褂、佩刀各一。十八日约早饭。送满城北关而别
十八日	昌吉县	署理县事百庆	赠食物
二十日	呼图壁	署理粮务事沈仁澍	受其好友款待
二十六日	乌兰乌素	原山东巡抚、补古城领队大臣伊江阿	路过晤面。并有致伊犁将军保宁手书，久谈。去后，复馈食物
二月初十日	伊犁将军府		

四、议政风气的扩展：以黄爵滋“禁烟疏”为例

道光二年（1840），英国殖民主义者挑起的鸦片战争成为了中国近代史的

开端。此前一年，林则徐的虎门销烟是震动中外的爱国主义壮举。但如果把这个事件前溯若干年，著名的禁烟运动实际上是从京师开端的。道光元年起，皇帝就继承了他先祖们的禁烟政策，在京师掀起了几轮禁烟热潮。特别是到道光十八年，由于本章第一节所述的京师烟毒严重泛滥，禁烟运动也达到了最高潮。

道光十八年五月二十八日，漕运总督周天爵提出“禁烟必先自盛京、京都始惩犯必先惩官吏”：“鸦片之害天下，如人痈疽之害于其身，迨其毒已澈于遍体。善医者必先护其心络，而后散消其肢体，俾毒渐消渐减……此救病之法也……今天下盛京、京师，犹人之心络也……其受毒来自粤闽，可谓疽生于足，而毒延于腑脏也……臣以为禁烟，必先自盛京、京都始。禁之之法，尤必且九门始”①。

当时，由于“京官十之一二，刑名钱谷之幕友十之五六，至长随吏胥更不可计数”的庞大吸毒人群②，道光皇帝严定禁令三条：合十人为一保，互相警戒，一人犯禁，十人受罚；家藏鸦片烟具者死；官吏受贿不报者削官，对违禁者严加惩处，对访缉查获鸦片有功者实行奖励。

六月初三日，连颁数道上谕奖励拿获职官、吏目吸食及抓捕售卖鸦片人犯的京城官员③。七月，步军统领衙门查获职官吸食鸦片，道光帝立即命令“将该员革职，并将贩卖人等交刑部审讯”，并著在京城“一体认真访拿，有犯必惩，毋稍疏纵”④。这次新一轮的禁烟运动，修订了此前惩治鸦片烟犯的条件，将严禁海口走私和严惩贩卖、吸食鸦片两者并重，并实施得雷厉风行，不复从前禁烟那样时松时紧，“开馆应拟绞罪，律例早有明条，而历年未闻绞过一人，办过一案”的行政疲软情况⑤，使时人感受到朝廷最高决策者对鸦片“必欲净绝根株，毋贻后患”的决心。到了九月，道光帝采取了更为严厉的措施，惩罚京师王公中沾染吸食恶习者。九月初四日，东直门外尼僧住持的灵官庙发现庄亲王奕賨、辅国公溥喜等长期吸食鸦片的丑闻。事发后，住持广真（人称广姑子）交刑部判罪发遣，奕賨“著交宗人府严加议处”，随后革爵，并各

---

① 《鸦片战争档案史料》，第1册，页301。

② 《鸦片战争档案史料》，第1册，页483。

③ 《鸦片战争档案史料》，第1册，页606、628。

④ 《清实录》，第37册，页861。

⑤ 中国史学会：《中国近代史资料丛刊·鸦片战争》二，页141。

罚养赡钱粮两年①。九月初九日又发布上谕："京师为首善之区，王公等亦复沾染恶习，此外官民人等吸食者谅亦不少，皆由平日查缉不严，以致日甚一日……著步军统领衙门、顺天府、五城各饬所属，严密访查，无论王公旗民，一体严拿"②。九月十一日，许乃济前因主张弛禁而被降为六品顶戴，"即行休致，以示惩儆"③。至此，由京师到地方，禁烟运动达到了最高潮。

京师成为禁烟舆论阵地和首先例行禁烟运动的原因，史学界长期以来很少有人做专题探索。上世纪90年代初，朱金甫先生根据清宫档案，率先提出了具有创获性的观点：在京师首倡并贯彻到各地的禁烟运动中，要充分关注清廷言官的重要作用④。他讲的言官，指清廷都察院系统的各道监察御史和各科给事中。该文经过广泛爬梳构辑，从道光二年到十九年，以15位言官的20件奏折原件为例，其中除主张弛禁的许乃济外，言官禁烟的舆论一边倒⑤，相关建言逐渐深入和激进化。该文特别提到以下三类对禁烟起了关键作用的奏折：一是湖广道监察御史冯赞勋分别在道光十一年和十二年连上的两通折子，一道是提出由于烟土贩私，致"每年纹银出洋不下数百万，以内地有用之财而易外洋害人之物，其流毒无穷，起竭财亦无尽"；另一道提出清兵中吸食鸦片的严重性："若不严行查禁，将来日甚一日，不惟一兵不得一兵之用，窃恐一省并无一兵之用，其为贻患不可胜言。"这两道奏折，震动了道光帝，也定下了道光十八年林则徐主张严行禁烟，否则"是使数十年后，中原几无可以御敌之兵，且无可充饷之银"这一名言的基调。二是道光十一年兵科给事中刘光三和十八年四月吏科给事中陶士霖分别奏请"私食鸦片，议加重刑"的建言。这两道奏折都要求修改禁烟刑律，因而成为黄爵滋在其著名禁烟疏中更明确地主张对吸毒者限期戒绝，否则处以极刑之先声。三是道光十九年林则徐原奏从英国为主的鸦片贩子中缴获了两万多箱鸦片拟解京销毁，得到道光帝同意。而

① 《鸦片战争档案史料》，第1册，页389。

② 《清实录·宣宗实录》，卷314，页895。

③ 《筹办夷务始末》（道光朝），第1册，页125-126。

④ 朱金甫：《鸦片战争前道光朝言官的禁烟论》，《近代史研究》，1991. 2。

⑤ 该文列出的言官包括：监察御史黄中模、御史伊佩芬、御史章沅、工科给事中邵正笏、御史冯赞勋、太常寺少卿许乃济、原为言官、时任内阁学士兼礼部侍郎的朱嶟、给事中许球、御史袁玉麟、给事中黎攀镠、给事中姚庆元、原言官、时任鸿胪寺卿的黄爵滋、给事中刘光三、给事中陶士霖、监察御史邓瀛。以上奏折绝大部分出现在道光九年到十八年。

浙江道监察御史邓瀛见到这道明发谕旨后当即建言，请令林则徐就地销毁，“使沿海居民及夷人等眼见销毁情形”，“益当震慑畏服，不敢复萌故智矣”。这个建言为皇帝采纳，于是产生了虎门销烟这一震动中外的壮举。

该文作者分析道光朝言官在禁烟运动中之所以起了如此重要作用时提出：“清代的言官，一般都是两榜进士出身，大都是由翰林院编修或各部院郎官升转而来。他们既具有一般知识分子的政治敏感性，又都经受过长期的中国传统文化及儒家思想的教育和熏陶，道德意识比较强烈和坚定。而且言官本身就负有监督官场、揭露弊端、提出条陈、拾遗补阙的职责，因此他们平时比较留心政事阙失，日常的接触面也比较广，对社会和官场的情况所知较多。清代的言官相对来说比较年轻，官阶并不很高，宦海浮沉为时不久，尚有一定的朝气和抱负。”作者由此得出结论：在道光朝禁烟运动发展的每一阶段中，清廷的言官都起到了十分重要的作用。甚至可以这样说，在鸦片战争前道光朝禁烟过程中的每一项重大政策性措施，大都是由言官们首先提出；而且，整个禁烟运动也是在言官所代表的舆论推动下才得以逐步深入发展。

当时，“朝廷的言官除个别人之外，始终站在力主禁烟的前列，充分发挥了制造禁烟舆论、反映民情、揭露鸦片交易黑幕、分析鸦片流毒已经和可能带来的严重后果，以及针对时弊提出各种禁烟措施等方面的作用。他们代表了当时社会的正义要求和呼声，推动和发展了整个禁烟运动”①。

这里之所以花费了较多篇幅来解读此文，是由于该文作者深入地分析了道光朝禁烟运动中京师言官的角色地位及其重要作用：这批人比较年轻、官阶不高，政坛阅历也不深，但由于多年传统教育，他们中相当一部分人关心国情世态，道德意识相当强。他们中有一批人还是由天子近臣翰詹官员升转而来，了解皇帝倾向于禁烟的政治动向。而言官的职责所在，更营造了在政治社会危机深重的时刻，敢于直言议政的浓厚氛围。与这种氛围相适应，出现了本节开始所讲的京师首先掀起的禁烟运动。

如果和嘉庆初年洪亮吉上书事件相比较，这一轮的清要舆论至少有两个鲜明的特点：

首先，以禁烟为中心的议政之风逐渐形成持续和扩展的势头，作为文士集合体的诗社雅集，也得到相应发展，并在一定背景下趋向于政治化。

---

① 朱金甫：《鸦片战争前道光朝言官的禁烟记》，页58、65。

上述言官奏疏，主要集中在道光九年到鸦片战争前夕，前后持续了十年时间，和嘉庆四年春天“言路似通而未通”的政治格局形成鲜明对比。特别是在道光十二年批驳许乃济弛禁论的群体性廷议中，反对者舆论交击，群情激昂，致许乃济数人外，“举朝无继言者”①。这种廷议不仅主张禁烟，而且涉及内政。道光登基后，水旱灾害频仍②，教门会党和少数民族的反抗事件此起彼伏，这引发了清要言官对地方官员治理无能的抨击。一时交章上奏，形成引人注目的“清议”政局。

以言官为中心的中下层京官得以形成共同的政治基调，很大程度上得益于他们大多数住居在宣南、依托于雅集的文化地理优势。乾隆中叶翁方纲牵头的苏斋诗会，延续到了嘉庆年间由陶澍等发起的宣南诗社。诗社成员如陈用光、吴嵩梁、梁章钜、李章等人都是苏斋弟子。后来成为著名禁烟论代表的林则徐、徐宝善等也相继加入。这一批博学之士和政治精英，在集会时不止于诗酒高会，而且经常“商榷古今上下，其议论足以祛疑蔽而泯异同”③，从而推进了“诗与政通”、治学经世的风向。

宣南诗社的延续和发展，又形成了从道光九年到二十年间，也就是清议气氛高涨时的江亭雅集活动。这类集会由宣南诗社成员、翰林院编修徐宝善和鸿胪寺卿黄爵滋牵头。这两人是京师禁烟论的代表。他们的集合活动更加频繁，参与的士人也日益增多。除中下层清要京官外，还有很大一部分来京会试的举人以及以布衣士人参加进来。其中最盛大的一次诗文雅集，在道光十六年三月，也就是在禁烟舆论高涨的政治背景下举行，参加人数达48人④。

---

① 《上谕档》，道光十六年九月初七日，转引自前揭朱金甫文，《近代史研究》，1991. 2。

② 据《清通鉴》：道光二年夏，直隶大雨，80州县被水。陕西阴雨连绵。三年五月，江浙各县大水，饥民塞途。直隶复大雨，通州等81县田舍淹没。四年五月，洪泽湖漫口，滨湖及下游郡县被水，冲击漕运粮道。五年五月，直隶蝗蝻蠢动。六年初，山东大旱灾。湖北荆州湖堤漫决。七年二月，山西平陆地震，十月甘肃略阳水漫城垣，毁民房十之七八。九年秋，河南漳河改道，直隶故道断流。秋冬，蒙、藏雪灾。十年五月，直隶磁州地震。十一年六月，高邮一带洪泽湖漫决，上元（南京）所属一片汪洋。洪江、扬州两府各州县灾情严重。参见该书第13卷各年记事。水旱频仍，一直演成道光二十年到二十三年，亦即鸦片战争期间黄河三次漫决的巨灾大祲。

③ 胡承珙：《消寒诗社图序》，《求是堂文集》，卷4。

④ 参见罗检秋：《嘉道年间京师士人修禊雅集与经世意识的觉醒》，郑大华主编：《西方思想在近代中国》，社科文献出版社，2005年。

《清史稿·列传》的《黄爵滋传》有这样的描写：黄氏“以直谏负时望，遇事锋发，无所回避，言屡被采纳”，为人“以诗名，喜交游，每夜闭阁草奏，日骑出，遍视诸故人名士，饮酒赋诗，意气豪甚。及创议禁烟，始终主战，一时以为清流眉目”①。黄氏这种公开地在故人名士圈子里传阅奏稿的集体活动方式，如果在嘉庆皇帝执政时，那就是洪亮吉的罪名：“今以无稽之言，向各处投札，是何诚心?”

事实上，黄爵滋在道光十八年闰四月初十日呈进的《请严塞漏卮以培国本折》，恰恰是士大夫集体议政的产物。知情人国子监生员金安清的笔记“禁烟疏”条这样叙述诗文结社和这通奏折的内在联系：“自来处士横议，不独战国为然，道光十五六年后，都门以诗文提倡者陈石士（用光）、程春海（恩泽）、姚博昂（元之）三侍郎；谏垣中则徐廉峰（宝善）、黄树斋（爵滋）、朱伯韩（琦）、苏赓堂（廷魁）、陈颂南（庆镛）；翰林则何子贞（绍基）、吴子序（嘉宾）；中书则梅伯言（曾亮）、宗滌楼（稷辰）；公车中则孔宥涵、潘四农、臧牧庵、江龙门、张亨甫，一时文章议论，掉鞅京洛，宰执亦畏其锋。”这里金氏列举名士十七人，都是参加道光十五六年都门诗会的政治同调人，包括前述十六年三月颇有规模且含有政治倾向的集会参与者。该笔记中最重要的一笔是对“禁烟疏”内幕的披露：“禁烟之疏，实子序（吴子序）、牧庵（臧纡青）、龙门（江开）三人夜谈剪烛，无意及之，遂成一稿，而黄树斋（爵滋）亟上之”②。这通著名的奏稿，是由一位翰林、二位举人秉烛夜谈写成。

内容是学界熟知的：鸦片之所以长期流毒不能禁止的原因，在于“食烟之众。无吸食，自无兴贩，则外夷之烟自不来矣。”所以“严塞漏卮”的根本办法是“重治吸食”者，给这些瘾君子“以一年限期令之戒绝，否则处以极刑”。这通奏稿是循着道光十一年和此前数日两位言官奏折的思路写成的，但更加激进、明确③，也更有可行性。不过，翰林不是言官，举人更没有上疏之权，所以他们请黄爵滋署名上奏。奏折“其词危悚，宣宗阅之大动，遂决计施行”。当天，道光皇帝就将这个折子发给各省将军督抚，要他们各抒所见，妥议章程，迅速具奏，“从而立即引起了举国上下的热烈反响，展开了一场全

① 《清史稿》卷378《列传》165《黄爵滋传》。

② （清）欧阳兆熊，金安清，谢兴尧点校：《水窗春呓》，卷下，页80。

③ 该书谓：“其折大意，乃以纹银出洋太多，银价日贵，地方钱漕河工皆病为言，而非重于民命。其命意已近乎霸术而非王道也。”

国性的如何才能有效禁烟的大讨论”①。

借用时下的话：形势逼人强。鸦片战争前夕形成的士人集体议政风气的扩展，使黄爵滋的政治命运比他的前辈洪亮吉要强多了。

凭借诗文结社形成的社会交往网络等复杂关系，出现了宣南议政之声和地方治理对策的政治互动。诗社雅集是一种形式松散的团体，参与人士变动不居。这种集合体的性质，使参与其中的政治同调人在其出入诗社过程中，形成波浪式的地域流动，导致宣南政治文化的基调显现出辐射态势。宣南诗社发起人陶澍，嘉庆年间以编修迁御史、给事中。嘉庆末年，由河东道历山西臬司、安徽藩司。道光初，受到皇帝赏识，擢安徽巡抚，以清库、治淮、治漕务、筹海运等政绩著称。道光十年升两江总督，兼理两淮盐政。他将通经致用、关怀时政的思路传播到地方士子。梁章钜在嘉道之际任礼部主事、军机处章京、员外郎，深悉军机处并部院政事。道光年间外放，由湖北荆州知府升苏、鲁、赣及甘肃等省的布政、按察两司，官至江苏巡抚兼署两江总督。林则徐、黄爵滋和曾应邀参与宣南诗社活动的魏源、龚自珍都关心时政，提倡通经致用。道光十三年，林则徐任江苏巡抚时，和两江总督陶澍合作，对江浙两省银贵钱贱、盐政败坏、关税繁重、民食不敷、鸦片走私等弊政提出改革对策②。魏源流寓京师时，师从胡承珙学经，并参加宣南诗社，后在两江入贺长龄、陶澍幕。贺与魏还编撰了旨在提倡学术经世的《皇朝经世文编》。

林则徐基于和黄爵滋在禁烟政见上的一致，在道光十八年的全国性禁烟大讨论中，他在湖广总督任上与黄氏的奏议遥相呼应，极表赞同。他的“中原几无可御敌之兵，且无可以充饷之银”的名句，如前所述，显然来自于六、七年前言官们的智慧。

如果说，多年洪亮吉孤独遣戍时，他得到的是沿途府县官员对于敢言之士的同情和声援，那么，到19世纪30年代前后，这种道德义愤已经发展为从京师到地方的应对危机的政治动员。而由宣南士人代代传承和逐渐明晰的诗社传统——以诗通政和集体认同则从隐而不彰发展到公开化和激进化。一批政治精英，经过诗社所提供的社交网络及依凭其他的各种关系，在地方上特别是在社会矛盾集中暴露的江南地区省抚一级，形成了致力于改革弊政的政治精英群体。由政治改革的举措及其政治动员，最终又通向广东地区的禁烟运动和主战

---

① 前揭朱金甫文，《近代史研究》，1991.2。

② 《清通鉴》，第13册，页5709-5711。

舆论。

可以这样讲，在鸦片战争前夕，本书在绪论里提到的宣南士大夫的政治文化模式已经基本上形成了。中下层京官和其他在京士人要求参与政治的热情逐渐在政治社会危机的连续刺激下，被调动起来。他们力争以群体性的议政舆论去影响中枢的政治决策。道光皇帝出于对祖宗基业的焦虑，在清代历朝皇帝中表现了较为突出的宽容议政、重视建言的作风。道光十五年，他将敢于直陈、资历不深的科道官员冯赞勋、金应麟、黄爵滋、曾望颜四人，擢升为寺卿，就是很典型的例子①。皇帝重视言官们的条陈，经过明发谕旨或交各行政大吏讨论奏复等渠道，把议政舆论落实为地方大吏的政治行动。

尽管这种政治文化模式在战败后一度疏散，但在第二次鸦片战争所造成的"旷古所未有"的大"变局"中，承接这种思想脉络和政治文化的势头又在继续发展。同光时代清流派的出台，应该是顺理成章、合乎逻辑的政治现象。

① 《清史稿》卷378《列传》165《黄爵滋传》。(清)欧阳兆熊，金安清《水窗春呓》载："道光一朝三十年，莫重于翰林，有非时召见，即授道府，不数年至督抚者。"

第四章
咸同以降南城士人的交际网络与信息来源

清朝开国之初，严禁结社。顺治十七年正月，礼科给事中杨雍建疏：朋党之害每始于草野，而渐中于朝宇。拔本塞源，尤在严禁结社订盟。今之妄立社名，纠集盟誓者，所在多有。而江南之苏松、浙江之杭嘉湖尤甚。其始于好名，其后因之植党，相习成风，渐不可长。顺治帝拟旨严禁。同时禁止各衙门官员私交私宴："私交私宴，著依议严行禁革。如仍前违禁，私相交结，庆贺升迁，馈送杯幣，及无端设宴献酬，假馆陈乐，长夜酣款者，科道官即行指实纠察，从重治罪"①。因此，清初，京官之间、座主门生之间、会试同年之间有私门投谒、节礼迎送、聚众夜饮、长日悠游的文人景观几乎不见。乾隆中叶后，中枢对士大夫防范逐渐松弛，诗文结社、结纳士人，雅集宴饮等日趋活跃。

至咸丰末，朝士中根据其职责所在和地位高低，已有"清流"、"权臣"之分。这时被看成"清流"的官员属于言官御史之列，而他们的政治观点则可能有很大的分歧，如二鸦中法中英之战中的主战和主和两派，"俱为清流"②。其时，汉人名流士人颇为肃顺所雅重，他们聚会谋议多在法源寺。至同光时期，文人诗酒之会，公开且很活跃，信息来源渠道复杂，清流间互援、科举网络与人际圈子，超出了顺治初年对于订盟结社、各衙门官员私交私宴、官学士人凭借科举师生等网络议政干政的禁令。

---

① 《清实录·世祖实录》，卷131，页1013。

② 这与同光时期，人们则将主战作为划分"清流党"的基本标准之一有所不同。

一、咸丰朝的朝士派别与法源寺聚会

下面这则笔记记载了咸丰朝朝士派别情况："自洪杨军兴以后，朝士出处，亦分为二派：一为出京从军，有志立功名之朝士；一为在京谈科名，负文学重望之朝士。而在京朝士之中，又分为两派：其一为讲求学问之朝官，其一为左右时政之朝官。前者演成同光间南北两派清流之争，后者又形成朋党之祸。阅李莼客《越缦堂日记》、《张之洞全书》，王壬秋所著书，及李鸿藻、潘伯寅等著作，以至各家记载，可知当时之风气。功业派之朝士，分为二类：

在外者自咸同军兴，曾国藩以大官重望，设湘军大营于石门，在籍翰林李鸿章等均出其幕府。后湘军、淮军中，朝官甚多，知名之士亦夥，人文荟萃，在外成一重镇，后又成为北洋、南洋幕中人物。流衍所及，光绪中叶，号称直督、鄂督幕府人物，可谓为朝士归宿之所。在内者则有肃顺，主持军机，重用汉人，轻视满人；幕中如王闿运、李寿蓉、高心夔、黄锡焘等，号为"肃门五君子"。朝中大官，亦多依附。曾、左能成功于外，肃顺实左右之。居间为肃邸置驿以通曾国藩诸人者，王壬秋之力也。时京师朝士风气，以干与军国大事者为人物，以明通用人行政者为贤达，纵横捭阖，气大如虹。如李莼客之流，不过视为文学侍从之臣而已。未几，咸丰死于热河，肃、端治罪。党于肃顺之达官文士，或放或逃，朝中要人，以朋党为厉禁，京师风气，一变而为谈诗文、讲学业。故李莼客、赵㧑叔诸人，亦为滂喜老人所推重，造成诋毁相交，标榜相尚，举朝皆文人墨客矣。

至于科名派之朝士，则在同治初叶。张之洞入都，以癸亥中式会试，旋得探花，六年充浙江副考官，简放湖北学政。此数年间，京师朝士尚学之风，为之一变。虽以李莼客之愤然自称'额外郎中补缺五千年'，亦与张之洞为文字推重之交。当时潘伯寅位高望重，提创于上，张之洞等左右名流，接纳于下。李莼客等虽性情乖僻，亦为主持风雅者所拉拢。只有学问上之派别，而不相倾陷，亦因肃党消除以后，人怀疑惧。东南、西北初定，人皆埋头以取科名，朝士雍容进取之度，于此时见之。顾文人相轻，自古已然，及同光间，而南北清流，又各树旗帜矣”①。

咸丰朝清流们议政集会地点，多在法源寺。这时的清流还没有结“党”，他们还没有相对稳定的交往网络和舆论空间；也没有形成相对一致的发言基调。

民国三年（1914），83岁的王闿运应总统袁世凯招，北上就职国使馆馆长，作《法源寺留春会宴集序》，简约地记述了这段历史，文云：“法源寺者，故唐悯忠寺也。余以已未赁庑过夏，居及两年。其时夷患初兴，朝议和战，尹杏农主战，郭筠仙主和，而俱为清流，肃裕庭依违和战之间，而号为权臣，余为裕庭知赏，亦善尹郭，而号为肃党。然清议权谋，皆必有集，则多以法源为归。长夏宴游，悲歌薄醉，虽不同荆卿之饮燕市，要不同魏其之睨两宫。盖其时湘军方盛，曾胡犄角，天子忧勤，大臣补苴，犹喜金瓯之无缺也。俄而大沽失机，苏杭并陷，余同郭还湘，肃从西幸，京师被寇，龙髯莫攀，顾命八臣，俱从诛贬。自此东南渐定，号为中兴；余则息影山阿，不闻治乱。中间虽两至辇下，率无久留。垂暮之年，忽有游兴，越以甲寅三月，重谒金台。……乃访旧迹，犹识寺门，遂请导师，代通鄙志，约以春尽之日，会于寺寮。……回顾五十余年前事，感慨系之，对于肃顺与已之关系，亦自道其梗概焉。至其咸丰十一年致书曾国藩，主张恭亲王奕䜣当国，为国谋兼为肃顺谋，颇中利害。奕䜣以皇叔而有能名，负重望，使肃顺辈礼下之，引与共事，垂帘之局，盖不易成。孝钦之能倾肃顺辈，正由厚结奕䜣，使为已用耳。闿运怀此，不径向肃顺建议，而言诸曾国藩，亦见其与肃顺关系之非甚密切也。若夫说国藩以自请入觐，申明祖制，以阻太后之临朝，则殊迂阔而远于事情，国藩非卤莽之流，岂肯冒昧出此，自取咎戾耶”②？

又，王闿运撰《记端华肃顺事》，以白其冤，闿运固尝客肃顺所，有相当之交谊也。考二人之相与，盖自咸丰九年已未，时闿运年二十八岁。闿运卒后，其子代功所编述《湘绮府君年谱》卷一纪是年事云：“四月，会试榜发报罢，以京师人文渊薮，定计留京，寓居法源寺。于时名贤毕集，清流谋议，每有会宴，多以法源寺为归。……十一月，李丈篁仙因事入狱，府君闻之悲感，作幽愤诗，又为书致肃裕廷尚书，代叙其愤。是肃顺延揽闿运，而闿运以严正基之言，未久即引去。肃顺之势方盛，炙手可热，正基已虞其将败，则缘政尚

① 刘成禺：《世载堂杂忆》“学业功名分两派”条，页38。

② 徐一士：《一士类稿·一士谭荟》，页45－46。

峻厉，怨家甚多，尤以戊午科场大狱，佐文宗申国法以救积弊，锐行诛谴，深为朝列所切齿耳。”

《年谱》同卷咸丰十年庚申云：“三月，复还京师，居法源寺。其时同人居京者，（湖南）蔡（舅）与循、郭（丈）筠仙、龙（丈）皞臣、邓（丈）弥之，黔、蜀则莫（丈）子偲、赵（丈）元卿、李（丈）眉生，云南则刘（丈）景韩兄弟，江南则尹（丈）杏农，江西则高（丈）伯足、许（丈）仙屏，迭为文酒之会……未久而风流云散矣。……四月，曾文正公始授两江总督之命，进驻祁门。府君于八月出京，往祁门视曾……十月，还长沙。十一年辛酉云：是岁七月，文宗显皇帝晏驾热河，郑怡诸王以宗姻受顾命，立皇太子，改元祺祥，请太后同省章奏。府君与曾书，言宜亲贤并用，以辅幼主，恭亲王宜当国，曾宜自请入觐，申明祖制，庶母后不得临朝，则朝委裘而天下治。曾素谨慎，自以功名大盛，恐蹈权臣干政之嫌，得书不报。厥后朝局纷更，遂致变乱，府君每太息痛恨于其言之不用也。徐一士谓：“闿运于咸丰十年回京，或又与肃顺往还，所举迭为文酒之会之同人，不乏与肃顺相善者，肃顺轻满员，而雅重汉人名流也。未几有英法联军之役，继以政变旋作，肃顺坐叛逆被诛，于是同人星散”①。

至关于左宗棠之狱，肃顺从中为力，俾其得免罹祸，薛福成所谓“肃顺推眼楚贤”也。同书引薛福成《庸盦笔记》亦谓肃顺重汉士，卷一言此云：“是时粤贼势甚张，而讨贼将帅之有功者，皆在湖南……惟肃顺知之已深，颇能倾心推服，平时与座客谈论，常心折曾文正公之识量，胡文忠公之才略。苏常既陷，何桂清以弃城获咎，文宗欲用胡公总督两江，肃顺曰：‘胡林翼在湖北措注尽善，未可挪动，不如用曾国藩督两江，则上下游俱得人矣。’上曰：‘善。’遂如其议，卒有成功。左文襄之在湖南巡抚幕府也，已革永州镇樊燮控之都察院，而官文恭公督湖广，复严劾之，廷旨敕下文恭密查，如左宗棠果有不法情事，可即就地正法。肃顺告其幕客湖口高心夔碧湄，心夔告衡阳王闿运壬秋，闿运告翰林院编修郭嵩焘筠仙。郭公固与左公同县，又素佩其经济，倾倒备至，闻之大惊，遣闿运往求救于肃顺。肃顺曰：‘必俟内外臣工有疏保荐，余方能启齿。’郭公方与京卿潘公祖荫同值南书房，乃浼潘公疏荐文襄，而胡文忠公上《敬举贤才力图补救》一疏，亦荐文襄才可大用，有‘名满天

① 徐一士：《一士类稿·一士谭荟》，页44-45。

下，谤亦随之’之语。上果问肃顺曰：‘方今天下多事，左宗棠果长军旅，自当弃瑕录用。’肃顺奏曰：‘闻左宗棠在湖南巡抚骆秉章幕中，赞画军谋，迭著成效，骆秉章之功皆其功也。人才难得，自当爱惜。请再密寄官文，录中外保荐各疏，令其察酌情形办理。’从之。官公知朝廷意要用文襄，遂与僚属别商具奏结案，而文襄竟未对簿，俄而曾文正公奏荐，文襄以四品京堂襄办军务，勋望遂日隆焉。”

上述集京文士，尚有李寿蓉，“供职户部主事，为肃所重赏”。高心夔（湘江人）是肃的幕客；郭嵩焘为翰林院编修。

按：徐凌霄、徐一士昆仲，民国报人。凌霄好评时政，一士博通掌故。两氏原籍江苏宜兴望族。伯父徐致靖，以举荐康梁革职。父致愉山东为官多年。三十年代，《国闻周报》的《凌霄一士随笔》极富史料价值①。

又：石继昌《春明旧事》亦谓肃顺爱才若渴，不分民族畛域。所举荐者几乎为汉人。著名者有肃门六子都是南方人②。醒醉生（汪康年）《庄谐选录》卷三云：“湖南李篁仙（名榕）、严六皆（名咸，溆浦人）、黄瀚仙、邓弥之、邓保之及王某，为肃门湖南六子。”

二、同光朝士人的交际网络与信息来源

李慈铭《国事日记》在光绪五年记有御史孔宪榖的一个折子，里面有这样几句话：“正人不可远离，圣德宜资硕辅。同治初元皇太后听政，召倭仁于远方，起翁心存于病籍，济济师师，一时称盛，所以光辅毅皇帝十三年隆平之治，未必不在于此”③。

同治初元，两宫出于平衡政治的需要，是怎样组织班子的，怎样将这些名儒们团弄在一起的？据胡思敬《国闻备乘·文宗遗命得人》，“文宗大渐，时尚驻跸热河，内外汹汹，讹言蜂起。显皇后（即同治上尊号的“慈安”）进曰：‘圣驾脱有不讳，枢府中畴则可倚？’帝引后手，书‘文祥’二字示之。后又言：‘大阿哥幼冲，当典学，安可无付托者？’帝闭目沉吟良久，徐惊寤

① 石继昌：《春明旧事》，页8－9。
② 石继昌：《春明旧事》，页36。
③ 《越缦堂国事日记》，五，页2222。

曰：'得之矣。'急用倭仁。时倭仁被放新疆，为叶尔羌帮办大臣。帝崩，即日发急递召之回京，命授读东宫。文祥领军机，密加倚任。穆宗即位，尊后为慈安，号曰东太后；尊生母为慈禧，号曰西太后。慈安贤明，慈禧警敏饶机智，两宫同心一德。文祥又引用李棠阶而结欢恭亲王奕䜣，故同治初年之政罔有缺失。慈安崩后数年始更变大臣，又二年始兴园工。西后忌慈安久矣，无疾暴崩，宜外言之啧啧也"。当年咸丰在承德病危时，与显皇后密议，要文祥执掌中枢，令倭仁为同治的师傅。文祥领军机，又引用李棠阶，结欢奕䜣；内宫两后"同心一德"，因此"同治初年之政罔有缺失"①。由此记载可见，胡思敬对同治初年政局相对平稳的看法，与孔宪毅一致。

战后重建和应对外部危机，刺激了理学经世的兴起。在同文馆之争中，京师官僚形成了倡扬道法救世、对外强硬和修明内政等批评基调。到19世纪70年代初，在相对平稳的形势下，表面上不与政事，而实际上继承了这种基调的士大夫圈子重新活跃起来。

（一）"潘张大宴公车名士"

这时的文人诗酒之会，很公开，并且很活跃。据《清稗类钞·饮食类》"潘张大宴公车名士"条记载："同、光间，某科会试场后，潘文勤公祖荫、张文襄公之洞大集公车名士，宴于京师陶然亭。所约为午刻。先旬日，折柬招之，经学、史学、小学、金石学、舆地学、历算学、骈散文、诗词，就其人之所长，各列一单，州分部居，不相溷也。凡百余人，如期而至，或品茗谈艺，或联吟对弈，无不兴高采烈。日晡，大众饥矣，枵腹竟日，渐少高谈雄辨者。文勤觉之，询文襄曰：'筵为何家主办?'文襄大愕曰：'忘之矣，今奈何?'乃仓卒遣仆赴酒楼，命送筵至，皆草具也，且馁败。时街柝起矣，大众饥不可忍，强下咽，有归而患腹疾者。"又"王文敏为诗酒之会"条载："福山王文敏公懿荣官京师久，交游既广，每以春秋佳日，与潘文勤、张文襄、洪洞董研樵、邹县董凤樵、太谷温味秋、仪征陈六舟、巴陵谢麐伯、余姚朱肯夫、吴县吴清卿、会稽李莼客、甘泉秦谊庭、绩溪胡荄甫，光山胡石查、遂溪陈逸山、大兴刘子重、仪征陈研香、元和顾缉庭、歙县鲍子年、长洲许鹤巢递为诗酒之会，壶觞无虚日。其元配黄夫人辄检点肴核，迎时先办，客至无缺，有拔钗沽

① 《国闻备乘》，页5。

酒之风。”

（二）龙树寺觞咏大会

瞿兑之，早年师从王闿运（字壬秋，号湘绮），其《杶庐所闻录·养和室随笔》有龙树寺雅集一段，谓：《湘绮楼日记》中记其日宾主甚悉……其年为同治十年也。录如下：

（1871）五月庚寅朔，晴，伯寅（潘祖荫）来，旋约饮龙树寺，与香涛为主人，四方之士集者十七人，无锡秦谊亭名炳文，善画。南海桂皓庭文灿，绩溪胡亥甫澍，之蓟之族也；吴许鹤巢赓飏。赵抝叔云，戴子高属访余，必欲一见。元和陈培之倬，会稽李莼客慈铭、赵抝叔之谦、长山袁鹤舟启豸、洪洞董研樵文涣、遂溪陈乔森亦山、黄岩王孑裳咏霓、钱唐张子余预、福山王莲生懿荣，南海谭权裕宗浚，王生翁之子也，瑞安孙仲容诒让（孙衣言子，毕生治周礼，旨在通经致用。章太炎被俞樾开出后，被他收为弟子。见《世载堂杂忆》），琴西子也。朝邑阎进甫乃先，丹初（按：阎敬铭）之从子也。其父与余同居月余而忘其字，寓内城西洼沿桂中堂祠堂，研樵曾与父卿同寓桂甲屯晋阳馆，余尚识之，亦山最熟，皓庭、莼客皆曾相见，王、张、孙不多语，孙年最少，亦二十四矣。伯寅各出一纸属书，意在得诗云云。

近日张文襄之孙厚琬得《蒹葭簃雅集》，即湘绮所书者，秦炳文作画，胡澍篆首，赵之谦题签，董文涣、陈乔森、许赓飏、李慈铭俱有诗，而陈倬、王咏霓作记，咏霓之记云十九人，则并二主人之计也。又期而不至者六人，曰定海黄元同、秀水赵桐孙、汝州许子野、海丰吴仲饴、黄岩王子庄、宜都杨惺吾，又皆知名之士也①。

该札记又谓：《春冰室野乘》云，此会有经史、金石、舆地、历算、诗词等名家百余人，不确。李慈铭《越缦堂日记》亦记此事，甚略，但力诋赵抝书②，谓为吾乡妄人天水生，盖二人之简傲不相上下也。

又据王云五主编、朱芳圃编《清孙仲容先生诒让年谱》，同治十年辛未，

---

① 徐一士：《一士类稿，一士谭荟》，页 56 – 57。

② 赵抝叔（1829 – 1884），浙江绍兴人。原名赵之谦，初字益甫，号冷君；后改字抝叔，号铁三、憨寮、又号悲庵、梅庵等。官至江西鄱阳、奉新知县，工诗文，擅书法。

孙北上应礼部试，五月与书院集会，旋返江宁。时二十四①。

刘成禺《世载堂杂忆》“龙树寺觞咏大会”条记之颇详。摘略如下：

南方底平，肃（顺）党伏诛，朝士乃不敢妄谈时政，竞尚文辞，诗文各树一帜，以潘伯寅、翁瓶叟为主盟前辈。会稽李莼客，亦出一头地，与南皮张香涛，互争坛坫。时李、张二人，文字往还，犹未发生龃龉也。张、李有隙，始于香涛督湖北学政时，延莼客入幕，莼客为香涛作酬应信十余通，酬少事多，大不高兴，乃扬长辞馆而行。入京以后，颇对香涛有违言。时李莼客自称赀郎，屡试不中进士，乃迁怒于当时之翰林，谓大半皆不学之徒，有人指为对香涛而发。不知莼客来往最密者，如朱肯甫逌然（浙江余姚人，同治元年进士，授翰林院编修，督湖南、四川学政，官至詹事）、张子虞预（号腹卢，杭州人，光绪九年进士，历任编修，会试同考官湖南学政）等，亦皆翰林，莼客亦不过独发牢骚而已。但彼最恨者，前为周季贶，后为赵㧑叔。周曾荡其京官捐纳之赀，赵又夺其潘门入幕之席，文人心仄，私恨遂深②。同治十年辛未（1871），香涛湖北学政任满回京，与潘伯寅觞客于龙树寺，其周旋于李莼客、赵㧑叔之间者，仍无微不至。足征张、李二人，直至斯时，尚未显裂痕也。

同治末造，朝官名士，气习甚盛，推奉祭酒。当时香涛发起觞客于龙树寺，刻意邀集莼客，莼客亦以潘伯寅为盟主之故，许来参与，并允与赵㧑叔不当筵为难。此咸、同以来，朝官名宿第一次大会也。今取龙树寺大会之人物及其始末，补录于后，斯亦一重掌故也。

香涛发起龙树寺大会，先致潘伯寅一函云：“四方胜流，尚集都下，不可无一绝大雅集。晚本有此意，陶然亭背窗而置坐，谢公祠不能自携行厨，天宁寺稍远，以龙树寺为佳。”又函云：“承教命名续万柳堂，有大雅在，人无敢议，晚等为政，恐不免耳。方今人少见多怪，使出自晚一人，则必姗笑随之。若翁叔平丈能出领名，则更妙矣；晚只可为疏附之人耳。”

又调停李（莼客）、赵㧑叔之间，复函潘伯寅谓：“李、赵同局，却无所嫌，两君不到，则此局无色矣。莼客，晚嘱其不必忿争，彼已许纳鄙言；执事能使㧑叔勿决裂，度万不至此，则无害矣。若清辩既作，设疑问难，亦是韵事。毛西河、李天生曾于益都坐上喧争，又某某在徐健庵处论诗，至于攻击，

① 《清孙仲容先生诒让年谱》，页18。

② 《世载堂杂忆》，“李莼客的怨气”条记其原委颇详，页85－86。

岂不更觉妩媚乎？想李、赵二君，亦当谅晚奔走之苦心也”①。

该札记没有记述大会的日期，“是日与会者，有无锡秦炳文、南海桂文灿，元和陈倬、绩溪胡树、会稽赵之嫌、李慈铭、吴赓飏，湘潭王闿运，遂溪陈乔森，黄岩王咏霓，钱塘张预、朝邑阎迺兟，南海谭宗浚，福山王懿荣，瑞安孙诒让，洪洞董文焕。由秦炳文绘图，王壬秋题诗，桂文灿作记。李莼客、赵㧑叔，均未著一字（按：该札记谓两人不和，李又与香涛不和，是香涛斡旋后拉来的）。炳文题图云：“时雨乍晴，青芦瑟瑟，纵古谈今，竟日流连，归作此图，以纪鸿爪。”

当日置酒宴客，潘伯寅以为张香涛必备酒宴，张香涛以为潘伯寅必携行厨；不意宾主齐集，笑谈至暮，酒食未具，仍各枵腹。故叶鞠裳太史即席赋诗，有“绝似东坡毳字谜，清谈枵腹生槐龙”之句（自注：未携行厨，客至无馔，嗣召庆余堂，咄嗟立办）。同治末造，时局大定，朝中诸老辈，以宏奖风流自任。所谓各怀意见，亦皆学术文字之攻击，初非植党逞私之倾轧也。观龙树寺大会，尚有承平气象。

按：以上记与会者16人，后一段又记与席有时昌炽，应是17人之数，加潘祖荫、张之洞，共19人。王闿运《湘倚楼日记》谓17人。

该文又谓：自同治末迄光绪初，此数年间，乃为南北清流发生最大磨擦之关键。北派以张之洞为领袖，南派以李越缦为魁首，分别推出李鸿藻和潘祖荫为后台，实际原因是李越缦的功名政绩都不如张之洞；此前张之洞为湖北学政，延李入幕，李又因笔资不丰，很不高兴。《国事日记》亦谓李张矛盾出此。故此时他作为御史，与邓承修诸御史主持弹劾，声应气求，以泄其愤。闻之樊樊山曰：“南派以李莼客为魁首，北派以张之洞为领袖，南派推尊潘伯寅，北派推尊李鸿藻，实则潘李二人，未居党首，不过李越缦与张之洞私见不相洽，附和者遇事生风，演成此种局面耳。越缦与予（樊山自称）最善，予以翰林院庶吉士从彼受学知予亦香涛门人，对予大起违言，由其满腹牢骚，逼仄所至，不知实有害于当时朝士之风气也。”

按：两派之争，越缦殊郁郁不得志，科名远不如香涛，所以执名流之牛耳者，不过本其经史百家诗文之学，号召同侪。至于体国经野，中外形势，国家大政，则所知有限，实一纯粹读书之儒，不能守其所长，乃以已见侈谈国事，

① 《世载堂杂忆》，页87－89。

宜香涛诸人不敢亲近。但越缦则自以为可以左右朝政，乃与邓承修诸御史主持弹章，声应气求，藉泄其愤。乃身为御史，反无丝毫建树，讥之者，谓越缦得此官，愿望已足矣。综观《越缦堂日记》，大略可征。

龙树寺的前一年，张之洞与陈宝琛等订交，6年后形成议政高潮。“张之洞于同治九年（1870），始与陈韬庵宝琛、王廉生懿荣订交，皆一时文学侍从之臣。十二年（1873），即任四川学政。光绪二年（1876）回京，乃与丰润张佩纶，因穆宗升祔位次一折相识而论交，自此以后，李、张更势成水火，不复有回旋余地，清流名号，遂为越缦攻击之口头禅。清流党者，呼李鸿藻为青牛（原括号：清流同音）头，张佩纶、张之洞为青牛角，用以触人；陈宝琛为青牛尾，宝廷为青牛鞭，王懿荣为青牛肚，其余牛皮、牛毛甚多。张树声（按：淮军将领，李鸿章推荐其为1872年至1874年的江苏巡抚）之子，为牛毛上之跳蚤（此亦樊山述越缦之批评）。香涛、韬庵诸人，连同一气，封事交上，奏弹国家大政，立国本末，此越缦派人所不能为，故嫉忌愈甚。

二张与陈所上奏折，如《穆宗升祔疏》、黄漱兰《陈时政得失疏》、《抑宦官疏》，《四川诬民为逆疏》、《直言不宜沮抑奏请修省弥灾疏》（按：丁戊奇荒）、《陈俄约贻害请饬修武备疏》、《治崇厚罪疏》、《请派曾几则赴俄另议疏》、《奏晨练并筹饷策》、《奏陈边防疏》、《中俄画界疏》、《海防江防疏》、《劾刘坤一疏》、《慎重东南疆寄西北界务疏》等，多香涛、韬庵诸人合议之作。未几，香涛任山西巡抚，后调两广总督，韬庵任南洋军务会办，降级。清流党皆出京，攻击者亦从此告止。越缦则交接言官，主持朝政，气量狭小，终无所建白①。

---

①《世载堂杂忆》，页90。又“张之洞大开赌禁”条载，光绪甲申中法之役，战局既终，朝中南北两派倾轧之风，亦告结束。先是张之洞由山西巡抚移任两广总督，内阁学士闽侯陈宝琛会办南洋军务大臣，丰润张佩纶会办福建军务大臣，皆北党清流派巨头也，此为北派讲时政最盛时代。同时，吴大澂则为北洋会办军务大臣。及割地议和，陈宝琛受处分，降级录用；并治张佩纶弃师逃走罪，发往张家口军台效力，而张之洞督两广仍无事。京师南派朝官，为联语以讥之云：“八表经营，也不过山右禁烟，粤东开赌；三边会办，且请看侯官降级，丰润充军。”按：张之洞简放山西巡抚，其谢恩折有云：“敢忘八表经营之志。”联语起句用此故事。在山西任内，首奏禁鸦片烟，谓为治山西第一要政。及调粤东，军费无着，乃大开赌禁，谓为充饷，命刘学询经办其事。三大军务会办，吴大澂无事，陈宝琛降级回原籍，陈滞家乡二十年，清末始起用。张佩纶马江之役，不战而溃，逃避法人炮火，首戴铜盆，以为护符，回京治罪，免死充发，此李鸿章缓颊也。”——页54-55。

刘成禺此札记有一定史料价值：

1. 记述了清流形成的背景和过程，特别是张之洞和张佩纶、王懿荣、陈宝琛等几位核心人物交结的细节。“清流党”一词，似是该群体出现后就被京师士大夫命名的。此后，大多记载中，清流名声都不甚好。

2. 龙树寺大会，选择了几个地点：陶然亭、谢公祠、天宁寺、龙树寺。张函谓“天宁寺稍远”，即他们中的多数应住在相近于谢公祠、龙树寺这一带。据马芷庠《老北京旅行指南》，谢公祠应指谢文节公祠，谢氏名枋得，字军宜，宋亡后拒出仕元朝，在京绝食而死。明景泰间立专祠，在宣外法院寺后街路北。据此大体上似可推断这些名流们的住所。

3. 该笔记及其他一些史料著述都讲张之洞陈宝琛出京后，张之洞改变观点，清流消散。事实不然，至少有两点应该考虑：

其一，张之洞等出京任地方大吏后，仍保持了清流的基调，如主战；主张体制改革（主要是教育和实业），倡扬本土文化和道德的力量等。不能讲，在京的张之洞是清流，出京变成了洋务派（如有些史书讲洋务派的一部分由清流“转化”而来）。张之洞和李鸿章一直不协调。辜鸿铭《清流传》说联军入京，慈禧西巡时，李电奏行在曰：“毋听张之洞书生见解。”文襄大怒，曰：“我是书生，他是老奸巨滑”①。

其他笔记对此事也有类似的记载。张之洞在官场里始终是个“书生”。

其二，前清流时段所形成的一股对政治不满的传统，在19世纪80年代后仍是京师潜流，它在甲午前后又再度凸现出来。

（三）张之洞等公宴朝鲜使臣

《越缦堂国事日记》记述了同治十一年（1872）张之洞依古礼招待朝鲜使臣的两次士大夫聚会：

“二月初三日，午后赴香涛三君之招，集者荇文、砚樵（洪洞董研樵文涣）、肯夫、信甫、廖伯②、味秋、六舟③，及朝鲜使臣闵致祥（字经国，彼国刑曹侍书判枢密秩一品）、朴凤彬（字绮园，彼国辛未庆科榜眼，翰林院编

① 《清流传》，页157。

② 谢维藩，编修，湖南人，壬戌进士。山西学政，该日记1152页有“谢廖伯学使”一句。

③ 陈彝，字六舟，号听轩，晚号蜕翁，江苏省仪征人，为御史。

修，内阁直阁事秩三品），共主客十三人。予询其王为李氏，二十日传，名熙，年二十一矣。至其国之史事，茫然不知也。观诸君赠誉诗，香涛为最。是日两席并设，宾皆东西，颇有古意，晚归。”

“二月初五日，午诣松筠庵，饯朝鲜使。香涛、麐伯、逸心、廉生及闵、朴二君已先至。至观所赠墨，有字曰：洋夷侵犯，非战则和，主和卖国，十六文。盖其国皆甘心洋丑，人怀敌忾。前年其王树碑平壤，额曰卫正斥邪之碑。此墨即所产地有司，依碑文制之，徧行国中，务绝其教，用意可谓深矣……肯夫、六舟、荇文、味秋、砚樵、信甫先后至。

是日列坐，闵、朴二使为宾，东西；荇农、砚樵、六舟、逸心南面；香涛、廉生西面。皆以齿序。余与肯夫等四君为主人，北面。此依古礼也①。

九月十一日，得朝鲜人闵致祥枢判书及国王李氏二十八世谥号名字，并赠茶墨笺扇四事，坿其贺大昏及冬至使来也。

十月初二日，清卿后来，速饮，晡后诣之朝鲜正使朴珪寿，字瓛卿，六十余矣。香涛、麐伯、顾缉庭、陆云生、王廉生（王懿荣）皆在。朴君言戊辰岁英夷犯平壤，彼为平壤观察使，击败之。庚午复入犯，辛未又犯光华岛，皆不得志去。朴君今官礼曹判书，犹中朝之礼部尚书。

十月初三日：作片至麐伯，为公宴朝鲜使事。

十月初八日：作复朝鲜闵致庠枢判书，并赠以越三子集一部，笺纸四束（此君官刑曹侍书，侍书即中国之侍郎也，其奉使皆加判枢密衔）。

十月初九日，午后，同肯夫诣安徽会馆，公宴朝鲜使臣朴瓛卿。荇文、麐伯、香涛、味秋、廉生、清卿皆至。饮于碧玲珑馆，颇有竹石清池、曲阑垂阳映之，为最佳处。晚归②。

共同对洋主战、反对基督教渗入，似是这几次聚会的基调。而此“公宴”，亦似是十大夫共同做东，不像是官宴。

（四）清流言官的信息来源

诗会酒会是清流言官交换消息的主要场所。《越缦堂国事日记》三，记述了他参加的多次昼饮和夜饮。交换消息，是聚会的主要内容。下面这则记载小

① 《越缦堂国事日记》，三，页908－909。

② 《越缦堂国事日记》，三，页1080－1081。

道消息官场黑幕颇细，有参考价值。与会人名多用字号。

同治十三年（1874）正月二十七日：傍晚，诣铁香夜饮①，坐有韩柴东、丈庭、芷孺、初逸山、何编修如璋。酒间听紫翁谈云南近事甚悉。如言：何有保之杀邓尔恒，由徐之铭主使。徐之铭革职后，文宗有诏谕骆文忠（秉璋），俟其处境，无论行抵何处，就地正法。而徐已知之，迁延不出，竟病殇于滇。

滇岑毓营（按岑春煊父）为土司之子，乌程周御史学濬任广西学政时，补附学生后，以杀人逃入云南，捐职从九（品）从军自效，既保至知县，得步兵千人，遂胁布政使花咏春去位而权代之。同治元年，劳文毅（按劳崇光）为总督，廷寄令察看，劳以示岑，遂结为师生，劳乃奏保可用，题署池南道，旋授布政使矣。

刘嶽昭以捕鱼为业，其劾川督吴棠及岑毓英也，因粮储道彭瑞毓（字子嘉，江夏人。咸丰壬子传胪，南书房翰林。咸丰辛酉之冬由山西学政回京，不召入南斋，遂以京察授云南粮道。紫翁言，其头踏灯笼，皆题玉堂供奉、金殿传胪八大字）、为刘主章急奏，欲得巡抚。而其兄彭汝琮，以四川候补道入将军崇实幕，又为崇谋欲去吴而代其位。汝琮遂为刘草劾吴及岑奏寄瑞毓，而强请刘上之，瑞毓又为刘附片奏保已可大用云云。边裔虫沙鬼域，变幻固无所不至也②。

清流的另一个信息来源是地方士绅。京师翰詹科道各员，在乡试之年常被委任为各省考官或学政。这种地位，使他们和地方士绅发生多种联系，并从后者那里获得消息。

据《越缦堂国事日记》载：

同治九年（1870）五至六月，王祖培、王先谦、孙诒经等内阁学士、翰林院编修和国子监司业被任命为各省正副考官③。

同年八月初三，又任命一批学政，其中侍讲黄体芳为福建学政，编修廖寿恒、何金寿分别为湖南、河南学政，修撰洪钧为湖北学政④。

---

① 邓承修，字伯讷，一字铁香，归善即今广东惠阳人，在位时以大胆谏言，弹劾不避权贵见称，有“铁面御史”之名，著有《语冰阁奏疏》。他与清流派成员陈宝琛、张佩纶、宝廷、黄体芳、张楷、邓庆麟、邵积诚等人相互砥砺，抨击朝政，被时人誉为“松筠十君子”。

② 《越缦堂国事日记》，三，页1180－1181。

③ 《越缦堂国事日记》二，页594－596。

④ 《越缦堂国事日记》二，页591。

次年九月，命兵部右侍郎夏同善（他在去年五月刚刚被提拔为署兵右）为顺天学政；潘祖荫为武会试副考官①。

这一时期，张之洞也先后任过湖北和四川学政。

刘成禺《世载堂杂忆·清代之科举》记载：清室定例，各省由钦命简放学政，三年一任；大省恒放四品以上大员，较小省份则放翰林院编修。学政莅省之始，先颁布观风题目于各府县，“四书”文一，其他经解、史学、词章、掌故、时务、算学等，无虑数十艺，以作成若干艺为完卷。学政莅考所属，先期由学官呈阅（童生亦得应观风试），期限或数月、半年不等，视莅考道路之远近，定交卷之先后。号称观风，所以别于正试也。

学政抵各属试士，先考经古场，亦分经学、史学、词章、掌故、地理、时事、算学各门，而无八股时艺。经古场后，始考正场。正场考时文两篇，试帖诗一首。其先以八股为时文，八股废则改“四书”义，诗亦废矣。三年两考：第一次为岁考，谚云：“秀才怕岁考。”秀才之应考者，取录一等为最优，二等为合格，三等已不佳；考列四等，重则斥革，轻则申诫。科考大致与岁考相仿，其分别在岁考为考核秀才之成绩，科考则为录送乡试之准备。故科考列三等者，已不得参与乡试（此对于秀才而言。童生应入学考试，亦于岁考或科考时并行之，但与秀才不同场）。秀才应乡试，规律綦严，其引为大戒者，有以下各条。（一）匿丧，丁父母忧不报而应试者，虽榜发获中，亦必遭斥革（童生匿丧应考，同受处治）。李莼客作王某墓志，曾执此以加讥评。（二）冒籍，非本县籍童生而冒籍进学或应乡试者，均斥革。张季直曾以此遭某学政之严究，后设法由如皋县学生转籍通州，为州学生员，始得免。（三）大不敬，对孔圣或清代帝王有失敬之行为者，称大不敬，在专制政体之下，谴罚更重。

秀才以应乡试、中举人为正途；其中不中举人，由五贡出身者，亦归正途铨选，得入仕路。五贡之制：一曰恩贡，二曰拔贡，三曰副贡，四曰岁贡，五曰优贡。兹依次略述之。

秀才补廪生后，如应出岁贡之年，恰值恩科大典，则以廪生而举贡，称恩贡生。可分发各省，以州判用，或以教谕、训导用，班次提前，遇缺先补。

拔贡每十二年举拔一次，学政于全省每府学中所属秀才加以考试，取成绩最佳、学问最优者，拔取一人为拔贡生，贡入北京，再经朝考，分等第录用。

① 《越缦堂国事日记》三，页898、824。

取一等，以七品小京官用；二、三等，以知县用，分发各省，或以本省教谕用。

乡试中副榜，世称半个举人者，如下次不欲再参与乡试，可往礼部铨叙，分发各省，以州判等职用。

府、县学秀才补廪生后，轮次应于某岁出贡者，曰岁贡生，在外省以州判用，在本省以训导用。

学政三年期满，取全省生员之品学兼优而考试成绩亦特佳者，大省取六人，中省以下四人，曰优贡。优贡考试，须由本省总督、巡抚、学政三院会考。发榜后，中式者依次递补，入京朝考；一等用知县，二等用教官。

又光绪元年八月，编修陈宝琛、许景澄、修撰洪钧等被任命为顺天同考官，正考官为吏部尚书毛昶熙、礼部右侍郎徐桐等为副考官①。

同治三年甲子十月二十六日，邸钞，谕内阁：光禄寺卿潘祖荫奏参甘肃布政使恩麟养寇病民粉饰滥保一折各款，并抄录宁夏狄道州各绅士信函一折，前经御史丁寿昌参奏恩麟办事颟顸，潘祖荫所奏各节与丁寿昌大略相符，著多隆阿查处复奏。至九卿科道，原许其陈奏事件，惟潘祖荫所递甘肃绅士信函类为匿名揭帖，该绅士等不依例联名向都察院具呈，动辄向京卿科道私宅恳其代奏，恐各省绅士纷纷效尤，致启讦告之风。潘祖荫据匿名信函代为奏陈，实属冒昧不谙政体，著传旨严行申饬。

这件事说明，清流的信息来源是地方士绅。地方乡绅不愿按法定程序呈控，而向敢于直言的京卿科道通报。这种情况很多，如丁戊奇荒期间张佩纶与陕抚谭钟麟的一次驳议，即如此。

归纳起来，清流言官的消息来源有以下几个：

1. 他们在京师城南一带集中居住，除平常交往外，诗会酒会成为其沟通感情交换消息的主要场所之一。李慈铭这则日记记述了他们对云南官场内幕的议论，很可能是真实和讹传的混合。在一定时机下，这种议论就会变成奏章。因为御史们有“风闻奏事”的权力。如何金寿奏云南东川府知府孔昭钤被戕等等。

2. 他们中的不少人在大比之年被派到各地任主考官或学政，潘祖荫、张之洞、黄体芳、吴大徵、李端棻、陈宝琛、宝廷等都有过这种经历，从而为他

---

① 《越缦堂国事日记》四，页1600。

们和地方绅士的交往提供了许多机会，并易于结成师生、同年等网络。某次陕甘人士的控案，就是由潘祖荫代递的。有关上谕中指责京控私门投递，说明这种情况的普遍性。

3. 清流和地方绅士、口岸官僚之间也有复杂的，以某专人或事为中介的联系，从而扩大了讯息网。如曾国藩非常欣赏孙衣言，两次保奏他为江南盐巡道，旋生安徽布政使。而孙衣言和在京任职的孙诒经、黄体芳又是亲属或者世交关系。类似这样的亲友世交网络，不仅扩大了言官的讯息联系，也直接间接地影响了他们对某一特定地方政治人事的评价。

4. 清流和地方官之间的联系，也可能在地方官员应召进京时发生。应召进京的地方官往往也以南城会馆或寺庙为寓，而可能同左近的京官交往。如同治十三年郭嵩焘等进京就是住在南城。李慈铭于光绪元年记："郭嵩焘以去夏日本事被召入都，与蒋益澧、曾国荃先后至，同寓法源寺"①。

又，李慈铭《越缦堂国事日记》载：蒋益澧因军功起家，先为山西按察使，时为广东巡抚，傲慢奢侈。山西任上曾被御史陈廷经、编修蔡寿祺劾其粗愎，不宜为方面官。左宗棠致书慰藉，有"陈蔡之厄，鸡鸣狗吠，不足介怀也"等语。至同治十三年夏，以台湾有倭警，密召曾国荃、杨岳斌、阎敬铭、丁日昌、鲍超、刘铭传、蒋益澧、郭嵩焘等八日入都。蒋寓法源寺，会穆宗已病，不得召见，"日怏怏，而朝官多往匄索之，盖澧不能应，一夕暴疾死"。

三、清流人士的互援

光绪九年十二月初以日邸钞：以山西布政使易佩绅（湖南举人）调补四川布政使，以山西按察使奎斌（蒙古生员）为山西布政使，以山西河东道高崇基（直隶静海人，庚戌进士）为山西按察使。

张之洞初抚山西，以张佩纶等言，必去布政使绍诚方可为治，会御史邵绩诚、陈启太（二人时亦被目为清流）连劾绍绩诚罢去。佩绅老吏，轻之洞，屡相忤之。之洞畏之，不敢发。适张佩纶以查办陕西事过晋，之洞属之阴告高阳为之地，遂有此改调也②。

① 《越缦堂国事日记》三，页1254。

② 《越缦堂国事日记》五，页3123。

这是派系政治的一例。这里的派系，不是个人的效忠，而是感情和利益的交流，包括地域认同。中国派系的结合刚刚缺少个人效忠。个人效忠在道法上是不合法的，它要效忠于君主。因此，派系的基础，在于政治同调。

光绪八年（1882）六月的一份上谕，在谈及有人奏劾邓承修、陈宝琛等清流率行渎奏，立言失体时，讲了一段话：

方今言路宏开，原期集思广益，裨补阙失。在廷臣工，果能确有所见，切实敷陈，诚堪嘉纳。即或措词间有过当，而忠谠出于至诚，亦不加之责备。若竟怀挟私意，妄呈举降，甚至阿附同类，倾轧异己，设有此种恶习，亦难逃朝廷洞鉴。我朝纲纪肃清，断不容开门户党援之渐。嗣后建言诸臣，其各精白乃心，屏除私见，用副虚怀采纳至意①。

这份上谕，虽然面面俱到，但会读官方档案的人，不难察觉它的主要导向是鼓励建言。言官中的佼佼者，此时也被陆续提升到大员的位置上来。张之洞是一个典型的例子。从光绪五年（1879）到七年（1881），他由编修经四次升迁，做到了内阁学士兼礼部侍郎衔，“两年而跻二品”。升迁速度之快，被时人叹为“近世之仅见”②。

同一年获得这个头衔的还有黄体芳（时在江苏学政任上）和宝廷。宝廷随后又被实授为礼部右侍郎。在东北督办宁古塔事务的吴大澂则获得了太仆寺卿的品衔。另外两名清流骨干张佩纶和陈宝琛，在此后两年中，也分别被授予署理都察院左都御史和内阁学士兼礼部侍郎衔。他们都走进了接近中枢的位置。

还是从张之洞开始，有的清流骨干被派到地方大吏和大吏帮办的重要位置上。1881 年末，张出任山西巡抚，辞行前，西太后要他注意人才，这在慈禧，很可能是一句一般性勉励的话，而在清流，则是切合他们为政目标的要旨。

一些研究成果讲慈禧用清流主要是为了牵制奕䜣擅权。此论似乎可以研究。清流弹劾奕䜣的证据罕见，而奕䜣和清流互赞的文字记载很有一些。

19 世纪 80 年代初，是清流群体的黄金时节。朝廷度过了七十年代的华北荒旱和 1880 年的伊犁危机，政局相对稳定，内宫和清流之间也比较协调。尽管内宫对清流关于改革体制的一些较深层的建议，如扩大会议范围等等，无动于衷，但摆出了相当明确的从谏如流的姿态。

① 《光宣两朝上谕档》八，页 140。

② 《越缦堂国事日记》五，页 2579、2609。

而清流解体似有一个改造朝廷中外官僚人的计划：一方面在朝内连劾万青藜、王文韶等部院堂官和军机大臣（以能力和道法为标准），另一方面经张之洞提出，选拔一批年轻的后进士人参政。一次推荐五十九人，规模之大，为舆论所惊诧。

《越缦堂国事日记》光绪八年（1882）五月初八日记此事：

铁香（邓承修字，与李慈铭交好。李谓张之洞素不喜铁香，《国事日记》六，3607 页）今旦引见，补（工科）给事中。……又闻张香涛近日疏荐中外官五十九员，居首者张佩纶、李若农师、吴大澂、陈宝琛、朱肯夫（按朱逌然，时为四川学政，李慈铭朋友，见《国事日记》五，2937、2947 页）五人，又有侍郎游百川，巡抚卞宝第、布政使唐炯及总兵方耀等数人，余皆乳具翰林。其考语皆有百余字，于张佩纶，谓有一无二之才；唐炯（似是张之洞妻兄，此人在中法之战中怯阵），谓封疆第一人物，内举不避亲；又并举黄彭年、黄国瑾父子。近日北人，二张一李（这是作者对李鸿藻和二张的看法，“北人”为作者攻击的北清流），内外唱和，张则挟李以为重，李则饵张以为用。窥探朝旨，广结党援，八关后裔，捷径骤进，不学无术，病狂丧失，恨不得居言路以白简痛治众阁也①。

查阅张之洞奏折附片上的名单，这个名单上大部分是“乳具翰林”，说明张之洞等清流人士长期以来和各地士林有广泛联系，对士人有较深切的了解。此后，张在山西又根据他的观察举贬了一些人。比如光绪九年七月，朝廷根据张的意见免掉了“不勤政事”的山西蒲州府知府博启，接此任的为山西绛州知州沈晋祥，仅是归安县监生出身②。他是在劾疏之附片中保举的。

朝廷对张之洞的举荐似颇重视，到光绪九年七月，“去年所荐五十九人，擢用将尽也”③。

他们的举动，引起了内宫对援引结党的疑问，但其部分计划，似是实现了的。张氏推荐的五十九人，在次年陆续得到了擢用。包括王文韶、万青藜等一些枢臣先后去职。张佩纶在这次上奏的十几天之后，即十一月十一日，被任命为署理都察院左副都御使。

① 《越缦堂国事日记》五，页 2767 - 2768。

② 《越缦堂国事日记》五，页 2895 - 2896。

③ 《越缦堂国事日记》五，页 2896。

四、各种社交圈子：以李慈铭为例

在研究中国士大夫社会网络或人际圈子的论著中，通常强调科举关系，即研究座主、同年、门生之间的政治联系。这种爬梳有必要，但似乎不全面。科举中形成的人际网络，最终导向是忠于个人，即恩师座主。但在中国政治文化的大氛围里，恰恰不利于这种忠于个人导向的发展。和西欧中世纪等级制度的层层效忠理念不同，中国的理念是超越各种关系的忠君。

晚清社会关系的复杂化所引起的思想复杂化的格局，也使得科举网络所结成的人际圈子会出现动荡和重组。

因此，在考查清流的结合点时，除了爬梳科举网络之外，似应更广泛地考虑以下因素（条件）：

1. 政治理念（嘉道以来的经世思潮和理学复兴所塑造的理念）是否同调；

2. 感情交流和利益分配，包括兴趣、理想、审美，更重要的是政治上的互动互援。

3. 角色地位、发言位置。如此等等。

4. 清议的形成和高涨，也不能仅仅从慈禧搞政治平衡的需要来解释，如《剑桥中国晚清史》那样；内宫外朝的分立，地方疆臣的坐大，固然为清议提供了更大的政治空间，但这股思潮的本质，仍是嘉道以来士大夫政治积极性逐渐扩张，以应对危机的反映。这是一个从讨论到给出方案的量变时期。

《越缦堂国事日记》的作者李慈铭（莼客），是同光年间较出名的学者。工掌故，善诗词，居京十余年（据李氏《荀学斋日记》丁集下，光绪八年十一月初七，自云已未（咸丰九年）入都），数次入闱会试（甲子、甲戌），至光绪六年（庚辰）始中式，取在二甲八十六名，得同进士出身。授户部候补郎中。升迁迟缓。至光绪十三年丁亥（1887）五月十二日，养心殿召见吏、户两部司官，才补授户部江南司郎中。奏对时自报履历称五十三岁，实际六十三岁①。

该日记多次记其入闱情况，对科举的内幕和此过程中士人网络均有描述。他对光绪六年的考试情况提供了如下材料：

---

① 《越缦堂国事日记》六，页3626。

三月初六，上谕任命考官，以户部尚书景廉为会试正考官，工部尚书翁同龢、吏部左侍郎宗室麟书、兵部左侍郎许应骙为副考官。内阁侍读学士胡聘之、右春坊右庶子王先谦、左春坊左中允裕德、翰林院修撰陆润庠、编修钱桂森、陈启太、王祖光、龚履中、廖寿丰、袁善、韩文钧、鲍临、林绍年、谢祖源、陈翥、李桂林、陈琇莹、宗人府主事龚镇湘，共十八人为同考官。

三月二十七日，诏定此次会试中额三百二十三名，浙江得二十五名①。

会试从三月初八日开始，十五日结束。每三日一场，共三场。第一天入闱，次日子刻得题，第三日出闱。如此者三轮。

第一场："三月初八日巳刻入闱，莼庭、云门来送，作东露字。第十八舍弢夫来视。初九日子刻得题。初十日午，出闱，云门来，弢夫来（按：入闱要给号军一点好处。李氏第一场毕时"付赏号军钱五千"）。

第二场：十一日巳刻入闱，坐东署字第十六舍。十二日，子刻得题。应试者形形色色，"见胶州人庄姓，自云九十二，实年八十四，戊辰入学，庚午赐副榜，去年赐举人，今年例得赐检讨衔。近来风气，老困童子试者，往往冒增年岁至二十余年，夤缘入学或捐监生，以冀恩泽。故各省乡试后，大吏奏年老举人，动至数十，公然诬妄，不为怪也。此人眉发皆黄，当是八十外人。而贫甚，藉官给粥饭以食，号军复挪揄之，不为供炊爨"。

李氏与此位老举子相反，以大报小。是年五十六岁，后在金殿试策时，"自填年四十六岁"。

第三场：十三日，黎明结束。十五日，辰刻起对策。十六日，黎明出闱②。

四月十二日，李从闱中内部关系得悉，榜列第100名。全部中额，计323名。贺客临门。作家书报喜③。

李氏在京十余年，广泛地结交了一批清要官员，也得到某些大吏如翁同龢、徐桐等的赏识。这些官员在任主考或同考官时，力为帮忙，是其中式的重要原因。科举网络，不仅表现在考试过程考试之后的坐主、房师与门生关系，以及同年关系。对于一些名士来讲，在入仕来讲，在入仕之前就有一个和关于官员们交往和认同的过程。有些坐主，也愿意将名士收到门下。李氏日记坦率

① 《越缦堂国事日记》五，页2403。

② 《越缦堂国事日记》五，页2411－2413。

③ 《越缦堂国事日记》五，页2414。

地讲了一些同考官对他的提拔作用：

十三日，晨，敦夫（似是同考官之字）出闱，知余卷在林编修绍年房（林绍年是同考官，和李氏不熟）。（林氏）初不知所谓，以问其乡人陈编修琇莹（也是同考官），陈君力赞之；犹不信，更质之钱辛伯（似是同考官编修钱桂森，咸丰九年任湖南乡试主考，是王闿运（字研樵）座师，见《一士类稿》页49），辛伯谓通场无此卷也（通场以李为好）。始请陈君代拟评语，呈荐于翁尚书。尚书大喜林绍年问了几个人，经陈、钱极力推荐，才录取）。二十五六日，即以次三艺发刻本中高魁，后以景尚书（正考官景廉）取本房一卷作元，乃置第十九名。既翁尚书欲以余卷束榜，始置一百名，而仍刻入闱墨，意别有在也。王益吾（同考官中有二王：王先谦，王祖光，益吾是王先谦字）在闱中见余首场及三场，即决为余作，辛伯亦以为然。届填榜时，两君及敦夫、汝翼（四名同考官）营企之甚。甫填十余名，益吾即出，告外收掌官，先取墨卷视之，知为余书，亟入语敦夫，共以欣然。衰颓暮齿得此，何所加损，而诸君之意甚厚，虽无以报感，不能忘，故备书之。云门来。张香涛来。下午谒房师林绍年（编修），送贽银八两，两门茶（门包）九千。入城至东华门外烧酒胡同，谒翁叔平坐师，送贽银四两，两门茶九千。相见殷然，极致谦挹。写礼部亲供一纸（十四日讬詹黻庭料理）①。

这一段，说明李氏早已和四五位同考官相知，当时也和张之洞等相厚，大约同为清流之辈。故在此考场中，被他们大力引入官场仕途。这是清流人士互相援助的一个典型例子。李授官之后，数次封章，不避权贵，从工部属员升到山西监察御史。他和清流中率先进仕的人当非一般关系（不过，有所谓南北清流之分）。

李中式之后，通过其日记，可以看出科举制度中各种关系的结成。兹将日记大意摘录如下：

十六日，黎明赴中左门，接卷，诣保和殿复试②。

十七日，复试报至，列一等第十七名③。殿试颇费时，“今年殿试，有至二更始交卷者，此亦十余年来皆然，且有至三更后者”④。

① 《越缦堂国事日记》五，页2414－2415。
② 《越缦堂国事日记》五，页2415。
③ 《越缦堂国事日记》五，页2415。
④ 《越缦堂国事日记》五，页2410。

二十一日，殿试对策，自云“辰刻，跪受题纸，巳刻对策直书不起草，首尾俱不同俗例，洒洒二千余言，不落一字。未刻交卷，颇自熹也。……出东华门，晤云门、香涛，即坐车归”①。

二十四日，五更，呼车入城，至乾清门下听候，“下午，知余名在二甲八十六名，同试者三百三十人，余得赐进士出身，已为幸矣”②。

二十五日，是日闻余卷在侍郎乌勒喜崇阿手，先画一“○”，继徐荫轩见之，叹赏亟，画一“○”，以后董尚书恂、王侍郎文绍等六人皆画“○”。以有一“Δ”在先，遂名第在后。然向来七圈者可列前十，本亦有得鼎甲者。闻今年八圈者至七十五卷，盖亦不爱惜之甚矣。其实，余文亦未必真有赏音也③。

二十七日，诣绳匠胡同拜坐师许应骙（正副考官为“坐师”），李氏看不起许，“此公素以不学名，语言甚鄙。”送贽礼四金，门礼九千。下午拜翁同龢，送寿礼二金，不收④。

二十八日，保和殿朝考。尚书董恂拟题。在三等二十二名⑤。

五月初四日，上午入城贺节。拜尚书徐荫轩（徐桐，甲子年房师），节敬二金。徐今年复试殿试皆派阅卷，“闻其颇以余不得鼎甲为惜，故加礼亲之。”诣东单牌楼三条胡同谒座主麟书，素文师“极承推挹”。诣安定门新街口嘎嘎胡同（在三不老胡同内）谒座主景廉（两家皆送贽敬四金，门礼九千）。诣东华门外烧酒胡同谒座主翁同龢，节敬二金。出城，答拜数十家（城南，与李氏联系的士大夫，至少有数十家），其中含有编修钱桂森、房师林绍言。送钱、林节敬各二金⑥。

初七日，新科进士见两宫、皇帝于养心殿。“天颜咫尺，香惹御炉；二圣垂帘，黄云夹扆”。“时方雨甚，水溢玉除，陛卫盛陈，诸贵露立，冠服如濯，同班中有倾跌者”⑦。

初八日，同房吴树棻、黄思永（状元）、戴彬元等，请房师（林绍言）饮

① 《越缦堂国事日记》五，页2416。

② 《越缦堂国事日记》五，页2424。

③ 《越缦堂国事日记》五，页2424－2425。

④ 《越缦堂国事日记》五，页2425。

⑤ 《越缦堂国事日记》五，页2425－2426。

⑥ 《越缦堂国事日记》五，页2426－2427。

⑦ 《越缦堂国事日记》五，页2427－2428。

余庆赏，每人三十四千。辞疾不往（看不上林）。

初九日，旨：准以户部郎中原资叙用。“实非雅志，羞与少年为伍”（按：李及第前，似为贡举户部候补郎中）。

十七日，送房师林编修行卷，报价二十四金。

八月十二日：入城诣座师（正主考官）景廉，节敬二金。谒翁同龢师，久谈，送节敬不收。诣麟书，节敬二金。谒徐荫轩（徐桐，甲子房师），“久谈”。

十四日，送房师林绍年节敬二金。

九月二十七日：送林绍年行卷五本。

十一月初十日，诣尚书桑春荣（伯侪）、祭酒王先谦（益吾，甲戌房荐）。（此二人也住城南）。

入城，诣师徐桐（甲子房师）翁同龢（戊辰坐师）麟书（戊辰坐师）董恂（尚书，复试阅卷，殿试读卷）王文韶（侍郎，殿试读卷）奎润（侍郎，以知贡举）①。

按：拜会这几个人中，都以“师”称之，但关系不同：徐桐、翁同龢密切；王先谦两次荐举，密切；董、王（文韶）、奎是上司户部长官，凡朝考得旨还原衙门者，例谒谢，又因其读阅卷，两礼并行。且礼仪也不同：徐桐、翁同龢，送节敬、行卷；其他几位“以师称之，不执挚（不送钱），各送门包”三千，送行卷。

十一月十一日：下午入城诣景廉，又诣白庙胡同户部右侍郎长叙（户部上司），皆送行卷。诣绳匠胡同诣李鸿藻（复试阅卷，也是“师”），“入见久谈，至夜出”②。

十二月二十九日：遣仆投刺送节敬二金，至徐桐、麟书、翁同龢。翁还节敬及刺③。

三十日日：遣仆投刺送节敬二金于景廉④。

光绪七年八月二十四，午后出门拜绳匠胡同李鸿藻、许应骙、林绍年三

---

① 《越缦堂国事日记》五，页2428－2429。

② 《越缦堂国事日记》五，页2429。

③ 《越缦堂国事日记》五，页2430－2431。

④ 《越缦堂国事日记》五，页2431。

师，贺节。入城，诣景廉、麟书、翁同龢、徐桐贺节①。

光绪八年四月十六日，诣林绍年房师，唁其夫人丧。

二十三日，同房进士公祭幛分钱十六千。“以六十老人，而与乌躐家儿祭黄颔少年之妻，呼为师母，且听乳臭指摩，咄咄怪事也。”

二十七日，林编修为夫人开吊，送奠银二两②。

按：这是一幅很生动的科举画面：

1. 同光京师，集中地一批名士，有的先入仕，有的待估。他们以声明相通，志向雷同，平日交往比较密切。当翰林清要们被任为同考官时，总是想法将后进的同道援引进来。李莼客的入仕，得力于编修陈琇莹、右春坊右庶子王先谦及敦夫等人的力荐，并为徐桐（原房师，此次复试殿试阅卷官）、翁同龢（副主考）所支持。从这个意义上讲，京师清流群体并不限于已及第者，而包括了一批互相援引的名士。

2. 他们居住大都较近。李及第后于五月四日在城南“答拜数十家”③，从上述日记看，李鸿藻、许应骙（他未被引入同流）、林绍言、钱桂森、桑春荣（尚书，不是同流）、王先谦等，都住在城南。

3. 及第之后，新科进士和座师（主考）、房师（三场阅卷者）以及复试、殿试的阅卷官员，结成了按一定礼仪来往的网络关系。他们过去会试未及第的房师如李氏之于徐桐及各种推荐人，也因旧恩而继续师承。这就结成了一个庞大的同行网络。

依例：一年三节，要谒见座师、房师、旧日恩师，及复试阅卷官等，奉上节敬、门包及刻印的著作。贺婚吊丧，不得失缺（尽管房师夫人，可能只有李氏的女儿那么大）。但其间关系不仝，有的是门生节礼，如对许应骙、林绍年等。

有的则是诚心相与，如对徐桐、翁同龢、王先谦、陈琇莹、钱桂森等。这一部分士人的科考关系，则可能成为一种士大夫群体联合互援的基础。

---

① 《越缦堂国事日记》五，页 2431－2432。

② 《越缦堂国事日记》五，页 2432。

③ 《越缦堂国事日记》五，页 2427。

情感、利益和地域的认同，成为其结成政治派系的基础①。

附：读吴语亭编注之《越缦堂国事日记》《编后记》，摘其与李慈铭人际圈子有关的文字大意：

李莼客“为文沈博绝丽，诗尤工，大学士周祖培、尚书潘祖荫引为上客”②，惟科场蹭蹬，潦倒文场，“道光庚戌，补县学生员，次年食开饩而应南北试凡十一，屡荐屡报罢（平步青所作传）。咸丰八年秋试落解，‘言社’（为莼客在乡时所组织）社友周叔云、星诒兄弟劝其捐资为郎，鬻腴田三十亩，报捐”。

九年二月二十七日，与叔云启程赴京，五月十七日抵京。拟捐外吏。与两周情笃，日记多处记此。同治元年二月，经周氏兄弟揄扬，馆于大学士周祖培家。惟此时因周氏兄弟干没其捐纳银，彼此结怨绝交。五月，始得分发户部学习行走。

李慈铭授读周祖培家，祖培相待颇厚，有爱士之雅。李狷傲，不肯轻许达官，而祖培卒后，赞其“清慎自持，钟不失为君子”，“追念生平，为之黯惨”（丁卯五月廿五日记）。曾为祖培撰神道碑，并代祖培子撰引述。周祖培存时，曾请李代备历朝母后垂帘之资料，以迎合西后之心意③。

张之洞李慈铭之间从相投到交恶：莼客初于张南皮之父之诗，均颇心折。

---

① 刘体智《异辞录》“科分关系”条的描述似与此相近。摘引其文如下：“燕俗重气义，居燕久者，亦沾染其俗。门生传衣钵，最为密切；因师生而及年谊；年谊之外，复有乡谊。论其交道，古义可风，毋惑乎其鄙薄南人之寡恩也。京中有《讥贫乏》打油诗云：“先裁骡马后裁人，裁到师门二两银。”“二两银”者，惟座师乃克有之。朝殿老师，由京钱八千而已，然三节两寿均不可少，总数为不轻矣。门生以此敬师，苟并此而吝之，是绝望于宦途也，故诗言及之。……然科分关系，数百年来，京人视之，几同结社。每科一人之兴，而京外官僚，以下至微员末秩，依附而起，何可胜道！同乡之人，生同里閈，若在本地，人人皆是，奚足为异！移而外出，以希为贵，便有香火之情。京师为各方人民聚集之所，派别既多，桑梓益视为重，于是设会馆以为公共之处。始而省会，继而府县，各处林立。此等天然之党籍，较之树一义以为标帜者，未知利害奚若。在闭关时代，由座主之关系，或州域之关系，天然成为同志，谋公私利益而共守伦常大义，以辅国家太平有道之长基。较之罔利营私漫无限制者，损益相去，不啻倍蓰矣。”——该书，卷3，页144。

② 《清史稿·文苑传》，页5275。

③ 《越缦堂国事日记》六，页3905。

同治六年八月初十日记云："今年张香涛编修，以名士来主浙试，可谓乡邦之幸。"且曾在张之湖北学政署中，襄助笔墨月余始归。其对张丰润（佩纶）弹劾谭钟麟疏，亦称其"侃侃劲直，可为香茗词林生色"。

及南皮拜晋抚之后，莼客赠诗云："主恩持节莅严关，暂缀承明凤阁班；春动旌旗恒岳驿，花迎鼓角晋祠山；北都雄镇青天上，内翰清名白水间，荣遇儒臣推第一，待看经術起时艰"①。此句概括了张之洞的理论思路，可用。

而南皮对之则颇形冷落，既无推毂，又不解囊，兼欲罗致樊云门（增祥），益增嫌隙。莼客渐由愤懑至大肆攻讦，且波及陈宝琛。梁敬錞教授自纽约来函谓："庚申午门之案，南皮、沧趣（宝琛）均有谏书，沧趣以此事扬名，清流党亦因此案遭忌，似与莼客攻击闽派名流有关。说者或谓其不满于李高阳一派所致。沧趣自言，时与李高阳常往来者为香涛与篑斋（张佩纶字，此论和与莼客'二张一李'互援的说法参照。当属实），彼谒高阳，一生只两次。《花随人圣庵摭忆》莼客年辈较高，平日又眠高于顶，对于高阳、潘翁，皆不愿有所依附，则结习所致，笔底诬人，所不免也。"

且南皮之与翁叔平不合，几同水火，《抱冰堂弟子记》云：大枢某大司农某立意为难，事事诘责，不问事理，醇贤亲王大为不平②，又《石遗室诗话》云："广雅相国最有憾于翁叔平相国，自云：'后来叔平相国，一意倾隔，仅免于死，不亚奇章于赞皇，此等孽缘，不可解也'③。莼客出于叔平门下，其与南皮之不相能，或者亦有影响。"（按：《抱冰堂弟子记》是张氏自撰以弟子名义发表的集子。）

光绪九年，李鸿章由赵桐孙、许竹筼（景澄），邀约李主讲天津北海学堂、天津书院，生计较优。而其生平愿望，在主文衡（考官，选人才），或居言路。（这应是一般清流的共同的意向）十六年补山西道监察御史，"数上封事，不避权要"，"慈铭遇事建言，大臣则就孙毓汶，孙楫（顺天府尹），畺臣则纠德馨"。

许同莘编《张文襄年谱》卷四谓：癸巳（光绪十九年）正月，李慈铭劾军机大臣孙毓汶。时太后虽归政，犹览奏折。得慈禧折，有举朝无人之叹，曰：不得已，只有会南皮来耳。语为中官所闻，泄漏于孙，不数日，徐致祥疏

---

① 《越缦堂国事日记》六，页3906。

② 《张文襄年谱》，卷3，页66。

③ 《抱冰堂弟子记》，卷1，页1。

劾张之洞，“辜恩负职”，“且有此人外不宜于封疆，内不宜于政地”之语。宦海波云之诡，竟有如此者。

莼客对西后，生平极备钦仰，称为“任姒之贤”（同治四年三月初九日，蔡寿祺劾恭王）。又谓“东朝忧勤图志，百倍女中尧舜，法夷起事，一意主战”，称之为“圣母”，称奕譞为“圣王”。

至甲午战败，李鸿章成众矢之的。而李身为台谏，不作一语。李素来狃于南宋士论之习，每遭外侮，则极端主战，如英法联军、天津教案及中法战争，莫不皆然。而直此箝口不言，于是为清议所不恕（按：有人谓之天津讲学，合肥对其有恩）。

此人性格，愤世嫉俗，狂狷傲慢，“胸无城寓，意所不可，辄面折人过，议论臧否，不轻假借苟同，虽忤枢辅不以顾，以是人多媢之。”（平步青所作诗）“又口多雌黄，服其学者好之，憎之口者恶之”①。偶到部，尝自谓“每入辄忤人，僚友致吏役皆恶之”（同治二年七月十五日日记）。周祖培对他，有“能读书而不能做官”的考语，李自认“切中予病”②。

按：李慈铭（1829－1894），同光名士，绍兴人，通经史、小学、说文、诗词、掌故、考据之学。此人在京③，仕途偃蹇，客邸穷愁，体弱善病，却又沉缅于“征歌狎饮”之中。其《越缦堂日记》始于咸丰三年，迄于光绪十四年，凡卅五年，数百万字。除己卯行外，（至光绪廿年）計有八册被门人樊增祥携去，遂至佚失。说者谓其中有诟樊之语（按：樊后投张之洞），故有意掩之。

李氏汉学出身，与张之洞经学不同，清要们都自有其学术背景。仕途拥挤，像李氏这种“能读书而不能做官”的人更是升迁维艰。

---

① 《清史稿·文苑传》。

② 该书，六，《编后记》，页3898－3911。

③ 石继昌《春明旧事》载：李慈铭，久客京华，曾住宣武门外铁门胡同，集宋子京五言诗句题大门门联：“何言汉朴学，正似楚官”。上联自述学术师承，下联以冷署闲官自居。后迁居骡马市保安寺大街……世传其另一联：“保安寺所藏书十万卷，户部郎中补缺一千年。”（一说“五千年”）该书又云：李氏住保安寺大街的宅院有三进，他住在后院，四间正房，两间厢房，整洁幽静。《孽海花》有描述。——该书，页273、300。

第二编 横向探析：建言种种和政治参与

◆在同光朝太后垂帘和亲王议政的二元政治格局下，慈禧太后出于制衡的需要而使得清流议政的风气盛行开来。光绪年间的议政清议风潮，以翰詹讲官居多，这批号称『清流』的京官崛起于政坛，据《清史稿》载，清流主要成员大致为张之洞、张佩纶、陈宝深、宝廷、黄体芳、邓承修、吴大澂等人。至光绪十年，翰林讲官为主的清流群体活跃，思想形态多样，政治态度复杂，以名节相标榜，上书言事，评议时政，成为政坛一股不容忽视的势力……

第五章
时人论清流的史料与史识

清流、清议的概念，大体上出自于魏晋之后，用以称谓公正的舆论及持此舆论的士大夫。据《辞源》，清流，指清澈的流水，《晋书·王羲之传》兰亭序云："此地有崇山峻岭，茂林修竹，又有清流激湍，映带左右。"旧时用以指负有时望的清高的士大夫，《三国志·魏·陈群传》评曰："陈群动仗名义，有清流雅望。"《新五代史·李振传》亦云："振尝举进士咸通乾符中，连不中，尤愤唐公卿，及裴枢等七人赐死白马驿，振谓太祖曰：'此辈尝自言清流，可投之河，使之为浊流也。'"① 清议则指公正的评论，《三国志·吴·张温传》载："（暨）艳性狷厉，好为清议，见时郎署混浊淆杂，多非其人，欲臧否区别，贤愚异贯。"也指社会上的公正的舆论，其作用即如《晋书·傅玄传》上疏所云："其后纲维不摄，而虚无放诞之论，盈于朝野，使天下无复清议，而亡秦之病，复发于今"②。

在同光朝太后垂帘和亲王议政的二元政治格局下，慈禧太后出于制衡的需要而使得清流议政的风气盛行开来。光绪年间的议政清议风潮，以翰詹讲官居多，这批号称"清流"的京官崛起于政坛，据《清史稿》载，清流主要成员大致为张之洞、张佩纶、陈宝深、宝廷、黄体芳、邓承修、吴大澂等人。至光绪十年，翰林讲官为主的清流群体活跃，思想形态多样，政治态度复杂，以名节相标榜，上书言事，评议时政，成为政坛一股不容忽视的势力。

作为晚清一种政治现象和京师宣南社区的一种特殊的文化现象，曾为时人

① 《辞源》三，页1816。

② 《辞源》三，页1820。

和后人所关注。在民国年间的诸多笔记中，较详细地反映了“清流”现象的记载，主要有胡思敬的《国闻备乘》（1924年）、徐一士的《一士类稿·一士谭荟》（40年代）、瞿兑之的《杶庐所闻录·养和室随笔》（30年代中叶到40年代）、老同盟会会员刘成禺在晚年成稿的《世载堂杂忆》等等。这些笔记，或依其目击，或出自博闻，记下了“清流”们种种生动的史料，间或也有精辟的评论。

兹摘录如下，旨在了解清流派思想和行为，并考察其理论背景。

一、辜鸿铭

第一本论说这个群体进行学术思考和政治活动的著作，当推辜鸿铭在1910年用英文写成的《清流传》①。该书成书于1910年，应该是时人最早介绍清流派思想和行为的一本小册子。

辜鸿铭氏作为一位文化保守主义者，在书里展现了他的历史观，即中国近代，由一个满族统治下的“花园式的国度”一变成为“粗鄙的国家”（太平军运动后，汉族大吏掌权），再变为一个“群氓”的国家（辛亥革命之后）②。他就是在这样一种被审定的历史脉络里，来描绘清流党企图恢复花园式国度的活动和价值的。

本书的基本观念是，太平军运动之后，中国面临着两大问题，一是社会重建，二是怎样应对欧洲人。在这样的形势下，出现了各种要求自强的思路，清流的思路是反对李鸿章等人所推许的外国方法和外国思想，主张通过倡扬儒教主义，达到民族精神的净化③。

作者追随清流派核心人物张之洞二十年，他将张评鉴为“儒臣”，认为张之洞等对曾国藩、李鸿章的不满在于后者“仅计于政，而不计于教”，仅论功利、才能而不论气节、人品，故张之洞在京师时“以维持名教为己任”，“精

① 黄兴涛近年编过《辜鸿铭集》，其中至少有两篇与本文有关：1.《清流党》（可能就是《清流传》）；2.《张文襄幕府纪闻》。

② 《清流传》，页26－27。

③ 《清流传》，页38、47、126。

神学术无非注意于此”①。排除对曾、李评价的偏颇，这应该是清流思想的最主要的特点。

该书对清流的活动作了以下估计：

1. 抵制了李鸿章的寡头政治；

2. 培植了对政治的不满情绪，这种不满情绪的高涨，竟使得保守派翁同龢投向了康有为的“激进主义”。

3. 张之洞保护过康，但他的以一贯之的传统情操使之在最后反对康的“激进”②。

以上论说，点出了清流的主基调，或一定程度上反映了当时的历史。对于我们的课题而言，第二点更值得研究。

这本书是写给英国人看的，书里过多的中英比附反而淡化了对清流自身性质的分析。比如：

他将清流比作英国的牛津运动，认为这个运动策动于类似英国牛津大学的翰林院就很牵强。清流派不仅包括翰林，更不是在体制内部的翰林院策动。清

---

① 他在《张文襄幕府纪闻》中论“清流党”说：或问余曰：“张文襄比曾文正，何如？”余曰：“张文襄，儒臣也；曾文正，大臣也，非儒臣也。三公论道，此儒臣事也；计天下之安危，论行政之得失，此大臣事也。国无大臣则无政，国无儒臣则无教。政之有无，关国家之兴亡；教之有无，关人类之存灭。且无教之政，终必至于无政也。当同、光间，清流党之所以不满意李文忠者，非不满意李文忠，实不满意曾文正所定天下之大计也。盖文忠所行方略，悉由文正手所规定。文忠特不过一汉之曹参，事事遵萧何约束耳。至文正所定天下大计之所以不满意于清流党者何？为其仅计及于政而不计及于教。文忠步趋文正，更不知有所谓教者，故一切行政用人，但论功利而不论气节，但论材能而不论人品。此清流党所以愤懑不平，大声疾呼，亟欲改弦更张，以挽回天下之风化也。盖当时济济清流，犹似汉之贾长沙、董江都一流人物，尚知六经大旨，以维持名教为己任。是以文襄为京曹时，精神学术，无非注意于此。即初出膺封疆重任，其所措施，亦犹是欲行此志也。洎甲申马江一败，天下大局一变，而文襄之宗旨亦一变，其意以为非效西法、图富强，无以保中国；无以保中国，即无以保名教。虽然，文襄之效西法，非欧化也。文襄之图富强，志不在富强也。盖欲借富强以保中国，保中国即所以保名教。吾谓文襄为儒臣者以此。厥后文襄门下，如康有为辈，误会宗旨，不知文襄一片不得已之苦心，遂倡言变法，行新政，卒酿成戊戌、庚子之祸。东坡所谓其父杀人报仇，其子必且行劫，此张文襄《劝学篇》之所由作也。呜呼！文襄之作《劝学篇》又文襄之不得已也，绝康梁并以谢天下耳。韩子曰：“荀子大醇而小疵。”吾于文襄亦云然。——该书，页158。

② 《清流传》，页55－59。

帝国的政治体制没有了一批中下层京官提供政治批评的领域，这种领域实际上是在政治体制的边缘地区——具体说，是在京官们聚居地京师南城会馆空间产生的。清流们惯常聚会的地点是松筠庵（《崇陵传信录》；萧一山《清代通史》卷4，页2497）。这里重要的问题不在于具体地点，而在于这类特定地点所反映的政治批评的地位和性质。“牛津大学”的比附，使人们忽略对这种批评的特定政治空间及其文化特性的探讨。

再如：作者将清流和洋务这两种思路绝对对立起来，也不符合史实。清流中的主干一般不反对洋务思路，对李鸿章、丁日昌、沈葆桢等等的批评，往往从“气节”着手，（后者行妥协外交），也带有维护皇权、警惕旁落的意图。陈宝琛的一段话很典型：“洋务至重也，办洋务至公也，以至公之心办天下至重之事，非通天下人知之，合天下人谋之不可。”（《陈文忠公奏议》）一是主张扩大洋务，二，潜台词很可能是要打破口岸官僚对洋务实际操作的垄断。

按：清流派集成了士大夫的传统，拓展了一块横向联传播舆论的空间。随着政治不满情绪的增涨和西学的启迪，这块空间的活动，必然产生议会要求（中国式的“议会”）。研究清流这一段历史，可以考察出清流的清议观、清流活动的政治空间以及清议动向的变迁。这批人是一种中介，将传统体制内部的变动引向了体制外的政治发展。

二、胡思敬

胡思敬（1869—1922），字漱唐，号退庐，江西新昌人。光绪乙未（1894）进士，次年选翰林院庶吉士。历任吏部考功司主事、辽沈道、广东道监察御史。任间曾四十几次上疏弹劾权贵与贪官。著有《国闻备乘》，记载了光绪朝政府及光、宣两朝言路的情况。

（一）光绪朝政府

自光绪元年至三十二年，前后秉枢政者三十一人，罕能以恩礼终者。恭亲王奕䜣、宝鋆、李鸿藻、景廉、翁同龢以甲申被劾黜。同龢再入再黜，且削职禁锢于家，左宗棠以外任黜，张之万、额勒和布以甲午被劾黜，阎敬铭以宠衰予告黜，孙毓汶、徐用仪以乙未与同龢不合黜，钱应溥以戊戌政变引疾黜，廖寿恒以阿附康党自疑黜，王文韶以争废科举黜，礼亲王世铎以庚子随扈不及黜，赵舒翘、刚毅、启秀以纵容拳匪黜，旋诛死，鹿传霖、荣庆、徐世昌、铁良以丙午厘定官制黜。其克终于其任者，唯文祥、桂良、沈桂芬、许庚身、潘祖荫、荣禄而已。今在位者四人，世续、林绍年新入，未有建白；庆亲王奕劻、瞿鸿禨屡被弹奏，以诡遇免①。

（二）“南党北党”

李鸿藻好收时誉，诸名士皆因之以起。光绪初年，台谏词垣，弹章迭上，号为“清流”，实皆鸿藻主之。唯邓承修、边宝泉无所依倚。鸿藻每入见，凡承旨询问，事不即对，辄叩头曰：“容臣细思。”退朝即集诸名士密商，计既定，不日而言事者封事纷纷上矣。南皮张之洞、丰润张佩纶尤为鸿藻所器重。鸿藻欲援之洞入军机，孙毓汶等忌之，遂以内阁学士出抚山西。又欲出张佩纶，鸿藻坚执不可，卒有马江之败。宠之适以害之，非鸿藻所及料也。鸿藻引拔多直隶同乡，世称为“北党”。迨翁同龢、潘祖荫出，南党稍稍盛，然视二张声气，不及远矣。是时朝臣分南北两党，北党主驳，以李鸿藻为首，孙毓汶、张之万、张佩纶等附之。南党主准，以潘祖荫、翁同为首，孙家鼐、孙诒经、汪鸣銮、李文田、朱一新等附之②。

（三）言路盛衰

言路至同治末年而盛，至宣统初年而极衰。恭亲王奕䜣当国时，太后示以谏章，辄叩头曰：“我辈当自省，毋令外廷多言。”故当时鲜有败德。

穆宗既亲政，念两宫训政之劳，欲修复圆明园以资颐养。辞非不顺也，言者交章谏阻，颇以土木为戒，最后御史游百川一疏，言尤悚动。穆宗召百川人，告以内情，百川曰：“无已，则西苑犹近宫中。”即南海子也。穆宗佯为不解，取御笔令百川书之，怀以谒两宫，意欲藉外廷清议以罢此役，当时视言路之重如此。

光绪时仍循用旧法，虽末年不改，故蒋式星参奕劻寄私贿于汇丰银行，命鹿传霖查办；赵启霖参奕劻父子受贿营私，派孙家鼐查办，未尝不示天下以公也。

---

① 《国闻备乘》，页38－39。

② 《国闻备乘》，页40。

至载沣摄政之初，江春霖以参奕劻被斥，旋告养去，士林互相褒重，作为诗歌，祖饯无虚日，报馆又极力张扬，朝廷丑声大播。自是凡言路章奏稍有关系者，悉留中不发，亦不谴及言者。于是老于谏垣者若左绍佐、陈田诸人皆噤不发声，唯新进入台者锐欲以言自见，时一上陈，久亦稍稍厌矣①。

（四）言路报馆网利之术

民之所畏者官，官之所畏者，一曰言路，一曰报馆。报馆网利之术，凡攻人过恶，必先隐其名而微讽之；不动则甚其辞，直叙其劣迹；又不动则指其名而大骂之。故官大而有力者，其于报馆月必馈干修，或投资与之合股，或出重金鬻归官办。如端方、袁树勋、蔡乃煌皆然，俗所谓"机关报"是也。官小而力弱者，遇事视轻重酬谢。善宦之人未有不联络报馆者。言路网利之术与报馆蹊径略同。初入台，搜寻细故或州县官小过，数数上疏。阅邸抄者见某御史时时递封奏，咸推为敢言，争以事相告。其初意在沽名，不能辨虚实，见即上之。交游渐广，往来书札渐多，稍加矜重，遂有以利进者矣。满御史俾寿声名尤劣，腹枵不能属文，其疏稿皆李钟豫代拟，后分贿不均，两相口角，语浸达于外。台长张英麟闻之，遂以京察被黜。其时祖法未尽破坏，言路、报馆虽以不正行之，污吏犹知所惧而不敢诬及贤者。至宣统以后，赏罚日弛，谏官之言不能见纳于上，报章之言不能取信于下，上下无所顾忌，吏乃横行于此时矣②。

三、瞿兑之

下面是瞿兑之的一篇笔记《光宣朝政》。兑之（1894－1973），湖南善化人，清末军机大臣瞿鸿禨之子，史学家，掌故家。此文是他读《国闻备乘》后的摘要和发挥，保存史料基础上，对"清流"作出了某种理论分析。有几个观点可以做出延伸：

1. "光宣朝政，可谓以清流始，以清流终。"他将"清流"即政治监督和政治批评势头，看成是一种贯穿于晚清的政治动向和思想脉络，一种时断时续

① 《国闻备乘》，页 84。

② 《国闻备乘》，页 19－20。

的在末世的体制内部的不同声音。它当然反映了并影响到多层面的政治和社会格局。

2. 他将清议看成一种流变的过程，由旧趋向新的过程，并和戊戌思潮联结起来。“甲午事起，鸿章大被卖国名，而清流亦知旧法不足图存，当变国是。有为以部曹名过卿相，皆清流鼓吹成之。”这个观点，很少被后人关注。

3. 由此再推下去，洋务思潮和清议势头以戊戌为转折，在中国近代的思想脉络里位置倒转：“清流始旧而继新，洋务本新而反趋于旧。”从清流开始的政治参与和政治批评发展为变革（帝国内部的核心变革），但这个势头自戊戌、庚子之后被打断了。此后，两种思潮如残日余晖，与清俱亡。

4. 此条是对《国闻备乘》的概述和发挥。“南昌胡思敬《国闻备乘》专记光宣两朝政事，证以琐闻谐语，于达官要路乃至负一时重望者，历诋不少假借。其书晚出，又为木刻本，殊不多见。余自北平图书馆假阅一过，深有感焉。”

光、宣两朝朝政，自光绪初年以至宣统之季，事势悬绝，相去几至二三百年。然而其间千变万化，可以两种势力之消长竞争概举之。两种谁何？曰清流，曰洋务，此两种皆非前此所有也。光绪初年，恭王与李鸿藻、翁同龢之徒辅政，颇思引用贤俊，广开言路。一时朝士有风节者，张佩纶、陈宝琛、邓承修、宝廷、张之洞之流，今日一疏，明日一疏，专事弹劾，遇事风生，贪庸大僚，颇为侧目。朝廷欲博纳谏图治之名，亦优容之，于是遂有清流之号。及光绪十年以后，张佩纶、陈宝琛相继败，清流之名顿减。而外侮日亟，应变之才尤重，于是洋务之名又兴。洋务人才，始盛于出使及留学二途，不由科目进，与清流异趣。又习于骄奢结纳，急切近名，与数千年士大夫尚气节重廉让之传统思想相违反。两派始渐相恶。其时李鸿章号为通时务，又喜功名，故洋务人才多展转附之而起。及甲午事起，鸿章大被卖国名，而清流亦知旧法不足图存，当变国是。于是有康有为结公车士人伏阙上书之举，而翁、李之隙成，新旧之党判，有为以部曹名过卿相，皆清流鼓吹以成之。其时朝士大夫慷慨有志节者，无不与相结纳，乃卒败于袁世凯。世凯则鸿章之党，而后来洋务人才所依附者也。故清流始旧而继新，洋务本新而反趋于旧，盖若辈于国家大计瞢无所知，徒有急切近名之一念耳。自光绪庚子以后，清流贬斥几尽。世凯与弈劻相结，狂引洋务人才，并分亲美、亲德、亲日各派，此辈内则迎合亲贵，树立新曹，外则援引官僚，分掌节钺，凡躁进喜事之人，虽不必留学出身，亦结为一党，相继得志。至于光绪初年之朝士，仅二三人，然或死，或得罪以去，惟一张之洞尚隐然为众望所归，与庆、袁相颉颃，而晚年颇退默，无复当时锋芒矣。惟岑春煊刚劲疾恶，颇有光绪初年之风，思与庆、袁为敌，卒亦退绌。故庆、袁承袭鸿章衣钵而清政遂乱亡，其紊坏纲纪之罪不可掩也。

胡氏云："光绪末年，小人阶之以取富贵者捷径有二：一曰商部，载振主之，一曰北洋，袁世凯主之，皆内因奕劻而借二杨（士琦、士骧）为交通枢纽。当世凯初莅北洋，梁敦彦方任津海关道，凌福彭任天津府，朱家宝任天津县，杨士骧、赵秉钧均以道员在直隶候补。不二三年，敦彦官至尚书，家宝、士骧均跻节镇，福彭升藩司，秉钧内召为警部侍郎。其非北洋官吏而攀附以起者，严修以编修在籍办天津学堂，遂擢学部侍郎；冯汝骙与世凯联姻，遂擢江西巡抚；吴重熹为世凯府试受知师，遂擢河南巡抚。唐绍仪旧从世凯驻朝鲜，甲午之变，出死力护之以归，故遇之加厚，既夺盛宣怀路政畀之，邮传部开，又用为侍郎，一手把持部务，案卷、合同尽为所匿，尚书张百熙虽属世凯姻娅，不能与之抗也。绍仪既得志，复引用其同乡梁如浩、梁士诒、陈昭常等皆列要位。士骧又引其弟士琦入商部。徐世昌久参世凯戎幕，铁良亦尝从之练兵，既入军机，始稍稍携贰。世凯不由科目出身，遇投帖称'门生'者，大喜，必力援之。定成晚入其门，遂长大理院。方其势盛时，端方、陈夔龙、陈璧、袁树勋无不附之。及己酉罢职，星夜奔天津，士骧匿不见。其子克定拟一疏求士琦代奏，士琦有难色，再请于修，修改削大半，阳袒而阴刺之。凡人以势交者，势逼则争，如徐、铁是也；以利交者，利尽则散，如杨、严是也。观此，可为小人结党营私者戒。"按：胡氏所称捷径有二，其实载振即奕劻，而袁世凯欲植党援，仍非结奕劻以厚币不可，奕劻父子亦但为世凯所玩弄而不觉耳。

光绪末年，岑春煊被召留京，授邮传部尚书，为庆、袁所不及料。甫到任，即劾罢侍郎朱家宝，亦袁党也，袁党甚惧，乃购春煊与康有为照片合印之以进慈禧，卒倾陷之以去。此岑之不敌袁也。

张之洞虽以学术名望重一时，而素为李鸿章所不满，鸿章主辛丑和议，一意委曲徇外人意旨，之洞争之。鸿章诋之曰：香涛官督抚二十年犹是书生之见。此语见鸿章致行在军机处电，非谰语也。之洞见之大恚曰：少荃主和议二三次，遂以前辈自居乎？闻者以为天生妙对。故鸿章之卒也，之洞仅送一祭幛，大书一奠字，犹狭前嫌也。及世凯代鸿章镇北洋，承其衣钵，晚乃与之洞同入军机，意益轻之洞，尝语人曰："张中堂是读书有学问人，仆是为国家办事人"，其蔑视之意，溢于言表。盖张袁同入军机，乃慈禧顾虑清议，不欲径使庆、袁当国，故引张以示公。其实张入政府，凡不若外任之权尊，所汲引止于司道丞参，不似袁党遍树节钺，张受顾命诛袁而葸畏不敢决，仅饰词罢其官，反以速祸，盖昏耄无复远虑矣。此张之不敌袁也。

奕劻父子骄淫败度，久为清议所不容，袁党段芝贵以女伶杨翠喜进载振，骤得黑龙江巡抚，御史赵启霖撰疏弹之，奕劻父子大惭怒，欲一网打尽清流，然启霖以此直声震海内，士论为之一快，其时赵启霖、江春霖、赵炳麟同在台谏，号三菱公司，皆以劾庆袁获直声，朝士大夫相率置酒赋诗相慰劳，益为佥壬所忌，因饰词倾陷清正大臣，牵连去位以恐胁言者，此盖光绪初元清流之尾声，宣统中遂益颓靡无嗣响也。故光宣朝政，可谓以清流始，以清流终。

李鸿章镇北洋，专用皖人，甲午之役，偾师者皆其同乡，故安维峻劾鸿章以为言。庚子以后，世凯代镇，以淮军衣钵自任。所亲任者皖人杨士骧、士琦而世凯内召，竟以士骧自代。昔同治中叶，曾国藩督师剿捻，主持重，朝廷以为无功，而代以鸿章。及捻军而淮军驻近然畿。世凯承之，挟北洋兵以自重者十余年，为中国患者又十余年。然后知国藩之体国公忠，而鸿章任术之害一至于此。

张佩纶本为光绪初年清流领袖，作直喜大言，尝屡劾鸿章，而晚年反附鸿章为门婿，翁婿交相称誉，辛丑和议，且随鸿章为幕客。是清流与洋务二党有兼之者矣。盖清流多疏于才，佩纶以经世才自负，故与鸿章合；又鸿章亦欲收人望也。

以上皆檃括胡氏所记而连类书之，盖以所闻，自光绪改元至今正六十年，能知此六十年中事如指诸掌者，盖鲜矣。故挈其眉目以谂治国闻者。

四、刘成禺

刘成禺（1876—1953），字禺生，原籍湖北武昌，生于广东番禺。据其亲身经历随笔记录而成《世载堂杂忆》，中记"清流"曰：

自同治末迄光绪初，此数年间，乃为南北清流发生最大摩擦之关键。闻之樊樊山曰："南派以李莼客为魁首，北派以张之洞为领袖，南派推尊潘伯寅，北派推尊李鸿藻，实则潘李二人，未居党首，不过李越缦与张之洞私见不相洽，附和者遇事生风，演成此种局面耳。”“当时京师人士呼李鸿藻为青牛头，张佩纶，张之洞为青牛角，用以触人。陈宝琛为青牛鞭王懿荣为青牛肚，其余牛皮牛毛甚多。”他们“连同一气，封事交上，奏弹国家大政，立国本末”①。

五、郭嵩焘

郭嵩焘出使回国，提倡新学，颇受乡曲无识者之攻击，其与曾国荃书极詈言官之误事：

“尝论宋儒发明圣学至精密，独有一事与圣道大反。数百年无能有悟。圣人之立教曰‘慎言’，曰‘其言也讱’，曰‘古者言之不出’，曰‘巧言乱德’，曰‘言无实不祥’，无相奖以言者。尧舜之授禹曰：‘惟精惟一，允执厥中。’是自圣贤之治天下与其所以自治者无不以言气大戒。宋儒则不然，凡有言者皆善也，乃至欧阳公劾富郑公、文潞公，皆谓之直臣矣。凡事皆可言也，乃至采宫禁之传闻，陈鄙夫之猥陋，皆谓之善谏矣。

历观言路得失，其间贤愚错出，人才勿论也，较其功过与其利病，敢直断之曰：自宋以来，乱天下者言官也，废言官而后可以言治。

谏臣之有专官，隋唐不得已之政也，其以谏为名，犹曰所匡正者君德也，为之名曰通言路，所通者主德之蔽也，民情之隐也。岂若宋以来，纵言官之嚣，贿赂恩怨，惟其所陈，既有罚矣，犹群相与立护之，以是为通言路，人心之蔽，岂有穷哉？故曰：‘知德者鲜矣。’自有宋大儒不能辨，故曰：‘民鲜能久矣。’

唐宋之言官虽嚣，尚无敢及兵政，南渡以后，张复仇之义，推陈兵事，自诸大儒倡之，有明至今承其风；持兵事之短长尤急。末流之世，无知道之君子正其议而思其辩，覆辙相寻，终以不悟。西吏专求实用，由中国虚文无实相推相激以赞成之，亦岂非天道然哉”②？

“京师清流之誉，属之黄漱兰体芳、张香涛之洞、宝廷竹坡、何铁生金寿诸人”③。

---

① 刘成禺：《世载堂杂忆》，页89－90。

② 瞿兑之：《杶庐所闻录·养和室随笔》“郭嵩焘论言官”条，页82。

③ 郭嵩焘：《郭嵩焘日记》，页931。郭氏日记中记载，宝廷、张之洞、张佩纶、陈宝琛、黄体芳、李端棻、张楷、邓庆麟、邓承修和邵懿辰为“松筠十君子”。

六、其他

1. 震钧："方光绪初年，京师士夫以文史，书画，金石，古器相尚……当时以潘文勤公，翁常熟为一代龙门，而以盛、王二君为之厨。顾四方豪俊，上计春明，无不首诣之。即京师人士谈艺，下逮贾竖平准，亦无不以诸君为归宿。当光绪甲申越南事起，枢臣多不主战。于是廷臣交章极谏，盛祭酒昱劾枢臣尤力，众知事必有变。未几，诸言臣蔚兴，人皆以名臣自期。及癸未张幼樵编修佩纶以庶子署副都御史知贡举，而清议益重。后生初学，争以清流自励"①。

2. 陈夔龙："同治末年，穆宗亲政未久，龙驭上宾。德宗冲幼，仍请两宫垂帘。比时恭邸领班，长白文文忠、宝文靖、吴江沈文定、高阳李文正，均一时贤辅。第和而不同，虽为美政，卒至群而有党。吴江势孤，急召门人湘抚仁和王文勤相助。仁和赋性圆融，不敢为左右袒。吴江病逝，高阳柄政，意在延纳清流，以树羽翼。南皮张香涛阁学、丰润张幼樵侍讲、宗室宝竹坡学士、瑞安黄漱兰侍读，均以清流自居，慕东汉士风，辄以平章国故，摩厉群僚为己任。……当时清流横甚，文正亦为所挟持，声望顿为之减"②。

3. 何刚德："光绪初年，翰林渐拥挤。而简放学政试差，军机大臣偏重门生，不无可议。而怀才不遇者积不能平，遂因法越开衅，归罪枢臣，交章指斥朝政，人目为之清流。……然清流后亦陆续放差，似有美珠箝口之意，旁观多窃议之。究其弹劾贪佞，淘汰衰庸，多称人意，不得谓清流之不胜浊流也。……清流之起也，或云李文正与同值意见不合，恭邸不无左右袒，势孤无援，清流从而赞助之。""光绪甲申，法越肇衅。讲官张佩纶、宝廷诸人，相约弹劾权贵，操纵朝政，时人目之为清流。且有不闻言官言，但见讲官讲之语。……清流之起，人多疑其挟私意。然其激于义愤，志在救国者，往往而是"③。

4. 欧阳昱："同治、光绪间，御史翰林参劾内外官，声名赫赫者，有陈启

① 《天咫偶闻》，页71、131、177、224。
② 《梦蕉亭杂记》，页52。
③ 《春明梦录》卷上，页8、9；《客座偶谈》卷1，页11、12。

泰、孔宪瑴、邓承修、张佩纶、陈宝琛五人，时称为‘五把刀’，又加张之洞、周德润、何金寿、黄体芳，内尚有一人，予忘之。共五人，为十友。俱住南横街，人目为“南横党”①。

5. 小横香室主人：“吴县潘祖荫，宗室宝廷，南皮张之洞，丰润张佩纶，瑞安黄体芳，闽县陈宝琛，吴桥刘恩溥，镇平邓承修，尤激昂喜言事，号曰清流党。高阳李文正公当国实为之魁”②。

6. 徐一士：“陈（宝琛）于同治间入翰林。光绪初年，与之洞及张佩纶、宝廷等同为清班中最以敢言著者，主持说议，风采赫然，锋棱所向，九列辟易，时称清流党焉”③。

7. 易宗夔：“同光之间，张香涛、张幼樵、邓铁香、刘博泉、盛伯熙、陈伯潜、宝竹坡等，直言敢谏，封奏联翩，京师目之为清流党焉”④。

8. 黄濬：“四谏，即清流党，以光绪初年始盛”⑤。

9. 恽毓鼎：“光绪初年，承穆庙中兴之后，西北以次堪定，海宇无事，想望太平。两宫励精图治，弥重视言路。会俄人渝盟，盈廷论和战，惠陵大礼议起，一时棱棱具风骨者，咸有以自见。吴县潘祖荫、宗室宝廷、南皮张之洞、丰润张佩纶、瑞安黄体芳、闽县陈宝琛、吴桥刘恩溥、镇平邓承修尤激昂喜言事，号曰清流。而高阳李文正公当国，宝为之魁，疏入多报可，弹击不避权贵，白简朝入，蠹带夕褫，举朝为之震竦。松筠阉谏草堂，明杨椒山先生故宅也，言官欲有所论列，辄集于此，赤棒盈门，见者惊相传，次日必有文字。南皮畏见客，惟同志四五得入门。丰润喜着竹布衫，士大夫争效之”⑥。

10. 刘体智：“天下事皆有两端。一端以款为罪，则自命清流之列者也。当时诸名士，为首者称四大金刚，负敢谏之名，为朝廷所重。一疏上闻，四方传诵。平时谏草，辄于嵩云草堂，为文酒之宴，商榷字句。有张某为之奔走，传观者呼为‘清流腿’。其依草附木者，则以‘清流靴子’呼之，意谓较之于腿，犹有间也。因而有赀者为‘捐班清流’，有佳子弟者为‘诰封清流’，由

① 《见闻琐录》，页157。
② 《清朝野史大观》，第2辑，卷下，页244。
③ 徐一士：《一士类稿·一士谭荟》，页405。
④ 《新世说》，页36。
⑤ 《花随人圣庵摭忆》，页129、192。
⑥ 《崇陵传信录》，《清代野史丛书》，页27。

是互相标榜，以跻显贵。既有捷径，则人莫不趋，徒党之众，固其宜矣。于是一端以款为主，恃‘洋务’二字为妙用而致速化。越南事起，言事者多败，惟愙斋（吴大澂）依北洋，获以保全。己酉之岁，日本游士竹添静一者，移书通商衙门，欲见吴江殷谱经侍郎及南皮张香涛太史。主者以闻，上知其人，屡加不次之擢。南皮遂由编修得司业，跻阁学，授晋抚。先以外力致贵，得志后不忘其本，用人行政，惟以洋务为重。于李文忠，则亦步亦趋，尤极其揣摹之工，非余子所能望其肩背。及愙斋败于辽西，清流之中，惟余南皮一人，如硕果仅存，锐意新政，实得文忠心传。再传而武进、项城，南海、新会同时并出，遂屋清社”①。

11. 罗惇曧：“是时，吴大澂等好论兵事，佩纶、宝琛尤以弹劾大臣著风节，与张之洞、宝廷、邓承修、刘恩溥好论时政、陈得失，一时有清流党之目。”“当时朝士以谈兵为能，每战事起，恒交章论兵事。朝廷亦不专倚阃外，得封章付将帅筹议。或径采行之。盖士夫慕曾左之功名，恒思因事自效，或空言以博时名。朝廷亦喜用书生，故张之洞、张佩纶、陈宝琛、吴大澂，皆同时并出也”②。

12. 继昌：《行素斋杂记》：“光绪壬年、癸未之间，一时如宝竹坡侍郎廷、陈伯潜阁学宝琛、邓铁香鸿胪承修、张幼樵学士佩纶、陈伯屏太守启泰，遇事敢言，日有献替，虽台长同官，且以白简劾罢，纪纲为之一肃。张幼樵特命，以庶子权副宪，洵出非常恩宠。”

13. 陈三立：清流“皆言人所不敢言。当是时，公与宗室侍郎宝廷、张学士佩纶、张文襄之洞并以直谏有声，天下想望风采，号为清流。尤推公能持大体云”③。

14. 徐珂：《清稗类钞·外交类》：“从前给事中、御史，例准风闻言事。而六部九卿堂官，皆得专折条陈时政，弹劾官邪。翰詹得讲官者亦如之。其余如编检、部司员、阁中书等官，如有陈奏，须呈由堂官或都察院代奏……甲申、甲午之役，议论尤多，风气尤盛，余绝不轻发一言，所谓我无言责是

① 《异辞录》“清流洋务各为一端”条，卷2，页91。

② 《中法兵事始末》。

③ 《陈文忠公墓志铭》，《陈文忠公奏议》卷前，闽县螺江陈氏藏版，又《沧趣楼文存·附录》。

也。”“比甲申之役，张佩纶等并得罪谴去，当时清流党大受掊击，几尽于绝”①。

七、小结

清流议政，是以儒家德政人心思想及人性基础作为拯救国家和社会的理论基础的。

所谓德治，是把道德教化作为主要的治国手段，追求社会道德的协调，利用道德的内在约束力达到稳定社会的目的。德治将道德与政治紧密、有机地联系在一起，使得许多道德规范同时又成为政治信条，这就在客观上将道德置于上位，成为维系社会稳定，实行有效统治的工具。也正是因为这个原因，深受德治思想影响的中国人习惯于从人伦道德的视角观察和判断政治事务。

德治思想是儒家经世思想的核心，源于夏至周逐步形成的“以德配天”、“敬德保民”等礼治思想，也吸收了春秋战国时期各家的精义，尤其是管仲的“礼义廉耻，国之四维，四维不张，国乃灭亡”的德治思想。《大学》中提出的“修身、齐家、治国、平天下”，既是儒家德治思想的出发点，又是它的主要内容。

德治思想是建立在民本思想基础上的。荀子指出：君者，舟也，庶人者，水也。水则载舟，水则覆舟。尽管从本质上看，儒家的民本思想归根到底还是以君为本，对民的重视是立足于君主的利益，为了君权的稳固和家天下的长久。然而，民为邦本的思想在中国政治思想发展史中还是具有积极的思想价值的，客观上起到了使统治者更多地重视人民的意志和愿望，更多地考虑人民利益的作用。

德治讲求选贤任能。贤人，即道德高尚而才能出众的人，是人中之杰，是有深谋远虑的政治家，是国家之栋梁。一个统治者自已贤能不足以将国家治理好，还需要一大批贤人，所以说：治国之难在于知贤而不在自贤。如果没有贤人相助，国君将一事无成。孟子说，治国应做到“尊贤使能，俊杰在位。”

德治要求以德选拔人才，因此中国古代形成了一套完整的培养和选拔官吏制度，德教为先，历代各种选拔官吏的形式和制度，都强调必须以德行、学识

① 《清稗类钞》，页158。

为本，德才兼备。德治要求以德治吏，为政清廉是德治治吏的核心。

德治的思想和方法，对历代统治者产生巨大影响。但是，在中国古代社会，德治必然伴随着人治，所谓精英政治也不过是人在政在，人亡政亡。这一点，对于建立稳定的社会秩序是不利的，也是德治的致命弱点①。

清流议政，强调道德尊严。中国古代，“志不可夺”、“高尚其事”等思想，起源很早，《周易古经》蛊卦说：上九，不事王侯，高尚其事。不事王侯，即保持人格的独立，不屈于王侯，此乃最早人格尊严的思想。孔子提出：“志不可夺”观念，“三军可以夺帅，匹夫不可夺志也。”又说：“贤者辟世，其次辟地，其次辟色，其次辟言。”孟子提出“所欲有甚于生者，所恶有甚于死者，非独贤者有是心也，人皆有之，贤者能勿丧耳。”孟子引述曾子言曰：“曾子曰：晋楚之富，不可及也。彼以其富，我以吾仁；彼以其爵，我以吾义，吾何慊乎哉？……天下有达三尊：爵一，齿一，德一。朝廷莫如爵，乡党莫如齿，辅世长民莫如德。”《礼记·儒行篇》：“儒有可亲而不可劫也，可近而不可迫也，可杀而不可辱也。……儒有上不臣天子，下不事诸侯……不臣不仕，其规为有如此者。”

儒家一方面宣扬不事王侯，高尚其事，赞颂伯夷书齐“不降其志，不辱其身”，另一方面，又肯定“君臣之义不可废也”，这是一种双重的道德观标准，既强调个人的人格尊严，又坚持个人对社会的义务和责任，二者是完全统一的②。

清流的议政以经世致用的实学传统为基础的。中国古代素有经世致用的实学传统，其基本特征是面向社会现实和着意实效。清代纪晓岚说：古之圣贤，学期实用：“以实心励实行，以实学求实用”。

但是，中国古代经世传统对历史文化的影响错综复杂，具有两重性特征，其正负面效应延续深远。概言之，传统经世之学的正面作用表现为四个方面：

第一，在经世之学传统的侵润下，中国古代读书人大都“少负经世志”，

---

① 王殿卿，《光明日报·史林》，1999. 11. 12。本书援引其说，以为清流的理论基础之一。该文又谓：法家不赞成精英政治，不相信少数人的力量足以改变社会风气，主张国家治乱兴衰，反对有治人无治法，人存政存，人亡政亡，主张靠法律的力量使社会长治久安。商鞅说：国以治奸民之法治良民，必乱至削；国以奸民治善民者，必治至强。古代思想家将德治与法治结合，形成德法兼用，德主刑辅的治国方略。

② 张岱年，《光明日报·理论周刊》，1999. 7. 2。本书援引其说，以为清流的理论基础之一。

"弱冠时即以经世自励"，培育出关怀人生、关注社会的社会责任感和历史责任感。这两种责任感，是古代士人先天下之忧而忧，后天下之乐而乐、为天地立心，为生民立命，为往圣继绝学的深刻动力和坚实基础。

第二，经世之学的基本精神是面向实际，因此，它从不"拘一祖之法"，"束之于不可破之例"。从晚明到晚清十余种"经世文编"前后相继并不断更新，便是经世之学"因时而变"的精神的生动验证。在中国古代，经世实学的这一精神往往成为政治变革和创新的动力。在中国近代，从龚、魏、陶、林到洋务大吏和康梁维新派，莫不是从经世实学走向变革开放。梁启超在谈到《经世文新编》时曾说，该书编纂的意图是"以新法新意移易旧重心"，内容是"其实以我辈文字为主"，"不过取旧名，取动人耳。""旧名"之所以能"动"人，是因为传统经世实学在中国文化人中有深入和强劲的影响，"旧名"中能载入"移易旧重心"的"新法新意"，则显示了传统经世实学是一种具有开发性和变易性的体系。

第三，经世实学以关注现实为第一要义，崇奉这一理念的士人往往对社会危机有敏感的觉察和正视的勇气。晚清经世实学的开启者龚自珍当"举国醉梦于承平"的嘉道之际，微察衰世的来临，"傀然不可终日"，进而发出"与其赠来者以劲改革，孰若自改革"的呐喊；经世派大吏陶澍和林则徐"于宴安无事、局守文法之时，洞见病瘢，亟起救药"，由此可见经世之学是中国传统社会起衰振弊的重要机制之一。

第四，经世之学强调务实性和致用性，这一价值取向成为明清以来中国人认识西学和吸纳西学的思想基础。《四库全书总目》称赞西洋"制器之巧"，"甲于古今"，"皆裨益民生之具"，鼓励讲求实学的中国文化人积极加以"节取"，近代洋务派则一再强调"识时务者，莫不以采西学、制洋器为自强之道"。

然而，传统经世之学对中国历史文化的意义并非皆为积极。由于"致用"目标的设定，中国传统文化学术中任何偏离实用的倾向都要受到抨击和纠正……清代朴学对乾隆以前的古典文献进行了大规模的整理和考据，此项工作不仅对中国传统文化积薪传火的重要环节，同时具有真正的纯学术的意义，但因为考据学远离社会实用，仍被批评为"虽极精能，其无当于实用也审矣。"

由于传统经世之学"学无大小，以适于用者为贵"，学术致用往往压倒学术求真，从而导致学术流于浅薄，晚清龚自珍、魏源即一例。他们力主道、学、治合一，以经术为治术，对于扭转空疏、琐碎的学风有重要功绩，但由于他们的学问重心是致用，因此不免欠于精深。左宗棠早就有“龚博不精”之说。梁启超接踵指出“自珍之学，病在不深入”。词中情形的极致性发展，便是康有为式的“不惜抹杀证据或曲解证据”，从而不仅对学术造成严重的杀伤力，而且潜伏着包括学术为政治服务在内的人文学科功利化的趋向。

中国古代知识分子不是传统社会结构当中的一个有机部分，它要发挥自己的作用，就要同政治权力结合，通过说服当政者或转化成为当政者来推行自己的思想主张。因此，“为帝王师”是经世学者的最高愿望。做不成帝王师，又无法进入仕途则“以术说贵人”、“与当途论说”。晚清“有经济大略”的魏源和包世臣就是通过大吏之幕，影响陶澍等地方大员，将他们的经世之学付诸于实践，而不是浮为书本议论。但是，以学术依人很容易造成独立人格的丧失，一些深怀利欲之心者往往把经世之学作为一块晋身的敲门砖。刘师培就批评魏源、包世臣两人说：“夫考据词章之学，挟以依人，谨身伺倡优之列，一言经济则位列宾师，世之饰巧智以逐浮例者，孰不乐从魏、包之后乎?”其辞虽尖刻，但却也道出了经世之学中深藏的弊端。

经世之学究其本质而言，与其说是属于学术范畴，毋宁说是属于政治文化范畴。经世学者真正关心的首先不是学术的品格和学术的深入，而是以“政治的原则”、政治的需要为第一要义。晚清道咸间的龚、魏，“虽言经学，而其精神与正统派之为经学而治经学者则既已有异。”（梁启超语）。戊戌时期的康、梁诚如梁启超后来所检讨，也是“借经术以文饰其争论，颇失‘为经学而治经学’之本意”。“经术”在他们的话语中，不过是“政论”的一种方式、一种手段。而古代经世学者关于财富、民生、水利、农业、地理等等问题的探讨，归根结底，是以维护王朝的政治秩序和政治稳定为终极目标的。因此，中国传统的经世之学的价值应当放到政治历史的发展中来加以评价，而不应放到学术文化发展的轨迹上来思考①。

据此，本书从两个方面来阐释清流或清议的发展脉络：一是其清议的政治行为模式，二是其以德政人心拯救国家和社会的政治品格。

---

① 周积明、沈艳：《中国传统经世之学的两重性》，《光明日报·史林》，1999. 3. 19。本书援引其说，以为清流理论基础之说明。

第六章
同光两朝清流派建言种种

一、整顿吏治

整顿吏治是清议的传统基调。在清廷的正式奏章和文件中，这个问题屡见不鲜，尤其是遇到天灾之时，官吏的贪渎与无视民瘼，就加重了这种对修明内政的诉求。这些诉求常常来自科道言官的奏请，有时也会有翰詹讲官等登场。这样的时候，往往是与封疆大吏或者中央大员的一场博弈。这样的博弈，如果没有他们的参与，想要获得好的结果，机会要小得多，如李钟铭案、四川东乡案、云南军费报销案、张佩纶驳议陕西巡抚谭钟麟等大案。这些科名派之朝士，深负文学重望，他们连同一气，封事交上，奏弹吏治窳败，往往是他人所不能为："光绪初年，恭王与李鸿藻、翁同龢之徒辅政，颇思引用贤俊，广开言路。一时朝士有风节者，张佩纶、陈宝琛、邓承修、宝廷、张之洞之流，今日一疏，明日一疏，专事弹劾，遇事风生，贪庸大僚，颇为侧目。朝廷欲博纳谏图治之名，亦优容之，于是遂有清流之号"①。

以下仅举同治五年至八年几条材料作为清议整顿吏治思路的一种注脚：

1. 同治五年三月十九日内阁奉上谕：翰林院检讨董文涣奏吏治废弛，请饬内外臣工讲求律例，以资整顿一折。律例有关政治，庶司百职平日均应加意

① 瞿兑之：《杶庐所闻录·养和室随笔》。

讲求，精思熟习。乃近来内外臣工于律例漫不经心，以致劣幕奸胥得以把持蒙蔽，吏治飞驰率由于此。著令各部堂官于学习人员奏留时，考以本部则例。条对详明者方准奏留，如不能谙，习或咨回吏部或再留学习三年，由该堂官随时酌定。其外省试用人员亦著各该督抚于期满时，考以大清律例，察其能否熟习，分别繁简补用。其不晓律意，文理荒谬者，即著严加甄劾，毋稍徇隐。经此次严谕之后，内外大臣务须通饬所属各员平日讲明律例，于公事详细剖决，毋得假手胥吏幕友，任意颠倒，以除积弊而整顿纪纲①。

2. 同治七年十一月二十日，兵部候补主事李杨华疏陈近日吏治恶习，略云：迩来士大夫讲习应求，以言语朴诚为无用，以趋跄娴熟为有才，澄叙官方，不越此法。地方官吏，但讲虚文，全无实政，废事者酒色烟赌，终日酣嬉，有余力则奔走形势而已，此外非所知也。喜事者任用蠹役，厚结恶绅，攘夺刻剥，无所不至，而民情疾苦，毫无动验也。吏治一坏，兵变因之，巨奸大猾，必先横暴乡里，以官府绝无所创惩，因而结连党徒，谋为大逆。每见良民横受屈抑，愬诸州县不理，愬诸道府藩臬不理，不得已吁达天听，发交督抚，而押候数年仍复不理……冤愤之气，遂以酿洗劫，以盗贼所以徧天下也。可否请旨饬下各该督抚，董率所属，破除情面，命案失出，照例议处；其京控案件由大吏亲提，不得转委首府。

谕：该主事所陈实乃近今恶习。著各省督抚立为整饬，董率所属，词讼迅速清结，命案认真办理。至京控各件，由该督抚亲提审讯，不得转委首府各官②。

3. 同治八年六月初二日，内阁奉上谕：前据御史范熙溥奏参湖北幕友徐巽夤缘招摇各款，谕令该省督抚查办。兹据李鸿章查明具奏，此案候选知府徐巽在将军巴扬阿署中办理文案，虽无夤缘确据，惟既系幕友，即不应干预外事，乃招致降人莫昌福等投效将军衙门。查拿教匪莫昌福等，遇事骚扰，投案累累，皆徐巽引用匪人所致。该员访问河南教匪甚多，辄令莫昌福等勾至荆州，议欲诱人城中捡拿，不顾人心惊惶，实属荒谬。惟念该员拿获教首刘汉忠案内，尚属在事出力，著从宽撤销前次知府花翎，保案勒令回籍，不准在荆州逗留，以示薄惩。千总莫昌福前以诱捡刘汉忠保得官职，乃不知检束，辄敢藉

① 《咸同两朝上谕档》十六，页60。
② 《越缦堂国事日记》二，页433－435。

端滋扰，情殊可恶，著即斥革提督，审明被控各案，再行按律惩办①。

4. 同治八年六月初五日，内阁奉上谕：前因吏治亟须讲求，叠经降旨令各省督抚择其循声素著者，胪列政绩，酌保数员，送部引见，候旨录用。嗣据各该督抚随时奏报，虽经量材拔擢，特恐贤能之员，尚未尽登荐剡。仍著各直省督抚随时留心察访，据实具奏，候旨调取引见，以备简用。其司道大员中如有体用兼备者，亦著一并据实保奏，用备任使。倘有衰庸不职并著随时参劾，以肃官方。该督抚等务当秉公举劾，不得拘一己之爱憎，致举措未得其平，以副朝廷整饬吏治，康保小民之至意②。

亟须讲求吏治的奏请，已经得到中枢的认同，并明喻各省督抚保举人才。

5. 同治八年六月十九日，内阁奉上谕：御史李汝弼奏请饬各部甄别属员，并考敷勤惰各折片，各部司员贤否勤惰，例应由该堂官随时认真考敷，近来分部行走人员较多，其中勤慎当差，熟悉部务者固不乏人，而滥竽充数则不谙公事者，亦必不少。著各该堂官破除情面，认真考察，如材难造就，不得一概奏留，以杜冒滥。至京察之期，尤宜分别优劣，照章办理，不得有举无劾，其俸满截取之员，亦当察其才具，分别繁简，秉公保送，并著各该衙门于候补人员随时稽查，庶使属员有所劝惩，咸知讲求公事，用副官方至意③。

6. 同治八年七月二十四日，奉上谕：给事中刘秉厚奏，风闻直隶地方征收钱粮浮冒渐增，永平遵化河间等属有加至二三钱三四钱者，又或有津贴名目更加二三钱不等，至收钱作银折价每银一两几费二三两银之数，又钱粮交官例给串票，乃敢另索使费逐渐加增，京畿如此，他省可知，请旨查禁，等语。直隶差务纷繁，屡遣兵燹，当此疮痍未起，正宜竭力抚绥，以冀渐复元气，何得以有限之脂膏供无限之朘削。著曾国藩按照该给事中所奏情形查明严禁，并著各直省督抚各率所属裁减浮费，明定章程，刊示市镇通衢，俾小民得以周知，隶胥无从舞弊。如有额外需索者，已经发觉，即予从严参办，以副朝廷轸念黎元至意④。

从此上谕可以看出，只有“俾小民得以周知”，才能使“隶胥无从舞弊”，从而保证吏治的清廉。

---

① 《咸同两朝上谕档》十九，页148。

② 《咸同两朝上谕档》十九，页150。

③ 《咸同两朝上谕档》十九，页166。

④ 《咸同两朝上谕档》十九，页200。

7. 同治八年十一月初一日：内阁奉上谕：前因御史张沄奏参道员宣维礼夤缘开复，滥用捐款等情，当交李鸿章就近查办。兹据该督咨行贵州巡抚曾璧光查覆，据实具奏。此案道员宣维礼钱在四川打箭炉同知任内，浮用炉库台费等项银二万余两，经骆秉章奏参摘去顶戴。嗣因办理防剿局事件，崇实奏请赏还该员顶戴，尚非于林自清案内窜名开复。惟上年该员调赴贵州办理川军善后，即向川黔各局借领职衔贡盐等项执照三百余张，并携带文武随员多人，沿途滋扰，到贵州后即安居省寓，仅赴安顺一行，定番防堵，又未亲往。平日无从悉其行径，其所收捐银，两借贵州仓穀开报安平粥厂银两，浮冒甚多①。

二、修德除奢

遇灾修省、修德除奢作为一种对帝王关切灾黎的诉求，在同光二元政治格局之下，在“女主”垂帘之际，其指向或直接而内宫，或间接而内务府，而这有时会使内宫（主要是慈禧）有所芥蒂②。以下例举同治八、九年各例，以为此清议思路的另一种说明。

1. 同治八年，应是清廷各种矛盾尤其是中枢之间矛盾趋于激烈之时，此年天灾人祸不断，发生了遵义教案等，延时已久不能办结，引起外交枝节横生；太监安德海等仗恃慈禧出京沿途招摇；吏治废弛等等，同年还发生了武英殿火灾③。因此，大学士倭仁、徐桐、翁同龢等联衔以武英殿火灾，致钦定诸书烧尽，为非常灾变，奏请求修德除奢以弭天灾。大略谓：今日陇西未清，北河浚决，库帑不支，民穷财尽，而内廷土木之未息，灾变之来不由于此。请皇

① 《咸同两朝上谕档》十九，页315。

② 光绪三年正月十一日，国子监司业宝廷奏，敬陈管见一折，提出“戒奢”，上谕认为：“传闻宫中将大张灯火，制灯甚多。等语。现在穆宗毅皇帝、孝哲毅皇后梓宫在殡。各省水旱频仍，灾民困苦。深宫宵肝尤劳，岂敢耽心玩好？至左右近侍，前奉两宫皇太后懿旨，严加训饬，当亦不敢以此尝试。该司业所称，自系传闻之误。将此晓谕中外知之。”——《越缦堂国事日记》四，页1721－1722。

③ 武英殿火灾从二十日夜子刻至次日辰时，焚毁官门、正殿、配殿、库房等三十余间。——《越缦堂国事日记》二，页632。（清）吴庆坻《蕉廊脞录》“同治武英殿火灾”条记曰：“同治己巳六月二十日，武英殿灾，自亥刻起至次日辰刻止，延烧他屋至三十余间，所藏书悉烬焉。至午刻而军机处收各衙门交开救火职名单者，络绎不绝，有识者为之寒心。”

上刻厉修省，躬行节俭，一切大小工程概行停止，传办之物并予罢除，并谕廷臣直言政事得失，庶灾变可弭。

而上谕也认同这一看法。同治八年六月二十三日，内阁奉上谕：大学士倭仁、徐桐、翁同龢奏请勤修圣德，以弭灾变一折。方今陕甘云贵军务未平，各省民气未复，饷需支绌，物力维艰，朝廷宵旰焦劳，唯恐政事或有阙失。兹者武英殿忽被火灾，上天示警，正宜儆惕倍深，潜消沴戾。所有宫廷一切工程及应用之物件，除必不可缓及例应备办外，其余一概停止。著各该衙门即遵谕行。至政事或有未当之处，并著在廷臣工直言无隐，以备采择，用副遇灾修省之意①。

李慈铭按："倭公近所陈大婚典礼及前请撤同文馆疏，皆侃侃可传。此疏与徐、翁二君同上，未知出谁手，皆一时之鸣凤也。比日九卿台省纷纷条奏，今日言捐纳，明日论保举，各挟私见，游移无根，……未尝有一良策、一实事也。苏抚丁君所言稍痛切（指丁日昌上年条陈十二款），其论胥吏一事，尤有识见，然亦不可行。下此者益无论矣"②。

2. 同治九年正月三十日，阅去年十二月十六日至今年正月初十日京报，上谕：御史游百川奏请修德以召祥和一折，今岁雪泽愆期，月食再见，直隶山东湖广等省水旱沴浸，上苍示儆，寅畏殊深，允宜竞业为怀，倍加修省。内外大小臣工，亦当各矢公忠，恪尽厥职，其有言责诸臣，尤宜遇事直陈，毋泛毋隐，庶几君臣交儆，以迓天庥。

十二月十九日，游御史疏甚为亢直。其中极言道光时内外大僚粉饰太平，营私害政，酿成粤寇之祸；又言两宫及皇上皆当以同治初元之心为心，以同治初元之政为政。皆人所不敢言，近时之佳疏也③。

游百川所说的两宫及皇上"皆当以同治初元之心为心，以同治初元之政为政"，暗示着两宫之间此时的微妙矛盾，胡思敬《国闻备乘》"文宗遗命得人"条记载："文宗大渐，时尚驻跸热河，内外汹汹，讹言蜂起。显皇后进曰：'圣驾脱有不讳，枢府中畴则可倚？'帝引后手，书'文祥'二字示之。后又言：'大阿哥幼冲，当典学，安可无付托者？'帝闭目沉吟良久，徐惊寤曰：'得之矣。'急用倭仁。时倭仁被放新疆，为叶尔羌帮办大臣。帝崩，即

① 《咸同两朝上谕档》十九，页178。

② 《越缦堂国事日记》二，页345－347。

③ 《越缦堂国事日记》二，页459－460。

日发急递召之回京，命授读东宫。文祥领军机，密加倚任。穆宗即位，尊后为慈安，号曰东太后；尊生母为慈禧，号曰西太后。慈安贤明，慈禧警敏饶机智，两宫同心一德。文祥又引用李棠（阶）而结欢恭亲王奕䜣，故同治初年之政罔有缺失。慈安崩后数年始更变大臣，又二年始兴园工。西后忌慈安久矣，无疾暴崩，宜外言之啧啧也。”

“慈安防患之密”条又载：“慈安无子，一女嫁符珍，早寡。抚爱穆宗，一如己出。待慈禧甚谦让，不肯以嫡自居。初垂帘时，邀与同居养心殿，扃闭各宫门不启而告之曰：‘吾两寡妇人抚一孤子，设不幸奸人乘机造作语言，居间播弄，则天下大事去矣。今寝处一所，朝夕相见，各坦怀相示，谗何由兴?’后穆宗大婚，乃各异宫而居，烛影斧声，遂成千古疑案。戊戌之变，亦因慈禧居颐和园，母子会见日稀，故康党以邪谋进。慈安远虑，真有不可及者”①。

天灾提供直言的机会，也规定了这些言论以德政和吏治为中心的内容。

3. 同治九年十月廿四日内阁奉上谕：翰林院编修黄彭年奏时事艰难，请勤修省一折。本年时序失调，水旱叠见，江湖盛涨，下游受灾，天时示警，良用惕然。而各省慢上逞凶之案，屡见叠出，人事尤属可忧。夙夜祗惧，若涉大川，罔知攸济。兹览黄彭年所陈，懋圣学、戒臣工、节财用、广言路各条，剀切详明，于修省之道大有裨益。惟当孜孜求治，重道亲师、慎侍御仆从之选，屏耳目玩好之娱，期与天下共臻上理。而内外大小臣工，亦当恪共厥职，共济时艰，力戒因循推诿奔竞夤缘，庶几积习湔除，诸事可期振作。至黜奢崇俭，叠经诰诫谆谆，犹恐奢侈相沿，动踰体制。朕躬行节俭，为天下先，嗣后该内务府大臣于一切用款，务当查照旧章，力求撙节，不得任意加增。凡百臣工尤当懔遵法制，毋尚浮华。言路通塞，实为治理所关，在廷诸臣，于政事得失、人才贤否，如确有所见，总当直言无隐，以副朝廷广开言路之意。民为邦本，本固不摇，为治之道，以固民心为要，而宏济艰难，尤惟贤才是赖。愿与中外诸臣朝夕图维，共求长治久安之策，应有厚望焉。原折著留览②。

崇圣学、修法政、戒奢靡、固民心、通言路、揽人才，构成清流经世学说的理论基础。

---

① 胡思敬：《国闻备乘》，页5、11。

② 《越缦堂国事日记》二，页476－477。

前于十月初九日，已谕热河园庭暂缓兴修①。

4. 同治十年八月初四日邸钞：上谕，夏同善奏，久雨为灾，请虔诚祈晴，并敦节俭，广赈济，开言路，清庶狱一折，入秋以来，雨泽过多，业经降旨祈祷……阴阳沴戾，灾祲洊臻……惟当恭行节俭，以裕物力而恤民艰，著恤刑慎狱，清理积案，廷臣直陈民间疾苦，以副朕遇灾修省至意②。

按：此日，编修谢维藩有疏，呼吁节俭，并请减除（皇帝大婚）工费，拨赈灾民。编修吴大澂亦请，停省（大婚）典礼工费③。

5. 同治十一年四月二十六日上谕：翰林院侍讲孙诒经奏，天象可畏，请遇灾修省一折。本年五月初一日日食，上苍示警，寅畏益深，该侍讲所陈，隆孝治，勤政理，亲君子，远小人，并崇俭黜浮各节，披览之余，实深嘉纳④。

天意示警，是中国政治文化的一个传统。频繁的天灾，如1867年京师的旱灾、1869年武英殿火灾，以及光绪初元的丁戊奇荒，等等，为清流派的凝集和发言提供了许多机会。在这些机会中，天人感应的传统，在士大夫政治心理中发挥了巨大作用，从而使立国之道归结为德政人心的思路很容易取得认同。此后，在重修圆明园的事件中，内宫修德除奢的思路就变成了某种程度上的“对抗”。

三、延揽人才

由赈灾而求直言，而求吏治，而求人才。人才素质的优劣直接影响吏治清明与否。此思路蕴含着科举正途对捐纳保举等途径入仕，致仕途拥挤的不满，更多地则是对民生的关注。在这个视角下，求人才更多地指向儒家道德准则上。

同治十二年二月初一日，御史吴鸿恩上呈《敬陈管见一折》，提出为政之要，首重得人、治理军饷弊端、广开言路等建议，上谕说：“所称修身亲贤，量才恤民，知言责实各条，不无可采。朕躬亲庶政，夙夜兢兢，不敢稍萌暇逸，尤赖在廷王大臣及各省督抚等共相赞助，庶几集思广益，民物乂安，至为

① 《越缦堂国事日记》二，页478。
② 《越缦堂国事日记》三，页776－777。
③ 《越缦堂国事日记》三，页777－778。
④ 《越缦堂国事日记》三，页798－799。

政之要，首重得人。前领各直省督抚，各举所知，仍著悉心访察，如有贤能出众之员，即行随时保奏，用备任使”①。

丁戊奇荒中，停止捐纳、求“清正端方”人才的吁请不断，光绪四年七月初三日，翰林院侍讲张佩纶甚至提出了以科道能言与否为考核人才之据的命题。

四、州县久任

从民生角度看，州县官最与百姓接近，最能体现皇帝亲民爱民之至意，也最能让百姓感受朝廷之恩泽。从道德准则上而言，他们的清明与否，与民生最为相关；而从制度层面而言，州县官的任用也存在问题。

1. 同治九年闰十月初十日内阁奉上谕：御史邓庆麟奏陈管见一折，州县为亲民之官，必须久于其任，方能兴利除弊，若纷纷更调，辗转趋避，吏治安有起色？著各省实缺人员各回本任，随时察看；一切差委可派候补人员；曾国藩所定考课州县功过章程，著各省仿照办理；各省编查保甲，拿办遣散之滋事勇丁；杜蠹吏羁拿无辜之弊，照苏抚丁日昌例，命各州县悬挂粉牌，开载收押人犯以杜滥押，著各省一律照办；补足赈灾之常平仓；开垦荒地，修筑坍塌②。

邓庆麟主张州县实任各官应在位谋政，久其任期，并没有超出传统的思路。但朝廷对此折的鼓励，可能导发此后要求扩大地方官权限的呼声。久任和放权，是联系在一起的。

2. 同治十二年二月初二日内阁奉上谕：御史吴凤藻奏，敬抒管见一折。所陈各条，尚有堪备采择之处，守令为亲民之官，久于其任，始能将地方利弊从容讲求，次第兴革。据奏，近日吏治积习最坏者，莫如调剂，以致守令等官视职守如传舍，急囊橐以营私。似此情形，何以副朝廷察吏安民之意。嗣后各直省督抚于所属各员务当慎选贤能，以期吏治蒸蒸日上，如有循声卓著之员，务令久于其任，俾得尽心民事，毋得率行更调，贻误地方科道，职司谏纳，必须品端守洁之员，方能胜任，嗣后各部院衙门保送满汉御史，务须慎加选择，

---

① 《咸同两朝上谕档》二三，页45。

② 《越缦堂国事日记》二，页479。

不得但计资俸，循例保送，以重谏职①。

光绪三年正月十一日，国子监司业宝廷奏，敬陈管见一折。指出："近来更调似近于繁，文格（恪）始护川督，继升滇抚，未离任而旋改山东；李瀚章久任楚督，忽改川督，尚未受篆，又回楚省。督抚如此，两司更不一而足。"接下来提出"主管官久于其任"，上谕驳斥说："封疆大吏，因地择人；各部堂官，分理庶务，随时擢用，并无成见。该司业所陈，各部堂官，各省督抚藩臬，均令久于其任，毋庸纷纷更调，是未悉朝廷因才器使之心"②。

五、广开言路

较早提出请勤召对的是御史李鸿谟。同治十一年五月初二，该御史上奏，"以逐日召见为请"。当时慈禧正生病，自三月初旬以来，"月余未经视朝"。此折触怒了慈禧，上谕说，两宫励精图治，及患病尚未大安，各情形，李鸿谟岂能不闻，今"竟以逐日召见为请，哓哓渎陈，冒昧已极"，"传旨严行申饬"③。

光绪三年正月十一日，国子监司业宝廷奏，敬陈管见一折。上谕驳其"宜宽宥以养言者之气"说："方今时事艰难，中外臣工陈奏事件，如有堪采择，无不立见施行，并有留中备览及寄谕各直省督抚等办理，岂能概行宣示？至毛举细故或所言未当，每予优容，正以广开言路。该司业所陈无论可否，均请明降谕旨，是成纳谏之虚文，转非求言之实意"④。

光绪四年二月二十九日，由张之洞代詹事府左庶子黄体芳起草的奏折中，提出了一个更激进的建议："无言责"的官员应该有"封章专达"的权力，也就是要把所有的中下层京官都变成言官；同时，要求中枢（皇帝、两宫）轮流接见过去没有权利参与应对的各衙门司官。而三月初三日翰林院代奏编修吴观礼应诏陈言中，也使用了"激劝台谏"一词。两个奏折相互呼应，表达了清流广开言路的政治诉求与互为奥援。

按：黄体芳、张之洞、张佩纶等人关于扩大士大夫发言权的建议，实际上

---

① 《咸同两朝上谕档》二三，页45－46。

② 《越缦堂国事日记》四，页1721－1722。

③ 《越缦堂国事日记》三，页800－801。

④ 《越缦堂国事日记》四，页1721－1722。

是要将中下级官吏都变成直达上听的言官，超出了传统政治体制的框架，冲突相当明显。传统体制是：皇权分控言官和具体掌事官，并维持他们的平衡。这种政治诉求往往被中枢屡次议驳。即使在当代的国家体制中，也不可能要求中央各部门的中下级官员，轮流到国家元首身边值班，开展对话，或书写各自的工作报告。

光绪五年十二月初四日，上谕：都察院代奏，江苏扬州府知府何金寿请推广会议人员一折。国家遇大政事，饬下廷臣会议，自有定制。若于所奏，大小各员一并会议，向来无此政体。所有此次会议事件，中外臣工及在籍大员，如有所见，或自行具折，或呈请代奏，均可据实直陈。所请推广会议人员，著毋庸议①。

按：这件奏折，是对伊犁事件中崇厚使俄丧权辱国事件的一个反映。此前于十一月二十一日，上谕以崇厚签约后，“不候谕旨，擅自回京，著先行交部严加议处开缺，听候部议”，并将其与俄所议约章及总署历次所奏各折，交大学士六部九卿翰詹科道妥议具奏②。

清制：臣工“会议”有两种，一是交王大臣、军机大臣、大学士、六部九卿会议（有时加上有关疆臣），二是某事重要决策制定之前，交上述大员加小九卿即翰詹科道一并会议。所谓会议，并非群臣开会，而是按体制，堂官等大员可具折各抒己见，翰林、詹事府等员（翰林、庶吉士、詹事府洗马以下各官）请主管官员代奏。凡这些奏折，由亲郡王大学士军机大臣等议论选择，起草出交皇帝定夺的文件，即所谓“妥议具奏”。

何金寿奏折中奏请将会议人员推广到官僚体制中的“大小各员”，体现了扩大士大夫廷议范围的思路。按李慈铭日记，当时的大小京官约两千人，也就是要求将国家大事的发言权扩大到京官的下层，使上下直接沟通对话，这需要具体的设计才具备操作性，何况还涉及到地方官员。

六、寄养宗室

光绪三年十月初五日内阁奉上谕：给事中李鸿谟等奏筹赡宗室以培根本一

---

① 《越缦堂国事日记》五，页2742－2743。

② 《越缦堂国事日记》五，页2743。

折。著宗人府、户部会议具奏①。

另据《越缦堂国事日记》，该疏言：嘉庆年间，仁宗以宗室生齿日繁，遴七十户移居盛京，令久未举行而宗室困苦益甚。现在奉天地方东沟、通沟各边境开荒设税，生计渐蕃，请饬宗人府户部妥为筹议，凡拨给地租建立官屋极赏需等项，皆有成宪可循。果能办有成效，则八旗生计日艰，尚需择地另筹，为一劳永逸之计，云云②。

七、改革科举

这是一份改革科举的建议。光绪十年闰五月十九日，内阁奉上谕：国子监司业潘衍桐奏请特开艺学一科，以储人才一折。著大学士六部九卿会同总理各国事务衙门妥议具奏③。

《越缦堂国事日记》于此日记该折内容：所陈凡十二条，言今所急者洋务，洋务所急者制造器械。请以能制器兼通文学者为东学，授文职；不通文学者为西学，授武职。其人才，凡生监、童生、俊秀皆许投考，一年一乡试，三年一会试、殿试，甲第传胪，皆如武进士例，各以知县分发各省。其言皆绝荒诞。衍桐，南海人，盖西洋习俗所移也。闻其疏草出于编修谭宗浚。宗浚亦南海人④。

这次会议的结果，见六月十一日上谕：前因国子监司业潘衍桐奏请，特开艺学一科。当令大学士六部九卿会同总理各国事务衙门妥议具奏。嗣据御史方汝绍奏请特开实学科，并据翰林院侍读王邦玺奏，沥陈艺学开科流弊，御史康椿林奏，曲艺不宜设科。先后谕令大学士等一并妥议。

兹据会议具奏：国家选拔人才，不拘一格；设科取士，原为遴选实学起见。即讲求艺学，亦未尝不可兼收并取，正不必别立科目，致涉纷歧。嗣后如有精于西法之人，在京著各大臣保送同文馆考试；在外著各该督抚收入机器局当差。其无机器局省份，分别咨送南北洋大臣，核其学术技艺，切实保

---

① 《光宣两朝上谕档》三，页355。
② 《越缦堂国事日记》四，页1737。
③ 《光宣两朝上谕档》十，页168。
④ 《越缦堂国事日记》六，页3082。

荐。……潘衍桐、方汝绍所请特开艺学、实学科之处，均著毋庸置议①。

该年九月廿三，潘衍桐升国子监司业。

这场“会议”形成的文件，继续倡扬科举制度足以“不拘一格”收纳人才的完美性，它不必因经改革而“致涉纷歧”。因此，中枢不愿通过学制和考试改革去创造培养人才的条件，而是强调旧体制就可以吸纳新人才，他们知道，这种“人才”实际上是子虚乌有的。

随着甲午丧师，“世变之亟”之下，改革甚至废除科举的呼声成为了维新思潮的主要内容，并在清末教育改革中最终得以实现。

八、应对洋务

（一）旧士人对外使觐见的传闻

《越缦堂国事日记》记同治十二年六月初五日各国公使第一次觐见清帝事。此为北京条约以来列强力争与中枢直接接触的一次外交胜利。但某些清流人士根据传闻，却将外使写得很不堪。这篇日记，典型地反映了一部分清流的涉外观念：

同治十二年五月二十日：邸钞：上谕：总理各国事务衙门奏，各国驻京使臣吁请觐见呈递国书一折。现在赍有国书之驻京各国使臣准其觐见。

（原注）同治十二年五月壬子日，日本国使臣副岛种臣、俄罗斯国使臣倭良嘎哩，美利坚国使臣镂斐迪、英吉利国使臣威妥玛、法兰西国使臣热福理，荷兰国使臣费里苏，于紫光阁前瞻观并呈递国书。

抄者按：紫光阁，是清帝接见贡使得地方。

六月初五日：是日巳刻，上御紫光阁，见西洋各国使臣，文武班列，仪卫甚盛。闻（传闻）夷酋皆震栗失次，不能致辞，跪敏而出，谓自此不敢复见天颜。（评论）盖此辈犬羊，君臣脱略，虽跳梁日久，未观汉官威仪，故其初挟制万端，必欲瞻觐，既许之，又要求礼节，不肯拜跪。文相国等再三开喻，始肯行三鞠躬，总加为五鞠躬。文相国固争，不复可得。今一仰天威便伏地，

① 《光宣两朝上谕档》十，页198。

恐后盖神灵震叠，有以致之也①。

按：上一段话，值得仔细捉摸。此次觐见，双方都得到了满足：西洋和日本争得了二十余年之努力的外交胜利；中国官绅通过传闻，也得到了心理上的胜利。

（二）主张“自强”和洋务的中下级京官

第二次鸦片战争之后，一部分中下级京官已经开始讨论“寻求自强之术”的题目。《剑桥中国晚清史》有一个很不错的观点：

“自强运动的发起是由于中国某些高级官员开始认识到中国有此需要，但它的意义在地位低的人（这些人充当高级官员的顾问，并且对后者有一定影响）中得到更充分的讨论”②。

该书在第十章的几个地方提到了三个人：

第一，是翰林院编修赵树吉。他在1851年初（咸丰十一年）的一份奏折里指出，和洋人签订条约是靠不住的，确保未来安全的唯一方法是“寻求自强之术”，“诚能日夜祗惧，奋发有为，使天下晓然知圣意之所在，将智者效谋，勇者毕力；则是秋间一变，乃天所以甚彼族骄悖之疾，而警我数十年因循之弊，因灾而致祸，化弱而为强”③。

“自强”一词，是1861年初官员们应对变局的讨论中概括出来的政策。

第二，如果说赵树吉这里讲的“自强”还比较含糊，那么同年八月御史魏睦庭的奏折的指向就相当明确了，那就是学习欧洲的武器技术。魏睦庭这个和魏源类似的观点，依托于第二次鸦片战争之后一种对西力东渐格局的新思考：西方国家渴望在中国安定的条件下发展市场，他们对贸易的兴趣大于领土需求，因此就造成一种机会，即中国可以像彼得大帝时的俄国那样向欧洲人学习制造武器和兵船的技术。为此，他建议在上海等处设局训练。魏氏还进一步论证了“师夷”的合法性：把火药传到欧洲去的是元代的蒙古人，所以“奇巧百出”的西方科学技术毕竟是中国自己的遗产——这就是此后三十年被许多学者发挥的“西学中源”论④。

---

① 《越缦堂国事日记》三，页1114－1115。

② 《剑桥中国晚清史》，卷上，页540。

③ 《剑桥中国晚清史》，卷上，页533。

④ 《剑桥中国晚清史》，卷上，页534－535，《筹办夷务始末》（同治朝），卷2，页35－36。

魏睦庭的奏折很有影响，以至几年之后的京师同文馆之争中，奕䜣等在论证天文算学重要性的奏折里又举出魏氏的观点，和曾国藩、左宗棠、李鸿章等的洋务言论相并列，来批驳倭仁①。

第三，最后对“自强之术”做出哲学论证的是郭嵩焘。郭氏在1847年已进入翰林院。他通过对第一次鸦片战争的反省，就理学经世提出了新思路，即理要适应现实形势的要求，既然世事在变，即人的认识要适应世事变迁的需要。1856年他来到了已经开埠的上海，怀着对西学的兴趣，进一步确立了对“势”和“理”之间关系的认识。1857年第二次鸦片战争在广州打响之后，郭回到翰林院任职。当1858年英法炮舰逼近大沽时，他和许多主战的京官表现出不同的态度，认为“不战易了，一战便不能了”。次年他奉调赴天津帮助筹备沿海防务，向僧格林沁建议：“洋人以通商为义；当讲求应对之方，不当称兵。”当1859年僧格林沁取得大沽胜利时，郭在京师欢庆中托病回到了湖南②。

也许郭氏在对外战争的态度上和魏睦庭等不同，但自强政策可以说是在中下层官员的反复讨论中得到了推动。如郭嵩焘在1862年后成了李鸿章的幕僚；另一方面则作为议政的一种思路，在19世纪70年代被清流中的一部分人继承下来。

光绪四年十月二十四日奉上谕：御史曹秉哲奏，请仿用西法开采煤铁以利器用一折。据称：近来各省开设机器等局，需用煤铁甚多，大半办自外洋，每年经费甚巨。请由内地仿照西法，用机器开采转运鼓铸制造，既省买价并濬财源。等语。各省所产煤铁甚富，本可随时开采，惟仿用西法，需费浩繁。该御史所请各节，除火车转运势不可行，应毋庸议外，其所称招徕殷商，听其开办，酌量征收厘税，是否可行，著李鸿章、沈葆桢奏复。原折钞给阅看③。

（三）铁路之争：李鸿章制京议三事

光绪十一年八月二十八日：合肥以二十三日至京，今日军机、总理衙门会

① 萧一山：《清代通史》，卷3，页857。

② 《剑桥中国晚清史》上卷，页540，郭廷以等：《郭嵩焘先生年谱》，卷1，页42、114、126－127、130、181－187。

③ 《光宣两朝上谕档》四，页305。

议三事：一设海部尚书，一开铁路，一设大银行，皆西洋各国法也①。

九月初四日：是日，闻铁路、银行之议俱罢。铁路以东朝亲谕醇邸，此事不可轻试。银行则交户部议，而尚书崇（绮）公力争之，谓官可罢，此议不可行。间朝邑（阎敬铭）无如之何②。

这次会议只解决了一事：筹建北洋水师。九月初六日谕：以醇亲王奕譞总理海军事务，节制所有沿海水师。庆郡王奕劻、直督李鸿章会同办理。正红旗汉军都统善庆、兵部右侍郎曾纪泽邦同办理。北洋练军伊始，责李鸿章专司其事③。

光绪十二年丙戌，十二月十七日邸钞（大意）：侍郎黄体芳奏，请开去李鸿章会办海军差使，并谕饬曾纪泽（驻法）遄归练师。“朝廷于此事审思熟虑，业经全局统筹；况黜陟大权，操之自上，岂臣下所能意为进退?”此奏“妄议更张，迹近乱政”，著交部议处。

十二月二十五日邸钞：吏部议处黄体芳降一级调用。谕：“所议过轻，殊未允当。兵部左侍郎黄体芳著降二级调用。吏部堂官传旨严行申饬”④。

黄体芳对洋务的态度和陈宝琛相似，警惕洋务大吏，但不反对学习西方器物。

（四）通商衙门的一次洋务考试及清要们的答卷

《越缦堂国事日记》光绪十三年四月十七日记载，近有御史闽人陈琇莹，疏请自后乡会试第三场专考算学洋务，谓今诏各部院保举游历外洋人员，而应者寥寥。自以士大夫平日不肯讲求之故。宜亟重洋学以变风俗。而曾纪泽侍郎著《中国初醒论》，谓自孔门教兴，冥冥如在睡梦中，今日始稍觉悟，知西学之足贵。呜呼！彼何人哉！⑤

陈琇莹谓，游历人员匮缺，见该书同年二月初十日日记。略谓：去秋御史谢祖源疏，请饬各部荐举使洋人才。有旨令各堂官留心延揽。今年正月忽奉严谕督促，限日复奏。于是各衙门皆出单，徧询所属，问以愿否矣。翰林中愿去

① 《越缦堂国事日记》六，页3355。
② 《越缦堂国事日记》六，页3356。
③ 《越缦堂国事日记》六，页3356－3357。
④ 《越缦堂国事日记》六，页3364－3365。
⑤ 《越缦堂国事日记》六，页3623－3624。

者，李学士及编修孔祥霖、萨廉①。

此材料颇为典型。愿出国的翰林，仅三人，其中一人还是孔子后裔。

这次考试是清朝选送出洋人员的第一次国家考试。时间是在光绪十三年闰四月下旬，当为对陈琇莹改革科举疏的一次尝试，也是上谕要各部推荐出洋游历人才的一次选择。

《越缦堂国事日记》光绪十三年（1887）闰四月二十四日：近日通商衙门分日考试，户部等选送七十余人。第一日试办防海防论，各海口紧要情形论；第二日事铁路应开不应开论，明代以来中外交涉论。六部所举游历人员闻取者廿八人，兵部傅懋元第一②。

五月二十一日又记：傅懋元来，闻懋元此次试自明以后中外交涉论引征甚博，且推原化学、重学、汽学之法，实本于墨子。此近人邹叔绩等尝言之。国家考试至有出洋游历一途，而应之者不乏考据之才，亦近日风尚使然也③。

（五）李慈铭怎样读《海国图志》

光绪十二年（1886）十二月二十日：阅《海国图志》，魏氏此书，体大思精，其奇书也。其采杨光先《不得已》中《辟邪论》上下篇，又自为论，以扶天主教之妄。往尝以为此等愚悖无理之言，不攻自破，彼醜夷之黠者，尚不肯自主语行教，何足费吾唇舌？由今思之，人理之泯棼，将不知所终极，彼狡焉思呈者，日以财物饵吾民，引而致之彀中，有欲出而不得者，其祸并非洪水猛兽所能喻也。

当魏氏此书初出时，使朝廷先加意此事，密谕地方大吏饬郡县官，日讨国人而申儆之，毋使其陷溺，事犹可为耳。今西洋之教主已拥虚器，德国又扼之甚力，英俄诸国袖手旁观，惟法夷拥护之，而其愚弄中国，则仍并智一心，可叹也④。

按：《海国图志》“体大思精”。在洋务时期不同的人中，有不同的解读。当一些人从中领悟到师夷制夷的深刻内容时，也有另一些人如李慈铭，还在欣赏该书对基督教的种种渲染。

① 《越缦堂国事日记》六，页3612。

② 《越缦堂国事日记》六，页3876。

③ 《越缦堂国事日记》六，页3877。

④ 《越缦堂国事日记》六，页3611。

《海国图志》关于基督教的知识来自康熙年间保守人士杨先光采自民间的种种讹言，诸如割心剜眼练药之类，是该书中最消极的一部分内容。这些传言，因19世纪80年代蜂起的教案而浮现，并由于魏氏是西洋专家，而为一部分保守者所笃信。

（六）清流派中守旧人士的西洋观

光绪七年（1881）二月初十日：阅刘云生锡鸿《英绍私记》二卷，虽辞笔冗俗，不如郭筠仙《使西纪程》之简洁，而叙述甚详，于所见机器火器铁路铁船，皆深求其利弊，言之备悉。英人谋利之亟，讲武之勤，以及收贫民、教童子，监狱之有法，工作之有程，国无废人，人无弃物，皆能言其实。而风俗之陋，习尚之奢，君民不分，男女无别，亦俱言之不讳。

至言中国外交之道，当据理直言，不可为客气之谈，尤不可为阴阳之论，凡自誇强大，不惮用兵及中外一家、怀柔远人等语，皆被所共识，传相姗笑，而或自相轻蔑、诋华媚夷，至效其衣冠，习其礼节，尤被所深鄙。此则持邦交者之致言，使四夷者之切戒，古今不易之理也。

云生番禺人，以举人赀郎，好为大言，依托贵要，得荐副郭嵩焘侍郎使英吉利，半年后改为使德国正使，其居德颇有口舌功。闻尚有《德轺私记》，当借观也①。

郭嵩焘和刘锡鸿这两位使英正副大臣，一位强调从富强之道上学习西方的根本，另一位则是著名的文化保守主义者。虽然郭嵩焘的理学思路将议会归结为道法人心，在思想深层上和刘锡鸿不乏共同点，但至少在强国之道上的政治思想上，两者差异很大。正因为这种差异，他们写的两本书，在李慈铭那里得到了完全不同的评判。对照李对这两书的评判，可以找到当时的文化保守主义者在世界观点上的一些特点：

1. 经过两次鸦片战争，到19世纪80年代初期，即使是相当保守的人士，也不能不正面对待诸国并列的世界格局，承认中国仅是诸国之林中的一员，而探求中国的“外交之道”。华夏一统天下的观念业已动摇。

2. 这些人士承认西方器物层面的先进性，关注其“国无弃人，人无弃物”的社会景观。到这个年代，保守主义者一般不拒绝有选择地吸纳西方器物文

① 《越缦堂国事日记》五，页2738－2739。

化，但需要讲求“利弊”。

3. 在制度、观念上，他们鄙夷“风俗之陋，习尚之奢，君民不分，男女无别”的西方文化，而坚持中国文化中心观。这几点，似是一般清流所共有。

（七）多数清流派的西洋观和洋务观

光绪二年丙子（1876）九月十八日，闻郭嵩焘、刘锡鸿以二十五日赴西洋，故十五日召见二人以请训也。此后分使各国者尚多，去年文相国保举之二十余人，皆将出使，竹筼（许景澄字）虽归，亦不能免。凡官二品者，月支薪水银千四百两，五品以上者八百两，七品以上者六百两。计朝廷岁糜帑金至六七百万，于洋税中提支，所使皆鄙夫下才，不知国体。许钤身者，尤险诈无耻，洋人颇以其不由科甲，盖侮辱之。

此议发于粤人陈兰彬，谓各国皆有夷馆驻俄都城，而中朝官无驻外国者，欲以知情伪，通信命，非此不可谋，国无人曲意从之。不知夷人挟其虎狼之威，犬豕之欲，近据辇下，外扼各口，哐喋一言，上下惕息，要求劫胁，无计不从，彼之监我宜也。我之使彼，形同寄生，情类质子，供其驱策，随之嚬笑，徒重辱国而异。虽有智者，无所施力。况皆驵侩之辈乎？

兰彬，嗜利之人，敢为大言，自以翰林改官，潦倒不振，涂穷日暮，倒行逆施，祗以自便私图，不惜卖国，言之可为切齿。郭、刘衔命至英吉利，实以马嘉理之死，往彼谢辠，尤志士所不忍言也①。

光绪三年六月十八日，闻郭嵩焘侍郎《使西纪程》，自丙子十月十七日于上海辞疏出洋，至十二月八日抵英吉利伦敦止。伦敦者，英夷都城也。记道里所见，极意夸饰，大率谓其法度严明，仁义兼至，富强未艾，环海归心。其尤悖者，一云以夷狄为大忌，以和为大辱，实自南宋始，西洋立国二千年，政教修明，具有本末，与辽金崛起一时，倏盛倏衰，情形绝异。其至中国，惟务通商而已，而窟穴已深，逼处凭陵，智力兼胜，所以应对之方，并不得以和论。无故悬一和字，以为劫持朝廷之资，哆口张目以自快，其议论至有宁可覆国亡家不可言和者，京师已屡闻此言。诚不意宋明诸儒议论，流传为害之烈，一至斯也。

一云西洋以智力相胜，垂二千年，麦西（即摩西）、罗马麦加迭为盛衰，

---

① 《越缦堂国事日记》四，页 1916－1918。

而建国如故。近年英法俄美德诸大国，角立称雄，创为万国公法，以信义相先，尤重邦交之谊，致情尽礼，质有其文，视春秋列国，殆远胜之。而俄罗斯尽北漠之地，由兴安岭出黑龙江，悉括其东北地，以达松花江与日本相接。英吉利起极西通地中海，以收印度诸部，尽有南洋之利，而占藩部香港，设重兵驻之。比地度力，足称二霸，而环中国通处，以相窥伺，高掌远蹠，鹰扬云视，以日廓其富强之基，而绝不一逞兵纵暴，以掠夺为其心。其构兵中国，犹辗转据理争辨，持重而后发。此岂中国高谈阔论，虚骄以自张大时哉？轻重缓急，无足深论，而西洋立国，自有本末，诚得其道，则相辅以致富强，由此而宝国千年可也；不得其道，其祸亦反是。云云。

嵩焘自前年在福建被召时，即上疏痛劾滇抚岑毓英，以此大为清议所贱。入都以后，众诟盖丛，下流所归，几不忍闻。去年夷人入长沙，将建天主堂，其乡人以嵩焘主之也，群欲焚其家，值湖南乡试，几至罢考。

迨此书出，而通商衙门为之刊行，凡有血气者，无不切齿。于是湖北人何金寿以编修为日讲官，出疏严劾之，有诏毁板，而流布已广矣。

嵩焘为此言，不知是何肺腑，而为之刻者，又何心也？嵩焘力诋议论虚骄之害，然士大夫之肯为此议论者，有几人哉？乌呼！余特录存其言，所以深箸其罪，而时势之岌岌，亦可因之以见其尚缓步低声，背公营私，以冀苟安于旦夕也①。

按：清流不能容忍的有两点：一是“和”的外交；二是学习西方富强之“道”或“本”。

九、涉外强硬

这是清流陈宝琛请收回为琦善建立专祠成命的奏折。光绪七年十一月初四日，内阁奉上谕：

前据杨昌濬奏，原任陕甘总督琦善，莅任三载，整顿地方，甘省士民至今感其成惠。谨据绅士公呈，请在甘肃省城建立专祠，以顺舆情。当经俯允所请。

兹据翰林院侍讲学士陈宝琛奏，琦善贻误国事，厥咎甚重；其为陕甘总

---

①《越缦堂国事日记》四，页1918－1920。

督，办理雍内番族，率将无罪熟审，滥行屠戮，逼供饰奏。文宗显皇帝责其謬妄，褫职遣戍。是琦善在甘有罪无功，不宜祠祀，请收回成命。等语。

所奏甚属允当。所有琦善建立专祠之处，著即撤销。杨昌濬据绅士呈词率行具奏，著传旨严行申饬①。

《越缦堂国事日记》记：陈疏有云：琦善为祸国罪魁，至今天下，虽妇人孺子，无不疾首痛心，同声唾骂。何以甘肃乱后残黎忽念及数十年前之总督，胪列其善政，欲报馨香？此不过伊子荣镗，现官乌鲁木齐都统耳！礼部例载：子孙官九卿，其祖父不得题请入祀名宦乡贤，况专祠之建，尤为大典，既无以服天下之人心，且恐招外邦之讥议。其所系者非浅。词甚激切②。

花絮：此乃太监中传说。《清室外纪》云：（中英）条约既定，帝阅之，徘徊于廊下，直至夜分。从者闻帝叹息之声，或自语曰：不可不可！三句钟，忽顿足，携约入殿，以朱笔批准，收入封筒，令太监送至军机处。太监言，此时宫门尚闭，军机均未入朝。帝命其在军机处等候，俟穆彰阿入即授之，勿令人尽见。帝虽批准条约，乃茹苦含恨不得已。此中国朝廷第一次受欧洲之逼迫也③。

十、小结

同光年间的清议风潮，是内外双重危机的产物。

一是受1870年天津教案之后外部危机纷至沓来和洋务官僚妥协外交的刺激。李鸿章重点关注洋务事业而对内部危机的相对淡漠（对灾赈未全力以赴，对属吏的宽容等），特别是洋务思潮中激进者对西方治国之道的称扬和初步显露的吸纳取向，都刺激了清流们对西国及其对洋务的不满。而两次鸦片战争中地方抗敌的经验，则为他们提供了对外强硬的佐证。因此，一旦遇有中外交涉，就引起了对外强硬舆论的高涨。

清议派中的若干重要成员虽然一般不排斥学习西方的器物方面，但对于道法人心，则始终有自已的思路。

二是对地方行政低效腐败的焦虑。京师大吏和地方督抚的颟顸愔能，徇私

---

① 《光宣两朝上谕档》七，页298。
② 《越缦堂国事日记》五，页2654－2655。
③ 《越缦堂国事日记》五，页2656。

用人，权钱交易，官商结合，道德沦丧，在许多言官的奏折和舆论中有充分的反映。地方大吏暴富和中小京官清贫的反差，也是刺激上述舆论的心理原因。这在李慈铭的日记里，有多处涉及。

如果和第一次鸦片战争前后禁烟和御外时期的言官舆论相比较，我们发现这一时期清流们的议论，大多集中在内部治理上。抨击官场腐败，要求扩大士大夫发言权，建议下放地方权力，是议论的一个焦点。除了几次外部危机中形成了对外强硬的舆论一律之外，在常态政治中，我们很少发现言官们有什么关于御外或洋务的建议。这种情况，至少在伊犁危机和中法战争之前是如此。尽管清廷要求言官们建言的范围很宽广，原则上包揽了所谓“政事阙失，民生利病”的诸多方面，但言官们的奏议，自有其关注点。

这恐怕有几个原因：

1. 至少在中法战争之前，虽然外交上有相当多的麻烦，但总的态势不像两次鸦片战争时那样尖锐。同时，当时的士大夫虽然感受到了“大变局”的震动，但对这种变局的性质和走向，还不了然。他们不认识西力东渐是一个战略性的长过程，在遇有外事时，群情激越，一旦事过境迁，世界观念中的中国中心观又不自觉地浮现出来。李慈铭、何金寿这些人的涉外态度都是颇为典型的。

2. 太平天国以后，中央和地方秩序重建的迫切性，逼使他们将精力关注于内部治理。诸如中央分权格局的形成，大批地方官员死亡和随之而起的滥举。积重难返的吏治和地方士绅的活力，这种种因素，使当时的廷议，在内部治理上占有相当大的比重。

对外部世界似是而非的理解和顽强的儒学中心观，对内部治理的传统思路，使当时清流们的廷议势必集中在重振德政人心的命题上。

问题的意义在于这一命题，有了某种新的具有建设性意义的诠解，主要是张之洞、黄体芳、张佩纶等人关于体制改革的建议。他们未必理解这些建议的激进性，而在当时的体制框架内，相关建议也无实践的可能。这些建议的意义在于，它们使改革的必要性得到了比较充分的讨论，从而在体制内部形成了一股冲击陈旧体制的思潮。当这种思潮在新的理论框架中得到进一步论证并被推进时，一个改革集团就出现了。

总之，从1870年到1880年（光绪六年）这十年间，在中枢发生的诸多思想论争，大体上是以内部治理为中心而展开的。此后的伊犁事件和中法战争，情况又有所改变。

第七章
清流群体的政治纳用和政治参与

一、清流群体的政治纳用

以下是从《越缦堂国事日记》等资料中整理出来的晚清清流群体的中坚人物如翁同龢、潘祖荫、李鸿藻、张之洞、宝廷、黄体方、邓承修、张佩纶、陈宝琛、吴大澂等的升迁经历。同时亦举个别相关人物，以表现京师清流和口岸洋务派之间通过复杂的人际网络而互相联结的渠道。

（一）翁同龢、潘祖荫

翁同龢（1830－1904），字叔平，号松禅，别署均斋、瓶笙、松禅、瓶庐居士、并眉居士等，别号天放闲人，晚号瓶庵居士。咸丰六年（1856）进士。

潘祖荫（1830－1890），字在钟，小字凤笙，号伯寅，亦号少棠，又号郑盦。江苏吴县人。咸丰二年（1852）进士。

同治十一年九月十四日，同治大婚，懿旨：尚书沈桂芬、李鸿藻赏加太子少保衔。弘德殿行走侍郎徐桐、前任内阁学士翁同龢、南书房行走侍郎潘祖荫等均赏给头品顶戴。翰林院侍讲孙诒经等均著遇有应升之缺开列在前①。

① 《越缦堂国事日记》三，页1120－1121。

同治大婚、归政等情节在该书也有记载①。

次年正月，亲政。两宫诏：皇帝每日办事召见后，仍诣弘德殿与诸臣虚衷讨论，李鸿藻、徐桐、林天龄、桂清、广寿均照常入直，尽心讲贯。醇亲王奕譞请撤去弘德殿差使，允之②。

（二）李鸿藻

李鸿藻（1820－1897），字季云、寄云，号石孙、兰孙、砚斋，直隶高阳人。咸丰二年（1852）进士。

同治十三年（1874）三月初六日邸钞：命礼部尚书万青藜为甲戌科会试正考官，刑部尚书崇实、工部尚书李鸿藻等为副考官。宗室崑冈、编修王先谦等十八人（任各科道给事中、御史、员外郎、主事等职）为考官③。

李鸿藻傅帝十四年，临危入见，受遗诏辅立溥伦，寻窥太后意不然，乃立德宗。其母即太后女弟，以故得立④。

光绪六年（1880）正月初八日邸钞：诏：前工部尚书李鸿藻仍在军机大臣上及总理各国事务衙门行走⑤。

（三）夏同善

夏同善（1831－1880），字舜乐，号子松，原是仁和人。咸丰六年（1856）进士。

同治九年（1870）十月初十日：詹事府詹事夏同善等成金钱人内阁中书张应昌所著《春秋属词辨例编》八十卷。该书留览⑥。

十年（1871）八月，夏同善、吴大澂等分奏，久雨为灾，请敦节俭，广赈济，开言路，清庶狱⑦。

十三年（1874）夏同善任翰詹大考考官及考试结果如下：

---

① 《越缦堂国事日记》三，页1116。
② 《越缦堂国事日记》三，页1129－1130。
③ 《越缦堂国事日记》三，页1302－1303。
④ 胡思敬：《国闻备乘》，页7。
⑤ 《越缦堂国事日记》五，页2302。
⑥ 《越缦堂国事日记》二，页475。
⑦ 《越缦堂国事日记》三，页777－778。

四月二十七日：是日，大考翰詹。大考阅卷为侍郎黄倬、黄钰、夏同善、徐桐、殷兆镛等，阁学翁同龢等八人。

一等四人：编修瞿鸿禨等二人、编修孙诒经、侍讲学士钟骏声等二人，共四人。瞿升侍读学士，孙以詹事升用。

二等六十一人：编修张佩纶等以侍讲升用。廖寿恒升洗马，王先谦等升中允，张楷升赞善。在任候缺编修潘衍桐、编修陈宝琛等记名遇缺题奏，并各赏缎袍料一匹。编修刘恩溥等各赏大卷绣袍。

三等九十一人：宗室宝廷等以中允降补。

四等四人，或罚俸，或降级。

此外考试翻译的也有四人，一人一等，二人二等，一人三等①。

按：按照这个名单，翰林院、詹事府的中下级官员相当庞大，此次应考的连同翻译人才（同文馆毕业的）共163人。

清流派人士都有些学识。除夏同善等任考官外，清流及其有联系者如孙诒经、张佩纶、陈宝琛、王先谦、刘恩溥等，都名列一二等。宝廷差一些，考三等。

附：前述翰詹凡160余人，连同科道御史，人数待考。李慈铭《越缦堂国事日记》光绪三年（1877）九月二十八日日记中有一句话："凡部院及小京官杂职，可以此数准之。"但还是需要别的旁证②。

该年新科进士一甲3名：黄思永、曹诒孙、谭鑫振。戴彬元等89人俱授翰林院庶吉士，潘作霖等八十四人分部学习，李威等12人以内阁中书用。王隽等116人交吏部掣籤分发各省以知县用。户部候补郎中李慈铭以郎中即用③。

附：清制：会试中式一次分三等，一等数十名，二等、三等均一百余名，如光绪六年，一等60，二等126，三等132人。庶吉士，逐渐授编修、检讨等职，逐年升转。官至翰林院编修、修撰，詹事府庶子、中允，及侍读、侍讲学士等职时，可以任会试同考官。侍郎尚书为副考官。尚书为正考官。

光绪元年（1875）八月初六日邸钞：工部尚书魁龄为顺天正考官，户部左侍郎殷兆镛（吴江、庚子）、兵部右侍郎夏同善（仁和、丙辰）等为副考

---

① 《越缦堂国事日记》三，页1316－1318。

② 《越缦堂国事日记》四，页1734。

③ 《越缦堂国事日记》五，页2404、2406－2407。

官。另十八人为同考官①。

八月二十一日邸钞：内阁学士翁同龢署理刑部右侍郎，夏同善毋庸兼署②。

十二月十二日邸钞：两宫皇太后懿旨：派署侍郎、内阁学士翁同龢、侍郎夏同善授皇帝读③。

二年（1876）正月，翁为户部右侍郎兼管钱法堂事务，大理寺卿潘祖荫署刑部右侍郎④。

四年（1878）十一月十八日内阁奉上谕：江苏学政著夏同善去⑤。

六年（1880）八月初七日邸钞：吏部右侍郎江苏学政夏同善卒⑥。

同日，内阁奉上谕：吏部右侍郎夏同善学问优长，持躬恪谨，由翰林洊跻卿贰，叠司文柄，曾在毓庆宫行走。光绪四年简任江苏学政，克尽厥职。兹闻溘逝，轸惜殊深。夏同善著加恩照侍郎例赐恤。任内一切处分悉予开复。应得恤典，该衙门察例具奏。伊子刑部候补主事夏敦复，著赏给举人，准其一体会试。夏敦复著俟及岁时由吏部带领引见。

同日，内阁奉上谕：江苏学政著黄体芳去⑦。

（四）张之洞

张之洞（1837－1909），字孝达，号香涛、香岩，又号壹公、无竞居士，晚年自号抱冰。直隶南皮人。同治二年（1863）进士。

光绪五年（1879）三月初一日邸钞：翰林院编修张之洞升国子监司业⑧。

八月初七日邸钞：国子监司业张之洞转左春坊左中允⑨。

九月初十日邸钞：詹事府左春坊中允张之洞升司经局洗马⑩。

---

①《越缦堂国事日记》四，页1626。
②《越缦堂国事日记》四，页1538。
③《越缦堂国事日记》四，页1503。
④《越缦堂国事日记》四，页1554。
⑤《光宣两朝上谕档》四，页356。
⑥《越缦堂国事日记》五，页2346。
⑦《光宣两朝上谕档》六，页188。
⑧《越缦堂国事日记》四，页2092。
⑨《越缦堂国事日记》五，页2298。
⑩《越缦堂国事日记》五，页2304。

六年（1880）二月初八日 邸钞：翰林院侍讲洪钧转补侍读。司经局洗马张之洞升侍讲①。

五月初三日邸钞：翰林院侍讲张之洞转补侍读。左春坊中允张楷升侍讲②。

六月初六日邸钞：左春坊左庶子翰林院侍读张之洞升右庶子③。

八月初十日邸钞：右春坊右庶子张之洞转左春坊左庶子。翰林院侍读陈宝琛升右庶子④。

按：张之洞、陈宝琛成为詹事府同僚。这是午门护军太监互殴案发的时候。

七年（1881）二月初十日邸钞：左春坊左庶子张之洞升侍讲学士⑤。

六月初三日邸钞：以翰林院侍讲学士张之洞为内阁学士，兼礼部侍郎衔。

1879 年至 1881 年张之洞由编修经四次升迁，得礼部侍郎衔，正二品。李慈铭《国事日记》亦按：此以资深得之。詹事无人，少詹黄体芳、侍读学士张家骧等资俸皆在之洞后。然故事：超擢者多论阶而不计资。之洞以编修得司业，两年而跻二品，由己卯岁日本游士有名竹添静一者，移书通商衙门，欲见侍郎殷兆镛及之洞，主者以闻，宫中知其人，故屡擢云⑥。

世人多认为张之洞是慈禧擢用的善于调处新旧的人。戊戌年曾有旨要他赴京参与新政，为夙敌翁同龢所阻。之洞死，济宁理汝谦（号一士，以诙谐闻名）作挽诗四首，其中有："直兼新旧以孕党，最凛华夷都善邻"，"总是两宫垂眷切，召随天上赞纶扉"等句，概括了张氏的政治位置和思想风貌⑦。

十一月十四日，内阁奉上谕：山西巡抚著张之洞补授⑧。张之洞离京，黄

① 《越缦堂国事日记》五，页 2325。

② 《越缦堂国事日记》五，页 2337。

③ 《越缦堂国事日记》五，页 2339。

④ 《越缦堂国事日记》五，页 2579－2580。

⑤ 《越缦堂国事日记》五，页 2564。

⑥ 《越缦堂国事日记》五，页 2347。

⑦ 徐一士：《一士谭荟》，页 219。《光明日报》1999 年 10 月 29 日《书评》第 10 版，王育济等主编《中华名门望族丛书》，其中一本为《历代张氏望族》，对南皮张氏从"明代两进士"到"清末两军机"的历史有叙述。此书似可了解张氏家族的类型和文化状态。

⑧ 《光宣两朝上谕档》七，页 314。

体芳于十二月接张之洞职。

光绪七年末，张之洞授晋抚；次年初，顺天府尹游百川升仓场侍郎。李慈铭《国事日记》对此评论：游百川以给事中二年余至今官，与张之洞以编修不及三年至巡抚，皆近世之仅见者。张有文学，以上疏受特知，然亦内有奥援。游，山东人，颇木强，虽由翰林起家而不知书，闻其操守颇廉洁，然亦太速化矣①。

（五）张佩纶

张佩纶（1848－1903），字幼樵，号篑斋、绳庵，直隶丰润人。同治进士。

光绪七年（1881）八月二十六日邸钞：翰林院侍讲高万鹏转侍读，前丁忧侍讲张佩纶补原官②。

八年（1882）四月十五日邸钞，上谕：张树声奏请派员帮办水师事宜，并请加卿衔以示优异一折。帮办大员及赏加卿衔，向系出自特旨，非臣下所得擅请。张树声所请派翰林院侍讲张佩纶赴津帮办北洋水师事宜，宜仿照吴大澂赏加卿衔之处，著毋庸议。

李慈铭《国事日记》按：群儿相专，何时已乎？张佩纶与树声之子贲郎景交甚狎，故有此请。佩纶遂不与专差以待旨，不意其不行也。

按：张树声子，也被时人目为清流，瞿兑之的笔记《杶庐室所闻录·养和室随笔》有载。又《国事日记》记载：张树声子张华奎为刑部主事③。

四月十七日邸钞，大意：翰林院侍讲学士陈宝琛奏，张树声擅调近臣，实属冒昧，请照例议处等语。张树声著交部议处。

李慈铭按：狐埋狐榾，不已甚乎？陈与张佩纶互相唱和久矣。此疏以掩外人耳目也，然太难为树声父子矣④。

六月十五日：翰林院侍讲张佩纶转侍读。右中允梁仲衡升侍讲。时洗马、左中允皆无人⑤。

---

① 《越缦堂国事日记》五，页2609－2610。

② 《越缦堂国事日记》五，页2596。

③ 《越缦堂国事日记》五，2941页。

④ 《越缦堂国事日记》五，页2548－2549。

⑤ 《越缦堂国事日记》五，页2844。

九月初七日：翰林院侍读学士张佩纶升右春坊右庶子①。

十一月十一日：以右庶子张佩纶署理都察院左副都御史②。

九年（1883）十一月初四日诏都察院左副都御史张佩纶在总理各国事务衙门行走③。

张佩纶娶合肥女：这是“洋务”和“清流”的“汇通”，也是一种网络。

光绪十四年（1888）十月初七日：周生学铭今日来告，明日赴津门，一合肥相国以女妻张幼樵，定期十二日亲迎，请周生之母及胡云楣夫人扶新人入青庐，故往省之。合肥止一女，继室赵夫人所生，敏丽能诗，甚爱之。今年甫踰二十。幼樵年四十余，美须，已三娶矣。

原注：鸿章女字菊耦（见《涧于日记》），佩纶赐环之后，入李幕司文案。某日，鸿章抱病延佩纶入内室谈话，他偶在案头见有诗稿，系咏马江事，诗为：鸡笼南望泪潸潸，闻说元戎匹马还。一战岂宜轻大计，四边从此失天关。焚车我自宽房绾，弃幛谁教使狄山。宵肝甘泉犹望捷，群公何以慰龙颜？痛哭陈词功圣明，长孺长揖傲公卿。论才宰相笼中物，杀敌书生纸上兵。宣室不妨虚贾席，玉阶何事请终缨？豸寇寂寞丹衢静，功罪千秋付史评。

佩纶看了不禁感涕，因向鸿章求婚。鸿章许之（见《古春风楼琐记》）④。

这是李张联姻诸说中最有人情味的一种记载。无论诸说纷纭，合肥之大度和爱才，应是事实。

至合肥请丰润至内室，案上置诗，显为此老的一种策略，其心已许而口难言。丰润才子何等聪明，该出手时就出手了。一笑。

光绪十四年十一月十二日：“张佩纶之入赘合肥署中也，仍用三品顶带。合肥为之行数万金于海军衙门，乞以道员简放。张欲得四品京堂，而醇邸却之。以慈宁怒佩纶未已也。佩纶渐干预督署事，凡章奏文牍皆经改作，幕中大閧。吾乡景某为合肥司章二十余年，最练者，首辞去。宾客纷纷告退，将空署矣。”⑤

原注云：或云五万金，或云三万。又十一月十一日日记：近日海军衙门收

---

① 《越缦堂国事日记》五，页2851。
② 《越缦堂国事日记》五，页2859。
③ 《越缦堂国事日记》六，页3117。
④ 《越缦堂国事日记》六，页3694－3695。
⑤ 《越缦堂国事日记》六，页3698。

捐款者，名曰‘报效’，由县丞升知县，不过数百金，便可分发。凡革职私罪皆可开复，不由吏部，经取中旨行之，且可先下旨而入资①。

（六）黄体芳

黄体芳（1832－1899），字漱兰，号循引、莼隐，别署瘦楠，晚号东瓯憨山老人，瑞安人，人称“瑞安先生”，同治二年（1863）进士。度过了20多年的词臣和学官生涯，在京则官翰詹，外放则充试差、点学政。

同治十二年（1873）六月朔日，任命一批各省考官，其中内阁侍读学士许庚身（壬戌，浙江）为贵州正考官，侍讲王（黄）体芳（癸亥，浙江）为副考官②。

六月二十二日，命翰林院侍讲钟宝华为四川正考官，编修张之洞为副考官③。

八月朔日，任命一批学政，其中侍讲王（黄）体芳为山东学政，吴大澂为陕甘学政，光禄寺卿许庚身为江西学政，张之洞为四川学政，李端棻（癸亥，贵州）为云南学政，编修谢维藩（壬戌，湖南）为山西学政④。

八月初六日：户部左侍郎潘祖荫等为顺天副考官，编修陈宝琛、郎中李廷萧、御史边宝泉等为考官⑤。

十三年八月二十六日邸钞：翰林院侍讲孙诒经、黄体芳俱转侍读⑥。

九月二十五日 邸钞：翰林院侍读孙诒经为侍讲，侍读黄体芳为右春坊右庶子⑦。

光绪五年（1879）三月初二日 邸钞：以左春坊左庶子黄体芳为翰林院侍讲学士⑧。

四月初七日 邸钞：以翰林院侍讲学士黄体芳转侍读学士⑨。

---

① 《越缦堂国事日记》六，页3696。
② 《越缦堂国事日记》三，页1070。
③ 《越缦堂国事日记》三，页1070－1071。
④ 《越缦堂国事日记》三，页1074。
⑤ 《越缦堂国事日记》三，页1074。
⑥ 《越缦堂国事日记》三，页1234。
⑦ 《越缦堂国事日记》三，页1239。
⑧ 《越缦堂国事日记》四，页2093。
⑨ 《越缦堂国事日记》五，页2284。

十一月二十三日邸钞：以翰林院侍读学士黄体芳为詹事府少詹事①。

六年（1880）八月，江苏学政夏同善卒。初七日内阁奉上谕："江苏学政著黄体芳去。"②

七年（1881）十一月十一日邸钞：以詹事府少詹事黄体芳为詹事③。

十二月二十日邸钞：以詹事府詹事黄体芳为内阁学士兼礼部侍郎衔（时，黄在江苏学政任内）④。

十一年（1885）十月初七日：学政黄体芳请，江苏举人汪士铎、监生高延第笃志潜修，绩学不倦。士铎给国子监助教衔，延第给翰林院待诏衔⑤。

十五年（1889）六月十二日，命通政司使黄体芳、太常寺卿钱应溥俱署理都察院左副都御史⑥。

十四年（1889）五月十二日邸钞：命通政司使黄体芳为福建正考官⑦。

十五年（1889）七月初八日，李慈铭《国事日记》大意谓："近日台谏闃寂已甚，自宝廷、陈宝琛、张佩纶行事败露，佩纶尤名节扫地，朝廷久厌薄言者。今年屠仁守御史罢斥，科道益不张自振。"黄体芳与一些清要（弢夫、仲弢、乔梓、可庄、敦夫、伯希、介康、子培等）谋为李氏捐俸考御史，需银五百八十两，不缴此银则不得保送御史。众人不以告，先集资拟具呈户部。李氏不能有为，尤补于国，坚嘱弢大告体芳恳辞⑧。

黄体芳与京师名士翰林院张佩纶、国子监司业宝廷、翰林院教习庶吉士张之洞掀起议政论政高潮，以名节相标榜，上疏言事，评议时政，"几乎有宋元祐之风，一时遂有清流党之目"⑨。同光清流有"松筠十君子"说、"四大金

① 《越缦堂国事日记》五，页2319。
② 《光宣两朝上谕档》五，页2411。
③ 《越缦堂国事日记》五，页2602。
④ 《越缦堂国事日记》五，页2606。
⑤ 《越缦堂国事日记》六，页3516。
⑥ 《越缦堂国事日记》六，页3800。
⑦ 《越缦堂国事日记》六，页3821。
⑧ 《越缦堂国事日记》六，页3836－3837。
⑨ 朱祖谋：《涧于集跋》，张佩纶：《涧于集》，民国丰润涧于草堂刊本，卷首。

刚”说、“翰林四谏”说，尽管说法不同，黄体芳却总在其中①。黄体芳几乎参与了清流人物的所有清议活动，甚至在张佩纶、陈宝琛等人或遭遣戍或遭降级，同光清流渐趋瓦解的中法战争之后，仍屡上书言事，“清誉至三十年弗少衰”②。

（七）陈宝琛

陈宝琛（1848－1935），字伯潜，号弢庵，福建闽县人。同治七年（1868）进士。

光绪五年（1879）五月十六日邸钞：编修陈宝琛升翰林院侍讲③。

五月二十二日，以侍讲陈宝琛为甘肃正考官（陈，闽县，戊戌进士）④。

六年（1880）八月初三日邸钞：翰林院侍讲陈宝琛转侍读。司经局洗马周德润升侍讲⑤。

八月初十日（与前面仅隔七日）邸钞：右春坊右庶子张之洞转左春坊左庶子。翰林院侍读陈宝琛升右庶子⑥。

十二月，陈因力争宫门护军太监斗殴案而“扬名清流党”⑦。

七年（1881）三月初四日邸钞：右春坊右庶子陈宝琛转左春坊左庶子⑧。

---

① 据《郭松焘日记》，“松筠十君子”系指黄体芳、张之洞、张佩纶、宝廷、陈宝琛、李端棻、张楷、邓庆麟、邓承修和邵懿辰等十人。——该书，第4册，页207－208。据刘声木《苌楚斋随笔》《续笔、三笔、四笔》，“四大金刚”系黄体芳、张佩纶、陈宝琛和宝廷。——该书，页603。“翰林四谏”通常指黄体芳、宝廷、张佩纶和张之洞，《清史稿》卷444曰：“体芳、宝廷、佩纶与张之洞翰林四谏，有大政事，必具疏论是非”。也有认为“四谏”指张之洞、张佩纶、陈宝琛、邓承修，并不包括黄体芳。——黄濬：《花随人圣庵摭忆》，页84、220－221。陈宝琛则认为“四谏”指黄体芳、张佩纶、宝廷、何金寿。——《沧趣楼诗集》，卷7，页6。张之洞《寿黄漱兰通政六十》有“后雕独有贞松在，四谏荣名冠翰林”之句。——《黄体芳集》，页371。因此，黄体芳在“翰林四谏”之列。

② 费行简：《近代名人小传》，页152－153。

③ 《越缦堂国事日记》五，页2288。

④ 《越缦堂国事日记》五，页2393。

⑤ 《越缦堂国事日记》五，页2345。

⑥ 《越缦堂国事日记》五，页2347。

⑦ 《越缦堂国事日记》五，页2467。

⑧ 《越缦堂国事日记》五，页2569。

七月十一日 邸钞：以左春坊左庶子陈宝琛为翰林院侍讲学士①。

八年（1882）六月，以陈宝琛为江西正考官。

七月十三日邸钞：翰林院侍讲学士陈宝琛转补侍读学士②。

八月，本年值更换学政之期，顺天学政孙诒经、江苏学政黄体芳等毋庸更换。陈宝琛为江西学政③。

九年（1883）二月十九日邸钞：以侍读学士陈宝琛为内阁学士，兼礼部侍郎衔（时在江西学政任上。同时提升国子监祭酒景善）④。

（八）宝廷

宝廷（1840－1890），爱新觉罗氏，初名宝贤，字少溪，号竹坡，后改名宝廷，字仲献，号难斋，晚年自号偶斋，满洲镶蓝旗人，郑献亲王济尔哈朗八世孙。同治七年（1868）进士。

同治十二年（1873）闰六月十二日：命侍读徐致祥（江苏 庚寅）为浙江正考官，侍讲（宗室）宝廷为副考官⑤。

光绪四年（1878）五月二十九日邸钞：国子监司业宗室宝廷升授詹事府右春坊右庶子⑥。

八月二十九日邸钞：詹事府右春坊右庶子宝廷转补左庶子⑦。

十一月初六日邸钞：以左（右）春坊左庶子宝廷为侍讲学士⑧。

五年（1879）正月二十八日邸钞：翰林院侍讲学士宝廷转补侍读学士⑨。

八月二十日邸钞：以翰林院侍读学士宝廷为詹事府少詹事⑩。

六年（1880）十二月十七日奉旨：宝廷补授詹事府詹事⑪。

---

① 《越缦堂国事日记》五，页2583。
② 《越缦堂国事日记》五，页2846。
③ 《越缦堂国事日记》五，页2937。
④ 《越缦堂国事日记》五，页2872。
⑤ 《越缦堂国事日记》三，页1071。
⑥ 《越缦堂国事日记》四，页2053。
⑦ 《越缦堂国事日记》四，页2064。
⑧ 《越缦堂国事日记》四，页2074。
⑨ 《越缦堂国事日记》四，页2086。
⑩ 《越缦堂国事日记》五，页2301。
⑪ 《光宣两朝上谕档》六，页255。

七年（1881）正月二十八日奉旨：宝廷补授内阁学士兼礼部侍郎衔①。

十月十四日邸钞：以内阁学士宗室宝廷为礼部右侍郎。十月十五日，邸钞：宝廷疏称，历练未深，难胜卿贰，请收回礼部右侍郎之命。诏：宝廷遇事，尚属敢言，擢用侍郎，惟当勤慎供职，勉图报称。所请毋庸议②。

八年（1882）五月十二日邸钞：命礼部侍郎宗室宝廷为福建正考官③。

十二月三十日内阁奉上谕：侍郎宝廷奏：途中买妾，自请以垂惩责。等语。宝廷奉命廷试，宜如何束身自爱，乃竟于归途买妾，任意妄为，殊出情理之外。宝廷著交部严加议处④。

李慈铭《国事日记》记此事缘起经过：宝廷素喜狎游，为纤俗诗词，以江湖才子自命，都中坊巷，日有踪迹，且屡娶狭邪，别蓄居之，故贫甚，甚至绝炊。

癸酉典浙试归，买一船妓，吴人，所谓花蒲鞵头船娘也。入都时，别由水程至路河，及宝廷由京城以车亲迎之，则船人俱杳然矣。时传以为笑。

今由钱塘江入闽，与江山船妓狎，归途遂娶之。鉴于前失，同行而北，道路指目。至袁浦，有县令诘其伪，欲留质之。宝廷大惧，且恐疆吏发其事，遂道中上疏，以条陈福建船政为名，且举荐落解闽士二人，谓其通算学，请特召试。而附片自陈言，钱塘江有九姓渔船，始自明代，典闽试归，至衢州坐江山船，有女年纪十八，奴才已故弟兄五人，皆无嗣，奴才仅有二子，不核分继，遂买为妾。明目张胆，自供娶妓，不学之弊，一至于此。

闻其人面麻，年已二十六七。宝廷赏以故工部尚书贺寿慈认市侩李春山妻为义女，及贺复起为副宪因附会张佩纶，黄体芳等上疏劾贺去故官。故有人为诗嘲之云：昔年淅水载空花，又见闽娘上使查。宗室八旗名士草，江山九姓美人麻。曾因义女弹乌相，惯逐京城吃白茶。为报朝廷除属籍，侍郎今已婿渔家。一时传诵，以为口实云⑤。

九年（1883）正月十二日上谕：礼部右侍郎宝廷照吏部议，即行革职⑥。

---

① 《光宣两朝上谕档》七，页123。

② 《越缦堂国事日记》五，页2599－2600。

③ 《越缦堂国事日记》五，页2935。

④ 《光宣两朝上谕档》八，页448。

⑤ 《越缦堂国事日记》五，页2809－2810。

⑥ 《越缦堂国事日记》五，页2812。

按：宝廷任学官，出差纳妾被革职，舆论对清流失德更不宽容，道路谣传很盛。宝廷是郑孝胥的座主。嗣后郑和陈宝琛皆有诗吊，言及此事①。②

十年十月初十日，慈禧五十寿辰，嘉赏群僚，十月十二日诏：五十六员革职官员赏给品衔，其中宝廷等照原官降二级赏给职衔。③

（九）吴可读

吴可读（1812－1879），字柳堂，汉族，甘肃兰州人。道光二十九年（1849）进士。

同治十二年（1873）十一月十三日邸钞：御史吴可奏为前署甘肃府贵德厅抚民同知承顺，于同治七年二月城陷与其母弟同时遇害，死事甚烈，请饬查明，予谥建祠……诏：承顺于回乱遇害惨烈。惟予谥之典，臣下不得率行奏请，著左宗棠查明具奏④。

光绪二年（1876）九月初六日，内阁奉上谕：本日引见之降调河南道监察御史吴可读，著以主事用⑤。

三年（1877）十一月二十五日邸钞：前御史吴可读选吏部稽勋司主事⑥。

（十）何金寿

何金寿（1834－1882），字铁生，湖北江夏人。同治元年（1862）进士。

光绪五年（1879）九月十二日邸钞：翰林院编修何金寿授江苏扬州府知府⑦。

按：《张文襄年谱》“光绪五年条”，称何金寿等为“四谏”。

六年（1880）八月，黄体芳继夏同善，调江苏学政，京师清流，主要由张之洞、张佩纶、陈宝琛为骨干。

据石继昌《春明旧事》：各地知府均为从四品，惟顺天府称府尹，不称知

---

① 《越缦堂国事日记》六，页2811。
② 《越缦堂国事日记》五，页2811。
③ 《越缦堂国事日记》六，页3339。
④ 《越缦堂国事日记》三，页1065－1066。
⑤ 《光宣两朝上谕档》二，页302。
⑥ 《越缦堂国事日记》四，页1808。
⑦ 《越缦堂国事日记》五，页2304。

府，为正三品①。

七年（1881）闰七月初五日 邸钞：（扬州府）本任知府何金寿病故②。

光绪八年（1882）八月初五日，邸钞，诏：已故江苏扬州府知府何金寿讲求吏治，遗爱在民，生平政绩宣付国史馆，以彰循吏。从左宗棠请也③。

（十一）吴大澂

吴大澂（1835－1902），字止敬，又字清卿，号恒轩，又别号白云山樵、愙斋、白云病叟。江苏吴县人。同治进士。

光绪三年（1877）十月十五日奉旨：吴大澂著俟帮办天津赈务完竣，即行回京供职④。

十一月二十一日内阁奉上谕：左宗棠奏，军务需才孔亟，请调员差遣……前署乌里亚苏台将军长顺，翰林院编修吕火年、吴大澂，著各该衙门饬令该员日赴甘肃军营，交左宗棠差遣委用。吴大澂并著俟办理赈务完竣后，再行前往⑤。

九月初四日内阁奉上谕：李鸿章奏，现办理赈务需人助理。等语。翰林院编修吴大澂，著该衙门传知该员，剋日前赴天津会同前任天津道丁寿昌、津海关道黎兆棠等筹办一切赈务。该部知道⑥。

四年（1878）十一月十八日庚辰上谕：翰林院编修吴大澂，著以道员发往山西，交曾国荃差遣委用⑦。

十二月十八日内阁奉上谕：河南河北道员缺，著吴大澂补授。

查：河南（省）河北道系繁难要缺。谨奏⑧。

六年（1880）正月二十二日邸钞：诏：河南（省）河北道吴大澂赏给三品卿衔，赴吉林随同将军铭安帮办一切事宜⑨。

---

① 该书，页79。
② 《越缦堂国事日记》五，页2585。
③ 《越缦堂国事日记》五，页2927。
④ 《光宣两朝上谕档》三，页359。
⑤ 《光宣两朝上谕档》三，页443。
⑥ 《光宣两朝上谕档》三，页288。
⑦ 《光宣两朝上谕档》四，页356。
⑧ 《光宣两朝上谕档》四，页359。
⑨ 《越缦堂国事日记》五，页2322。

七年（1881）八月十七日邸钞：以三品卿衔督办宁古塔事务吴大澂为太仆寺卿①。

九年（1883）二月十一日邸钞：以太仆寺卿吴大澂为太常寺卿②。

十一月初十日：以太常寺卿吴大澂为通政使司通政使③。

十四年（1888）七月初十日：诏吴大澂署理河南河道总督，速赴新任，毋庸来京请训④。

按：上年八月黄河郑州漫口，河工迟缓，误工糜帑，河督李鹤年发往军台效力。李鸿藻、倪文蔚在工地督办无方，各级留任，降为三品顶带。著吴大澂署理河督⑤。

（十二）孙诒经

孙诒经（1826－1890），字子授，浙江钱塘人。咸丰十年（1860年）进士。

同治八年（1869）七月廿一日（1869）候补国子监司业孙诒经仍在内书房行走⑥。

十二月十八日上谕：候补国子监司业孙诒经奏，各省乡试请严杜弊端，并殿廷考试应专重文理，不必苛求字体各折片，著礼部奏议⑦。

十一年（1872）翰林院侍讲孙诒经奏，天象可畏（日食），请遇灾修省⑧。

十三年（1874）八月二十六邸钞：翰林院侍讲孙诒经、黄体芳俱转侍读⑨。

九月二十五日邸钞：翰林院侍读孙诒经为侍讲，侍读黄体芳为右春坊右

---

①《越缦堂国事日记》五，页2593。
②《越缦堂国事日记》五，页2871。
③《越缦堂国事日记》六，页3118。
④《越缦堂国事日记》六，页3859。
⑤《越缦堂国事日记》六，页3858。
⑥《越缦堂国事日记》二，页498。
⑦《越缦堂国事日记》二，页590。
⑧《越缦堂国事日记》三，页798－799。
⑨《越缦堂国事日记》三，页1234。

庶子①。

光绪元年闰五月十二日 邸钞：命詹事府詹事孙诒经（钱塘、庚申）为福建正考官②。

八月朔邸钞：诏：本年值更换学政之期。詹事府詹事孙诒经授福建学政③。

二年（1876）三月二十六日邸钞：孙诒经补詹事府战事。瞿鸿禨补翰林院侍讲学士④。

四年（1878），应升汉侍郎名单：内阁学士四人中，有孙诒经（注：现出学差，此次未升）⑤。

二月十一日邸钞：以詹事府詹事孙诒经为内阁学士兼礼部侍郎衔⑥。

十二月十四日内阁奉上谕：工部左侍郎著孙诒经补授。未到任前，仍著潘祖荫兼署⑦。

六年（1880）二月二十七日邸钞：诏工部左侍郎孙诒经仍在南书房行走⑧。

八月，礼部右侍郎江苏学政孙同善卒。初七日，诏以刑部左侍郎钱宝廉补礼部右侍郎。以工部左侍郎孙诒经调补刑部左侍郎。以内阁学士孙家鼐为工部左侍郎⑨。

七年四月十四日，以刑部左侍郎孙诒经调补户部右侍郎兼钱法堂事⑩。

四月十八日，内阁学士顺天学政徐致祥丁忧，命户部右侍郎孙诒经为顺天学政⑪。

十一年（1885）十二月初四日，户部左侍郎孙诒经在毓庆宫行走⑫。

---

① 《越缦堂国事日记》三，页1239。
② 《越缦堂国事日记》四，页1620。
③ 《越缦堂国事日记》四，页1626。
④ 《越缦堂国事日记》四，页1561。
⑤ 《光宣两朝上谕档》四，页254。
⑥ 《越缦堂国事日记》四，页2037。
⑦ 《光宣两朝上谕档》四，页384。
⑧ 《越缦堂国事日记》五，页2329。
⑨ 《越缦堂国事日记》五，页2346。
⑩ 《越缦堂国事日记》五，页2574。
⑪ 《越缦堂国事日记》五，页2661。
⑫ 《越缦堂国事日记》六，页3435。

（十三）孙衣言

孙衣言（1814-1894），字绍闻，号琴西，晚号遁披，斋名逊学。浙江瑞安人 。道光三十年进士。

曾国藩举荐孙衣言。同治十一年（1872）正月初十日邸钞，上谕：曾国藩等奏，请以候补道孙衣言，补授江宁盐巡道。经吏部以与例不符奏驳。

兹据曾国藩等奏称：盐巡道事烦任重，非资望素著之员不足以资治理。江宁盐巡道员缺，著准其以孙衣言补授①。

按：瑞安孙氏家族，既与京师清流关系密切，又因其学术建树和对抗太平军而为曾国藩所推重。曾两次保举孙衣言，到其江督任下做官。

京师清流和口岸洋务派，通过这类复杂的人际网络而互相联结。

十三年（1872）十月，孙衣言升安徽按察使②。

光绪二年（1876）孙调湖北布政使③。

三年（1877）二月十八日内阁奉上谕：（湖北布政使）孙衣言调补江宁布政使，即赴新任，毋庸来京请训。湖北布政使著潘霨补授④。

按：孙衣言（琴西）是瑞安望族，其子孙诒让（仲容）以《周礼正义》著名，从周礼中寻求经世法则，“通经致用”是他的毕生宗旨。19世纪80年代中，孙诒让在清议高涨的气氛中居京一年。

又据《世载堂杂忆》，章太炎和俞樾断绝师生关系后，到瑞安师事孙诒让，在孙家住过半年。“仲容曰：他日为两浙经师之望，发中国音韵、训诂之微，让子出一头地。”他进一步塑造了章氏“通经致用”的学术性格。湖北的地方精英同孙衣言父子很熟悉，章太炎和湖北近世学人的关系也很好。“鄂人刻《周礼正义》而传太炎学派”⑤。

种种复杂的思想脉络（学派的和地域的）交织到了一起。

五年（1879）七月十八日邸钞：以江宁布政使孙衣言为太仆寺卿⑥。

---

① 《越缦堂国事日记》三，页790-791。
② 《越缦堂国事日记》三，页1013。
③ 《越缦堂国事日记》四，页1537。
④ 《光宣两朝上谕档》三，页46。
⑤ 《世载堂杂忆》“章太炎师事孙诒让”条，页125-126。
⑥ 《越缦堂国事日记》五，页2295。

六年庚辰（1880）二月十八日邸钞：浙江巡抚谭钟麟奏，太仆寺卿孙衣言假期已满，因病恳请开缺。许之①。

李慈铭对孙衣言的评价很低，邸钞后加按：孙自命清流，性耽文咏，洎为藩臬（历任布政使、按察使），以老自恣，吸食鸦片，废弛公事。一闻内转，遂乞病归。鄙夫殉财，素望尽丧②。

按：孙衣言当时即"自命清流"，似可看成清流群体中一员。惟在其他相关著作中，尚未见把他划入。他历任江浙两省地方副职，和洋务官僚曾国藩等关系密切。又与京师黄体芳之家族为世交。光绪五年调任京官太仆寺卿后，孙诒经这时也已是中枢大员。故孙衣言在清流群体中，似有其特殊的位置。

李慈铭志大清高，属北清流，故对南清流诸人，褒少贬多。

（十四）邓庆麟

同治十三年（1873）十一月初九日邸钞：上谕：御史邓庆麟奏，京控发交案件承审不公，请提交刑部审判，或派大员前往审理一折。

国家设立都察院、步军统领衙门，准各直省民人呈诉冤抑，原所以通达下情。一经各该衙门具奏，无不立降谕旨，交各该督抚亲提严审。其关涉命案者，并令督同臬司严行讯究。如各该督抚承审不公，仍准其赴各该衙门呈控。……若如该御史所奏，直隶遵化民人郝越、生员王晴川京控两案，俱系寻常案件，总督为国家大员，自有承审之责。如纷纷提交刑部，或钦派大员，尚复成何体制？该御史不达事理，率行陈奏，著毋庸议③。

光绪三年五月初八日邸钞：上谕：御史邓庆麟奏，军功劳绩保举，初任候补道府，直隶州知州，请变通章程，不准酌补题调要缺一折。著礼部奏议④。

二月二十一日邸钞，上谕：御史邓庆麟奏，内务府候补郎中那隆阿与酒醋房库掌中祥，朋比为奸，承办差务，任意浮冒，以致物议沸腾，请饬开去差使。等语。著总管内务府大臣认真查办，据实具奏⑤。

六月初十日邸钞，上谕：御史邓庆麟奏，甘茶引地被归化城私茶侵占，请

---

① 《越缦堂国事日记》五，页2326。

② 《越缦堂国事日记》五，页2327。

③ 《越缦堂国事日记》三，页1097－1098。

④ 《越缦堂国事日记》四，页1726。

⑤ 《越缦堂国事日记》四，页1724。

交督臣派员设局经理，并停理理藩院茶票一折。著该衙门议奏①。

（十五）邵积诚

光绪三年（1877）九月初二日邸钞。大意是：以翰林院编修段福昌、许景澄、邵积诚、张人俊、张英麟等23人，检讨甘醴铭等4人，俱记名以御史用②。

李慈铭《国事日记》中，有邵积诚奏事的记载，似未见有重要发言。邵历任御史，给事中等职。

十四年正月二十四日邸钞：吏部掌印给事中邵积诚授贵州贵西兵备道③。

（十六）张观准

同治十三年（1874）二月十四日邸钞，上谕：御史张观准奏，各省候补人员壅滞，应行疏通一折。著吏部奏议。其所称直隶道员叶伯英钻谋得缺，等语，著李鸿章查明奏复，毋稍徇隐④。

二月二十三日邸钞，上谕：本日御史张观准条陈江西丁漕折内声称，本年正月间，刘坤一奏请缓征钱粮，未将被灾之都图邨社明白开列，等语。该御史所指究系何州县之都图屯社，刘坤一未经开列者，著张观准明白回奏⑤。

光绪四年（1868）六月十七日邸钞：掌河南道御史张观准升工科给事中⑥。

五年（1869）五月二十七日邸钞：工科给事中张观准转补户科掌印给事中⑦。

（十七）刘恩溥

光绪元年六月十二日：编修刘恩溥（吴桥 乙丑）为江西副考官。

---

①《越缦堂国事日记》四，页1727。
②《越缦堂国事日记》四，页1729。
③《越缦堂国事日记》六，页3750。
④《越缦堂国事日记》三，页1182。
⑤《越缦堂国事日记》三，页1182－1183。
⑥《越缦堂国事日记》四，页2056。
⑦《越缦堂国事日记》五，页2290。

按：

1. 同治七年至八年，朝廷提拔了一批以学问著称的臣工。同治七年十月二十九日，以詹事府右庶子翁同龢为国子监祭酒，军机大臣上行走①。十一月二十三日，内阁学士朱学勤为光禄寺卿，翰林院侍讲学士徐桐转补侍读学士，右庶子孙家鼐为侍讲学士，通政司副使载庆为太仆寺卿②。同治八年六月二十二日，以吏部左侍郎沈桂芬为都察院左都御史。户部右侍郎潘祖荫转为左侍郎兼管三库事；前侍郎李鸿藻转到掌管经济实权的户部，任右侍郎，兼管钱法堂事务③；六月二十日，翰林院侍讲学士徐桐为太常寺卿。国子监祭酒翁同龢为太仆寺卿④。七月二十一日，候补国子监司业孙诒经仍在内书房行走。⑤ 七月三十日，翰林院侍讲学士孙家鼐转是侍读学士，以右庶子何廷谦为侍讲学士⑥。九月初三日，夏同善授詹事府詹事⑦。几个月后，即十一月初四日，一次提拔了吴可读、李廷箫、邓华熙、邓承修、徐用仪等二十二人为御史。⑧ 一个同时晋升并在职事上互相关联的议政群体逐渐形成。

2. 光绪七年若干大臣的年龄⑨

亲王：

惇亲王：51 岁；恭亲王：50 岁；醇亲王：42 岁。

大学士：

李鸿章 59 岁；宝鋆：75 岁；左宗棠：70 岁；全庆：81 岁。

尚书：

万青藜：75 岁；景廉：59 岁；董恂：75 岁；徐桐：63 岁；文煜：74 岁；

潘祖荫：52 岁；翁同龢：52 岁；承恩：62 岁；广寿：46 岁；瑞联：51 岁；

光和：58 岁。

---

① 《越缦堂国事日记》二，页 484。
② 《越缦堂国事日记》二，页 485。
③ 《越缦堂国事日记》二，页 496。
④ 《越缦堂国事日记》二，页 517。
⑤ 《越缦堂国事日记》二，页 498。
⑥ 《越缦堂国事日记》二，页 519。
⑦ 《越缦堂国事日记》二，页 522。
⑧ 《越缦堂国事日记》二，页 504。
⑨ 《光宣两朝上谕档》七，页 11－12，列有各人生日。

总督：

刘坤一：52 岁；李瀚章：60 岁；张树声：58 岁；刘长佑：64 岁；丁宝桢：60 岁。

清流们多在五十至六十岁之间，与恭亲王等年龄相仿，属资望久积，正当任事的阶段，他们所奏劾的对象多为老臣，如宝鋆（75 岁）、万青藜（75 岁）、董恂（75 岁）。同属清流的李慈铭在光绪十四年时是户部江南司郎中，64 岁（虚报 54 岁），则光绪七年其年龄应在 57 岁左右。从中可见，清流们的年龄阶段特点。

二、形形色色的政治参与举例

十九世纪 80 年代初，是清流主干擢升的时期。这时的内宫还需要廷议对外朝和地方的制衡和监督，只要这种议论不要过多干预皇室家事。光绪七年，擢张之洞、黄体芳为内阁学士，兼礼部侍郎衔；实授内阁学士宝廷为礼部右侍郎。这种提升的标准就在于他们“遇事尚属敢言”（谕：宝廷辞请收回侍郎成命，毋庸议①）。并且，清流主干进入了外朝高层（张之洞，二品大员），获得了更多的发言机会。

光绪初年，清流搏击政坛，弹劾大员情况时有发生，据《清史稿》，“是时吴大澂、陈宝琛好论时政，与宝廷、邓承修辈号‘清流党’，而佩纶尤以纠弹大臣著一时。如侍郎贺寿慈，尚书万青藜、董恂，皆被劾去。”“体芳、宝廷、佩纶与张之洞，时称翰林四谏，有大政事，必具疏论是非，与同时好言事者，又号‘清流党’”②。

本文以下将例举若干整顿吏治的成功案例，来展现清流群体在政治参与过程中的搏击风采，考察清议舆论在整顿吏治方面的重要作用。

（一）御史郑溥元奏参山东巡抚文格

光绪五年闰三月初二日，奉上谕：前据御史郑溥元奏参山东巡抚文格滥索节寿陋规各节，当经谕令光广寿、钱宝廉前往查办。兹据广寿等查明具奏，该

① 《光宣两朝上谕档》七，页 275。

② 《清史稿》，卷 444《列传》231《黄体芳宗室宝廷宗室盛昱张佩纶等传》。

抚抚无滥索陋规确据，惟每逢节寿，司道府等致送礼物，辄即收受，殊属不知检束。至家人收受门包，该抚亦失于觉察，山东巡抚文格著交部议处。该省藩臬两司并查有收受节寿礼物门包情事，均属不合。山东布政使余思枢，升任福建布政使，前山东按察使陈士杰，著一并交部议处①。

同年闰五月初十日，奉上谕，吏部奉遵议巡抚文格等处分一折，略谓：山东巡抚文格、布政使余思枢、福建布政使、前山东按察使陈士杰，身为大员，辄敢收受节寿礼物，均著降三级调用，不准抵销。文格等失察家人收受门包，降一级调用②。

（二）编修何金寿劾总兵，兴吏治，除官商

何金寿奏陈时弊，请分别饬查一折，是当时较著名的一通奏折。该折列举了发生在京师和地方的一系列案件和事件，揭发“中外臣工瞻徇情面，非止一端”，要求“破除积习”，重振吏治。《越缦堂国事日记》记载了该折的大意：金寿疏大略谓：五月十八日上谕，训诫各督抚破除情面，而近日内外大臣，量能授任为事择人者，百中之一；循资格者，十中之二三；循权贵之情面与自己之情面者，十中之七八；其能略存公道，不甚循私者，数人而已。仅就事迹显著者，约略言之：

其最切要者，如云工头王海，屡率承办大工，顿成不赀之富，保至三品。以琐琐工匠，既获横财，又膺爵赏，不亦亵名器乎？保奏大臣何以不加察核？襄办典礼诸保举，何以多大员子弟？果皆人才乎，抑皆情面乎？诸臣反己自思，当自喻之，无待臣之指摘也。上海局员候补道胡光墉（胡雪岩）本一钱商市侩，累保至二品衔黄马褂，不过以重力借贷西饷，其实他人为之，尚可省利银数十万，何功之有？福建林文明诬叛被杀一案，众口称冤，乃京控多次，时逾八年，不为奏结。明系冤情显著，欲斥其曲而不能，欲伸其直而不敢，专待林文明老母○（原文缺字）死而已。广西叛将李扬才因杨重雅（时为桂抚）政令不公，激变出关，提督冯子材剿办无功，部勇多请降于李扬才，何以两广总督刘坤一不将巡抚提督露章参劾？

所言皆出人心之公。

---

① 《光宣两朝上谕档》六，页111－112。

② 《光宣两朝上谕档》六，页124。

至其言南新仓亏米至九万石，何以仓场总督不行查参？聋瞶循茈如此。事发后，何以仅议薄罚？三月内，东华门外北池子匪徒百余，白昼抢掠，密迩宫禁，至今首犯未得。在廷诸臣，岂忘教匪林清之事乎？……①

据《光宣两朝上谕档》，何金寿此折列举历年处置失当的案件事件凡 16 件，广泛抨击了中央各部院及地方督抚各官的颓颟无能，行政低效。尚有“各部院堂官派差保举，各省督抚委差委缺，大半皆徇情面；吏部于议叙保案，不敢执奏，议处事件，避重就轻；刑部于谳狱议罪，出入任情；都察院坐视欺蒙，不知纠劾；内外大臣于覆奏查办事件，欺罔弥缝。等语。”

但从此折可以看出，何金寿缺乏内部治理的宏观思考能力，所奏大多就事论事；其内容也仅仅是传统的振刷吏治，反对腐败的思路，没有诸如黄体芳、张佩纶等那种虽然不成熟但却别具一格的创见。再，他对王海、胡光墉等“工匠”“市侩”的暴发升官，愤懑已极，联系到他对郭嵩焘西行纪言的攻击，可知此人在清议中属于保守的一类。

中枢对何氏奏折，通过内阁明发了一道长达 1721 字的上谕作答，六月初十日，对其历举各案，“或应查办，或毋庸议，明白宣示，但除林文明一案限期结案外，其中心是不欲牵动已成定案和与这些案件相联系的大批官吏，不愿“事事逆德，过于吹求”，末称：“国家广开言路，原期裨补缺失，若拾摭历年已定之案，杂以传闻失据之词，率意陈奏，适足以淆朝廷之观听。嗣后言事诸臣，务当于重要事件有关于国计民生者，尽言献替，不得毛举细故，信口诋谟，致开攻讦之渐”②。

何金寿奏请破除积习一折，列举历年积案待再查者凡十余件中，一件是揭发广东高州镇总兵杨玉科（时驻云南），有戕杀云南东川知府孔昭钤之嫌（同治十三年事），因重金贿赂京官免予弹劾。上谕：著何金寿指实复奏。何氏复奏中再一次涉及已结案之李钟铭，经调查坐实结纳情事。

可见，当时一案迸发，大批官员辱荣与共，一损俱损。大清吏治已到了盘根错节，无法治理的地步。清流们讲此案是投鼠忌器，避重就轻，不全为夸大之词。

---

① 《越缦堂国事日记》五，页 2236－2237。

② 《光宣两朝上谕档》五，页 208－210。

（三）陈宝琛劾大学士宝鋆、吏部尚书万青藜等大员

光绪七年六月初九日上谕，大意：以数日来彗星见于北方，因变修省，戒厉在廷诸臣及封疆大吏①。

光绪七年六月十三日，上谕：詹事府左庶子陈宝琛奏星变陈言，请斥退大员一折。所奏甚为剀切，然亦不无过当之处。大学士宝鋆在军机大臣上行走，宣力有年，襄办诸事尚无过失。陈宝琛谓其畏难巧御，瞻徇情面，亦不能确有所指。惟既有此奏，自必平时与王大臣等商议诸事，未能和衷共济，致启人言。吏部尚书万青藜，办理部务有年，尚无贻误，惟历经被人指摘，众望未孚，著开去翰林院掌院学士。都察院左副都御史程祖诰才具平庸，著以原品休致②。

李慈铭《越缦堂国事日记》六月十三日记此诏，并云："宝琛疏并劾两江总督刘坤一信用家丁，广置姬妾，吸食鸦片，日旰始起，废弛偷惰，诸劣迹。诏令（兵部尚书）彭玉麟查办"③。

按：由一些奏劾，可以看出清流们对于官僚是否合格的标准定为两条：一是勤政务本，二是恪守道法。看来，清流群体中的多数似是恪守这两条标准的。他们比较勤奋、正直和清廉。后来宝廷出任学政回来时途中纳妾，名誉扫地了。

清流们连劾大员，除了价值体系的原因之外，也掺杂了政治派系、同乡关系和利益分配等等复杂的因素。胡思敬《国闻备乘》"江西京官风气"条评论说，江西人向无党援，道、咸之交，陈孚恩、万青藜、胡家玉同时在高位，皆被人挤陷，一仆不再振。青藜既长六卿，与户部尚书董恂（按：光绪四年黄体芳疏中定为"奸邪"的那一位）皆有协揆之望，李鸿藻后起而秉枢政，忌两人资望在先，嗾清流党攻之，遂沉滞，累年不迁。家玉奉使按事湖南，过武昌，官文以公款三千金为赆，曾国荃后为巡抚，与官文不协，暴其事，家玉遂出军机。江西钱粮多浮冒，巡抚刘坤一尤苛，家玉出死力纠弹，坤一与争不胜，遂摭其请托私函入告。朝廷两罪之，实阴庇坤一，降坤一三级留任，家玉

① 《光宣两朝上谕档》七，页111。

② 《光宣两朝上谕档》七，页111。

③ 《越缦堂国事日记》五，页2508。

由左都御史降通政司参议，旋即退休。以家玉之刚直使气而败，以青藜之自守而亦不振，孚恩浮沉于两党之间，宜其更负时谤矣。自家玉罢后垂三十年，江西无三品京官（詹事朱琛祖籍贵溪，亦休致不用）①。

（四）张之洞劾湖南巡抚、布政使

光绪七年八月十三日邸钞：诏湖南巡抚李明墀、布政使崇福俱来京另候简用。

李慈铭按：以内阁学士张之洞劾之，诏湖广总督李瀚章查办。今奏至也②。

据该书，李明墀乃荫袭与捐班出身，"昵于总督李瀚章"，同治十年李入觐面请，授予汉黄德关道，不数年至巡抚。

又劾曾国荃。八月二十四日，邸钞，曾国荃再疏，请开缺养病。国荃再赏假三月，应至十月二十日方满。此以张之洞有疏劾之，而荐谭钟麟可任甘督。盖探政府意，不喜国荃，而钟麟为恭邸私人也。廷寄遂询国荃病状，问其自揣能否赴任。时国荃已回湘乡，因疏称二子及姪连表，病不能即赴云。诏：陕甘总督曾国荃准其开缺。安心调理，一俟病愈，即来京陛见。

以浙江巡抚谭钟麟为陕甘总督③。

张之洞在晋升为二品大员后锋芒不减。张之洞推荐的谭钟麟为"恭邸私人"，则张之洞与奕䜣的关系当不恶。

（五）张佩纶、黄体芳弹劾贺寿慈

光绪五年二月二十六日邸钞：上谕：翰林院侍讲张佩纶奏，山西人李钟铭即李春山，在琉璃厂开设宝名斋书铺，藉势招摇，干预公事，煽惑官场，败坏风气，请饬驱逐。等语。李钟铭身为商贾，胆敢不安本分，至于此极，亟应严行究办。该侍讲所称，该商人捏称工部尚书贺寿慈亲戚，招摇撞骗一节，李钟铭与贺寿慈究竟有无戚谊，著该尚书明白回奏。其所称与内外官吏交结往来，包揽户部报销、打点吏部诠补，为京员钻营差使，为外官谋幹私书，带用五品

① 该书，页12。

② 《越缦堂国事日记》五，页2591。

③ 《越缦堂国事日记》五，页2593－2594。

冠服，每有职官引见验放，混入当差官员，出入景运门各节，著都察院堂官将该商人传案，逐款讯明，据实具奏。至身膺仕宦，宜如何敦品励行，谨守防闲。若如所奏，近来士大夫不分流品，风尚日靡，至显秩崇阶，有与吏胥市侩饮博观剧，酬酢馈遗，实属不知自爱。嗣后如有此等情事，或一经奏参，或别经发觉，定当照例严惩，决不宽贷①。

二月二十八日邸钞：贺寿慈奏复，与李钟铭并无真正戚谊，素日亦无往来。李慈铭按：外间皆云，贺寿慈之妾，李钟铭所赠，今立以为夫人；而钟铭之妻，贺之婢也，今亦冒五品封。贺日往来其家，呼之为女，而钟铭呼贺为丈人。此回奏云非真正亲戚谊，乃假邪戚谊之供状也。

二月二十九日邸钞：上谕：御史李璠奏，商人李钟铭又名李炳勋，书铺住宅侵占官地，并将栖止贫民义园霸占造房，请饬严讯②。

三月初四日，邸钞：上谕：翰林院侍讲学士黄体芳奏，大臣覆奏欺罔，据实直陈一折。据称：工部尚书贺寿慈与商人李钟铭毫无瓜葛，惟李钟铭前后两妻，贺寿慈皆认为义女，往来一如亲串。贺寿慈之轿常时停放其门，地当孔道，人人皆见。前次覆奏之语，显然欺蒙。上谕并云："贺寿慈身为大臣，于奉旨询问之事，岂容稍有隐匿，自取愆尤。此次黄体芳所奏各节，著该尚书据实覆奏，不准一字捏饰。如敢回护前奏，稍涉欺蒙，别经发觉，决不宽贷。以上各节，并著都察院堂官归入前案，会同刑部将李钟铭严切讯究"③。

三月初六日，贺寿慈奏，曾向李钟铭所开宝名斋书铺购买交易。又去冬至今，常在琉璃厂（承办要务）恭演龙辅车时，或顺道至该铺阅书。上谕将贺寿慈先行交部议处④。

三月初十日，吏部奏议，贺寿慈降三级调用，不准抵消⑤。

闰三月三十上谕，略谓：都察院讯明此案，李钟铭系由商人捐纳监生，充（顺天府）布政司誊录，"既得议叙，仍在市井营生，辄攀援显宦，交结司坊官员，置买寺观房屋，任意营造，侵占官街，匿税房契，又于差满后擅入东华门内，进国史馆寻觅供事，谋求差使，希图再得议叙，实属不安本分。"著杖

① 《越缦堂国事日记》四，页2103－2104。又见《光宣两朝上谕档》五，页74。
② 《越缦堂国事日记》四，页2105。
③ 《越缦堂国事日记》四，页2106。
④ 《越缦堂国事日记》四，页2107。
⑤ 《越缦堂国事日记》四，页2107。

六十，徒一年，满后解回山西原籍，交地方官严加管束。李钟铭与贺寿慈认为姻亲，交易来往，訊无干预公事情弊，贺寿慈前已有旨降三级调用，著免其再行置议。余著照所拟办理①。

李慈铭按：闻李炳勋之罪，死不足赎，其私和命案，贿卖官职，俱凿凿有据。自惇邸以下，大学士宝鋆、载龄、尚书毛昌熙、万青藜、李鸿藻等，皆与之亲昵，而鸿藻尤狎之，不止贺寿慈一人也。满洲大僚，无不纳交者。其造宅也，挟诸贵之势，逼死其邻之老漆工，人无不知之。凡奏参查办之巨案，多为之夤缘消弭，居间取贿。外省大吏入京，无不以重金委之。张佩纶之疏下，朝士过慰之者，车数百辆，厂市为之塞道。今之定谳，投鼠忌器，避重就轻，所入爰加者，皆市井本分之事②。

光绪五年六月初九日内阁奉上谕：翰林院侍读学士宝廷奏，获咎大员声名甚劣请旨开缺另简一折。贺寿慈前周与商人李钟铭往来一案，降三级调用都察院左副都御史一缺。朝廷以贺寿慈系候补人员，吏部开列在前，是以令其补授该副都御史（既系未孚众望，年力亦宄就衰，著即行开缺。今照所奏）。

至所奏贺寿慈复用，系枢臣之意；贺寿慈回奏不实，则为欺罔，恭演龙輴车时顺道购书则为大不敬，枢臣拟旨不曰欺罔，不曰大不敬，而浑其词曰：殊属非是。及都察院、刑部定案竟免置议。等语。

朕冲龄践祚，恭奉两宫皇太后垂帘训政，军机大臣于承旨时，仰蒙垂询，违言献替亦系职分所当为。贺寿慈复奏各节，与初次回奏不符，业已有旨宣示。至恭演龙輴车顺道购书固属不应，岂能即加以大不敬之罪？都察院会同刑部覆奏此案，声明李钟铭与贺寿慈交易来往，讯无干预公事情弊，应否免议，请旨定夺。当以贺寿慈业经降调，降旨免其再行置议，并非军机大臣为贺寿慈开脱处分，敢于徇庇也。惟机务甚繁，关系至重，军机大臣承办谕旨，嗣后务当盖加谨慎，毋得稍有疏忽③。

按：此案，是张佩纶、黄体芳、宝廷等联合发动纠劾大吏的一次舆论攻势，其具体目标是虽仅针对一个商人和一个尚书，但大旨有二：

一是维护士大夫政治以德政为中心的价值目标，反对“不与流品”，“风尚日靡”；二是弹劾以军机枢要为中心的官场维护网。

---

① 《越缦堂国事日记》四，页2107－2108；《光宣两朝上谕档》五，页143。
② 《越缦堂国事日记》四，页2108。
③ 《光宣两朝上谕档》五，页204－205。

按：弹劾贺寿慈，也有一定的风险。这是一位在太后面前出过彩的大员。石继昌《春明旧事》云："某年十月初十日，慈禧生辰，大臣联名撰写寿文进呈内呈，领衔大臣为贺寿慈。慈禧大悦，厚加赏赐（大臣们很会揣摩太后心理，"贺寿慈"贺寿，故"慈禧"大悦）。

（六）张佩纶劾万青藜、王文韶等大员

光绪八年正月十四日，是日，张佩纶奏劾万青藜、董恂、童华诸人。铁香（邓承修字）疏言，关税侵蚀，请派清望重臣通查。俱不见邸钞①。

光绪八年十月二十二日上谕，大意：以王文韶恳请开缺养亲，王母年踰八十，精神尚健，且近养在京，毋庸开缺②。

王再上奏，十月二十四日又谕，大意：现在军机处、总理衙门办事需人，王文韶毋得再行渎请③。

《越缦堂国事日记》十月二十四日记此事始末，该记语句俏皮，可能是传播中添加的：先是十五日，右庶子张佩纶奏请勒令王文韶回籍养亲。备列文韶中外历官贪鄙不职，并言其子庆钧与仆从交游，轻佻狂妄，横行都下。文韶之母，年踰八十，目见不肖子孙在官无状，当必愀然不乐。文韶亦何以自安？请援乾隆中命尚书梁诗正回家侍父故事，饬文韶奉母归里，以保全之。

且言，文韶之退有三善：云南报销之案，牵涉文韶，今居政府，则承审者皆有所顾望，去则巨案必破，斯国法伸矣。军机政柄，治忽所关，因有一文韶之贪婪，而云南纳贿遂牵及景廉，天下将视政府为秽地，去之则具瞻允副，斯朝廷尊矣。皇太后圣躬未臻康复，比以枢臣屡被人言，故连日视朝，忧劳庶政，文韶自问，亦复何颜？去之则政本渐清，斯圣躬豫矣。词其激切，然后两事，一为景尚书解释，近于迎合，一劝东朝倦勤，近于揣摩，实非所当言也。其疏不发钞。……后数日文韶请假十日未满，遽乞养亲，今日再奉温谕矣④。

至十一月初五日，第三次谕旨，准王开缺。以王两次奏请未准，"本日召见军机大臣，复据王文韶再三陈请，情词恳挚，出于致诚。王文韶著准其开

---

① 《越缦堂国事日记》五，页2644。
② 《光宣两朝上谕档》八，页326。
③ 《光宣两朝上谕档》八，页329。
④ 《越缦堂国事日记》五，页2797－2798。

缺，回籍养亲”①。

《越缦堂国事日记》于此日记：前月（十月）二十七日，庶子张佩纶又两劾文韶，即日召见景廉，外间传其所对不称旨，然不能详也。文韶自两奉温谕，二十九日复入值。佩纶疏亦仅摭拾浮词，而颇归美恭邸及大学士宝鋆等。又荐阎敬铭、张之洞可任枢政。盖之洞尝首荐佩纶可大任，故佩纶以报之。小大妄言，轻干国柄，私相援引，不识君亲，东朝亦疑之。是月朔（十一月初一），召见醇邸，盖以去留询之也。今日给事中邓承修复以灾变陈时政阙失四事，曰纪纲不振，威令不行，黜陟不当，赏罚不明。其纪纲一条，首及文韶入直事，由是遂罢。②

（七）张之洞与四川东乡案

四川东乡案的起因是咸丰、同治年间为了筹措镇压太平天国起义的军费，在正税之外加收“津贴”、“捐输”、“茶课”等费，民间不堪负担。当民间得知征收的费用被地方官吏和代收“津贴”、“捐输”的地方富绅贪污时，到四川省内各级衙门要求清查账务，但未被理睬。无奈，到北京上访（时称“京控”）。此案被发回地方审理，两个上访代表，一个被收买，不再申诉，另一个（袁廷蛟）被刑讯关押了几个月。案件一拖几年而无结果。光绪元年（1875）五月十八日，袁廷蛟约集二三百人到县城与富绅“算账”，东乡县令孙定扬谎称百姓聚众谋反，请兵剿“匪”。护理四川总督文格“批饬各营痛加剿洗”，下令剿杀，提督李有恒率兵至东乡，“将一村一寨不分善恶、男妇、老幼而尽杀之”，“举无数无辜之老弱妇孺而屠戮之”，造成数百人无辜死亡的特大惨案。“东乡案”发生后，真相如何成为朝野争论的焦点。四川官方认为该事件为聚众谋反，派兵清剿理所当然。而社会舆论却坚决否定和质疑这一定性，川籍京官和朝中清流派则力图推翻四川官方的说法。四川籍监察御史吴镇上奏折，认为官兵“残虐无辜”，奏请饬令四川总督严查究办。光绪二年七月，文格复奏认为剿杀是正当的，社会上的流言是袁廷蛟一伙散布的，不足为信。这一结论暂时得到清廷认可。之后，监察御史李腾箫和都察院右都御史景廉等提出文格的调查结论疑点很多，与事实不符，清廷饬令新任四川总督丁宝

① 《光宣两朝上谕档》八，页351。
② 《越缦堂国事日记》五，页2799。

桢重新审理。丁的结论与文格基本一致，清廷再次予以认可。然而，朝廷外却对此议论纷纷。

光绪四年二月初一日，翰林院侍讲张佩纶奏请遵成宪，遇灾修省各折，提出诚祈、集议、恤民、省刑四条。认为丁宝桢有“轻纵”即包庇有关人员之嫌，现在“人言藉藉”，请求再核。上谕允准，令丁宝桢“再将前案悉心复核，务使情真罪当，以雪民冤”，“不得意存回护”。张佩纶又奏陈丁宝桢已有先入之见，提议另派告病还乡的四川籍前任两江总督李宗羲调查此案。结果，丁宝桢复奏与李宗羲调查结论差异很大。清廷又派礼部尚书恩承、吏部左侍郎童华赴川，但亦因“回护”，此案延宕数年而无法解开真相。

“东乡案”发生时，张之洞在四川任学政，他到东乡县所在的绥定府主持考试时，秀才们在试卷里写了很多“东乡案”的材料和议论，张之洞因此了解到事件真相。光绪五年回京，于五月十一日连上《重案定拟未协折》、《陈明重案初起办理各员情形片》和《附陈蜀民困苦情形》三折。指出：“自同治八年以后，局中有巨万之征收，无一纸之清账，乡民愤激清算，遂发兵以剿之。且举无数无辜之老弱妇孺而屠戮之，此不得不为四川百姓痛哭流涕而诉之于天地父母者也。”“此案之查办在于滥杀，滥杀由于诬叛请剿，诬叛请剿由于聚众闹粮，聚众闹粮由于违例苛敛。”“不诛孙定扬不惟无以谢东乡千百之冤魂，无以服袁廷蛟，并无以服李有恒。”他并奏请惩处前署理四川总督文格和“复奏不实”的钦差恩承、童华。六月十七日，上谕下发，承认东乡百姓“闹粮仇斗，并非叛逆”；孙定扬、李有恒以滥杀无辜处以极刑；文格被革职，恩承、童华等相关数十人亦受到处罚。在这场清议舆论与官场腐败的较量中，“青牛角”张佩纶和张之洞将清流触角的锋芒展露在世人面前，声名大著①。

（八）刘恩溥劾陕西巡抚冯誉骥

光绪九年十月初六日，上谕：前据御史刘恩溥奏参陕西巡抚冯誉骥声名平常等情。当派额勒和布、张佩纶前往查办。兹据奏称，按照原参各款详细查明，冯誉骥不能禁绝馈送，不知约束家丁……同知张兆蓉（广东监生）、知县汪凤标（浙江监生）、朱兆鸿（江苏之和人，庚辰进士）皆为冯誉骥所信昵，与该抚戚谊何姓，门丁刘姓均有招摇声气。知县罗骧庇纵匪首骆洪刚，及通判

① 《光宣两朝上谕档》五，页176。

王炳煋在署任内婪索各节，该抚并不参奏。该省厘卡过密，委员中饱；办理营田，始勤终怠，作辍因循；署粮道 常瑛（满洲监生）……与该抚之子冯永萱往来，致送抚署礼物，并于余米析征一项，贪多务得。等语。冯誉骥于吏治差徭，厘捐垦荒诸要政任用非人，粉饰废弛，以至属吏家丁夤缘为奸，弊端杂出，实属有负委任，著开缺交部严加议处（张兆蓉、汪凤标、朱兆鸿、罗骧、王炳煋革职；常瑛开缺交部议处）①。

李慈铭按：冯誉骥，字仲良，一字展云，高要人，甲辰翰林，有文名而性简傲，嗜鸦片烟，任用非人，颇以上有闻②。

此次张佩纶查办政迹恶劣的尚有原陕西臬司（任贵州藩司）沈应奎，及两个知县，一个同知，一个已故知府。均一并革职③。

（九）邓承修劾官吏贪赃

光绪九年十一月十九日内阁奉上谕：给事中邓承修奏，责令贪吏罚捐巨款以济要需一折。据称，该给事中所闻脏私最著者，如已故总督瑞麟、学政何廷谦、前任粤海关监督崇礼、俊启、学政吴宝恕、水师提督翟国彦、盐运使何兆瀛、肇罗道方濬师、广州府知府冯端本、潮州府知府刘溎年……现任南海县知县庐东戎，皆自官广东后得有巨资。若非民膏，即是国帑。等语。著彭玉麟将各该员在广东居官声名若何，确切查明，据实具奏。

另片奏闻，阜康银号关闭，协办大学士刑部尚书文煜所存该号银数七十余万两之多。请旨查明确数，究所从来，据实参处。等语。著顺天府确查具奏④。

按：该疏列举涉嫌贪赃的广东官吏，自总督、关督、学政、提督至道员、府县主管官计十四人。

光绪九年十一月二十五日内阁奉上谕：毕道远、周家楣（顺天府尹）奏，遵查阜康银号文煜存款一折。据称查核该号票据簿内，有联号开列银四十六万两。第一号上注明文宅字样，除前江西布政使文辉呈请追究阜康银十万两称由

---

① 《越缦堂国事日记》六，页3190－3191。《光宣两朝上谕档》九，页347。
② 《越缦堂国事日记》六，页3191。
③ 《越缦堂国事日记》六，页3192。
④ 《光宣两朝上谕档》九，页423－424。

文煜代为经手外，其余三十六万两，簿中只注文宅字样。等语。著文煜明白回奏①。

光绪九年十一月二十六日内阁奉上谕：（大意谓）文煜回奏，由道员升至督抚，屡管税务所事廉俸，历年积至三十六万两，陆续交阜康号存放。“所奏尚无掩饰。惟为数较多，著责令捐银十万两，……以充公用。”②

按：这是一个不了了之的案件。若属贪赃当予清查；若属私积，即不应“为数较多”，责令捐银充公。可知，官僚的贪污，已成为朝廷无法治理的问题，在处置上也出现不按律例的随意性。此事《一士类稿》亦有载。

光绪十年闰五月初五日内阁奉上谕：顺天府奏，请旨催解充公银两一折。著阜康号将应交十万两银两拨顺天府以充赈需③。

李慈铭《越缦堂国事日记》于是日记此事：“此即文煜之银也。文煜所寄存阜康者实不下百万。胡光墉已稍稍还之，且以杭州所寄药肆名庆余堂者抵偿亦不下二十万。而朝廷所索者，不顾府尹周家楣与胡深交，特以此掩外人耳目耳④。

清要们的消息是：文煜在阜康号有百万存金，包括胡雪岩偿还的债务和抵给文煜的杭州胡庆余堂资产。负责清理这笔存款的顺天府尹周家楣和胡氏深交，不欲深究，以三十六万银马上报。

据李慈铭《越缦堂国事日记》，二品大员，内阁学士兼礼部侍郎敬信（宗室），京师“聚宝堂酒肆主人也”⑤。

江苏粮道英樸，性贪劣，在京师、天津、上海的松盛长银号都有股本，又在京师裕丰金珠店放本，“辙以重资伙开店铺，与民争利”。经李鸿章查实革职⑥。

（十）詹事府右庶子崇文参劾大学士张之万

（光绪十六年）十月初七日，上谕：“詹事府右庶子崇文片奏参劾大学士

① 《光宣两朝上谕档》九，页432。
② 《光宣两朝上谕档》九，页432。
③ 《光宣两朝上谕档》十，页157。
④ 《越缦堂国事日记》六，页3209。
⑤ 《越缦堂国事日记》五，页2350。
⑥ 《越缦堂国事日记》五，页2362。

张之万接纳外官各节，当派福锟、潘祖荫查奏。兹据查明复奏：‘该大学士接见外官，或因面询公务，或系素有交往，不得指为结纳营私。北河滩庙宇，外官来京者往往寓居，非自今始，不得因与张之万寓所相近，遂指为夤缘奔竞。该大学士住居湫隘，并无另设执客堂专谈机密之事。至所参僧人静洲最为亲密，传讯该僧，据称与张之万同乡认识，素有往来，并未干预别事’各等语。朝廷用人行政，一秉大公，从不稍持偏见。张之万老成稳练，朝廷素所深知。惟此次若不将参款确查虚实，转无以得是非之真。现经福锟等逐一查明，均无实据，所参各节即著毋庸置议。前因臣工挟私参劾，叠经明降谕旨申诫再三，以杜攻讦之渐。该庶子岂无闻知？乃辄以无据之词诬谤大臣，复敢附会灾祥，希图耸听；至另折附片，所陈天文时务各节，诸多谬妄，若不加以惩处，无以为逞臆乱言者戒。崇文著交部议处，原折片均著掷还。张之万宣力有年，受恩深重，不得因被人奏参，遇事引嫌却避，惟当小心谨慎，益加奋勉，力图报称，用副朝廷委任至意”①。

① （清）吴庆坻：《蕉廊脞录》，页13。

第三编 纵向考察：同光两朝重大事件

中清流派从议政到干政的发展势头

◈第二次鸦片战争之后，咸丰殁于承德，两宫太后和恭亲王之间叔嫂合作，除掉奉遗诏辅政的肃顺集团，史称辛酉政变。这次宫廷斗争改变了中枢的政治格局，皇帝『乾纲独断』的现象不复存在，代之以两宫太后、皇帝和议政王大臣权理朝政的政治格局……

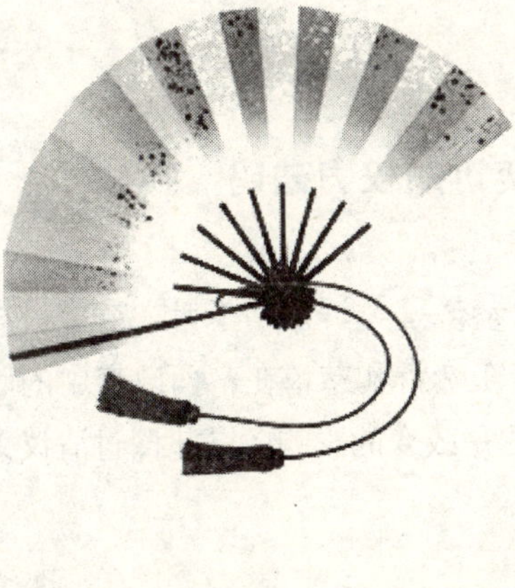

第八章
罢黜议政王奕䜣

第二次鸦片战争之后，咸丰殁于承德，两宫太后和恭亲王之间叔嫂合作，除掉奉遗诏辅政的肃顺集团，史称辛酉政变。这次宫廷斗争改变了中枢的政治格局，皇帝“乾纲独断”的现象不复存在，代之以两宫太后、皇帝和议政王大臣权理朝政的政治格局。至太平天国失败，两宫与外廷（恭亲王被时人称为“王相”）的权力冲突渐起。以中枢内部的微妙矛盾和权力空隙为背景，京官中的清议亦即对朝政的批评成为势头，这股舆论，从发言思路到士林网络，都是嘉道经世派的延续，但比以前更加活跃。本章通过考察罢黜议政王这一事件，考察清流群体的政治参与过程中，在慈禧太后和恭亲王奕䜣的权力冲突中的角色和作用。

一、辛酉政变后慈禧与奕䜣的权力砝码

1861 年（咸丰十一年）11 月，慈禧联合恭亲王奕䜣发动了旨在夺取最高权力的北京政变，即“辛酉政变”。对于恭亲王奕䜣和慈禧在辛酉政变中的联合，史书记载颇详，兹不赘述。这里要重申的是政变的影响，以此探讨清议兴起的契机。

（一）慈禧垂帘主政地位及其权力

慈禧垂帘主政的地位和权力来自于传统政治文化中的宇宙皇权观念的支撑。在政变过程中，不断有人上折奏请两宫太后垂帘主政。据罗惇曧《宾退随笔》“同治初元诛三奸案”记载，“咸丰间，郑王端华、怡王载垣、镇国将军肃顺同直内廷，肃顺独被亲任。肃顺刚果任事，端华、载垣听命而已。……英法联军逼京师，文宗狩热河……帝大渐，肃顺与端华、载垣、陈孚恩、杜翰等八人受顾命，赞襄政务。帝崩，穆宗立，大政决于肃顺。久之，后不能堪，阴令御史高延祜疏请垂帘。枢臣入，后示之疏。肃顺对曰：‘祖制，太后不得垂帘，臣下有擅请者，杀无赦。’后失色，徐曰：‘勿听可也，杀之太过。’既退，疏独留。中枢垣竟三日不奏事。……肃顺言：‘前疏未下，当俟之。’后无奈，乃出高疏。枢拟高延祜斩立决，后命宽之，乃改发黑龙江披甲人为奴”。

奏请两宫“垂帘听政”的还有山东道监察御史董元醇（按：周祖培门生）。他措辞婉转地“请皇太后权理朝政”，并表示：“虽我朝向无太后垂帘之议，而审时度势，不得不为此通权达变之举”，直至“皇上能亲理庶务”之时。此疏被肃顺等人用“上谕”名义，以本朝无太后垂帘听政故事，被“抗论不可”。其间情形如（清）吴庆坻：《蕉廊脞录》“不准垂帘听政谕”条所载，咸丰十一年内阁奉上谕：“御史董元醇奏敬陈管见一折，据称皇太后权理朝政，应请明降谕旨，并赞襄政务王大臣外，再简派亲王一二人同心辅弼，及请择师傅以培德业，严饬督抚将帅以资整顿等语。我朝圣圣相承，向无皇太后垂帘听政之礼。朕以冲龄仰受皇考大行皇帝付托之重，御极之初，何敢更易祖宗旧制！且皇考特派怡亲王载垣等赞襄政务，一切事件应行降旨者，经该王大臣等缮拟进呈，必经朕钤用图章，始行颁发，系属中外咸知。其臣工章奏应行批答者，亦必拟旨呈览，再行发还。该御史奏请皇太后暂时权理朝政，甚属非是。又据请于亲王中简派一二人，听其辅弼一切事务。伏念皇考于七月十六日子刻特召载垣等八人，令其尽心辅弼。朕仰体圣心自有深意，又何敢显违遗训，轻议增添。该王大臣等受皇考顾命，辅弼朕躬，如有蒙蔽专擅之弊，在廷诸臣无难指实参奏，朕亦必重治其罪。该御史必欲于亲王中另行简派，是诚何心，所奏尤不可行。以上两端，关系甚重，非臣下所得妄议"①。

但是，这个"上谕"被兵部侍郎胜保奏请太后亲理大政的条陈所驳斥。据《蕉廊脞录》"胜保奏请太后亲理大政折"所记②，董御史条奏请两宫垂帘听政，端、肃诸人拟旨驳斥。时胜保以钦差大臣兵部右侍郎统兵畿辅，独抗章论之"。胜保的条陈一则强调太后亲理朝政是顺理成章的，因为皇上是以宗子缵承大统，是天与人归的，不必以朱谕之有无为定，即不必需要咸丰皇帝是否有口谕为据，疏曰：

"奏为政柄下移无以服众，应请皇太后亲理大政并另简近支亲王辅政，以正国体而顺人心，恭折仰祈圣鉴事。窃惟朝廷政柄操之自上，非臣下所得而专。我朝君臣之分极严，尤非前朝可比。自文宗显皇帝龙驭上升，皇上嗣位，聪明天擅，尚在冲龄，全在辅政得人，同民好恶，方足以资佐理。如怡亲王载垣、郑亲王端华等，非不宣力有年；然而赫赫师尹，民具尔瞻，今竟以之当秉政巨任，揽君国大权，以臣仆而代纶音，挟至尊以令天下，实无以副寄托之重，而餍四海之心。在该王等，不过以承写朱谕为词，居之不疑，不知我皇上以宗子缵承大统，天与人归，原不必以朱谕之有无为定。"

胜保还驳斥了肃顺等人辅政的依据："至赞襄政务一节，则当以亲亲尊贤为断，不得专以承写为凭。何也？先皇帝弥留之际，近支亲王多不在侧，仰窥顾命苦衷，所以未留亲笔朱谕者，未必非以辅政难得其人，以待我皇上自择而任之，以成未竟之志也。今嗣圣既未亲政，皇太后又不临朝，是政柄尽付之该王等数人，而出拟谕旨，又非尽出自宸衷。其托诸掣签简放，请钤用符信图章，在该王等原欲以此取信于人，无如人皆不能相信。民岩可畏，天下难欺，纵可勉强一时，安能行诸日久？"

胜保奏折对肃顺等人所拟谕旨提出质疑，从中推论出肃顺等人专擅矫窃之端："近如御史董元醇条奏四事，极有关系，应准应驳，惟当断自圣裁，广集廷议，以定行止。该王等果知以国事为重，亦当推贤虚己，免蹈危疑；乃竟行拟旨驳斥，已开矫窃之端，大失臣民之望。命下之日，中外哗然。自古天无二日，民无二王，礼乐征伐自天子出。凡统兵将帅暨各省疆臣，皆受先皇帝特简，虽当势处万难，无不思极力图报者，亦皆统于所尊，故皆一诚不贰。今一旦政柄下移，群疑莫释，道路之人见诏旨皆曰：'此非吾君之言

① 《蕉廊脞录》，页17。
② 《蕉廊脞录》，页18－20。

也，此非母后圣母之意也。’一切发号施令，真伪难分，众情汹汹，咸怀不服，不独天下人心日形解体，且恐外国闻知，亦觉于理不顺，又将从而生心，所关甚大。”

胜保最后提出太后垂帘与亲王辅政的主张：“夫天下者，宣宗成皇帝之天下，传之文宗显皇帝，以付之我皇上践祚者也。昔周之世，武王崩，成王立，周公相之；本朝摄政王之辅世祖，亦犹周公之相成王，疏不间亲，典策具在。以周公之元圣，尚不免管蔡流言，逮风雷示警于金滕，而忠悃益见。现在近支诸王中，能持大体迈于载垣、端华者，尚不乏人。且离间之言，应请毋庸过虑。又如垂帘听政之制，宋宣仁太后称为女中尧舜，群情欢洽，国本无伤。我文皇后当开国初年，虽无垂帘明文，而有听政实用。因时制宜，惟期允当不易。为今之计，非皇太后亲理万几，召对群臣，无以通下情而正国体；非另简近支亲王佐理庶务，尽心匡弼，不足以振纲纪而顺人心。惟有吁恳皇上俯纳刍荛，即奉皇太后权宜听政，二圣并崇，而于近支亲王中择贤而任，仍秉命而行，以待我皇上亲政以前，一切用人行政大端，不致变更紊乱，以承郅治于无穷。宗社幸甚！臣民幸甚！如此，庶于亲亲尊贤之大经既不相悖，且于该王等亦可保全终始，受福良多。此皆中外臣工所欲言而未发者，奴才先为言之。”

胜保的奏折，对于肃顺等人而言，是不利的。因为同治皇帝即使没有咸丰皇帝的遗诏，因其具有唯一性，其即位也是顺理成章，那么皇太后垂帘辅助皇帝也是合乎道理的；而肃顺等人是否有咸丰皇帝的遗诏既无人佐证，有“自行任命”之嫌，且可以辅政的人不具唯一性，论亲者、论贤者，除肃顺等大有人在。“九月二十九日（11．1）自热河回到北京，立刻给恭亲王一份谕旨，恭亲王随即将‘自署’为赞襄政务王大臣的载垣、肃顺、端华、景寿、穆荫、匡源、杜翰、焦佑瀛八人解职，并逮捕怡亲王载垣、郑亲王端华，削去世袭爵位，囚入宗人府。并派人逮捕护卫已故皇帝的灵柩回京的肃顺解京。“包括都城里大多数高级官吏的特别法庭随即成立，审讯上述三人，判有弑君的罪名，应予凌迟处死。”宣判的第二天，肃顺被解往刑场斩首，他的财产没官。两位亲王则授以吊巾，这就表示要他们在囚房内自缢；他们的财产尚未动。内阁中其他五人，前兵部尚书穆荫发往军台効力，余四人革职。他们的罪名是未能抗争为首三人的奸逆行为。就所附上谕看来，可知此次行动的动机和理由，是肃顺他们一伙非法专权，说是出自已故皇帝之手，任命这个政务委员会（按即赞襄政务王大臣）的那通谕旨，毫无疑义的乃是他们自己伪造出来的，因为在下谕的那一天，故皇帝已经虚病垂死，根本不能颁遗诏了”①。回京的上谕宣示太后听政，任恭亲王为首辅即议政王大臣，由此，确定了太后垂帘主政和恭亲王辅政的地位与权力。

据罗惇曧《宾退随笔》“同治初元诛三奸案”记载，“……乃下诏还京，命肃顺护梓宫先行。恭王先驰至京师，三宫间道旋跸，既至，手诏逮三凶。……至京弃市，皆骂不绝口。端华、戴垣并赐帛。群臣合请垂帘，遂成有清创局，迄孝钦后三次垂帘清亡”。该书并引薛福成《庸庵笔记》以为佐证：“两宫俟恭亲王行后，即下回銮京师之旨。……三奸又力阻，两宫不允，乃议以九月二十三日派肃顺护送梓宫回京。上恭送登舆后，先奉两宫间道旋跸，载垣、端华皆扈从。于是大学士贾桢、周祖培、户部尚书沈兆霖、刑部尚书赵光合疏称：‘我朝圣圣相承，从无皇太后垂帘听政之典，前因御史董元醇条奏，特降谕旨甚晰，臣等复有何议？惟是权不可下移，移则日替；礼不可稍逾，逾则弊生。我皇上冲龄践祚，奉先帝遗命，派怡亲王载垣等八人赞襄政务，两月以来，用人行政皆经该王大臣等议定谕旨，每有明发，均用御赏同道堂图章，共见共闻，内外皆相钦奉。臣等寻绎‘赞襄’二字之义，乃佐助而非主持也，若事无巨细，皆凭该王大臣之意先行议定，然后进呈皇上一览而行，是名为佐助而实则主持，日久相因，中外能无疑虑乎？今日之赞襄大臣，即昔日之军机大臣，向来军机大臣事事先面奉谕旨，辩驳可否，悉经钦定始行拟旨进呈，其有不合圣意者，朱笔改正，此‘太阿之柄不可假人’之义也。为今之计，正宜皇太后敷宫中之德化，操出治之威权，使臣工有所禀承，命令有所咨决，不居垂帘之虚名，而收听政之实效。昔汉之和熹邓皇后、晋之康献褚皇后、辽之睿智萧皇后，以太后临朝，史册称美；宋朝之宣仁高太后有女中尧舜之誉；明代穆宗皇后，神宗嫡母，上尊号曰‘仁圣皇太后’，穆宗贵妃，神宗生母，上尊号曰‘慈圣皇太后’，维时神宗十岁，政事皆由两宫裁决施行，未尝居垂帘之名也。我皇上聪明天擅，正宜涵泳诗书，不数年即可亲政，而此数年间，外而贼匪未平，内而奸人逼处，何以拯时艰，何以饬法度，固结人心最为紧要。倘大权无所专属，以致人心惊疑，是则目前大可忧者。至皇太后召见臣工礼节及一切办事章

① 《普鲁斯致罗素（1861年11月12日）》，载《历史教学》，1952.4。

程，仍循向来军机大臣承旨旧制，或应量为变通，拟求饬下群臣会议，具奏请旨酌定，以示遵守，庶行政可免流弊，而中外人心益深悦服矣。十月朔，车驾至京师……诏解赞襄王大臣八人之任，以恭亲王奕䜣为议政王，从民望也。垂帘典礼令在廷大小臣工集议以闻。……初九日甲子昧爽，穆宗毅皇帝御正殿，即位，礼成，大赦，以明年为同治元年，上母后皇太后尊号曰'慈安皇太后'，圣母皇太后尊号曰'慈禧皇太后'，垂帘听政"①。

1. 这份奏折，吁请"准法前朝宪章"，而非清朝祖制，实行"垂帘听政"。它最能代表饱受儒家礼法熏陶、信奉皇权独尊的内外臣工的意念。"请皇太后权理朝政"的另一方面，又提出了"并另简亲王辅政"，"皇上一日未能亲政，则一日责在皇太后，即一日责在亲王、大臣"②。

2. 太后垂帘听政缺乏"祖制"的依凭。在寻绎"垂帘听政"的合理性过程中，清流人物李慈铭奉令检选"历代贤后临朝故事"，编成《临朝备考录》进呈。

3. 《翁同龢日记》记载的皇太后的听政方式："召见于（养心殿）东暖阁，两宫皇太后垂帘（帘用黄幔），上坐帘外，恭邸（奕䜣）、宝少农（宝鋆）带领入见，对数语出"③。这种仪式，用意在于皇太后"亲理万几，召对群臣，通下情而正国体"，议政王"佐理庶务，尽心匡弼，振纲纪而顺人心"，一切以拱卫皇权为核心。

（二）恭亲王奕䜣的地位与权力

恭亲王奕䜣的权力上有一个很重的砝码，即列强的欣赏。政变是在各国的默许和支持下取得成功的。英、法等国为确保侵华利益，希望清政府改变传统的"御夷"政策，因此十分欣赏奕䜣的态度，英国公使普鲁斯照会清政府说，他决不承认任何地方官吏有权办理外交，从今以后只认奕䜣为交涉对手，并且表达了对端华、肃顺等人的厌恶："只消朝廷不在北京，怡亲王、端华、肃顺继续掌权，我们就不能说中国人民已确实承受了条约，各省当局看到国家重臣，实际掌权的人是偏向于不友好的，他们也就形成和我们

① 故宫博物院明清档案部：《清代档案史料丛编》，第1辑，页103－104。
② 故宫博物院明清档案部：《清代档案史料丛编》，第1辑，页125。
③ 《翁同龢日记》，第1册，页162。

为难的倾向"①。

奕䜣的另一个权力砝码来自他的功劳。随着议和条款的签订，京城人士均亦以恭亲王有"安社稷之功"，誉之为"磐石之宗，血脉之臣。"政变成功次日（1861. 11. 3），恭亲王奕䜣被任命为议政王、军机大臣。11月4日，又命奕䜣兼总管内务府大臣。不久又给予爵位世袭罔替，食亲王双俸，加恩允许在紫禁城内坐四人轿等殊荣。

由此，形成了"两宫垂帘，亲贤夹相辅助，主国三公，事权无不下移"的行政体制②。

二、慈禧提升名儒清流

如前所述，辛酉政变后二元政治格局形成，慈禧与奕䜣间权力各有自己支撑砝码。政变后，慈禧任命桂良、沈兆霖、宝鋆、文祥、曹毓瑛等为军机大臣，并提拔一大批汉人官员，更加重用曾、左、李等地方军事集团力量。

这种重新建构的政府，富有成效。"自太平军在湖北首次遭到挫折直至1868年的14年中，人们不但看到王朝幸存了下来，还看到了清朝政体的主要特征也恢复原状。作为时代骄子的曾国藩、李鸿章及其同僚等前人确实成功地镇压了叛乱，恢复了王朝的地位，甚至重新振兴了王朝的治国精神"③。史学家芮玛丽在论及"中兴"一词时说："不但一个王朝，而且一个文明看来已经崩溃了，但由于19世纪60年代的一些杰出人物的非凡努力，它们终于死里求生，再延续了60年。这就是同治中兴"④。

另一方面，从中央王公大臣如奕䜣、文祥、桂良，到地方实权官员如曾国藩、左宗棠、李鸿章等，坚定地推行主和政策，支持或参与洋务自强运动之中，表现得非常有活力："经历过这一事件的政治家们不会轻易地忘掉英法联军占领北京这一耻辱。但是，一直到19世纪70年代中期，日本的兴起和欧洲列强的侵略，才有可能再引起一场对外战争。这段间隙的和平时期使

① 《普鲁斯致罗素（1861年11月12日）》，载《历史教学》，1952. 4。

② 章伯锋等主编：《近代稗海》，第1辑，页362。

③ 《剑桥中国晚清史》，上卷，页466。

④ 芮玛丽：《同治中兴》（1966年版序言），转引自：《剑桥中国晚清史》，卷上，页466。

清政府有机会为准备将来抵御列强而蓄积军事和财政的力量。……1861年开始，自强一词，在奏折、谕旨和士大夫的文章中经常出现。这表现出人们认识到需要一种新的政策，以应付中国在世界上的地位所发生的史无前例的变化。为此目的就提出了许许多多方案。”“以自强的名义作出的一些革新确实产生了意义深远的成果。新政策必然导致对传统的经世致用说的背离；追求‘富强’的行动逐渐压倒了儒家偏重德政的传统”①。

与清前期皇权独揽、乾纲独断不同，慈禧面临的是如何制衡以上的从中央到地方的势力——中枢慈禧与奕䜣权力并重、中央与地方“内轻外重”即地方汉族大吏势力的膨胀，她采取了居间调和、平衡、制衡手法②。

一方面，出于平衡政治的需要，慈禧集聚了名儒的力量，李慈铭《越缦堂国事日记》在光绪五年记有御史孔宪瑴的一个折子，里面有这样几句话：“正人不可远离，圣德宜资硕辅。同治初元皇太后听政，召倭仁于远方，起翁心存于病籍，济济师师，一时称盛，所以光辅毅皇帝十三年隆平之治，未必不在于此”③。

又据胡思敬《国闻备乘·文宗遗命得人》：“文宗大渐，时尚驻跸热河，内外汹汹，讹言蜂起。显皇后（即同治上尊号的‘慈安’）进曰：‘圣驾脱有不讳，枢府中畴则可倚？’帝引后手，书‘文祥’二字示之。后又言：‘大阿哥幼冲，当典学，安可无付托者？’帝闭目沉吟良久，徐惊寤曰：‘得之矣。’急用倭仁。时倭仁被放新疆，为叶尔羌帮办大臣。帝崩，即日发急递召之回京，命授读东宫。文祥领军机，密加倚任。穆宗即位，尊后为慈安，号曰东太后；尊生母为慈禧，号曰西太后。慈安贤明，慈禧警敏饶机智，两宫同心一德。文祥又引用李棠阶而结欢恭亲王奕䜣，故同治初年之政罔有缺失”④。由此记载可见，胡思敬对同治初年政局相对平稳的看法，与孔宪瑴一致。

一方面开始加强言路的作用，提拔那些以学识高深驰名的官员，他们的清议能力可以牵掣、压抑各派势力，抵消恭亲王无视祖训的倾向。由此，为清议兴起、清流派风发提供了良好条件。如李鸿藻（1820－1897），字寄云，号兰孙，亦作兰荪，直隶高阳人，翰林出身，曾任京官学政。其人性至孝，性格耿

① 《剑桥中国晚清史》，卷上，页479。

② 郭幼茂：《辛酉政变与晚清政治》，《南京政治学院学报》，1996. 2。

③ 《越缦堂国事日记》，五，页2222。

④ 《国闻备乘》，页5。

直，崇尚理学，与倭仁以道义相切，关系最善。咸丰十年，下诏命大臣择保“堪膺授读之任”的儒臣为载淳授读师傅，大学士彭蕴章保举河南学政任李鸿藻。他尽心授读同治，希望把他培养成“圣学日新，圣德日固”的“中兴圣主”。同治二年十月，李鸿藻与弘德殿同仁祁隽藻、倭仁联衔上《杜渐防微疏》，指出了当今“军务未平，生民涂炭，时艰蒿目，百孔千疮”的局面，希望皇上能够“恪遵慈训，时时以忧勤惕厉为心，事事以逸乐便安为戒，屏玩好以节嗜欲，慎游观以定心志，省兴作以惜物力”①，最为慈禧太后信任。同治四年冬，李鸿藻被任命为军机大臣兼署户部右侍郎。他普遍地批评了恭亲王对欧洲的怀柔政策，不久就成为宫廷中一派的领袖。在1870年“天津教案”的余波中，李鸿藻及其朋友们保护了在天津曾经助长暴乱的官员，并批驳了对法国采取如恭亲王和曾国藩所提倡的那种迁就态度②。

这两种做法，在《剑桥晚清中国史》看来，是慈禧与奕䜣联合发动政变夺取了最高统治权之后，二人在权力上的矛盾和斗争日益显露而产生新的权力对抗，慈禧用来抵消恭亲王奕䜣的手段。慈禧继续支持宋代的理学，“把它作为抗衡实用主义的恭亲王力量的手段，另一个原因是用它来延续国家和文化的实质”③。

这种看法，被1865年慈禧第一次运用言官舆论打击奕䜣、罢黜议政王事件所证实。

三、蔡寿祺劾恭王始末

1865年（同治四年）4月初，翰林院编修蔡寿祺弹劾奕䜣揽权纳贿、徇私骄盈，慈禧便借题发挥，罢黜奕䜣议政王。她写了一道夹杂着别字的汉文朱谕，经大学士们润色或颁布。此谕列举了言官对恭亲王的一些指责，如目无君上挟制圣意，以及暗使离间。在短暂的剥夺恭王职务的十日间，慈禧专与咨询的是两名大学士——周祖培和倭仁，他们都是理学名家。

---

① 陈弢：《同治中兴京外奏议约编》，卷1，页1-2。
② 李宗桐、刘凤翰：《李鸿藻先生年谱》，卷1，页144-146、171-174。
③ 《剑桥中国晚清史》，卷上，页467。

由于慈禧担心恭王去职会引起地方及中枢内部的恐慌①，或许是更担心西方人的干预，10天后，恭王在军机处和总理衙门的职位被恢复（他是总署领班大臣，直至1884年），但失去了1861年在辛酉政变中获的“议政王”头衔。

李慈铭在《越缦堂国事日记》中对这一政治内幕悉加披露。清廷最高统治层的权利倾轧，一般公开著述往往不敢涉及，只有在诸如此类的私家日记中才能见到，其价值不容忽视。其日记记载罢黜奕䜣议政王之事如下：

三月初五日，“闻是日召见芝翁（周祖培）及端芝生协揆、朱桐轩太宰、吴竹如少农、王小山少寇、桑柏斋、殷谱经两阁学，以讲官编修蔡寿祺疏劾议政王揽权纳贿，议政王欲逮问之，两宫怒甚，垂泪谕诸公，以王植党擅政，渐不能堪，欲重治王罪。诸公莫敢对。太后屡谕诸臣，当念先帝，无畏王，王罪不可逭，宜速议。商城顿首言：‘此惟两宫乾断，非臣等所敢知。’太后曰：‘若然，何用汝曹为？异日皇帝长成，汝等独无咎乎？’商城又言：‘此事须有实据，容臣等退后详察以闻。’且言：‘与倭仁共治之。’太后始命退，诸公流汗沾衣，外间藉藉，皆言有异处分矣”。

三月初六日，芝翁来谈，顷议恭亲王事，以皇太后朱谕见示，有妄自尊大、目无君上之语。诵之懔然。王年少不学，暗于大体，积嫌蒙衅，遂取严谴。然以亲王重寄，决烈（裂）至斯，宜乎？两宫流涕，朝野骇愕。国家多故，殆非福也。蔡寿祺疏斥王骄盈贪墨，贿赂公行，昨日倭公等八人会议，于内阁召蔡质正其事，蔡惟指出薛焕、刘蓉二人，余不能指实。今日诸大臣复疏上，太后已先作诏以待，遂召见诸公，谕曰：“诏旨中多别字及辞句不通者，汝等为润饰之。芝翁添入‘议政之初，尚属勤慎’八字。太后又谕曰：“此旨即下内阁，速行之，不必由军机。”遂下。

诏略云：本月初五日，据蔡寿祺奏恭亲王事，查办虽无实据，自出有因。恭亲王议政之初，尚属勤慎，迨后妄自尊大，诸多狂傲，依仗爵高权重，目无君上，视朕冲龄，诸多挟制，往往暗使离间，不可细问。每日召见，趾高气

① 慈禧本身对恭亲王和文祥等还是有所顾忌的。据何刚德《春明梦录》，“孝钦系宫中册立，本不能以常礼待恭邸。且自热河还京，患难与共，渐底承平，故对恭邸不能无畏惮意，即宝师与文文忠诸老臣，亦不能颐指而气使之。时颐和园大兴土木，舆论嚣然。宝师曾对余叹曰：‘太后当时尚想巡幸五台山，赖我们诸人劝谏而止。否则，南巡之役，未必不见于今日。’只此数言，言外固有无限感慨也。”“甲申以后，宫中颇自由，盖慈宫敬惮醇邸，逊于恭邸也。即如广召优伶入宫唱戏，亦以甲申之后为盛。此虽小节，却煞有关系也。”

扬，言语之间，诸多取巧妄陈。凡此重大情形，姑免深究。恭亲王著无庸在军机处议政，革去一切差使，不准干预公事，以示朕曲为保全之意。以后召见引见等项，著派惇郡王、钟郡王、孚郡王轮流带领。特谕云云。倭仁等受诏出，始召见中枢文公（文祥）等三人。

三月初八日，是日，惇亲王上疏言，恭亲王事属暧昧，徒以语言小失，骤予严惩，情状未明，无以昭示天下。皇太后遂谕孚郡王及疏密文、李、曹三公，以惇王疏及蔡寿祺原疏并发阅视，并令文公等述所受旨云云。盖天怒已回，眷顾未替，内中多言恭王将后辅政，是非小臣所敢知矣。芝翁来请，夜谈甚久，为此事也。

邸钞：诏奉两宫皇太后懿旨，宣示恭亲王过失，斥退军机处议政，尽夺一切差使。

三月初九日，是日，两宫皇太后召见倭、周两相国、瑞（常）协揆、朱尚书、万尚书青藜、基侍郎基溥、关王西侍郎、殷阁学及枢密三公。太后谕倭公等九人，恭王恣肆已甚，必不可复用；曰，即如载龄，人才岂任尚书者，而王必予之。又曰，惇王今为疏争，前年在热河，言恭王欲反者，非惇王耶？汝曹为我平决之。（按：慈禧的技术，讲两面话，大臣不可捉摸）。

而谕枢密则曰，若等固谓国家非王不治，但与外廷共议之，合疏请复任王，我听许与可也。

诸臣至内阁，各述所受旨，则大异。是日，押班者为钟郡王，乃各引王为证。王言固皆闻之，诸公相顾色然，不成议而退。窃揣两宫之意，衔隙相王已非一日，退不复用，中旨决然。徒以枢密比留，亲藩疏请，骤易执政，既恐中外之心，厚黜崇臣，又虑解天潢之体，攻讦出自庶僚，参治未明罪状，劫于启请，渐于改更，欲藉大臣，以镇众议。

且王夙主和约，颇得夷情，万一戎狄生心，乘端要劫，朝无可倚，事实难图，故屡集朝臣，审求廷辨，冀得公忠之佑，以绝二三之疑，而泄泄者方且阿旨依违，私心窥测，惟求保位，谁复忧公。至今，任姒之贤，丝纶之重，随人改易，无所适从，乃犹归过君亲，以为寡断，是可流涕者矣。

三月十二日邸钞：以肃亲王华丰为宗人府令，代恭王。

三月十三日邸钞：两宫皇太后懿旨：皇帝读书课程及弘德殿一切事物，著醇郡王总司稽查。醇郡王补授十五善射大臣，惇亲王管理雍和宫事务，钟郡王管理中正殿事务，孚郡王管理武英殿事务。

三月十四日，是日，百僚在内阁会议恭邸事。邸钞：诏本日醇郡王及降调通政使王拯御史孙翼谋奏折各一件，著王公大学士九卿翰詹科道汇同前日惇亲王折，一并议奏。闻皆为恭邸陈请也。

三月十六日邸钞：诏曰，朕奉懿旨，前按惇亲王、醇郡王等先后陈奏，恭亲王虽经获咎，尚可录用。当交王公大学士九卿翰詹科道会同详议具奏。兹据礼亲王世铎等、大学士倭仁等会议复奏，并据内阁学士殷兆镛、都察院左副都御史潘祖荫、内阁侍读学士王维珍、给事中广诚及各科道等联衔各折，均以恭亲王咎由自取，惟系懿亲重臣，应召任用，予以自新，候旨定夺。等语。所见大略相同，惟给事中广诚等折内所称"庙堂之上，先启猜嫌，根本之间，未能和协，骇中外之观听，增宵旰之忧劳"等语，持论固属正大，而于朝廷办理此事苦心究未领会。维前日面谕军机大臣等随同孚郡王赴内阁传谕诸臣，而科道仍有此语，实有不能不再行宣示者。恭亲王谊属懿亲，身兼辅弼，在亲王中倚任最隆，恩眷最渥，特因其信任亲戚，不能破除情面，平时于内廷召对，多有不检之处。朝廷杜渐防微，若复隐忍含容，恐因小节之不慎，致误军国之重事，所关实在非浅。且历观史册所载，往往亲贵重臣，有因遇事优容，不加责备，卒至骄盈矜夸，鲜克有终点者，可为前鉴。日前将恭亲王过失严旨宣示，原冀其经此惩儆之后，自必痛自敛，抑不至再蹈愆尤，正小惩大诫，曲为保全之意。如果稍有猜疑，则惇亲王折等均可留中，又何必交廷臣会议耶？兹览王公大学士等所奏，佥以恭亲王咎虽自取，尚可录用，与朝廷之意正相吻合。现既明白宣示，恭亲王著即加恩，仍在内廷行走，并仍管理总理各国事物衙门。此后惟当益矢慎勤，力图报称，用副训诲，成全至意。至在廷臣工，均为国家倚任，惟当同矢忠赤，共济时艰，毋得因此稍存疑虑，畏难苟安，致蹈因循积习。将此宣示，在廷臣工知之。

又诏，前据倭仁等奏，遵旨查讯翰林院编修蔡寿祺折内挟重赀而内膺重任，善夤缘而外任封疆二语，传到蔡寿祺面讯，当据供称，薛焕、刘蓉行贿夤缘系得自传闻，应否查办，伏候圣裁，等语。朝廷登进人才，岂容纳贿行私，致滋物议。薛焕、刘蓉或内跻卿贰，或外任封疆，均系朝廷大臣。如于蔡寿祺所参，不行查办，何以重名节而振纲纪？著薛焕、刘蓉各将所指行贿姻缘一节，据实明白回奏，以凭查办。倘有欺饰，再经查出，定行从严治罪。

三月十九日邸钞：薛焕奉遵旨明白回奏，请简派大臣查办。诏派肃亲王华丰会同刑部督察院堂官，秉公查讯。务须水落石出，不准稍涉含糊。原派查办之大学士管理刑部周祖培、刑部左侍郎王发桂及军机大臣都察院左都御史曹毓瑛、刑部右侍郎恩龄、都察院左副都御史恒恩，俱著回避。薛焕、蔡寿祺均著听候传质。

四月初四日邸钞，肃亲王华丰等复奏，蔡寿祺所指薛焕挟厚赀而内膺重任一节，连日传到各员质讯。据蔡寿祺供称，并无实据可呈，实因误信风闻，遽行入奏。如有应得之咎，俯首无辞云云。诏蔡寿祺所指薛焕行贿一节，业经讯明，并无实据，应为何办理。仍著华丰等会同拟议具奏，先行完结。其所指刘蓉善夤缘而外任封疆一节，并著华丰等先行详讯蔡寿祺有无实据，仍俟刘蓉明白回奏到日，再行核办。闻会讯日，蔡寿祺供称闻之给事中谢增及质训谢增，增言未有所闻，已未尝告蔡，蔡遂无辞。而薛焕犹不肯已，必欲究其诬枉，肃王等劝解之，始止。

四月十四日邸钞：诏恭亲王仍会同宝鋆捴稽定陵工程。

四月十五日邸钞：诏恭亲王仍在军机大臣上行走。诏略云：朕奉皇太后懿旨，本日恭亲王因谢恩召见，伏地痛哭，深自引咎。恭亲王为亲信重臣，才堪佑理，既能改过自新，朝廷相待岂肯初终易辄。恭亲王著仍在军机大臣上行走，毋庸复议政名目，以示裁抑。王其毋忘此日愧悔之心，力图报称云云①。

四月二十四日邸钞：刘蓉递明白回奏，言：起自草茅，未趋朝阙，亲贵之臣，未见一面，枢密之地，未达一缄。请严究诬罔根由。另片奏，蔡寿祺前在四川省城，因把持招摇公事，经前署总督崇实参奏，奉旨驱逐回籍。后仍在四川，自刻关防个，征调乡勇，收召匪目陈八仙等聚众横行，臣时在蜀幕，宣言驱逐。该编修因挟私嫌，造词罗线云云。诏蔡寿祺所参刘蓉善于夤缘一节，先经华丰等讯取供词，亦称得之传闻，毫无实据。刘蓉遵旨回奏，各情与蔡寿祺之供相合。蔡寿祺业因奏参薛焕不实，经吏部议以降二级调用，不准抵销。著从宽免其再行置议。

五月朔日，恭亲王补授满洲正白旗都统，醇郡王管理虎枪处事务。

原注：周祖培，商城人，字叔滋，一字芝台，嘉庆进士，累官体仁阁大学士，曾与大学士贾桢及尚书沈兆霖等合疏请两宫太后垂帘。

李慈铭日记所记甚为详细，说明：这件事情，已经传扬出去，并且引起外界不安和猜测。“罢黜奕䜣议政王”这件事情也被吴庆坻记录在《蕉廊脞

① 该书，二，页156－168。

录》中：

“同治四年春三月，讲官编修蔡寿祺疏劾议政王揽权纳贿。议政王欲逮问寿祺。两宫震怒。初五日，召见大学士周祖培、瑞常，吏部尚书朱凤标，户部侍郎吴廷栋，刑部侍郎王发桂，内阁学士桑春荣、殷兆镛，谕以王植党擅政，渐不能堪，欲重治王罪。诸臣莫敢对。太后屡谕诸臣，当念先帝，毋畏王，王罪不可逭，宜速议。祖培顿首言：‘此惟两宫乾断，非臣等所敢知。’太后曰：‘若然，何用汝曹为？异日皇帝长成，汝等独无咎乎？’祖培奏言：‘此事须有实据，容臣等退后详察以闻。’且言请与倭仁公同查明具奏。太后始命退。”

初六日，倭仁等八人会议于内阁，召蔡寿祺质证其事，蔡惟指出薛焕、刘蓉二人，余不能指实。

初七日，诸大臣复奏上。太后出朱谕示诸臣，且谕曰：“诏旨多有别字及词句不通者，汝等为润饰之。”祖培奏请添“恭亲王议政之初，尚属勤慎”二语，太后又谕曰：“此旨即下内阁速行之，不必由军机。”遂下诏，略云：“本月初五日据蔡寿祺奏恭亲王事，查办虽无实据，自出有因。恭亲王议政之初，尚属勤慎。迨后妄自尊大，诸多狂傲，倚仗爵高权重，目无君上，视朕冲龄，诸多挟制，往往暗使离间，不可细问。每日召见，趾高气扬，言语之间，诸多取巧妄陈。凡此重大情形，姑免深究。恭亲王著毋庸在军机处议政，革去一切差使，不准干预公事，以示朕曲为保全之意。以后召见引见等项，著派□亲王、醇亲王、钟郡王、孚郡王四人轮流带领。特谕。”倭仁等受诏出，始召见枢臣文祥等三人。

初八日，惇亲王上疏言：“恭亲王事属暧昧，徒以语言小失，骤予罪惩，情状未明，无以昭示天下。”皇太后遂谕孚郡王及枢臣文祥等，传谕王公、大学士、九卿、翰詹、科道，明日于内阁会议，以□亲王疏及蔡寿祺原疏并发阅视，且令文祥等述所受旨。是日诏奉两宫皇太后懿旨，宣示恭亲王过失，斥退军机处议政，尽夺一切差使。

初九日，两宫召见大学士倭仁、周祖培、瑞常、朱凤标，尚书万青藜，侍郎基溥、吴廷栋、王发桂、殷兆镛，及军机大臣等。太后谕倭公等九人曰：“恭王恣肆已甚，必不可复用。”又曰：“即如载龄，人才岂任尚书者，而王必予之。”又曰：“王今为疏争，前年在热河言恭王欲反者非王耶？汝曹为我平决之。”谕军机大臣等则曰：“若等固谓国家非王不治，但与外廷共议之，合疏请复任王，我听许可也。”诸臣至内阁各述所受旨，则大异。是日押班者为钟郡王，乃各引王为证。王言固皆闻之，诸公相顾色然，不成议而退。

十四日，醇郡王及降调通政使王拯、御史孙翼谋皆上疏为恭邸陈请。诏以各奏折命王公、大学士、九卿、翰詹、科道，汇同前日惇亲王折一并议奏。

十六日，诏曰："朕奉慈安皇太后、慈禧皇太后懿旨：'前据惇亲王、醇郡王、降调通政使王拯、御史孙翼谋，先后陈奏，恭亲王虽经获咎，尚可录用，当交王公、大学士、九卿、翰詹、科道会同详议具奏。兹据礼亲王世铎等、大学士倭仁等会议复奏，并据内阁学士殷兆镛、都察院左副都御史潘祖荫、内阁侍读学士王维珍、给事中廉诚及各科道等联衔各折，均以恭亲王咎由自取，惟系懿亲重臣，应否任用予以自新，候旨定夺等语。所见大略相同。惟给事中廉诚等折内，所称'庙堂之上先启猜嫌，根本之间未能和协，骇中外之观听，增宵旰之忧劳'等语，持论固属正大，而于朝廷办理此事苦心，究未领会。虽前日面谕军机大臣等，随同孚郡王赴内阁传谕诸臣，而科道仍有此语，实有不能不再行宣示者：恭亲王谊属懿亲，职兼辅弼，在亲王中倚任最隆，恩眷最渥，特因其信任亲戚，不能破除情面，平时于内廷召对多有不检之处，朝廷杜渐防微，若复隐忍含容，恐因小节之不慎，致误军国之重事，所关实非浅鲜。且历观史册所载，往往亲贵重臣有因遇事优容，不加责备，卒至骄盈矜夸，鲜克有终者，可为前鉴。日前将恭亲王过失严旨宣示，原冀其经此惩儆之后，自必痛自敛抑，不至再蹈愆尤。此王小惩大诫，曲为保全之意。如果稍有猜嫌，则惇亲王等折均可留中，又何必交廷臣会议耶？兹览王公、大学士等所奏，佥以恭亲王咎虽自取，尚可录用，与朝廷之意正相吻合。现既明白宣示，恭亲王著即加恩仍在内廷行走，并仍管理总理各国事务衙门，此后惟当益矢慎勤，力图报称，用副训诲成全至意。至在廷臣工，均为国家倚任，惟当同矢忠赤，共济时艰，毋得因此稍存疑虑，畏难苟安，致蹈因循积习。将此宣谕在廷臣工知之。"

李越缦先生日记载此事颇详，余尝借观节录之。盖是时先生方主文勤家授其子读也①。

比对该日记与笔记，可以看出，罢黜恭亲王之举，使人产生"庙堂之上先启猜嫌，根本之间未能和协，骇中外之观听"的震动；也可以看出，京官们口口声声讲是皇室家事，不便与闻；同时，此事引发议论纷纷，互相传递信

① 《蕉廊脞录》，页22-25。

息，交流看法，吴庆坻曾借阅李慈铭日记并节录其内容，并透露了李慈铭的消息来自潘文勤即潘祖荫。如此可见，宫廷或朝廷中的任何事情，南城都是信息来源最快、传递最快的地方，也是议论或舆论或传闻或讹言最易产生的地方。

四、小结

这个事件，是慈禧利用群僚舆论扩大内宫皇权，打击外廷重臣的一次大规模的尝试。考虑到中枢内部的权力平衡，地方的稳定，更考虑到西方干预的可能，时人如李慈铭已指出了这一点，慈禧的真实意图并不像她在召见枢臣时表示的那样坚决，即要罢掉恭亲王的一切差使，甚至要重治他的罪，而是要杀一杀他的气势，让他在朝廷群僚中抛面丢脸，这是她或者说是“朝廷”办理此事的苦心。因此，慈禧有意将这种内廷争论扩大到军机处和内阁再经由内阁发动“百僚”来郑重其事地加以讨论。按谕旨的说法，是经此惩戒，期其自敛，“以正小惩大诫，曲为保全之意。”对这场讨论起着导向作用的是两位对总署很不以为然的大学士周祖培和倭仁。

这样，恭王就在广大的朝廷舆论中蒙上了“咎由自取”的恶名，虽然仍“加恩”在军机处和总署主持政务，但失掉了议政王的头衔。

恭亲王处置的讨论，虽然只经过了十日，但产生了巨大的政治影响。包括翰詹科道等中下级京官都参与了如何处治一位掌政亲王的讨论，并被允许上折各陈已见；这种讨论又通过京官们之间复杂的联系渠道，在更多的士大夫中间流传，如李慈铭由于替周祖培起草文件，就从后者手中看到了慈禧那篇有错别字的朱谕。这种情势，给了京官们一中可以弹劾皇亲权贵的暗示。他们至少会感觉到，只要顺应两宫的意向——这种意向在当时已是国家权力的象征，批评外臣或地方的权贵，不会有什么危险，甚至可以得到鼓励。

在1865年以后新的宫廷联盟中，慈禧的妹夫，即恭亲工的弟弟醇亲王（按：道光第七子奕譞，光绪之父）也站在了反恭王一方①。他在情绪上是敌

① 吴庆坻《蕉廊脞录》“奕譞奕䜣意见之深”条载，同治十二年二月十三日，醇亲王奏请将山东所获戕害僧邸之张凌云致祭该亲王园寝，折中有云：“去年系军机大臣拟旨，现在乃天子当阳，迥不相侔”等语。恭邸阅之不怿，令章京办奏稿辩明其事。朱修伯文劝阻不可，李文正鸿藻又力言之，而恭邸意未解，卒奏之。盖两邸意见之深始此。”恭亲王在皇族亲王间未获支持，给慈禧以利用的机会。——该书，页22。

视西方的，据说他起过煽动天津教案的作用。1871 年 3 月呈递慈禧密折，指责恭王和另一总署大臣董恂“一味媚夷”。他认为总署大臣兼军机大臣是不行的，因为遇有“可不可行之事”，这班人会先向夷人商妥，再请旨集议。慈禧认为这一密折不可公开，但她将设法使以后的一切有关外交、防务事宜，都要在醇亲王等政见相同者以及宗室诸王共同参加的宫廷会议上讨论。总署的决策权被削弱了①。

从某种意义上讲，清议努力起于十九世纪 19 世纪 60 年代中期，起于清中枢的权力斗争，并适应了慈禧削弱防范中枢（恭亲王奕䜣及总理衙门）、地方（李鸿章）权力扩张的需要。清议努力亦是慈禧之需要。

皇族宗室是清议努力兴起时的权力支撑。辜鸿铭的《清流传》中也指出，奕谖是“中国牛津运动的非官方赞助人”；他的家庭教育是在清流成员的熏陶下进行的，王府的最后一个师傅是孙家鼐②。

但事情又似乎比上述叙述要复杂。因为：

第一，《剑桥晚清中国史》的研究也已表明，从 19 世纪 60 年代自中枢至地方的“自强”新政兴起之后，中枢的一些御史言官及翰林院官员如郭嵩焘、赵树吉、魏睦庭等等，也在呼吁师夷和自强③。反对奕䜣、抨击李鸿章不等于敌视洋务，而是很可能导向打破他们对洋务的控制，导向和内政改革相汇合的政治行为。这至少是部分言官的意向。

第二，清流与奕䜣之关系。

对于编修蔡寿祺劾恭王，导致奕䜣被罢黜，后虽复职，但议政王头衔被剥夺，李慈铭则在《越缦堂国事日记》中记述了他的看法。作为清流名士，他对蔡十分不耻。兹摘录李慈铭日记如下：

蔡枚庵卒来赴。枚庵，名寿祺，本名梦齐，江西德化人。已亥、庚子连捷进士，入翰林，沉滞不迁，客游干乞。后入故侍郎胜保幕，颇招摇声气，以不谨闻。久之复官京师，署讲官，遂疏劾恭邸，并及任用非人，有云或挟重资而内居卿贰，或善夤缘而外任封疆。有旨令指实。乃谓内者礼部侍郎薛焕，外者陕西巡抚刘蓉。时薛焕方与通政使王拯互劾罢官。旨下刘蓉问夤缘状。刘素负气，上疏力辩，词甚愤激，谓平生未至京师，与朝贵从无一竿牍之通。所恃圣

① 《剑桥晚清中国史》，卷上，页 544 – 546。
② 《清流传》，页 124 – 125。
③ 《剑桥晚清中国史》，卷上，页 533 – 535、540。

明在上，无容瞻顾。今被一小臣肆口诬罔，即蒙诘问，不胜畏惧，因自请罢斥。且谓臣不识夤缘为何事，然他人以为难，而臣不自为难，以衾影自治之精，尚有严于此者。其言尤狂诞，倨傲无人臣礼，并发蔡前在四川诈刻钦差关防，骚扰鼓煽状，斥谓无廉耻之小人。有旨谕刘，而蔡降调矣。

给事中蕲水陈廷经不平之，疏劾刘以为至圣，如孔子尚自言躬行君子未之有得，刘蓉何人？敢于君父之前自比圣贤。此为无忌惮之小人。复降旨诫谕刘。

刘与陈皆楚人，疏出士夫，以为公论。然蔡素无士人行，人亦不惜之①。

这是李慈铭《国事日记》中记述的参劾恭王的一份主要的折子。由李慈铭的记述可见，蔡寿祺的折子，不能说明清流当时的主要锋芒是对着奕䜣②。清流虽常常抨击军机、总署因循守旧，主和误国，甚至指责军机大臣宝鋆昏庸，请将其罢免，但很少直接批评奕䜣，对奕䜣是有所衷情并寄予希望。

光绪十年（1884）初，法越构衅。奕䜣及其主持下的军机处不想轻易开启战端，引起朝臣交章弹劾。适值清军在前线溃败，徐延旭、唐炯以失地被逮问，三月初八日，詹事府左庶子盛昱上疏劾枢臣怠职。十三日（1884. 4. 8），慈禧突发懿旨，以"委靡因循"的罪名，将恭亲王奕䜣为首的军机处大臣全班罢黜，停奕䜣亲王双俸，令其他"家居养疾"。之后，改组军机处，命礼亲王世铎主持军机处，庆郡王奕劻主持总理衙门，并命遇有重大事件，先与醇亲王商办。奕譞得以隐握朝纲。奕譞、奕劻、世铎的能力远逊奕䜣，故时人以"易中枢以驽马，代芦服以柴胡"作喻。盛昱首先弹劾，然结果亦非其始料所及。据载："闻盛昱上奏时，置酒意园，诸名士毕集，谓五臣且受申斥，不疑速罢也。薄暮见谕旨，举座失色。"盛昱亦未料已正为慈禧利用，慈禧罢斥奕䜣等人后，以礼亲王世铎等代之，以醇亲王会商要政。盛昱复上疏反对，"谓不及旧政府远甚"，被慈禧驳回。③ 盛昱至此深感悔憾，"伯羲（盛昱字）素为恭邸所重，饮食教诲如家人谊，不得不修私谒，及见恭邸遇人如初，绝口

---

① 《越缦堂国事日记》六，页 3692 – 3693。

② 即如清流魁首李鸿藻，与奕䜣关系也十分复杂，军机处"领班总揽一切，末一位军机，往往为领班亲信。恭亲王为领班时，暗中操纵一切者，李鸿藻也。"——参见王钟翰：《清史杂考》，页 272 – 278。

③ 《国闻备乘》，卷 2，"光绪朝政府"。

不肯言时事，盛乃大惭，且以后来者更不如从前”。他一直将此举引为憾事①。可见，盛昱与清流诸人并不希望奕䜣下台②。张佩纶曾幻想使奕䜣东山再起，1878年上疏云：“王赞画枢要有年，任荐贤，任锄佞，非不能自任者”，请求“推诚委任恭亲王，责令竭忠尽诚以安危为己任”③。张佩纶入值总理衙门，奕䜣即表示：“恨相知晚，署中事悉倚办”④。中俄伊犁交涉中，张之洞连连上疏建言，奕䜣对其“颇为虚心咨访”⑤。邓承修也上疏称奕䜣“辅政多年，久资倚畀，请慈禧“俯念亲贤深维国计……用恭亲王之谙练，以理其烦”⑥。由此亦可见清流对奕䜣的态度。

“清流之起也，或云李文正与同直意见不合，恭邸不无左右袒，势孤无援，清流从而赞助之。虽未显露水火痕迹，而恭邸则以勋旧懿亲，卒因之罢退，不得谓非清流战胜也”⑦。中法战争结束后，清流星散，台谏寂然，“风气为之一变”。

光绪二十年，甲午战争爆发之际，舆论吁请朝廷起用恭亲王。（清）吴庆坻《蕉廊脞录》记载光绪二十年七月“李文田疏请起用奕䜣”：“顺德李文诚公于光绪二十年七月顺天学政任满还直南斋。时边事日亟，公与同直陆公润庠、张公百熙、陆公宝忠，联衔奏请起用恭忠亲王，略曰：倭患之贻误于前日者不足言矣，此际前茅失利，藩篱全溃，疆臣无囊底之智，当轴穷发踪之方，上无以酬浩荡之施，外无以塞台谏之劾。推原其故，毋亦当国者处疏远之地而怀疑畏之罪也。夫同一李鸿章，何以前时所向有功，今日一筹莫展？同一倭国，何以往时犯台湾而不利，今日战高丽而无前？外朝诸臣皆病政府非才，不知以今日事势揆之，固然其无足怪也。夫以礼亲王世铎之才思平庸，其不足以驱驾李鸿章亦明矣。领袖如此，余人之退听者可知；政府之执政权者如此，总署之禀承政府者又可知。一旦事会艰危，计维仰禀宸谟，规避担荷，救过不

① 王崇儒：《掌故零拾》，卷3，页40－41。

② 黄濬：《花随人圣庵摭忆》记载：“伯羲晚颇自悔发难，故集中删去诸疏。南皮（指张之洞）过伯羲宅诗：‘密国文章冠北燕，西亭博锥万珠船，不知有意还无意，遗稿曾无奏一篇。’即言此事。”——该书，页63。

③ 张佩纶：《请上下交儆折》，《涧于集》，卷1，页42。

④ 徐世昌：《大清畿辅先哲传·张佩纶传》。

⑤ 《张文襄公全集·奏议》，卷3，页12。

⑥ 《清史列传》，卷63，《邓承修传》。

⑦ 何刚德：《春明梦录》。

暇，何论立功。此次军务，遂至仰烦宸廑，添派大臣会议。夫既增派，则政府安用？政府尚不足恃，会议又安有权？无惑乎其无功也。疆臣视政府为避趋，政府又听疆臣为进退，两相推诿，即互相贻误。究其用意，避处分焉而已。一归宸断，庶隐然自立于无过之地，纵有降谪，为罪亦轻。此其为计甚工，而不知国家已阴受其病也，然而势使之然也。

夫事势至今日，无人不知恭亲王之当弃瑕录用矣。然而政府不敢言，前日不言而今言，是自求祸也；外廷不敢言，以为言之未必用，且罪在不测也。夫时事至艰危，而犹避不测之罪，是国家养士终无食报之日也，养士又安用哉？

夫恭亲王之过失，自在皇太后、皇上洞鉴之中，臣等亦无劳多渎矣。特含咸丰末年，时事之难有逾今日，计其才具，在当日实收指臂之助。揆以当日之成效，责以今日之时艰，或冀一番振作。若虑不堪任使，再有负乘，则以皇太后之圣明，臣知其不敢再负圣恩，自速官谤。臣愚以为今日者，允宜开张圣听，豁除瑕□（原文缺字），庶收其识涂之效，以赎其往日之愆。如得请于皇太后，则国家之福实式凭之。

《论语》曰“君子不施其亲”，又曰“故旧无大故则不弃”。其于今日事理，若合符节。《诗·小雅·小旻》曰“发言盈廷，谁敢执其咎?”今枢廷无执咎之人，而筑室有道谋之患。岂发言盈廷，无一人能决是非，足以启圣心而赞庙谟者，臣实耻之！臣实痛之！计皇太后、皇上圣虑崇深，未必不曾纾宸眷。但早收一日之用，或早成一日之功，宇内生灵免于涂炭，其有系于亿万年丕基之远者，实非浅鲜。若迟久后用，无论挽回非易，一经败坏，方议拯救，纵使及事，所伤实多。

疏且上，公虑天威不测，愿独受其咎，折末有‘臣文田主稿’语。陆、张诸公固不许，乃删之。书御称旨，由是廷僚交章奏请者踵相接①。

九月初一日，恭亲王遂以管理海军大臣督办军务，节制前敌诸将帅。逾月，复入军机。

但是，由于政治经济外交军事的弊病百出，单凭起用恭亲王，亦是回天乏力。

---

① 李文田（1834－1895），字若农，一字仲约，又字畬光，顺德人。咸丰九年中进士。历任翰林院编修、各省乡试主考官、学政、会试副总裁、翰林院侍读学士、国史馆纂修、内阁学士、礼部右侍郎、工部右侍郎等职，入值南书房。他为官尽忠勤勉，敢于直谏。后在阻修圆明园案件中，他的谏阻也最为有力。

因此，从剥夺恭亲王奕䜣要职这个事件起，直至到中法战争罢黜奕䜣各职、甲午战争重新启用奕䜣的过程中，士大夫们的清议、清流群体在慈禧太后和恭亲王奕䜣间的角色和作用应是需要细致探讨的课题。

第三，到光绪朝终于形成了史称“前清流”和“后清流”的两个政治圈子。前清流以军机大臣李鸿藻为首领（南清流以沈桂芬为首），周围有张之洞、张佩纶、宝廷、陈宝琛、邓承修、刘恩溥、黄体芳、吴大澂、何金寿等词垣台谏，时人呼“李鸿藻为青牛（即“清流”谐音）头，张之洞、张佩纶为青牛角，用以触人，陈宝琛为青牛尾，宝廷为青牛鞭，……其余牛皮牛毛甚多”①。其中张之洞、张佩纶、宝廷、陈宝琛被称为“清流四谏”。他们“标榜风节，纠弹时政”，对外立场强硬，对内直言敢谏，“张之洞、陈宝琛、张佩纶多以公马首是瞻”②。后清流是19世纪80年代末的翁同龢为核心的圈子，有人称之为“帝党”。皆以南城为基地。当时一旦出现政治热点，就会引起清议势头。此即京师同文馆之争、铁路之争、教案之争、和战之争等等重要事件的由来。

第四，很重要的一点是，当两宫鼓励起来的清议势头发展起来后，甚至内廷也受到抑制，在诛杀安德海、阻修圆明园、吴可读尸谏事件、庚辰宫门护军案中都有体现——这已是后话了。

① 刘成禺：《世载堂杂忆》，页90。据陈勇勤先生考证，清流党成员大约有20人。——《清流党成员问题考议》，《近代史研究》，1992. 4。

② 李宗侗，刘凤翰：《李鸿藻先生年谱》，上册，页288。

第九章
京师同文馆之争

同治五年十一月，奕䜣、文祥等奏请在同文馆内增设天文算学馆，招考正途人员，延聘西人教习，学习天文算术，以为自强之计。由于鼓励科甲正途人员报名并奉夷人为师，这个创议在朝臣间引起极大纷争，在京师士大夫阶层引起舆论喧哗。它是同治朝设法自强过程中的第一场论争，是一种“肩正学于道统绝续之交”的“诚意正心”之争，是以“守道”自任与以“救时”为业、以礼义治国与自强求富两种思路的碰撞，是理学在应对千年变局与强敌挑战时的最初回应。它掀起了清议的政治先声。

一、增设天文算学馆引发论争之症结

咸丰八年（1858）《天津条约》缔约所用文字的规定①，及咸丰十年

① 即“嗣后英国文书，俱用英字书写”、“暂时仍以汉文配送，俟中国派遣学生，学习英（法）文，英（法）语熟悉，即不用配送汉文。自今以后，遇有文字难辩之处，总以英文（或法文）为正义。”——王铁崖：《中外旧约章汇编》，第1册，页102。

(1860)《北京条约》签订时外国翻译擅自捏造条文①，使主持外交事务的恭亲王奕䜣等认识到，必须成立专门的对外交涉机构及培养外语翻译人才以免受人欺蒙。咸丰十年十二月初三日（1861. 1. 13），恭亲王奕䜣、桂良、文祥联衔上《统筹全局善后章程》，奏设总理各国事务衙门，同时挑选八旗子弟学习外国语言文字以备翻译。同治元年六月十五日（1862. 7. 11），京师同文馆正式成立，招十名八旗子弟入馆学习。1863 年 4 月，又增设法文馆、俄文馆，各招十名旗籍儿童入馆。

京师同文馆之设，显示了奕䜣、文祥等人的远略②；同时，也力图规避一些风险：在聘用英国传教士包尔腾教英文时，规定“只学语言文字，不准传教”，又另聘徐澍林教习汉文，并令“暗为稽察”③。这样做的目的是：保证学会中文课程的同时，学会一种西方语言（英、法、俄三国语文）培养中外交涉翻译人员；学习西方“坚船利炮”的制造技术，甚至是讲求天文、算学，因为“按照清朝的传统看法，天文算学有些实际用途，并且是持某种主张的儒家学者在知识探索中的正统课题”④。因此，同文馆的开设并未引起士大夫的舆论反对或激烈论争。它表明：学习西方语言文字、学术制度以利对外交涉，是时人的共同诉求。

（一）招考天文算学之议及内宫的鼓励

随着自强实践与外交活动增加，学习西语、学习西方制造及驾驶技术、讲求天文算学已成共识。但是，由于以下几种原因，实现上述目的受到了制约：

一是生员素质的制约。早期京师同文馆仅学习英、法、俄三国语文，且只

① 法国传教士在条约中文本里擅自加入“交还以前没收的天主教堂，并听任法国传教士在内地各省租买田地，建造自便”，使外国传教士获得在中国任何地方租买土地和建造房屋的特权。——王铁崖：《中外旧约章汇编》，第 1 册，页 147。

② 郑观应认为设立同文馆“此举最为善法，行之既久，能之者必多，必有端人正士奇龙异敏之资出于其中，然后得西人之要领而驱之，绥靖边陲之要领实在于是。”——郑观应：《盛世危言》，续编三，页 21－23。

③ 1863 年 4 月，江苏巡抚李鸿章奏请仿照同文馆之例，于上海添设外国语言文字学馆。1863 年 7 月，上海同文馆成立（后改称广方言馆）。1864 年 6 月，署理广州将军库克泰等奉上谕在广州设立广东同文馆。1866 年，左宗棠奏设福州船政局，同时筹办福州船政学堂。此后，还兴办了水师学堂、电报学堂等。

④ 王萍：《西方历算学之输入》，页 75－124。

招收八旗子弟，“虽然是奉官调学生，但有人情可托者，谁也不去，所挑选者，大多数都是没有人情，或笨而不用功的学生。因为这样的学生，向来功课成绩不好”①。这些学生实为难以通过科举正途入仕者，其功底与学力本身即已欠缺；进入同文馆后，主要时间和精力仍用在学习汉语②；所聘教习包尔腾等以“混混日子，捞上一笔可观的俸禄”心态敷衍教学③月课、季考、岁试等形同虚设，“请人代作，或通融抄录，草率了卷”时常发生。④ 京师同文馆创办三年，学员“汉文文义尚难贯串”，于英（外）语“语言未必娴熟”，于翻译“究属一知半解，于西洋文字未必全局贯通”⑤，这种状况难以适应中外交涉乃至自强之需。

二是制度观念上的羁绊。“由于清朝的文官制度和科举考试没有改变，同文馆等从一开始就不得不面临鼓励学生的问题。京师同文馆三年制优等毕业生可被保举为八品或九品官，进一步考试后可升为七品官，直至委任为京畿机构的主事；但上海和广州同文馆则没有这个条件，因此 1864 年春李鸿章向总理衙门建议在科举考试中增设新科，给有专长技术的考生一个应试高级功名的机会，但毫无结果。”不过，“对于那种一成不变的格局总算进行了一次突破的尝试”⑥。

鉴于此，总理衙门决定扩大京师同文馆，增设天文算学馆，这个计划得到曾国藩、李鸿章、左宗棠等疆臣的赞赏，并得到总税务司赫德的协助⑦。

同治五年十一月初二日（1866. 12. 11），奕䜣、文祥等奏请扩大京师同文馆，增设天文算学馆，吸收举人和举人出身的官吏报名肄习新开科目，内称：“窃维开馆求才，古无成格，惟延揽之方能广，斯聪明之士争来。查臣衙门于同治元年七月间，设立同文馆，延请英法俄三国教师，分馆教习。各馆学生，系由八旗咨取年在十四岁内外。迄今几及五载，各馆学生于洋文洋语尚能领略，惟年幼学浅，于汉文文义尚难贯串，现仍督令该学生等将洋文翻译汉

---

① 陈学恂：《中国近代教育史教学参考资料》，册上，页 54。

② 乔纳森·斯潘塞：《改变中国》，页 137。

③ 顾长声：《传教士与近代中国》，页 245。

④ 高时良：《中国近代教育史资料汇编——洋务运动时期教育》，页 99。

⑤ 中国史学会：《中国近代史资料丛刊·洋务运动》二，页 16 - 17。

⑥ 《剑桥中国晚清史》，卷上，页 512 - 513。

⑦ 1866 年冬，赫德回国休假，恭亲王、文祥委托他在欧洲物色自然科学教习，为天文算学馆配备施教人才。

文，以冀精进。止以功力分用，速效难期。若再令讲求天文算学等事，转恐博而不专。因思洋人制造机器、火器等件，以及行船、行军，无一不自天文、算学中来中来，现在上海、浙江等处，讲求轮船各项，若不从根本上用著实功夫，即习学皮毛，仍无俾于实用。臣等会同商酌，现拟添设一馆，招取满汉举人及恩、拔、岁、副、优贡，汉文业已通顺，年在二十以外者，取其同乡京官印结或本旗图片，赴臣衙门考试，并准令前项正途出身五品以下满汉京外各官，年少聪慧，愿入馆学习者，呈明，分别出具本旗图片及同乡官印结，一体与考，由臣等录取后，即延聘西人在馆教习，务期天文算学，均能洞彻根源，斯道成于上，即艺成于下，数年以来，必有成效。至现在已设之三馆，仍查照办理，诚以取进之途，一经推广，必有奇技异能之士出乎其中。华人之智巧聪明不在西人以下，举凡推算学格致之理，制器尚象之法，钩河摘洛之方，倘能专精务实，尽得其妙，则中国自强之道在此矣。其延聘洋人教习一事，前与总税务司赫德议，及伊可代为招聘，所有一切办理章程及学习人员，将来如有成效，应如何奖励之处，俟奉旨允准后，再由臣等详细酌定，奏请施行”①。

这份奏折的设想非常大胆及激进，即如学者所说：“在1866－1867年的冬天，恭亲王和文祥作出了一个实在大胆的计划，但此计划的激进性通常为历史学家们所忽略……恭亲王和文祥不是仅仅打算增加同文馆课程，他们的目的完全是想让西学本身的合法性得到清帝以及像翰林院那样的正统部门的承认”②。

当日，上谕发布：“从恭亲王奕䜣等奏，于同文馆添设天文算学馆，招取满汉举人及恩、拔、岁、副、优贡生及正途出身五品以下京外各官，延聘西人教习，以为自强之计。”在“今国家以夷务为第一要政”环境下③，中枢给予积极支持。

（二）奏请翰林入天文算学馆及内宫的支持

得到上谕鼓励的恭亲王等，于十二月二十三日（1867. 1. 28）再次上奏申说学习天文算学的重要性：“臣等伏查此次招考天文算学之议，并非矜奇好异，震于西人术数之学也。盖以西人制器之法，无不由度数而生。今中国议欲

① 中国史学会：《中国近代史资料丛刊·洋务运动》二，页22－23。
② 《剑桥中国晚清史》，卷上，页512－513。
③ 王尔敏：《中国近代思想史论》，页21。

讲求制器轮船机器诸法，苟不藉西士为先道，俾讲明机巧之原，制作之本。窃恐师心自用，枉费钱粮，仍无裨于实际，是以臣等衡量再三，而有此奏。”

奕䜣等也预估到了会遭到反对，因此奏折中开列了三点可能出现的舆论，并逐一剖析，反复详陈。事实上，日后争论的中心也确实是围绕这几点展开：

“论者不察，必有以臣等此举为不急之务者，必有以舍中法而从西人为非者，甚且有以中国之人师法西人为深可耻者，此皆不识时务之论也。”奏折剖析说：“夫中国之宜谋自强，至今日而已亟矣。识时务者，莫不以采西学、制洋器为自强之道。疆臣如左宗棠、李鸿章等，皆能深明其理，坚持其说，时于奏牍中详陈之。上年李鸿章在上海设立机器局，由京营拣派兵弁前往学习。近日左宗棠亦请在闽设立艺局，选少年颖悟子弟，延聘洋人，教以语言文字算法画法，以为将来制造轮船机器之本。”由此，“西学之不可不急为肄习也，固非臣等数人之私见矣。”

“至以舍中法而从西人为非，亦臆说也。查西术之借根，实本于中术之天元。彼西土目为东来法。特其人性情缜密，善于运思，遂能推陈出新，擅名海外耳。其实法固中国之法也。……中国创其法，西人袭之，中国倘能驾而上之，则在我既已洞悉根源，遇事不必外求，其利益正非浅鲜，且西人之术，我圣祖仁皇帝深韪之矣。……况六艺之中，数居其一，古者农夫戍卒，皆识天文，后世悬为例禁，知者始鲜。……即今日不设此馆，犹当肄业及之，况乎悬的以招哉？”

“若夫以师法西人为耻，此其说尤谬。夫天下之耻，莫耻于不若人。查西洋各国，数十年来，讲求轮船之制，互相师法，制造日新。东洋日本，近亦遣人赴英国，学其文字，究其象数，为仿造轮船张本，不数年亦必有成。西洋各国，雄长海邦，各不相下者无论矣。若夫日本，蕞尔国耳，尚知发愤为雄，独中国狃于因循积习，不思振作，耻孰甚焉！今不以不如人为耻，而独以学其人为耻，将安于不如而终不学，遂可雪其耻乎？或谓制乃工匠之事，儒者不屑为之。臣等尤有说焉。查《周礼》考工一记，所载皆梓匠轮舆之事，数千百年，庠序奉为经术，其故何也？盖匠人习其事，儒者明其理，理明而用宏焉。今日之学，学其理也。乃儒者格物致知之事，并非强学士大夫以亲执艺事也。又何疑乎？”

“总之，学期适用，事贵因时，外人之疑议虽多，当局之权衡宜定。臣等于此筹之熟矣。惟是事属创始，立法宜详，大抵欲严课程，必须优给廪饩，欲期鼓舞，必当量予升途。”

接下来，奏折直入主题，奏请进士特别是翰林院成员包括编修们报名入天文算学馆并在三年课程毕业后给予“格外优待”：“再查翰林院编修检讨庶吉士等官，学问素优，差使较简，若令学习此项天文算学，程功必易。又进士出身之五品以下京外各官，与举人五项贡生，事同一律，应请一并推广招考，以资博采。”

奏折并附“同文馆学习天文算学章程”六条，进一步申明专取正途人员的原因及课程、奖叙规定①。

从逻辑上看，奕䜣等申明此举并非“舍中法而从西人”，并非“臣等数人私见”，“并非强学士大夫以亲执艺事”，若“论者不察，必有以臣等此举为不急之务者，必有以舍中法而从西人为非者，甚且有以中国人师法西人为深可耻者，此皆不识时务之论也。”这些论说足以令中枢明白个中利害，因此，上谕当日批准了这个方案：“从恭亲王等奏，命翰林院编修、庶吉士等官入同文馆学习天文算学，并推广拓进进士出身以下京外各官。”

同治六年一月二十一日（1867. 2. 25），奕䜣等推荐曾著《瀛环志略》、翰林出身的前福建巡抚、太仆寺卿徐继畬为总管同文馆事务大臣：“必须有群情宗仰之一人，在彼指引开导，庶学者有所禀承。否则该馆止有洋人讲贯，而中国无师表之人，恐来学者竟疑专以洋人为师，俾修弟子之礼，未免因此裹足。……惟有徐继畬老成望重，品学兼优，足为士林矜式，拟请旨饬派徐继畬作为同文馆事务大臣，以专稽查而资表率”②。这样的目的是为了规避招考饱读孔、孟之书的翰林进士到同文馆来“拜夷人为师”可能招来的物议。上谕当日允准。

（三）增设天文算学馆创议引发论争的症结

十二月和一月的几个奏折和上谕含有体制转折的意义。从学习洋务需要上看，增设天文算学已毋庸争论。问题在于，通过此二奏折，同文馆天文算学的招生对象不断扩大：由“满汉举人及恩、拔、岁、副、优贡，汉文业已通顺，年在二十以外者”及“正途出身五品以下满汉京外各官，年少聪慧，愿入馆

---

① 中国史学会：《中国近代史资料丛刊·洋务运动》二，页23-25。
② 中国史学会：《中国近代史资料丛刊·洋务运动》二，页23-25。

学习者一并招入”，扩大到翰林院编修、检讨、庶吉士及进士出身之五品以下京外各官年龄在三十岁以下者入馆学习，并在三年课程结业之余给予“格外优保”。从奕䜣等的初意来看，是藉以训练一批科甲出身的、年轻的、精通外语与天文算学的高素质官吏，但这些奏请及上谕的批准却在客观上产生了试图让西方的自然科学（这里的天文算学包括了化学和机械学）挤入正统的以翰林院为标志的儒学体制，让包括编修在内的京官和外官改变学术取向的效果。如果得以实现，那将是清代正统学术价值和文官体制的重大改革。萧一山先生已言及此：“此章程招收正途出身人员，推广至翰林进士，足见其重视科学，较之文艺为甚。同文馆之增加天算，已等于今日大学理科或研究院矣。其欲变更科举之意，盖极显然，惟不敢昌言耳。斯议原由李鸿章发之，鸿章至恭亲王书，有‘中国欲自强，则莫如学习外国利器，欲学习外国利器，则莫如觅制造之器。师其法而不必尽用其人，欲觅制器之器与制器之人，则或专设一科取士，士终身悬以为富贵功名之鹄，则业可成艺可精，而才亦可集’等语。奕䜣甚韪之，方拟详议上陈，而忽遭严谴，遂而搁置。及是，始以天算学馆之议上，因招收正途人员，论议纷起。”该书作者对奕䜣被罢黜后，仍念念不忘自强，疏中条分缕析，委婉陈言，既列圣祖为护符，又引左、李为奥援，用心良苦深表赞许：“对实用科学必须以理论科学为基础，尤属思想上之进步……如以西学为耻，将安于不如而不学，遂可以雪耻乎？因循积习，不思振作，耻孰甚焉？是皆痛切时病，大声疾呼，以采西学，制洋器为自强之道。奕䜣于此，真不愧为爱新觉罗之好子孙矣”①。

而慈禧之所以批准奕䜣等的奏请，一是她本人在文化问题的观点上所持的模棱态度；二是现实客观情况所致，面对国门大开，与外国人打交道已不可避免，而在以往的对外交涉中，清廷没有通晓外国语言文字之官员，全凭外国翻译官传达，常常受人欺弄，从外事交涉与抵御外侮上必须学习西方语言和自然科学；三是自强实践必须倚重奕䜣、文祥和曾国藩、李鸿章、左宗棠等中央和口岸务实官僚的力量。因此，从上述两道谕旨，至少可以解读出：慈禧太后与恭亲王奕䜣之间的权力斗争并不明显，志在自强求富、抵御外侮，应是双方的共同诉求。

正如上所说，增设天文算学学习洋务已成共识，但要这些饱读儒家经典的

① 萧一山：《清代通史》，卷3，页852－854。

科甲正途出身的人来学习西方的天文算学并且师从夷人，已经触及到儒学体制及士大夫的学术取向；触及到夷夏之防等传统文化观念。于是，这个自强的创议引起了士大夫们激烈反响，引发了“同治中兴”以来第一场文化大论争。

时人陈康祺《郎潜纪闻初笔》“同文馆”条记载：“同文馆者，聘西人为教授，凡中国搢绅至齐民家聪颖子弟，均许投牒赴馆，学习天文、勾股、造船、制器诸法。月有课，岁有会，其尤隽异者，优其廪饩，奖以清秩，盖宦途之终南也。当创议初，枢府诸公，拟选阁部、翰林院五六品以下官，送馆肄业。御史张盛藻疏奏，谓天文、句股，宜令钦天监、五官正、天文生研究，制造工作，宜责成工部考校，文儒近臣，不当崇尚技能，师法夷裔。奏入，枢臣坚持初议。时倭文端公方以首揆掌院，偶有违言，遂疑倭公迂阔沮大计，乃奏派公充同文馆大臣。公策蹇莅任，忽堕马，以足疾请急。而部院庶僚，亦自以下乔迁谷为耻，迄今十余年，尚无儒衣冠入馆者。呜呼！倭公诚理学名儒，狂澜砥柱，在枢廷诸老，或亦深思熟计，志在自强哉?”

这份笔记，可使我们了解增设天文算学馆引发论争的症结以及此项创议的效果，更为重要的是，表述了时人对论争双方主旨的审视：“志在自强”，但思维理路有所碰撞——它也是本文考察此次论争中兴起的清议先声的理路所在。

二、天文算学馆之争及中枢的折中与制衡

一个多月后，御史张盛藻首先上奏反对，正式拉开论争序幕，其后，倭仁登场，与恭亲王对话。从他们的奏折来看，饱含忧虑，出发点是维护“正道”，很少有意气之争的成分，上谕亦带有制衡之意。

（一）张盛藻奏折：论争的序幕

同治六年正月廿九日（1867. 3. 5），山东道御史张盛藻上《请同文馆无庸招集正途疏》①。解析张奏，有以下几点内容：

一是肯定奕䜣等的良苦用心：“总理各国事务衙门请设同文馆，专用正途

① 张盛藻，字春陔，又字君素，枝江人。道光庚戌进士，历官御史，光绪二年六月选授浙江温州知府。

科甲人员学习天文算术，以为制造轮船洋枪之用，胪列六条，意在专讲习、勤考课，又恐人才之不乐从也，乃厚给廪饩，优与奖叙，以鼓舞之，其诱掖奖劝，用心苦矣。”

二是强调科甲正途担任朝廷命官与学习天文算学等技巧所起作用之别：“臣愚以为，朝廷命官，必用科甲正途者，为其读孔孟之书，学尧舜之道，明体达用，规模宏远也，何必令其习为机巧，专用制造轮船、洋枪之理乎？”

这是整个争论的中心：“朝廷命官，必用科甲正途者，为其读孔孟之书，学尧舜之道，明体达用。”其着眼点维护国家制度的基础——儒学正道。这里必须要全面考察张奏的观点：朝廷命官——科甲正途——儒学正道，而不是科甲正途——儒学正道。离开了朝廷命官这个前提，就不能明白1861年1月1日奏请设立总理各国事务衙门及同文馆、1866年12月11日奏请招收满汉举人及恩、拔、岁、副、优贡及正途出身五品以下满汉京外各官，以及1867年1月28日奏请扩大到翰林院编修、检讨、庶吉士及进士出身之五品以下京外各官时引发论争的过程，而一意地将论争中的反对一方视为顽固或者保守。这个过程已经逐步深入到了政治、政权或制度及维护它的理论基石，是意识形态领域的问题了。

三是阐释了为什么朝廷命官必须用科甲正途，而科甲正途不能学习天文算学的缘由。因为：天文算学是一种“机巧”，要科甲正途人员学习这种“机巧”之学，并厚给学费、优与奖叙，会败坏德政和气节，有害于士习人心，故此举与自强无关，“若以自强而论，则朝廷之强，莫如整纪纲，明政刑，严赏罚，求贤养民，练兵筹饷诸大端。臣民之强，则惟气节一端耳。朝廷能养臣民之气节，是以遇有灾患之来，天下臣民莫不同仇敌忾、赴汤蹈火而不辞，以之御灾而灾可灭，以之御寇而寇可灭，皆数百年深仁厚泽，以尧舜孔孟之道为教，有以培养之也。若令正途科甲人员习为机巧之事，又借升途、银两以诱之，是重名利而轻气节，无气节安望其有事功哉？臣以为设立专馆，止宜责成钦天监衙门考取年少颖悟之天文生、算学生，送馆学习，俾西法与中法互相考验。至轮船洋枪，则宜工部遴选精巧工匠，或军营武弁之有心计者，令其专心演习，传授其法，不必用科甲正途官员肄习其事，以养士气而专责成”①。

从张奏来看，并无大张笔伐之语，他不反对天文算学的学习，但反对饱读

① 中国史学会：《中国近代史资料丛刊·洋务运动》二，页28－29。

孔、孟之书的科甲正途人员去学习，因其职责在于做好朝廷命官。这有两种含义：一是通过科甲正途为朝廷命官的重申，来表述对捐纳保举等进入仕途的反对；二是认为自强不必依赖洋枪轮船，而取决于练兵筹饷、培养臣民气节和一个纲纪整肃、刑政严明的吏治。他把天文算学看作是机巧，担心朝廷命官学习天文算学并给予优叙，必然会导致重名利而轻气节，也必然败坏道德，道德败坏且没有气节，则必然会影响吏治，必然会影响士习人心。张盛藻强调的并非无因，因为内政治理与自强求富同样重要。清明的吏治、士习人心、德政和气节可以使国家呈现出明亮的色彩，是维持风气或维系人心的必须。

当日，上谕下发，阐明科甲正途人员学习天文算学与机巧、士习人心、圣道并不矛盾，平息争论的意向明显："朝廷设立同文馆，取用正途学习，原以天文算学为儒者所当知，不得目为机巧。正途人员用心较精，学习自易，亦于读书学道，无所偏废，是以派令徐继畬总管其事，以专责成。不过借西法以印证中法，并非舍圣道而入歧途，何至有碍于人心士习耶？该御史所请饬廷臣妥议之处，著毋庸议"①。

尽管上谕表明了态度，但其反响却是：张奏一出，京师、外省舆论一片喧嚣，"数月于兹，众论纷争，日甚一日。或一省中并无一二人愿投考者，或一省中仅有一二人愿投考者，一有其人，遂为同乡，同列之所不齿"②。据李岳瑞《春冰室野乘》"倭文端沮开同文馆"条记载，"同文馆之始开也，朝议拟选阁部翰林官年少聪颖者，肄业馆中……御史张盛藻，遂奏称天文算法，宜令钦天监天文生习之。制造工作，宜责成工部督匠役习之，文儒近臣，不当崇尚技能，师法夷裔。疏上，都下一时传诵，以为至论。虽未邀谕允，而词馆曹郎，皆以下乔迁谷为耻，竟无一人肯入馆者"③。

（二）倭仁奏折：论争的展开

二月十二日（3．20），朝中威望最高的理学大师、文渊阁大学士、帝师倭仁亲自起草了一份奏折，将同文馆增设天文算学馆之事与师事夷人、立国之道联系起来，清晰表达了科甲正途学习天文算学、奉夷为师的担忧，论争由此

---

① 《光宣两朝上谕档》六，页24－25。

② 中国史学会：《中国近代史资料丛刊·洋务运动》二，页39。

③ （清）陈康祺：《郎潜纪闻初笔》"本朝谏臣条"载："同治一朝，张盛藻论同文馆，边宝泉参李伯相进瑞麦，及游、沈二君谏停园工诸疏，皆剀切可涌。"

深化。

针对上谕对张盛藻奏折的批复，倭仁承认："数为六艺之一，诚如圣谕为儒者所当知，非歧途可比。"但他强调"惟以奴才所见，天文算学，为益甚微，西人教习正途，所损甚大，有不可不深思而虑及之者，请为我皇上陈之。"

他指出："窃闻立国之道，尚礼义不尚权谋；根本之图，在人心不在技艺。"天文算学为益甚微，只是"一艺之末"。正途人员奉夷人为师，即便学有所成，所造就者不过是"术数之士"。依靠术数能够起衰振弱的还没有过："今求之一艺之末，而又奉夷人为师，无论夷人诡谲，未必传其精巧，即使教者诚教，学者诚学，所成就者不过术数之士，古今来未闻有恃术数而能起衰振弱者也。"即便要学，亦不必"奉夷为师"，天下之大，不患无才，"如以天文、算学必须讲习，博采旁求，必有精其术者，何必夷人，何必师事夷人?"

倭仁的奏折反映出的一种民族情绪，是以洋人入侵的耻辱为依托的："夷人吾仇也，咸丰十年称兵犯顺，凭陵我畿甸，震惊我宗社，焚毁我园囿，戕害我臣民，此我朝二百年未有之辱，学士大夫无不痛心疾首，饮恨至今，朝廷亦不得已与之和耳，能一日忘此仇耻哉。"更不能忘记夷人本性："夷人机心最重，狡诈多端，今欲习其秘术以制彼死命，彼纵阳为指授，安知不另有诡谋?"

伴随列强的武力入侵，基督教在中国乡土社会广泛渗入，由此导致教案频发，令清廷外交中最感棘手。如今，科甲正途人员亦即朝廷命官去"师事夷人"，会有迷惑其信仰（即儒家圣道）的隐患，不但科甲正途朝廷命官会"变而从夷"，亦将"尽驱中国之众咸归于夷"，这最令人担心："议和以来，耶稣之教盛行，无识愚民半为煽惑，所恃读书之士，讲明义理，或可维持人心，今复举聪明隽秀，国家所培养而储以有用者，变而从夷，正气为之不伸，邪氛因而弥炽，数年之后，不尽驱中国之众咸归于夷不止。伏读圣祖仁皇帝御制文集，谕大学士九卿科道云，西洋各国千百年后，中国必受其累。仰见圣虑深远，虽用其法，实恶其人。今天下已受其害矣，复扬其波而张其焰耶？闻夷人传教，常以读书人不肯习教为恨，今令正途从学，恐所习未必能精，而读书之人已为所惑，适堕其术中耳。伏望宸衷独断，立罢前议，以维大局，而弥隐患，天下幸甚。"①

倭仁的奏折使得清廷在批驳张盛藻奏折的上谕中，将科甲正途人员学习天

① 中国史学会：《中国近代史资料丛刊·洋务运动》二，页30－31。

文算学看作“借西法以印证中法”、维护“圣道”的说法全部推翻。他在此奏折中的著名观点是：立国之道，尚礼义不尚权谋；根本之图，在人心不在技艺。其基调是：天文算学无非是异端的末数，为益甚微；而由西人教习官员，则为害甚大，且提出对师从夷人易被洋教所迷惑的隐患的担心。果真如此，将会“变而从夷”、“中国之众咸归于夷”、“教人都从了天主教”，而这确实是隐患，事关清廷最高统治者赖以为维系统治的根本之道，倭仁的担心不无理由。

倭仁，字艮峰，乌齐格里氏，蒙古正红旗人。道光九年进士，选庶吉士，授编修。历中允、侍讲、侍读、庶子、侍讲学士、侍读学士。二十二年，擢詹事。二十四年，迁大理寺卿。作为理学名臣、宫廷派系的领袖，生活节俭，品行端正，“尽管倭仁的祖先是蒙古人，但却仍旧作为当时最著名的两三位程朱理学大师之一而受到广泛的敬重。除了他模范的生活给他带来声誉之外，他还因从19世纪50年代以来一直在一个其学说既与意识形态，又与政治紧密联系在一起的领域担任一系列职务而对人们产生影响。他曾经连任都察院都御史和翰林院掌院学士；1867年除大学士外，还是年轻皇帝的授读之一。他对士大夫情感上具有更大号召力的是他断言：总理衙门要让中国人奉夷为师。在中国传统中，老师的地位是特别受人尊敬的：而那些洋人也确实是夷狄，他们刚刚直接进犯京阙，如今又在传播可恶的基督教教义，倭仁的奏折使得论争进一步深层化了，传统政治文化中的夷夏之辨、夷夏之防、儒家圣道等依据，成为阻挡最高统治者政治威权的一道篱笆。而从当时的政治文化环境而论，以程朱理学为主流的正统儒学作为官方思想占据着统治地位，且继续得到慈禧太后的支持，“原因之一是把它作为抗衡实用主义的恭亲王力量的手段，另一个原因是用它来延续国家与文化的实质，这种实质正是清朝统治阶级领导成就的标志”①。

倭仁的奏折引发了舆论反响。翁同龢日记中记载了上疏前后京师舆论之状：二月十三日，“同文馆之设，谣言甚多，有对联云：‘鬼计本多端，使小朝廷设同文之馆；军机无远略，诱佳子弟拜异类为师。’”二月十四日，“今日倭相有封事，力言同文馆不宜设。巳初与倭、徐公同召见于东暖阁，始询同文馆事，倭相对未能悉畅；既而及书房功课，具以实对。”二月二十四日，“前日，总理衙门尚递封奏，大约办同文馆一事，未见明文也。京语［师］口语

---

① 《剑桥中国晚清史》，卷上，页467。

藉藉，或粘纸于前门，以俚语笑骂，‘胡闹！胡闹！教人都从了天主教’云云。或作对句：‘未同而言，斯文将丧’。又曰：‘孔门弟子，鬼谷先生’。”①

1868 年，上谕直接按照倭仁和恭亲王的顺序把他们作为负有最重责任的两名官员提出来：一位是皇帝的道德指导，一位是领班军机大臣。② 有学者认为这其中有些许权力斗争意味：“但恰恰在这个时候，这位太后可能第一次明确地认识到：意识形态上的保守主义可以用来抵制恭亲王的政治势力。”③ 然而，从政治文化视角而言，清廷（或者说慈禧）必须倾听这种“传统文化”的声音，以实现自强与自治的并行发展。

（三）倭仁与奕䜣交锋：论争的深化

上谕将倭奏转给总理衙门讨论，在朝廷枢臣之间“妥议”。三月二日（4.6），奕䜣等上折申论自强计划及天文算学的重要性。解析该折，有如下层意：

肯定倭仁所奏“陈义甚高，持论甚正。”同时指出“臣等未曾经理洋务之前，所见亦复如此。而今日不敢专持此说者，实有不得已之苦衷。”

肯定修明礼义、作忠义之气是国家的根本：“窃惟城下之盟，春秋所耻。宋臣韩琦有言，和好为权宜，战守为实务，自古御夷无上策，大要修明礼义，以作忠义之气为根本。一面即当实力讲求战守，期得制伏之法，不能以一和而遂谓可长治久安也。”

强调“苦心孤诣”的主旨是“欲图自强”：“溯自洋务之兴，迄今二三十年矣。始由中外臣僚未款要，议和议战，大率空言无补，以致酿成庚申之变。彼时兵临城下，烽焰烛天，京师危在旦夕。学士大夫，非袖手旁观，即纷纷逃避。先皇帝不以臣奕䜣等为不肖，留京办理抚务，臣等不敢徒效贾谊之痛哭流涕，胡铨欲蹈东海而死，空言塞责，取誉天下，而京城内外，尚以不早定约见责，甚至满汉臣工联衔对奏，文函载道，星夜叠催，令早换约。臣等俯察情形，不得不俯徇舆论，保全大局。自定约以来，八载于兹，中外交涉事务，万分棘手，臣等公同竭力维持。近日大致虽称驯顺，第苟且敷衍目前则可，以为即此可以防范数年数十年之后则不可。是以臣等思长久之策，与各疆臣通盘熟

① 《翁同龢日记》，第 1 册，页 517－521。

② 《清实录·穆宗实录》，卷 238，页 17。

③ 《剑桥中国晚清史》，卷上，页 514。

算，如学习外国语言文字，制造机器各法，教练洋枪队伍，派员周游各国，访其风土人情，并于京畿一带，设立六军，藉资拱卫。凡此苦心孤诣，无非欲图自强。”

强调引用西方科技亦为巩固根本之计，并援引曾、左、李、沈地方督抚观点以为“公论”：“又因洋人制胜之道，专以轮船火器为先”，臣等“复与曾国藩、李鸿章、左宗棠、英桂、郭嵩焘、蒋益澧等往返函商，佥谓制造巧法，必由算学入手，其议论皆精凿有据。左宗棠先行倡首，在闽省设立艺局船厂，奏交前江西抚臣沈葆桢督办。臣等详加体察，此举实属有益。因而奏请开设天文算学馆，以为制造轮船机器张本。并非空请孤虚，侈谈术数，为此不急之务。”

表明与倭仁殊途同归的忧虑：“又恐学习之人，不加拣择，或为洋人引诱，误入歧途，有如倭仁所虑者。故议定考试，必须正途人员，诚以读书明理之士，心存正大，而今日之局，又学士大夫所痛心疾首者，必能卧薪尝胆，共深刻励，以求自强实际，与泛泛悠悠漠不相关者不同。倭仁谓夷为吾仇，自必亦有卧薪尝胆之志，然试问所谓卧薪尝胆者，姑为其名乎？抑将求其实乎？如谓当求其实，试问当求之愚贱之人乎，抑当求之士大夫乎？此臣衙门所以有招考正途之请也。”

按：倭仁等认为科甲正途人员中国文化的象征，要依靠他们来维系国体民心，让其向“夷人”学习，会有“变夏为夷”的危险。而奕䜣等人之所以主张招考正途人员，也恰恰是出于“读书明理之士，存心正大”，不会“为洋人引诱，误人歧途”考量——双方殊途同归，惟思维理路有所不同，并由此产生了碰撞。

这种碰撞由于以下两段文字的表述而激烈起来：“今闻倭仁所奏，似此举断不可行。该大学士久著理学威名，此论出而学士大夫从而和之者必众。臣等向来筹办洋务，总期集思广益，于时有裨，从不敢稍存回护。惟是倭仁此奏，不特学者从此裹足不前，尤恐中外实心任事，不尚空言者，亦将为之心灰而气沮。则臣等与疆臣谋之数载者，势且隳之崇朝，所系实非浅鲜。臣等反复思维，洋人敢入中国，肆行无忌，缘其处心积虑在数十年以前，凡中国语言文字、形势虚实、一言一动，无不周知。而彼族之举动，我则一无所知，徒以道义空谈，纷争不已。现在瞬届十年换约之期，即日夜图维，业已不及，若仍安于不知，深虑江河日下，及设法求知，又复众论交功，一误何堪再误！左宗棠创造轮船各厂，以为创议者一人，任事者一人，旁观者一人，事败垂成，公私均害。李鸿章制办机器各局，以为无事则嗤外国之利器为奇技淫巧，以为不必学，有事则惊外国之利器变怪神奇，以为不能学，并引宋臣苏轼之言，以为言之于无事之时，足以有为，而恒苦于不信，言之于有事之时，可以见信，而已苦于不及。该都抚等所论，语多激切，岂故好为辩争？良由躬亲阅历，艰苦备尝，是以切实不浮，言皆有物。"

"该大学士既以此举为窒碍，自必别有良图。如果实有妙策，可以制外国而不为外国所制，臣等自当追随该大臣之后，竭其梼昧，悉心商办，用示和衷共济，上慰宸廑；如别无良策，仅以忠信为甲胄，礼义为干橹等词，谓可折衝冲樽俎，足以制敌之命，臣等实未敢信。"……谨摘录曾国藩、李鸿章、左宗棠、英桂、郭嵩焘、蒋益澧等历次奏稿信函，恭呈御览，可否谕令倭仁详细阅看，备晓底蕴，以局外之议论，决局中之事机。臣等幸甚，天下幸甚"①。

奕䜣等表明了殚精竭虑，"但期可以收效，虽冒天下之大不韪，亦所不辞"的决心，并引曾国藩、李鸿章、左宗棠等为奥援，尤其是曾国藩之语，颇显雄辩有力——它同时恰恰折射出同治朝自强求富过程中两种思路的碰撞。

在此，我们有必要将曾国藩与倭仁进行比较。二人同为翰林出身；同从理学大师唐鉴问学②，互相切磋，亦师亦友，相交甚深③。同为理学复兴重要人物，提倡"守道救时"④，倭仁尊崇程朱理学为唯一"正学"，以"内圣"修

① 中国史学会：《中国近代史资料丛刊·洋务运动》二，页31－33。

② 道光二十年，唐鉴"再官京师，倡导正学"，倭仁、曾国藩、吴廷栋等皆从其问学。—王钟翰点校：《清史列传·唐鉴传》，卷67，页5400。

③ 曾国藩自此结识倭仁："（唐鉴）言近时河南倭艮峰仁前辈用功最笃实，每日自朝至寝，一言一动，坐作饮食，皆有札记。或心有私欲不克，外有不及检者皆记出。"倭仁教曾国藩写日课，二人互，相批阅日课册。——《曾国藩全集·日记一》，页92、113、143。曾国藩十分敬佩倭仁："余之益友，如倭艮峰之瑟僩，令人对之肃然。"——《致澄弟温弟沅弟季弟》，《曾国藩全集·家书一》，页40。

④ 倭仁强调修身守道，曾国藩注重经世救时。道光三十年，咸丰帝就"用人行政"问题下诏求言，倭仁与曾国藩各上《应诏陈言疏》。倭仁论"行政莫先于用人，用人莫先于君子小人之辨"。——《倭文端公遗书》，卷2，页1－3。"疏入，上称其切直，因谕大小臣工进言以倭仁为法。"——《清史稿》卷391《列传》178《倭仁李棠阶吴廷栋等传》。不久，曾国藩奏用人三策，就"用人一端"详加阐述，认为"大抵有转移之道，有培养之方，有考察之法，三者不可废一"，咸丰帝认为"剀切明辩，切中情事。"——《曾国藩全集·奏稿一》，页6－10。

身，以“守道”自任。① 曾国藩治学较杂，不持门户之见，主张汉宋兼采，重视理学“经济”之学，以“外王”经世，以“救时”为业②。咸丰二年，吴廷栋在回答咸丰帝对此二人看法时说，曾国藩“虽进言近激而心实无他”，倭仁“守道似近迂而能知大体”③。咸丰四年，命倭仁入值上书房“授惇郡王读”。

倭仁与曾国藩同居高位，倭仁官至文华殿大学士、同治帝师，以“正学”辅导圣德④，与李棠阶、吴廷栋等人立朝辅政，正色不阿⑤，倭仁又为翰林院掌院学士，亲立《翰林院条规》，要求翰林们“崇尚正学”，又主张改革风俗：“人性皆善，皆可适道，只为无人提倡，汨没了天下多少人才，实为可惜。倘朝廷倡明于上，师儒讲求于下，道德仁义，树之风声，不数年间，人心风俗，必有翕然丕变者。道岂远乎哉？术岂迂乎哉？”⑥时人谓：“但得先生一日在朝，必有一日之益”⑦。曾国藩官至两江总督、武英殿大学士，办理团练，驰骋于外，提出：“师夷智以造炮制船，尤可期永远之利”⑧，且将其化为具体实践。二人功业同为理学内圣外王、守道救时的表现，其宗旨皆为王朝复兴，恢

---

① 倭仁注重自身道德心性修养，且希望将社会上的人造就成“君子”：“孔门大路，经程朱辨明后，惟有敛心逊志，亦趋亦步去，知一字行一字，知一理行一理，是要务。”——《倭文端公遗书》，卷4，页21。

② 曾国藩作为程朱理学家，极大地发扬了“救时”之旨。当曾国藩向唐鉴问学时，唐鉴说：“为学只有三门：曰义理，曰考核，曰文章。考核之学，多求粗而遗精，管窥而蠡测。文章之学，非精于义理者不能至。经济之学，即在义理内。”曾国藩特别问了“经济之学”：“经济宜何如审端致力?”唐鉴说：“经济不外看史，古人已然之迹，法戒昭然；历代典章，不外乎此。”——《曾国藩全集·日记一》，页92。

③ 吴廷栋：《召见恭纪》，《拙修集》，卷1，同治十年六安求我斋刊本。

④ 倭仁将所辑《帝王盛轨》与《辅弼嘉谟》进呈，赐名《启心金鉴》，陈于弘德殿。

⑤ 曾国藩复函吴廷栋称：“阁下与诸君子穆穆在朝，经纶密勿，挽回气运，仍当自京师始。”——《曾国藩全集·书信六》，页4141。

⑥ 倭仁：《倭文端公遗书》，卷6，页13。

⑦ 倭仁同年朱兰（久香）语。——吴廷栋：《寄倭艮峰中堂书》，《拙修集》，卷9，页36－37。

⑧ 曾国藩：《遵旨复奏借俄兵助剿发逆并代运南漕折》，《曾国藩全集·奏稿二》，页1272。

复和维护传统社会秩序与政治秩序，二人为“同治中兴”之贤辅名臣①，“海内人士论中兴功，佥外首曾（国藩）胡（林翼），内推倭（仁）李（棠阶）”②。

由于前述京师谣言的关系，恭亲王又奏请谕令倭仁详细阅看曾国藩等奏稿信函，意在使其“备晓底蕴”：“臣衙门所办事件大半机密，不可泄漏者为多。遇有紧要之事，有时不交供事，令各章京自行缮写，亦有并不交章京，由臣等自行缮写者，其各省文件信函有关紧者，亦饬各章京严密封存，不准宣露。至臣衙门陈奏折件，及各省条奏，有谋深虑远，为他日自强之计者，军机处亦概不发钞。凡此皆因机事不密则害成，不敢不倍加慎重。所谓有谋人之心而使人知之者，殆也。因此，凡臣衙门所办事务，外间均无从知其底蕴，原无怪局外者疑议之生，甚且有谓臣衙门所办各件大率多徇洋人之意者，即如招考天文算学，使倭仁早知臣等用意所在，亦必可默喻无言，是以臣等钞录曾国藩等折信各件进呈，请饬倭仁详加阅看，俾知底蕴，庶既释该大学士疑虑，又可知臣等此种实具苦心，惟阅看之后，仍请饬倭仁务以共济时艰为念，慎勿在外宣播”③。

这个奏折中，恭亲王等将士大夫分成了学者道义空谈与不尚空言实心任事两个群体，并有“阅看之后，仍请饬倭仁务以共济时艰为念，慎勿在外宣播”之语，似乎暗示倭仁乃谣言制造者。如此，即便谣言真与倭仁无关，也令倭仁百口莫辩。以倭仁之学养威望，以倭仁之崛憨个性，很难接受。

三月初八日（4. 12），倭仁再奏，申论不可奉夷为师，免失人心，无裨政体人才：“伏思是非者，不易之理，好恶者，天下之公，前因同文馆延聘夷人教习正途一事，上亏国体，下失人心，是以罄竭愚诚，直言无隐，固非争以意气之私也。”按：此语巧妙，将奕䜣等“同文馆延聘夷人教习正途一事”上

---

① 二人同历嘉道咸同四朝，去世时间亦相近：倭仁于同治十年（1871），曾国藩则同治十一年（1872）。《清史稿》赞曰：“倭仁晚为两宫所敬礼，际会中兴，辅导冲主，兢兢于君心敬肆之间，当时举朝严惮，风气赖以维持。”——《清史稿》卷391《列传》178《倭仁李棠阶吴廷栋等传》。

② 《李时灿序》。——李棠阶：《李文清公日记》，第1册。

③ 《筹办夷务始末》（同治朝），第8册，卷48，页4579－4587。当日，军机大臣“口传谕旨”，将奕䜣此折连同所附曾国藩等信函交倭仁“阅看”。次日，翁同龢在日记中写道：“军机文、汪两公至懋勤殿传旨，将总理衙门复奏同文馆事折交倭相阅看，并各督抚折奏及信函均交阅。”——《翁同龢日记》，第1册，页523。

升到“上亏国体，下失人心”，并标明自己并非逞意气之私。

“今阅总理衙门所奏，大率谓忠信礼义之空言，无当于制胜自强之实政。奴才愚见，窃谓不然。”倭仁将奕䜣“如别无良策，仅以忠信为甲胄，礼义为干橹，等词，谓可折冲樽俎，足以制敌之命，臣等实未敢信”归纳为忠信礼义空言与不敌制胜自强之实政两种对立的层面上，这种“大率”归纳，将同文馆是否招收正途、是否延聘西人教习之个案，延展到治国用人与忠信礼义的普遍高度：

“夫欲求制胜，必求之忠信之人，欲谋自强，必谋之礼义之士，固不待智者而后知矣。今以诵习诗书者而奉夷为师，其志行已可概见，无论所学必不能精，即使能精，又安望其存心正大，尽力报国乎？恐不为夷人用者鲜矣。且夷人心机最重，狡诈多端，今欲习其秘术以制彼死命，彼从纵阳为指授，安知不另有诡谋？奴才所虑堕其术中者，实非过计耳。”

“方今时事多艰，义当供济，岂忍以游谈侈论，邀誉沽名，第议论不为苟同，正所以求其至是。若谓奴才此论一出，不特学者裹足不前，即中外实心任事，亦心灰而气沮，则持论亦过激矣。夫利之所在，众所必趋，既有薪水，又得优保，人亦何乐而不从，而谓一人之空言，遂能阻十万人向往乎？至任事诸臣，公忠体国，修内怀外，应办之事甚多，何至因此一议，群相解体？此又不待辩而自明者也。总之，夷人教习算法一事，若王大臣等果有把握，使算法必能精通，机器必能巧制，中国读书之人必不为该夷所用，该夷丑类必为中国所歼，则上可纾宵旰之忧劳，下可伸臣民之义愤，岂不甚善？如或不然，则未收实效，先失人心，又不如不行之为愈耳。战胜在朝廷，用人行政，有关圣贤体要者，既已切实讲求自强之道，何以逾此，更不必多此一举，转致于人才政体两无裨益也。”

又奏：“再奴才前次折件，密缮密封，外间无从宣播，至交钞后有无泄漏，应饬总理衙门章京等倍加慎密，至此次发交各件，奴才阅看后，即日亲送军机处收讫，并无泄漏”①。

按：这次论驳，对在外界看来，颇有针锋相对，并演变成枢臣间对抗的倾向。

上谕将倭仁所奏交总理衙门“妥议具奏”。三月十九日（4．23），奕䜣等

① 《筹办夷务始末》（同治朝），第8册，卷48，页4598－4601。

再上一折并附一片，暗指倭仁等“以道学鸣高”，并将倭仁与无稽谣言联系在一起。奏称：“窃维臣衙门设立同文馆招考天文算学，前因倭仁条奏，谓此事窒碍难行，经臣等沥陈举办情形，实有不得已苦衷，并系与各省疆臣悉心商筹，非臣等私见，是以钞录曾国藩等折件信函，请饬倭仁阅看，俾知底蕴，原期释其疑虑，共济时艰。兹倭仁并未体会各该督抚等所陈各件之意，仍谓此事以不行为是。伏查臣衙门招考正途，考究天文算学，其亟应举行之故，前折已缕悉言之，无可赘陈。惟是夷患之兴，匪伊朝夕，当年内外臣工，不求御制实际，徒以空言塞责，遂酿庚申之变。今值腹地未靖，兵财交困，纵极力讲求，思以自强，幸而收效，固在数十年以后，若仍前苟安，不思补苴，其大患亦或在数年数十年以后。但望臣等言之不中，而国势永庆奠安，断不愿言之幸中，而朝廷毫无备预。此臣等所以鳃鳃过虑，不敢以道学鸣高，止顾目前而不肯任劳任怨也。左宗棠所云，非常之变，谤议易兴，无人执咎等语，此时浮议之腾，果不出其所料。当兹权宜时势，预备制胜，既经疆臣曾国藩、左宗棠、李鸿章、郭嵩焘、蒋益澧等与臣等往返函商，必须从此入手，况雇觅洋人，不过与之讲究其法，并奏明不修弟子之礼，此折业经发钞，倭仁岂有不知？乃一则曰师事夷人，再则曰奉夷为师，辄臆造师名，阻人向往。”即阻止科甲正途人员报考同文馆，“当御史张盛藻条奏此事，明奉谕旨之后，臣衙门投考者尚不乏人；自倭仁倡议以来，京师各省士大夫，聚党私议，约法阻拦，甚且以无稽谣言，煽惑人心，臣衙门遂无复有投考者。是臣等未有失人心之道，人心之失，倡浮言者失之也”。

奕䜣等表示将不计成败、利钝，施行考试：“因思法令之行，原冀乐从。今人心既为浮言所摇，臣等无从勉弥，拟就现在投考者，择期考选，取中者入馆研究，仍时加察核，倘有弊端，即奏请裁撤。若倭仁所奏，果有把握等语，臣等止就事所当办，力所能办者，尽心以办。至成败利钝，汉臣如诸葛亮，尚难逆睹，何况臣等？是此举之把握，本难预期，因倭仁之倡议，而益多阻滞矣。惟时势艰难，势同厝火，自不得因浮言煽惑，置为缓图，止有竭尽愚忱，不敢稍萌懈志。”

恭亲王等在附片中指出：“再自道光二十年以来，因海疆多事，曾经奉有谕旨，广招奇才异能之士，迄无成效。近年臣等与各疆臣悉心讲求，仍无所获。往返函商，不得已议奏招考天文算学，请用洋人，原欲窥其长短，以收知彼知己之效，并以中国自造轮船枪炮等件，无从入手。若得读书之人，旁通其书籍文字，用心研究，译出精要之语，将来即可自相授受，并非终用洋人。今浮言既出，念所期已属无望，惟查倭仁原奏内称：‘天下之大，不患无才，如以天文、算学必须讲习，博采旁求，必有精其术者，何必夷人？’据此，是内外臣工先后二十余年所求而弗获者，倭仁耳目中竟有其人，不胜欣幸！应请饬倭仁酌保数员名，即请择地，另设一馆，由倭仁督饬，以观厥成。若能如此办理，更属两得之道，裨益非浅，彼时臣衙门原请奏办之件，即行次第裁撤。倭仁公忠体国，自必实心保举，断不至因恐误保获咎”①。

奕䜣等为了堵塞倭仁的高调，从策略上对倭仁采取了激将法，请皇上饬令倭仁精心访求精于天文算学人才，并择地另建一馆由他督饬，就等于让倭仁亲自组织实施这件事，看看倭仁是徒尚空言还是实心任事？

（四）中枢的折中与制衡

问题至此已经复杂化了，再持续下去，会加重朝臣的矛盾，并引发更大范围的论争。当天，上谕明示：“同文馆招考天文算学，既经左宗棠等历次陈奏，该管王大臣悉心计议，意见相同，不可再涉游移，即著就现在投考人员，认真考试，送馆攻习，毋庸专取正途。至倭仁原奏内称，天下之大，不患无才，如以天文算学必须讲习，博采旁求，必有精气其术者。该大学士自必确有所知，著即酌保数员，另行择地设馆，由倭仁督饬讲求，与同文馆招考各员互相砥砺，共收实效。该管王大臣等并该大学士均当实心经理，志在必成，不可视为具文”②。

这篇上谕含有折中和权力制衡的意向，使得争议的双方都陷了困境：

从总署一方来讲，吸纳有声望的士大夫包括翰林院官员进入新科目的计划付诸东流。上谕对鼓励科甲正途人员报考同文馆这一关键问题只字不提，仅同意奕䜣“就现在投考人员，认真考试，送馆攻习，毋庸专取正途。”由于清帝

① 中国史学会：《洋务运动》二，页35－37。翁同龢在二十日日记中写道：“荫轩三日未入值，与艮峰相国至报房，并至其家商略文字。昨日有旨，倭某既称中国之人必有讲求天文、算法者，著即酌保数员，另行择地设馆，由倭某督饬办理，与同文馆互相砥等因，总理衙门所请也。朝堂水火，专以口舌相争，非细故也。访兰生，点定数语。”——《翁同龢日记》，第1册，527页。

② 《光宣两朝上谕档》六，页105；中国史学会：《中国近代史资料丛刊·洋务运动》二，页37。

公布倭仁的两个奏折，使其众所周知，竟把北京士大夫煽动到如此程度，以至开始流传总理衙门意图谋反的这种招惹怨毒的谣言。那些报考同文馆新科目的正途士子遭到同乡和同列们的讥笑嘲讽，京师士大夫中形成了非正式的约定：不受诱于总理衙门所提供的新机会，“自倭仁倡议以来，京师各省士大夫，聚党私议，约法阻拦，甚且以无稽谣言，煽惑人心，臣衙门遂无复有投考者。”“数月于兹，众论纷争，日甚一日。或一省中并无一二人愿投考者，或一省中仅有一二人愿投考者，一有其人，遂为同乡，同列之所不齿”①。凡报考者遂为同乡、同列之所不齿，入馆与不入馆，显分两途，已成水火，互相攻击不已。当时投考的满汉人士 72 人，大都是不得志的文人，他们对于津贴的兴趣比对新科目的兴趣更大。从这些人中录取了 30 名，最后毕业者仅 5 名而已。用同文馆新科改革文官制度的计划被挫败了。奕䜣等深知“专取正途人员”的初衷已不可能实现，不得不退让一步，取消鼓励有才能的举人、翰林院进士们报考的计划，放宽资格，对正杂人员一律收考。六月甲申（7. 3），恭亲王等奏：“窃臣衙门于上年十一月初五日，奏请招考天文算学，专取满汉举人恩拔副岁优贡生，并前项正途出身五品以下京外各官，考试录取，旋复奏请推广考试，翰林院编修检讨庶吉士并进士出身之五品以下京外各官，均蒙谕旨允准。嗣因浮言四起，正途投考者寥寥，并经奏明就现在投考各名考选等因在案。两月以来，投考之人，正途与监生杂项人员相间，臣等以此举既不能如初念之所期，不敢过于拘执，因而一律收考，共计投考正杂各项人员九十八名，定期五月二十日，在臣衙门扃门考试。计已到者七十二名，先经投考，临时未到者二十六名。试以策论，认真考校，将各员试卷公同阅看，择其文理可观者，选取三十名，于二十六日覆加考试，文艺均属一律，谨将录取各员试卷恭呈御览，伏候钦定后，即将取中各名送馆学习，如将来人数不敷，再行招考，以资研究”②。

奕䜣等对该班学生一直不满意，同治七年五月十二日（1868 年 7 月 1 日）对其再行考试，将不堪造就的 20 人立予开除出堂，仅留李逢春等 10 人，与同文馆之八旗学生合为一馆。可以说，如果同文馆天文算学馆招收科甲正途人员报考的计划成功，则是对清朝的文官制度的一大改革，而这无疑将会促进社会进步。

---

① 中国史学会：《中国近代史资料丛刊·洋务运动》二，页 39。

② 中国史学会：《中国近代史资料丛刊·洋务运动》二，页 52。

这个结果对倭仁来说——他除去代表着京畿某些官吏的自我道德感和政治利益之外，也代表着主要的文化素质——显然是一个胜利。但是，从倭仁一方来看，上谕通过令倭仁卷入到访求中国教员、督饬讲求的实际运作中去，给倭仁出了一道难题，倭仁陷于困境。上谕所以如此，盖与“倭仁倡议以来，京师各省士大夫，聚党私议，约法阻拦，甚且以无稽谣言，煽惑人心”有关。从政治文化角度而言，有人倡议，有人附和，聚党私议，约法阻拦，甚且以无稽谣言，煽惑人心，最为中枢所忌讳。倭仁要么顺从上意，放弃争论，要么违抗君命，才能解开此题，这使倭仁措手不及、窘迫被动。

三月二十一日（4. 25），倭仁复奏：“窃奴才前以夷人教习正途，有妨政体，故力陈其不可，所以尽当言之分，非争意气之私也。兹恭读上谕，同文馆招考天文算学，经王大臣悉心计议，不可再涉游移，是此事行止，业已断自宸衷，奴才何敢再参末议。惟奴才前奏谓算法系六艺之一，如欲讲求，中国岂无精是术者，盖以理度之，天文算学，世有专家，不必奉夷人为师耳。至折内所陈，原谓立国之道，当以礼义人心为本，未有专恃术数而能起衰振弱者，天文算学，止为末艺，即不讲习，于国家大计亦无所损，并非谓欲求自强，必须讲明算法也。今同文馆既经特设，不能中止，则奴才前奏已无足论，应请不必另行设馆，由奴才督饬办理，况奴才意中并无精于天文算学之人，不敢妄保。谨据实陈奏。”尽管如此，仍然坚持“并非欲自强，必须讲明算法也”①。也许由于倭仁仍坚持自强不必讲明算法，且此事已经引起舆论喧嚣，上谕对倭仁的态度发生了变化，同日，上谕任命倭仁为总理各国事务衙门大臣②，与奕䜣一起办理洋务。

对倭仁而言，“以宰相帝师之尊，兼蕃署奔走之役”，在时人看来是“困之以必不能为之事，辱之以必不可居之名”③，他非常尴尬，坚辞总署职务④。

---

① 中国史学会：《中国近代史资料丛刊·洋务运动》二，页38。

② 《光宣两朝上谕档》六，页105。

③ 李细珠：《晚清保守思想的原型——倭仁研究》，页170。

④ 翁同龢在二十日日记中说：与艮峰相国至报房，并至其家商略文字。二十一日日记中记载：“甫出东华门，倭相邀余同至荫轩处，知今日递折，有旨一道：令随时采访精于算法之人。又有旨：倭仁著在总理各国事务衙门行走。与商辞折。”二十二日记载：“还坐兵部朝房，与倭相议论，辞折未允也。”二十三日记载：“出偕倭、徐坐报房，商前事。”二十四日记载：“遇艮翁于途，因邀至家，谈许久，知今日仍不准，与邸语，几至拂衣而起。有顷，兰孙来邀，艮翁在座，商酌无善策。噫！去则去矣，何疑焉。”——《翁同龢日记》，第1册，页528。

可以说，至此，清廷的制衡策略开始生效了，于是清廷复谕，替倭仁解开第一个难题。三月二十一日（4. 25），内阁奉上谕："倭仁现在既无勘保之人，仍著随时留心，一俟谘访有人，即行保奏，设馆教习，以收实效"①。上谕希冀以此制止论争。

但是，倭仁坚辞总理衙门差使，奕䜣等上奏："三月二十四日，倭仁面见臣等，据称赋性倔憨，不宜办理总理各国事务衙门公务，是以今日复行具折恳辞，经臣等以既奉有谕旨，毋再固辞之言，再三敦劝，并言及当兹时事多艰，为臣下者更宜任劳任怨，以图补救，藉以工舒宵旰之忧勤，若畏难苟安，非臣下所敢言，更非臣下所忍言者。倭仁复言，弘德殿差务紧要，断不能兼办总理衙门事务。若无弘德殿差使，奉旨在总理各国事务衙门行走，断不敢辞，并云与其日后在该衙门办理公务或有错误获咎，曷若今日以辞获咎。臣等不敢壅于上闻，谨奏。"

对此，上谕云："前派大学士倭仁在总理各国事务衙门行走。旋据该大学士奏，恳请收回成命，复令军机大臣传旨，毋许固辞。本日复据倭仁奏，素性迂拘，恐致贻误，仍请毋庸在总理各国事务衙门行走，等语。总理各国事务衙门，公务关系紧要，倭仁身为大臣，当此时事多艰，正宜竭尽心力，以副委任，岂可稍涉推诿，倭仁所奏，著无庸议②。三月二十五日（4. 29），倭仁请辞不准，遂受命③。上谕将另一个难题留给倭仁，即不允许他辞去总理衙门的新职务。

从上谕对倭仁的态度，可以看出中枢对倭仁为代表的士大夫舆论抵抗皇权威严所采取的抑制意向以及平息争论的态度，但却引起了士大夫阶层的反弹。

三、清议的先声

倭仁在当时具有举足轻重的地位。他的人品道法，被京官们引为楷模；他

---

① 《光宣两朝上谕档》六，页106；中国史学会：《中国近代史资料丛刊·洋务运动》二，页38－39。

② 《光宣两朝上谕档》六，页106－107。

③ 翁同龢二十五日记载："是日，倭相请面对，即日召见，恭邸带起，以语挤之，倭相无辞，遂受命而出。倭相授书时，有感于中，潸焉出涕，而上不知也，骇愕不怡良久。"二十六日记载："艮老云占之，得讼之初六，履之初九，去志决矣，相对黯然。"——《翁同龢日记》，第1册，页528。

是当时的大学士和同治皇帝的授读之一；他担任过倡扬意识形态的几个主要机构的官员如都察院御史和翰林院的掌院学士。因此，士大夫中间形成一股反对学习天文算学的强劲力量，并引发了对慈禧太后阻塞言路的激烈指责，清议之声掀起。

（一）于凌辰奏折：矛头暗指何处

倭仁请辞不准后，三月二十七日（5.1），通政使司通政使于凌辰上折，指责上谕要倭仁酌保数人、另设一馆、亲自督饬是难为倭仁，这样做会开启朋党之争风气，希望朝廷重新考虑此事："乃一自议设天文算学馆以来，验人之心，考之士气，窃有大可虑者。天文算学馆招考正途人员，数月于兹，众论纷争，日甚一日。或一省中并无一二人愿投考者，或一省中仅有一二人愿投考者，一有其人，遂为同乡，同列之所不齿。夫明知为众论所排，而负气而来，其来者既不恤人言，而攻者愈不留余地，入馆与不入馆，显分两途，已成水火，互相攻击之不已，因而互相倾覆，异日之势所必至也。……在朝廷揆时度势，用意固自甚深，然臣于此转恐于众论纷争之日，而更启之使愈争也。天文算学馆外，又复另立一馆，是学洋人者一馆，不学洋人者一馆，学洋人者势必愈尊洋人，不学洋人者势必愈鄙洋人。愈鄙夫学洋人者，愈激愈争，愈争而愈不可解，而党患成矣。在该管工大臣等洞悉大体，断不至各存意见，而自来朋党之祸，不成于上，而成于下，势使然也。又况两争者必无两胜，学洋人者胜，适以长洋人之骄，鄙洋人者胜，愈以招洋人之忌，将来衅端必自此始。溯自咸丰十年议和以来，容忍包荒，至于今日，几有血气，莫不痛心。而所恃为异日涤雪者，正以上下同心，和衷共济，根本之地，深固不摇耳。即总理各国事务衙门王大臣等，数年来苦心羁縻，无非养晦待时，不敢轻躁以误大局，中外臣民从无异议。今天文算学馆甫设，而争端即启，争端启则朋党必成。夫天文、算学本属技艺之末，其果能得力与否，尚不可知，而先令臣子别户分门，开国家未有之风气，所关实非浅鲜。"他奏请"密筹消弭防患未形，庶永无汉唐宋明党人之祸"①。于凌辰奏折所指何处，实已明了。

---

① 中国史学会：《中国近代史资料丛刊·洋务运动》二，页39-40。

（二）倭仁称病与奏请“开缺”

如果分析倭仁患病、请辞的时间，以及期间发生的事情，就会明白中枢在这场论争中的态度发生了怎样的改变。

三月二十九日（5. 3），倭仁患病。翁同龢是日记载：“闻艮峰先生是日站班后上马眩晕，遂归，未识何如也。”四月初一日（5. 4）又写道：“问艮峰先生疾，先生昨日上马几坠，类痰厥不语，借他人椅轿舁至家，疾势至重也”①。有学者认为他是称病抵抗朝廷对他的任命，是顽固的表现②。但从翁同龢日记记载看，倭仁之病并非装出来的，时倭仁年已63，年长且因为上谕令其“以宰相帝师之尊，兼蕃署奔走之役”，在时人看来是“困之以必不能为之事，辱之以必不可居之名”而心火上升，且以倭仁“素性迂拘”，他敢于在上谕已明定旨意情况下，于3月20日、4月12日、4月25日三次上疏，反对奕䜣之请及朝廷谕令，足证他决不至于称病抗旨，其所为无非是恪守士大夫政治理想及清帝祖训而已。慈禧太后概亦知倭仁病之由来，遂赏假命他安心调理。

四月十二日，倭仁续假十日。

四月十三日，地方官崇实奏议“无须限定正途，亦无庸尽师西士”。

四月十八日，翁同龢探望倭仁，他颜色憔悴，饮食甚少，两人相与唏嘘。五月初八日，翁同龢看望倭仁，倭仁告诉他，拟于十二日奏请开缺③。

五月十二日，倭仁奏请开缺，清廷赏假一个月，命他安心调理④。

（三）钟佩贤奏折：指责杜言者之口

五月十七日（6. 18），候补内阁侍读学士钟佩贤以亢旱日久、请饬廷臣直言极谏上奏，将矛头直指慈禧太后堵塞言路。钟奏称：“夏同善谏止临幸亲

① 《翁同龢日记》，第1册，页530。

② 《剑桥中国晚清史》认为：“为了不被委任到总理衙门，他不得不请病假。”——该书，卷上，页516。

③ 《翁同龢日记》，第1册，页532。

④ 《翁同龢日记》，第1册，页568。

王府，则援旧章以折之；倭仁谏止同文馆，则令别设一馆以难之”①。“当朝廷开言路之时，而迹似杜言者之口；在大臣尽匡弼之义，而转使有自危之心。诚恐敢言之气由此阻，唯阿之习由此开”②。

慈禧太后的态度发生了变化，上谕对钟佩贤奏折一一辩驳：“……折内所称夏同善谏幸惇亲王府，谕旨称循旧章以折之，倭仁谏设同文馆，谕旨令酌保数人，另立一馆以难之，等语。似该员于此二事尚未深悉。溯查从前诣近支王等府第神殿前行礼，事非一次，本有成案可循，初非创为此说以折夏同善也。朝廷于夏同善所陈风闻传集梨园之事，惇亲王并未奏闻，经该员陈奏，立降谕旨撤去，何尝不虚怀纳谏。至倭仁请罢同文馆招考天文算学一折，朝廷亦因折内有天下之大不患无才之语，或者该大学士确有所知，故令酌保数员，择地设馆，嗣因倭仁奏意中并无其人，不敢妄保，即谕以随时谘访，并未强其所难。至倭仁所奏亦系因公起见，惟于总理各国事务衙门筹办情形，未能详悉，故特派令在该衙门行走，俾互相斟酌，共济时艰。倭仁于拜命后，因病请假，并请开缺，屡次赏假调理，冀其赶紧就痊，用资倚畀，岂有以此难之之理。总之，臣工有所敷陈，必当详覈事实，方能于事有济，固不可苟为容悦，缄默自安，亦不得好沽名，藉端尝试”③。

上谕告诫臣工敷陈需要有事实为据，不可沽名钓誉，特别强调言官要避免摭拾细故，是针对社会上“杜言者之口、匡弼大臣自危”等舆论而来。

（四）杨廷熙驳议：“撤销同文馆，以弥天变”

同治六年春至五月份，京畿亢旱、粮价昂贵，贫民觅食维艰、流民随处可见，而官吏贪冒，慵懒不职、地方督抚保奏属员又阻挡正途升迁等等，与长达半年的同文馆之论争交错，构成了天灾与人事的联想，使社会舆论喧嚣，人心

---

① 同治六年二月初四日上谕：翰林院侍讲学士夏同善奏礼贵因时请缓行幸一折。据称因道路传闻将幸惇亲王府并闻传集梨园各部，请即行停止，等语。览奏实深诧异。前曾传旨于本月初五日朕奉两宫皇太后虔诣惇亲王府第神殿前行礼，所以循旧章而展懿亲，断无传集梨园之理。且此事惇亲王并未陈奏，谅亦未敢预备。朕念典方殷，日存寅畏，何至以耳目嗜好为天下先。如惇亲王果有传集梨园之事，著即撤去所有。初五日诣府行礼之处，仍照例预备。——《光宣两朝上谕档》六，页29。

② 徐一士：《一士谭荟》，页133－138。

③ 《光宣两朝上谕档》六，页156。

浮动，似乎更加重了道德在人心中的分量。

五月二十七日（6. 28），上谕发布，指出了中央与地方吏治诸多弊端，同时特别涉及言官摭拾细故，无裨实政：“从来致治之道，必先祛除壅蔽，未有实事求是而治不臻上理者也。近来各省大吏认真办事者固不乏人，而民情吏治未能将实在情形真切详陈者，在所不免，徇私枉法更难保其必无。至各路统兵大员，捏报胜仗、铺张贼情、滥保属员、虚开勇数，相率效尤，竟成积习。其在京各衙门堂司各官，循例供职，苟且因循，言官摭拾细故，无裨实政，中外如此，何以救时艰而召天和。嗣后内外文武诸臣，务当振刷精神，痛除旧习，毋得仍前泄沓，以副朝廷实事求是之诚，于诸臣有厚望焉”①。

至此，同文馆开设天文算学馆，专使正途人员去学习天文算学，双方的论争及上谕的态度，伴随着天灾、吏治问题，激起了士大夫更为强烈的反应，并持续到五月底——五月二十九日（6. 30），遇缺即选直隶州知州杨廷熙应诏直陈，通过都察院代奏，请求“撤销同文馆，以弥天变”。

以往研究，多摭拾杨奏言辞，借以佐证其顽固。在此，钞录杨奏全文，以期客观评价同文馆之争中所谓的“顽固派”。

杨奏首先列举了很多天象：“今年自自春及夏，久旱不雨，屡见阴霾蔽天，御河之水源竭，都中之疫疠行，本月初十日，大风昼晦两时之久，此非寻常之灾异也。”而后将天象与时政、与同文馆之设联系起来：“天象之变，必因时政之失。京师中街谈巷议，皆以为同文馆之设，强词夺理，师敌忘仇，御夷失策所致。臣思天道渊微，虽不系于一事，而此事实贻患之大者，谨越职昧死，为陛下条陈之。窃维修德行政，实千古临御之经，尽人合天，乃百代盛强之本。自来奇技淫巧，衰世所为，杂霸驩虞，圣明无补。……推之孔子不言天道，孟子不重天时，非故秘也，诚以天文数学，禨祥所寓，学之精者，祸福之见太明，思自全而不为世用，事事委诸气数，而或息其忠孝节义之心；学之不精，则逆理违天，道听途说，必开天下奇衺诳惑之端，为世道人心风俗之害。”

杨奏接下来说，自己日夜研思奕䜣等同文馆原奏，“觉其事、其理、其言、其心有不可不解者十焉。”

第一，原奏称，“学士大夫不可无羞无耻，而必欲激其羞恶之良，愧耻之念，其见未尝不善，然而中国之可羞可耻者，未有大于西洋之流毒。”他列举

① 《光宣两朝上谕档》六，页173。

列强在中国肆意横行之例，“西人之倡乱矣，自道光年间启衅粤东……由广东而浙江而天津，构数千年未有之祸，扰乱中国之边疆，凭陵中国之城池，侵踞中国之关口，耗散中国之财赋，荼毒中国之人民，屡和屡叛，国家之贫弱因之。其后误于端华、肃顺等，……战守失策，于咸丰十年乘中原多事，又复渝盟败约，肆虐京华，焚烧宫阙，以致文宗皇帝北狩热河，上宾龙驭。诸王大臣目击其变，身受其灾，正宜尝胆卧薪，处心积虑，勤思破敌之良策，广求济变之人才，以掩当年之羞，以雪数世之耻，方足以激励天下也。乃今日不耻不共戴天之仇，而羞不知星宿之士，何忘大耻而务于小耻也，此臣之不解者一也。”

第二，原奏称，“西人制器之法，无不由度数而生，又称其法本中国之法，特西人慎密，善于运思，意以为深明天文数学无过西人，此又所见之不广也。”他列举中国自羲轩尧舜禹汤文武周公孔孟以及先儒曩哲，“……所以历代之言天文者，中国为精，言数学者，中国为最，言方技艺术者，中国为备。……又况中国为人材渊薮，数理载国朝精蕴，二百余年，时宪无失闰之讥，天象无昏迷之诮，是此时只天文算数，较历代为尤精也。夫以中国之大，养士之久，岂无一二知天文明数学之士足以驾西人之上哉？……何不令天下举而习之，而必自卑尊人，舍中国而师夷狄，此臣之不解者二也。”

第三，原奏称，“制造轮船机器，苟不藉西士为先导，俾讲明机巧之原，制作之本，窃恐师心自用，徒费钱粮，意必以轮船机器为西洋恃以制胜中国之具，而亦用轮船以敌轮船，机器以敌机器，其策尤非也”。理由是：“夫有利器者，在有善其事之工而器始利，有善事之工，无善用之人，其器不利，即有善用之人，遇有人马能破之，其器仍不利。……可见轮船机器不足恃也，况中国数千年来，未尝用轮船机器而一朝之土宇，一代之版章，即我朝自开创以来，与西洋轮船数只近岸，彼俯首听命，不敢入内地一步，及至道光咸丰，沿海将帅督抚开门揖盗，内廷大臣以耳为目，先存畏惮之心，请旨屡示宽容，而彼愈张凶焰。然犹有曾格林沁于天津一战破敌彼轮船十余只，又可见轮船机器即洋人用之亦不足恃也。今不思破之之方，御之之术，窃恐中国将来之轮船机器，较彼尤精，而用之不得其法，不得其人，未必不徒费钱粮，徒劳人力也。此臣之不解者三也。”

第四，原奏称，“论者不察，必以臣等为不急之务。第思此时当务之为急者，不在天文而在人事，不在算术机巧而在政治修明。”理由是：“近来洋人伏于肘腋间，横行恣睢，沈几观变，朝廷急宜忧勤惕厉，奋其神武，或旁招远诏，求天下之人才，或博访周咨，知民间之疾苦，近责枢密大臣，正本清源，深谋远虑，务使立一法必思不戾旧章，行一令必期永孚众志，不得敷衍了事，不得唯阿取容，远策将帅督抚，振兴士卒，整饬官常，作忠义之气于行间，尽教养之怀于民上。条例无益者除之；免胥吏弄法，黜陟无实者驳之，免督抚专权，应天以实不以文，敬事而信无所欺。如此则纪纲立，号令行，政教兴，洋人虽众，机器虽利，轮船虽多，断不敢肆行无忌也。今自皇上御极以来，汲汲以求贤为念，而廷臣荐举，半皆获罪人员，时时以安民为心，而凋敝余生，犹有官吏剥削，新章一出，成宪徒事变更。军务未竣，赏赉时多反复。尝见久经奏调保举人员，部曹胥吏，竟置谕旨于不闻，辄敢驳斥，经外臣奏参者，律例烦苛，曹司胥吏得从中舞弊也。……且资格限制，难于自效贤才，所以多消阻，官禄薄无以养廉，士夫所以荒职业，善政未修于上，实学未讲于下，而犹令舍人事以习天文数。此臣之不解者四也。”

第五，原奏称，“中国之宜谋自强，至今而已亟也。夫自强之道，岂在天文算数、轮船机器哉？臣观史册，见历代之致升平臻郅治者，皆上有至诚无息之令主，下有各尽其职之臣工。维武经文，一时天下畏威怀德，庶民子来，百工咸集，蛮夷率服矣。今者西洋以数千魑魅魍魉横恣中原，朝廷犹因循含忍，不筹控驭之奇策，慑服之宏规，而且宰辅不闻鞑伐之书，台谏竟无驱除之疏，吏部惟知循例，即以为得人；户部止悉收捐，即以为当国；兵制大坏而兵部不知，工作不精而工部不省，无惑乎人才不兴，国用不足，兵气不扬，国威不振也。有自强之心，无自强之政，而徒震惊于外扬机器轮船不可制也。此臣之不解者五也。”

第六，原奏称，“招取翰林、进士五项正途京外官员考试录取，延聘西人在馆教习，此尤大伤风教。夫洋人之与中国，敌国也，世仇也。天地神明所震怒，忠臣烈士所痛心，无论偏长薄技，不足以为中国师，即多才多艺，层出不穷，而华夷之辨不得不严，尊卑之分不得不定，名器之重不得不惜。况科甲人员，读圣贤书，将以致君泽民为任，移风易俗为能，一旦使之师事仇敌，窃恐朝夕相聚，西人或怀私挟诈，施以蛊毒，饮以迷药，遂终身依附于彼，昏瞀不醒，习其教者，牢不可破，而忠义之气自此消矣，廉耻之道自此丧矣，机械变诈之行自此起矣，圣贤之大道不修，士林之节概不讲，无一非西学阶之厉也。此臣之不解者六也。”

第七，“原奏称，西洋各国讲求轮船之制，互相师法，制作日新，雇买以英气用，计虽便而法终在人，讲求以得其源，法既明而用将在我。因开设同文馆，揆诸立馆之心，亦隐虑洋人布满天下。数十年来，从无有人议及破之御之之法，而乃于少年科甲中择其颖悟者，师其制作，或洞悉源本，或阴得人才，以为将来破之御之地步。此中委曲，又不便明示天下，以启衅端，而故为权宜之计，久远之谋。不知其计亦左，其谋亦拙也。夫洋人诡谲百出，所为狡马思逞，侵陵中国者，方将以轮船机器罔中国无穷之利，断不肯以精微奥妙指示于人。就令其尽心竭力，举其理源，细微曲折，全行教授，亦不过制成船器，与之并架齐驱已耳。而破之御之之法，岂能并以相告哉？……今使科甲人员明其理，悉其源，将来制造轮船时，势必引绳削墨，一一教工匠制作，又必纷纷探明江海水势浅深，教水手运用，制敌之法，有如是之劳而能成功者乎？窃见古今来坚甲利兵，足以制敌之命，较机器尤精也，而人不为用，屡有弃甲曳兵之时，高城险塞，足以为人之卫，较轮船尤固也，而人不为守，屡有弃城失险之候，可知天时不如地利，地利不如人和也。兹不操出奇之胜算，而为依样之萌芦。此臣之不解者七也。”

第八，原奏称，“李鸿章、左宗棠等皆能深明其理，坚持其说，或设艺局，或设机器局，捡派兵弁，与少年子弟，宴请洋人教以语言文字算法画法，以为将来造轮船机器之本，由此以观，是西学不可不急为肄习也。臣思此事，疆臣行之则可，皇上行之则不可；兵弁少年子弟学之犹可，科甲官员学之断不可。何也？疆臣之制作，信从者不过一省一时，朝廷之诏令，遵守者则在天下万世；兵弁子弟学之不过成其艺事，科甲官员学之即可寖成风俗也。盖科甲官员，四民之瞻仰，天下所崇奉者也。查耶稣之教，流入中国有年，不能诱善良而行习者，以其书皆怪诞不经之书，其教乃违天害理灭伦废义之教，所以稍有知识者，必不听其蛊惑也。今而使少年科甲人员，习其天文数学，北面修弟子之仪，不二十年间，循例升转，内而公卿大臣，外而督抚大吏，皆惟教是从，惟命是听，处于门墙者也。万一徇私情，废公义，其害可胜言哉？又恐天下之人，因科甲尚且学习，遂相习成风，或奉行不善，一时颛蒙愚鲁之辈，奸宄不法之徒，藉习天文、算学为名，结党成群，互相引诱煽惑，倚彼势力，造言生事，洋人愈得进步，连和响应，以倡乱阶，恐西学未成，而中原多故也。是西教本不行于中国，而总理衙门请皇上导之使行也。此臣之不解者八也。”

第九，原奏称，“事属创始，立法宜详，欲严课程，必须优给廪饩，欲期鼓舞，必当量予升途。是于勤惰之中，亦寓赏罚之道。窃思赏罚为驱策天下之大柄，赏罚宜公，禄养宜厚，岂仅于同文馆一处行之哉？近日陕甘滇黔豫楚，贼氛正炽，军士饥哗屡告，京外大小官员，廉俸裁撤未见增加，从公枵腹，而朝廷之赏罚无位，随财而行，杀贼立功者，不稽核真伪于前，而苛求出身于后，特开补交捐免保举之条，此赏之不信也。因罪获谴者，不追咎其既往，予自新于将来，有加倍捐复之例，则罚之不必也。而且遇缺存缺之名，即用无即用之实，披坚执锐者，半目为夤缘，循行数墨者，厚膺其爵赏，将何以励戎行而申士气也。兹惟于同文馆厚廪饩、广升途，何明于此而暗于彼，略其大而举其细也。此臣之不解者九也。”

第十，原奏称，“外人之物议虽多，当局之权衡宜定，臣等于此筹之熟矣。此言尤属偏执己见，专擅挟持，启皇上以拒谏饰非之渐。夫自古帝王，立隆建极，务在循天理，顺人情，故询事考言，用中执两，而后成为大知……若事当于理而可行，自必询谋佥同，无有疑义，若事比不可行而行之，物议沸腾，在所不畏。……其后祸及天下，害贻后世，何莫非胶固擅权、独行独断之所致哉？伏见我朝成宪，凡改一制度，设一官职，必天下大臣九卿瀚詹科道会议妥协，覆奏施行，所以无专擅诸弊。今新立一同文馆，而令翰林进士科甲正途出身京外各官，皆从事夷狄，此何等重大事件，关系非轻，岂总理衙门数人之私见，遂能决然行之而无弊乎？即观其原奏命意，亦兢兢于人言，务为回护，是其设立同文馆之初，未尝不明知此事之不当于天理，不洽于人心，不合于众论，而必欲溃夷夏之防，为乱阶之倡。此臣之不解者十也。”

杨廷熙指出，既然“同文馆之设，创制非宜”，谨请“收回成命，以杜乱萌而端风教，弭天变而顺人心。若事在必行，恐失信于外洋，又生衅隙，仰恳将翰林、进士科甲有职事官员撤销，惟招取曾经学过天文算数者考录送馆，与西人互相印证。如此既无失信于外夷，亦可无伤风化也。……近因人情疑惧，议论纷纷，实不能已于刍荛之献者，故越职言事之罪，在所不辞，冒死直陈”①。

按：杨奏体现了如下几条思路：

1. 其前三不解，沿袭了倭仁等的观点。虽后世看来，颇为顽固，但在当时历史场景中，在西人倡乱，“扰乱中国之边疆，凭陵中国之城池，侵踞中国之关口，耗散中国之财赋，荼毒中国之人民”背景下，其言辞亦是多数士大

① 中国史学会：《中国近代史资料丛刊·洋务运动》二，页43－50。

夫的心声。

2. 其后各不解，主要强调自治，涉及吏治诸多问题。如第四不解，认为“此时当务之为急者，不在天文而在人事，不在算术机巧而在政治修明”，在官吏剥削、曹司胥吏舞弊等吏治腐败前提下，亦非毫无道理；第五不解，认为“自强之道，岂在天文算数、轮船机器”，在吏治废弛之下，只有“有自强之心，无自强之政”，则必造成人才不兴，国用不足，兵气不扬，国威不振，非谋自强之根本，实际强调的是自强与自治的并重；第七不解，强调延聘西人教习正途，会使“圣贤之大道不修，士林之节概不讲”，第八不解认为“科甲官员，四民之瞻仰，天下所崇奉者也”，他们是民众的榜样，一旦变而从夷，将使天下效法，会危及统治，符合时人所虑；第九不解，认为赏罚宜公，意在指出捐纳之弊；第十不解，提出“凡改一制度，设一官职，必天下大臣九卿瀚詹科道会议妥协，覆奏施行”，而今“新立一同文馆，而令翰林进士科甲正途出身京外各官，皆从事夷狄，此何等重大事件，关系非轻，岂总理衙门数人之私见，遂能决然行之而无弊乎？”这无疑是士大夫要求广开言路的呼声。

杨奏列举各端，既符合当时现实，也符合当时的政治文化环境的大背景，诚如《剑桥中国晚清史》所言：“自太平军在湖北首次遭到挫折直至1868年的14年中，人们不但看到王朝幸存了下来，还看到了清朝政体的主要特征也恢复原状。”从思想文化角度而言，“宋代的理学继续得到慈禧太后的支持，原因之一是把它作为抗衡实用主义的恭亲王力量的手段，另一个原因是用它来延续国家与文化的实质，这种实质正是清朝统治阶级领导成就的标志。从太平天国叛乱的爆发直至捻军战争终结的18年中，北京的会试及乡试一次也没有停办过。此外，有三年在全国范围内安排了恩科会试和乡试。……由于乡试功名最后能使人获得官职，这些及时举办的补考使士子们为了自己的前程而倒向清朝”①。因此，杨廷熙为代表的士大夫极力维护清王朝的“政体”，担忧“变而从夷”、“尽驱中国之众咸归于夷”，将有碍“士习人心”、有妨“政体”，强调以道德礼仪维系人心、实现“自治”、“自强”，合乎当时的政治文化环境。

从政府运作系统而言，吏治腐败废弛，“可是在此期间，大部分官员的质量下降了。清王朝沿用前几代皇帝的旧例，不但照常捐卖监生功名和一些官僚

---

① 商衍鎏：《清代科举考试述录》，页97－100、151－152。转引自《剑桥中国晚清史》，卷上，页467。

职称，而且捐卖实授官职，甚至也卖知县职位。巡抚们仅就军功也已经在推荐候补人了。在全帝国将近1290各县中，约有512个县的地方志材料表明，1850年以后，捐纳的知县大致增加了一倍，其数也相当可观"①。这些捐纳的官员尤其是知县候选人被认为是商人，他们企图通过浮收和其他盘剥形式来捞钱②。"胥吏和差役勾结，后者走乡串村与地保联系。大部分知县不得不依靠这批下属取得收支平衡和在一两年内积累一笔资产。这样，成为这一世纪中期叛乱主要原因的地方政府陋习，显然在这场大破坏中被保存了下来"③。这在如此吏治背景下，杨廷熙所强调的是自治问题，有自强之心，无自强之政，即没有政治修明的自治基础，任何谋求自强之计都难以发挥其持久作用。人心永远是维持政体的纽带，任何自强、自治都要以此为出发点。从这个角度而言，如果我们片面、断然地说杨廷熙顽固，则是脱离历史的、不客观的。从政治文化角度而言，强调吏治、道德人心、人才培养及国本等问题，这种担心及表述是一种深层的政治参与，这种参与始终伴随在晚清夷务运动过程中。

（五）中枢对清议舆论的制止

在上谕已有定音的情况下，以杨廷熙区区官职，竟敢冒死直陈，且"出言不逊"，这无异于对皇权的"公然对抗"。恭亲王奕䜣等无奈地奏请将杨廷熙所奏派大臣核议，并将负责总理衙门的大臣均暂时停职，听候查办。一切皆取决于慈禧太后的态度。

从整个论争的起始过程看，我们不能说慈禧太后反对设立天文算学馆，反对正途人员学习天文算学，因为她本意绝对是要自强的，要维护清朝统治的。所以她对奕䜣等奏折都坚决支持；但在倭仁上奏并引起士大夫强烈共鸣并将矛头指向她堵塞言路时，她的态度有所变化：她不能不顾及占统治地位的官方思想——程朱理学为主流的正统儒学。因此她对倭仁奏折采取公开辩论方式，又对钟佩贤等奏折一一详解，同时告诫言官据实直陈。她的制衡意向已经十分明显，她要压制倭仁为代表的士大夫的高调，但也不能冒险再令正途报考天文算

① 李国祁、周天生、许弘义：《中国地方志研究：清代基层地方官人事嬗递现象之量化分析》，第1册，页212－213。转引自《剑桥中国晚清史》，卷上，页467。

② 许大龄：《清代捐纳制度》，页146－149。转引自《剑桥中国晚清史》，卷上，页468。

③《剑桥中国晚清史》，卷上，页468－469。

学，这是一种平衡，意在终结辩论，实施自强之计。但此时，眼见朝廷枢臣及士大夫围绕着同文馆开设天文算学馆的争论不休，长久下去，势必有害风俗人心，于是，当日发布长篇上谕，意在制止士大夫阶层的舆论势头。我们来看上谕原文，就可从中窥测慈禧太后的态度。上谕云：

“前因天时亢旱，诏求直言，原冀于国计民生有所裨益。兹据都察院代奏，候选直隶知州杨廷熙请撤同文馆以弭天变一折，呶呶数千言，甚属荒谬。同文馆之设，历有年所。本年增习天文算学，以裨实用。历经御史张盛藻、大学士倭仁先后请罢前议，因其见识拘迂，叠经明白宣示。兹据该知州所陈十条，不过摭拾陈言，希图自炫，原可置之不论。惟有关于风俗人心者甚大，不得不再行明示。杨廷熙因同文馆之设并诋及各部院大臣，试思杨廷熙以知州微员，痛诋在京王大臣，是何居心？且谓天文算学，疆臣行之则可，皇上行之则不可，普天之下，孰非朝廷号令所及，岂有疆臣可行而朝廷不可行之理？又谓事在必行，恳请将翰林进士科甲有职事官员撤销，尤属谬妄。国家设立科目，原以登进人才，以备任使。曾国藩、李鸿章等均系翰林出身，于奉旨交办中外交涉事件，从无推诿，岂翰林之职，专在词赋，其国家政务，概可置之不问乎？至所称西教本不行于中国，而总理衙门请皇上导之使行，及专擅挟持，启皇上以拒谏饰非之渐等语，更为肆口诋诬，情尤可恶。”

之后，上谕将杨奏与倭仁、党援门户之风联系起来：“推原其故，总由倭仁自派总理各国事务衙门行走后，种种推托所致。杨廷熙此折，如系倭仁授意，殊失大臣之体，其心固不可问，即未与闻，而党援门户之风，从此而开，于世道人心大有关系。”

上谕的态度是：倭仁“该大学士与国家休戚相关，不应坚执己见。著于假满后，即到总理事物衙门上任，会同该管王大臣等，和衷商酌，共济时艰，毋蹈处士虚声，有负朝廷恩遇。”至杨廷熙“草莽无知，当此求言之际，朝廷宽大，姑不深责”。对恭亲王、宝鋆“请将杨廷熙所奏十条派大臣核议，并请将该王大臣及现任各大臣，均暂开总理衙门差使，听候查办，自系为杨廷熙折内有‘专擅挟持’等语”，上谕说：“当此时事多艰，该王大臣等当不避嫌怨，力任其难，岂可顾恤浮言，稍涉推诿？所请著毋庸议”①。

按：这篇上谕对参与争论的各方都予以“关照”，其制衡、调节、平息舆

① 《光宣两朝上谕档》六，页179；中国史学会：《中国近代史资料丛刊·洋务运动》二，页43－50。

论之意十分明显：

1. 上谕尽管使用了呶呶、荒谬、是何居心、肆口诋诬、可恶等字眼挑剔指责杨廷熙，但并未怪罪，只说他“草芥无知，当此求言之际，朝廷宽大，姑不深责”。非但如此，同日，军机大臣等将上谕交都察院，谕旨中要求“该知州有无所知人才堪备录用及如何自强之策，著都察院堂官传询该知州如有所见，即饬据实直陈”。又令“都察院代奏候选直隶州知州杨廷熙条陈一件，著留览”。足见其谋求自强之心及对士大夫清议的顾忌。

2. 杨廷熙的看法在京官中很有代表性，时人李慈铭《越缦堂国事日记》记载：“当咸丰末之设总理各国事物衙门也，慈私谓其非体，直以理藩院兼辖，而添设侍郎一人，以恭邸总理之，不宜别立司署。尝为一二当事者言之而不听也。及考选六部内阁属官为司员，又窃谓士稍自好者当不屑之，而一时郎吏奔走营求，惟恐勿得，则已大骇……至今年开同文馆，以前太仆寺卿徐继畬为提调官，而选翰林及部院科甲出身，年三十以下者学习行走，则中华之儒臣而为仇夷之学子，稍有人心者宜不肯就，而又群与趋之，盖学术不明，礼义尽衰，士习卑污，遂至于此。驯将夷夏不别，人道沦丧，家国之忧，非可言究。……五月中，内阁侍读学士钟佩贤上疏，以天时久旱，请求直言。有曰：近者，夏同善谏幸惇亲王府第，而朝廷称循旧章以折之；倭仁谏设同文馆，而谕旨会酌保数人另立一馆以难之。当朝廷开言路之时，而迹似杜言者之口（请饬诸臣指陈时政得失）。诏从其言，于是四川庐州人杨廷熙之疏应召上，乃重违时旨，深被谯诃，牵及辅臣，疑为指使。夫杨疏外间，未见其所云；天文算学疆臣可行之语，盖为湘乡督辅地……识者诮湘乡之讲习泰西技术，实为祸端，至于继畬，盖不足责尔”①。李慈铭认为杨疏由来是出于对于人心世道的考虑，并非由人指使，真正学习泰西技术的祸端是曾国藩。这些看法在京官、士大夫阶层中很有代表性。

3. 慈禧对杨廷熙未加怪罪。上谕只是摘取了杨奏痛诋在京王大臣、疆臣可行而皇上不可行之语，对恭亲王等采取维护态度，表明慈禧太后在“时事多艰”下谋求自强之愿。上谕以曾国藩、李鸿章翰林疆臣来驳斥正途不能学习天文算学之说，而曾国藩的理学修养不在倭仁之下，其制衡之意不言而喻，上谕并以模棱两可口吻，将倭仁与此事联系起来，其目的是制止一些士大夫肆

---

① 该书，二，页 278－282。

口诋诬朝廷开启党援门户之风、堵塞言路的清议势头。从同文馆之争开始，张盛藻领先，倭仁继后，与倭仁日日商榷此事的还有徐桐、李鸿藻、翁同龢等帝师级枢臣；在倭仁受命并以病拒不赴任的期间，不断发生通政使于凌辰上奏、候补内阁侍读学士钟佩贤上奏、地方崇实上奏、杨廷熙奏折，而且不断指责朝廷难为倭仁、开启朋党之风、堵塞言路等等；加之京城内舆论喧嚣，谣言四起，人心浮动。而此时倭仁仍在休假拒不赴总理衙门之任，因此，上谕的态度十分明确：倭仁假满后，即到总理事物衙门之任，会同奕䜣等和衷商酌，共济时艰，毋蹈处士虚声，有负朝廷恩遇。制衡调节、平息清议势头之意不言而明。

（六）倭仁开缺与论争余绪

至六月，天时亢旱未解，而吏治的腐败却不断涌现。六月初四日（7. 5)，御史崔穆之奏请严禁各省州县浮收漕粮①。六月初八日（7. 9)，上谕，本月十三日敬举告祭方泽典礼，虔申祈祷。

天时亢旱、吏治问题令深宫焦思恐惧，而此时倭仁一再坚持开缺，这在慈禧太后看来，他的态度、举动无疑增加了士大夫们对朝廷的不满，加之期间钟佩贤上奏指责慈禧太后堵塞言路，加之杨廷熙奏折呶呶不休的指责，加之期间京畿亢旱，吏治腐败不断等因素，慈禧对倭仁此举甚为不满。六月十二日（7. 13）上谕说："倭仁奏病假未痊愈，请开缺调理一折。倭仁著不必给假，一俟气体可支，即以大学士在弘德殿行走，其余一切差使，均著毋庸管理"②。翁同龢在该日日记中写道："倭艮翁是日请开缺，闻准开一切差使，仍以大学士在弘德殿行走，为之额手"③。这宗"为之额手"，暗含敬意或庆幸，意蕴颇深。

清廷开去了倭仁翰林院掌院学士和管理户部事务职权，仅以大学士在弘德

① 《光宣两朝上谕档》六，页185。

② 《光宣两朝上谕档》六，页190。

③ 《翁同龢日记》，第1册，页544，。

殿行走。倭仁开缺，未赴总理衙门任，这是他所坚守的正学与道统的胜利①。从政治文化角度而言，翁同龢等为之额手称庆，说明同文馆开设天文算学馆所遇到的阻力至大，绝非顽固或保守一词所能涵盖，它反映的是时人普遍的心理②；否则，单凭倭仁又如何能致使“无人投考”，“愿投考者，一有其人，遂为同乡，同列之所不齿”？何况是上谕所倡？

同文馆天文算学之争告一段落，奕䜣等招收正途优秀人才报考天文算学计划付诸东流，但恭亲王和文祥并不回避奉夷为师招致的怨愤。六月十九日（7. 20），恭亲王等奏请两广总督瑞麟、广东巡抚蒋益澧、浙江巡抚马新贻迅将熟精数算的邹伯奇、李善兰咨送来京，“剀切晓谕生员邹伯奇、李善兰，务宜仰体朝廷需才孔亟，作速束装北上，力图报效，以副国家作养人材之意。”

而慈禧对倭仁的不满亦未减弱。六月二十四日（7. 25），翁同龢日记写道：“诣兰生谈，备闻前日倭相转圜事，上意甚愠，赖文吏部（吏部尚书文祥）委婉开譬，有甚不以为然者，则农曹之长（户部尚书宝鋆）也”③。到了七月，京畿亢旱依旧，七月初四日（8. 3），倭仁销假，慈禧不予召见。翁同龢在日记中写道：“是日，倭相国销假，未召见。上（指同治帝）挚慰之。”初六日（8. 5），又写道：“生书仍系艮翁上，午正退”④。

---

① 李岳瑞《春冰室野乘》“倭文端沮开同文馆”条载：“同文馆之始开也，朝议拟选阁部翰林官年少聪颖者，肄业馆中。时倭文端方为首揆，以正学自任，力言其不可……方争之烈，恭忠亲王奏命文端为同为同文馆大臣，盖欲以间执其口也。文端受命，欣然策骑莅任，中途，故坠马，遂以足疾请假，朝廷知其意不可回，亦不强之。文端之薨也，巴陵谢麐伯太史以联挽之曰：‘肩正学与道统绝续之交，诚意正心，讲席敢参他说进；夺我公于国是纷纭之日，攘夷主战，明朝无复谏书来。’当时士大夫见解如是，宜乎郭筠仙、丁雨生，皆以汉奸见摈于清议也。国之不竞，诸君子乌能辞其责哉？虽然，今日国家固已兴学矣，固已重用留学生矣，而效果果究何在耶？吾恐文端诸人，方齿冷于地下，而持用夷变夏之说者，且益张其焰而助之攻也。”

② “假如曾国藩不曾出京办团练，一直留在朝中，他能扮演的角色和表现的心态，大概和倭仁不会相差很多。”——韦政通：《中国十九世纪思想史》，上册，页403。

③ 《翁同龢日记》，第1册，页544、546。

④ 《翁同龢日记》，第1册，页548。

四、小结

在后来的一般史书中，同文馆开设天文算学馆之争被看作是顽固派与洋务派之争的一个个案①。从双方出发点而言，一为自强，一为自治，而从自强自治关系而言，是相互表里，互为依托的。很难截然将双方划分为顽固与洋务二派。从奕䜣等人而言，其接受西学是有底线的，这可从其同文馆奏折中寻觅到线索：

奕䜣这样所谓的洋务派接受西学的底线是“师夷长技以制夷”：同文馆成立的初衷是先谙外国言语文字以免受人欺蒙；先用洋人“窥其长短”，而后将其书籍译出精要，自相授受，“并非终用洋人”。聘用洋人来教授外国语言文字是在当时广东、上海均无教习可资委派进京情况下的不得已而为之，为此采取了以“不准传教”为框限及专门聘请汉人教习“中学”并“暗为稽查”的办法来规避风险——奕䜣等以此为两全之策，正是他中体西用底线的明证②。

因此，从奕䜣等接受西学的底线、从倭仁等所主张来看，结合当时的政治

① “是时，朝廷与疆吏之间，虽以制造船炮，讲求西学为自强之急务，而社会上一般顽固之徒，则颇以效法洋人为耻。同文馆之设立，原不过选幼童，习语文，以助办理交涉，故尚无人反对。及招收正途习天算之议出，而反对者乃蜂纷如。当时守旧派之势力，在京僚中实十居八九，大学士倭仁以理学名，与曾国藩交游相契，而对于新学之意见，则正相反，隐然为顽固派首领。”——萧一山：《清代通史》，卷3，页855。

② 曾任同文馆西文总教习的丁韪良即认为开设同文馆最主要的目的是“训练青年学生，以便毕业后能出任公职，尤其是作为参加国际交涉的政府代表。”——《花甲记忆—一个美国传教士眼中的晚清帝国》，页199。“同文馆算是特别的幸运，有总理衙门作背景，有恭亲王作靠山，才能诞生。”——《同文馆记》，引自朱有瓛主编：《中国近代学制史料》第1辑，上册，页161。但作者不懂的是，奕䜣虽然贵为亲王，却也“诚惶诚恐，惟恐获咎”、“浅尝辄止”，并不能“不敢大刀阔斧地干去”，原因之一是他有着与时人共通的接受西学时不能触碰的底线，即如他在招考正途师从夷人学习天文算学奏折中强调的“并非舍圣道而入歧途。”

文化环境，将倭仁等洋务西学的反对者归为“顽固派”，亦不恰当①。在“华夷之辨，不得不严；尊卑之分，不得不定；名器之重，不得不惜”的传统政治文化环境中，在儒教作为官方正统意识形态的环境下，在西方列强“震惊我宗社，焚毁我园囿，戕害我臣民，此我朝二百年未有之辱”，所有“学士大夫无不痛心疾首，饮恨至今”的环境下，倭仁反对“师事夷人”，认为“奉夷为师”可耻，涉及传统道义和民族感情问题，它是当时决不可更改的思想意识，极易调动士大夫情绪，引发社会舆论，更易形成共同的抵制行为，横亘在洋务派面前，哪怕是有恭亲王奕䜣的创议，哪怕是有慈禧太后、皇帝的谕旨，也难以改变这种“士风”。此即倭仁、杨廷熙等奏连遭上谕否定后，钟佩贤、于凌臣等上奏职责慈禧太后堵塞言路、倭仁宁可获罪也要坚决辞去总理衙门差使的原因②。

从整个同文馆论争过程中慈禧太后的态度来看，她一直倾向于支持奕䜣及其背后的疆臣；她之所以不再提出让正途报考同文馆，是因为当时的士大夫阶层的激烈反应以及程朱理学为主流的正统儒学决定的。慈禧对倭仁的态度，从最初“妥议”的不压制、“与国家休戚相关”的抚慰，到坚持让他到总理衙门任职，到解除他的帝师以外的一切差使，等于是令倭仁颜面尽失。她对倭仁态度变化的根源在于倭仁之后所掀起的清议势头。倭仁的言行，将廷臣间的争论扩大到社会层面，引起了士大夫阶层舆论的喧嚣，在上谕已有明示的情况下，这些清议无疑是对她或者皇权威严的抵抗，这是她所不能容忍及容许的。慈禧太后没有料到，朝野上下对倭仁的同情和反弹情绪如此之大，正途官员对同文馆进行了抵制，“嗣因浮言四起，正途投考者寥寥”，生源“不能如初念之所

---

① 梁启超在谈到此事影响时说道：“昔同治初叶，恭亲王等请选编检庶常，并五品以下由进士出身之京外各官，及举人恩拔副岁优贡等，入同文馆，学习西艺，给以廪俸，予以升途，得旨依议。其时正当日本出洋学习之时耳。此议若行，中学与西学不致划为两途，而正途出身之士大夫，莫不研心此间以待用。至今三十年，向以所谓编检及五品以下官，皆位卿孤矣。用以更新百度，力图富强，西方大国犹将畏之，而况于区区之日本乎？乃彼时倭仁端方以理学名臣，主持清议，一时不及平心详究，遂以用夷变夏之说，抗疏力争，遽尼成议……文端之言，其误之家国，岂有涯耶！”——梁启超：《变法通议》，《饮冰室文集》。

② “假如曾国藩不曾出京办团练，一直留在朝中，他能扮演的角色和表现的心态，大概和倭仁不会相差很多。”——韦政通：《中国十九世纪思想史》上册，页403。

期”，以致奕䜣不得不降低门槛，凡来投考之人一律收考，才勉强招得31名学生①。

同文馆之争的问题在于：这种文化论争以及它所展示出的排外主义是发生在一个特定的脉络之中的。

其一，太平天国被平定之后，国内治理面临着两个亟待解决的问题：一是地方重建，二是应对外国挑战。辜鸿铭的《清流传》中已准确地抓住了这两个问题并按其见解来界定清流的作用：“当卓越的中国学者平息了太平军革命后，他们仍然有两个极为困难的问题，必须加以解决。第一是重建工作——即社会与行政改革的实际问题。另一个问题是，应采取什么样的措施去对付迎面而来的欧洲人，对付他们如潮水般涌进的强大现代物质文明的破坏性力量。”“当咸同间，中兴人才除湘乡曾文正外，皆无一有大臣之度，即李文忠亦可谓之功臣而不可谓之大臣。盖所谓大臣者，为其能定天下之大计也。当时粤匪既平，天下之大计待定者有二，一曰办善后，一曰御外侮”②。在当时的官僚士大夫们，一般将这两个问题作为分隔开的两个领域来考察，至如何自治与自强，缺乏一种打通的通盘规划。奕䜣和同意奕䜣的上谕，都没有预想到设立天文算学馆后果的激烈性，仅从“以为自强之计”着眼，就是这种思路的明证。

但奕䜣的奏折是在第二次鸦片战争之后不久，洋人刚刚退出京师，条约苛刻而洋教又不可遏制地传开并引发了教案。在这种情势下，该折提出“奉夷为师”的主旨，势必在士大夫们中间引起感情震动。“天地君亲师”，“师”是传统中最受尊敬的角色之一，“奉夷为师”危及到士大夫们理想德政的基石。

---

① 《剑桥中国晚清史》认为，倭仁奏折公开后，无人报考总理衙门，是倭仁的一个胜利，“但是必须看到，他取得这个胜利的一部分原因是由于慈禧太后未能给予恭亲王以全力支持，但恰恰在这个时候，这位太后可能第一次明确地认识到：意识形态上的保守主义可以用来抵制恭亲王的政治势力。慈禧还是没有重新提出让具有高级功名的人报考同文馆新科目的号召，4月23日的上谕仅仅表示：就现投考人员，认真考试，送馆攻习可以想象，慈禧并不愿意反对倭仁对儒家文化解释的本质，因为她自己作为摄政者的地位以至满族人的统治本身，都是依赖儒家的伦理和文化的。当然慈禧本来可以选择的道路是，坚持一种更加灵活而依然是正确的儒家观点，就像恭亲王和曾国藩在奏稿中所举例说明的那样。但那时在慈禧看来，把一个在京师官员中有大批追随者的显宦抬出来使之盖过恭亲王，这种做法是毫无害处的。”——该书。卷上，页515–516。这种说法太过于强化了慈禧太后与恭亲王之间的权力斗争色彩，而忽略了自强求治的共同初衷。

② 辜鸿铭：《清流传》，页48、153。

加之，反对这一奏折的倭仁是师表，他的地位、德行自然引起京官们强烈的共鸣。

被史家常加抨击的“忠信为甲胄”，如果按照理学经世的逻辑，自是其必然的思路和对时局的正面回应。像张盛藻、倭仁等理学经世者，没有明确地反对在体制边缘地区（口岸）搞一点新技术，但却对在体制中枢“奉夷为师”反应强烈。倭仁主张恢复讲学之风，包括重建书院传统，是其理学经世的立场。这种思路具有两面性，它既为保守的典型，同时也召唤了民族情绪。而后一点，却恰恰对此后清流的正式兴起提供了资源。

其二，倭仁的胜利，也至少部分来自慈禧的支持。慈禧似不能被认为是“顽固派”，否则她不至于批准奕䜣的两个奏折（名义上是皇帝的上谕）。她的批准和态度的转向，可以从两点来解释：一是，她愿意“自强”，但没有意识到同文馆新科的激烈性；二是在文化意识上，她是一位实用主义者，对政治实用的兴趣超过了对文化本质的解释。其时，理学经世的思路已经发生了种种变化，对于儒学本质的解释，已至少出现三种思路：其一是曾国藩的理学经世，即将传统理学结构的义理、考据、辞章之外，加上“经济”一门，以强调理学的经世功能，洋务遂成为“经济”之组成，即传统经世条目的新添内容；其二是郭嵩焘势理并重的思路，理要顺应于势，即顺应现实变化的需要，这是他涉外观念的哲学基础；其三是倭仁的以理涵盖一切并视为万能的思路。

这说明，至少在19世纪60年代之后，理学经世的思路已经发生了种种变化。慈禧本来也可以用曾国藩的解释来说明奕䜣建议的正统合法性，但她最终在实际上是认同了倭仁（正途科甲人员不再报考天文算学馆），其动机与其说是“顽固”，不如说是权力平衡的需要，是自治与自强并重的考虑。

同时，从政治文化角度而言，慈禧对奕䜣与倭仁在论争上采取的制衡态度，正是她对奕䜣与倭仁所代表的实际操作与思想意识两个政府系统的驾驭之术，这是她维持统治所必须的。对慈禧而言，他需要奕䜣等实心任事（自强），也需要倭仁等维持政体（自治），如轮之两翼，缺一不可。重要的是，论争中双方都充分阐明了各自观点，倭仁在明知圣意的情况下仍然尽当言之分，奕䜣在冒违背圣道的情况下不计成败利钝尽力而为，都是一种深度的政治参与的表现。

因此，同文馆开设天文算学馆之争及以德政自诩的官僚们的胜利，慈禧对这场争论的鼓励，似乎可以看出清议政治先声的掀起。其后，在19世纪70年代变得复杂的政局中，受到诸如天津教案、戊戌大荒等重大事件的刺激，京师清议逐渐形成了高潮。在这个高潮中，从同文馆之争开始的对外强硬的立场，前承第一次鸦片战争，修明内政，道德关怀重于洋务技术的思路，一直是清议的基调。不过，自治和自强开始汇合起来，对朝廷吏治的不满开始滋长，出现了诸如抨击赈灾不力，呼吁士大夫发言权、吁请联合改革等等新的动向。

第十章 天津教案中的清议与廷争

同治九年（1870）五月，爆发了著名的天津教案。民众殴毙法国领事丰大业，火烧法国教堂，并波及英、美等国教堂，杀死外籍人士多人。清廷急派在保定总督衙门养病的直隶总督曾国藩前往处理。他用了三个月处理此案，除赔款和重建教堂之外，奏请杀 15 人，充军 21 人，将天津知府张光藻、知县刘杰革职，交刑部治罪，后发往黑龙江军台效力。曾国藩的主张和行为与士人冀望大相抵牾，引起社会舆情轰动和士大夫的激烈攻讦。

本章选取这一事件，一则，因为教案“直接或间接地触及中国的文化、社会、政治、思想各个方面，其影响是深刻而重大的，其性质是错综而复杂的……它几乎席卷了中国官、绅、民各个阶层”①。二则，天津教案混合了强烈的民族激情与排外行为，是由讹言和偶然事件所引发的一场集体行动，牵涉多国，由此引发了清廷对列强发动战争的忧虑，陷入了如何折服“外人之心”和平复“民众怨气”的深刻矛盾，使王朝的内政与外交从未如此交困。而曾国藩坚持其处理定见，引来“诟詈之声大作”，身负重谤，清誉顿失。

---

① 莫宏伟、郭汉民：《清政府与近代中国教案》，《贵州文史丛刊》，2003. 2。

一、讹言：天津教案的导火索

晚清，伴随着基督宗教深入内地，发生了形形色色的事件而言，其中，尤其是以西方传教士采生折割、诱污妇女和育婴堂虐杀婴儿等流传得最为普遍。这类讹言的背后，存在着中国和西方两种信仰文化的深刻冲突。中国传统伦理讲的是孝亲祭祖、夫妇人伦和子嗣传承这三大观念。而基督宗教根据天主信仰，有禁止祭祖，并有“男女同堂诵经礼拜”和婴儿“归主”等礼仪教规。这种与儒家传统伦理格格不入的信仰①，触犯了传统价值体系的核心②。当时的城乡绅民不能容忍传统文化、伦理道德自成一体的社会形态被打破，他们面对这一“千古变局”，而又在法律程序内求助无果的态势下，“这种失掉尊严的、停滞的、苟安的生活，这种消极的生活方式，在另一方面反而产生了野性的、盲目的、放纵的破坏力量”③。

天津教案时，这些流言的传播多是来自士绅阶层，并明确地指向教堂和传教士④。它使对种种流言产生惊慌的民众产生了特定的心理倾向，“在社会各阶层间，人们普遍认为幼孩被本地人出于卑鄙的目的所诱拐出卖，事实确实如此，看来这没什么可怀疑的。……只要这种行径存在，洋人便难免同样受人怀疑，这也是毫不足怪的。仁慈堂机构行事的保密做法，使得他们极易在无知人们的心中引起怀疑”⑤。在教堂——教士——拐犯——婴儿——挖眼剖心的传闻之间，形成了一种从众性的心理，人们相信或者宁愿相信这些推论是真实

---

① “教会征服清朝政治机构的同时，还进一步去排斥这个机构的精神支柱——儒家道统。”——程歗：《文化、社会网络与集体行动——以晚晴教案和义和团为中心》，页206。

② 参见程歗：《晚清乡土意识》，页161。

③ 马克思：《不列颠在印度的统治》，《马克思恩格斯选集》，卷2，页67。

④ 1868年，担任中国第一个外交使节团团长的前美国公使蒲安臣游历美国并邀请西方传教士“把光辉的十字架插到中国的每个山头和每个山谷中”时，反基督教的活动已在全中国境内爆发了。反基督教的小册子“张贴在通衢闹市，或者大量翻印散发（据说19世纪90年代最为声名狼藉的反基督教抨击文《鬼教该死》印行了80万册，免费散发）。……它们对非教徒平民在与传教士和中国教徒的直接的亲身经历中所积累起来的怀疑、恐惧和愤怒火上浇油。”——《剑桥中国晚清史》，卷上，页554－555。

⑤ 《清末教案》，第5册，页12。

的。因此，当来这类流言于广大城乡间传播，并受到官吏默许，而将矛头指向教会教士时，隐藏其后的官绅民各阶层中共同的被压抑的恶感迸发，这些反教活动招来了西方外交代表们的报复。他们认为，如果不采取行动，其后果必然是“严重丧失在东方不得不赖以办事的威信和影响。这类行动奏效迅速，但总是更加激起公众的情绪”①。一有民教冲突的偶然事件，人们的非理性的狂热情绪和宣泄激愤的集体性行动往往就会迸发出来②。“从1860—1900年这40年间，发生了需要通过最高级外交途径来处理的数百起重大事件或骚乱，至于地方上不难了结的案件则有数千起之多”③。有约各国“无不有案未结”④。

天津教案就是在民族激愤和群体恐惧的背景下，由流言为导火线而发生的一个典型案例，也构成了清流议政的一个重要话题。

同治九年五月，天津地区发生疫病，法国天主教育婴堂收养的婴儿死亡达三四十人，而恰巧此间天津“各处有迷失幼孩之事”，失踪儿童多达数百人⑤。于是教堂育婴与失踪儿童就具备了被猜测的关联性，并被佐以目击证据：“有人于黑早见仁慈堂洋人抬小棺埋葬东关义冢地内殆非一次，偶为群犬刨出，见有一棺数尸者，于是津民哗然，谓此必洋人杀害小儿取其心眼，为端午节合药之用，否则奚为一棺而有数尸也”⑥。此类说法很多，“由是浮言大起”⑦，流言一传十、十传百，很快地，不仅在天津，而且在它周围许多英里的范围内，

① 《剑桥中国晚清史》，卷上，页555。

② 外人评论天津教案中民众的暴力行动说：“有助于表明无知和迷信可以被谣言煽动到何种狂热的程度。”——《美驻华公使镂斐迪致美国务卿斐士函》，《清末教案》，第5册，页4。

③ 《剑桥中国晚清史》，卷上，页551-555。

④ 《英署使威妥玛为天津教案内英女露义萨被杀事致奕䜣照会》，《清末教案》，第1册，页798。

⑤ 董丛林：《“迷拐”、“折割”传闻与天津教案》，《近代史研究》，2003. 2。易孟醇《曾国藩在办理天津教案中的心理矛盾》一文提及，关于“迷拐”之事，“曾国藩当时完全可以调查审讯清楚”而实际未果，以致“成为历史悬案”（《近代史研究》，1990. 1）。朱东安《再论天津教案的起因与性质》论述有关传闻最详，其中认定“迷拐”之事确凿无疑（《近代史研究》，1997. 6）。

⑥ 张光藻：《同治庚午年津案始末》，《北戍草》“附录”。

⑦ 《清末教案》，第1册，页810。

为老百姓所普遍相信”①。流言很快传进京师，成为朝廷言官们奏请防“红药”、“迷拐”的一个话题②。

该案爆发前，当局抓获了一名拍花人，据供是受教民指使迷拐儿童卖给天津教堂。天津天主堂及其育婴堂建于1869年。由于中国人很少有把幼儿（包括孤儿）自愿交给教堂收养的习惯，修女们常为收留一名儿童而付出酬金，这就为拐犯提供了犯罪的机会，或为流言的传播提供了证据。而按照天主教的观念，只要来得及为死亡前的儿童实行洗礼，就拯救了他们的灵魂。这种宗教观念，使幼儿在生存环境恶劣的育婴堂里成批死亡势不可免③。这样，因育婴堂里儿童死亡或讹传教堂“采生折割”、“天扎婴孩”，以儿童心肝眼珠入药的讹言泛起。

这种讹言，在天津传播得特别强烈的背景是，天津绅民对于洋人、洋教的切身感受。天津曾两次为英法联军所占领并被强制开埠（1858年、1860年）。甚至在北京条约签订之后，一部分英法军队仍驻扎在大沽，一直到1865年。外国军队的盘踞是引起激愤的重要原因。根据不平等条约，法国首先在这里划定租界，设立领事馆、教会，租地造屋。之后，法国又在1860年占据了天津的皇家离宫（望海楼）作为领事馆④。1869年，不顾中国人历来尊崇庙宇和庙产（公产）的传统观念，“在中国人视为具有皇宫和庙宇意义上的庙宇原址上，建立了罗马天主教大教堂”⑤。尤其是天津“自通商以后，百货皆用外国

① 《美国驻华公使镂斐迪致美国国务卿斐士函》，《清末教案》，第5册，页2-3。

② 如内阁学士宋晋奏称“此次天津滋事，闻因三四月间拍花案多”，主使迷拐者“给人红药。”掌云南道监察御史贾瑚访得京城内“迷拐”事件并奏请有关衙门严缉。——《筹办夷务始末》（同治朝）卷73，页6273、6738-6740。

③ 天主教徒深信如果婴儿在洗礼后死去，其灵魂就能得到拯救。因民众不愿将幼孩交育婴堂，教士便“对那些把幼孩交给他们看管的人，按人头逐个提供一笔钱”，许多“许多奄奄一息的病孩，便被送到这些机构去受洗礼，而抬走后很快就死去”。——《美驻华公使镂斐迪致美国务卿斐士函》，《清末教案》，第5册，页2。“它们广泛地被中国人误会，成为民众排外情绪的主要焦点。”——《剑桥中国晚清史》，卷上，页540。

④ 1861年6月，法使哥士耆与三口通商大臣崇厚订立《天津紫竹林法国租地条款》，选择海河北岸三岔河畔望海楼一带作为未来的教会堂址。1862年夏初，传教士二十余人陆续到津，1869年年底教堂落成。

⑤ （美）马士、宓亨利：《远东国际关系史》，第1册，页268。

轮船装载。轮船进口碰伤民船，莫敢究诘，民船偶碰轮船，则立擒船户，置黑舱中勒赔，修价必厌其所欲……本处商民或欠洋人债项，被控到官，勒限三日必还。洋商铺伙有欠本处帐目者，控之则抗不到案，官莫能追……有洋人乘马疾驰践踏人命之案，尸亲控县，莫能指名，洋人亦置不理”①。种种备受侵略、凌辱的实际感受，和似是而非的流言传播交织在一起，酝酿着一起大案的迸发。

五月初八日（6. 4），张拴、郭拐等三人从静海拐骗李姓孩子被盘获扭送到天津县衙。知县刘杰将“拐匪供情讯实”。五月十三日，知府张光藻“饬县提犯覆讯，据供挖眼取心合药属实，但未供出教民，问官亦不深究”②。五月十四日将二拐犯处决。随后张贴告示：“风闻该犯多人，受人嘱托，散布四方，迷拐幼孩，取脑挖眼剖心，以作配药之用。”告示用“风闻”、“受人嘱托”等词影射教堂，似乎是从官方视角对讹言给予了肯定。天津绅民因此为张光藻呈献“万民伞”和“万家生佛”牌位。

拐犯的处决和告示的公布，使民众更加坚信或更愿相信挖眼剖心配药的传闻，进而坐实了教堂的劣迹，且官方还在“悬赏”继续“严拿拐匪”③。此后，“民间迷拐之事愈传愈多，街巷为之不靖”④。百姓群情汹涌，由这些“传闻而激动起来的广大民众，已陷入了一种传播学上所谓‘集体无意识’的失控状态”⑤。

从五月初开始，“百姓不时成群结队地麇集在教堂附近，肆意发表激愤的议论，且不止一次地要求仁慈堂将幼孩释放回家”⑥。五月二十日（6. 16）晚，张贴告示后的第一个拐犯武兰珍被拿获，绑在庙中，群相诘问之下，供认受教民王三指使，迷药乃王三所给，先曾迷拐一人，得洋银5元。次日，乡民将武兰珍送案，质讯，供悉如前，津民“遂亦信迷药出自法国矣。街谈巷议，几有刻不能忍之势”⑦。

这里有一个现象值得关注：武兰珍是被天津的民间组织“水火会”抓到

① 张光藻：《同治庚午年津案始末》，《北戍草》“附录”。
② 张光藻：《同治庚午年津案始末》，《北戍草》“附录”。
③ 张光藻：《同治庚午年津案始末》，《北戍草》“附录”。
④ 《清末教案》，第1册，页777。
⑤ 董丛林：《“迷拐”、“折割”传闻与天津教案》，《近代史研究》，2003. 2。
⑥ 《美公使镂裴迪致美国务卿斐士函》，《清末教案》，第5册，页3。
⑦ 张光藻：《同治庚午年津案始末》，《北戍草》“附录”。

并刑讯逼供的。民间组织与天津当局在对付拐犯案件上达成一致，而又在从拐案到教堂的传言链条中失去了方向。五月二十二日（6. 20），三口通商大臣崇厚与法国领事丰大业商定在次日带武兰珍至法国教堂质证。二十三日（6. 21），武兰珍对质，前日所招均无实证。其时，有群众几千人集合在教堂面前围观，且“教堂之人与观看之众闲人，口角相争，抛砖殴打”①。法国领事丰大业带其助手闯进三口通商衙门质问并鸣枪威胁；复冲出衙门，赶往教堂，路遇正在处理此事的天津知县刘杰，向刘开枪，伤其家丁。民众被激怒了，一反常态，无所顾忌，勇气和狂热同时产生，其情景是：“士民见者万皆皆裂，万口齐腾，谓领事无状若斯，曷共殛之！潮涌坌集，白梃如雨。丰大业登时倒毙，遂鸣锣集众，乘时焚毁河楼、教堂等数处”②。“半个世纪的种族嫌恶，十年来的民族怨恨，反基督教情绪的滋长，部分的基于宗教的偏见，部分的基于迷信，部分的基于轻信谣言，所有这些达到了一个共同的焦点”③。

此案，法、俄、英、意、比五国的外交官员、商人、教士等 20 人被杀，法国天主大堂并英、美新教教堂数所被焚毁。虽然各省打教之案层见叠出，但如津案“因迷拐讹言牵及教堂，遽将法领事、教士等殴毙多命”，“衅端重大”，则“为通商二十年来未有之事”④。

二、直隶总督曾国藩处理津案的困境

津案震动中外。法、美、英、俄、日等七个国家的公使联名向总理衙门提出强烈抗议，外国炮舰也迅速开到天津海口示威，要求赔偿损失和惩凶。于是，清廷中枢火速谕令德高望重、身患重症的曾国藩到天津彻查此案。继而又从南方调江苏巡抚丁日昌充当他的助手。他们用了三个月处理此案，为了不使

---

① 《清末教案》，第 1 册，页 777。

② 萧一山：《清代通史》，第 3 册，页 689。

③ 马士：《中华帝国对外关系史》（中译本），卷 2，页 270。美国驻汕头领事耶士摩认为天津教案是当地民众“对洋人的深恶痛绝突然间冒了出来……这些感情有些是深信诱拐传闻的自然结果；但如果以为所有都可以归结于这个根源，那将是一种错觉。很明显，早已怀有但被压抑着的恶感，正在乘机发泄出来。讲老实话说，百姓关于屠杀（外国人）的普遍心情是庆幸，在某些情况下简直是幸灾乐祸。”——《耶士摩致镂斐迪函》，《清末教案》，第 5 册，页 35。

④ 《复张振轩廉访》，《李鸿章全集 · 朋僚函稿》，卷 10，页 2573。

十年来的中外“和局”付诸东流，除赔款和重建教堂之外，杀掉了据称是主要凶手的20人，充军25人，天津府县的两位主管官革职，发往黑龙江效力。

本章不拟对曾氏处理教案的过程进行描析，而着重于勾勒他在面对此重大案件时的种种困境。一位从事实际政务操作的封疆大吏所陷入的困境，及其引发的文人社会的清议压力，从本质上讲，是反映了晚清王朝在处理涉外事务和内部危机过程中左支右绌的深刻矛盾。

曾国藩在抵津之初，朝廷给出了一个要他“查明曲直，秉公办理”，既“使民心允服而各国亦无异词”的上谕。虽然朝廷表示相信“该督素为中外所推，必能明白昭章”①，实际是把“该督”推到了一个他到死也未能完全“明白昭章”的危局里。

抵津之日，“百姓推舆递禀数百人”，热望他率兵抗法的“民心”②，和列强特别是法国公使罗淑亚的强硬态度，导致“和局”难以“保全”，的态势，形成尖锐冲突，从而使曾氏陷进了对此“通天大案”难以“持平办理”的困境。概言之，困境有三：

一是辟谣与护教问题。查明迷拐幼孩、挖眼剖心之事，教堂是否有主使确据，而后按律惩办罪犯，既可向洋人交代，又可绥靖地方，这是曾国藩和中枢在办案初期的一致见解。后来，曾国藩经过他的调查，力辨洋人无挖眼剖心之事，力辨迷拐与教堂主使无关。曾氏认为这是一种将谣言链条逐一剥离的做法，是处理津案的紧要关键。因为“未得确实证据，徒据讯供一面之辞，不足折服洋人，彼必不肯承认”；但曾氏不明白事态的复杂性，因为从谣言性质而言，无论如何处置，都是难以服众的，它本身就是“人们对某种现象加以

---

① 六月十四日（7. 12）的上谕说：“据称通商各国所驻之处，久与民间相安。惟传教之法国所在皆传有损折幼童、挖眼剖心等事。此次天津百姓激于义愤，杀毙该国领事，随在天主堂地窖内放出小孩并于仁慈堂搜出幼孩及罈装幼孩眼睛，大率以此为词，欲惩擅杀之罪，必究起衅之根，请饬该督速行查明曲直，秉公办理，以释民疑。”“现在王三业经拿获，起出之幼孩亦经绅士收养，彻底根查，无难水落石出。”“审明虚实，剖别曲直，据实具奏。该督素为中外所推，必能明白昭章，使民心允服，而各国亦无异词也。”——《光宣两朝上谕档》九，页122－123；《清末教案》，第1册，页803。

② 津民希望曾国藩“藉津人之义愤之众以驱逐洋人，联合俄英各国以专攻法国，参劾崇厚以伸士民之义，调集兵习勇以为应敌之师。”——黎庶昌：《曾文正公年谱》，卷12。

想象附会，并广为流传的信息”①。它背后隐藏的是社会各阶层的政治心理认同，是中西文化习俗的冲突和对抗。所以，在谣言愈究愈盛、而洋人确已死伤多命的状态下，曾国藩认为教堂“折割”“全无实据”，反而引发了士民的普遍不满。从舆论看，此案必须“深究并确认与教堂有涉”，才能服百官、百姓之心。所以，“虽有上谕及曾相剖辨明白，百姓视同虚语”②。

二是如何应对天津府县革职及“议抵”正法问题。舆论对天津府县的评价颇高：“撤张守即失民心”。而曾国藩奏请将二人革职，其初衷也是“以撤任了事”③，“稍塞洋人之口”，堵住他们扩大事态的口实。在内外交困之中，曾国藩仓促做出将府县官员交部治罪决定，其间又有他多方予以保护并引起法使等“严正”交涉的种种情节，着意在既保住和局，又抵制法使要将提督陈国瑞和府县官员处决的要求。常例，府县失职之咎，至重不过革职，交部治罪则情轻法重。况且地方官员“其始不过欲治一教民，其后竟至下狱，已为向来所未有，若部议再予重谴，将来地方官必群以为前车之鉴，谁敢与教民较量”④？如此一来，不仅失掉“人心”，即官员以后一旦牵涉到教堂之事，亦不敢秉公办理了⑤。所以，他执定保官命以维“国威”的宗旨，而面对“本极强很”的法国及其“尤为桀戾，素著推波助澜”的“罗使”，即取“一味软磨，

---

① 孙江：《十字架与龙》，页203。

② 八月二十一日（9. 16），美国使臣照会总理衙门，提出津案惩犯不力致使山东教士不安。照会直言士绅与谣言有关：“论天主教挖眼等谣言，南省各处播扬最易相信，虽有上谕及曾相剖辨明白，百姓视同虚语，而各港口仍信谣言，皆因各绅董故意惑乱民心。”照会并称：“迄今三月之久，未闻何犯定罪，使坚津民之心，视此事为无紧要，民亦不以犯国法为非。津郡主谋滋事之人，津民皆加以美名，谁为首恶，不难访查缉捕。乃竟无有信谳，不能不致疑于贵国国政。”——《清末教案》，第1册，页908。

③ 《曾国藩全集·书信十》，页7222。

④ 《清末教案》，第1册，页920。

⑤ 丁日昌在奏文中也表达了这种忧虑：“至府县事出无心，情有可原，不惟杀之不足以弭边衅，即使一时敷衍了事，而地方官从此为前车之鉴，身家念重，名节念轻，将来即遇洋人无理之事，亦将唯命是听，吏治人心何可复问?”——《清末教案》，第1册，页911。

立意不与开衅，专与讲和”的态度①。“人心”与对外国开战两者之间相较，前者是立国之本，执政之基，若为了避免与外国衅端而丧失“国体”、“人心”，这个政权也很难持续下去。因而，清廷顶住了重重要挟，冒着开战风险，也要保住地方官员的性命。因此，府县交部议处、正法问题上的纠结，影响津案处理的方向。

曾氏在左支右绌、持而不平的困境中病情加重：头晕目眩，呕吐大作，卧床不起，脉象沉重，精神委顿。他在家书中说，府县“二人俱无大过，张守尤洽民望。吾此举内负疚于神明，外得罪于清议，远近皆将唾骂，而大局仍未必能曲全，日内当再有波澜。吾目昏头晕，心胆俱裂。不料老年遭此大难”②。

三是从速“缉凶”和维护“民心”。从相关文档上看，曾国藩在“缉凶”时曾追求“确供”，开始不轻易定罪，否则“既无以对百姓，又无以谢清议”，被朝廷指责为有意“迁延”。而在法国公使提出府县官员抵命要求后，为保全官员，维持“国体”，他在保官和保民之间作了选择，下令大肆捕拿“凶徒”，并且将目标瞄准了天津街面游民混混儿③，力图将这伙“好乱乐祸”的游民，同平民、官绅区分开来：“津郡人心至今未靖，向来有曰混星了者结党成群，好乱乐祸”④。现在民众解散，“尚有匪徒以奉官查拿迷拐为名，或以查拿教民为说，有径入人家以查教为名搜抢，并将男女送官以为得计”⑤。因此，他决计拿游民开刀。

---

① 曾国藩抱着“善全和局以为保民之道”、“立意不与开衅”的定见，在英法联衔照会，万端恫喝情形下，决定“以息事为主，诛凶手以雪其冤，厚赔款以膺其欲，则兵船虽来，仍未必遽至决裂”，且“总以和解为完策耳”。——《曾国藩全集·奏稿十二》，页6997，《书信十》，页7197、7204。六月廿五日（7. 23），李鸿章上奏：“查中外通商二十余年，向无杀毙领事及连毙洋人多命之事。各国皆有领事，各口皆有传教，宜其同声骇异。法国本极强狠，近来遇事寻衅，罗使尤为桀戾，素喜推波助澜。第津门距京较近，务求持以镇定，一味软磨，立意不与开衅，专与讲和，以诚感之，柔亦可以克刚。——《清末教案》，第1册，页817－818。

② 《谕纪泽》，《曾国藩全集·家书》，页1375－1376。其幕僚黎庶昌言：“此疏拜发之后，公意痛悔之，病势渐剧。”——黎庶昌：《曾国藩年谱》，卷12。

③ “在群众缺乏组织的状态下，流言是大众心理现象的一种特殊表现，而广泛传播流言和挑动打教的会党或游民，则做了联系流言传播者和接受者的中介。”——程歗：《晚清乡土意识》，页183。

④ 《曾国藩全集·奏稿十二》，页6982。

⑤ 《清末教案》，第1册，页780。

问题是，在反洋教盛行的氛围下，无家无业、四处游荡的游民，成了长期积怨下的工商绅民向洋人洋教泄愤的代表：此案“虽系混星子起事，及至事后，即平民亦与誓同生死”，“百姓团结一气，牢不可破。已获之犯，人人为之串供；未获之犯，家家为之藏匿”，至“官府万分棘手”①。社会上对洋人洋教的普遍恶感，使“混星子”和津埠商民抱成一团，因此，缉凶，意味着民心的丧失。

由于在几千乌合之众中找到“正凶”非常困难，在朝廷的催促和列强的压力下，曾国藩不能不“昼夜追求”、“变通办理”②，也就是说，要超越正常的法律审讯程序来凑足该杀的人数。曾氏在答复友人责难的信里，多次用“外渐清议，内疚神明”这八个字，就是困境之中这种复杂心绪的流露。

天津教案拟结后，曾国藩离开直隶去担任两江总督，于同治十一年二月初四夜，中风而卒。

三、清议与廷争

天津教案发生之后，出现了从王公大臣、地方封疆到言官清要对于如何办理此案的大讨论。按曾国藩的概括，有“论理者”与“论势者”两种态度：“论理者以为当趁此驱逐彼教，大张挞伐，以雪先皇之耻而作义民之气。论势者以为兵端一开，不特法国构难，各国亦皆约从仇。能御之于一口，不能御之于七省各海口；能持之于一二年，不能持之于数十百年。而彼族则累世寻仇，不胜不休。庚午避狄之役，岂可再见？”③

以醇郡王奕譞、琼郡王奕综、帝师倭仁，大臣翁同龢、李鸿藻，内阁学士宋晋、河南道监察御史长润、翰林院侍讲学士袁保恒、内阁中书李如松等“论理者”多认为法领事凶悍挑衅，津民积怨太深，出于公愤而为之。宜乘此机，与之决战，上雪先皇之耻，下快方姓之心，最好能趁此契机驱除天主教。

---

① 《曾国藩全集·书信十》，页7234。

② 《筹办夷务始末》（同治朝），卷76，页7032－7034。

③ 《复刘霞仙中丞》，《曾文正公全集·书札》，卷33，页48。他在给李元度的封信中也表达了这样的心境：“六月初旬，赴津办理此案，众议纷歧。鄙人偏信论势者之言，冀以消弥衅端，办理过柔，以至谤议丛积，神明内疚，至今耿耿！”——《复李次青廉访》，《曾文正公全集·书札》，卷33。

奕谟于六月初三日的奏陈很有代表性："自办理和约以来，各国处心积虑，无非剥削中国，惑人心而侵土地，平日借端要求，虚声恫喝，已不堪其扰。此次该酋被戮，教堂被毁，有不自讳其曲极力与我为难者乎！然事之操纵固难，理之曲直自在，虽不能以之喻彼犬羊，正好假以励我百姓。"他提出四点见解，其一是"津民宜加附循，勿加诛戮，以鼓其奋发之志也。此次衅端，自夷而开，我民茹痛含仇，非一朝夕。一旦激于义愤，致成巨案，正宜加意附循，激其忠义之气，则藩篱既固，外患无虞，非禁遏刁风可同日语也。"其二是"地方官勿轻更动，以洽民望也。风闻天津府县力缉奸宄，颇为百姓爱戴。此次夷酋肆其披猖，擅向崇厚等放枪，立遭诛夷，民知捍卫官长，岂非国家之福"，不可因此"概将地方官罢斥左迁，正宜博采舆论，斟酌去留，不惟民望有归，亦可借以慑顽梗也。"由此引申，又提出，"海防机宜应密筹"和"住京洋人宜密察"的两条建议①。

七月三十日（8. 26），翰林院侍讲学士袁保恒奏陈津案实系激于义愤，"此正民情之可见，邦本之不摇，堪用之势，制夷之资也。诚恐办理夷案者，顾虑太多，优容夷人过甚，不暇曲体民心，使民志不伸，其心必散。一旦焕然解体，夷人益无顾忌，愈肆鸱张，虽欲再用民力，而民气不可复振矣。"故应"益鼓其忠义，而力镇其嚣张，使之能发能收，可静可动，常有懔然不可犯之意。夷人有所忌惮而不敢恣纵，亦足隐夺他族之气，而增重中国之威"②。

内阁学士宋晋奏称："百姓一动义愤，每每一发难收。……抑制太甚，更恐各省民心，因此激变，其患更甚于法国者，似不可无此远虑。"强调的是"一国之疵瑕，固关全局；天下之得失，尤系民心"③。

河南道监察御史长润主要是反对法国建堂传教："今津郡之变，实乃天夺其魄，神降之灾。正可假民之愤，议撤传教之条，以固天下人民之心"。他奏请总理衙门"会同各国使臣，与法国理论"，"明晓以窒碍难行之故，撤去传教一条，将各处教堂尽行毁废，传教之人尽行撤回"④。

内阁中书李如松的说法最为极端，昏头昏脑：如今津民"知效忠于国家而不知恤其罪戾，此正夷务一大转机也。纵不能乘此机会，尽毁在京夷馆，尽

① 《清末教案》，第1册，页790－791。
② 《清末教案》，第1册，页883。
③ 《清末教案》，第1册，页802、801。
④ 《清末教案》，第1册，页807。

戮在京夷酋，亦必将激变之法国，先与绝和，略示薄惩。俾我皇上痌瘝小民之心，昭然大白于天下，庶几民心愈加咸奋，一旦有变，如手足之捍头目，如子弟之卫父兄，而外洋各国，知众怒必不可犯，知邪说之必不可行，虽欲强辞，不可得矣！”①

六月十九日（7. 17），李鸿藻“以津事与宝（鋆）、沈（桂芬）争与上前”②。倭仁主张：“张、刘两员既为好官，不宜加罪”③。

民心不可失、民心宜顺。为维民心而固国本，百姓忠义之气宜加奖励，百姓奋发之心应当激励，这几乎是廷议诸臣中多数人的共同期许。在此背景下，恭亲王奕䜣及宝鋆、董恂、李鸿章、崇厚等论势者所主张的中国兵疲将寡，沿江沿海略无预备，西洋各国，穷年累世但讲战事，故宜守定和约，立意不与“开衅”的基调，就难以顺“民心”而得到舆论的支持。出面处理案件的曾国藩若顺应清议舆论，必须顾及“理”；若审视中外关系，必须考虑“势”。在中外之间“势”不均、“力”不敌的形势下，他承担不了朝廷要他“持平办理”、“顺舆情而维大局务”，务使民心、外人都满意的仲裁官。

六月二十三日（7月21日），曾国藩上《查明天津教案大概情形折》，为天主教堂辩护。因“庇护天主教本乖正理”，此疏未出，他“即自知不为物议所容”；此疏一出，“闻者各怀义愤，大肆诋诃”，“物论沸腾，至使人不忍闻”，为“时论所弃”④。“众论咎侯不善处分，君子小人如出一口”⑤。几天以后，当邸报、官报房将这份奏折发出后，“自京师及各省皆斥为谬论”，“议讪纷起”，“责问之书日数至。”

太常寺少卿王家璧认为，津民“见长官迫于危险，如子弟之卫父兄，手足之捍头目，此诚亲上死长之义民也。此正国家元气所在，非感列圣渐摩义之化，仓猝之际，安能齐心若此！该大臣等奏办情节，多有未符，不免于法国曲徇出脱，于津民过涉吹求，曾国藩忠诚体国，中外皆知，老成远谋，当注意根本，而于办理此案，亦负谤声”⑥。

---

① 《筹办夷务始末》（同治朝），卷73，页6740－6742。
② 李宗侗、刘凤翰：《李文正公鸿藻年谱》，上册，页172。
③ 《翁同龢日记》，第2册，页784。
④ 《曾国藩全集·书信十》，页7318。
⑤ 《李兴锐日记》，页28。
⑥ 王家璧奏折，《同治朝筹办夷务始末》，卷78，页7180－7187。

当津案定拟以杀20名，军徒流放25名，天津府县发戍黑龙江，赔款50万两，三口通商大臣崇厚赴法国道歉的消息传开，文人社会哗然。一转眼间，曾国藩的“钟铭世勋，圣相威严”，都“变为谤议纷纷，举国欲杀”①，“诟詈之声大作，卖国贼之徽号，竟加于国藩”②，致使他“积年清望几于扫地以尽”③。京师湖南同乡尤引为“乡人之大耻”，“拟开除其会籍”④。湖南会馆所设曾国藩“官爵匾额”被击毁。长沙驻京会馆楹柱上曾氏在道光二十五年题写的亲笔联语“同科十进士，庆榜三名元”被国子监士子砍破。曾国藩“自称内疚神明，外惭清议，而议者亦归咎于曾国藩，谓其始终贻误，亦无辞以自解”⑤。

京师名士李慈铭《越缦堂国事日记》（二）记载了他的复杂反应：

六月二十九日：上谕：曾国藩、崇厚奏，查明天津滋事大概情形一折……（曾）疏有云：天主教本劝人为善，圣祖仁皇帝时久经允行，倘戕害民生若是之惨，岂能容于康熙之世？仁慈堂之设，亦与育婴堂、养济院略同，专以收恤穷民为主，每年所费甚巨，而反受残酷之谤，宜洋人之愤愤不平也。

曾侯此言，可谓凤德之衰⑥。

（六月廿九日）上谕：曾国藩奏，直隶天津府知府张光藻、天津县知县刘傑办理民教启衅一案，事前疏于防范，事后又不能迅速获犯，请革职治皋（罪）等语。张光藻、刘杰均著即行革职交刑部治罪。

湘乡此疏出，言者哗然。台阁文章攻击，其乡人皆发书责之。司寇郑小山昌言于朝，刑部无治罪之例。语云，行百里者半九十，谆哉。

作者并作庚午书事：

孤愤千秋在，狂呼一击中；夷酋方丧魄，廷议急和戎。歼敌诚非易，要盟岂有终。宋金殷鉴近，幸莫恃成功。华夏瞻山斗，安危仗老诚；出师良有待，执法太无名。竟坠纤儿术，难全义士生。虚传持重议，晚节付公平。

---

① 萧一山：《曾国藩传》，页3。

② 《国闻周报》，卷6，第83期。

③ 《凌霄一士随笔》，《国闻周报》，卷8，第50期。

④ 吕实强：《中国官绅反教原因》，页199。

⑤ 《筹办夷务始末》（同治朝），卷79，页7244－7246。

⑥ “凤德”，指德行名望。《论语·微子》：“楚狂接舆歌而过孔子曰：‘凤兮！凤兮！何德之衰！’”《晋书·周顗传》：“初，顗以雅望获海内盛名；后颇以酒失，为仆射，略无醒日，时人号为‘三日仆射’。庚亮曰：‘周侯末年，所谓凤德之衰也！’”

“清议是一种管束，然而清议又是一种群议，并由共论而形成定论，在这个过程里，清议的主体和范围都是士人。个体有多样的境遇，清议只有一种尺度。以一种尺度管束多样境遇，不能不使面对清议的个体，常常成为一个面对多数压力的个体。在这种压力的背后，是千年传统留给后人的‘一玷清议，终身不齿’的天经地义”①。虽然清议“只有一种尺度”的说法还可以讨论，或可以进一步诠释，但通过清议对天津教案的讨论，可以看出，清议群体对于个体（即使是曾国藩这位有“积年清望”和“圣相威严”的个体）所形成的难以承担的巨大压力。

四、小结

至此，可以对以上论析做一个大体上的清理：

曾国藩处理天津教案，遵循的是一条通过外交妥协以求“保全大局”和振兴洋务的思路。这是他和总署大臣奕䜣、文祥，李鸿章、丁日昌、沈葆桢等一批口岸官僚的“变局——自强”思路。他们从第二次鸦片战争经验中产生的“变局”观念，一是指天朝中心位置的崩毁，中国处在滞后西方从而十分危险的局面；二又是指西方人不同于古代的夷狄，他们对商业投资的兴趣高于领土占领。因此，口岸官僚主张恪守不平等条约，并以这种国际信义为代价，争取外国人的技术帮助，逐步实现中国的“自强”，也就是现代化。在“自强”之前，鉴于中外实力的强烈反差，他们反对涉外事件中的任何盲动，当然更不允许普通民众超越条约和法律的过激行为。天津教案发生后，如前所述，曾氏认为此案的关键是要查清拐犯是否受到教堂教民指使；流言中广泛传播的教堂挖眼剖心是否确有证据，当这两条都不能落实或属于子虚乌有时，他就决定用人头和银两来平息外国人的愤怒，并要求明发谕旨为修女们昭雪。

法国使臣要求将“仇外”最凶的官员绿营提督（从一品）陈国瑞以及天津知府和知县处死以杀一儆百，而言官清要和士人社会则反对在教案办理中作任何让步或安抚。曾国藩甘冒政治风险，提出首先赔偿英美俄三国使其不致卷入法国的案件中去；旋即亲赴育婴堂了解弄清了儿童们并非拐骗而来，而是由其家庭自愿送来以后，奏请清廷发布辟谣声明，证明教堂并无虐待儿童之事，

① 杨国强：《晚清的清流与名士》，《史林》，2006. 4。

以此恢复修女们的名誉；为了解决这一纠纷，曾国藩奏请将道台和天津的知府知县撤职；将15名元凶处死，另外21人流放。《剑桥晚清中国史》认为曾氏在处理此案时“表现了非凡的正直和胆量”。因为他没有迎合公众情绪（天津士民本来期望这位大帅备兵抗法），而是拿出了一个“弄清该案是非的无所偏袒的意见”①。这是过高的评价。因为历史没有为曾氏提供一种新的认识平台，使其可以将以军旗为后盾的教会渗入和康熙年间耶稣会士的低调传教区分开来，无视了教会的文化征服和强力传教引起了中国绅民什么样的反感，未能顾及存在于讹言背后的民众对教会渗透的质朴警觉，而且也没有对丰大业率先开枪的是非曲直加以申说。他提出的“以柔克刚”、“善全和局”的处理方案得到了中枢的批准，忽视了长期积怨的背景而就事论事，而在反洋教背景下的公众情绪看来，这一切恰是偏袒于外人的。

天津教案及其处理过程，反映了京师清议人士（这种“清议”已超出朝廷官员建言范围，扩展为文人社会普遍性的公众舆论）和口岸洋务官僚在涉外问题上两种思路的严重分歧。从曾国藩遭受强烈的清议攻讦，可以透视清议舆论与洋务大员在自强运动中的两种不同思路。当时，丁日昌上奏说：“自古局外议论，不谅局中艰苦，一唱百和，亦足以荧上听，挠大计。卒之事势决裂，国家受无穷之累，而局外不与其祸，反得力持清议之名，臣实痛之!”这是洋务官员中很有代表性的抱怨情绪。自洋务运动以来，洋务派官员屡受谤议。后来，丁日昌在办理乌石山教案时曾慨叹：“某每办结一案，必多集一谤。聚怨招尤，横被口语，侧身天地，至无所容”②。这两派态度的对立，贯彻于整个近代反对洋教活动之中。

至京师官僚，主要是不负实际责任的翰詹科道，也包括支持他们的中枢大员，在涉外问题上有一条和洋务大吏们不同的思路。简要地讲，就是办“洋务”固然重要，但德政和人心重于西洋技术。他们担心洋务盛行会冲击正统的道德人心。京师官僚的理论权威倭仁就并非完全无道理地强调，外国人不会将最精良的火器和最先进的技术让给中国，他们害怕中国的也不是大炮火器，而是人心。如果一味仿洋，失掉人心，势必国将不国。基于这样的思路，他们认为曾国藩、丁日昌等将忠国保官而和“洋酋”拼命的“义士”杀掉，是完全不能原谅的。将来一旦有事，谁人再肯为国卖力?

---

① 《剑桥晚清中国史》，卷下，页97。

② 《百兰山馆政书》，卷11。

这样，经由天津教案，京师清议的对外强硬，利用民心的思路和口岸官僚借重洋技以图自强的思路，就进一步凸现出来了。这两条各带有偏颇性的思路，有一个共同的基础，那就是暗于外情。如果说，口岸官僚已经感觉到西力东渐趋势的不可阻挡，但不了解或不愿意承认列强要将中国置于一个什么样的国际位置，从而一厢情愿地想仿洋自强；大批的京官还有地方士绅，则是回避这一世界趋势，希图借助原始的民众对外抗争来论证恢复传统帝国秩序的可行性。对于两者的争论，与其将其简化为“新政”和“保守”、“资本主义性”和“封建性”，乃至“媚外”和“仇外”，不如看成是在中国近代化思想历程的一个阶段中，士大夫内部基于不同思考方式、不同发言位置的认识和争论，似更为恰当。

这次争论，对于力主洋务技术的口岸官僚是不利的。尽管清中枢肯定了曾国藩的处置，在几次上谕中称赞他的方针“切中事理，要言不烦”，而丁日昌的奏折批评京师官员身处局外，口持高论，“不谅局中之艰难，然一倡百和，亦足以荧听闻而挠大计。卒之事势决裂，国家受无穷之累，而局外不与其祸，反得力持清议之名”①，也得到了一些人的首肯，但从总体上讲，口岸官僚们在舆论上处于被动的位置。老病交加的曾国藩，恪守了一位理学家的忠君体国的最高道德标准，不要性命、不顾名声地坚持己见，以顾大局。因为他自信，他的处置是惟一可行的办法。即使如此，他也深感舆论的压力和无法摆脱良知的谴责。

天津教案和曾国藩个人的悲剧性结局，标志了“中外和好”、“同治中兴”局面的结束②。19世纪中间的40年是外国帝国主义在中国加紧扩张的时期。天津教案之后，一系列外患接踵而起：马嘉理事件（1875）、日占琉球（1879）、伊犁危机（1871－1881），一直发展到中法战争（1883－1885）。如上情势，为京师清流的会集提供了机会：

其一，各种边患，使爱国忧世的中下层京官们觉得有必要加强横向联合和集体行动，有责任发表自己的意见，阻抑对外妥协的外交思路。同光清流派的精英分子如张之洞和陈宝琛、王懿荣、张佩纶等，于1870年代起先后订交或相识。

其二，天津绅民保官杀洋的经验，也充实了同文馆之争以来对于民心至重

---

① 《筹办夷务始末》（同治朝），卷74，页6848。

② 《剑桥晚清中国史》，卷下，页95，注24。

的理论论证。这一基调在此后一直为清流们所反复强调，一直到戊戌变法时期，它以提供思想资料的一个支脉，和洋务新政的支脉一起，被溶进一种新的理论脉络即自救、自强和自治的框架里。

这样看下来，“三千年未有之大变局”中，晚晴政治不间断地面临着种种前所未有的尴尬处境：“理”和“势”的对立、“战”与“和”的两难，还有“内轻”和“外重”的失衡、“中体”和“西用”的纠缠、“天朝”和“夷狄”的易位，更重要的是人心、社会、民族、权力格局与文明演替的种种紧张关系，凡此种种，引起政治心理和社会理念的深刻转变。在这一转变过程中，对中外关系的回应最为关键，而这类关系的结局也最为悲惨：“每逢一宗教案起，丧权辱国输到底”①。“天津教案作为一个严重的国难，不啻是曾国藩个人命运的最后一幕，对于整个民族来说，又是试金石。各种不同的社会阶层和政治集团基于不同的利益和认识均有不同的反应……构成一幅 19 世纪中国在外力逼迫下产生新陈代谢递嬗及矛盾的生动的社会生活画卷”②。

① 王明伦选编：《反洋教书文揭帖选》，页 17 – 18、14、229。

② 顾卫民：《天津教案：面对坚船利炮，曾国藩再无回天之力》，《江海学刊》，1988. 3。

第十一章
中俄伊犁交涉：清流派的集体亮相和行动

十九世纪七十年代末到八十年代初，在“同治中兴”的太平局面之后，清王朝的西南、西北、东南、东北边疆地区和藩属国都成为列强觊觎扩张的对象，即如《申报》时论所云：“琉球为中国藩属，而日人竟嗣其鲸吞；伊犁为中国旧壤，而俄人竟行其鸠占；他如安南之地，法人则凯觎之；高丽之境，美人亦垂涎焉”①。各国如鹰眼四集，圜向吾华，外交领域，接二连三地出现前所未遇的难题②，中俄“伊犁交涉”即是典型。

中俄伊犁交涉，是第二次鸦片战争以后、中法战争以前中外关系史上历时最久、波及面最大的事件。1871－1881 年十年间，从左宗棠指挥军队进兵新疆、收复失地、到崇厚出使辱命和曾纪泽赴俄国改订条约，以及应对与伊利交涉事件交错发生的琉球事件，事变丛生、狂澜屡起，围绕战和、修约、惩处崇厚等问题，引发了长达一年之久的“廷议”。在面对国家领土完整和国家安全的论战中，清流们搏击最为积极主动。他们交章上奏，坚决主张对俄作战，斩杀崇厚，废止崇约，遣使改约，调左宗棠入京辅政，建省治边，对中枢决策起到导向作用。作为外交的崇厚事件则让“清流”名士们集体亮了相。

本文旨在考察光绪年间，以李鸿藻、张之洞、陈宝琛、张佩纶等为代表的

---

① 《胜不可恃说》，《申报》1880 年 7 月 7 日。

② （清）徐崇立在汇刻《西域舆地汇刻三种》（魏馘《喀什噶尔与墨克道里记》、《新疆勘界公牍汇钞》和袁大化《卒亥抚新纪程》）时序曰：“幅员至广，外交至繁者莫如本朝……昔之视为荒远不毛者，今乃以为神皋沃壤。万族眈眈，窥我堂奥，批亢附背，得寸进尺。”——《西域舆地三种汇刻序》，中国西北文献丛书。

清流派，参与政治的热情和努力及其横向联合不断增强，其对外主战的强硬基调，使得天津教案以来积累下来的民族信心由此大增。这种对外强硬的基调持续下去，直至中法战争，最终影响到义和团战争中的基调。

一、主战、拒约、改约的思想基础

（一）疆域版图与大一统观念的深入

伊犁三面环山，“幅员广阔，山径庞杂，西北西南皆外番，北邻塔尔巴哈台，南界回疆，东接乌鲁木齐，为西北屏藩”①。中国若失去伊犁，整个西北边防将无险可恃，且北疆通往南疆的要道会被切断，俄国人会沿天山北坡一路东进，直接威胁北疆各地，一旦越过阿尔泰山，穿越河西走廊，就直接威胁清廷核心地带，英、法人皆“谓伊犁全境，为中国镇守新疆的一大炮台”②。

西北是清廷政治和军事要务的重点。康熙初年，噶尔丹称雄北疆，袭扰青海、西藏，侵袭蒙古诸部。康熙二十七年（1688），噶尔丹亲率骑兵3万占领整个喀尔喀地区。康熙帝三次（1690、1696、1697）亲征并平定噶尔丹叛乱，并设置将军和参赞大臣率兵驻守科布多和乌苏雅台等重镇。其后，西北用兵不断，至乾隆二十四年（1759）平定“大小和卓”叛乱，帝国疆域最终奠定。二十七年（1762），在伊犁设立总统伊犁等处将军，其下设四个参赞大臣，并“屡简大学士、尚书，赐封公侯崇爵，才足将相之魁臣、硕辅为将军，令其坐镇伊犁，而专寄以间外之重也”③。嘉道两朝又陆续用兵平定了张格尔叛乱。

以此，朝野对版图、疆域、边界等的认识发生了变化，西北边疆具有弘扬清代大一统格局和皇朝武功的特征，此所谓“开疆拓宇，四征不庭，揆文奋武”④。在时人心目中，华夷之别已被中外之分代替，尤其是康乾嘉三超《大

① 赵慎畛：《榆巢杂识》，卷下，页1590。

② 曾纪泽：《敬陈管见疏》，《曾惠敏公全集·奏疏》，卷2，页2。

③ 伊犁师范学院学报编辑部编：《伊犁府志注释》，页4。

④ 魏源：《圣武记》，卷7。

清一统志》的编纂，大一统的观念更加深入人心。清代士大夫“于役西陲，率携琐谈、闻见录等书为枕中秘”，尽管“所载不免附会失实，又于开辟新疆之始末，反就传闻耳食为之演叙，讹并尤多”①，但对版图扩大、皇朝武功的深深景仰确是深刻的：“我朝王师南征者实为我国家根本重地，西边则回人部落。自康雍以来次第归化，为中土之捍蔽。而由东至西，中间黑龙江、蒙古诸藩属，凡邻近俄罗斯者皆在一统之内，或置台吉盟长札萨克以治之，或设领队办事大臣以临之。要言之，本朝筹边之策异于前明，盖前明九边以外不尽收入版图”②。“承祖宗之兵力，兼用东南北之众，开拓西边”③。新疆完整所体现的大一统政治文化意识以及对“祖宗”功业的认同意识，随着时间的荏苒而愈加深刻地印在人们的头脑中。

（二）西北舆地学对腹地与边疆情愫的培养

新疆是官员被贬谪遣戍之地，许多文人名士如祁韵士、徐松、龚自珍、洪亮吉等都曾被“发配”至此。他们多为进士出身，身居清华之职（翰林官）。这些人来到新疆以后，被广袤的疆域所震撼，文人士子的内心强烈地感受到了皇朝武功的神奇，并以极大的热情和饱满的感情记录了新疆的风貌。如文人游历新疆的先驱祁韵士④，在谪戍期间，亲睹西北边陲的广袤壮阔，空前大一统的疆域和国运昌隆，令其内心震撼，对王朝文治武功发出由衷颂扬：“赤奋若之岁，余奉谪檬池，豪笔自效，缅思新疆二万余里，为高宗纯皇帝神武独辟之区，千古未有，余既得亲履其地，多所周历，得自目睹”⑤。

---

① 祁韵士：《西陲要略序》，转自侯德仁：《清代西北边疆史地学》，页57。

② 《俄边善后策第一》，《申报》1881年4月18日。

③ 龚自珍：《西域置行省议》，《龚自珍全集》，页105。

④ 祁韵士（1751－1815），字鹤皋、谐庭，别号筠禄，晚号访山。山西寿阳人。乾隆时进士，授翰林院编修，任国史馆纂修官，以编纂《蒙古回部王公表传》、《藩部要略》，而享誉士林。后由翰林官至户部郎中、宝泉局监督。嘉庆九年因宝泉局的亏铜案被陷入狱，遣戍伊犁。期间，涉历万里，亲历伊犁山水，身感异乡民情风俗，阅遍有关史地资料，撰《伊犁总统事略》、《西域释地》、《万里行程记》等。

⑤ 祁韵士：《西陲要略·自序》，转自侯德仁：《清代西北边疆史地学》，页55。

又如徐松①，嘉庆十五年被谪戍新疆，亦发出“我国家发祥东土，北抚喀尔喀内外诸札萨克，南县台湾、寺卫藏，西开伊犁、定回疆，幅员之广，千载一时，不可无书以纪盛美”之叹②。谪戍期间，为续修扩撰祁韵士《伊犁总统事略》，即“览其山川、城邑，考其建官、设屯，旁及和阗、乌什、塔尔巴哈台诸城之舆图，回部、哈萨克、布鲁特种人之流派”③。书成，以伊犁将军松筠名奏上，钦定为武英殿刊本，称《新疆识略》（被龚自珍誉为“当代奇作”）。嘉庆二十四年（1819），徐松回京，受到道光帝赏识，并因“奏对西陲情形甚悉，赏内阁中书”④，在士林中影响大增，“海内通人游都下者，莫不相见恨晚”⑤。李兆洛、俞正燮、龚自珍、魏源、张穆、何秋涛、姚莹、沈垚等皆与之交往，形成以徐松等人为中心的西北边疆史地研究热潮，“一时风会所趋，士大夫人人乐谈，如乾嘉间之竞言训诂音韵焉”，赫然成为当时的显学⑥。京师南城，因此成为显学的中心。

这些边疆舆地学领军人物如俞正燮⑦、张澍⑧、魏源⑨、沈垚⑩、何秋

---

① 徐松（1781－1848），字星伯，生于浙江绍兴，幼随父至北京大兴定居。嘉庆十三年进士，任翰林院编修，利用编纂《全唐文》之便，从《永乐大典》中辑出《宋会要辑稿》(500卷)，撰写《唐两京城坊考》。

② 徐松:《西域水道记》(外二种)，页7。

③ 徐松:《新疆赋·赋序》,《西域水道记》(外二种)，页519。

④ 缪荃孙:《徐星伯先生事辑》，嘉庆二十五年记，《北京图书馆藏珍本年谱丛刊》。

⑤《畿辅通志》，卷226，《徐松传》。

⑥ 梁启超:《中国近三百年学术史》，卷15，页359。其中《清代学者整理旧学之总成绩（三)》专论清代学者治西北边疆史地学成就。

⑦ 俞正燮、(1775－1840)，字理初，安徽黟县人。道光元年举人。十九年，江苏学政祁寯藻（祁韵士子）聘主惜阴书舍，未逾年卒。著有《癸巳类稿》、《癸巳存稿》等。

⑧ 张澍（1776－1847)，字百瀹，号介侯、鸠民、介白，凉州府武威县人。24岁中进士，选翰林院庶吉士，两年后出任贵州省玉屏县知县等。1830年，引疾辞职，1832年回到西安，从事学术研究。

⑨ 魏源（1794－1857)，名远达，自默深，湖南邵阳人。道光进士，官至知州。

⑩ 沈垚（1798－1840)，字子敦、子惇，浙江乌程人。著有《落帆楼文集》三卷，后集三卷，外集一卷，别集一卷，杂著三卷，《西域小记》一卷，《元史西北地蠡测》二卷，《新疆私议》一卷等。

涛①、龚自珍②、林则徐等等③，“虽承乾嘉专门之学，然亦逆睹世变，有国初诸老经世之志”，纷纷专注多事的西北边陲。一方面，从十八世纪开始，沙俄在中亚扩张领，其后不断觊觎、蓄谋与蚕食中国西北边疆④。另一方面，英国又从中亚向新疆侵略。嘉庆二十五年张格尔叛乱，既有英国支持，又与浩罕国勾结。西北边疆问题尖锐地呈献在世人面前。学者们关注西北的视角，也由最初的歌颂文治武功转化到防御外患之上，从专注民族叛乱转向关注防俄，由“筹边”转向“筹俄”。

如魏源，强调俄罗斯今日“兵力甚强，日事吞并”，提醒清廷注视西北边防⑤。其《北干考》、《葱岭三干考》从历史沿革上考证了西北地区自古即属中国领土。

如沈垚。精于舆地之学，道光八年写成《新疆私议》，反驳以“悬远难守”、耗费财政、“鞭长莫及”为由放弃新疆南疆喀什噶尔、叶尔羌、英吉沙尔及和阗等四城观点，强调“祖宗开辟之地，尺寸不可失。”当时何凌汉主持浙江岁试，他在京时已闻听沈垚之学问并赞赏有加⑥，故将沈垚拔为第一⑦。沈垚先是与许瀚、苗夔等人同入何凌汉幕，后被安徽学政沈维桥“厚币聘请

---

① 何秋涛（1824－1862），字愿船，福建光泽人。道光二十四年进士，官刑部主事。咸丰间，擢升员外郎、懋勤殿行走。

② 龚自珍（1792－1841），字尔玉，又字璱人；更名易简，字伯定；又更名巩祚，号定盦，又号羽琌山民。浙江仁和人。著有《西域置行省议》、《御试安边绥远疏》、《上镇守吐鲁番领队大臣宝公书》等。李鸿章对《西域置行省议》颇为赞誉，认为“古今雄伟非常之端，往往创于书生忧患之所得。龚氏自珍议西域设行省于道光朝，而卒大设施于今日，盖先生经世之学，此尤其荦荦大者。”——李鸿章：《黑龙江述略序》。

③ 林则徐（1785－1850），字元抚，福建侯官人。嘉庆十六年进士，选翰林院庶吉士。十九年授编修。后历任国史馆协修、撰文官、翻书房行走、清秘堂办事、江西乡试副考官、云南乡试正考官、江南道监察御史。

④ 道光二十六年至二十七年，沙俄侵占拉塔勒河与伊犁河等七河地区；咸丰元年，强迫清政府订立《中俄伊犁塔尔巴哈台通商章程》，取得在伊犁、塔城设立领事馆、贸易免税、自由居住、传教等特权。

⑤ 魏源：《圣武记》，卷6，页248－249。

⑥ 何凌汉与徐松为同年进士，在京时与徐松过从甚密，其子何绍基也常与徐松谈天论地，切磋金石文字。

⑦ 张穆：《〈落帆楼文稿〉序》，《落帆楼文稿》，卷首。

校文"①。之后，受陈用光赏识而入陈幕。道光十五年，随陈用光北上，三月入京，住谢公祠。七月，参加顺天府乡试，未中，但意识到"欲为问有用之学，于都中居为最宜矣。"经张履介绍，移住徐松寓处②。徐松对其颇为欣赏，赞其《新疆私议》说："吾谪戍新疆，诸水道咸所目击，犹历数十年之久始知曲折；沈君闭户家居，独从故纸中搜得之，非具绝大识力，曷克臻此!"乃为之"延誉公卿间"。由此，沈垚始与京师著名学者如俞正燮、何绍基、何绍业、许瀚、王筠等交游宴集，在徐松宅第聚谈问学③，如此则"不言学，学已存矣"④。他与张穆相交最厚，感叹"垚故于知名之士，不敢妄兴投契，而心求有性情者乃与订交，数年来仅得平定张石舟一人"⑤。其后，应侍郎姚元之请佐修《国史·地理志》，又为编修徐宝善补辑《一统志新疆》数册。

又如何秋涛。关注北疆形势，"以尝谓俄罗斯地居北徼，与我朝边卡相近，而未有专书以资考境，著《北徼汇编》六卷"⑥。后复详订图说，汇集蒙古、新疆、东北及早期中俄关系史料，起汉晋，迄道光，扩为八十卷，咸丰帝阅后赐名《朔方备乘》。书中指出，俄罗斯虽在西北哈萨克之外，距离我边地卡伦尚有千数里，但因"哈萨克诸部无城郭，又迁徙无常，是以俄罗斯人每每可至卡伦之外"，因此"北徼喀仑之设，即伊犁等处亦不容或略矣。"否则，俄罗斯便会乘虚而入，实现其侵吞中国疆土之野心。他还考订了俞正燮《俄罗斯事辑》、魏源《海国图志》诸书之讹误，辨证徐继畲《瀛环志略》之疏失⑦。

又如龚自珍。提出改变新疆原有"军府制"，改变以往"羁縻"之术，实行"移民实边，新疆建省"，设总督、巡抚、布政使、按察使等官，下置知府、知州、知县，并徙民屯边⑧。他极力反对放弃南疆四城之说，认为"回人

---

① 孙燮：《沈子敦哀辞》，《落帆楼文集补遗》。

② 徐松藏书丰富，且多为外间少见。沈垚《西游记金山以东释》中记有："嗣见先生所藏《乾隆十三排舆图》，知撒马尔罕在霍罕西北。"——《落帆楼文稿》，卷4。龚自珍时居京中，在《〈述怀呈姚侍讲元之〉序》中言"星伯舍人、北堂澂君，搜罗精博，日下无过之者。"——《龚自珍全集》，页489。

③ 张穆：《〈落帆楼文稿〉序》，《落帆楼文稿》，卷3。

④ 沈垚：《丙申四月陶然亭燕集记》，《落帆楼文集》，卷7。

⑤ 沈垚：《与王轩书》，《落帆楼文稿》，卷2。

⑥ 《清史列传》，卷73，《何秋涛传》。

⑦ （清）王锡棋：《小方壶斋舆地丛钞》，第2帙，页125。

⑧ 龚自珍：《西域置行省议》，《龚自珍全集》，页107。

皆内地人也"①，新疆是"千万年而无尺寸可议之地"②。

又如林则徐。道光二十一年五月，因广东战败获咎，充军伊犁。谪戍伊犁三年间，尤为关注俄国在斋桑湖和伊犁河流域的扩张蚕食，著《俄罗斯纪要》，指出"俄夷则西北包我边境，南可由滇入，路路相通，防不胜防。将来必为大患，是则重可忧也"③。

在以上学者著作的阐释下，新疆是"祖宗开辟之地，尺寸不可失"，是"千万年而无尺寸可议弃之地"，伊犁是"我之疆索，尺寸不可让人"，加深了清人对于西北边疆的情感，加深了俄国已由肘腋之患变成了心腹之疾的认识④，适应了朝廷治边的实际需要，是实实在在的"经世实学"⑤。当时"各方研议讨论，申说战国强秦并灭六国之情，警惕俄人狡谋，与其骎骎东向之野心"⑥，在社会上形成了一种"防俄宜先"的观点，奠定了后来伊犁危机处理过程中主战、拒约、改约等重大步骤的思想基础。

二、应对海防、边防双重危机交错的讨论

伊犁交涉是由回罕汗国的军人阿古柏侵入新疆，引起边疆危机而开始的。浩罕在新疆西部，乾隆年间平定新疆之后，南疆维吾尔人中失去了统治权力的和卓后裔们流亡在回罕汗国。同治三年（1864），西北回民起义，新疆南部局势混乱。同治四年（1865），阿古柏乘机拥护和卓后人布土尔克入南疆，占领了以喀什喀尔为中心的南疆各域，并逐渐将势力深进北疆。1867年，阿古柏驱走布士尔克，自号毕调勒特汗。阿古柏的分裂政权勾结英国和俄国，分别和它们签订了商约，冀望在后者支持下建立一个独立王国。1869年，阿古柏势力扩张到乌鲁木齐、玛纳斯，准备侵犯伊犁。由于英国对阿古柏控制比较成

① 龚自珍：《上镇守吐鲁番领队大臣宝公书》，《龚自珍全集》，页311。

② 龚自珍：《御试安边绥远疏》，《龚自珍全集》，页111－112。

③ 来新夏：《林则徐年谱》，页438－439。

④ 奕䜣曾奏陈："臣等就今日之势论之：发捻交乘，心腹之害也；俄国壤地相接，有蚕食上国之志，肘腋之患也。故灭发、捻为先，治俄次之，治英又次之。"——中国史学会：《中国近代史资料丛刊·洋务运动》一，页6。

⑤ 冯天瑜、黄长义：《晚清经世实学》，页250。

⑥ 王尔敏：《中国近世思想史论续集》，页104。

功，为防止阿古柏攻占伊犁，同英国由南疆向北发展的势头相抗衡，俄国在同治十年五月十七日（1871. 7. 4）派兵强占伊犁，将伊犁九城之大城及西北五城毁平，于金顶寺另建市区供俄军驻，并宣布伊犁永远归俄国管辖。俄国提出了一条荒谬而堂皇的理由：它占领伊犁是由于新疆动乱时清朝的无能为力，等到中国恢复对新疆的有效管辖之后，它就将伊犁奉还①。

但实际上，俄国政府的估计是：清王朝已经不可能恢复它在新疆的统治权了。

然而，事态发展出乎俄国人的意料。清政府认识到，俄国无意归还伊犁，中国必须有足够兵力加以震慑，先发制人，才能操纵自如，为此，“惟有力图自强，先发制人，庶足以振军威而御外侮”②。1866 年，左宗棠被任命为陕甘总督，督办陕甘军务。1873 年 11 月，成功地平定两省的回民起事。同治十三年正月十七日（1874. 3. 5），上谕令左宗棠将粮运事宜妥为筹备，速将玛纳斯、乌鲁木齐等城收复。左宗棠也发誓与俄国周旋到底③，准备进击新疆④。

就在清廷准备全力收复新疆领土之际，日本出兵占领了台湾⑤。它使中国

① 七月十七日（9. 1），俄驻京公使倭良嘎里照会总理衙门，表示“愿将所得伊犁地面交还贵国。”条件是：“只以回乱未靖，代为收复，权宜派兵驻守，俟关内外肃清，乌鲁木齐、玛纳斯各城克复之后，即当交还。”——《新疆图志》，卷 54，《交涉志》2，页 2。

② 《筹办夷务始末》（同治朝），卷 93，页 8557。

③ “弟本拟收复河徨后即乞病还湘，今既有此变，西顾正殷，断难遽萌退志，当与此虏周旋到底。”——《与刘毅斋》，《左文襄公全集·书牍》，卷 11，页 47－48。

④ 同治十二年春，总理衙门将署理伊犁将军荣全与俄方谈判不得要领的情况告知左宗棠，他复函总理衙门，指出俄欲久据伊犁，“已情见乎词”，“自古盛衰强弱之分，在理而亦在势”，收回伊犁，“恐非笔舌所能争也。”“就兵事而言，欲杜俄人狡谋，必先定回部；欲收伊犁，必先克乌鲁木齐。”他坚决表示：“伊犁，我之疆索，尺寸不可让人。”——《左文襄公全集·书牍》，卷 13，页 2－3。

⑤ 琉球本为中国属国，清朝收复台湾后，成为东南海疆的门户。同治十一年，日本宣布琉球为其藩属。十三年三月二十一日（1874. 5. 6），日本借口“我藩属琉球人民被台湾生番杀害”出兵台湾，东南海防骤紧。清廷派福州船政大臣沈葆桢为督办台防大臣，赶台布防。10 月，清廷“明知彼之理曲，而苦于我之备虚”，“虽经各疆臣实力筹备，而自问殊无把握”情况下，不得不再施所谓羁縻之术，被迫签订《台事专条》，赔款 50 万两白银，承认琉球是日本属国，日军撤出台湾。此次危机使清廷认识到：“以小国之不驯，而备御已苦无策，西洋各国之观变而动，患之濒见而未见者也。”——《筹办夷务始末》（同治朝），卷 98，页 9031。

面临着“是否能够既实行一项大胆的海军计划，同时又进行一场代价高昂的新疆战事”①。九月，恭亲王奕䜣上奏，提出“练兵”、“简器”、“造船”、“筹饷”、“用人”、“持久”六项加强海防措施。又因“各省沿海口岸甚多，极应一体设防，联络声势”，上谕令相关督抚详细筹议，并限一个月内覆奏②。其后，原任江苏巡抚丁日昌、署山东巡抚、漕运总督文彬、江苏巡抚张树声、江西巡抚刘坤一、两江总督李宗羲等先后覆奏，一场关于海防边防政策大讨论开始了。

十一月，直隶总督李鸿章上《筹议海防折》，提出了加强海防的理由：一是中国防务，古今之势有所不同，“历代备边，多在西部。其强弱之势，客主之形，皆适相埒，且犹有中外界限”。自鸦片战争以来，战争多在沿海，“今则东南海疆万余里，各国通商传教，来往自如，麇集京师及各省腹地，阳托和好之命，阴怀吞噬之计，一国生事，诸国构煽，实为数千年未有之变局”。二是，“近日财政极绌，人所共知。欲图振作，必统天下全局，通盘合筹，而后定计。新疆各城，自乾隆年间始归版图，无论开辟之难，即无事时，岁需兵费三百余万，徒收数千里之旷地，而增千百年之漏卮，已为不值”。“况新疆不复，于肢体之元气无伤，海疆不防，则心腹之大患愈棘”。三是，新疆“北邻俄罗斯，西界土耳其、天方、波斯各国，南近英属之印度，外日强大，内日侵削，今昔异势，即勉图恢复，将来断不能久守。屡阅外国新闻纸及西路探报，喀什噶尔回酋，新受土耳其回部之封，并与俄、英国立约通商，是已与各大邦勾结一气，不独伊犁久踞已也。揆度情形，俄先蚕食，英必分其利，皆不愿中国得志于西方。而论中国目前力量，实不及专顾西域，师老财痡，尤虑别生他变”。

李鸿章建议“暂弃新疆，静以待变，再图后举”。他奏请一方面密谕西路各统帅，“但严守现有边界，且屯且耕，不必急图进取”。一方面“招抚伊犁、乌鲁木齐、喀什噶尔等回首，准其自为部落，如云贵粤属之苗瑶土司、越南朝鲜之略奉正朔可矣”。他提出停兵、撤饷：“此议果议，则已经出塞，及尚未出塞各军，似须略加核减，可撤则撤，可停则停，其停撤之饷，即匀作海防之饷。否则，只此财力，既备东南万里之海疆，又备西部万里之饷运，有不困穷

---

① 《剑桥中国晚清史》，卷下，页91。

② 《筹办夷务始末》（同治朝），卷98，页9033。

颠蹬者哉”①。

光绪元年二月初三日（1875. 3. 10），总理衙门密谕左宗棠：“有人奏，新疆各城，北邻俄罗斯，西界土耳其、天方、波斯各回国，南近英属之印度，即勉图恢复，将来断不能久守。”“中国目前力量，不及专顾西域。可否饬西路统帅但严守现有边界，不必急图进取，此议果定，则已经出塞及尚未出塞各军，可撤则撤，可停则停。其停撤之饷，即匀作海防之饷。”“海疆之患不能无因而至，其视成败以为动静者，则为西陲军务。俄人攘我伊犁，势将久假不归，今虽大军出关，而艰于馈运，深入为艰。我师日迟，俄人日进，事机之急，莫此为甚，宜以全力注重西征。但使俄人不能逞志于西北，则各国必不致搆衅于东南各等语。刻下情形，如可暂缓西征，节饷以备海防，原于财用不无裨益。惟中国不图规复乌鲁木齐，则俄人得步进步，西北两路已属堪虞，且关外一撤藩篱，难保回匪不复啸聚，肆扰近关一带。关外贼氛既炽，虽欲闭关自守，势有未能。现在统筹全局，究应如何办理之处，著该大臣酌度机宜，妥筹具奏。至关外现在统帅，及现有兵力，能否剿灭此贼？抑或尚未协之处，应如何调度始能奏效？”②

光绪元年三月初七日（1875. 4. 12），左宗棠复奏《覆陈海防塞防及关外剿抚粮运情形折》，指出，“时事之宜筹，谟谋之宜定者，东则海防，西则塞防，二者并重。惟事有缓急轻重，目前海波不兴，关外则贼氛极炽”，应有缓急。他认为“伊古以来，中国边患，西北恒剧于东南”，新疆古称西域，汉朝以来即为中国领土，乾隆年间仅是平定西域的叛乱，将西域改名新疆，并非乾隆年间新疆始“归我版图”，故“无尺寸可议弃之地”。中国必须收复新疆：“重新疆者，所以保蒙古；保蒙古者，所以卫京师。西北臂指相连，形势完整，自无隙可乘。若新疆不固，则蒙部不安，匪特陕、甘、山西各边时虞侵轶，防不胜防，即直北关山，亦将无宴安眠之日。”“今之与昔，事势攸殊。俄人拓境日广，由西而东万余里，与我北境相连，仅中段有蒙部为之遮阂。徙薪宜远，曲突宜先，尤不可不豫为绸缪者也。”阿古柏受土耳其封号，与英、俄两国立约通商，互派使节，若此时不问，“必仍折入俄边，而我断送腴疆，株守穷八城，久戍防狄，岁无宁日，戟输络绎，劳费无所终极，不一、二年，形见势细，而西北之患日亟，将求如目

① 《筹办夷务始末》（同治朝），卷99，页9136－9138。

② 王彦威：《清季外交史料》卷1，页22－23。

前局势，且不可得矣”。此时若“停兵撤饷，自撤潘篱，则我退寸而寇进尺，不独陇右堪虞，即北路科布多、乌里雅苏台等处，恐亦未能晏然”。“是停兵节饷，于海防未必有益，于边塞则大有所妨，利害攸分，亟宜熟思审处者也。”他强调西征军可以就地筹饷，规复乌鲁木齐后，在南北各要地“均应增置重兵，以张犄角，精选良将，兴办兵屯、民屯，招徕客、土，以实边塞，然后兵渐停撤，而饷可以节矣”。他认为海防不需挪用塞防之饷，“夫使海防之急，倍于今日之塞防，陇军之饷裕于今日之海防，犹可言也”。塞防经费本身即不足，即使停兵不进，“以征兵作戍兵”，“地可缩而兵不能减，饷不能缺”，又何从“移西饷作海防经费”，“撤西防以裕东饷，不能实无底之橐，而先坏万里之长城”①。

左宗棠阐述的观点可以归纳为：新疆为西北防务的第一防线，守卫着屏障北京的蒙古、东北；西方列强尚未造成直接入侵的威胁，而俄国人在新疆的推动已经成为主要的威胁；不应将边防军费转用于沿海防务；列祖列宗百战经营的土地不应放弃。这符合多数时人的主张。若牺牲边防来建设海军，这个代价太大，多数疆吏主张二者兼顾。清流陈宝琛亦主张“塞防”与“海防”并重，“俄事既可以坚持，日事亦无庸迁就。”②

海防疆防讨论中，传统政治文化资源成为清流派、塞防派的论说依据，而现实政治、军事、国际形势则成为洋务派、海防派的判断基础，“这两个集团提出的论据都剀切中肯，言之成理。但是，此时沿海还未有直接的纠纷，新疆却正经历着一场叛乱，同时伊犁为俄国人所占据。因此，虽然没有放弃办海军的计划③，清廷却于1875年4月23日任命左宗棠为钦差大臣，督办新疆军务”④。

① 《左文襄公全集·奏稿》，卷46，页35。

② 王彦威：《清季外交史料》，卷23，页23。

③ 清廷任命李鸿章和沈葆桢分别督办北、南洋“海防事宜”“所有练军、设局及招致海岛华人诸议，统归该大臣等择要筹办。”——朱寿朋：《光绪朝东华录》，第1册，页74。

④ 《剑桥中国晚清史》，卷下，页91。

三、伊犁交涉：清流派的同调驳击

左氏排除了李鸿章等人主张加强海防、放弃新疆的阻碍力，全权指挥关外兵事、饷事并转运事宜。光绪二年（1876）仅经几个月的时间，就收复了北疆。次年5月，阿古柏自杀，到这一年底，除伊犁以外的全部新疆领土都被左宗棠的部队收复了，阿古柏匪帮罪魁伯克胡里与叛匪白彦虎等逃窜沙俄境内①。

如今，关内外平靖，新疆各城克复，清帝国恢复了新疆的统治权，中国具备了俄国所答应的归还伊犁的条件，俄国失去了继续霸占伊犁的借口②。左宗棠奏请向沙俄提出交还伊犁，兼索逃窜俄境的白彦虎③。

1878年2月，奕䜣与俄国驻北京公使布策谈判，布策提出先商定西路通商，然后再谈交还伊犁，3月，又提出“此时必须中国将交涉各事办结，先有真心愿与俄和好凭据，方可议及（归还伊犁问题）”④。3月，总理衙门照会布策，要求按约将逃往俄境的白彦虎及其党羽解送中国，布策则推脱说：“此事仍必须经由左宗棠照会土尔克斯坦总督”⑤。当伊犁将军金顺派提督殷华廷前

---

① 美国人评价左宗棠说：“他连战皆捷，长驱直入陕西、甘肃、跨新疆北部，南至喀什噶尔和莎车，靠了刀剑和外国的攻城炮，他恢复了安宁和帝国的统治。”——马士、必亨利：《远东国际关系史》，页326。

② 沙俄占领伊犁时曾声称：“祇以新疆回乱未靖，代为收复，权宜派兵驻守。俟关内外肃清，乌鲁木齐、玛纳斯各城克复之后，当即交还。”——《新疆图志》，卷54。

③ 时社会舆论亦认为收回伊犁恰是时机。1878年3月，得到肃清新疆叛乱之后，《申报》刊文，希望乘势收复伊犁，伊犁“断不能轻与俄人。”——《论新疆善后事》，《申报》，1878年3月28日。“新疆一地，伊犁最为膏腴。自道光年间林文忠公遣戍其地，大兴水利农田，而所出之米粟不可胜数，因而内地各省商旅皆往来于其间……遂使伊犁一城成为关外极大繁华之区，故一时有小苏州之称，实足为新疆各城之冠。”——《论新疆情形》，《申报》，1878年3月30日。俄人当年“乘回部作乱，遂取伊犁，中国之所以不与争者，正以鞭长莫及耳。”现今“新疆已平，中国当照例索还旧地，俄亦理宜将伊犁归中国。”——《译西字报论中外大局》，《申报》1878年11月2日。

④ 王彦威：《清季外交史料》，卷10，页200－201。

⑤ 王彦威：《清季外交史料》，卷13，页249。

往阿拉木图交涉时，该地俄官却答以“至交还伊犁一节……非在总理衙门商办，恐议论多而难成”①。3月，布策离京回俄。鉴于俄国在伊犁问题上的推诿、拖延态度，清廷意识到这是借此缓交之计，决定派遣崇厚出使俄国，与俄国政府直接交涉。

这样，那位在天津教案后被派到法国道歉的崇厚，再一次被授予一等钦差大臣，到圣彼得堡去从事伊犁交涉。

（一）崇厚奉命索还伊犁：清流的建言

光绪四年五月二十二日（1878. 6. 22），清廷派吏部左侍郎崇厚为全权大臣到彼得堡直接交涉收回伊犁事宜。崇厚，字地山，完颜氏，满洲镶黄旗人，举人，捐甘肃阶州（今武都）知州，旋奉旨随胜保军营襄理军务，迁直隶省道员。同治初年，为恭亲王荐举，充北洋三口通商大臣。同治六年后，先后与葡、丹、荷、西、意、奥签订过通商条约。同治九年（1870）天津教案发生后，奉命出使法国道歉，回国后擢升兵部左侍郎兼充总理衙门大臣。光绪二年，署理盛京将军。在当时办理洋务官员中颇具声名，清廷上谕即说“崇厚尚能办事，于中外交涉情形，亦俱熟悉”②。清政府给崇厚赏戴双眼花翎、头品顶戴，又加太子少保、内大臣等衔，并授为全权大臣，便宜行事③。

经上谕严催，崇厚出京至上海，准备由海路赴俄。此时，清流建言开始了。光绪四年九月初七日（1878. 10. 2），翰林院侍讲张佩纶上奏，对崇厚“全权大使，便宜行事”头衔提出异议：“查外洋使例，全权而兼便宜，则其权不限于一事。设有关系重大、利害未及详审者，俄人劫制行人，要以一言立决可否，使臣负咎不足惜，如大局何？”建议对崇厚出使“予以便宜之实，而不假以便宜之名”，遇重要事情，请奏侯旨，以防“贸贸从事，一诺之后，便成铁铸，不慎于始，虽悔何追？”他反对崇厚走海路，建议由陆路经新疆赴

① 《新疆图志》，卷54，《交涉志》2，页3-4。

② 《清实录·德宗实录》，卷74，页5。

③ 左宗棠致信总理衙门，对崇厚出使寄予希望：“崇侍郎出使俄国，足通中外之情：袪俄边各官之奎蔽。”“地山侍郎（按：即崇厚）出使一节，最为扼要，又特旨授为全权大臣，尤可随宜对付，得其要领。”“地山侍郎此去，当得其要领，惟刚柔之间最宜斟酌。过刚固虑做不到，过柔亦恐怕了不了。”——《左文襄公全集·书牍》，卷21，页6、18。

俄，“体察形势，知己知彼”，并与“左宗棠定议而后行”：“使臣议新疆必先知新疆，自宜身历其地，体察形势，知己知彼，则刚柔操纵，数言可决。今航海而往，不睹边塞之实情，不悉帅臣之成算，胸无定见，而遽蹈不测之地，将一味迁就乎？抑模棱持两端乎？事事迁就，则不能语；语模棱，则不可。不必许而许之，则贻害；不必缓而故缓之，则失机。是犹医者未曾切脉辨证而悬以处方，安见其能中窾窍乎？”①

1878年11月，崇厚由海路出发，在“心慑洋人之强”、“不明地势之险”的情况下，于光绪四年十二月初八日（1878．12．31）抵达俄都圣彼得堡。十二月二十八日（1879．1．20）崇厚向俄国亚历山大二世递交国书②。从光绪五年三月初至七月二十九日，崇厚与俄国驻华公使布策等进行了31次会谈③。俄政府“先以巽词餂之、枝词惑之，复多方迫促以要之”④。谈判初期，格尔斯允诺归还伊犁，但同时提出通商、分界等要求。崇厚见俄国答应归还伊犁，“不辨事理之轻重，其心意所注，专在伊犁一城”，遂答允俄国通商，偿还俄国代收代守兵费，并奏知清廷⑤。八月十三日（9．28），崇厚抵克里米亚半岛的达里瓦几亚（今雅尔塔附近）的俄皇行宫。八月十七日（10．2），与格尔斯签订了《交收伊犁条约》（也称《里瓦几亚条约》，史称简称《崇约》）。

许多中外史著都描写过崇厚的颟顸和无能⑥。所有人都未曾料到，崇厚既为全权大使，又可便宜行事，然胸无定见，会谈时俄国人的奉承更把他搞得昏头昏脑，竟至擅自签约。

（二）《里瓦几亚条约》的签订：官场大哗

崇厚签订的是一个“交还”伊犁比不交还伊犁更有利于俄国的条约：伊犁九城名义上交还给了中国，但伊犁迤西的霍尔果斯河以西地区以及迤南的特

① 张佩纶：《大臣使西亦策万全折》，《涧于集·奏议》 一。

② 张德彝：《随使英俄记》，钟叔河主编：《走向世界丛书》，页649。

③ 八月十五日（9．30））专折奏报说，“每议一事动阅兼旬，并与格尔斯会商十余次，计前后晤商数十余次，辩论不下数万言”。——王彦威：《清季外交史料》，卷17，页20。

④ 王彦威：《清季外交史料》，卷18，页337。

⑤ 王彦威：《清季外交史料》，卷20，页18－19。

⑥ 美国公使馆头等参赞和翻译卫三畏认为崇厚“资质异常愚鲁”，对争论的问题完全是外行。——（英）季南：《英国对华外交（1880－1885）》，页43。

客斯河一带却让给了俄国；赔付500万卢布的赔款；俄国可以在七个重要地点设立领事馆，甚至在中国东北地区的松花江上也取代了若干特权（沿松花江航行直到满洲的伯都纳）①。这些条件，“只会是战胜国强加与战败国的，但绝不能是由两国普通交涉的结果所产生的”②。

这个未经请命的结果使中国官场舆论大哗。且崇厚签约情况，国外已有风闻，清廷深感忧虑③。总理衙门向各有关封疆大吏通报消息，并征求补救办法。光绪五年九月初五日（1879. 10. 19），两江总督、南洋大臣沈葆桢复奏，指出所订条约除第一款之外，“各款无非百倍取赢之意。”如按约把大片土地送给俄人，则“不啻入其伏中”，况收复伊犁一座孤城，“所得大不偿所失，且名为得者，实则毫无所得，而后患正不可知”，崇厚“恋一子而全局糜烂，能棋者断不出此。”应将崇厚所议作罢：“俄人要挟太甚，应将使臣所议作为罢论，不宜顾已破之甑，以摇全局。”沈葆桢还引据国际公法认为，派出的使者若有违训事件，皇帝不予批准是允许的。崇厚虽然是全权大臣，但既然违训，中国政府就完全可以推翻他的条约，况且此约明文规定换约后才能生效：“总理衙门所最踌躇者，谓既允后翻，其曲在我，查万国公法云，使臣执全权议约，虽已明言其君必将准行，若有违训事件，则君不必准也，况此次约章明言俟御笔批准，并未明言国家必将准行，且逐条皆于批准二字，再三申意，则未奉批准，即当作为罢论，其理明甚，不能责我以违约也。”沈氏还特别指

① 奕䜣批评崇约说：“霍尔果斯河西及伊犁山南之特克斯川，均归俄属；并塔城界址亦拟酌改……又于西境、南境各划去地段不少，似此则伊犁已成弹丸孤注，控守弥难；况山南划去之地，内有通南八城要路两条，关系回疆全局……种种弊端，难以枚举。以此视之，收还伊犁与不收同；或尚不如不收之为愈。”——王彦威：《清季外交史料》，卷16，页317。

② 马士：《中华帝国对外关系史》，卷2，页366。

③ 九月初一日（10. 15），驻英、法使臣曾纪泽正在巴黎，在使馆与归途中的崇厚“同谈极久。”九月初五日（10. 19），“阅中西舆地图良久。因闻崇宫保与俄人订约交还伊犁，颇失要隘，为英法人所窃笑，故披图考察地形。”“去岁，尝与友人谈论崇公使俄，本是艰巨之任，然须经由伊犁等处，亲览形势，乃与订约，方为一劳永逸，先难后获，否则恐为所欺。崇公取道海上，径达俄都，事虽神速，暗中不能不小有损失。今英人讥讪日闻，然余未接明文，不能深知事实。晤崇公，却言：事已了结，十分周妥。但愿余言幸而不中，不愿不幸而言中也。”——曾纪泽：《出使英法俄国日记》，页259、262。

出，如果这些都做不到，万不得已，可“光明正大许以不索伊犁”①，将崇厚所订条约和中国收回伊犁两作罢论，“毒蛇螫手，壮士断腕”，至多就是放弃伊犁。

十月初二日（1879. 11. 15），李鸿章复奏《遵议交收伊犁补救崇厚订约失败事宜折》，指出：“俄人据守伊犁将近十年，每岁收其商农之利数十万金。其平时注意开拓疆土，得尺得寸，不稍退让。即迫于公论，碍于成约，不能不还我故地。然彼国上下视为奇货，藉端要挟，不厌其欲。俄人阴鸷狡诈，虽英德等国皆视为劲敌，而惮与共事。然出使大臣，宜沉毅坚忍，置得失荣辱于度外，又必统筹全局，相机应付，以全力与之磋磨，乃不至堕其术中。中国士大夫风气向来以出使为畏途，平时讲习俄事者尤少，而此事一出，关系甚钜。往者臣筹及西事，每不免鳃鳃过虑者，诚恐恢复故疆则有名无实，变通商务或受损于无穷也。”在崇厚，“或因使俄之役以索还伊犁为重，既急欲得地以报命，而他务之利病，遂不遑深计，诚未免失之轻率。”崇约“在彼获益不少，在我耗损已多”。据约，俄人可深入内地，且口岸太多，造成“办理易生枝节”。更为严重的是，割让伊犁西界后，伊犁“三面临敌，将成孤注”，整个新疆局势将难以控制，因此“收回伊犁，尚不如不收回之为愈”。他主张接受条约，再设法补救：“查同治八年英国新约，以彼国未经批准，至今不行。同治二年葡萄牙使臣来约，以争论澳门设官一事，迄今未互换。现修俄约，既有‘批准后通行’之语，又有西国成例可援，原可置之不行，且与万国公法所论，亦有相符之处。第此次崇厚出使，系奉旨给与全权便宜行事字样，不可谓无立约定议之权。若先允后翻，其曲在我。自古交邻之道，先论曲直，曲在我，而侮必自招。用兵之道，亦论曲直，曲在我，而师必不壮。今日中外交涉，尤不可不自处于有直无曲之地。我既失伊犁，而复居不直之名，为各国所讪笑，则所失更多。且彼仍以分界修约为词，时相迫促，迫促不已，必生兵端，而西北路各军与俄人逼处，积不相能，约既不换，则随事宜生猜嫌，亦难保不渐开边衅。中俄接壤之处约万余里，实属防不胜防。……况日本探听伊犁消息以为仰伸进止，若闻俄事不谐，或且伺隙而动，即英法各国修约，恐亦因而生心。是崇厚所定俄约，行之虽有后患，若不允行，后患更亟。中国必自度，果能始终坚持，不至受人挤逼，且必自度边备完固，军饷充裕，足资控御，乃可毅然为

① 王彦威：《清季外交史料》，卷17，页322－323。

之，否则，踌躇审顾，只能随宜设法，徐图补救，并宜稍示含容，免使他国闻之，长其效尤之计。”他认为等将来换约时再将疆务界务酌议更改，得一分亦获一分之益①。

十月二十一日（1879. 12. 4），左宗棠上《甘督左宗棠奏遵议伊犁交涉应付事宜折》。针对朝廷对于拒绝批准《里瓦几亚条约》的疑虑和李鸿章“先允后翻，其曲在我”，“曲在我则侮必招”，“只能随宜设法，徐图补救，并宜稍示含容”主张，他详析崇约之害：界务上，俄与中国陆地相连，仅有天山北干为之间隔，“若此后蚕食不已，新疆全境将有日蹙百里之势，而秦、陇、燕、晋边防，且将因之益急。彼时徐议筹边，正恐劳费不可殚言，大局已难覆按也。夫陆路相接，无界限可分，不特异日无以制凭陵，即目前亦苦无结束。若不即时整理，坐视边患日深，殊为非计。”“况此次崇厚所议第七款，接受伊犁后，陬尔果斯河及伊犁山南之帖克斯河归俄属，无论两处地名，中国图说所无，尚待详考。但就方向而言，是划伊犁西南之地归俄也。我索旧土，俄取兵费，巨资于俄，无损而有益。我得伊犁，已成一片荒郊，北境一二百里间，皆俄属都，孤注万里，何以图存？自此伊犁四面，俄部环居，官军接收，堕其圈内，固不能一朝居耳。虽得必失，庸有侔乎！武事不竟之秋，有割地求和者矣。兹一矢未闻加遗，乃遽议捐弃要地。餍其所求，譬犹投犬以骨，骨尽而噬仍不止。目前之患既然，异日之忧何极！”商务上，“俄人在伊犁准照旧营业。伊犁虽还，中外商民杂处，无界限可分，何以自守？至商务，允其多设口岸，不独夺华商生计，且恐蔓延日广，枝节横生。总理衙门原奏，筹虑深远，实已纤细毕周，谕旨允行，则实受其害，先允复翻，其曲仍在我，应设法挽回，以维全局。窃维邦交之道，论理而亦论势。本山川为疆索，界画一定，截然而不可逾。彼此信义相持，垂诸久远者，理也。至争城争地，不以玉帛而以兴戎，彼此强弱之分，则在势而不在理。所谓势者，合天时人事言之也，非仅直为壮而曲为老也。”目前，“就事势次第而言，先折之以议论，委婉而用机；次决之以战阵，坚忍而求胜。臣虽衰庸无似，敢不免旃除乌里雅苏台、科布多边务应，请旨饬下该将军大臣预筹布置以臻妥慎外，所有新疆南、北两路军务，臣既身在事中，自当与各将领敬慎图维，以期有济”②。

十一月初二日（12. 14）左宗棠上《遵议李鸿章对俄交涉意见折》，指

① 王彦威：《清季外交史料》，卷17，页327－329。

② 王彦威：《清季外交史料》，卷18，页335－337。

出："俄自窃据伊犁以来，无日不以损中益外为务，蓄机甚深。此次崇厚出使，乃始和盘托出，若仍以含糊模棱之见应之，我退而彼益进，我俛而彼益仰。其祸患殆靡所止。不仅西北之忧虑也。"他提议："崇厚复命之日，将所议各款下军机大臣、总理衙门、六部、九卿及将军督抚臣会议，孰准孰驳，各本所见，条举以闻"①。此奏将崇约问题提到了公开讨论的日程上，由此引发了京师清流们要求严惩缔约者并撤销条约的舆论。

（三）伊犁交涉：清流派的同调驳击

崇约签订消息传来，舆论哗然，中下级京官中人心激愤，相当普遍地认为：崇厚当斩，条约当拒，伊犁当以武力收回。杀崇厚"以伸公愤，以儆将来"②，"街谈巷议，无不以一战为快"③。李慈铭《国事日记》（五）中有很多重要材料，可助我们了解伊犁交涉过程中清流士大夫所起的重要作用。

"清流"是19世纪70年代中期开始出现的一个政治派系，其成员主要由朝中一些不掌实权的"词臣"和"言官"组成。这些人以敢于议论时政、纠弹权贵而著称。他们反对对外妥协，常"引儒学的大义争天下之是非"④。如下对崇厚的弹劾就反映了清流的这种政治倾向与文化立场。

1. 黄体芳弹劾崇厚专擅误国：崇厚下狱

1880年1月，崇厚回到北京。十一月二十一日（1880. 1. 2），翰林院侍读学士黄体芳第一个上折弹劾崇厚专擅、荒谬误国。黄折指出：

朝廷向外国派出使者是为了安固边防，从古至今没有见过哪一个使者像崇厚这样的荒谬误国。崇厚"不顾全局，不虑后患，通商划界，任意定约。因索地而弃地，欲弭衅而招衅，行之则商税日亏，要害尽失；不行则俄人有辞，更烦唇舌。其心但知畏敌国而不畏皇太后皇上，于重大事件，不请谕旨，擅自许人，不候诏命，擅自归国。更复于上海等处节节逗留，欲伺上意渐解，再图入见。并闻其抵都门敢潜往他处，不速到京请安"。这种人"论奉使则不忠，论复命则不敬"，对于不忠不敬的人，必须处以极刑。他奏请朝廷"特伸威

① 王彦威：《清季外交史料》，卷18，页338－339。

② 王彦威：《清季外交史料》，卷19，页6。

③ 王彦威：《清季外交史料》，卷21，页10。

④ 杨国强：《晚清的清流与名士》，《史林》，2006. 4。

断，敕下廷臣会议，重治其罪，以为人臣专擅误国者戒”①。

黄体芳奏折中的这种思路，在前述朝廷大员的奏折中并未提及，他们的关注视角是崇约的得失；而黄折则侧重崇厚本人的“不忠不敬”、专擅误国。同日，上谕将崇厚交部议处，所定罪名与黄体芳奏折一致：崇厚“奉命出使，不候谕旨，擅自起程回京。著先行交部严加议处，开缺听候部议。其所议条约章程及总理衙门历次所奏各折件，著大学士、六部、九卿、翰詹科道妥议具奏”②。

新闻舆论对清流弹劾崇厚事件颇为关注。尽管当时“北京时事极难探听”③，报界还是获知崇厚被罢官、听候部议的消息。1880年1月14日，消息传到了上海。其后，京中消息不断传往上海并通过报章广泛传播，如：“星使奉严旨谴责以后，消息日劣。传闻李中堂、左侯帅交章弹奏。又有一御史奏称崇星使之罪同于耆英。又有一御史谓罪且浮于耆英。”“崇星使之获谴殊出意外也”④。

2. 张之洞奏折：崇厚“拿交刑部，明正典刑”

十二月初五日（1880. 1. 16），同日，大学士、六部九卿、翰詹科道遵旨会议崇约事宜。会上发下奏折20多道中，由年轻的司经局洗马张之洞起草的《邀盟不可曲从宜早筹御侮折》最引人注目⑤。这个痛斥崇约误国的奏折洋洋近三千字，运用设问排比句式，简洁有力，语气高涨，文采斐然，气势如排山倒海：“崇厚误国媚敌，擅许擅归，国人皆曰可杀者也”。他建议将崇厚“拿交刑部，明正典刑。”又指出，该约最大的危害是俄国人的商路可以由嘉峪关西安汉中直达汉口，使秦陇要地、荆楚上游尽为俄国人所掌握，列出“俄约有十不可许”，力主改约：“俄人索之，可谓至贪至横，崇厚允之，可谓至谬

① 《翰林院侍读学士黄体芳奏崇厚专擅误国请议罪折》，王彦威：《清季外交史料》，卷18，页339。

② 《谕出使俄国大臣崇厚著革职拿问交刑部治罪》，王彦威：《清季外交史料》，卷18，页339。

③ 《总译警报》，《申报》1880年3月17日。

④ 《日报记星使被谴》，《申报》1880年1月29日。

⑤ 上谕：翰林院代奏修撰王仁堪等及庶吉士盛昱所奏各一折并詹事府代奏洗马张之洞所奏一折，均交此次会议之大学士等一并妥议具奏。——《越缦堂国事日记》五，页2473。

至愚，皇太后、皇上赫然震怒，遣使臣下廷议，可谓至明至断。上至枢臣、总署王大臣以至百司庶官，人人知其不可，所以不敢公言改议者，承恐一经变约，或招衅端。然臣以为不足惧也，必改此议，不能无事，不改此议，不可为国。”接下来用四句排比提出改约之道解：“一曰计决。二曰气盛。三曰理长。四曰谋定。”接着以“何谓计决”①、“何谓气盛”②、“何谓理长”③、“何谓谋定”④强调必须惩办崇厚，以示必改的决心，堵住俄国人的借口，即使诉诸武力也在所不惜，否则“所失者新疆二万里之实际……是有新疆不如无新疆也。”奏折强调：“臣非敢迂论高谈，以大局为孤注，惟深观事变日益艰难，西洋扰我榷政，东洋思启封疆，今俄人又故挑衅端，若更忍之让之，从此各国相逼而来，至于忍无可忍、让无可让，又将奈何？……无论我之御俄本有胜理，即或疆场之役，利钝无常，臣料俄人虽五战不能越嘉峪关、虽三胜不能薄宁古塔，终不至制动全局，旷日持久，顿兵乏食，其势自穷，何畏之有？然则即今一决，乃中国强弱之机，尤人才消长之会。此时猛将谋臣尚可一战，若再阅数年，左宗棠虽在而已衰，李鸿章未衰而将老，精锐渐尽，欲战不能；俄人则已城赞东、屯于西、行栈于北、纵横窟穴于口内外，通卫藏、胁朝鲜。不以今日捍之于藩篱，而待他日斗之于庭户，悔何及乎?”张的结论是：“要之，武备者，改议宜修，不改议亦宜修。伊犁者，改议宜缓，不改议亦宜缓。崇厚者，改议宜诛，不改议亦宜诛。此中外群臣之公言，非臣一人之私言也。辅谋在疆臣，作气在百寮，据理力辩在总理衙门，而决计独断、始终坚持则在我皇太后、皇上。事关宗社大计，坐视不能，缄默不敢，仰恳将臣此疏一并发交廷

① 张之洞将崇厚与鸦片战争时的耆英作比：“按万国公法，既有不准违训越权之例，复有可否仍在朝廷之条，正与崇厚不遵密函，不请朝旨之罪相合。耆英之狱成宪昭然，故立诛崇厚则计决。”

② 将“俄国不公不平臣民公议”，“明示中外”则“气盛”：“莫若明降谕旨，将俄人不公不平臣民公议不愿之故，布告中外，行文各国，评其曲直，并属各国会堂，将我国家情理兼尽之处，刊入新闻纸，明谕边臣整备以待，据众怒难犯之情，执国必不从之志。”

③ 崇厚虽已画押，朝廷尚未批准，据理驳斥则“理长”：“种种要约，皆由伊犁而起，若尽如新约，所得者‘伊犁’二字之空名，所失者新疆两万里之实际，而每年尚须耗四五百万饷需，以供边帅防军建城开屯之用，是有新疆尚不如无新疆也。索伊犁而尽拂其请，则曲在我，置伊犁而仍肆责言，则曲在俄。况使臣画押未奉御批，未钤御宝，一如载书未歃，岂足为凭？俄人理屈词穷，焉能生衅？故缓索伊犁则理长。”

④ 即“急修武备则谋定”。

臣会议，不胜忧愤迫切之至”①。

这份奏折，目标锁定在崇厚不等朝命、擅自决议并回国的“专擅”这一点上，而这种专擅背后则是对皇权的无视，不忠不敬，是必须要杀头的。

张之洞这篇奏疏分析透彻，反映了京官们的共识，从而也获得了很大的名声。在当时知识分子和中下层官吏中广为传阅，其传抄本后来还被英人购得，译载于上海出版的英文报纸《北华捷报》之上。会后，慈禧破格召见“清流”张之洞、宝廷、黄体芳等人，详细询问了对策。

十二月初十日（1880. 1. 21），张之洞又上《驭俄之策宜先备后讲折》，指出：“二十年来，边备无一可恃，遂觉中国大势断不足以御强邻，故不免长虑顾却，不得已而出于讲耶？……及今而言，尚有可备之兵，尚有可备至饷，尚有可备至人。”他最后奏请将“此疏交再议之王大臣等，一并议奏，以备采折”。慈禧太后特别下旨，令“嗣后王大臣等有应行咨询之处，著该衙门知照该洗马前往”②。

同日，李鸿章上《遵议崇厚所订俄约应准应驳及各条利弊折》，强调“理所可许者无不曲从，势所难行者未便迁就”③。

同日，两宫皇太后懿旨令将这些奏折一并交亲郡王御前大臣、军机大臣、总理各国事务衙门、王大臣、大学士、六部都察院堂官，妥议具奏，醇亲王亦一并会议具奏。会议草拟公折一件（由李鸿藻领衔）。同日，公折奏入，两宫太后召见王公大臣四十五人集议商议崇约：“诸臣所议与朝廷意正合，尔等有见到者即说。”“此事委屈已久，不意（俄国）要挟至此，万不能忍。若再从之，上不（能）对祖宗，下不能对天下臣民。”“（崇约）分界必不可从，通商本有者勿动。”令“添人再议”，并派醇亲王、六部等同议，将崇厚该如何治罪一同议论④。

十二月二十六日（1880. 2. 6），张之洞上疏，力主拒约。张之洞随时参加王大臣一级会议，妥商对策，以备咨询。在军机处、总理衙门各次讨论废约、派使、战守等节会议上，张之洞出席，并坚决主张废原约、改新约、积极

① 王彦威：《清季外交史料》，卷18，页343－345。
② 王彦威：《清季外交史料》，卷18，页347－350。
③ 王彦威：《清季外交史料》，卷18，页347。
④ 陈义杰整理：《翁同龢日记》，第3册，页1463－1464。

备战①。他的《边防实效实在得人折》、《会议未尽事宜折》、《请饬疆臣详筹改约片》、《俄事即可乘善筹抵制片》等奏折也保持了“大局必宜顾全，故臣始终意在以备为讲，断不欲轻挑衅端……然则力维和局，仍需实筹战计”的基调②。

迭次会议商定：如俄肯还伊犁，则偿款可以照办，但界务不能照议；通商各条应分别准驳；另派使臣前往俄国改约。定议结果由礼亲王世铎领衔上奏③。

光绪六年正月初三日（1880. 2. 12），军机处会议后，两宫太后根据廷议发布谕旨：“此次崇厚奉命出使，所议条约章程等件，有违训越权之处；并据京外大小臣工陈奏，均称事多窒碍。著派一等毅勇侯大理寺少卿曾纪泽前往，将应办事件再行商办，以期妥协而重邦交。”同时谕令亲郡王、军机大臣等会议崇厚应得罪名④。至此，沙俄诱迫崇厚所签订的《里瓦几亚条约》为清廷所拒绝。

正月初十日（2. 19），照会俄国崇厚违训越权，所订条约作废⑤。

3. 相约合疏击崇厚：崇厚交刑部治罪

在清流派带动之下，反对《里瓦几亚条约》呼声遍及朝野。从1880年1月中旬到2月中旬短短一个月里，反对崇约的奏疏、条陈不下四十件。京官纷纷具折参劾⑥，伊犁将军金顺、四川总督丁宝桢、修撰王仁堪、太仆寺少卿钟佩贤、尚书万青藜、侍郎长叙、钱宝廉、司业周德润、少詹事宝廷、中允张

---

① “张之洞亦来议，相顾默然良久。总署稿定新约十八条，皆驳去，另遣使臣，张以为重辱国体；宜先令邵友濂探其意，而由电信来，周旋一时多，大家画稿而散。”——《翁同龢日记》，第3册，页1466。

② 苑书义等：《张之洞全集》，页63。

③ 王彦威：《清季外交史料》，卷19，页354－355。

④ 《越缦堂国事日记》五，页2476。

⑤ 《清实录·德宗实录》，卷107，页3。

⑥ 据《清稗类钞》：“从前给事中、御史，例准风闻言事。而六部九卿堂官，皆得专折条陈时政，弹劾官邪。翰詹得讲官者亦如之。其余如编检、部司员、阁中书等官，如有陈奏，须呈由堂官或都察院代奏。余初到京，适使俄大臣崇厚因擅立条约有损主权，京官纷纷具折参劾。直督张（树声）之子张翰卿，联合六部司员，会衔具奏，而适少吏部之人，托王可庄与余言，写好折子，要余领衔。余曰：‘此事关系国体，衮衮诸公，自能力争；我们草茅新进，何必越职言事。’语次流涎折上。可庄曰：‘不列衔便是，何必糟蹋折子。’余曰：‘流涎却非本意。但我要奏事，得由我自主；若他人写便折子，叫我领衔，我虽初出茅庐，亦不能如此懵懵。’其事遂寝。”——徐珂：《清稗类钞·外交类》。

楷、给事中盛昱、郭从矩、余上华、吴镇、胡聘之、御史孔宪谷、叶荫昉、黄元善、田翰墀、邓庆麟、邓承修、员外郎张华奎、赞善高万鹏、侍读乌拉布、王先谦、编修于荫霖、肃亲王隆勤、检讨周冠贤、员外郎陈福绥等“先后奏陈，大多主战”，痛斥崇厚卖国①。要求斩崇厚谢天下，废崇约抗沙俄。李慈铭日记中曾记载当时的情景：“近日因议俄罗斯条约，部院庶僚多发愤，相约合疏击崇厚”②。

“相约合疏击崇厚”背后蕴藏怎样涵义？清流人物如张之洞、张佩纶、陈宝琛、宝廷、王仁堪和盛昱等人，在伊犁危机中弹劾崇厚，文采斐然，集体亮了一次相。他们在伊犁危机这一事件中，交章上奏，奏折内容共同商榷，上奏先后互相协调，把握尺度恰当精准，陈宝琛曾说：“自俄事起，公及张幼樵侍讲与余三人，累疏陈言，各明一义。公构思稍迟，侍讲下笔最速。三人不分畛域，或公口占而侍讲属草，或两公属草而余具奏，或余未便再言而疏草由两公具奏”③。这表明清流人物之间互为奥援、横向联合的趋势的加大。清流交章弹劾背后，有着对边疆危机的忧患和对自强运动结果的信心，有着对左宗棠的充分信任。在这场危机中，他们表达的情感立场，无疑是倾向于左宗棠的。

李鸿章即认为左宗棠与清流呼应，引发舆论狂潮。他曾经私下告诉英国使馆嘻在明说，当时“有四十道奏折要求处死崇厚，在这样的压力下，通常没有人能够活命：因为五道奏折已足够把一个人免职，十五或二十道奏折足够把他送命”④。他致信山东巡抚周恒棋说：“俄事之坏，自去腊宝（廷）、张（之洞）诸君慷慨陈事而起。……仍日进傥论，其源自左相发之”⑤。在崇厚入狱后，他致书曾纪泽：“崇地山已交刑部治罪，所定俄约，廷议指驳多条，闻日内复奏，另行遣使往议。盖由左帅倡为翻案，张香涛、黄漱兰、宝竹坡等群争鸣，语多激射，枢廷不能自持，变态日多，此事甚难结束。若照公法，全权公使，违训越权，业经革惩，原可废约。惟俄人恃强贪诈，西路交涉日繁，衅端易起，即兵端易开，后虑方长。虽通饬各路，整备防务，陆界万余里，水路数

① 罗惇曧：《中俄伊犁交步始末》，左舜生：《中国近百年史资料》，上册，页289。

② 《越缦堂日记》，第33册，页55。引自赵春晨：《伊犁交涉中清朝统治集团的内部斗争》，《西北大学学报》，1984. 3。

③ 许同莘：《张文襄公年谱》，卷1，光绪六年。

④ （英）季南著，许步曾译：《英国对华外交：1880－1885》，页55。

⑤ 李鸿章：《复周福陔中丞》，《李文忠公全书·朋僚函稿》，卷19，页32。

千里，兵单响绌，从何布置，深为焦灼。吴（汝纶）黄（体芳）今密函，有请执事移使俄邦之议，政府讳莫如深”①。“天下本无事，庸人自扰之……左帅领袖群英，主废约用武之议，而不顾其后。刘毅斋在噶城，禁止俄人通商，显违成约，闻俄人久有责言。今奉派新疆帮办，与左公一德一心。崇君新约可废，同治二年已换之约（1864 年《中俄勘分西北界约记》）不可废也。若不准巴、噶二城通商，执事其何辞以对俄邦？似应飞函商之左、刘二帅，勿令远臣为难……兄奉密谕，整备海防畿防，拟二月初驻津。总之，饷源极绌，数万里之防，何以布置”②。“岘翁（刘坤一）到京，复有函云，恭邸、宝王诸公，以崇狱之兴，上下悉归咎于总署，未敢通请宽免崇罪，致滋众口，属由敝处据情代陈等语。兄以众谤所归，尚在口口（此处残二字），已四次致书政府，恳为酌办。宝使谓亦电致本国，请其总统谕令劝解。据各国公论，皆以崇罪不减，俄廷必不礼于新使，且将失和动兵，遑议改约……西圣少愈，当有专疏陈恳。或蒙赦旨，再电寄执事，转达俄京，并编播各国新报，浮议当可安息，俄人或稍息争。尊处再商英法外部，致其驻俄使臣，从中排解探询，庶有转机，但吾华士论，纷呶究未定，此章能否办到，兄惟尽心力图之耳”③。“伊犁全境归还，通商酌争推广，则是俄事结穴之法，揆度俄人情势，似一时尚办不到此地步。尊论作为局外旁观，反复指陈，事理详切，若交廷议，必又哗然。自去岁左相创议廷臣会奏之说，嗣后遇有俄事，无不众喙争鸣，莫衷一是。远则明季，近则咸丰末年之覆辙再蹈于今。朝纲政令，冠履倒置，岌乎殆矣”④。现俄国署理公使阳凯德屡次到总理衙门指责中国“显欲毁约”，以回国相威胁，将来只宜“敷衍了事”⑤。“此左公期期不可，京朝官群吠力争，英、法人诧异讥笑者也”。“左相拥重兵巨饷，又当新疆人所不争之地，饰词欲战，不顾国

---

① 北京图书馆藏：《李鸿章书札册》“李鸿章致曾纪泽”手稿（一八八〇年正月初四日）。转引自拓荒《李鸿章与中俄伊犁交涉刍议》，《江淮论坛》，1988. 6。

② 北京图书馆藏：《李鸿章书札册》“李鸿章致曾纪泽”手稿（一八八〇年正月二十五日）。

③ 北京图书馆藏：《李鸿章书札册》“李鸿章致曾纪泽”手稿（一八八〇年五月二日）。

④ 北京图书馆藏：《李鸿章书札册》“李鸿章致曾纪泽”手稿（一八八〇年六月二十三日）。

⑤ 李鸿章：《复曾劼刚星使》，《李文忠公全书·朋僚函稿》，卷 19，页 18－19。

家全局，稍通今古者皆识其奸伪”①。

曾纪泽也在其著名的《敬陈管见疏》，以“大兵履险地以犯强邻”，东三省“鞭长莫及，防不胜防，而“海防甫经创设，布置尚未悉周”②，认为“左相以前事得手，遂以轻戎戎首，盖亦一隅之见，未尝统筹全局耳”③。

崇厚遭到清流弹劾的情状，不限于大员之间的书信往来，也透过新闻媒体传播成社会舆论关注的热点：“内阁会议众臣工折奏纷纷。有谓大臣专擅，拟以重罪者。”“命议使俄崇大臣之罪案，固出自朝廷，而宝竹坡、黄漱兰、张香涛三先生实发其端。当崇公之待罪也，朝廷虽责其违训越权，其应如何治罪，尚无定见。至十二月十六日，宝、黄、张三公始奏请将崇公交刑部治罪。又，去岁十二月初五日各部院大小臣工上封事者，共有二百余人。”同时，人们还担心由于崇厚治罪所引起的紧张时局，这种忧虑通过报纸渲染开来：“刻下中国人欲与俄战者实繁，有徒皆谓俄素垂涎中国，若不示之以武，必且岁无宁暑”④。认为崇厚既然以全权大臣的名义出使，即可以便宜行事，“故即有小误，亦出于一时意见未到，并非偏袒俄国。兹以小告而科重罪，或未免太严也。”担心朝廷对崇厚科以重罪，在将来的对外事务中，会引起各国不信任，“若钦使受辱，则国体亦有攸关。乃以崇宫保之事观之，则中国先不能信任其臣，又何以使各国取信于钦使。不特为钦使者人人自危。而各国亦将不以钦使为重”⑤。

十二月十六日（1880. 1. 27），吏部遵旨议奏，前都察院左都御史崇厚应“照违制例以革职。崇厚奉命出使，并不听候谕旨，擅自启程回京，情节甚重，仅予革职，不足蔽辜。著先行革职拿问，交刑部治罪”⑥。李慈铭记载：“闻吏部此奏以初六日上，今日少詹事宝廷、黄体芳、洗马张之洞各疏陈，两宫召见三人者，言颇切，因有此谕。”

清廷坚持惩治崇厚并拒绝条约，谕令李鸿章、左宗棠等督抚加强防务：“此次崇厚出使俄国，议办条约章程，俄人多所要求，势难允许，崇厚率行画

① 李鸿章：《复刘省三军门》，《李文忠公全书·朋僚函稿》，卷19，页34。
② 《曾纪泽遗集》，页26。
③ 《曾纪泽遗集》，页170。
④ 《京师风闻》，《申报》1880年2月4日。
⑤ 《论崇星使被遣》，《申报》1880年2月4日。
⑥ 《越缦堂国事日记》五，页2476。

押，擅自回京，现已降旨将崇厚革职拿问，交刑部治罪，……惟念俄人挟持多端，心怀叵测，此时虽事机未定，不可不急筹防务，备豫不虞。……著该将军、督、抚等预为筹划，妥慎办理。务须不动声色，毋得稍涉张惶”①。

4. 庶吉士樊增祥上奏：崇厚定为斩监候

光绪六年正月十一日（1880. 2. 20），庶吉士樊增祥奏请杀崇厚，将崇厚的罪名定为违训越权。该折认为，崇厚的无法无天，甚于当年到天津和英法联军交涉未请旨而擅回京师的耆英。既然耆英获罪赐死，则今日不杀崇厚不能儆天下：“崇厚目无君父，贻害国家，其罪甚于耆英者百倍。有臣若此，除论斩之外，本无他条可援。”“欲令曾纪泽使不辱命，惟杀崇厚足以儆之。欲俄人不执前议，亦惟杀崇厚足以谢之。”必须将崇厚“亟正典刑，以儆行人”②。

正月二十三日（3. 3），上谕：“已革督察院左都御史崇厚，著照礼亲王世铎等议定为斩监候”③。

以上日程表明，清朝中枢的决策，基本上是沿着清流人士舆论推动的方向进行的。这里有一个不可忽视的原因，就是在这次讨论中，总署、某些封疆大吏和清流人士的各方认识达到了少有的一致。上述大臣们的意见，经过中下级京官的讨论而在是非利害及改约程序等问题上都进一步明晰化了。

对崇厚定罪这一点上几乎是没有疑义的。崇厚被判了斩监侯的罪名，国人视之咸引为快。惟处置崇厚俄、英、法等国颇为不满，时局一触即发，故朝野议论纷纷，主战空气弥漫全国，而政府莫衷一是。对于清流弹劾崇厚的行为，李鸿章等表述了自己的不同意见。他不希望崇厚事件引起北部边疆的全面冲突，因为此时边境防务除西北外，无一可恃：“西路重兵尚可恃，东三省仅有虚名，北路喀尔喀四部弱极，奈何?”“朝廷治崇宫保之罪，雷厉风行，四邻闻之相顾色骇，以后徒增轻视使臣之心，而以使臣之言为不足凭。一也。所举未必有裨时局，断不能使俄人闻之因此而不复追问前约，且恐益以增俄人坚持

① 《清实录·德宗实录》，卷106，页564。

② 《庶吉士樊增祥奏崇厚使俄违训越权请亟正典刑》，王彦威：《清季外交史料》，卷19，页356－357。

③ 《谕出使俄国大臣崇厚著定为斩监候》，王彦威：《清季外交史料》，卷19，页359。

践约之心”①。当务之急是着手补救条约中所失权益。

社会舆论也认为是一班书生，不顾国家安危：“今日之患孰有急于俄事者哉？我即不与俄战，而俄则必欲挑衅以出于一战，将奈何？不战而和，此为上策。兵端既开，有难言者矣，杞忧正未知何时已也”②。“当此积弱之势，可危之秋，而欲与欧洲强国出于一战，虽非识者，亦知其必不可矣。而在廷诸言官不能度势审时，徒好大言，据理力争，其果为国家耶？抑以逢迎意旨耶?”“且俄欧洲虎狼之国也，即使我不欲与俄战，而俄犹必多方挑衅以出于一战，而奈之何重其怒也”③。民间舆论普遍担忧由此引发的战争危机。有评论认为中俄之战是两败俱伤之局，“我不敢知曰中之必足制胜于俄，我亦不敢知曰俄之必能胜于中。而第就其大势计之，觉苟出于战，两俱有害而无利”④。认为朝廷中主战诸臣是凭一时之血气，“前闻中国诸臣之议主战者多于主和者，即此可见中国人心固有大不满于俄人者。就人心而论，中国若有所恃。然苟凭血气之勇，而速议兴师，未能操必胜之权，而卒愤事，其咎安归?”⑤ 人们揣测崇厚治罪引发战争的几率：“近又欲启于中国以争伊犁之境……强悍性成，变诈百出，日伺中国之衅，以图逞其志”⑥。“字林报谓据近日所闻醇亲王不但统辖兵马兼将，总揽朝纲，恐中俄不和之局已有端倪”⑦。“知崇星使竟获严谴，中外之人群谓大局已甚决裂，两国必出于战”⑧。《申报》转载了香港《循环日报》的社论《论中俄不宜构兵》，该文认为，中国对于伊犁问题应采取“缓索”的策略，避免两国兵戎相见，“然私心窃计，俄在今日固不肯轻与中国言战，而中国亦宜谋定后动，免俄得言所藉口”。即使“两国虽出于战，而终归于和，要亦有辨何，则兵衅未启，隐忍议和，即受亏者独在一国，尚不至于大困。若胜负既分，然后听各国代为调处，则败者固兵挫地削，暂可收拾残局，终将噬脐莫悔；而胜者亦师劳饷竭，即有所获，不如所亡，未为得计也。何若

① 《翁同龢日记》，第3册，页1464。
② 《上郑玉轩观察》，《弢园尺牍》，页155-156。
③ 《与方铭山观察》，《弢园尺牍》，页162。
④ 《论中俄战事利害》，《申报》1880年2月26日。
⑤ 《论会议俄事之难》，《申报》1880年3月4日。
⑥ 《俄国不能自治说》，《申报》1879年3月14日。
⑦ 《杂译京信》，《申报》1880年3月16日。
⑧ 《备俄策》，《申报》1880年3月17日。

邀天之眼，不以一矢相加，遗利虽不可多得，而事亦可无意外”①。舆论更担心崇厚的生死：“今伊犁一事，未见衅端，而妄掷国帑，罪不容于死云云。窃恐指摘交加，圣怒更有不可测者，深为星使危之”②。

5. 宽免崇厚：治臣下以应得之罪，诚与外人何干

议处崇厚，废止条约，各国反应强烈。俄国政府的反应最为强硬。光绪五年十一月二十三日（1880. 1. 4），俄国驻华公使凯阳德亲至总理衙门抗议：“似此情形与两国交涉事件大有关系……现在中国如此办法，不能不报知本国，本国见谕旨必不信中国真心和好……俄国家得此信息，必以为中国有藐视俄国之心。现惟看中国有无和好实据”，“俄国国家欲与中国永远和好，所以特排众论，将不应让与中国之处，全行相让。岂知愈让愈不见好，俄国并非无力量，至条约准与不准，在俄国总是一样。”总理衙门答以“崇厚交部严议，只是因其擅自回国，而与条约之事无所涉及”③。2 月初，英、法、美、德因担心“中船与俄船交战海中，则商船之往来必减大半，而中人之运货者出入固不能自由，于生意一道，中外终失其利，他国人恶之，故日望其能和也”④。四国驻华公使纷纷致函总理衙门，请求赦免崇厚。威妥玛致函李鸿章说：“新约不准，俄国正觉失望，崇厚治以死罪，俄人尤以为大辱，恐曾纪泽此去，俄人必不接待，衅端将自此而开，愿先有以解俄国之辱，俾得从中调停，共保大局”⑤。接着，法国新任驻华公使宝海也提出相同“吁请”。5 月，英国驻华公使威妥玛到天津与李鸿章密谈，谓“接本国电信，奉君主谕令，转求臣衙门奏陈大皇帝宽免崇厚之罪”⑥。

英、法等国“请赦”后，5 月下旬，李鸿章致函总理衙门，提议接受英、法要求：“伏思崇公仅予斩候，在圣恩已属从宽，而外人不知中国定例，见有

① 《论中俄不宜构兵》，《申报》1880 年 3 月 18 日转自香港《循环日报》。

② 《京师近信》，《申报》1880 年 4 月 4 日。

③ 《总署奏俄署使凯阳德因议处崇厚谕旨提出抗议折》，王彦威：《清季外交史料》，卷 18，页 339－340。

④ 《备俄策下》，《申报》1880 年 3 月 23 日。

⑤ 《总署奏变通废约即不足抑俄实足节英法之好片》，王彦威：《清季外交史料》，卷 21，页 394－395。

⑥ 《总署奏崇厚获罪英法德等国使臣来函请加宽免折》，王彦威：《清季外交史料》，卷 21，页 395－396。

斩字，疑为莫保首领，遂谓辱及彼邦，与其数年以后，仍递减遣戍似不若。乘劼刚将行之际，特旨宣布，使四夷怀德，俄人归心，衅端无自而开，约章徐议更定，此事庶有结局。否则，威使赫德之言虽未可尽信，亦难保必无。崇某一人无足计较，而大局安危，关系甚重，想执事亦钦钦在抱也”①。总理衙门接到李鸿章信后，一时犹豫不决。李鸿章又和路经天津入京的新任两江总督、南洋大臣刘坤一密商，由刘入京向总理衙门“力陈李鸿章前说”，并转交李鸿章密函。

期间经过，李鸿章均致信告知曾纪泽②。他在信中透露，待“西圣少愈，当有专疏陈恳”。李鸿章请奕䜣“主持大计，勿为浮言所摇惑，斯全局之幸也”③。总理衙门大臣于光绪六年五月初八（6. 15）、十三日（6. 20）两次会议，商定宽免崇厚。奕䜣、沈桂芬等奏请接受英、法要求，宽免崇厚之罪：“就中国朝政而论，治臣下以应得之罪，诚与外人何干。惟事关交涉……此举即不足以伐俄人之谋，实足以结英法之好。”若能应允英法赦免请求，请其出面调停，则其“必能事事强俄就范”。而杀崇厚“事关交涉，实有不能不权其利害而因时制宜”④。

清流们则激烈反对。宝廷、黄体芳、于荫霖等上奏，指陈李鸿章、沈桂

---

① 李鸿章：《请宽解崇厚罪名以固邦交》，《李鸿章全集·译署函稿》，卷11，页3167－3168。

② “昨因英国威使、法国新来宝使齐集津门，力言须先请将崇地山死罪减免，俄都乃可接待新使，徐商改约。威使并云，其君主令为转求总署入奏，嘱兄代达，已缄商总署。据复称，见在西太后圣躬不豫，未能临朝，必须稍迟，委婉陈达。岘庄制军入觐过津，谓既有英、法从旁调停，机会万不可失。岘翁到京，复有函云，恭邸、宝王诸公，以崇狱之兴，上下悉归咎于总署，未敢通请宽免崇罪，致滋众口，属由敝处据情代陈等语。兄以众谤所归，尚在口口，已四次致书政府，恳为酌办。宝使谓亦电致本国，请其总统谕令劝解。据各国公论，皆以崇罪不减，俄廷必不礼于新使，且将失和动兵，遑议改约。……看威、宝两使语意，其国家均愿出为解说。”——北京图书馆藏：《李鸿章书札册》“李鸿章致曾纪泽”手稿（一八八〇年五月二日）。

③ 《李文忠公全集》，卷10，《译署函稿》。

④ 《总署奏变通废约即不足抑俄实足节英法之好片》。——《清季外交史料》，卷21，页396－397。林纾《畏庐琐记》记沈桂芬对弹劾崇厚奏章的态度：“沈延见诸人，索折本读之，折中语语侵及荐主。沈颜色不变，即曰：崇厚该死，老夫亦无知人之明。此文章佳极矣，难得出诸少年之手。唯诸君之意如何？今日吾能战否？鲍春霆（鲍超）非大将才也，沅圃（曾国荃）亦老暮，李少荃（李鸿章）恐不胜任，将奈何？”——该书，页128。

芬、董恂、王文韶为“媚夷误国”。五月十一日（6. 18），少詹士黄体芳上折云：“轻释罪臣，徒长敌骄而辱国体，请饬枢臣妥筹审处以免流弊”，奏称：“窃闻英法两国使臣恐国家与俄寻衅，请释崇厚之罪，从重调停，南北洋大臣均以为然，怂恿总署诸臣入告。……臣查议防备战责重疆臣，乃平日则耗饷购船，张皇声势，一旦有事，惟冀幸与国之讲解，免起争端，其不能胜疆寄荷时艰，已可概见。……罪崇厚为俄之辱，释崇厚独非中国之大辱乎？去年，治使臣之罪，两集廷议，屡颁谕旨，环海内外，谁不闻知？甫经数月，忽然赦免，一经宣播，天下臣民必至惊异骇愕，众论哗然。将以九重之震怒为不足畏，国家之刑章为不足凭，草野庶黎从此皆有顽视朝廷之心，纲纪荡然，何以立国？其弊尚不止外洋之蔑视已也。况英法空言调处，至于能否改约，亦无把握，徒损国威，并无实济。中外大臣何至视为转圜妙策，汲汲赶办”①？黄奏强调国家纲纪不能听凭外人干预，惩办使臣不只涉及对外交涉，且事关朝廷“纲纪”，故清流视之甚重。少詹事宝廷也在同日上折说，“改崇厚之新约易，改枢臣之成见难”、“罪臣不可轻赦疏”，反对屈从英、法的要求。此种颇带意气的激烈态度，其实不难理解，因为惩崇与否，事关朝廷“纲纪”：“去年治使臣之罪，两集廷议，屡颁谕旨，环海内外，谁不闻知。甫越数月，忽然赦免，一经宣播，天下臣民必至惊异骇愕，舆论哗然，将以九重之震怒为不足畏，国家刑章为不足凭，草野黎庶从此皆有玩视朝廷之心，纲纪荡然，何以立国”②？

慈禧决定将总理衙门折片和黄、宝二人奏折一并交“王大臣大学士六部九卿翰詹科道会同妥议”。清流的看法并不孤单，他们反映了大多数人的见解，李慈铭五月十三日（6. 20）的日记就反映了这一点：“肯夫来谈，近日英法两夷酋屡请释索崇厚出狱。总理各国事务诸臣商之北南洋两大臣时，南洋大臣两江总督刘坤一以将履任请觐在都，皆以为从其请则结欢于两国，俄夷换约之事可因之求缓颊。于是总理衙门遂上疏请之。前日少詹事宝廷、黄体芳各具疏争，两宫懿旨以十四日命醇邸及诸王大臣大学士六部九卿翰詹科道会议。窃以为此不难决者也。我讨一有罪之臣，不特无与英法两国夷事，亦无与俄夷事也。我之欲诛崇厚者，固以其显违训诫，阴擅国权，不计时事之安危，罔顾国家之成败，非谓其倾心外附，卖国自利也。即杀百崇厚，何伤于俄人之一毛？何与于诸夷之大局？而狺狺不已，妄相申救，是将使我不得有其政刑，政

① 《不宜徇各国之请轻释崇厚折》，王彦威：《清季外交史料》，卷21，页397。
② 俞天舒：《黄体芳集》，页13。

刑不行，何以为国？此即出彼两夷岛主之意，亦不外乎劫胁狎侮之两端，所当明告以理而拒绝之者也，况或出于酋使之欺诈哉？由于崇厚之要结外以尝试而内以挟制，一堕其计，国威丧尽，尚何有于结欢而冀于虎狼猰兕间，怜弱肉以解纷乎"①？

五月十四日（6. 21）由奕䜣主持召开诸王、大学士、六部、九卿会议，讨论宽免崇罪问题。奕譞提出宽免崇厚，王大臣多数同意。但惇亲王奕誴、张之洞、翰林院修撰王仁堪等则坚持速诛崇厚。五月十九日（6. 26），王仁堪等十六名翰林联名上奏，要求朝廷"明示中外以崇厚罪案万无可翻，严饬枢臣实筹补救，勿存图便徇私之心，严饬疆臣修防边圉、预为有备无患之计，严饬曾纪泽速赴俄邦，反复辩论，更定修约，毋稍怯懦"②。张之洞上奏要求李鸿章"及早选将练兵，仿照德国新式，增建炮台"，备战防俄。他表达了对南北洋大臣备战不力、冀望赦免崇厚以使英法居间调停的不满与顾虑。他提出"守正"与"变通"两策，守正策即坚持中国的严正立场，立诛崇厚，调兵遣将，与沙俄周旋到底；变通策即免崇厚死罪，仍派他去俄国重新谈判，表示当初签约之非，争回让出的利益，签订新约；同时严令李鸿章、刘坤一急修战备，改正对俄国人畏葸和软弱的态度，"戴罪立功"："窃自冬春以来，俄事初起，臣屡次上疏，大意不外修备筹防，以为操纵之地。悠悠数月，军容阒然。今者俄人恫吓，英法居间，首以赦免崇厚为请。而南北洋大臣张皇入告，枢臣不再计，廷议无深谋，既无能战之人，安有万全之策……守正之策，曰必诛无赦，以存国权。"他指斥李鸿章、刘坤一毫无切实战备措施的作为，指出"李鸿章岁糜数百万金钱以制机器而养淮军，正为今日，若并不能一战，安用重臣。""身为干城，甘心畏葸，不能任战以解君父之忧，但恃曲赦以为侥幸之计……何以为心，何以为颜。"他建议"将南北洋大臣立加严遣，仍责令戴罪急修水陆防务。"张之洞甚至提出崇约"十八条可全从，减罪臣之议则不可从"③。

会后礼亲王世铎等多数与会者联名上奏，主张接受英、法要求，将崇厚罪

---

① 《越缦堂国事日记》五，页2479－2480。

② 《修撰王仁堪奏崇厚不宜减罪疆臣宜图奋勉折》，王彦威：《清季外交史料》，卷21，页399－400。

③ 《翰林院侍读学士张之洞奏陈经权二策应付俄事折》，王彦威：《清季外交史料》，卷21，页400－402。

名"量予减等"，以争取英、法帮助中国调停改约①。而光绪皇帝生父、醇亲王奕譞亦单独上奏，指出崇厚不可赦，而英法两夷之请不可遽绝，请下明诏暂缓崇厚之死，俟和议之成，再行惩处，他指出：这是一种权衡的结果，"为邦交起见，原不妨竟允其请，惟曾纪泽尚未将另议条约覆奏，暂将崇厚免去斩罪，仍牢固监禁，似条约议妥后，再行加恩"②。

五月十九日（6. 26），下令将崇厚"暂免斩监候罪名，仍行监禁，候曾纪泽到俄国后办理情形如何，再降谕旨"。"近闻外间议论，颇以中国将崇厚问罪，有关俄国颜面，此则大非朝廷本意……或因误会而启嫌疑，未免有妨睦谊"③。"为修约大计，终下旨加恩，开释崇厚"④。总理衙门令曾纪泽照会俄国，中国已决定免崇厚罪，要求俄国接受中国重新谈判的要求。同一天，奕䜣向各省督抚发出廷寄，申说朝廷将要免崇厚之罪，原因是中国海防不足恃。赞善于荫霖又上疏弹劾李鸿章、沈桂芬、董恂、王文韶四人"媚夷误国"⑤。李慈铭认为这是"少年喜事者益纷纷矣。正论固不可无，而胸无一筹，徒为讦直，亦非所宜也"⑥。

6. 开释崇厚：国体难存与夷务难尽协

俄国仍拒绝改约，在归还伊犁全境、通商等问题上拒不让步，并声称派布策到北京谈判。曾纪泽赴任之初即知"惩使愈重，则辱俄愈甚，改约愈难"⑦。当崇厚或免斩罪后，曾纪泽从英国外务部得知俄国仍不满意，于是电请赦免崇厚，总理衙门未予同意⑧。七月初六日（8. 11），曾纪泽将此消息致电总署，请求速办边界各案和赦免崇厚，不宜使用暂免字样⑨。此时，京城又传消息，

---

① 王彦威：《清季外交史料》，卷21，页400。

② 《醇亲王奕譞奏请乘英法调停之际以赦崇厚为条件挽回俄约折》，王彦威：《清季外交史料》，卷21，页398－400。

③ 朱寿朋编：《光绪朝东华录》，第1册，总第925页。

④ 《光绪朝东华录》，第1册，总第953页。

⑤ 王彦威：《清季外交史料》，卷21，页402－403。

⑥ 《越缦堂国事日记》五，页2481。

⑦ 《曾纪泽遗集》，页172。

⑧ 王彦威：《清季外交史料》，卷21，页404。

⑨ 俄国外务大臣格尔斯曾对英使说过，中俄边界要案必须速办才能显示出中国的和好之意，而崇厚也必须赦免，如果暂赦斩罪，等新使办事得手，才真正赦免，则俄国更怒不可解。—曾纪泽：《曾纪泽遗集》，页182－183。

说俄国的远征军除已达日本长崎。据说，此讯使“举朝失色”，“两宫忧甚”。七月初七日（8. 12），王大臣入奏两宫，要求立即定计。上谕：“即行开释”崇厚。

李慈铭七月初八日（8. 13）日记中记载了这样一条信息，很能说明人们对待崇厚问题上的复杂心态：“自昨日释崇厚之旨下，举朝相庆，以为从此可以无事。至散冗士夫亦欣欣相告，如获更生。人心如此，尚何言哉。”七月初九日（8. 14），“是日闻侍讲陈宝琛、编修廖寿丰、庶子张之洞各递封奏，不知何所言也。又闻初三日少詹事宝廷奏请急召左宗棠入参枢密”。该日记后附陈宝琛封奏《请责枢臣迟延贻误折》，奏称：“枢臣主持大计，迟延贻误，宜予谴责以存国体而系人心……伏读开释崇厚之旨，不禁失声痛哭。以祖宗二百余年之刑典，廷臣百数十辈之公论，我皇天后皇上犹不能主之，而听罪臣挟外交以自固也……枢臣于崇厚之当诛无异辞也。当其时，果仰禀懿训，俯顺舆情，立正典刑以伸国宪，虽俄约之改不改未可知，彼能无所爱于我一罪臣而借口以梗和议？如果诸臣度情量势，谓吾力不足以自诛其罪臣，则何必下集议定罪名，上烦圣虑之焦劳，下启强邻之要挟。太阿旁落，朝令夕更，藐国法若弁髦，视廷议如儿戏哉……然事已至此……朝廷惟有切责枢臣及总署诸臣，以迟延贻误之咎量予处分，责令戴罪自赎，亟需补救，俾中外臣民咸知咎有攸归，尤可以存国体系人心于万一①。

八月十八日（9. 22），慈禧太后亲自召见军机处、总理衙门重臣，集议俄事，张之洞亦参与其会。会上辩论异常激烈。奕䜣、奕譞力主缓和，认为“战无可恃”，不可以国事轻掷。翁同龢则提出“速弃伊犁”，停止谈判，不再与俄国纠缠。张之洞力陈保卫新疆、急修战备、以武力作谈判后盾。黄体芳则奏请“俟和约议定后……以吞帑、僭越、私逃三罪而杀之（崇厚）”，“力修战备以折狡谋，则虽不能挽回既往，或可杜绝将来”。从“以改约责恭亲王”，“以转圜之术责总署”，“饬令李鸿章统筹全局战守之策”的建议看②，其本意并不希望与俄国决裂。“宝廷、张之洞屡上封奏，言战守事，迄不决。为今之计者，当急易枢及斥罢大臣中最庸懦不职者，如万青黎、董恂、文煜等……”③ 此与陈宝琛显系交章弹奏。

① 《越缦堂国事日记》五，页2483－2484。
② 俞天舒：《黄体芳集》，页15－18。
③ 《越缦堂国事日记》五，页2486。

八月二十日（9. 24），廷臣继续会议，最后拟出“公折”：一、中方派出了使臣、赦免了崇厚，俄方仍不接受中国的修约要求，并要派人到北京谈判，是俄人故意刁难；二、不能轻言对俄开战，开战对中国不利；三、俄国真派来谈判大使，由总理衙门商量对策；四、若俄国人率先挑衅，则予以还击。

清流派奏折中言论激烈，虽然暗指李鸿章有避战求和之嫌，但其背后则反映了晚清政治发展历程中洋务自强与内政自治的矛盾，也反映了国家内政行政操作系统与意识形态系统的日益矛盾，在这个矛盾中，折射出人们对吏治、对自强希望的破灭，对时局的愤慨，对国威、国体、国权的忧虑。清流们考虑的是国体国威，透摄出对传统塞防重地面临危险的忧虑及边疆领土完整和权益的重视。他们的奏章中希望的是王、大臣们对俄强硬、积极防御备战的态度，而不是真正要导致决裂发生战争。在国家积贫积弱前提下，办理夷务的封疆大吏和朝廷大员难以尽如人意，而此事正如奕䜣所说“愈难愈不能不办”①。

李鸿章等人一再强调的是缓和，徐图补救，这种缓和背后有着实际的掣肘，诸如：“饷源极绌，数万里之防，何以布置?”“敝处兵饷两绌，仅可支持。大沽、北塘门户、山海关及边外各口，力实不及，奈何?”“惟俄人恃强贪诈，西路交涉日繁，衅端易起，即兵端易开，后虑方长。虽通饬各路，整备防务，陆界万余里，水路数千里，兵单响绌，从何布置？深为焦灼”②。李鸿章表达的是“惟尽心力图之耳”、积极谋求英法支持、希望曾纪泽到彼得堡后，“侦知大略”，“倘伊诡谋已定，事无可为，深堪焦灼。”他请曾将“到俄议论情形”，随时详示。种种做法，缺乏清流们所表达出来的必杀、必战、必废的民族自信和自强愿望，因而导致“众谤所归”。

名士李慈铭在八月二十四日日记中记述了他对此事的见解：“是日二十一日会议公折上，内阁主稿，皆言待俄夷使臣布策至京，与之妥议。其条约必不可从者沮之，如不肯则修战备。而惇王、醇王、吏部尚书万青黎、工部翁尚书、少詹事宝廷、庶子张之洞、御史洪良品、徐文泂各别具疏，礼部徐尚书及侍郎祁世长合具一疏。闻惇邸徐祁皆主战，余皆不知其详。两宫独召见醇邸，亦未知所言何也。总之，近日所患，在内外隔绝，上下相蒙，两宫深居，于条

① 《总署奏准使俄崇厚电称已与俄立约画押折》，王彦威：《清季外交史料》，卷16，页27－28。

② 北京图书馆藏：《李鸿章书札册》“李鸿章致曾纪泽”手稿（一八八〇年正月初四日）。

约之利害不能详知。枢府诸臣自知力小任重而不肯宠利，且自以为当平粤匪平捻匪平回匪，遗大投艰，由其居中运筹。视外廷新进皆不更事，于是力持己见，回护前失，而忌人之才或出其上。颇闻其见言事之疏无不嬉笑，尝相谓曰：此辈以一无所知之人而欲办千古未有之事，而言事者亦实大半无知妄言，章奏亦往往可笑，所以愈格而不能入也。西洋人《申报》言，中国三品以上主和，三品以下主战。其实，三品以下士夫所大患者亦有两端，一曰太不学，一曰太无识。其全无心肝者无论矣，即自命矫矫者亦大率言不可战，战则必败，不知用兵不能保无败，败而善持其后，乃始能胜，乃始能守。今谋国者动云书生不知兵而书生又实不知兵，哀哉”①。

对于赦免崇厚，报界表达出庆幸之情：“赦令一颁，俄人已可平心降气。而或者如天之福。俄主知国中有乱党窥伺之祸，中朝知国中有饷源将竭之忧，而两国将帅皆存知己知彼之见，则释兵定界，遣使修和，而不至于干戈从事。幸甚幸甚！”② 这种民间舆论代表了南方口岸地区与京师政治中心的不同考虑，与李鸿章等的意见相符。并且，报刊舆论强调崇厚出使前为什么无一言者，似乎暗示所有人都有过失，不必事后专责崇厚之意：“崇宫保之能胜重任与否，举朝岂无一知之，而无一言之者……既未廷受密旨，岂枢府大臣亦绝不潜受机宜，预示方略乎？如俄人自恃强大，索而不还，则将如何？或仅还其半，将如何？或还而索重酬，此外更有所要约，将如何？廷议所及，于未行之先，要当胸有成竹，岂如是重大之事，绝不先为筹画，而听宫保之一行，即为了事。”“左侯帅之驻师新疆，与崇宫保之出使俄国，互为枢纽。当宫保之行，何不取道于新疆，面见左帅，商酌事机；不独伊犁之情形洞悉于胸中，即俄人之情伪亦如掌上螺纹，乃彼此绝不相通，各自为事，判若秦越。此所未解者三也”③。

中枢、枢臣、士大夫、封疆大吏、洋务大员、社会人士、民间舆论在伊犁危机中所表现出来的意见态度和政治参与，在伊犁危机前是没有的现象。开释崇厚，意味着国体的难以保存，也意味着夷务的难尽协调。在此情况下，清流的搏击折射出的是边疆危机和外部入侵的日益严峻，因此，中俄争端中的强硬立场，诚如学者所指出的，是中国“最初萌发的西方爱国热情，而不仅仅是

① 《越缦堂国事日记》五，页2488。
② 《论暂缓使臣罪名》，《申报》1880年7月16日。
③ 《上郑玉轩观察》，《弢园尺牍》，页152－154。

一些不通世故的文人学者的迂见”①。

四、伊犁改约：民族危机下的激情与自信

1880年2月，清廷将崇厚下狱，派原驻英法使臣、曾国藩的长子曾纪泽为出使俄国钦差大臣，赴俄重开谈判，挽回失权。提议曾纪泽赴俄改约，应该出自清流派人物，李鸿章致曾纪泽信中透露：“崇地山已交刑部治罪，所定俄约，廷议指驳多条，闻日内复奏，另行遣使往议……吴（汝伦）、黄（体芳）今密函，有请执事移使俄邦之议，政府讳莫如深”②。3月3日，曾纪泽在法国巴黎接到总理衙门的电报，深知赴俄改议崇约的艰巨和处境的困难：此次改约“其难较崇厚十倍”③。左宗棠则对曾纪泽改约之行极大支持，认为必须尝试改约，改约不成则武力解决④。

吸取了崇厚出使的教训，清廷对曾纪泽出使谋划精细。5月，总理衙门电告曾纪泽“到俄先告以难准之故。如因条约不准，不还伊犁，大可允缓，能将崇厚原议两作罢论，便可暂作了局，意在归宿到此。”上谕也说，伊犁系中国土地，“中国向其索还旧疆，本是名正言顺。至通商一事，自当权其利害轻重，予以限制。其必不可行者，未可遽然从事，致贻后患”⑤。

清流派积极献策建言。前詹事府少詹事宝廷奏称：“出使之命，不可太迟，而使臣赴俄，则不必太速。崇厚之约荒谬，即因遣使不慎，一之为甚，断不可再。”他希望朝廷令曾纪泽先进京请训，由军机处和总理衙门与其详细谋

---

① （英）季南：《英国对华外交：1880－1885》，页45。

② 北京图书馆藏：《李鸿章书札册》“李鸿章致曾纪泽”手稿（一八八〇年正月初四日）。

③ 王彦威：《清季外交史料》，卷19，页50。李鸿章致信丁宝桢说：“地山（崇厚字）以京秩头等公使之职，旋即翻复。劼刚名位视地翁相去远甚。地山衔朝命而出，尚不可靠，劼刚则由海外移俄，知其未曾面圣亲授机宜。又英俄猜嫌已深，劼刚与英人交密，俄心疑其与英勾串，更格格不入。有此数节，可谓画蛇添足，恐于国事无益有损耳。万国公法，即两国失和，无陵辱使臣之例，但不接待、不与议事，辱国已甚。一误再误，其可追耶？”——《复丁稚璜宫保》，《李文忠公全集·朋僚函稿》，卷19，页8－10。

④ 《甘督左宗棠奏遵覆中俄外交事宜并边防布置情形折》，《清季外交史料》，卷20，页9－13。

⑤ 《清季外交史料》，卷21，页23－24。

划，奏明两宫皇太后裁定，面授方略，不再重蹈崇厚违训越权之弊，若“径令由英赴俄，则必当详切寄谕，严饬恪遵办理，并慎选精明公正之员，与会议王大臣，总理衙门商议明确，面奉圣训，恭赍国书寄谕，往交曾纪泽只领，随同参赞，匡其不逮。”又请饬曾纪泽“随时请旨，不得专擅；总理衙门寄信时，亦不得含混其辞，致使臣得以藉口”①。李鸿章将此告知曾纪泽并表示深切忧虑：“闻宝执事廷，正月十三奏请，使臣不必速往，令先回京请训，密授机宜再行。又交王大臣议复，尚未接总署知照。然无论迟早，此行必不能免……窃为危虑”②。

张之洞在曾纪泽赴俄谈判之初③，两次上奏，提出《里瓦几亚条约》中最大四条危害，奏请朝廷饬令曾纪泽“百计挽回，以顾国体”，“改约重要各条必应坚持”，“不得借口决裂，任意允许”④。

李鸿章亦探询情报，提供改约策略，并为曾纪泽改约成行争取外交支持：“已四次致书政府，恳为酌办”，“西圣少愈，当有专疏陈恳。或蒙赦旨，再电寄执事，转达俄京，并编播各国新报，浮议当可安息，俄人或稍息争。尊处再商英法外部，致其驻俄使臣，从中排解探询，庶有转机，但吾华士论，纷呶究未定，此章能否办到，兄惟尽心力图之耳”⑤。

对于改约谈判，“总署有总署意见，京官有京官意见，左帅有左帅意见，俄人有俄人意见”⑥。曾纪泽则通盘筹划了这次出使的外交策略，认为对于“崇约”应准应驳，“均贵有一定不移之计”⑦。他详尽地研究了伊犁地图，决定在边界争端上丝毫不让，在贸易问题上讨价还价，在赔款方面妥协，1880年7月21日，曾纪泽离英赴俄前上了“敬陈管见折”，提出了伊犁谈判原则：

---

① 《少詹宝廷奏使事宜慎请饬曾纪泽来京请训折》，《清季外交史料》，卷29，页4－5。

② 北京图书馆藏：《李鸿章书札册》“李鸿章致曾纪泽”手稿（一八八〇年正月二十五日）。

③ 光绪六年二月二十日，上《改使改约办法片》，二十一日又上《改致俄国国书词句片》。——《清季外交史料》，卷19，页364。

④ 《张文襄公全集》，卷3，页1－3。

⑤ 北京图书馆藏：《李鸿章书札册》“李鸿章致曾纪泽”手稿（一八八〇年五月二日）。

⑥ 《曾惠敏公遗集·文集》，卷3，页19。

⑦ 《曾惠敏公遗集·奏疏》，卷2，页9、35。

伊犁一案，不外分界、通商、偿款三大端，不外战、守、和三种解决策略。7月25日，从巴黎起程赴俄使，7月30日，抵达俄国首都圣彼得堡，与沙俄外交大臣吉尔斯、驻华公使布策，外交部高级顾问热梅尼等展开艰苦谈判。

此间，清流们又积极促请朝廷内召左宗棠入京备战。七月初三日（8. 8），少詹事宝廷在《请诏知兵重臣如朝以定危疑折》中，提出诏左宗棠入京①。邓承修认为左宗棠“志虑忠纯，晓畅戎机，善谋能断”，“朝廷必欲拯今日之急，安宗庙社稷，莫若令左宗棠入辅而委以军国之大柄”②。8月11日，清廷急召左宗棠入京。七月初十日（8. 15），右庶子张之洞上《因俄事条陈应防各要地事宜折》，奏请加强海口边界防守③。七月十三日（8. 18），又上《奏陈与俄议约迫促急图补救折》，对曾纪泽在俄如何定议条约提出建议④。七月三十日（9. 4），又上《奏闻崇厚不知杜门悔罪请予严范折》⑤。八月二十四日（9. 28），又上《奏陈俄使将来预筹应付办法折》，针对朝廷对布策来华的恐惧：“布策此来，固是危局，亦未必非事机……从古敌国交际之事，谋战为本，辩论为末，形势相禁制为上，婉词恳请为下。计其到来，尚须一月，既或决裂，又须兼旬，及此之时，惟有急修边备，静以待之”⑥。九月初十日（10. 13），又奏《俄事有机可乘宜筹抵制折》⑦，九月十五日（10. 18），又奏《挽救俄约折》⑧，又上《奏陈西防东防津防事宜以备采折片》，上谕令曾国荃李鸿章会商妥筹具奏⑨。九月二十五日（10. 28），左庶子陈宝琛奏《俄事既可择坚持日事无庸迁就片》，同日又奏《俄事既可择坚持日事无庸迁就片》⑩。在这些奏折中，张之洞、陈宝琛等奏请朝廷饬令曾纪泽在谈判中“注意重务，专力筹商”，对于索还伊犁全境和西汉通商两条，必须“并争”，不可“取一弃一”。

---

① 王彦威：《清季外交史料》，卷22，页412－413。
② 邓承修：《语冰阁奏议》，卷2，页1。
③ 王彦威：《清季外交史料》，卷22，页416。
④ 王彦威：《清季外交史料》，卷22，页420－421。
⑤ 王彦威：《清季外交史料》，卷22，页421。
⑥ 王彦威：《清季外交史料》，卷22，页425－426。
⑦ 王彦威：《清季外交史料》，卷23，页433。
⑧ 王彦威：《清季外交史料》，卷23，页434－436。
⑨ 王彦威：《清季外交史料》，卷23，页436－437。
⑩ 王彦威：《清季外交史料》，卷23，页440－442。

曾纪泽不遗余力地挽救界务上的损失。谈判过程诘难、困难重重，“争辩虽繁，漫无实际，朝允商改，夕复游移”①，几度陷入僵局。曾纪泽力持定见，“笔舌辩论，凡十数万言”②，最终“折冲蹲俎，夺肉虎口”③，“握要力争，顾全大体，深为不负委任”④。1881年2月24日，曾纪泽在圣彼得堡与俄国签订了《中俄伊犁条约》（又称《改订条约》和《圣彼得堡条约》），同时签订的还有《改订陆路通商章程》及专条一件。中国收回了伊犁地区，争回了特克斯河流域，但霍尔果斯以西的大片中国领土，仍为沙俄割去。虽多付了一笔赔款，但收回了若干利权。许多史书已经涉及，不复赘言。这在当时的中国，属于一次外交上的胜利。美国人马士评论说：“左宗棠用血和铁平定了喀什噶尔，而现在曾纪泽又光荣地用和平方式收回了伊犁，中国在他的许多世纪的历史上……像曾纪泽这样的不流血的外交胜利……还是一个创举”⑤。俄国外交大臣格尔斯也承认，曾纪泽“十分傲慢，并且熟悉世界政治，讹诈也不能使他害怕，所以对于他不能抱任何幻想”⑥。他感叹：“我办外国事件四十二年，所见人才甚多，今与贵爵共事，始知中国非无人才”⑦。

李慈铭《国事日记》认为曾纪泽“赴俄京与其外交当局开始其艰巨的交涉”。该书摘录了《伊犁定约中俄谈话录》记载，会议从光绪六年六月廿九日起到七年正月二十五日止，约七个月。通常由曾纪泽带同参赞随员到俄国外部或到俄代表的私人寓所，“有时他们到我们使馆来，持续商议计五十次以上。俄人狡猾异常，纪泽反复辩论，万分棘手，幸沉着应付，为保全两国友谊，忍痛允许割地一部分。……时纪泽抱病已甚，形憔悴，但办事精审……成为俄方的钦佩而欧西舆论亦赞赏不已”。该书又摘录蒋廷黻《中国近代史》中的评价：“中国当时幸有曾纪泽以极冷静头脑和极坚强意志，运用外交得法，去贯彻他的主张。英国驻俄使者且称赞他说：能凭外交能力从俄国取回她已占领的土地，曾侯要算第一人。虽然他回国的时候，抱定志向，要推进全民族的近代

---

① 王彦威：《曾惠敏公遗集·文集》，卷4，页10。

② 王彦威：《清史列传》，卷58，页4566。

③ 俞樾：《曾惠敏公墓志铭》，《续碑传集》，卷15，页17。

④ 《曾惠敏公遗集·奏疏》，卷2，页35。

⑤ 马士：《中华帝国对外关系史》（中译本），卷2，页372－373。

⑥ 复旦大学历史系中国近代史教研组：《中国近代对外关系史资料选辑》，卷上，第1册，页386。

⑦ 《小方壶斋舆地丛钞》，页393。

化，但是他遭时人的反对，找不着机会做事，不久就死了”①。

五、小结

中俄伊犁交涉中，形成了清流交章上奏的态势。这种态势的形成表明清流们的横向联合加强，突破了清代前期对所谓朋党的限制，也突破了传统政治文化中的框架，以一种横向的联合来维护边疆、领土、民族、皇权意识。

伊犁危机交涉过程中，张之洞的表现极为出色。他机锋逼人，头角鲜露，成为轰动朝野的风云人物。张之洞26岁中探花，之后自1863年至1881年的18年间历任翰林院编修、浙江乡试考官、湖北学政、翰林院庶吉士、四川学政、詹事府洗马、翰林院学士等官职。时他供职詹事府，职位虽不显赫，但“遇事敢为大言”②，人称“青牛角”。他搏击冲刺，先后上疏19次，又奉特旨破格参加王大臣会议，参与商议俄约③。光绪六年二月，张之洞补授从四品的翰林院侍讲，五月，升至正四品的翰林院侍读学士。1881年，升翰林院侍讲学士、内阁学士兼礼部侍郎、外放山西巡抚，两年内官阶从正六品至正二品，由翰林词臣步入封疆大吏。

最能说明清流派横向联合表达意见的是张之洞与黄体芳、张佩纶、宝廷之间的交章上奏，舆论抨击、出谋划策。他们的奏章内容虽然是中俄伊犁交涉的外交问题，但同时也是一个政治问题，一个意识形态问题。在对外战守两难的抉择中，在如何论和而不失国体，在如何维护纲纪，在如何维护祖宗开拓的疆土，清流们以传统政治文化资源来获得了言论的合法性和权威性，获得政治参与机会比从前任何时候都要活跃，政策意向比任何时候都能传递给中枢，形成一种政府决策。伊犁交涉中，崇厚擅定《里瓦几亚条约》一案，张之洞首上《熟权俄约利害折》，力陈“俄约有十不可许”，要求将崇厚“拿交刑部，明正典刑”，黄体芳则上奏专劾崇厚“专擅误国”，“因索地而弃地，欲弭衅而召衅”，导致崇厚下部议处；之后清流相约合击崇厚，奏疏叠上，崇厚获罪斩监候、崇约遭拒；当外力干涉、战争危机迫近，清廷开释崇厚，张之洞黄体芳分

① 《越缦堂国事日记》五，页2493－2494。

② 《清史稿》卷437《列传》224《张之洞等传》。

③ 许同莘编:《张文襄公年谱》，页22。

别上疏，张疏强调处死崇厚“中国不失其自主之权”①。黄体芳则强调：“‘杀’之一字，固不许中国得行其权，即‘暂”之一言，亦不容慈圣稍伸其志，果何理哉?”②樊增祥也奏请必杀崇厚以利改约。黄体芳与樊增祥在张之洞的广雅堂订交③，二人诗文酬唱频繁，樊增祥十分钦佩黄体芳：“瑞安黄先生，清声义问，举朝敬惮，独折辈行与交”④。可见，清流之间横向联合的可能性。

清流们的横向联合、交章弹奏，并未受到中枢的抑制，张之洞即说“是特方诏求言，士气奋发，又值回部荡平，士大夫多言兵可用，乃争言战俄”⑤。相反，传输成为一种政策意向，影响着交涉过程中的重大步骤，从处置崇厚、决定废约、修备主战、遣使改约、调遣左宗棠入京等，清流们的对外强硬态度得以落实到政策措施上。时人有将外交态度作为“清流”和“洋务派”的分野依据，刘体智就认为：“天下事皆有两端。一端以款为罪，则自命清流之列者也……一端以款为主，恃洋务两字为妙用而致速化”⑥。在伊犁事件中，已经隐现了洋务派官员在舆论搏击上弱于清流之势，李鸿章即为“众谤所归”。清流奏调左宗棠赴京辅政，也有着“扬左以抑李”的意图。

伊利交涉过程中，清流们多少有些不顾清廷政治经济实际状况，也多少不甚了解或者按照国际社会条约体系下的运行过程。因此，对于那些只是有些疑虑、有些言辞表现出担忧的王大臣或者是封疆大吏，往往大张其笔伐之势，而且占着上风。弹劾过程中多少夹杂着政治斗争的因素在内。如弹劾沈桂芬，就有着军机处内部李鸿藻与沈桂芬的派系斗争因素⑦。

伊利交涉中，对于是否接受条约，如何改约等，清流“实有左右朝野舆

---

① 苑书义等主编：《张之洞全集》，卷1，页56。

② 俞天舒：《黄体芳集》，页14。

③ 俞天舒：《黄体芳集》，页299-300。

④ 余诚格：《〈樊山集〉序》，《樊山集》。

⑤ 罗惇曧：《中俄伊犁交涉始末》。

⑥ 刘体智：《异辞录》，页91。

⑦ 张之洞致信李鸿藻，认为沈桂芬“决意不欲战，不敢战，故深恐布策之来，不欲曾之固争也”，“吴江（按：即沈桂芬）昏谬私曲，既无公事之法，又不实修战备。调将帅，筹将帅军火，筹借饷，百方阻止。惟其心必欲使大局败坏而后已。”——《张之洞致李鸿藻密函》，转引自《李鸿藻先生年谱》，上册，页313-315。

论之权，朝廷于和战大计，往往为所劫持”，“尊王攘夷之论靡漫全国”①。在漫长的交涉过程中，在起伏跌宕的变化过程中，在中枢、王大臣、汉族官员士大夫交相弹奏过程中，“青牛角”、“青牛尾”、“青牛毛”等，令人避忌，不敢与之争锋。

在伊犁交涉长达十年过程中，各种事件惊心突变、各种险象曲折转圜、各种人脉交错复杂、各种人物风云际会、各种论战迭次交锋、各种奏疏交章纷呈，南城以其边疆史地学研究重地、以其活动着的清流人物的横向联合与清议活动，而彰显出独特的政治文化特色，书生议政、参政，从未如此热情、活跃、张扬、哗宠、强硬、自信、正义，有清一代言路寂静沉闷局面从未如此被打破过，南城的政治文化特色从未如此精彩过，清议形成为一种“传统”和“精神”，呼唤着后进者更积极地加入，更深层次地思考，为甲午战后公车上书、维新变法提供了先例，准备了条件，南城也在晚清历史进程中从庙堂与皇权的辐射地带而成为关注国家生存发展的政治引力中心。

伊犁改约产生的一个重要后果，是增强了清流人士的民族信心和对于本群体的自信②。他们对于改约胜利的其他复杂因素考虑不多，例如曾纪泽取得了英国人的支持，俄国已经或正在吞并包括浩罕在内的中亚细亚的数个汗国，它又取得了对土耳其战争的胜利，因而需要时间来整合它的领土，消化它的战果，并不真正想立即对中国开战等等，因而相信这次胜利是他们对外强硬和横向联合的结果，因而极大增强了他们的民族自信心，这种经验、经历促使他们在此后的一系列对外关系的处理中持一贯强硬的基调，表现最为突出的是中法战争爆发后的主战论基调：态度强硬、积极备战、不怕战、敢于战。其负面作用则是轻言战事倾向的高涨，一直影响到义和团战争中的基调。

① 裘毓麟：《清代轶闻》，卷4，页19。

② 《剑桥中国晚清史》即认为改约成功，其重大后果有二，其一是：尽管曾侯警告不要自满、乐观和傲慢，但是，从西方一个强国那里赢得第一回合的胜利的想法激发了中国的自信心和保守个性。那些妄发清议的文人（按：此说不当）更加相信，这次胜利是靠他们的战争喊声得来的，因而对他们解决中国对外关系问题的能力产生了过分的自信。——该书，卷下，页95。

第十二章
丁戊奇荒中的廷议：清议群体联合发言势头的扩展

光绪元年（1875）至四年（1878），一场有清一代“二百三十余年来未见之惨凄、未闻之悲痛”的“大祲奇灾”席卷了山西、河南、陕西、直隶、山东五省，并波及到苏北、皖北、陇东和川北等地。因1877年（丁丑）、1878年（戊寅）灾情最甚，史称“丁戊奇荒”。

在同治帝早逝、光绪帝刚刚即位之时，即伴随着这样一场即使“发帑截漕，至竭天下之财”亦“几于不救”的特大天灾，凄惨灾情通过朝廷帮办大员、地方督抚的奏报传递给中枢；又透过媒介宣传、渲染而为社会广知，连续四年成为社会生活关注的热点。它如此深刻地将国家与社会、吏治与民生联系在一起，严厉地拷问着国家财力、政府内政治理能力。尤其是光绪四年，旱灾、瘟疫、蝗灾、水灾、地震不断，社会上浮言盛行，人心慌乱。加之赈灾过程中暴露出的捐纳失控、胥吏中饱、无视民瘼等弊端，于是，以星变、地震诏求直言，翰詹科道交章上奏，引发了广开言路、整顿吏治、遇灾修省的清议议题。他们的议论已超越荒政，并出现联合呼吁改革的群体发言势头。

一、京师情形：百物腾贵、灾民载道和权要奢靡的强烈反差

旱魃肆虐，造成赤野千里、颗粒无收①；粮价暴涨，斗米千钱②；村空无烟、饿殍盈野③；饥民卖妻鬻子、骨肉相食④，伦理秩序严重失控；灾民、流民、饥民大量流徙，在得不到赈济濒临绝境时，便铤而走险以求生存，聚众抢粮、打家劫舍、袭击官府等闹灾事件频发，社会秩序陷于混乱⑤。

惨绝灾情通过督抚奏章和报刊舆论，以最惨烈惊心的词语如赤地千里、枵

---

① 1878年，奉旨帮办河南赈务的刑部左侍郎袁保恒奏称："成灾七十二处（县）之多，通省核计，已十分之七。受灾之重，为二百数十年来所未有。"——李文治：《中国近代农业史资料》，第1辑，页744－745。伴随旱灾而来的是蝗灾、瘟疫。光绪二年，江苏、安徽"飞蝗害稼，其麇集地方，竟至堆积盈尺"。灾后"继以疫疠，道殣相望"。——李文海：《近代中国灾荒纪年》，页377、390。

② 山西粮价奇昂，省城"斗米须二千四五百文"，省南地方"斗米须银二两有零。"——沈云龙主编：《近代中国史料丛刊》，第84辑，第837册，页599－600。

③ "到处灾黎，哀鸿遍野，始则卖儿鬻女以延活，继则挖草根拔树皮以度餐。树皮既尽，亢久野草亦不复生……路旁倒毙，无日无之。"——《光绪朝东华录》，页总409。"民生困苦……始则剥榆庄榆皮而代食，枵腹不充，煮石粉以为粮，饥肠欲裂，继而人则相食，抛残白骨数堆，民不聊生，惨望赤地千里，以致转于沟壑、散之四方者，已难悉数矣。天命难延旦暮，析骸易子，人鬼之判须臾嗟呼！"——《山西施赈劝捐启》，《申报》1877年9月18日。

④ 奉旨赴山西稽查赈务的工部侍郎阎敬铭与山西巡抚曾国荃谈及此事时惊叹："古称易子而食，析骸而焚，今日晋省灾荒，或父子而相食，或骨肉以析骸，所在皆有，岂非人伦之大变哉！"——《山西通志》，卷82，《荒政记》，光绪十八年刻本。王锡纶《怡青堂文集》中称，"死者窃而食之，或肢割以取肉；或大脔如宰猪羊者；有御人于不见之地而杀之，或食或卖者；有妇人枕死人之身，嚼其肉者；或悬饿死之人于富室之门，或竟割其首掷之内以索诈者"层见叠出，骇人听闻，甚至有"父子相食，母子相食，较之易子而食、析骸以爨为尤酷。"阎敬铭奏陈"往来三千里，目之所见，皆系鹄面鸠形，耳之所闻无非男啼女哭。"——《光绪朝东华录》，第1册，页总514－515。

⑤ "灾难在所有人的心中激起了邪恶的念头，民众开始惊慌不安，社会秩序陷入了混乱。"——李提摩太著，李宪堂、侯林莉译：《亲历晚清四十五年——李提摩太在华回忆录》，页78。李文海《近代中国灾荒纪年》、《中国近代十大灾荒》、李文海、周源合著《灾荒与饥谨：1840－1919》、邓拓《中国救荒史》、康沛竹《灾荒与晚清政治》、陈桦《救灾与济贫：中国封建时代的社会救助活动》等著作对此有详细描述。

腹不充、鸡形鹄面、死者枕籍、饿殍载道、人相食、骨肉相食、析骸易子、野象茫茫、村空无烟、盗贼四起，等等，传向中枢和社会，让人们感觉到：灾荒如此广袤，灾情如此凄绝，灾黎如此凄惨，伦理秩序如此失控、社会治安如此混乱，王朝的土地和人民已经陷入地狱般绝境。

京师情形亦不例外。一是百物腾贵，二是灾民载道，二千万以上的灾民逃荒①，竟有一半奔赴京师，致使外来觅食灾民，饥寒交迫，死亡日众，横尸京都②。如此必然影响京师日常生活及社会秩序。而在天子辇毂之下，中枢决策和朝臣表现更易引起关注，灾荒中哪怕是部分权贵的歌舞升平的消息，都会拨动人们焦急、脆弱的心灵，产生无望和忧虑③。下面这则记载，来自京师名士李慈铭在光绪三年十月初九日（1877. 11. 13）的日记。

它首先记载了京师百物腾涨情形："近日都中百物踊贵，米麦尤甚。余所食米，去年春时每日斤京钱二十八千，今渐至四十七千，昨日且五十千矣。杂货面（以黑小米、菽米和麦丕为之，都中极贫户所食）一斤至四百余钱。前日闻李合肥遣官来办平粜，设局于崇文门，又置分局二于内外城，未知何如也。

昨闻邸钞：山西曾（国荃）中丞奏，省城银一两易八三钱一千三四百，而斗米须钱二千四五百。河南平阳、汾州、蒲、绛、解、霍等州，纹银一两易钱一千一百元，丝银则止易钱九百余。斗米须银二两有余。

今日邸钞：李合肥奏，曾国荃函称，（山西）小米市斗每石二百九十斤，银十四两六钱，合官斗每石银七两三钱。高粱市斗每石二百四十斤，银七两三钱，合官斗每石银四两一钱零。是曾疏所称，乃市斗白米也。合肥又言，据河南委员

---

① 灾民四处逃荒寻求生路。或南下至淮扬、苏常，或麇集京城、天津、济南、开封、太原、西安等通都大邑及各府州县所在地，或向西北逃向归绥、口外的蒙古地区及关外各地，其流徙路线几乎遍及大半个中国。奇荒期间，逃荒人数达到二千万以上。——夏明方：《也谈"丁戊奇荒"》，《清史研究》，1992. 4。

② 李慈铭在《姚叔怡墓志铭》记载："光绪四年之春，畿辅旱灾，秦晋豫皆大灾民之流亡以亿万计，其中十分之一奔赴京师。"——转引自徐凌霄、徐一士：《凌霄一士随笔》，页855。

③《清稗琐缀》"京官之消遣"条记载："光绪、宣统间，国是最纷，政潮亦最激，而多数京官，仍颓唐如故。其供职各部者，惟每晨到署画到，近午即归，谓之上衙门，此外毫无所事，亦由各部人员，浮于所职故也。友人某尝官民政部，曾为一诗云：'本无一事报公家，犹自蜂狂到署衙。顾我绵材羞袜线，翻嫌民政尚萌芽。上堂宛似星瞻斗，入院惟看鸟弄花。最是消闲无那处，出门闲坐东洋车。'"这些构成了李慈铭及清议忧虑的背景。

称，该省时价小米市斗每石一百九十斤，制钱六千三四百，约合银四两二钱零，按官斗每石一百四十余斤，合银三两二钱零，高粱市每石一百八十斤，制钱四千四五百，约合银三两，按官斗每石一百三四十余斤，合银二两二千余。

今都门纹银一两易京钱十七千，松江银一两，已十六千五六百。而市斗每石一百五十斤白米，百斤至五十千，已合银三两，一石则合银四两五钱。小米百斤，至四十余千，一石须六十余千，合银三两七钱有奇。高粱都人食之者少。白面每石一百三十斤，须京钱六十千。小米面每斤京钱四百六十。然则京城米价贵于河南。

其次，记载了京师饥民纷至、游民日众情形："满汉游民徒食日众，畿辅饥者又纷至沓来。"灾荒中饥民塞道、饿俘盈野的凄绝惨象不再只是通过阅读朝廷邸报、报刊新闻而来，京师人们亲眼目睹了这种现实。

再次，记载了人们对于中枢祈雨措施及旱情的失望与绝望："祈祷虚文，雨久不得。其势殆将岌岌。"

复次，记载了与大祲奇灾极不相合的情形：部分权贵仍然歌舞升平，"而大小恬熙，惟卖弄国权，奔竞捷径，有暇则逐酒食声伎。盗贼劫掠，白昼公行，严诏督捕，漠不为意。昨霞芬（该书编者后注：霞芬为本书作者所眷之歌郎），数日前，明善之子已革内务府大臣文锡，夜宴恭邸于家，招之侍饮，且演歌舞，都人谓之软包，所演皆小剧，恭邸语霞芬之师蕙仙曰：比观一陈风演出，嫌生旦角色不多，以后演时尔当分半班来。此柄国经济也。

又言：前日大学士英桂之弟英朴，以江苏粮道督运至京，邀步军统领侍郎荣禄及左右翼总兵成林、文秀三人夜饮，招霞芬等五六人达旦始罢。此金吾之功代也。有畿辅县令言，一日公延演剧，兼府尹尚书万青藜（抄者按：该书1830页称尚书中若毛昶熙、万青藜、贺寿慈等皆吸食鸦片）①，至夜半不肯

① 万青藜（1821－1883），字文甫，号照斋，亦号藕舲，九江府德化人。道光二十年进士。初授翰林院编修，升侍讲侍读学士，署国子监祭酒。咸丰二年三月，迁内阁学士。历任礼、吏、刑、兵部左右侍郎、都察院左都御史，署吏、户、刑部尚书，授兵部尚书，先后出任顺天乡试同考官，贵州、广东、顺天乡试正考官，武、文会试大总裁，并兼任浙江、顺天学政，充玉牒馆大总裁、经筵讲官等。同治四年十一月后，由兵部调任礼部尚书兼顺天府尹，恩赏紫禁城骑马。光绪四年（1878）五月改任吏部尚书，七年正月兼翰林院掌院。八年正月致仕，九年卒，谥文敏。贺寿慈（1810－1891），字云甫，晚号赘叟。道光二十一年进士，初授吏部主事，后擢员外郎中，因镇压捻军有"功"，晋升工部尚书。后万、贺皆遭清流弹劾而被议处。

罢，必欲招西伶十三旦演两齣，属宛平令锁之来。言未毕而适至，万即离席膝坐为媚态以迎之，曰：汝来何迟？几得罪于从者，幸勿怪，速上妆。都人谓缠头曰上妆，以慰饥渴。此京兆之勤劳也。”

又次，发出了“时事如此，朝廷何以自存”的忧虑。惨烈灾情与歌舞升平的对比，虽然后者只是个别现象，但却足以触动灾难中人们脆弱的心灵：“时事如此，朝廷何以自存？我曹无死所矣。”

最后，记载了对朝廷赈灾如平粜局、粥厂等措施举措感到无望。这些举措多设在南城，这里又是灾民入京通道，无论何等赈济措施对于日众游民、纷至饥民而言，如同杯水车薪：“合肥昨疏言：已饬招商局道员朱其昂、唐廷枢等借资本赴南省购大米，于封河前运至天津，由通州设转运局于京城相地设局平糶。此九月中编修何金寿疏请，故为此敷衍之策，亦恐无益民生耳”①。

按：这则日记，还可以提供我们如下信息：

1. 京师南城作为大小京官、文人士子、汉族士大夫的集聚生活之地，又毗邻皇城，信息渠道众多，信息传播最为灵通，神经也最为敏感。从这则日记可以看出，李慈铭对吏治民生的感受，在当时应该具有普遍性。这并不是他一个人的看法，是通过消息得来，他们的信息灵通，凡伶人、畿辅州县中都有朋友，互通声气，感受相通。作为京师名士，他无疑代表着众多年轻、有抱负、而又不得志的大小京官的看法。

2. 科道言官奏章条陈，为赈灾建言，这些建言往往与地方督抚的实践相互呼应，形成对民生的关注。虽地方督抚如李鸿章、曾国荃赈灾尽心尽力，但赈灾措施暴露出的不足、不力、胥吏贪墨、无视民瘼等，则将舆论引向灾荒背后深层原因的议论。在这个过程中，翰林科道发出了广开言路、遇灾修省、整顿吏治的呼吁。这种呼吁已经超越了荒政范畴，并且出现了联合发言的倾向。

二、拈香祈雨的“罪己”仪式

灾情发生后，清廷调集人力财力物力，发放赈粮赈银、开仓平粜、开设粥厂、以工代赈、捐廉救荒、捐输赈灾、收买蝻子（蝗虫），赈济灾民；并选贤任能，整顿吏治，调曾国荃任山西巡抚，派前工部侍郎阎敬铭前往山西稽查灾

---

①《越缦堂国事日记》四，页 1864－1868。

情，帮办赈务；清廷也厉行节俭，以示恤民①。

各项救灾措施中，"首曰诚祈"，"拈香祈雨"、"设坛祈祷"，这是皇帝的"第一要务"。从光绪二年1876年正月到闰五月十八，以光绪的名义颁发十七道诏书，或亲赴、或遣王公大臣等至大高殿、社稷坛等处拈香祈雪求雨达13次之多。光绪二年三月二十八日，命礼部尚书万青藜赴邯郸圣母庙取铁牌来京，供奉于正大光明殿②。闰五月十七，京郊"得雨深透"③。

对于请邯郸铁牌之事，时人李慈铭《国事日记》是这样认为的："（邯郸圣母庙）庙中有井，沉铁牌于中，相传旱则官祷于庙，牌辄浮出，取而祝之，雨即至。同治六年夏秋，京师旱甚，命万尚书往取牌，甫及国门而雨。神道设教，盖难理测，圣人不言，亦不废也"④。

光绪三年五月（1877. 7），山西巡抚曾国荃奏请设坛祈雨四十余天，上谕允准。《清稗类钞·迷信类》"曾忠襄祈雨"条记载："光绪丁丑春，曾忠襄公国荃抚山西。时大旱，八月至二月不雨。前督某惧生变，称疾引去。忠襄之官，徒步祈雨，逾月不应。麦枯，豆不可种，民饿死者百万计，忠襄忧甚。三月乙丑，下令城中官自知县以上，绅自廪生以上，皆集玉皇阁祈雨。旦日众至，则阖门积薪草、火药于庭。忠襄为文告天曰：'天地生人，使其立极，无人则天地亦虚。今山西之民将尽，而天不赦，诚吏不良，所由致谴。更三日不雨，事无可为，请皆自焚，以塞殃咎，庶回天怒，苏此残黎。'祝已，与众跪薪上，两日夜不食饮不眠。戊辰旦初，日将出，油云敷舒。众方瞻候，见云际神龙蜿蜒，鳞鬐隐现，灼若电光，龙尾黑云如带。方共惊愕，云渐合，日渐晻，雷拿远空。须臾，大雨滂沱，至己巳，乃止。民大欢，焚香鼓吹，迎忠襄归。"

同年九月、十月、十一月，光绪皇帝多次亲诣大高殿拈香祈雨。

不仅宫廷和官府如此，民间也借助于举行赛会方式降魔镇妖，直隶地区

---

① 1878年2月至4月，两宫太后两次颁旨，令"内务府大臣，无论如何为难，先行拨银数万两分给山西、河南二省，藉资接济。"

② 同治年间，曾派重臣直督刘长佑、宗伯万青藜、京兆尹王榕吉亲往迎请，加封龙神"灵应、昭佐、宏济、永泽、普惠"等徽号，列入祀典，并颁赐金牌、龙旗、彩杖数事，迭赠御书'嘉澍应时、甘霖慰望'匾额。

③ 《越缦堂国事日记》四，页1642－1649。

④ 《越缦堂国事日记》四，页1645。

"岁值旱，人戴柳枝，用帆幢笙鼓，龙神像置道场，祈祷，得雨乃止"①。"近闻城内民皆惊惶，因谣言下月瘟疫大行，恐死于此疫者不少，故择于西历五月二十八日赛会迎神，举国若狂。即温将军会驱除疫疠，震慑鬼魔云"②。

通过拈香祈雨等祇崇拜活动来得到上天和神明的怜悯和帮助，是中国民众精神信仰的根深蒂固的一个部分，上至皇帝下至黎民百姓对此深信不疑，"积习相沿，牢不可破，不独无识者为然，即士人亦所不免"③。它是传统政治文化中天人感应思想的反应："夫天道之征象，视人事以为转移，自来官厅每当水旱之际，往往祈祷神明，禁止屠宰，天人感召，求无不应，非迷信也，为民请命也"④。皇帝亲自拈香祈雨、设坛祈祷，表达出对灾害的感同身受与对黎民的深切体恤，并把自然灾害的降临视为上天对自身统治的警示，表达出一种真诚的"罪己"：

"今年山西亢旱，赤地千里，畿辅及山东、河南、陕西诸省，亦复累月不雨，二麦歉收。朝廷轸念灾黎，蠲正供，截漕粮，发社仓，运南米，户部拨帑，直省开捐，起乡官办赈，湛恩汪涉，为史策所罕书。京师入冬得雪，十一月某日，闻枢臣召对，两宫面有泣容。次日，果大雪。顷腊月已来，上三次祈雪，仍未渥霈祥。侧闻宫中圣人，又复减膳持斋，对天涕泣。未三日，果又滕六效命矣。诚存为物，康降自天，感应之机，信如影响。感悚欢跃，谨敬书此，时光绪三年十二月二十有八日也"⑤。光绪四年二月十九日上谕更是表达了这种天人感应、敬天保民的思想："上年被灾各省分冬雪稀少，春雨愆期，叠经设坛祈祷，为民请命，而杲杲出日，继之以风。节逾春分，尚未一霑渥泽，千里赤地，东作难施。饥馑余生，何以堪此？朕抚临亿兆，一夫不获，时

① 参见李红英：《晚清直隶灾荒及减灾措施的探讨》，《清史研究》，2001. 2。

② 《瘟疫流行》，《万国公报》，卷495，1878年6月29日，页5153。

③ 林济：《长江中游宗族社会及其变迁》，页152。西方传教士注重科学的救灾减灾，认为"反祈攘于庙宇，纷纷演戏，以报赛口金以作会，不留此余资以防荒济急，何沉迷之甚也！"（《风雨歉收》，《万国公报》，卷558，1879年10月3日，页6707）这是不了解中国的传统文化及民众信仰的深厚基础所致。在中国，这是可以并行不悖的，亲自拈香祈雨或派人宿庙求雨是帝王履行自己的责任。光绪四年二月初一日，张佩纶曾建言"诚祈"，认为中枢祈祷诚心不足，皇帝年幼，应由大臣代为祈雨，遭上谕严饬。此奏的意义在于，帝王是否诚祈，也是清流们灾荒建言的一个方面。

④ 邓拓：《中国救荒史》，页196。

⑤ 陈康祺：《郎潜纪闻初笔》"深宫祈雪"条，页25。

予之辜，况旱灾如此之广，饥民如此之众乎？意者逸豫旷怠，百事驰废欤？用人失当，泽不下逮欤？或政令毕具，有名无实欤？抑刑罚不中，百姓含冤莫诉欤？有一于此，皆足上干天怒。迩者屡奉慈安端康庆昭和庄敬皇太后，慈禧端佑康颐昭豫庄诚皇太后面谕，小民何辜，罹此灾侵？上天降罚，何不移于宫廷，以免民生之厄？”①

此次“罪已”诏，超越了以往的做法：“旧例，祈雨祷文，由翰林院撰拟。”此次则“特命南书房恭进，辞语迫切，几踰桑林之祷。具名称臣某某氏、某某氏，率子男某某，亦创举也。（南斋撰进称臣妾，御笔去妾字）”②。

这个“罪已”诏更深切意义更在于：要求科道言官等有言责者“应诏直言”，就帝王是否逸豫旷怠、百事是否驰废、是否用人失当至泽不下逮、是否政令毕具至有名无实、是否刑罚不中至百姓含冤莫诉等上干天怒、下至人怨的现象发表议论。在最高统治者这种应诏直言的导向下，御史、言官们发挥了各自职责，为荒政建言，其奏议论超越了荒政范畴，延伸到了用人、赏罚等层面上，联合呼吁改革的群体发言势头已经出现③。笔者遍查《光宣两朝上谕档》，摘录若干奏折，从中可以看出这种势头。

三、科道言官的建言：荒政恤民

光绪二年，广袤荒旱已成事实。通过奏折和报刊，人们已经认识到了这点。十几次求雨过程，帝王以虔诚之心向上天祈祷，以求战胜旱魃，普降甘霖，救助灾黎。而干旱的持续，表明皇上的求雨失灵，这是一种异常的情况。在此情况下，朝廷上以“采遗补缺朝政、监督弹劾不法行为”为职责的御史言官，开始了上书建言活动。他们将或来自督抚大员的奏报，或来自报刊的舆

---

① 《越缦堂国事日记》四，页1637。

② 陈康祺：《郎潜纪闻初笔》“光绪四年晋豫旱灾”条，页192－193。

③ 陈康祺：《郎潜纪闻初笔》“光绪四年因旱灾下诏求直言”条载：“时下诏求直言，士气顿奋，封章日繁。翰林院侍讲张佩纶请杀四川提督李有恒，吏部主事赵林请斩乌鲁木齐提督成禄。佩纶与司业宝廷、编修何金寿，皆请训责枢臣。学士黄体芳，参户部尚书董徇屯膏招怨，请屏斥奸邪。洗马廖寿恒，参大学士李鸿章侈泰因循，左右无一正人，请旨训诫。体芳折虽因措辞过当，付吏议，旋蒙宽宥。其余条陈善政，指画赈务者，不可枚举。可见省台衮衮，直节良多，博问周咨，原可收刍荛之益。”——该书，页193。

论、或来自家乡的士绅、或来自京师的传闻等等渠道获得的灾情信息形成奏章，通报给中枢：

1. 御史余上华折——预采粮食防患未然①。

2. 御史张盛藻等折——速筹赈济之议②。

3. 洗马温忠翰折——预筹安辑流亡③。

1878年畿辅亢旱，近畿灾民大量涌向京师，京城外来贫民日多，赈济乏力，“桀骜者当街抢夺，舍命而不悔”④。万一办理失宜，必至蔓延为患。灾民安置为舆论所关注，温折即是针对此问题的建言。

4. 给事中郭从矩折——设法抚辑灾民

光绪三年十月十九日，给事中郭从矩奏灾民流离失所，请饬地方官设法抚辑。上谕采纳：山西、陕西、河南等省亢旱，灾区甚广，散赈难周，饥民转徙求食，深堪悯恻，亟应速为抚辑，以拯穷黎。各省遇有灾民入境，著该督抚饬令地方官设法安辑，或动公项或筹捐款，酌度情形，妥筹赈恤，毋任一夫失所⑤。

奇荒期间，灾民聚众抢粮、伤人事件层出，使灾荒中的社会秩序更加混乱、动荡。上谕要求地方官“毋使养痈成患，亦不得操之过蹙，激成事端。”地方官多采取安民与除盗并行措施。郭奏即是针对灾民留养与遣返问题而发。但是，饥民闹灾事件仍难制止，地方秩序仍难恢复⑥。李慈铭在十月二十日日

---

① 光绪二年二月，余上华据京师粮价上涨的情况，提出及早到南方采办粮食，以防京师出现饥荒。上谕令李鸿章斟酌筹款到南方购粮、然后从海运到天津。

② 光绪二年五月二十四日，御史张盛藻、李廷萧等奏，近畿省份被旱甚广，亟宜速筹赈济，请饬先拨帑项一折。上谕令户部速议具奏。“旋部议，先拨库银十万两，交顺天府尹、直隶总督分领给赈。并著山东、河南巡抚酌量仓库存项，分别筹办。闰五月二日具奏，得旨准行。”——《越缦堂国事日记》四，页1942。

③ 光绪二年夏，温忠翰奏：“当此道殣相望，民情无定之时，倘有奸宄勾结，煽惑为患，不可胜言。且晋省逼近京师，尤宜预筹，安辑流亡，俾各守其乡里，早救其穷迫无依之苦，以隐消其起而为盗之心，庶不别生事端。”——中国第一历史档案馆藏：《朱批奏折》，洗马温忠翰折。

④ 李文海：《近代中国灾荒纪年》，页389。

⑤ 《光宣两朝上谕档》三，页371－372。

⑥ 灾荒伊始，《申报》即呼吁妥筹赈恤灾民：“倘以讨贼用费之半则一实心任事者，专管招抚经理生计，民且庆更生矣，何乐于为贼耻?”——《书本报留养灾民后》，《申报》1876年11月20日。

记里录此上谕，并附言表明其看法：“前见邸钞，曾国荃疏言，山西报灾者，已有七十六州县饥民不下三四百万，有城领粥者三四千人。嗣又疏言续报者又有十州县，……山西民气纯良甲于天下，忍饥茹苦，饿死而不敢为非；守法奉公，医疮而犹肯挖肉（请拨漕米赈济）……其言可谓切矣。然闻山西人言，曾君出示，有贫民抢劫富户格杀勿论。此犹云重法惩乱，不得已也。闻其赈例，自年五十以上及十五以下，人给百钱，两月一发，则不及杯水救车薪矣。虚靡国帑，何益民生？至郭君所言，分垦甘肃安徽荒地，策非不善，然迁移安排，谈何容易？岂今日之人心物力所能行乎？”①

5. 编修何金寿疏——储粮平粜

光绪二年，“晋饥，上储粮平粜策”。这是翰林官在灾荒中的首次建言。

清代仓储制度相当完备。至晚清，吏治败坏，仓储制度“积弊日久且深”，“或谷空而仓存，或仓圮而地在”②。这导致人们心理恐慌，“偶见偏隅蝻孽，遂云四境灾荒，或谓阳为旱征，或谓雨为水兆，一唱众和，顷刻腾涨”③。奇荒期间，被灾各省除将部分残存的常平、义、社等仓粮谷全部用于赈灾外，还采取了截留漕粮、平粜储粮的方法。李鸿章为此奏请派道员朱其昂等赴南省购买米石，运至京师设局平粜。何金寿的储粮平粜策，纯为赈灾建言，为中枢接受④。

6. 御史张观准折——禁在近畿采购平粜米石

光绪三年十月二十二日，御史张观准奏，平粜米石，请严禁就近采购一折。内称：“风闻直隶委员，竟有在近畿一代采购，并有购及京中仓米者，以至市价值愈增。”上谕令李鸿章确切查明，并饬委员于设厂后按原购实数定价平粜，不得加赠与民争利。并令步军统领衙门、顺天府、五城派员于该管地面平粜米局，同往监视。如有以京仓米粜卖者，即行查办⑤。

如前所述，平粜“同属救荒，事无二致”，但“较之赈济资遣烦劳尤甚”⑥。山西巡抚曾国荃曾派候补道员赵怀芳到安徽六安、颍州、陈州、正阳

---

① 《越缦堂国事日记》四，页 1870 – 1872。

② 《皇朝政典类纂》，卷 37，户政 14，仓储。

③ 《皇朝经世文编续编》，卷 43，户政 43，仓储。

④ 此乃何氏在奇荒中建言之始。光绪四年，他因抗旱而弹劾枢臣，五年又历陈时弊，将清流谏言发挥极致。

⑤ 《光宣两朝上谕档》三，页 374 – 375。

⑥ 《京城平粜请奖折》，《李鸿章全集·奏稿》，《近代史料丛刊续编》，第 70 辑，卷 34，页 1103。

关等地买粮，派晋南绅士李钧到河南南阳赊旗镇采买米麦豆粟，同时派人到锦州、甘肃、宁夏、归化等地采买杂粮。自光绪二年始，李鸿章多次派员赴无灾区采买粮食。光绪三年，李鸿章两次从海防经费中借拨银两十一万，九月，令轮船招商局道员朱其昂、唐廷枢等到苏常、镇江、上海等地采买粮食，以供晋豫之用。所派人员的“不避艰险，实心实力”，“昼夜辛苦”，共运送奉粮十万石，分拨接济民食。朱其昂采办米粮一万八千石，运往获鹿，由晋省在获鹿设局接运至太原等处平粜。十一月，派直隶候补知府恽桂孙等在京城办理平粜，又令朱其昂、唐廷枢等借资赴南省采购（大米），于封河前运津，于通州设转运局①。其后，“在正阳、崇文门外、西珠市口栏杆市等处择定局所，次第布置”②。

据李慈铭《越缦堂国事日记》四，光绪三年十月初九日（1877. 11. 13）日记，“前日闻李合肥（按此时直督）遣官来办平粜，设局于崇文门，又置分局二于内外城，未知何如也……合肥昨疏言：已饬招商局道员朱其昂、唐廷枢等借资本赴南省购大米，于封河前运至天津，由通州设转运局，于京城相地设局平粜。”李慈铭认为此乃“九月中编修何金寿疏请，故为此敷衍之策，亦恐无益民生耳”③。

从事平粜的官员如吴大澂④、如朱其昂⑤，皆尽心任事。尽管如此，因平

① 《筹议京城晋省运粜折》，《李鸿章全集·奏稿》，《近代史料丛刊续编》，第70辑，卷30，页986。本年底，李鸿章还托人在热河、锦州、牛庄等处预购粮食。

② 《京城外变通平粜折》，《李鸿章全集·奏稿》，《近代史料丛刊续编》，第70辑，卷30，页997－998。

③ 《越缦堂国事日记》四，页1865－1868。

④ 光绪三年九月初三日，李鸿章以吴大澂“才识闳通、心存利济、条理亦复精详，历年助办直省赈务躬亲琐屑、不惮烦劳”、在京竭诚劝捐，“闻已集有巨款”，其“爱民在儒臣中尤不易得”，奏调吴帮办赈务。—李鸿章：《奏调吴大澂片》，《李鸿章全集·奏稿》，《近代史料丛刊续编》，第70辑，卷30，页981。吴襄办赈务，“躬履灾区查勘，全活甚众。”——《清史稿》卷450《列传》237《吴大澂传》。

⑤ 朱其昂，字云甫，江苏宝山人。历任通判、道员、轮船招商局总办，“该道节次捐赈办粜，藉济民食。又以晋省大灾叠办赈粜，各粮源源运济。复捐巨款助赈，并购办豫省赈米，事务逾繁，焦劳愈甚，难当冰雪严寒，不少休息”，又因京城平粜往来跋涉、心力交疲、身体每况愈下，竟因感受风寒已深，“于（光绪四年）五月初一日殁于天津”，其在“弥留之际，尤谆谆以局务赈务为念，续筹银两捐济晋赈，其公而忘私之概，致死不移。”——《李鸿章全集·奏稿》，《近代史料丛刊续编》，第70辑，卷31，页1025。“其昂输私财，力任赈抚，以劳致疾。”——《清史稿》卷452《列传》239《朱其昂等传》。

粜“事属创始，头绪繁多”，又灾民手有余钱者不多，平粜几与散赈无异，难见显效。李慈铭所以认为李鸿章所举为敷衍之策，并发出“时事如此，朝廷何以自存？我曹无死所矣”之叹，亦不止是他一个人的声音而已。又由于平粜人员品类不齐，胥吏侵欺，商贾居奇，平粜往往有名无实。

按：张观准与张佩纶、黄体芳、宝廷、陈宝琛、吴大澂、刘恩溥、吴可读、邓承修、何金寿等人，放言高论，纠弹时政，成为清流派的重要成员。

四、翰林清流的吁请：广开言路、遇灾修省

以上御史言官的建言，纯为赈灾恤民，很少涉及荒政以外范畴。但是，旱灾、水灾、地震、瘟疫等天灾不断，社会上讹言盛行，人心慌乱；赈灾过程中出现的胥吏中饱私囊等等现象，反映了一种普遍性的吏治腐败。传统文化中“天象示警”的思想，促使人们将天灾人事联系起来。天灾，往往意味着人间统治者的失误，统治者必须及时反省，修明政治，以缓解天灾。于是，广开言路的吁求成了清流荒政议论的自然延伸。从光绪三年开始，严重的灾荒引起了人们的思考，清廷开始反躬自省，反思吏治、民生、用人、行政是否有所缺失，这些主要是由翰林官们提出来，并得到上谕支持：要求大小臣工切实直陈，而后有选择性的采折。

1. 国子监司业宝廷敬陈管见折——宜宽宥以养言者之气

光绪三年正月，国子监司业宝廷奏陈管见，是针对御史潘敦俨上奏遭到上谕严谴而发①。其主题是：求言之际，宜宽宥以养言者之气，不宜严加谴责，直指慈禧两次垂帘前后对科道言官的态度不同，其言外之意令人猜测与想象。结果，遭到上谕严饬。李慈铭《国事日记》记载此事，并钦佩宝廷的亢直。

光绪三年正月十一日邸钞上谕：国子监司业宝廷奏敬陈管见一折。……该司业请仿博学鸿词例特开一科，以兵法酌授文职，均属窒碍难行，着毋庸议。方今时事艰难，中外臣工陈奏事件，如有堪采择，无不立见施行，亦有留中备

① 潘敦俨，字清畏，江苏江宁人，总督潘铎子。以任子官工部郎中，迁御史。他奏称“默念穆宗嗣统未有定议，孝哲毅皇后又仰药殉，遂疏请表扬穆后潜德，更谥号，并解醇亲王奕譞职任，诏严斥夺职。”——《清史稿》卷445《列传》232《吴可读潘敦俨等传》。

览及寄谕各直省督抚等办理，岂能概行宣示。至毛举细故，或所言未当，每予优容，正以广开言路。该司业所陈无论可否，均请明降谕旨，是成纳谏之虚文，转非求言之实意。封疆大吏，因地择人，各部堂官分理庶务，随时擢用，并无成见。该司业所陈各部堂官各省督抚藩臬均令久于其任，毋庸纷纷更调，是未悉朝廷因才器使之心。另片奏，传闻宫中将大张灯火甚多，等语。现在穆宗毅皇帝孝哲皇后梓宫在殡，各省水旱频仍，灾民困苦，深宫宵旰忧劳，岂敢耽心玩好，至所有近侍前奉两宫皇太后懿旨，严加训饬，当亦不敢以此尝试，该司业所称系传闻之误，将此晓谕中外知之。

疏略言：皇太后两次垂帘，诏求直言，初次虽未一律施行，而皆答以优诏，二次大半不报，且于御史潘敦俨严加谴责。敦俨所奏固误，而当求言之际，似宜宽宥以养言者之气，又言近来更调似近于繁。文格始护川督，继升滇抚，未离川而旋改。山东李瀚章久任楚督，忽改川督，尚未受篆，又回楚省。督抚如此，两司更不一而是。其言皆极亢直①。

宝廷奏折将慈禧前后对言路的态度变化直陈出来。从心理上分析，慈禧在同治初年与光绪初年的心态应有所不同。同治朝，无论言路如何苛责，慈禧皆能给予优容，因为同治帝与她是天然的血亲关系，对慈禧而言，即便垂帘，亦是自然而正当；而光绪之于慈禧，慈禧的选择本身就是违背常理，其垂帘理由亦不再那么自然而顺当。因此，慈禧更需要维护的是这种正当性，因此，她能够接受和优容的东西也就有了选择。从慈禧太后同治年间罢黜议政王与光绪年间罢黜议政王的原因、事后处理的差异也可见此微妙变化。如今，宝廷将此间的一层隐讳直接揭示开来，且言论亢直，招致上谕严饬，亦是必然。

2. 侍讲张佩纶折——广开言路，以拯时艰

接下来，侍讲张佩纶以天灾为据，将言路不振与“天时人事”联系起来，奏请最高统治者广开言路：“伏惟我皇上御来，皇太后垂帘听政，惕厉犹昔，亲贤犹昔，而天时乃不逮同治之初，其故何哉？……则言路不广有以也”②。

与宝廷不同，张的呼吁得到中枢积极回应。光绪三年九月十三日，上谕要求大小官员振作起来，切实直陈，各抒已见：“翰林院侍讲张佩纶奏请广开言路以拯时艰一折。本年灾沴迭见，水旱蝗蝻遍于数省，吏治民生用人行政有无

① 《越缦堂国事日记》四，页1721－1722。

② 张佩纶：《请广开言路折》，《涧于集·奏议》，卷1，页26。

阙失？尔大小臣工务当各摅己见，切实指陈，用副朝廷遇灾修省至意”①。

这份奏折和上谕的意义在于：中枢已经公开鼓励大小臣工上书言事。光绪四年，张佩纶又提出了同样的议题。

3. 宝廷奏请广开言路，弹劾大员因循诿卸

光绪三年十月初三日，国子监司业宝廷奏应诏陈言各折片，奏折直接将言论指向了部院各臣、封疆大吏及司员属吏，并将吏治与民生日窘，怨恫交作，灾害频仍联系起来。上谕认为：“方今时事艰难，民生困苦，朝廷孜孜求治，旰夕不遑。全在中外臣工，振刷精神，殚心尽职，以期共济时艰。若如宝廷若所奏，部院各臣、封疆大吏，往往诿卸因循，司员属吏，无所畏惮，其原在枢臣不敢任咎，不肯任怨，以致吏治日偷，民生日窘，怨恫交作，灾害频仍。等语。是上以实求，下以名应，其何以挽积习而臻治理？嗣后军机大臣及部院、督抚各大臣，务当矢力公忠，不避嫌怨，于用人行政诸大端，综名核实，遇事讲求，以为属员倡率。中外臣工，亦应各勤职守，毋得粉饰颟顸，仍蹈从前习气”②。

李慈铭《越缦堂国事日记》光绪三年十月初三日记载此事③。《上谕档》较《国事日记》多出“粉饰颟顸”、“于用人行政诸大端”、“遇事讲求”，聊聊数语，却中吏治大弊：用人行政上的不综名核实，遇事的诿卸因循及“粉饰颟顸”，是对宝廷所奏“吏治日偷”的认同与接受。李慈铭《国事日记》又记宝廷奏请严程限，去欺蒙，慎赦宥一折云：“闻宝廷所奏凡六条，内外诸大臣多被劾者。其一即指宝鋆、荣禄，言其所兼差事太多也。其言去欺蒙，隐为楚督李瀚章之奏樊口建闸事，川督丁宝桢之奏东乡诬逆及灌口决堤事而发。有曰：试观近年复奏查办之事，有几如原参者？岂言官无一非妄语耶！……其言慎赦宥，专劾李鸿章为茂林凶弟乞恩。有曰：赦宥出自特恩，非罪所敢妄希，尤非他人所敢妄请。近来获罪废员捐输，每有代为援案乞恩者，此端开则廉吏难沐圣恩，而贪吏尽逃法网，人亦可畏而不贪也？今虽度支不足，尚不缺此数十金。《汉禹贡》云：风俗败坏，皆起于犯法者，赎罪入谷者，补吏捐例大开

① 《越缦堂国事日记》四，页1732。原谕见《光宣两朝上谕档》三，页295。较日记略细，无出入。

② 《光宣两朝上谕档》三，页345。

③ 《越缦堂国事日记》四，页1735－1736。

以来，名虽已多滥矣，尚赖有法以纠之，或知可畏，此例再开，小人更何顾忌耶？所言皆极剀切。"

上谕的结论是："宝鋆、荣禄差务较繁，宝鋆著开去国史馆总裁、阅兵大臣差使。荣禄著开工部尚书缺，开去总管内务府大臣差使"①。上谕的接受是有选择性的，《越缦堂国事日记》对宝廷激切的言语逐一记载，并附言："闻其疏甚激切。有云：夤缘奔竞者越次而进，老诗昏庸者循例而升。且直劾大学士宝鋆营私植党。执政者深恶之，不发钞"②。

在弹劾大员的奏折中，我们总是能够看到中枢的这种态度，除非中枢真的想要撤掉这个大员的职务，在大员说明情况、态度虔诚的时候，中枢往往给予进言者或温和或严厉的告诫。还有一种情况，中枢的这种平衡会被打破，就是翰林科道们的联合上奏、交相弹劾形成一定声势，又能够以精准语言、恰当立论、清晰逻辑将是非大端精彩呈现时。在此情形之下，几乎没有人能够逃脱。以下奇荒中弹劾疆吏的情形及处理即如此。

五、清流派与地方政要的较量

在救荒廷议中，弹劾疆臣玩忽职守，办赈不力是一项重要内容。这种讨论往往以地方绅士和言官为一方，同封疆大吏形成对立。下面的材料表明：

第一，言官，包括清流，往往形成文章上奏的横向议论。在这种抨击大吏的议论中，北、南清流张佩纶和李慈铭以及非清流的言官，往往形成舆论一致。

第二，言官们并不隐讳自己的信息来源于士绅，而督抚则猜忌这种信息网络，讥为树党；

第三，中枢会根据自己的权力需要平衡言官和大吏的关系。

（一）弹劾地方官讳灾暴敛

清代规定，地方遇有灾荒，地方督抚应该"先将被灾情形、日期飞章题报"，若"迟延半月以内，递至三月以外者，按月日分别议处，上司属员一例

① 《越缦堂国事日记》四，页 2015－2016。
② 《越缦堂国事日记》四，页 1735－1736。

处分，隐匿者严加议处”。州县官员须亲自“履亩确勘，将被灾分数按照区图村庄逐加分别申报”，奏请蠲缓灾区粮租。然而，地方官遇到灾害时，匿灾不报、重灾轻报①、讳报灾情、买荒卖荒、侵吞克扣，等等无视民瘼的行为随处可见。御史言官纷纷上奏，揭露其弊窦与黑暗。

1. 御史王荣管折——揭露讳灾暴敛、玩视民瘼

光绪元年正月五日，御史王荣琅在奏折中向两宫太后揭露了各省普遍出现的赈灾弊病：“各省被灾地方，一经该省大臣奏请蠲缓粮租，朝廷无不立沛恩施。若如该御史所奏，报灾之先，吏胥辄向灾区索取规费，被灾重轻并不核实勘报，及奉有恩旨，则又迟贴誊黄，先行追比。”王折是在告诉两宫皇太后：地方官“讳灾暴敛”，灾黎无法感受浩荡“皇恩”，引起中枢警惕。

2. 御史李嘉乐折——弹劾河南抚藩讳灾暴敛

光绪三年，河南灾荒奇重，而河南抚藩不仅未请蠲缓粮租，反而“催比征科”，州县官员又“逞其威断，肆意刑求”，迫使灾民“卖儿卖女以充正供，舂石和泥以延残喘”②。十一月，御史李嘉乐弹劾河南抚藩讳灾暴敛。其时，李刚从广西主考归来进京销差，沿途听闻很多河南官员的糟糕行为，进京后又风闻京中人士的议论，遂上弹劾河南“大吏相率讳饰，吏治废弛”。李奏虽然直接参劾河南藩司刘齐衔，但河南巡抚李庆翱难辞其咎。

普遍性的贪渎行为令中枢恼火，此时有了具体弹劾的对象，严惩是必须的了。十一月十日上谕将“山西藩司林寿图以短解左营军铜部议革职”，河南巡抚李庆翱、布政使刘齐衔“以办理灾务失当，奉旨交部分别议处”③。部议，河南巡抚李庆翱降三级调用④。

---

① 匿灾不报、重灾轻报的原因或为政途而粉饰太平，或为填饱私囊而照旧催科。

② 《光绪朝东华录》，第1册，页总449。

③ 《论近日灾赈各事》，《申报》1877年12月21日。

④ 十一月，清廷派刑部左侍郎袁保恒河南赈灾帮办大臣。袁保恒（1826－1878），字筱午，袁甲三长子，历任翰林院编修、侍读学士、刑部左侍郎。受命到河南府（开封）帮办救灾后，服食粗粝，协同暂署河南河东河道总督李鹤年，通饬所属府、州、县署，详查灾民户口造册上报，连上数折陈述灾情，亲书求助信件发给各省大吏，写家书要求家人倾尽家财恤救本地灾民。

3. 国子监司业汪鸣銮等折——查核山西赈务欺饰

“丁戌奇荒”前，山西已连续两年亢旱，但“在上者惟知以催科为考成，在下者惟知以比粮为报最，故虽连年旱灾，尽行匿而不报，田虽颗粒无出而田粮仍须照例完纳”①。至光绪三年，“仓库所存无几，而待赈之民无算”，大量灾民奄奄一息②。与此情形相反，一些州县官吏却敲诈勒索，无所不用其极。

光绪四年二月底，国子监司业汪鸣銮上奏直陈州县稽赈营私③。上谕令阎敬铭曾国荃即行确切查明，据实从严参办，不准稍涉徇隐，“山西、河南北灾甚广，筹赈维艰，即使涓滴归公，已虑未能遍及，岂可再任不肖之员稍有侵渔，灾民益形困苦。著阎敬铭、曾国荃、李鹤年、袁保恒破除情面，严密访查，倘有侵害舞弊及办理不善之员，立即严参惩治，毋稍轻纵。”

光绪四年十一月十八日，给事中王昕又将山西地方官在捐赈和放赈过程中的黑幕奏报朝廷。上谕称：“山西饥馑，臻朝廷轸念灾黎，时廑宵旰。叠经降旨，拨发粮米，谕令该省大吏妥为抚绥。各州县应如何尽心筹办。若如该给事中所奏，尚复成何事体。著阎敬铭、曾国荃即令派出之查赈各员绅将给事中所奏各情形一并认真稽查，如有虚冒情弊，即行据实严参”④。

4. 翰林院侍讲廖寿恒、编修何金寿劾李鸿章部属灾赈不力

直隶总督李鸿章在奇荒中注意整饬吏治，但其辖地吏治腐败仍十分严重。光绪四年二月三十日，翰林院侍讲廖寿恒奏请上下交修并训责疆臣。此折内隐着一种疑问：山西河南都有严重旱灾，京师近畿的河北会没有灾情？那么直隶总督李鸿章是否有讳灾隐报情形？当日上谕表明了这一点：“翰林院侍讲廖寿恒奏请上下交修，并训责疆臣以弭天变一折。据称，去年河间等属被旱较重，地方州县捏报六七分抽成，藩司孙观并未查驳。迨编修何金寿疏称，直境荒旱，李鸿章责问该藩司，始行改详，据以复奏。该督未能觉察于先，难辞其

---

① 《论晋省近年旱灾情形》，《申报》1877年11月23日。

② 曾国荃上任后虽请赈救，“然而晚矣。”——《申报》1877年11月23日。

③ 汪折列举了很多实例，如：山西吉州知州段鼎耀请拨赈银三千两，全数寄回江西原籍，迨绅民纷纷求赈，诡称南省粮贱，遣人采购；岳阳县知县张容安于开放仓谷时故意留难，各乡约守候多时，盘费告罄，该员始创变价散钱之说，给予半价，将仓谷尽数收回，供县署上下之食。灾民所得钱文，转至不给。等等。

④ 《光宣两朝上谕档》四，页356－357。

责。近日直境流民纷入都城，亦见该督办理赈务之未善。至招商之弊，物议滋多，开矿之举，亦无把握。皆于国计民生大有关系。属吏奉迎献谀，该督隐受其欺蔽而不觉。等语。近因天时久旱不雨，朝廷遇灾修省，期与中外臣工实事求是，共济时艰。李鸿章身膺赈务，悉心筹画，认真办理，俾穷黎不至流离失所。至招商开矿等事，有无流弊，亦宜详慎筹办，方不至虚糜帑项。属吏贤否，尤应秉公考察。著李鸿章详慎周办。原折抄给阅看”①。

李鸿章在赈灾过程中的表现是中枢和朝廷都认可的，致使李鸿章招致物议的应该是他所提出的招商、开矿等建议，故上谕有“至招商之弊，物议滋多，开矿之举，亦无把握”之语。李鸿章对此事的处理非常巧妙，他不似陕西巡抚谭钟麟那样抗疏辩解（下文将要谈及），而是在三月上了一个奏折，给自己预先下了“罪已诏”：他强调，此次天旱民饥，完全是因为疆吏不称职所造成。他奏请朝廷严厉惩戒自己。这种方法很有效，上谕给予“加恩宽免”的批复。

（二）张佩纶与陕西巡抚谭仲麟的一次驳议

陕西灾情与山西相埒。但陕西巡抚谭钟麟并未如实奏报朝廷，在光绪二年六月至十月期间，他只是向奏请朝廷缓征一些州县的钱粮而已，时乡绅上书吁请，谭不予理会，遂引发了一场由乡绅、言官、翰林参与的驳议。以下据《清稗类钞》②，对此次事件做一分析：

“光绪丁丑（1877）秋，秦、豫、晋大旱，赤地数千里，死者枕藉。朝廷颁内帑，截留南漕米至百万，以振晋、豫饥民，且派大臣督办。朝邑阎文介公督山西振事，尤峻整，至斩吞噬振款者吉州牧段鼎耀以警婪吏，官绅肃然，无敢相比周以侵官帑，故全活甚众，惟秦独向隅。先是，丙子夏，渭北诸郡县小麦已歉收，仅二三成，秋禾亦未种，民固已苦饥矣。及秋而雨泽又甚歉，渭南诸郡县亦被其害，麦皆草草下种，有甫茁苗而已槁者。丁丑夏秋，遂不及二成，民有掘草根剥榆皮以糊口者。自四月至九月，未得点滴雨，禾麦悉未种，大祲遂成。时抚陕者为湘人某也，左文襄方锐意恢复新疆，转饷庀械，日不暇给。李文忠独深忧之，尝贻书力争，谓：‘西北连年荒歉，民食犹苦不足，何

① 《光宣两朝上谕档》四，页75。

② 《清稗类钞·谏诤类》“梁经先疏劾陕抚”条。

忍更夺之以充兵饷？万一如明末造酿成流寇之变，谁尸其咎！'文襄得书，怫然不悦，遂恶人言陕灾旱事。陕抚，其两湖之乡人也，则一意附和之，禁属吏毋得以灾情上闻。有旨询陕旱情形，巡抚覆奏，犹言全省麦田仅有三成未播种者，余皆连得透雨，一律下种，虽有偏灾，不至成巨祲也。陕人柏子俊、刘古愚约诸绅上书陕抚，请以灾状上闻，且设局省城，派官绅会办赈务，陕抚不省。”作者将李鸿章和左宗棠牵涉进来，不知是否有据，但乡绅的愿望在谭抚那里得不到倾诉，则是事实。

光绪三年九月，张瀛到陕西帮办赈灾。陕西绅士决定上书投诉巡抚隐匿灾情：“众始别议致书京中言路，乞援手。”其时，“陕人官西台者称极盛，南郑王炳、朝邑刘锡金、清涧王宪曾、平利余上华、三原梁经先，凡五人。”其他四人都收到同乡绅士写的求援信，希望他们能够秉直上言，唯独梁景先没有收到这样的信函，原因是“梁于咸丰时为礼部郎，庚申之变，弃官潜逃回籍，乡人皆薄之，及是，公函遍致四人而不及梁”。这让梁感到很惭愧：“初，经（景）先闻陕绅之遍贻书言路而不及已也，则大惭。自念为六十余老人，而为乡里所不齿，将来退归林下，何以自安？乃谋所以晚盖者。”

京中陕籍御史收到乡绅上书后，却发生了某些戏剧性转变：“（余）上华者，其先固鄂人，与巡抚论乡谊，交颇昵，得书，则语诸人曰：'绅士与大吏讧，言官更劾大吏，是愈激之怒也。万一击之不中，彼将更肆虐，如之何？宁少缓焉，吾先以私书为之调停，苟彼知惧而悔，又何必深责乎？'众韪其言，从之，而不知上华之别有阴谋也。上华既以言慰诸人，则亟驰书陕抚，并钞寄陕绅原函。陕抚得书，疏参陕绅把持公事，胁制官吏，移熟作荒，阴图冒赈。疏奏，陕民大哗，几暴动。陕抚亦惧，檄防营兵三千卫抚署，夜二鼓，即禁署前行人往来，日伏居内室，不敢出宅门一步，然梁经先参劾陕抚之折已上矣。”梁单独上奏，如实禀报家乡的灾情，并弹劾陕西藩司蒋凝学年老体衰，纵容家丁干一些不法的勾当：“因抗疏劾巡抚骄蹇暴戾状，罗列多款，皆实有证据，且微及余上华事。疏上之次日，陕抚疏亦至，廷议以经先疏中有上华潜通消息语，而陕抚疏适与符合，且微知陕灾之巨也。”

地方士绅联名向京中言路乞求援手，言官们对信息来源于绅士也毫不隐讳，有言路与地方士绅互通信息、互通声气之嫌，而这正是谭抚的亢词辩护理由之一：猜忌这种信息网络，讥为树党。而且，谭抚的奏疏还恰当地表达了自己的尽心职守。由此，中枢表现出不同于河南巡抚李庆翱的处理意见：“两疏皆留中不下，廷寄询灾状甚悉”①。

光绪三年十月二十日上谕称：前据御史梁景先等奏，陕西旱灾，请饬妥筹捐赈，并参县州不恤民命，及藩司蒋凝学衰病各折片。复据都察院奏，陕西绅士联名呈诉，该省荒旱，抚、藩厌闻灾歉等情。先后谕令谭钟麟确查具奏。

兹据谭钟麟奏称：陕西今岁被旱，曾派员分赴各属，密行查勘，分别灾歉，先后奏请停征缓征，并购买粮米，劝办捐赈，刊刻办理荒政十条示谕，未敢玩视民瘼。览后尚无不合。著拨银五万赈济，其它各款并无实据，毋庸议②。

按：该上谕档未刊谭抚原折。李慈铭在《越缦堂国事日记》里记载了他对此事的看法：“十一月初七日，夜阅邸钞，陕抚谭钟麟自辩疏极言其办理之善，筹画之精，而云物议之兴，由于绅士。翰林院编修李寅等呈请奏拨部款七八十万赈饥，先于部拨督臣西征款百二十万内截留备用。臣以部库支绌，无从筹此巨款，且前敌饥军，无异饥民，不从所请。遂以臣为玩视民瘼，壅于上闻。所奏所呈，如出一手，足以烛其奸云云”③。

可见，在御史言官、地方士绅与督抚大员的第一次驳议中，中枢采取了平衡策略，把精力放在了查问灾情及灾荒赈济上。然而事情并未就此了结。谭抚对自己渎职行为的亢词辩护，引起了“青牛角”张佩纶的不满。时张佩纶时为翰林院侍讲学士，他上了一通洋洋洒洒的折子——《为疆臣复奏措辞过当当请旨申饬以崇体统》，予以批驳，为清议辩护，并间接地批评了皇帝。张佩纶的驳议与御史有所不同，他实际上是在借题作文，论证清议合法性、必要性，张奏在当时似颇有影响，也是奇荒中清议高涨的一个标志。张奏称：

“本月内阁抄出陕西巡抚谭钟麟复陈一疏。一时见者，无不以为过当。伏思皇上睠念灾区，河南抚藩，经言官论奏，立谴使臣按问。而同时御史梁景先等，分别呈奏。如皇上不直谭钟麟，何难令在道之使臣，就近西指？乃寄谕该抚，令其有则改之，无则加勉。是圣心于疆吏之贤否，权衡轻重，固已烛照无遗。该抚仰承训诲，无论事之有无，惟当益加勉励，以副委任。抗疏自辨，已近嚣张，更将言官、绅士信口诋諆，尤为不知大体。臣惟谭钟麟责任封圻，不能上感天和，下弭隐患，致所部兵荒迭起。是即物议不滋，犹当兢兢循省，以

① 《清稗类钞·谏诤类》“梁经先疏劾陕抚”条。

② 《光宣两朝上谕档》三，页373。

③ 该书，四，页1738-1739。

奉职无状，深自引咎，奈何恃恩而果于自信，负气而轻于诋人，推其用心，岂非塞呼吁之路，而以清问为多事乎？夫谭钟麟所可自解者，不过先时略有积储，临事尚能部署耳。然此皆疆臣分内之事。救荒自古无善策，谭钟麟敢自谓无一夫不获哉？蒲韩各县，倡乱戕官，致烦兵力。虽所杀均系奸匪，平日所办保甲可以想见。既裹胁饥民矣，安保无一波及。该抚非亲历行间，岂得谓道路之间见皆虚而将弁之禀报皆实，乃一则曰皆非无辜，再则曰不得为无辜。仁人之言，不当如是。至疑所奏如是如出一手，则尤谬甚。台谏为耳目之官，例许风闻言事，何得以与绅士公呈语多符合，遂直诋之为奸？物议之来，自有定论，虽谤书满箧，岂足以淆圣聪。乃必哓哓置辩，斥为诬妄。且文致具呈之绅士，为兴谤之阶，援引帮办之大员，为弭谤之助，亦自扞头目之不暇矣。况赈务纷纭，正宜集思广益，梁景先等所奏，即属过虑，亦可藉资考镜，防患未萌。乃不存省过之心，反有居功之色，张大其词，谓秦人有耳目者皆知之。且以厌闻灾歉者何端，不敢直言者何事，转而相诘。其于谏官之弹章，尚思以盛气折服，则见其僚属绅士，安能虚心？不但此也，抚臣存自是之见，仰希风旨者，将谓舆论不足凭，人言不足恤。其所好粉饰弥缝，从前灾歉即非厌闻，后此将无所闻矣。从前僚吏即有直言，后此将不敢言矣……谭钟麟从政其新，本无旧劳宿望，乃幸诏书之宽大，逞其辩给，喋喋于君父之前，此诚不学无术者之所为。倘疆吏相率效尤，恐外重内轻，流弊伊于胡底。……皇上以谭钟麟居官尚有微长，不加严谴，亦应特降谕旨申饬。庶知朝廷自有纪纲，不得逞意气之偏，而开骄蹇之渐，俾守法尽职，不独陕省士民有益也。”

李慈铭《国事日记》录此奏折并加按：“张君，大兴人，庚午辛未连捷进士，今年未三十也。此疏偘偘劲直，可为香茗词林生色。余自见谭抚疏，深叹外吏恣睢，朝官阘茸，而台中受其诟斥，竟无敢反唇相稽者。赖侍讲此疏，少存朝廷之体，特喜而录之。张君，仁和朱修伯大理之壻也”①。

抄者按：李氏《国事日记》所录奏折不多。抄此折加按，表明他对张奏的赞扬和此奏在当时的影响。张奏的宗旨是借题论事，倡扬清议的作用，打击疆吏们的权力自负。因此，此奏的意义不限于荒政，而是在清议高潮中一篇论证其政治价值的宣言，甚至委婉地批评了皇帝。

陕抚的抗疏自辨在张佩纶“偘偘劲直，可为香茗词林生色”的奏疏下，

① 该书，四，页1761－1764。

丝毫不占上风。中枢仍然采取了前次态度：把重点放在救灾恤民上。

光绪三年十一月十三日，内阁奉上谕："翰林院侍讲张佩纶奏，抚臣复奏措词失当，请旨申饬一折。前因陕西绅士呈诉该省荒旱，巡抚谭钟麟有办理不善之处，谕令该抚有则改之，无则加勉。旋据谭钟麟覆奏办理一切情形，尚无不合。朝廷知该抚向来认真办事，特予优容。明降谕旨，责成该抚经理救荒事宜，用副委任，不以折内语句苛以相绳。兹览张佩纶所奏，以该抚复奏折内，哓哓置辩，语多失当，恐开骄蹇之渐，请予申饬。嗣后该抚惟当实心任事，恪矢靖共，于一切行政用人，慎益加慎，毋得稍逞意气之偏，致有亏职守"①。

上谕虽然制衡，但陕抚的折子触及了言路问题，而遭到清流的驳斥。虽未受到责罚，但清议的舆论使得他不能不惧怕："会丰润张幼樵庶子佩纶闻其事，勃然曰：'陕灾如是，而巡抚尚沮绅民呼吁，是真欲剿绝陕民矣！'亟上疏，严劾陕抚，并详及上华事。宫廷得此疏，始具知陕灾，乃寄谕申饬陕抚，令明白回奏。陕抚奉谕大恐，立撤退环署卫兵，饬各州县同时办赈，且自知已不为陕人所容也。赈事毕，旋移疾调他省以去②。

按：张佩纶对谭抚的驳议表明，丁戊奇荒为清议提供了一个政治关怀的机会，成为咸同时期清议高涨的一个标志。其要点是：

1. 在维护皇权宇宙论和中枢权威的前提下，论证了政治批评的合法性及其政治价值。张佩纶此奏，是对清议的理论阐发。时人如李慈铭已经发现了这种阐发的意义，反映在其通常只记录邸钞的《国事日记》中，详细记录了此折。

2. 按此逻辑，清议的主要锋芒在此时由涉外转向内部治理的评议，主要是抨击中枢和地方大吏（这是当时的主要政治系统）的治理腐败和行政低效，有时也能触及最高统治者的奢靡和放任。

3. 鉴于此种政局，他们要求扩大中下级官员和地方士绅的发言权和拓展其政治干预空间，要求超越部堂督抚，直接和最高中枢对话，如论证士绅呈控的合法性。

4. 当如上建议和地方精英的改革努力结合时，如他们在办赈中和地方接触，就进一步形成了某种重新整合中央和地方关系的改革建议。

---

① 《光宣两朝上谕档》三，页431。

② 《清稗类钞·谏诤类》"梁经先疏劾陕抚"条。

六、翰詹科道联合发言的势头

旱灾已经连续三年，清廷倾天下之力，亦几于无救。光绪四年二月，终于有好消息传来，就是左宗棠向朝廷奏报新疆战事已经结束，这令两宫欣慰。但是，赈灾背后的种种弊病也被御史揭露出。他们所揭露的，并不是对某一具体人物或者事件的指控，而是带有某种普遍意义的全盘揭发。这种整体糟糕的局面令朝廷的政治颇显尴尬。大灾之年，朝廷官吏为患，绝不亚于上天干旱所造成的灾难："若此之类，未可悉数……是民不死于上天降灾，不死于国家无赈，而死于官吏之无良也噫"①。同年，发生了星变、地震，致使社会上讹言盛行，人心慌乱，人们更多地将天灾与人事联系起来。

光绪四年二月十九日，两宫太后以皇帝的名义下达"罪己诏"，上谕说："上年被灾各省分冬雪稀少，春雨愆期，叠经设坛祈祷，为民请命，而杲杲出日，继之以风。节逾春分，尚未一沾渥泽，千里赤地，东作难施。饥馑余生，何以堪此？朕抚临亿兆，一夫不获，时予之辜，况旱灾如此之广，饥民如此之众乎？意者逸豫旷怠，百事驰废欤？用人失当，泽不下逮欤？或政令毕具，有名无实欤？抑刑罚不中，百姓含冤莫诉欤？有一于此，皆足上干天怒。迩者屡奉慈安端康庆昭和庄敬皇太后，慈禧端佑康颐昭豫庄诚皇太后面谕，小民何辜，罹此灾馑？上天降罚，何不移于宫廷，以免民生之厄"②？上谕还令户部拨银20万两、16万石粮食，分解山西、河南两省，且强调各部院大臣和督抚大员节省，"能省一分浮费，即可多一分赈需。"

上谕令天下黎民令感受到两宫太后的关怀轸念之情；也让天下官员及黎民百姓都知道两宫太后及皇帝虔诚省过以解上天之怒的良苦用心。于是，于是科道言官、翰林讲官们纷纷开始解读上谕。他们置身赈灾的繁琐事务之外，而对赈灾过程中的纰漏弊端洞若观火，并以清闲的时间完成自己的奏折，力争为上谕肯定。

在应诏直陈的导向下，翰林讲官、科道言官们的奏折更多地指向由于捐

① 光绪四年八月二十五日（1878. 9. 21），《万国公报》刊载的《扬清激浊文》。——卷506，页5449－5450。

② 《越缦堂国事日记》四，页1637。

纳、保举、军功等所引起的吏治积习，更多地发出言路开放等等超越荒政范畴的清议。以侍讲张佩纶、国子监司业宝廷、编修何金寿、詹事府左庶子黄体芳、张之洞、侍讲廖寿恒、编修吴观礼、国子监司业汪鸣銮、夏同善等清流人物以议灾为中心，逐渐形成了若干改革政治、治理地方的设想。其情形如《清稗类钞·谏诤类》所云："光绪戊寅，晋、豫亢旱，下诏罪已，有'天降鞠凶，何不移于宫廷'之语，因下诏求直言。侍讲张佩纶请杀四川提督张有恒，又与司业宝廷、编修何金寿请训责枢臣，学士黄体芳参尚书董恂，洗马廖寿恒参大学士李鸿章侈泰因循，左右无一正人。朝臣台谏，封奏联翩，多所采纳"①。

本文详细查阅本年上谕档与灾荒有关的所有奏折，多达54片。这些条陈中，御史等科道官的奏请多为赈灾建言，编修、侍讲等翰林官的建言则超出荒政范畴。分析下列条陈，即可见上述脉络。

（一）赈灾建言

此年，翰詹科道官的奏折中，依然秉承着对朝廷赈灾建言精神。这些奏章的救灾建议，已经较前两年有所深化，有了许多成灾原因的检讨和建议。

1. 詹事府左庶子黄体芳奏请筹备京饷

奇荒中，"海内穷困已极"、"内外库储俱竭"，为赈灾采取部拨、协拨、截留京饷等措施②。二月二十七日，詹事府黄体芳奏"灾区太广，部库支绌，京饷尤应筹备，所有海防经费制造机器之江南厘税等款，请饬南北洋大臣酌留数万以充工匠及修理器厂之用，起于均暂停一年，悉充京饷"。次日，获准，"海防固系要图，部库支绌，亦不可不豫为之计"，令直隶总督李鸿章、两江

① 该书，"光绪诸臣应诏直言"条。

② 《申报》转载邸钞："山西丁曾中丞奏请截留京饷二十万两，又谕李伯相筹拨银十万两助赈河南，于李中丞奏请截留未解京饷及漕折银十四万七千余两外，又奉谕旨著户部即行筹拨银二十万两，李伯相再行筹拨银二十万两并著以七成拨归山西，以三成拨归河南，又著截留本届起运江安漕粮四万石设法运解山西以备赈济之需，且谕凡有商贾运赴晋豫米石经过地方，著各该督抚饬属暂免抽收厘税，期于商贩畅行借资接济等。"——《论发帑以救晋豫饥民》，1877年10月20日。1878年2月至4月，两宫太后两次谕令内务府大臣先行拨银数万两分给山西、河南二省。4月，令苏、皖、浙、闽、鄂、湘、赣、鲁、川、粤各筹拨银六万两，解赴山西。——沈云龙主编：《近代中国史料丛刊》，第11辑，第103册，页605、611。

总督沈葆桢、暂署两江总督江苏巡抚吴元柄妥筹具奏①。

2. 翰林院编修吴观礼奏请节省海防经费移赈

三月初二日，翰林院编修吴观礼奏请节省海防经费移济赈需，并海防漏卮宜塞等②。上谕说："筹办海防本为自强之计，该编修以今之患在北三省须急筹救济之方，请查明海防经费实存，若干移作赈需，系为救灾恤民起见。著李鸿章沈葆桢吴元柄悉心商酌此项经费，能否移缓就急，匀拨若干拯济灾黎"③。

3. 御史张观准奏，商民情殷捐赈，请恳增运淮引，请饬部议④。

此奏于正月二十八日上呈，针对灾荒中纾解商困问题。为赈济灾民而筹集粮食、款项，多赖商贾捐输。而如何纾解商困也是必须考虑的问题。其后，李鸿章分别于光绪四年（1878）十一月、十二月、光绪五（1879）正月、四月、八月上折，奏请将盐商补欠积欠、原停引目、正课、加耗盐分别予以展现，以纾商困⑤。

4. 给事中周声树奏请酌留川盐，以裕赈需⑥。

5. 御史余上华奏，请购奉天小米杂粮运京济荒⑦。

6. 给事中周鹤奏，被灾省份办赈，以区田一法为急务（三月初四日）。

7. 给事中夏献馨请修水利，以裕民食⑧。

8. 御史彭世昌奏，条陈备荒救荒各事宜⑨。

---

① 《光宣两朝上谕档》四，页71。

② 吴观礼与张佩纶、陈宝琛被誉为"翩联三士壮同光"。——汪辟疆：《光宣以来诗坛旁记》。

③ 《光宣两朝上谕档》四，页84。

④ 《光宣两朝上谕档》四，页26。

⑤ 《李鸿章全集·奏稿》，《近代史料丛刊续编》，第70辑，卷33、卷34、卷34、卷34、卷35，页1081、1088、1099、1102、1114。

⑥ 三月初七日，谕令户部汇入二月初十日沈葆桢折一并妥议具奏。——《光宣两朝上谕档》四，页89。

⑦ 三月初一日，谕令李鸿章酌量拨银万两，迅派妥员前赴奉天采买小米杂粮，由海道运至天津，陆续转运京城平粜，以资接济。——《光宣两朝上谕档》四，页80。

⑧ 河道年久失修，旱则赤地千里，水则汪洋一片，民间耕播至无所施，是灾荒的重要成因。夏奏即对此而发。二月初二日，上谕令地方官迅速筹画办理。——《光宣两朝上谕档》四，页31。

⑨ 四月十一日，谕令户部详细酌核，择其可行者，颁发各省妥筹办理。——《光宣两朝上谕档》四，页133。

9. 御史顺龄奏，饥民雨后归耕，请饬妥筹安插（四月十九日）①。

10. 御史刘恩溥奏近畿各粥厂展限。

二月十三日，上谕：御史刘恩溥奏，京师近日外来贫民日众，请饬责近畿各粥厂贫民就食犹多，加恩著照所请所有安定等六门粥厂，并卢沟桥加厂，礼贤等四镇粥厂，自三月初旬起，展限两个月，再赏给粟米一千八百石，应用经费银二千三百两，并著先行筹拨，饬令撙节，动用其卢沟桥赵村鲍家庄各厂，著一并展限两个月②。

11. 御史曹秉哲奏请将内城粥厂择地挪移城外，安辑饥民（三月十五日）③。

每遇灾荒，当周边灾民有可能进京时，顺天府有时就派人携带钱物去受灾地就地抚恤，在京师、保定、天津以及各州县，或“散粥以活饥民”，或将“饥民派分各属留养”，或“设法广筹接济”④，使灾民饥民留于当地，以减轻京师在救济和社会治安方面的压力。外地饥民进京就食，顺天府的应对方案是：在北京城外围的主要来京大道上，设置粥厂、暖厂留养外地来京饥民；进入京城中心内部的饥民，则采取妥为赈抚的办法。光绪二年，在京城择地设粥厂收恤流民，春融发给路费行粮，遣散归业，共“遣散各厂外来贫民共计大小折成二万二千一十口、用大米二千二百一石、盘费四千二百三十七两，又津钱八百八十一千五百文”⑤。京城广安门，建资善堂来收养灾民⑥。曹折即对此而发。

12. 给事中夏献馨请掩骼之政，掩埋饿殍（二月二十六日）⑦。

13. 刑部代奏主事曾克相应诏陈言，请切实讲究茶桑之法（五月初一日）⑧。

---

① 《光宣两朝上谕档》四，页139。

② 《光宣两朝上谕档》四，页46。

③ 《光宣两朝上谕档》四，页100。

④ 《论饥荒情形》，《申报》1876年12月27日

⑤ 《光绪二年赈抚实数折》，《李鸿章全集·奏稿》，《近代史料丛刊续编》，第70辑，卷33，页1063。

⑥ 李红英、池子华：《晚清直隶灾荒及减灾措施的探讨》，《清史研究》，2001. 2。

⑦ 《光宣两朝上谕档》四，页68。

⑧ 《光宣两朝上谕档》四，页105。

14. 御史李廷箫请饬禁宰耕牛。

光绪四年七月，河间等属灾重之区耕田牛马宰卖殆尽，耕作难行，经李鸿章奏请，清廷拨察哈尔马三千匹①。八月初一日上谕说：耕牛可助农力，民食攸资。近来小民私自屠宰，殊干例禁。著各省督抚饬令地方官严行申禁，如有吏胥贿纵需索等弊，即行从严惩办②。

15. 夏同善奏请蠲缓灾区钱粮。

每遇灾荒，朝廷都会采取免除积欠，并豁免当年赋税，严格要求“各抚刊刻誊黄，并编行晓谕”，使灾民真正得到实惠，“倘有胥吏等从中隐匿，稍有弊端，即行从严惩办”③。光绪二年五月，李鸿章奏请将直隶省同治十三年以前，民欠及缓征带征地粮旗租灶课各案补征银两，及出借仓谷籽种口粮牛具学租等项，除10年以前已经豁免外，其10—13年叠次欠缓者，即予全行豁免，以期绥辑人心④。三年九月，李鸿章亲自前往查堪灾情，分别蠲缓粮赋，宽其徭役⑤。《清实录》详细记载了奇荒期间报灾及奏请蠲缓灾区钱粮情况。光绪四年八月十四日夏同善奏请申谕直隶、山西、河南疆臣，酌量蠲缓灾区下忙钱粮，即对此而发⑥。

16. 御史孔宪瑴奏请将直隶烧锅屯粮粜卖平市。

奇荒中，为救灾而截留漕粮，其后又采取平粜以平抑粮价，但杯水车薪。孔奏即针对烧锅屯粮问题而发。光绪四年三月二十日，上谕：御史孔宪瑴奏，直隶烧锅各店，均有屯粮四五百万石，请由直隶总督饬属晓谕该商，令将屯粮粜卖以平市价，并设法运晋，俾作赈粮。等语。是否可行，著李瀚章酌度情形具奏⑦。

本年，李鸿章、黄体芳奏请暂停、停止烧锅，黄体芳并弹劾权臣，引发

---

① 《口外捐牛请奖片》，《李鸿章全集·奏稿》，《近代史料丛刊续编》，第70辑，卷32，页1041。

② 《光宣两朝上谕档》四，页226。

③ 朱寿朋：《光绪朝东华录》，页516。

④ 《请豁免民欠片》，《李鸿章全集·奏稿》，《近代史料丛刊续编》，第70辑，卷32，页1038。

⑤ 《直属筹办粜抚折》，《李鸿章全集·奏稿》，《近代史料丛刊续编》，第70辑，卷30，页987。

⑥ 《光宣两朝上谕档》四，页234。

⑦ 《光宣两朝上谕档》四，页105。

争论。

17. 国子监司业汪鸣銮奏请饬筹巨款。

奇荒期间，经李鸿章积极筹划，从光绪四年正月至八月共平粜大米3．9万石，小米杂粮4．8万石，收回粮价18万余两，但是代筹粮赈，费尽力气，而无所补救。而平粜需款甚巨，但库款“万分支绌”①，光绪二年闰五月，李鸿章筹集十万两发拨招商局，分赴奉天、江苏、安徽、湖广各省采买米麦杂粮②，同月，拨部库银十万两③。光绪三年九月，直隶旱情加重，李鸿章令各道府督率州县各就情形，邀绅董，悉心妥筹，劝富济贫，不拘成数④。光绪四年正月底，天津捐赈局收到劝捐银三万八千九百八十两，各处官绅劝谕商富捐银二万一千八百三十一两⑤。五月，李鸿章两次从海防经费里借拨银银五万两，户部拨给四万两，交李鸿章发赈⑥。李鸿章尽力筹划，但无济于事，直叹“直晋灾状为百年来所仅见，弟徒张一双空拳经营补苴而无救于倒悬之急，愧疚莫名”⑦。

---

① 光绪元年正月十五日（1875. 2. 20），山西巡抚鲍源深奏称：自咸丰初年军兴以来，“百计搜括，已极艰难。”现在“部库无充余之蓄，其各直省情形，东南若江、浙等省，地方凋敝，民气未复，艰窘固不待言。西北若山东、河南、山西、四川等省，虽较东南稍称完善，而纷纭协拨，力亦万难久撑。即以山西而言，岁入之项仅三百万有奇，应解京饷固本饷一百零六万，应拨各路军饷一百九十余万，本省必不可少之用一百六七十万，以出衡入，窘竭情形，岂堪言喻，山西如此，他省可知……第出者日见繁多，入者只有此数，其尚可强支者，无非剜肉补疮之计；其无能勉应者，早成捉襟露肘之形。各省库储为京师外府，而令空虚一至于此，瞻维大局，岌岌可忧。”——朱寿朋：《光绪朝东华录》，页总23。

② 《直境被旱救荒折》，《李鸿章全集·奏稿》，《近代史料丛刊续编》，第70辑，卷27，页913。

③ 《截留东漕片》，《李鸿章全集·奏稿》，《近代史料丛刊续编》，第70辑，卷，27，页914。

④ 《直属筹办粜抚折》，《李鸿章全集·奏稿》，《近代史料丛刊续编》，第70辑，卷30，页988。

⑤ 《晋局晋赈收数折》，《李鸿章全集·奏稿》，《近代史料丛刊续编》，第70辑，卷31，页1009。

⑥ 《京城平粜用款折》，《李鸿章全集·奏稿》，《近代史料丛刊续编》，第70辑，卷34，页1087。

⑦ 《复周筱堂》，《李鸿章全集·朋僚函稿》，《近代史料丛刊续编》，第70辑，卷18，页2736。

七月二十六日，国子监司业汪鸣銮奏称，直隶赈项不敷，请饬筹巨款。上谕令李鸿章按照该司业所陈，赶紧筹画①。汪鸣銮的奏折表明，无论中枢或清流，对李鸿章等寄予厚望并深为依赖，清流对他的弹劾愈重，寄望愈深。在对待民生问题上，清流与疆臣之间并无沟壑。

18. 詹事府左庶子黄体芳奏。

二月二十八日，詹事府黄体芳又奏：客商凡运货赴晋豫者，若带粮百石，除免粮税外，并免他货税数十两；千石者，免数百两。又称上年天津粥厂失火，烧毙二千余人。委员平日不知防火，火发后不知去向，以致门者禁不许出，同归于烬。仅予褫职不足蔽辜。天津粥厂失火一案，前据李鸿章奏，伤毙多命，并未确计人数者，再详细查察，如所参属实，即将该委员等严参治罪，以为贻害民生者戒。又称仓储积弊已深，近年海运抵通，闻有带银回漕之事。虽无实据，要之盗卖蠹蚀，路人所知，等语。著仓场侍郎认真整顿，有犯必惩，毋得颟顸了事。又称天津、保定粥厂裁撤，以致京师流民日多，请于近京分设粥厂一节，所见甚是。现在京师七门外已添设粥厂五处，赡济外来穷民，即著李鸿章仍于天津保定等处酌设粥厂，以拯灾黎。其应如何择地，分设之处，并著察看地方情形，妥筹兴办。又称直隶旱灾甚重，大荒者约有二十州县，不止河间一府眉睫之患，宜为豫防，著李鸿章速筹巨款，遴派贤员，分投赈抚。地方官有玩视民瘼者，即予撤参②。

黄体芳此折与下面宝廷奏请官运不如商运相互呼应。清流们对地方督抚势力坐大，形成与中央内轻外重局面的警觉。

19. 国子监司业宝廷奏灾广赈繁，条陈分贷之法。

四月初一日上谕说："兹据该司业奏陈分贷之法，拟分为三等：大照，贷银一万两，中照，贷银一千两，小照，贷银一百两，由藩司盖印，注明分十年归清，发给各县，无须行息，视银数多少，分别给以扁额，酌情奖叙。劝贷多者，官绅均请奖叙。收银一切，皆归公正富绅经理，不得假手吏胥。随时造册申报。归款时，由绅士赴县面领。该县即将地丁钱粮豫为扣留，以备归款缴照。如愿贷米粮者，亦按时价折银给照。各等语。所陈有无窒碍，著李瀚章、阎敬铭、曾国荃、李鹤年 、涂宗瀛、袁保恒妥速筹议具奏③。

---

① 《光宣两朝上谕档》四，页222。
② 《光宣两朝上谕档》四，页72。
③ 《光宣两朝上谕档》四，页119。

按：此前，河南巡抚李鹤年曾奏请在本省邻省官商富户中分别借银赈灾，以三年为期，在地丁项下归还。业经照准。宝廷似乎参照此法，但突出了绅士的权力："收银一切，皆归公正富绅经理，不得假手吏胥。随时造册申报。归款时，由绅士赴县面领。"此奏可以和他主张商运赈粮的思想一致。

20. 御史曹秉哲奏请仿用西法开采煤铁。

救灾之难莫过于转运，"丁戊奇荒"期间，赈粮转运最为棘手。山西、河南及西北等省由于位于华北内地，海运只能到天津，之后在陆地上运输。而天津作为转运赈粮中枢，亦因天旱水涸，河道浅狭，舟行极慢，致使赈粮长期堆积，不能及时运出，形成"米至天津竟为止境"①。必须广劝捐，设法转运，才能救民命。光绪二年四月，李鸿章令"招商局贩运奉粮来津以备各属转运"并"饬各属或捐垫廉俸或借动地方公项或商劝绅富，财粟已作平粜资本，源源运济"②。而山西境内"山岭高峻，万径崎岖"，赈粮转运更为艰难，非巨费则无处雇运。曾国荃奏报朝廷说："晋中四面背山，不通舟楫，现筹粮，运以河南周家口、道口、直隶泊头、山东之馆陶有水运可资者为稍便。然相距晋界均在千里内外，舍舟登陆，雇车极难"，"车运则笨重难行，驼载则转输有限"，加上"大浸之后，牲畜倒毙一空"，朝廷"拨发漕粮及晋省委员在各处采办之米，往往滞于中途，万难速到饥民之口"，"灾粮既已多费，乃比运费反少"③。官方筹集大批粮食，无法迅速运往灾区，曾国荃为此慨叹："道远费繁而无由速至，此采办之难也。"报刊媒体也开始探讨这个问题："晋豫之灾竟至于此，既灾以后有银有米，犹复日有饿死，百人之中活者尚不及半。""天津一埠不知经过几千万石之米，而受灾腹地往往有银可领而无米可买，致有灾民手钱而毙。""事有身当其任而昧然同觉者，成见拘之，众议阻之，使不能不行之事，而若有必不可行之象，旁观者深惜之，建一论而祸其相随，即不贻祸而空言徒然无补。然能见及此亦不敢缄默相安，故亦乐为论之，以待将来有验耳"④。文章所指"众议阻之，使不能不行之事"即指开矿、兴修铁路

① 《申报》1878 年 6 月 7 日。

② 《直境被旱救荒折》，《李鸿章全集·奏稿》，《近代史料丛刊续编》，第 70 辑，卷 27，页 913。

③ 《曾忠襄公奏议》。——《近代中国史料丛刊》，第 44 辑，第 432 册，页 812－813。

④ 《论赈务莫难于转运》，《申报》1878 年 6 月 7 日。

之事。

1876年灾荒伊始，李提摩太即在《万国公报》发表“救民必立新法”，提出向外国借粮、修建铁路、电报、开矿、发展机器制造业等救荒措施①。但兴修铁路之议遭受争议最大②。

四年十月二十四日，批复曹折的上谕说：据称近来各省开设机器等局，需用煤铁甚多，办自外洋，每年经费甚巨。请由内地仿照西法用机器开采转运鼓铸制造，既省买价并浚财源。等语。各省所产煤铁甚富，本可随时开采，惟仿用西法需费浩繁，该御史所请各节，除火车转运势不可行，应毋庸议外，其所称招徕股商，听其开办，酌量征收厘税，是否可行，开采有无窒碍，著李鸿章、沈葆桢体察情形，斟酌妥善，奏明办理③。

（二）严惩贪墨、裁定陋规

清廷对赈灾中徇私舞弊，贪污受贿的官吏予以严厉处罚，轻则革职，重则处死。御史常常条奏揭露胥吏舞弊贪墨，中枢则谕令地方督抚考核州县，予以严惩。

1. 给事中崔穆之奏请饬督抚责成道府考察州县④。
2. 张佩纶请饬严劾河南贪墨⑤。

---

① “近越数百年来，民多数倍，开铁路，通火车，利国利民，亦事所必行也。……如此办理，不止救目前之危，亦可获悠久之益，比之赈济放粮虚靡国帑而贫民仍不能长享其利，孰轻孰重？且用铁路运粮赈济，不取脚价，有如去岁印度，岂非更显爱心乎？”“地有矿而不开，犹之富家有钱，窖而不用。受风水之谜，能肯饿死，闻之者，莫不伤心。今中国各矿皆有，而青州亦有汞、煤等矿，若派老成、熟识之人专领是事，岂非富国富民之一善政乎？”——《万国公报》1876年7月22日。

② 本书“铁路之争”对此有详尽展述。

③ 《光宣两朝上谕档》四，页305。

④ 二月十九日，上谕令各省督抚责成该管道府将所属州县优劣认真考察，随时呈报，分别劝惩，如考察不公，是非失察，并将该道府一并参处以肃官方。——《光宣两朝上谕档》四，页51。

⑤ 五月十一日，上谕令涂宗瀛严密访察不肖官吏，从严参办。——《光宣两朝上谕档》四，页161-162。

3. 御史孔宪瑴请整顿河南吏治积弊①。

4. 御史田翰墀奏，请将侵赈各员严定罪名（六月二十二日）②。

5. 詹事府左庶子黄体芳奏请裁定各省陋规。

七月初三日，上谕："詹事府左庶子黄体芳奏，各省陋规有妨吏治，请饬分别裁定一折。据称，近年司道知府，多有收受节寿等规情事，以致瞻徇情面，于吏事民生大有关系。等语。各省司道知府均有考察属员之责，自应整躬率属，以肃官方。若如所奏，陋习相沿，殊属不成事体。著该督抚严饬所属，将各项陋规悉行裁革，务令地方官吏咸知洁己奉公，以期吏治日有起色，倘有仍蹈谦辙者，即著随时奏参惩办"③。黄奏是针对吏治而发。

6. 御史李廷箫请饬严禁专擅杀戮④。

7. 御史董儁翰奏请饬各省整顿吏治⑤。

8. 御史梁俊奏州县官钱粮亏空，宜及生前参追，以重库款⑥。

9. 内阁侍读学士广安奏请严禁佐贰各员擅受民词⑦。

---

① 孔在奏报中说，河南吏治在赈灾过程中出现的各种弊端，几乎已把所有可能的渎职行为都囊括了。糟糕透顶的吏治状况，令两宫愤怒，六月十六日上谕对河南官员予以严谴。——《光宣两朝上谕档》四，页105。

② 《光宣两朝上谕档》四，页105。

③ 《光宣两朝上谕档》四，页209–210。

④ 李奏称，"近来各省州县往往因诛求百姓，不遂所欲，辄诬指为抗拒，率请派营弹压。武弁志在邀功，妄加剿洗，又有带兵武员，遇有迹涉可疑及仇隙之人，指为叛逆，擅用刑诛，流弊滋多。"八月初一日，上谕令"各直省督抚不得轻派营勇，致滋扰累，并严禁武员专擅杀戮，如所属员弁有贼虐无辜者，即照专擅诬杀律惩治。倘不认真查察，或纵容徇隐，定将该督抚分别惩处。"——《光宣两朝上谕档》四，页226。

⑤ 八月初九日，上谕：各省呈控案件亟应迅速审结，以清庶狱。近来各州县遇有命盗重案，不能消弭，即故意留难。其寻常词讼，辄置不理，以致小民含冤莫申。至征收钱漕厘金等项，自有定章……各直省督抚实力整顿，于属员之贤否随时认真查察。——《光宣两朝上谕档》四，页231。

⑥ 十月二十八日，上谕令各该省督抚振刷精神，破除情面。同日，梁俊又奏：风闻晋豫被灾州县各官，每借善后为名，筹办社仓义仓各事，并立急公社名目，预征来年钱粮。凡漕粮之浮收，车马之滥派，官价之抑勒，词讼之规费，弊端不一，请饬查禁。上谕令各该巡抚查明所属各项陋规及一切浮费，分别革除删减。——《光宣两朝上谕档》四，页311–312。

⑦ 十一月十一日，上谕：佐贰杂职营汛各员，不准擅受民词，例禁綦严。……著各直省督抚素食访察，严行禁止。——《光宣两朝上谕档》四，页347。

10. 御史余上华奏内务府大臣茂林与兄庆林奏侵占觉生寺官地，切断龙脉，致使该寺设坛祈雨不灵①。

11. 御史邓庆麟奏光禄寺署丞敬惠揽权营私②。

12. 御史楼誉普奏抽查漕粮御史营私舞弊③。

可见，整顿吏治、改善民生，是灾荒中的共同诉求，也是清议的传统内容。

（三）废止捐纳

1. 兵部代奏主事蒋元杰条陈：求实政、急赈务、裕食源、端吏治、严烟禁、慎名器、重首善、肃戎行。

三月初三日，上谕表明了对奏折中几个问题的态度：一，对整顿常平仓、整饬靡华之风、禁止鸦片种植的全盘支持，表明中枢对民生的关注："著各省督抚严饬所属将常平仓实力整顿，更于各乡设立社仓，责成公正绅者经理，以补成仓之不足。至足食尤当节用，靡丽纷华最为风俗之害，嗣后无论官绅，务宜黜华荣实，图匮于丰，为庶民表率。"二，对督抚考核州县官吏、严查捐纳人员蒙蔽的着重强调，表明中枢对吏治的重视："州县为亲民之官，得人则治，著各省督抚大吏严行考课，随时秉公举劾，总期上行下效，以肃官方。鸦片烟有害民生，实勘痛恨。著各省督抚严行禁止，并明白晓谕，有犯必惩，毋任自贻。伊戚名器最宜慎重，近日捐纳人员甚多，流品愈杂，必须出结官员严密稽查，方可杜其蒙蔽。嗣后如有身家不清冒捐考者，一经发觉，必将出结官惩处。"三，对借洋行银以筹粮款等则以窒碍难行作答，"该主事所请借洋行银三四百万，事属窒碍难行。前经詹事府左庶子黄体芳奏请，已明降谕旨晓谕所请。著毋庸议"④。

---

① 三月初一日，上谕：御史余上华奏，觉生寺祈雨设坛之所，俗称龙因祷雨辄应，上年内务府大臣茂林与兄庆林占此官地营葬。传闻揠断龙脉。本年易设坛以致祈祷无灵。请旨饬查。著全庆徐前往觉生寺确切查明，据实具奏。——《光宣两朝上谕档》四，页80。四月八日上谕：茂林庆林革职，发往军台效力。

② 三月二十六日，上谕派贺寿慈、恩承秉公查办。——《光宣两朝上谕档》四，页111。

③ 十二月十九日，上谕令仓场侍郎秉公确查，据实奏明，毋稍徇隐。——《光宣两朝上谕档》四，页397。

④ 《光宣两朝上谕档》四，页84－85。

2. 御史张观准奏请整顿吏治，以苏民困。

三月十五日上谕：近来各省吏治泄沓成风，……刻下南北数省水旱频仍，凶荒叠见，民生困苦，朝廷寝馈难安，全赖各直省大吏体己饥己溺之心，整躬率属，课吏安民，以培元气。若如该御史所称，匿灾不报，仓廪空虚，朘削诛求，侵吞赈款，种种弊端……著各省督抚懔遵叠次谕旨，振刷精神，随时甄别属员。如有尽心民事，循声卓著之员，并著优加奖励，以昭激劝。求治必赖贤良，人才难得，现在如有才能出众，清正端方之士，著中外大臣秉公保荐，以备录用①。

灾荒暴露了吏治的种种弊病。上谕公开承认各省吏治泄沓成风，弊端丛生。地方治理成为了清议的主题之一。《越缦堂国事日记》记载此事云：

三月十五日，御史张观准疏请整顿吏治，以苏民困。极言近日督抚之恣肆欺蒙，守令非人，灾异迭见。末言天下之大，何地无才，或退隐山林，或屈抑下位，请饬六部九卿及各省督抚秉公密荐，各举所知。并请将朝廷政事，何者当因，何者当革，参以旧制，酌以时宜，正言谠论，据实敷陈，使上下之气相通，民间之苦悉达。诏：求治必赖贤良，人才难得。现在如有才能出众，清正端方之士，著中外大臣秉公保荐，以备录用。

上谕同意中外大臣秉公保荐"清正端方之士"纳入官僚体系，说明：官僚队伍中，官员的素质和品行对于吏治清明与否的重要性。以下所有胥吏舞弊等现象都与个人品行素质相关。

3. 御史朱以增奏书吏舞弊，请饬查明②。

4. 翰林院编修吴观礼条陈近日部院行省、营伍弊端，请饬变通查禁③。

---

① 《光宣两朝上谕档》四，页100。

② 三月二十五日，谕令吏部查明具奏，"候选人员班次繁多，嗣后务当饬令司员逐案详慎办理，毋任吏胥蒙混舞弊。"——《光宣两朝上谕档》四，页111。

③ 五月初四日，上谕：各部院交议事件，自应体察情形，详慎议覆，岂可耽延积压，使书吏得售其奸？……著各省督抚力除积习，凡用人理财诸事，悉责成藩司认真经理，不得侵官蔽贤，自取咎戾。……著责成臬司督饬承审之员，分任治狱，毋得互相诿卸，以致案件稽留。——《光宣两朝上谕档》四，页154－155。

5. 御史傅大章奏各省吏治因循请饬认真甄别①。

6. 翰林院侍讲张佩纶奏大臣子弟不宜破格保荐。

十二月十三日，上谕：据称四川候补道宝森系大学士宝鋆之弟，特膺保荐，恐以虚誉邀恩。刑部郎中翁曾桂系都察院左都御史翁同龢之兄子，并非正途出身，不由提调坐办而京察列入一等，恐为奔竞夤缘口实。所陈绝无瞻顾，尚属敢言。丁宝桢特荐宝森，有何项实绩，著该督据实奏闻，毋稍回护。所称宝森前官直隶，并无才能一节，著李鸿章查明宝森在直隶时官声政绩究竟如何，详细具奏。刑部郎中翁曾桂，平日差使若何，此次京察因何列入一等，著该部堂官据实覆奏。至司员不由正途出身，京察保送一等，是否与例相符，并著吏部查明具奏②。

7. 翰林院侍讲学士宝廷敬陈管见。

十二月二十六日：翰林院侍讲学士宝廷奏陈管见，请严议行事件程限，奏复不得掩饰欺蒙，废员运用，宜慎赦宥，择其情节较轻实有可原者，酌量录用。

十二月二十六日，上谕认为所各条，不为无见，“各部各省，遇有议行事件，自应遵限迅办，何得任意延宕，甚至日久含糊覆奏，或竟置若罔闻，似此疲玩因循，尚复成何事体？向来科道各官，原有稽察之责，嗣后著博实力奉行，不得虚应故事，其事关要紧。应行查核之件，著军机大臣随时认真稽查，各省奉旨查覆之事，尤当逐一稽考，如有迟延不覆，即著据实奏闻，定将该督抚严惩，决不宽贷。中外大臣于覆奏事件，倘有掩饰欺蒙，甚或割裂例文，传会成案，以伸其说。查办事件，如果调停迁就，皆不能逃朝廷洞鉴。……赦宥本非善政，从前起用废员，均择其情节较轻，实有可原者，酌量录用。此中自有权衡。嗣后废员如有报效者，著据情奏闻，不准援案代为声请，以示限制③。

---

① 八月十六日，上谕：各省试请甄别吏治用人员，向例一年期满由各该督抚分别奏留补用。原期相加考察，以定去留。近来往往视为具文。凡试用期满之员，概请留省补用，殊非澄叙官方之意。嗣后各省督抚于捐纳保举人员到省，务当破除情面，悉心考察，于一年试用期满后，认真甄别，不得一味姑容，概请留省补用。其实缺正途暨业经留省及无庸试用各员，仍当随时严行查。——《光宣两朝上谕档》四，页245。

② 《光宣两朝上谕档》四，页383。

③ 《光宣两朝上谕档》四，页411。

按：以上奏折实际都是正途官僚对于捐纳弊端的探讨及废止捐纳的呼吁。捐纳对吏治民生危害最大。清前期捐纳规模很小，嘉道时期，捐例泛滥。咸丰元年，为镇压太平天国运动，开设筹饷事例以筹集军费，各省设立捐局。至同、光之际，捐纳一途，“流品益杂，朝入缗钱，暮膺章服，舆台厮养无择也。小康子弟，不事诗书，则积资捐职，以为将来噉饭地，故又美其名曰‘讨饭碗’。至若富商巨室拥有多金者，襁褓中乳臭物，莫不红顶翠翎，捐候选道加二品顶戴并花翎也”①。“同治初，奉部牒来候补者千有余人；捐纳者十之六，军功者十之三，科甲十之一耳”②。捐纳失控导致地方督抚权力扩大，也诱发了捐纳中各级官吏渎职、舞弊行为盛行，使晚清吏治愈加败坏。大批品行不良、行政素质低劣的人跻身于官僚队伍，“一旦踞于民上，巧取豪夺，恣意诛求”。捐纳人员众多，正途人员仕途受阻，给晚清政治带来很大影响。“丁戊奇荒”中，赈灾款银严重不足，御史邓庆麟奏，晋豫赈款维艰，请变通外补班次，鼓励捐输③。为赈济济数千万的饥民，被迫允许晋豫两省重开捐纳，并由捐资格发展为捐实官，在天津设立捐输总局，由李鸿章统一办理。光绪三年七月，曾国荃奏请朝廷重开捐纳，以此来筹集赈灾款银，计捐银 1029 万余两④。其后，河南帮办赈务大臣袁保恒等又奏请户部发给空白执照，捐官可至道、府、州、县四项实官，该省在苏、浙、皖、赣、粤等省有捐局。此法实为饮鸩止渴。《申报》指出：“然今之为官吏者，国何如乎？大抵均以剥民自肥为居官独具之主义，凡所设施均不出此轨范，至人民患难疾苦则悍然置之，而不顾夫官吏全为保民而设。今惟私利是图，不顾公众之利害，不能保民适以病民，故人民对官吏均存怨恨之念。迨夫凶岁之余，人民以生机将绝，官吏毫不顾问”⑤。

灾荒中吏治之害，胜于天灾。在上述奏章的建议下，中枢给予积极回应。光绪四年十二月十四日的上谕将其中原委一并道明：“前因军务未平，用款不继，不得已开捐纳职，藉济饷需。乃近来中外捐纳各员，其为守兼优，才具可用者，固不乏人，而滥竽充数甚至有玷官箴者，实属不少。至各局办理捐

① 《清稗类钞·度支类》“捐纳流品之杂”条。

② 鲁子健：《捐纳——清代的卖官鬻爵制度》，《文史杂志》，1999.6。

③ 《光宣两朝上谕档》四，页 105。

④ 王雪丽：《曾国荃抚晋贩灾述略》，山西大学，2003 年硕士论文。

⑤ 《论赈务》，《申报》1877 年 2 月 3 日。

输……于澄清吏治之道既多窒碍，于饷需亦多有名无实。自应及时停止，以肃政体。著户部京捐局及各省捐局每年入项若干，详查奏明，将此项作何支用之处，设法筹款相抵。一面奏明停止捐输，毋得藉词款项难筹，有意延宕”①。

但是，对于库储支绌的财政而言，完全停止捐输又会面临筹款困难。因此，朝廷对捐纳仍然采取的是选择性改革：停止捐纳实官。此即政治进程中，天灾与外患、政治与经济与军事交困情形之下的无奈选择，更重要的问题是：尽管捐纳弊端丛生，尽管求治必赖贤良，但是捐纳已使大批劣员进入仕途，成为官僚机构中绝大多数部分，并且已形成了一种吏治腐败风气，如何能够一朝推翻，又怎么能尽行裁撤而代以“清正端方之士”？李慈铭《国事日记》中记录的光绪五年正月二十一日的上谕表明了这种尴尬无奈的选择：

“上谕：户部奏遵旨停止捐输一折，肃清仕途，自以停止捐纳实职官阶为要。该部业将京捐局银捐等项及各项实官并常例未载条款，火器营章程，均行停止。即着有捐者分各督抚将筹饷事例条款概行停止，以昭画一，并一面迅速设法筹款，一面将捐务赶紧清厘造册报部”②。

这种选择性的不彻底的肃清吏治的必然结果是：国家政治军事操作系统的瘫痪，舆论监督对这个系统的失望，以及由此而来的政治心理的改变。当吏治腐败到了完全普遍的时候，即贪吏、污吏、邪吏、庸吏占据政府行政职能部门的时候，人们就要开始思考制度层面上的问题了。

（四）弹劾内务府与内宫的隐讳

御史张观准奏，邪臣宜黜，庸臣宜儆折：

二月二十九，上谕：据称内务府于明奉裁减宫闱费用之旨，乃以无可裁减复奏，显逞其揣摩尝试之私，阴便其浮冒侵吞之计，怀邪不忠，请立予罢黜。又闻侍郎庆福于召对时间以本衙门所奏事件茫然不晓，未闻饬责，各等语。宫闱一切用款，本非外人所得周知，近已叠加节省。昨复谕令该总管大臣将各项用款详细查核，开单呈览，候旨施行。该衙门亦何用其揣摩？乃该御史概以邪臣目之，措词殊属过当。至臣工黜陟，朝廷自有权衡。庆福召对时情形，尤非外间所应与闻。该御史辄以传闻之辞，招摭入奏，亦属冒昧。张观准著传旨申

① 《光宣两朝上谕档》四，页383－384。

② 《越缦堂国事日记》四，页2011。

饬。钦此①。

内宫对御史张观准弹劾内务府大臣给予驳斥的同时，也给予适当的说明。上谕表明了几个态度：一，宫闱用款非外人能够周知，庆福召对时情形，尤非外间所应与闻，那么张的奏折信息从哪里而来？准确与否？二，臣工黜陟，朝廷自有权衡，臣子怎能干预？上谕最后的结论是：以传闻之辞，招摭入奏，亦属冒昧。三月底，两宫要求内务府总管大臣查禁存在的弊病，节省开支。四月初，又谕令内务府筹措数万两银子拨付山西、河南赈灾。

七、"除奸邪"与开言路主张的激进化

（一）对张佩纶、宝廷奏请广开言路的准驳

1. 张佩纶奏请遇灾修省

二月初一日，上谕：翰林院侍讲张佩纶奏，请遵成宪，遇灾修省各折片，所陈诚祈、集议、恤民、省刑四条，不为无见。该侍讲所请损减膳馐，为北数省普祈甘泽，与朝廷为民请命之心，适相符合。所请饬下廷臣前赴内阁会议政事一条，虽为集思广益起见，仍恐虚应故事，徒属具文。不如令在廷诸臣凡有言事之责者，各抒所见，据实奏闻，以备采择。省刑为灾政之要，著山西、河南、陕西各巡抚，矜慎庶狱，以期感召祥和。张佩纶另奏请上下交儆一折。时艰方亟，饥馑荐臻，惟有君臣一心，夙夜孜孜，力图补救②。

张佩纶的奏折有四项内容。一，诚祈。张折援引顺治、康熙、雍正及乾隆等"祖宗"认真、虔诚祈雨态度，指出中枢祈祷诚心不足，与祖宗的态度无法相比，怎能祈求上天的原谅？张建议，目前皇上尚幼，不能步行求雨，可依照康熙年间成例，委派大臣去求雨。二，集议。即要朝廷要广思集议，鼓励臣僚上书言事，如有必要，还要召集九卿和各部院大臣召开"内阁会议"。张援引了康熙时期，朝廷察觉"风大渐有旱意"，马上下旨，令大学士会同九卿共同"会议"，言政得失。上天刚出现大灾征兆，朝廷即"省惕如此"，令人真

① 《光宣两朝上谕档》四，页74。
② 《光宣两朝上谕档》四，页30－31。

切感受到今不如昔。不仅不会召开如此大规模的商讨会，且即使下旨广开言路，“而大臣结舌，言官箝口”，大家只顾身家性命而忘记了朝廷大义。三，恤民。即要朝廷赈恤灾民。现在朝廷对旱灾没有明确的处理原则，地方官员上报灾情请求赈恤，朝廷却不批准，等到这些官员再三再四请求之后，朝廷才同意赈灾。这种恩赏出自下面的情况绝不正常，有些官员从中可能还会误解朝廷旨意，以为皇太后、皇上不喜欢听见有关灾情的糟糕消息。对于赈灾的施行，朝廷相关部门比如户部，拘于部门利益，“今请帑则部臣驳之，文书往复，互相推诿”，灾民“不死于荒而死于部臣之心术也。”四，省刑。即要“清理庶狱”。张提到当时四川东乡案虽已呈报完结意见，但朝廷外的各种议论纷纷，他奏请朝廷重审此案。

张佩纶奏折的议题，沿袭了光绪三年九月十三日奏请广开言路的思路。上谕承认张奏各条见解“不为无见”，亦认为张佩纶尚未能体会朝廷用人行政的至意，最后同意重审四川东乡一案①。

2. 国子监司业宝廷奏陈荒政四条及广开言路片

揭露赈灾过程暴露的地方官员的道德素质和贪污读职，成为光绪四年奏折的主要内容。二月，国子监司业宝廷就在陈述救荒建议中提到了不少赈灾中存在的弊病，如朝廷虽名义上已豁免赈粮的厘捐，但各地关卡仍然私行等等。二月十七日，上谕：国子监司业宝廷奏，敬陈荒政四条，请饬所司设数局减价发粮，所收粜价，发交招商局，如数采买，运归京仓。等语。著各该衙门妥议施行。

但是否定了宝廷的广开言路，令无言责者呈都察院代奏的建议，上谕说：另片奏，请广开言路，不论有无言责，皆许直言。无言责者，皆呈都察院代奏，毋庸呈本属堂官，免多牵阻。等语。此次下诏求言，大小臣工原当遇事直陈，献可替否，期于治理有裨，无所用其避忌。有言责者对章入告，无言责者仍照向章，或呈督察院或呈该堂官，均听其便。但无违悖字句，各该衙门堂官即应代为呈递，何敢有意阻挠，壅于上闻？宝廷所请，皆呈都察院代奏之处，著毋庸议②。

---

① 这是一个重要的收获。光绪五年，此案再核，其真相被张之洞揭开。

② 《光宣两朝上谕档》四，页46－47。光绪三年十月，宝廷即提出宜宽宥言路以养言者之气，遭到严饬。

（二）何金寿奏请训责枢臣与奕䜣的被议处

翰林院编修何金寿奏，遇灾修省，请训责枢臣一折：

二月二十六，上谕：前因近畿等省被灾甚广，雨泽愆期，业经降旨悔过省愆，以冀感格天心，速沛甘澍。兹据何金寿奏称，现在朕躬幼冲，两宫皇太后听政权衡，虽出自上，翊赞则在枢臣，请责以忘私忘家，认真改过。等语。此次饥馑荐臻，疮痍满目，天降奇灾，皆由政令阙失所致。军机大臣赞画枢要，实有献替之责。若谓灾诿诸天，过诿诸上，谅必有所不敢。惟当此灾广且久，朝廷宵旰焦劳，无时或释，而该大臣等目击时艰，毫无补救，咎实难辞。恭亲王著宗人府严加议处。宝鋆、沈桂芬、景廉、王文韶均著交该衙门严加议处。

同日，上谕：前奉两宫皇太后懿旨，谕令内务府大臣将宫闱一切应用之需力加裁减，约可节省若干，迅速具奏。著总管内务府大臣将各项用款详细查核，逐款开单呈览，毋稍含混①。

这两个谕旨相互呼应，一是对王大臣等加以严责，同时内宫也将可裁可减之项随时随事酌办理。一示皇上太后体恤民艰，从自身做起；二示大臣未尽职责，惩戒抑制。则由灾变到人事联系起来，而清流们的奏议或者说政治参与在这里提供了帮助慈禧太后抑制恭亲王等枢臣的舆论武器或舆论机会。皇室纷争不已，督抚各自为政，中央与地方矛盾重重，遇利必争，遇事推诿。李鸿章曾指出户部大员和军机大臣对救灾工作“毫不助劲”②。一位御史也指出部臣对各省拨款拨粮请求置若罔闻：“今（疆臣）请帑则部臣驳之……乃枢臣一准部议而不审是非，疆臣格于部议而莫可如何”，竟至“文书往复推诿，坐视两省灾民靡有孑遗，悍然不顾，是数万垂尽之残黎，不死于荒而死于部臣之心术也”③。

慈禧借助此奏，将奕䜣等军机大臣“严加议处”，“革职留任”④，这一出其不意的行动固然打击了恭亲王势力，但不可能收到振衰起敝、力挽颓风的效果，反而于赈务吃紧之际平添了一场轩然大波，使赈务备受掣肘。而何金寿因

---

① 《光宣两朝上谕档》四，页69。

② 《李文忠公全集·朋僚函稿》，卷19，页32。

③ 《光绪朝东华录》，页总532。光绪三年，曾国荃因运费无出，奏请借拨山东省库款银六十万两，山东巡抚文格以经济拮据为名仅给银十万两。

④ 《光绪朝东华录》，第1册，页总556。

此事“直声震一时”，清流声望鹊起①。

（三）黄体芳烧锅之议及“黜奸邪、激劝台谏”诉求

1. 二月二十七日，黄体芳等请禁烧锅、训斥枢臣

“烧锅”即酿酒，面对大灾造成的饥馑，直隶总督李鸿章、御史胡聘之先后奏请暂时停止烧锅和禁止烧锅。光绪四年直隶天旱粮贵，御史胡聘之上奏请严禁烧锅。胡奏讲到，烧锅中每一张执照每年只能收取三十余两银子，而发照许可经营之后，容易造成“百弊丛生”，而“地方官吏私受规费，不肯认真严禁”。胡奏称顺天、直隶，烧锅不下数千家，每年耗费粮食惊人，现在天气亢旱，赈粮无处采买，必须严刑禁止。已发放执照的要上缴，待日后丰年，再酌量发给。

胡奏主要针对直隶和京畿附近地区的烧锅。两宫把这道奏折交给户部讨论。户部认为日后只需要禁止新开烧锅即已足够。户部的辩解令一些言官深为不满。黄体芳上折猜测户部驳回的原因：烧锅需要执照，而执照是由户部所发，故户部向来有不入正账的收入。上谕要求户部明白回奏，并同意胡聘之、李鸿章、黄体芳等人所奏，大灾期间一律禁止烧锅。

三月初，户部以魁龄为首联名上条陈回奏。奏折指出户部的担忧：一是从咸丰开禁以来，二十余年间“各商安业已久”，现在忽然禁止烧锅，无异于让一千多家烧锅“坐失生计”。二是下旨禁止烧锅，“各州县查禁私烧，胥吏藉端”敲诈勒索，造成朝廷“未收米谷平价之利，而已先受骚扰失业之害”。户部建议从光绪四年后，不许新开烧锅。现在每年已有不下数十家呈报户部关门歇业，如此下去，朝廷只要不许新开，只许歇业，烧锅将不禁自绝。关于三万两饭银的回复是，目前每年大概一万数千两，都用在正途上，并非如黄奏所说，被户部私分。

两宫对此回复满意。四年二月二十七日，上谕：兹据大学士直隶总督李鸿章、御史胡聘之先后奏请饬禁烧锅，以裕民食。经户部驳议。兹据詹事府左庶子黄体芳奏，烧锅领帖，每年有户部饭银（按：饭银指酿酒之家向户部所纳的烧锅税）三万两，是以该部决议议驳。时值灾荒，以救急为先，务请宸断

---

① 《清史稿》卷445《列传》232《何金寿等传》。

施行。著严行禁止烧锅。户部饭银很高，著明白覆奏。旋户部奏复：前次所议，实想（京师顺直）千余家烧锅同时歇业，坐失生计，并不因办公之费，且此款尚有帮贴内阁等衙门办公之用。诏黄体芳奏毋庸议①。

2. 詹事府左庶子黄体芳奏，灾深患迫，宜筹拯民，应天之方

二月二十九日，黄体芳继续上奏，不厌其烦地告诉两宫太后，烧锅的地方“寵大如屋，突烟腾上”，行人从数里外就能看清楚。他驳斥户部说：“去冬通州闻有禁烧之说，市上米粮立即充溢，明效彰彰。”借口不扰民而不愿意禁止烧锅，则是偏见。现值大灾之年，必须严把粮食政策。黄体芳在奏折中谴责户部尚书董恂的为人，称其为“今朝臣中外之奸邪”的典型，该尚书对于灾荒“不闻进一言，画一策”，另外，该尚书在总理衙门办事的时候，众人对他的办事也深感不满。黄奏用四个字来形容董恂的不是—“罄牍难书”。

至此，寻常不过的烧锅禁止问题，已经变成朝廷群臣的矛盾焦点，所有其它的不满和议论，都借此表现出来。对此，两宫太后采取明白宣示的做法，并将黄体芳“交部议处”。且看二月二十九日上谕：

詹事府左庶子黄体芳奏，灾深患迫，宜筹拯民应天之方一折，其可备采折者业经分别降旨施行。其有事理窒碍，或词语过当，或纷更旧章者，亦不可不明白宣示。

如所陈借洋款一条。无论借款须给息银，徒亏帑项，且辗转筹商必非一时所能集事，以灾区垂毙之民专待不能克期之款，仍属缓不济急，所请著毋庸议。

至谓边外荒地甚多，米粮颇贱，请于山西沿边州县储款，以供资遣，有难民愿往者，予以一月之粮，导之出边，延其生路。不知山西饥民众多，赈款不敷尚鉅，能从何处筹此资遣之需，且边外丰收米贱，始得设法采买粮石，接济被灾之区。若驱流民以扰之，不特边外荒凉，栖止无所，且恐别生事端，并此采买之源，因之中绝，所请实属窒碍难行。

又如，所称为治之本，在广聪明。请饬无言责者封章专达；各署庶僚轮流赐对。等语。各衙门司员有欲建白者，由该堂官代奏，向来体制如此。一经陈奏，即与专达无异，司员向无轮班召对之例。然如京察一等、俸满截取人员，

① 《光宣两朝上谕档》四，页70。

及外省实缺，道府亦何尝不悉。予召见以考职业而觇人才，正毋庸更改旧章为也。国家设官，文武并重，文职固宜讲明治理，武职中岂无足备干城之选者？该庶子所称近年召见武职甚多，未见有所裨益，亦属一隅之见。

又称京控案件外省从未一次平反，请饬军机处专立一档，定限奏结，按限奏销。各省京控之案，叠经谕令各该督抚立限清厘，并将已结未结各案随时奏报。立法已极周密，毋庸另设新事，致滋烦琐。

又称前任山西巡抚鲍源深不能豫筹荒政，以至饥馑荐臻，受害较重，咎实难辞。鲍源深前在抚任内，曾将荒旱情形及开仓赈济各节叠次入告，嗣即交卸去任，而山西旱既太甚，自未便追咎该前抚一人。所请量予处分之处，著毋庸议。

又称为治在斥奸邪。户部尚书董恂于中外条陈荒政者，务以驳斥，壅遏上恩；其在总理衙门，语言行事，颇为众口诋訾，请予罢斥。等语。户部此前议驳截漕平粜、禁止烧锅等折，原为慎重根本，虑滋骚扰起见，且系该堂官等公同商定，联衔具奏，并非董恂一人所能专擅。黄体芳目为奸邪，辄以传闻无据之词，信口诋訾，措词殊属过当，著交部议处①。

按：这些奏章集中在光绪四年的二月份。一些迹象表明了清流之间联合性的加强。比如，奏章在主题甚至词语上的一致。张观准、黄体芳等分别上疏都使用了“黜奸邪”这个提法，以致黄体芳为了此事受到部议，最后在免予处分，上谢疏时，仍含蓄地坚持了这个观点。他们在下面的关系很密切。

黄体芳则在强调“广纳直言”的同时，进而要求对“代奏制”予以变通。他指出，由于无奏事权官员的奏疏须经堂官阅定代奏，而阅折官员往往利用职权，“或吹索其字句，或挑剔其款式”，甚至“罢而不递”，以至奏疏不能及时上达，“所代递者不过肤泛细碎迎合挟私之语而已，直言谠论不得闻”。为此他建议：“破格推广，无言责者亦充转达，尤望于伉直敢谏之臣曲赐优容。”其为低级文官和言官争取更多参政权的意图明显。

黄体芳针对下情上达提出“多召见”建议，认为，“人主多见群僚”，“不独可以考其职察其人才也，盖将以周知天下之事也”；召见的对象有益者，莫如各部院掌印主稿之司官、曾任州县之府因为“各衙门公事，惟司官方能熟悉，堂官不及也。州县者，去民较近，用心较深”；召见时询问的内容“本地

---

① 《光宣两朝上谕档》四，页74－75。

之风土、官场之风气、公事之弊窦、僚属之贤否、本省有何弊政。”①

再：宝廷和黄体芳、张之洞几乎同时申明了“官运不如商运”的主张。对新兴的民间灾赈机制寄予希望。这个观点，很可能是受了江浙绅士赈灾活动的启示，并和后者在南方的呼吁互相配合。清流官员的奏折与洋务派思想者相互贯通，并力图向中枢传递②。

再看三月初一日上谕：前据詹事府左庶子黄体芳奏，李鸿章请禁烧锅，户部因烧锅领帖，向有该部饭粮，是以议驳。降旨令户部台官明白覆奏。兹据奏称，前次所议实恐千余家烧锅同时歇业，未免坐失生计，兼恐胥役藉端讹诈，是以拟将顺天直隶各属烧锅前经领照者，准其开设。嗣后不准新设，将烧锅不禁自少，并不因办公之费议驳。且此款尚有帮贴内阁等衙门办公。等语。该部前议既据奏称，系恐失业人多，且虑藉端骚扰，并非别有意见，黄体芳所奏，著毋庸议③。

1878年起，只准烧锅歇业，不准新开。户部官员为了每年额外得到三万两所谓“饭银”，一再拒绝御史们“暂停以粮酿酒”的要求。而当时仅直隶一省每年酿酒就消耗粮食几百万石。

李慈铭《国事日记》三月十一日记载，上谕：“黄体芳以传闻无据之辞，诋董恂为奸邪，措辞过当，本应照部议予以处分。惟念该庶子应诏陈言，系属因公起见，所有部议降二级留任，加恩宽免。朝廷原心恕过，自有权衡。嗣后建言诸臣，仍当竭诚献替，不得自安缄默，亦不得摭拾浮词，妄行条奏，自干咎戾”④。

这里要指出的是：黄体芳的奏折和谢折，都是北方才子张之洞的手笔。光绪四年张之洞年谱记载张之洞为黄体芳起草奏折事：

“二月旱，诏求直言。公为黄漱兰体芳通政具疏，陈时政得失，有旨分别施行。又奏劾户部尚书董恂对于荒政务从驳斥，在总理衙门语言举止颇为公众诋訾，目为奸邪。有旨：詹事府左庶子黄体芳以传闻无据之词，诋董恂为奸邪，措词过当，著交部议处。嗣吏部奏，黄体芳应降两级留任。奉旨：应诏陈

① 俞天舒：《黄体芳集》，页3。

② 郑观应主张“达民情”、“通下情。”——夏东元：《郑观应集》，页311－315。而王韬也强调“求民之隐，达民之情。”——王韬：《韬园文录外编》，页36。

③ 《光宣两朝上谕档》四，页80。

④ 《越缦堂国事日记》，四，页1948。

言，系因公起见。著宽免处分。

“陈弢庵太傅云：时国子监祭酒缺出，（黄）通政以次当迁，因被议而止。（该月之洞子娶妇），入门之日，通政汪贺，公（之洞）连言：我负漱翁。通政慨然曰：是何伤？文章出君，气节属我。及宽免处分，公为草奏陈谢，有句云：汉廷祷雨，不诛卜式之狂言；宋帝知人，无待苏洵之过虑。盖仍目为奸邪也”①。

按：1877 年（光绪四年戊寅），华北大荒进入巅峰，京师的清议也形成了高潮。在文章交奏的声浪中，除去各种荒政的具体建议外，已相当明显地表露出一条以扩大士大夫政治权利为宗旨的“除奸邪”、“开言路”思路。

所谓除奸邪，是旨在排除言路的障碍。吏部尚书董徇由于主持驳回了地方官和言官关于裁漕平粜、禁止烧锅等奏疏，被清流们目为“奸邪”，要求将其排革。声称内廷费用已“减无可减”的内务府，也是被攻击的主要目标之一。这种抨击还涉及一些宗室和地方大吏，有的人经查明属实，而被免职或降调。

值得注意的是，关于开言路的各种建议。这些建议已经超越了传统的“应诏陈言”、“竭诚献替”的思路，甚至也已不再像一年之前，士大夫们关于“广开言路”的一般性呼吁。它开始形成冲击传统体制的各种改革建议，中心是要求进一步调动士大夫们的政治热情。

宝廷建议，中下级京官“不论有无言责，皆许直言”，不是言官不能封章直奏的官员可以有都察院代呈，不必经过本署堂官批准，“免多牵阻”。

张佩纶进一步建议，廷臣们集中在内阁会议议政，“集思广益”形成制度。

由张之洞代黄体芳起草的奏折中，对此提出了更激进的建议：“无言责”的官员应该有“封章专达”的权力，也就是要把所有的中下层京官都变成言官；同时，要求中枢（皇帝、两宫）轮流接见过去没有权利参与应对的各衙门司官。

虽然中枢一再拒绝了这类“纷更旧章”的改革性方案，但舆论集中的程度足以显示了这种要求的强劲。

3. 吴观礼应诏陈言

三月初三日，上谕：翰林院代奏编修吴观礼应诏陈言各折片，其可备采者

① 胡钧重编：《清张文襄公之洞年谱》，页 47。

已分别交各该省督抚核办。所请激劝台谏一节，朝廷诏求直言，原欲其确切指陈，以收谠论之益，岂可妄生揣测，缄默不言，冀避嫌怨。军机大臣及各部院堂官、各省督抚均当竭虑殚精，各尽职守，以为僚属表率，何得存因循委卸之心，致负委任互请①。

这是清流对黄体芳事件背后“激劝台谏”的强劲诉求的持续。中枢在这个回复中表达了对翰詹科道言路和对枢臣疆臣的双重平衡。这也是对本月集中而来的广开言路、弹劾枢臣的总结性回复。

（四）张佩纶奏请急人才折

翰林院侍讲张佩纶奏请急人才，以维时局。四月初四日，上谕：据称，图治之道，首在求贤，或朝廷知之而不善用，或大臣知之而不尽言。三月十五日，诏格简略，请再申蔽贤之诫，绝夤缘之私。等语。国家需才佐治，寤寐旁求。每当简任之时，未尝不详慎再三，期于因才材器使其有。曾经宣力老成练达之员，或因养亲或因患病，陈请开缺者，朝廷亦不能不原情俞允。然简用需人，仍随时特旨征召，藉资倚畀。此中权衡，原非臣下所能共喻。京外大臣皆有以人事君之责，属员中果有才能出众、清正端方，堪膺简任者，著懔遵前旨，留心访察，秉公保荐，不得徇一己之好恶，徒使庸劣之辈夤缘幸进，转令贤员，沉滞下僚，致负欺朝廷求贤若渴之意。至所称诏格简略，所见殊属拘泥。诏书宣示或须诰诫详明，或取达意而止，岂有定格可循。三月十五日所降谕旨，令中外大臣保荐人才，本已明晰无事，再行申谕也②。

此折表明，由赈灾而求直言，而求吏治，而求人才，沿此线索，清流士大夫的清议达到高峰。而中枢则由肯定采择的高峰逐渐转为反应冷淡。从其抑扬的过程中可以看出，晚清时期吏治腐败松弛，政府行政操作系统逐渐失灵，而思想文化系统的制约也因中枢的软处理和平衡术而渐渐失去作用，徒具空议而已，实际施行不具备操作上的可能性。

（五）张佩纶、宝廷奏请“修德持静”以靖“浮言”

京师秩序未定，粮价未平，六门四镇及卢沟桥、赵村、鲍家庄各粥厂十一

---

① 《光宣两朝上谕档》四，页85。

② 《光宣两朝上谕档》四，页112－123。

处，就食贫民尤多，被迫展期施舍①。而且京师治安情况也令人担忧②。而地方社会秩序也是糟糕透顶，除盗匪煽惑灾民外，以弁勇居多、散在各省、伏处乡里、纠约党类的哥老会等会匪活动猖獗③。而且，最近的天象也似乎不断“示警”。李慈铭《国事日记》光绪四年三月初二日记亦载：“闻山西河南自去冬已人相食”，“近日，河间亦已食人，且闻陕西商州河南邓州俱已民变”，“自正月太白经天，二月直犯紫薇宫，恒星失耀者数夕。前月司天上封事，言甚急切。张佩纶疏亦言，太白昼见，狼赤有光，荧惑已入夘，度行甚疾。都中比日风霾久寒。前日宝廷疏言，迩来祈雪则应以微霰，祈雨则应以轻阴，上帝至仁，亦若准朝廷所施于民者，稍稍应之。其言极为切直。而枢府诸臣不特置若罔闻，且重怒言者。黄体芳、张观准皆得谴，张佩纶上疏争之，不报。昪天疾威，彼何人哉④。四月二十五日，给事中郭从矩就上了一道“上天感应其神，请益加祇敬折”，折中所说令两宫太后深感惕厉，“饥馑荐臻，死者不可复生，生者无所得……深宫廑念，何敢以天心甫转，遽弛寅畏之忱，况近日风多扬沙，日有赤色，上苍示警，惕厉尤深。”两宫太后并将郭从矩的原折存放在毓庆宫以资省览⑤。

饥馑、死亡、盗匪、天变、吏治的腐败，凡此都构成了讹言的背景。京城里谣言日多，人心不定。李慈铭《越缦堂国事日记》五月初五日记载：“近日荧惑宿斗口犯紫微，闻司天有急奏。内中震惧……民间讹言日甚，俱云五月有

---

① 《光宣两朝上谕档》四，页164、169。

② 光绪四年二月三十日，翰林院代递检讨王邦灵奏京师自去冬以来，城市卖食物者每被贫民抢夺，现在外来饥民日多，恐转相效尤，易致生事，请饬巡查弹压；十一月初三日，御史李鸿达奏内外城盗窃之案层见叠出，广渠门以南城垣亦多拆毁情形，正阳门外一代并有白昼抢人财物之事；十一月二十七日，御史田翰墀奏京师地面棍徒藉充兵役，传案诈贼；十二月二十六日，御史戈靖奏京师地面各衙门官差与贼相通容隐，讹索分肥。——《光宣两朝上谕档》四，页79、332、365、411。

③ 如三月初六日，御史李嘉乐奏请被灾各省整顿兵勇，以防匪徒勾结饥民聚众掠食。五月初五日，翰林院代奏编修吴观礼奏称河南、西南两路频有匪徒蠢动，首恶窜入伏牛山中，恐其啸聚为患。同日，吴观礼又奏据称哥老会桀黠而众，其所谓冒顶总冒顶者往来湘潭、汉口，以诱游惰；出入各路均应，以结凶顽；潜伺水陆要隘，以要刦将士之归涂。故将士多愿入会以为护符。十一月初二日，御史周开铭奏湖南匪势渐炽，隐患日深。——《光宣两朝上谕档》四，页87、155、157、331。

④ 《越缦堂国事日记》四，页1955－1956。

⑤ 《越缦堂国事日记》四，页1966。

灾，我辈濡须其能免乎?”① 深宫里的两位太后深感不安，拟调李鸿章淮军卫戍京城。此时，是清流们以冷静的头脑提供了稳定人心的建言。五月初五日，张佩纶奏请“修德持静，以靖浮言”。同日，国子监司业宝廷亦奏，讹言日起，请示镇定。张奏指出，目前流言虽多，实在无事，如调北洋淮军入卫，必定大起恐慌，激出变乱，无事变成有事，人心更加浮动，岂非庸人自扰?

上谕采纳这一建言，五月十一日，懿旨：京师连次得雨渗透，人心大定，外来饥民现已陆续资遣，本无庸作意外之防。至禁城门禁，理应严肃。曾谕前锋统领、护军统领认真整顿，复据醇亲王面奏，神机营兵年例歇夏，可派令帮同地面官兵巡查。当经允其所请，非增兵宿卫以备非常也。前据钦天监奏，自四月初五日至二十八日，每日见日出日入时，间有赤色。按《天文正义》内载，日月占验，三日内有雨则解。逐日观候存记，俱系三四日内或有雨、或微雨、或云阴，应不入占。等语。该衙门照例具奏之事，无所用其张皇。若如张佩纶、宝廷所奏，则民间因此传闻，讹言日兴，是朝廷整饬纪纲之举，转为群情骇惑之端，不可不明白晓谕，以安人心而释群疑。著即将钦天监原折单一併宣示。至严申门禁章程，著御前大臣、军机大臣、总管内务府大臣、前锋统领护军统领，查照成案，妥速会议具奏。所有京师内外城保甲事宜，著步军统领等衙门督率司员，实力奉行，不得虚应故事。神武门、仓震门为太监及各项匠役所出入，著总管内务府大臣严密稽查，并严查各处太监妥为约束，毋任滋生事端②。

（六）张佩纶奏请专以科道能言与否为考核人才之据

翰林院侍讲张佩纶奏请施行编修吴观礼条陈时务四条。七月初三日，上谕：前据翰林院编修吴观礼先后条陈时务，业经降旨宣示。兹据翰林院侍讲张佩纶奏，引申该编修原奏四条，请旨施行一折，所称激劝台谏。等语。科道为朝廷耳目之官，居是职者，原应遇事直言，不得自甘缄默。近来直言官陈奏事宜，有可采择者无不立见施行，正以作敢言之气。至巡城监理民事，京察备膺外任，必须视其才具之短长，差使之勤惰，以备简用。若如该侍讲所奏，都察院堂官专以科道能言与否为考核人才之据，亦属一偏之见。嗣后都察院堂官、

① 《越缦堂国事日记》四，页1968。

② 《光宣两朝上谕档》四，页160－161。

巡城差使务须慎选奏派，不得稍涉瞻徇。京察章程本甚周密，惟在该堂官秉公保荐，不必再定新章，致涉纷更。该侍讲所请核定京察章程之处，著毋庸议。据称六部司员请拨尤分班轮值，并定题奏限期及奖惩章程。等语。六部司员事物较繁，分隶诸司，各有专责。司员皆当常川道署，藉资练习；且承办之事，有应一手经理者，若分班轮值，转多窒碍。所奏实不可行。题奏事件，例有定限，各衙门堂官惟当申明旧章，实力整顿，毋任迟延积压。至司员承办事件本系分所应为，其当差奋勉者，或遇缺题升，或京察荐举，或截取知府保举繁缺，皆足以资鼓励。若怠玩误公之员，本当据实参劾。该堂官果能考察功过，核实办理，即所以示奖惩。若必另定章程，势必各衙门纷纷保举，资格可以尽废，适开躁进之阶。所奏亦不可行①。

此奏与三月初三日吴观礼的奏折同样使用了“激劝台谏”一词，上谕回复也词类相近。此应该是清流广开言路的政治诉求与互为奥援的最好例证。

此奏也是对黄体芳二月奏折的呼应，再次提出各部堂司官发言权的建议，和传统政治体制的冲突相当明显。传统体制是：皇权分控言官和具体掌事官，并维持他们的平衡。而清流们的建议，实际上是要将中下级官吏都变成直达上听的言官，那么谁来掌管实务？所以，此上谕的反驳，有它自己的政治思维定势。

八、小结

奇荒中，翰詹科道等群体纷纷上奏，就“济民食”、“筹赈款”、“遣流民”、“设局平粜”、“购买洋米”、“禁烧锅”、“节用”、“开捐”、“放款”、“贷银”、“妥为安插”、“遣流民”、“清冤狱”等荒政建言。从光绪四年登入上谕档的有关灾荒建言的折片，共四十五件②，其中清流群体上奏的有七人，共二十一件，占翰詹科道有关奏折的近二分之一。其中张佩纶六件，张观准四件，宝廷五件，邓庆麟一件，黄体芳两件，夏同善一件，何金寿两件。清流们纷纷上疏言事，他们的奏折片思想比较深刻，不只局限于以上科道言官的建

---

① 《光宣两朝上谕档》四，页208－209。

② 这是从上谕档中统计的，这个统计并不很精确。而某员的一次上奏，可能有折，有片，所以折片总数当比此统计要多一些。

言，而且涉及到宏观治理等方面问题。这些折片上奏时间上互相呼应，有时人讲的“交章上奏”态势。

由赈灾而求直言，而求吏治，而求人才，沿此线索，清流士大夫的清议达到高峰。清流们还没有找到一种新的机制：行政与议政的分立。但他们的建议，已经触及了这个由旧体制所不能解决的矛盾。认识和解决这个矛盾的议会，还没有提上日程。中国式的议会设计，相当一部分是从这类奏议中发源的。

黄体芳、张之洞、张佩纶等人关于扩大士大夫发言权的建议，在实际操作上缺少可行性。即使在当代的国家体制中，也不可能要求中央各部门的中下级官员，轮流到国家元首身边值班，开展对话，或书写各自的工作报告，直达元首。清中枢屡次对他们的驳议，自有其行政体制的运作经验作为依据。

这些建议的意义在于：为扩大士大夫的发言权、调动其政治参与积极性作了制度化得尝试。它们没有停留在一般性的延揽人才、广开言路的经史论说上，而是开始着手某种落实其政治理想的行政改革设计，从旧体制中寻求某些突破点。因此，它对于此后涌动的中国式的议会思路，作了思想铺垫，提供了意识资源。

第十三章
中法战争：清流派发言的新一轮高潮

中法战争发生在19世纪70年代末列强蚕食中国边疆与“藩属”背景之下。自1874年法军进攻河内，强迫越南签订《第二次西贡条约》，否定中国对越宗主权，置越南于法国“保护”下开始，中法越南交涉与冲突日深。1883年12月，法军进攻越南山西，中法战争爆发，1885年6月，战争结束，签订《中法会订越南条约》，中越宗藩关系彻底瓦解。

本章选取这一事件，一则，它关涉到中越宗藩关系。伴随着中国近代外交的巨大困境，传统的宗藩观念与宗藩体制逐步瓦解。二则，它几乎与伊犁交涉同步发生，而1880年伊犁改约成功，激励了清流们的民族信心和对于本群体的自信，他们“以谈兵为能，每战事起，恒交章论兵事”①。在中法越南问题交涉上，主张援越抗法、保藩护边、联合黑旗军、对法开战，掀起新一轮的发言高潮。三则，张之洞、陈宝琛、张佩纶、吴大澂等清流骨干被擢用提升，走上了御法前线。四则，慈禧借用清流力量掀起了一次军机处大换班，即“甲申政变”，恭亲王奕䜣等被罢黜，而前清流人物亦因战败而被黜星散。此后，清流成员开始分化，后清流逐渐卷入帝党后党之争中。

① 罗惇曧：《中法兵事本末》，《中法战争》一，页23。

一、不即不离：宗藩观念下能力与道义两难抉择

宗藩关系是中国政治文化传统观念中的一个重要部分。作为宗主国，中国对藩属国实行儒家王道之治，不干涉其内政①。它是一种“天朝礼治体系”②，通过册封与朝贡来展现藩属国对宗主国的政治顺服③，藩属国的存在既象征天朝上国尊严与强盛④，亦事关国家疆域安危，“天子守四境不如守四夷”即谓此。

晚清，“天朝”强盛不再，列强觊觎、蚕食与鲸吞中国边疆领土和藩属国，传统的宗藩体制遭遇严重挑战：“曩者中国雄踞亚洲，藩属环附，俨然自成一国际家庭，自有其法律习惯与基本精神。”“在中西交涉未繁之时，数千年中，东亚之和平与秩序均赖此制度维持。”当列强欲取中国藩属时，“其第一步，常先设法否认其与中国之历史上法律关系，如出一辙，竟成定例。日本将夷琉球，先谋阻贡，继议两属，终谋吞并。朝鲜问题发生之始，日使森有礼即利用总署答词之语病，强指中国在朝鲜之宗主权为空名。英于缅甸，法于越

---

① 钱穆先生曾指出：“他们常有一个‘天下观念’超乎于国家观念之上。他们常愿超越国家的疆界，来行道于天下，来求天下太平。”——钱穆：《中国文化导论》，页 37－38。

② 宗藩关系“更注重精神、形式及礼仪等方面，以习惯法则的形式存在，没有明确的条文规定，其道德的约束力远远胜过法律上的效力，是两厢情愿、私下相许的关系”。——陈双燕：《试论近代中越宗藩关系的终结》，《厦门大学学报》（哲社版），1995. 2。

③ “中国之地位若君若父若兄，藩属之地位若臣若子若弟。”——邵循正：《中法越南关系始末》，页 50。

④ “东方与西文，有决然不同之态，西方于一世界中，常有各国并立；东方则每有即以一国当世界之感。”——钱穆：《国史大纲》，页 23。如此，“中国皇帝对天下人的福祉负有责任。”——（美）布兰德利·沃麦克：《可持续的国际领导权：来自 968－1885 年中越关系的经验教训》，《史学集刊》，2004. 1。这种天朝观念亦为藩属国所接受。1879 年，琉球官员向清朝求援时即云：“敝国累世相承，上膺册封，久备外藩，自国主以迄臣民，罔非天朝赤子。”——《清光绪朝中日文涉史料》，卷 1，页 36。1882 年，法军攻破河内后，越南国王在乞援咨文中亦称：“下国久赖天朝封殖，豫列职方二百余年，尺土一民，皆天朝隶属。”——《清光绪朝中法交涉史料》，卷 3，页 37。

南皆袭用此手段”①。

法国侵占越南，即以此法。越南古称“交趾”、“交州”、“安南”，嘉庆七年，阮福映定都顺化，改称“越南”。自秦汉至隋唐，皆为中国郡县，唐时设安南都护府，至968年，安南自立为王，脱离中原王朝。973年和975年两次朝贡北宋，中越宗藩关系正式确立。此后，后元、明、清时期，世代臣服中国，为中国南服。与桂粤边界接壤千余公里，与中国西南安危关系至重。

但在西方人看来，中越宗藩关系是虚有其名的②。虽对于“其历史根据，至为充足，不生疑问”，不敢以强词抹杀，而至于“严格之法律问题，以时代精神之不同，中西观念之异趣，当然与近日欧西之国际法，不能不有冲突”③。因此，法国侵入越南过程中，两次强迫越南订立条约（1862年6月《第一次西贡条约》，夺取南圻；1874年3月《第二次西贡条约》，声称越南“自主”，并无“统属”），意图中止这种延续千年的中越宗藩关系历史、文化、政治传统④。

越南承认并接受法国保护的同时，几次遣使“向中国乞师反抗法国侵略”⑤。清廷则秉承以往宗藩关系原则，对越南几次与法国私自立约不予过问；又因法国集中侵占越之南圻和中圻，离中国西南边境尚远，不愿与法国正面冲突，而采取观望、默认态度。1875年，法驻华公使罗淑亚将法越《西贡条约》通知总理衙门，并要求中国允许法国在云南通商，清廷被迫直面法国对中越宗藩关系的公开挑衅。为此，清廷发动廷议，征求应对方案。

---

① 陈志奇：《中国近代外文史》，册上，页593－594。

② 美国人马士即认为：“中国所主张对越南的宗主权是被认为虚有其名，装饰门面的，而不是实在的。”——中国近代经济史资料丛刊编辑委员会：《中国海关与中法战争》，第4编，页67。光绪九年五月十七日，李鸿章《奏法越交涉事端重大遵旨妥筹全局折》也谈到了西方对宗藩关系的看法：“西人公法，谓彼于所属藩邦，皆有大臣监守，中国于越南政事、外交一切不问，但受朝贡而已，与泰西属邦不同。”——《中法战争》五，页156－160。

③ 邵循正：《中法越南关系始末》，页48。

④ “在中法越南交涉中，中法两国有政治权力意义上的外交冲突，也有中西两种文明的碰撞。体现在文化方面的碰撞主要有：宗藩权与保护权之争；天下观念与主权观念的冲突。……实质上，就是以传统儒家思想为基础的中越宗藩关系和西方近代外交原则下的法越殖民关系之间的冲突。”——李志亮：《试论中法越南交涉中的文化碰撞》，《和田师范专科学校学报》（汉文综合版），2007．1。

⑤ （美）马士：《中华帝国对外关系史》，卷2，页384。

光绪五年，法国欲谋占越南北圻，觊觎中国西南地区通商权益①。七年十月十五日，总理衙门上《法人谋占越南北境并欲通商云南现拟豫筹办法折》、《法谋安南事惟有审时量力保全大局片》。该折、片包含了两种思考角度：从宗藩历史、从道义、从地域安全方面，保藩抗法应该而且必须："法人占越南境，久割膏腴，此次添船筹款，虽以捕盗为名，其叵测已可概见。越之积弱，本非法敌，若任其全占越土，粤西唇齿相依，后患堪虞。且红江谓云南澜沧江下游，红江通行轮船，则越南海口旬日可至云南。此事关系中国大局。""越有军务，中国本无不助剿之理。"但是，若"必明告以勿求法助，则越将事事求助于中国，亦属势难为继"；若"密嘱越南以后勿再与法国另立新约"，将来法国"临之以兵"，则"越南既无抵制之力，中国亦殊鲜因应之方"。总之，"越南积弱已甚，为中国藩篱计，实不能以度外置之"②。当日将这个方案下放到南北洋以及两广、云贵督抚等，就越南事宜"商同密为妥办"，希望"弭衅端而安边境。"这次讨论从1881年12月22日直至1882年2月，计有两江总督刘坤一、广西巡抚庆裕、两广总督张树声、云贵总督刘长佑、岑毓英、彭玉鳞、驻英法公使曾纪泽等先后奏复③。

---

① 《申报》连连发文，将这一动向告知国人。1879年6月18日《西南边境大势论》、9月8日《书安法新约后》、11月20日《中国自弃番邦论》，指出日本如吞并琉球得逞，法国将视日本取琉球之便，而取越南。

② 该折提出"弭衅端而安边境"策略：乘招商局轮船"运米越南"之机，"添派兵轮，同往游弋，藉壮声势"；同时"派明干得力之员，往越严密侦探现在情形，晤其国王、大臣等，将通商自强各事宜，随机开导，或可稍纾彼患，即可藉固吾国。"——《中法战争》五，页87。

③ 十一月初二日，刘坤一奏称："法人以兵船占据东京，窥我云南，诚如上谕'计殊叵测，后患不可胜言'……越南积弱，法人视之蔑如，若不早为扶持，覆亡可以立待，滇、粤藩篱尽失，将有避处之虞。"十一月初十日，庆裕复奏，主张边境严加设防，并明谕刘永福，有警互相接应，内地已豫筹精兵，多办军火粮饷，以备不虞，法人有所顾忌，得弭衅端。十二月二十六日，张树声复奏："法人持其诈力，蔑视我上国，凭凌我属藩，一怒兴师义无可忍"，"越王城下之盟，等于陨宗夷社，若中国仍隐忍不发，则保护之实不至即藩邦之义果虚"，"夫越为藩属，助越本理直气壮之事，惟我有讳莫如深之情。"他奏请"调集水师，直指顺化。"刘长佑最为激进。早在1881年11月8日即奏陈："边省者，中国之门户；外藩者，中国之藩篱。树藩篱所以卫门户，卫门户所以固堂室；藩篱陷则门户危，门户危则堂室震"，主张"先讨日本以复琉球"，以便"不战而存越南。"——《刘武慎公遗书．奏稿》，卷20，页55－62。光绪八年正月十五日，李鸿章致总署函，建议派人"侦入越境，声称将发兵由此除盗通路"。——《李文忠公全集·译署函稿》，卷13。

相对于疆吏们从军事上阐释如何保藩护边，清流们则侧重从道义上阐释必须援越保藩。此间，有两个奏折十分重要。一是光绪七年十月二十八日，翰林院侍讲学士周德润的《请保藩封以安中夏折》，奏称："古来敌国外患伏之甚微，而蓄之甚早。不守四夷，而守边境，则已无及矣；不守边境，而守腹地，则更无及矣。我朝幅员广阔，龙沙、雁海尽列藩封，以琉球守东南，以高丽守东北，以蒙古守西北，以越南守西南。""数年以来，琉球丧亡，高丽、蒙古日见孱弱，三者似尚待宵旰之经营。不图近日法兰西狡焉，思启欲灭越南以自广，此震邻切肤之灾也，此唇亡齿寒之患也。或以为蛮觸相争，不足与较。臣窃谓越南之存亡，中夏之安危系之。"若法国窃据越南，则陆路由谅山直达广西镇南关，由洮江直达云南蒙自县，海道由东府直达广东钦州，"朝发夕至，患难猝防，设有不虞，滇、越震动，楚、淮岂能独安？且越南世守藩服，今听其自存自亡，不援一手，无论外藩解体，且示弱于法人，恐陵夷日甚，不特琉球不可恢复，即高丽、蒙古亦未必能相维相系也。夫越南无事则不致起衅，越南有事则不待起衅，越南存而吾之自强易，越南亡而吾之自强难"①。二是光绪八年正月初八日，侍讲张佩纶上《保小捍边当谋自强折》，奏称，越南问题"断非安坐所能图存，亦非主和所能弭患"，"终非出于一战，不足以息枭夷之焰而使中国百年无事"。他提出"联与国"策略，并建议在两广练兵各万人支援刘永福抗法②。

1882年4月，李维业指挥率军水陆两路进犯河内，声称是按约代越除盗通商，目的是打通红河，直窥云南③。法越局势的日趋严重。光绪八年三月二

---

① 该折称："夫将才不炼则不出，士气不作则不兴。……战而逞志于法，天之灵也，国之福也；即或不然，知我创痛之所在，则上下卧薪尝胆，易辙改弦，或犹未晚耳。"今日之计，"莫如以理喻之，以势遏之。""所虑者总理衙门调停中立，不肯力任其难。"中法交涉"既非笔争舌战所能止兵，亦非含垢匿瑕所能无事。"——《中法战争》五，页89-90。

② 该折谓："窃恐各国环伺，且继日本、法兰西而起，琉球不顾，必及朝鲜，越南不顾，必亡缅甸，诚可危也！""方今梯航四通，中外已成列国兵争之局。我自强，则乘欧洲争轧，可全亚洲而王之；我不自强，则譬诸投骨于地而待群犬之相牙，骨不尽不止"、"倭、法残人之宗，夷人之祀，虐用其民。我以仁义之道，行壮直之师，兴灭继绝，其理亦可以一战。"——《涧于集·奏议》，卷2，页2-11。

③ 《申报》最先报道这一消息。4月19日，《申报》刊载香港4月2日私人电信消息并表现了极大忧虑："窃思越南为中国藩服，云南、广西两省赖以屏蔽，今若越南有失，则迤南之藩篱尽撤，……岂中国之福哉！"5月12日《再论法兵攻取安南海内》、5.16《安南非琉球之比说》，强调安南重要性。

十五日（1882. 5. 12），总理衙门上《法越兵端已起亟宜通筹边备折》，指出："越南孱弱已甚，法人占据六省，迫立和约以后，事事为所挟制，几于国非其国。如果法人意在并吞越南，万无全理。论藩属之义，中国即应派兵救援，玉帛干戈，随机因应，而在我既力有未逮，在彼又弱不能扶，揆度情形，势难筹议及此。此惟越南旧分南北两圻，南圻已无，北圻各省多与我滇粤毗连，若待法人占北圻而始为闭关自守之计，则藩篱全撤，后患将无有穷期。且环伺而起者，不止一法国；相逼而处者，不止一越南。此不特边疆之患，抑亦大局之忧也。""此次法越构祸，与近年日球已事，其迹相似，而其实不同。琉球孤悬海外，得失举不足重轻；越南近蔽南陲，存亡实相为祸福。自各国通商以来，臣衙门办理交涉事件垂二十余年，每念时势艰难，从不敢稍涉孟浪。今日之势，实为安危强弱所关，亦何可坐失事机，致成不可收拾之局?"① 总署奏请第二次征询疆臣意见，获准②。上谕用词与总署奏议稍有差异：总署：在我力有未逮，在彼弱不能扶；上谕：在我既鞭长莫及，在彼又弱不能支。——表述的都是能力和道义双重考量下的两难抉择。

二、和战两歧：清流派主战的清议推动

1882 年（光绪八年）5 月底，越南国王派员赴粤求援。四月初十日（5. 26），张佩纶、陈宝琛联衔上《存越固边宜筹远略折》，提出谋粤督、集水师、重陆战、联与国之策，奏请朝廷"断之以果，济之以敏，持之以恒。知法志在蚕食，和约断不可凭；知越境逼犬牙，藩篱断不可撤。与其隐忍纵敌而致之于门庭，不如急起图功而制之于边徼：此所谓断之以果"。自同光中兴以来，"中土本非小弱，朝政近益清明"，非"孱王弱国所可比方"。若借机与法国一战，战胜则可扬威。即使战败尚有名将可以自守，不至于一溃千里；有能臣可以主持和议，不至于大损国体，且可"知我之创痛之所在，则上下卧薪尝胆，易辙改弦，或犹未晚耳"③。十二日（5. 28），两广总督张树声上《覆陈通筹边备折》，指出："红江为法所注意，北圻尤我所必争，守在四境，备在事前，

① 《中法战争》五，页 103 – 104。
② 《中法战争》五，页 104。
③ 《中法战争》五，页 105 – 110。

越南难忘其自谋，中国必不可自误。”十四日（5. 30），上谕做出如下军事部署：滇、粤防军守于域外，仍以剿办土匪为名，藉图进步；广东兵轮各船克期整顿出洋，藉壮声势；裕宽挑选齐备该省兵轮各船，驶往越南洋面游弋；倪文蔚妥筹布置，藉固藩篱；调关内防军出关进扎，联络声势；云贵总督刘长佑选派将领统带进发，扼要分布，遥为保胜声援①。

上谕下发第六日，即二十日（6. 5），山西巡抚张之洞上《奏陈越南日蹙滇防渐急宜筹兵遣使先为预防折》，强调越抗法以自固藩篱：“窃唯法国图越窥滇，蓄谋已久。……中国自固藩篱，断无坐视不理。”同时提出成算法、发兵云南、正名、审势、量力、取道、择使、选将、筹饷、议约、相机、刻期、广益、定局、兼筹、持久十六条具体建议，如“遣使带兵赴越保护，助越之势，沮法之气，上可令退出东京，次可以代定条约。相机操纵，进退绰然；越祸既纾，滇防自缓，此古人所谓守四境不如守四夷之说也。”“我师入越，诘问法国公使、兵官，责以公法，示以战意，为之居间调处。”奏折最后慷慨陈词：“今日事，势不防不可，欲防不能；非庇属国无以为固我圉之计，非扬威无以为议条约之资；士卒必须闽粤之人，师行必须水陆并进；责两广以援法，责云南以守；防援同此一兵，动静同此一饷，即使越之东京有复，而法人之锋焰必衰；即使滇之商路终开，而我之守备已固。此事有进无退，有益无损”②。

六月二十日（8. 3），张佩纶又上《统筹法越全局折》，从藩属国未能尽“事大之义”来阐释中国未“字小之仁”的正当性：“法越私盟，欲尽收北圻，循江而上，窥我云南。其愚越人则以假道通滇为名，其告中国则以私讨于阮为解。越固有轻中国之色，法又临之以兵，劫之以势，俯首如约，岂待侦谍而知?”他就疆吏、海防、边防、降将、越不可弃、法不足畏、攻与守之难、和与战之利害八个方面提出具体意见，并强调：“今日之事，朝廷固有忧边之色，然亦有存越之心。臣以为越南自绝于中国久矣，保越以扞边可也，弃越以让法不可也。夫法之谋越之心，路人知之。越不得已而为城下之盟，亦不使一介行李告于上国，而即安于法。……夫就越而论，即灰灭亦何足惜也。但越灭则滇、粤震动，弃越是弃滇、粤也。欲固吾圉，欲屏他族，则此土在所必争。说者或以越固吾属，不能救之，反以为利，是速越之亡而助法为虐也。然越自福映始封，国中僭号，称我为北朝，辛丑以后，遇我册使礼意多阙，一罪也。

---

① 《中法战争》五，页110－112。

② 《中法战争》五，页113－116。

亲法疏我，私许云南通商，二罪也。我方恤小，越不告亡，三罪也。越实负我，我收吾之属，撤吾之藩，何为不可？北圻为诸盗所扰，我军屡勤，彼民知感，师以义动，岂曰无名？得越之后，以一县封其降王，较黎氏固已存厚矣。”奏折最后说道：“今外患亟矣，和局将变矣。俄约甫定，则议琉球，琉球未归，则议越南，此岂长治久安时哉？欲长治久安，非出于一战不可；欲出于一战，非操万全之胜算不可。俄可以不战，俄亦不愿战。日本可以战，然琉球形势易得而难守，可战而犹不必遽战也。越南地近于琉球，势逼于琉球，法为越国鄙远，我为附背搤吭。”“今法越之约将成，滇越之军未集，必圣君定计于上，枢臣决策于下，然后疆臣观望之心始绝，将士忠愤之气始生，外夷狡诈之谋始夺，断未有依违两可，怯勇无常，而能决胜于万里之外者也”①。张佩纶通过强调越南阮氏王朝未尽“事大之义”，为清政府对藩属国未能“以大字小”，即保护属国“力有不逮”提供了冠冕堂皇的理由。

此间，清议舆论的导向是：出兵抗法，援越固边，维护宗主权，回应法国对中越宗藩关系的挑战。然而，九月十三日（10. 24），署云贵总督岑毓英奏片转述云南布政使唐炯禀文，列举出兵驻越种种困难，反对“务一时主战之虚名，贻将来全局之实祸”②。十月十六日（11. 26），法使宝海赴天津会晤李鸿章，会商中国撤兵、通商、中法分巡红江南北等越事三条③。12月议定：中国政府同意从越南北部撤回；在法国申明无侵占土地或损害越王治权之意后，允许法国经红河通商云南；驱逐黑旗军，“开辟保胜为商埠；在滇贵界外与红河中间之地划界，北归中国保护，南归法国保护”④。

① 《涧于集·奏议》，卷2，页28；《中法战争》四，页341-348。

② “以滇、粤之军分扎越南各省，渐次进步，似属稳图。然悬军深入，转运艰难，水土恶劣，瘴疠甚盛，在我已非立于不败之地。法人集议，志在全踞北圻，如见我分扎越南各省，举兵相向，退则示弱损威，战则兵连祸结。……耗三省之力而为越南守土，在彼无丝毫之益，在我有邛山之损。窃谓出境兴师，甚非长策。现在通盘筹画，我军只宜分布边内要害，暗资刘永福以军饷、器械，使之固守，以拒法人。永福不为所并，越南势可稍延。”——《中法战争》五，页129。

③ 《中法战争》五，页172。

④ 二十七日（12. 7），李鸿章函告总署会谈情形：“正告以法国如欲吞并越南，中国断不能置之不问。”他提议：“越南孱弱已甚，事事求助法人，既立有约据，恐非中国所能劝阻……似只可不即不离，随时设法调停。”——《李文忠公全集. 译署函稿》，卷12。

协议签订后，“外而疆臣，内而言路”，“均谓越地必不可分，通商必不可允”①。十二月初一日（1883. 1. 9），上谕令将总理衙门奏折寄给西南各省督抚，“详慎妥议”。这次讨论的结果，总署、朝廷、清议派、部分疆臣普遍认为中法越南问题非口舌之争可以解决。然而，依照宗藩体制，中国有保藩义务，却无权代为改悔法越之约。最终，决定采取“以查办土匪为名，驻扎关内”的对策②。

1883年2月，法国茹费理内阁上台，否定宝海与李鸿章所议越事三条。光绪九年正月二十六日（1883. 3. 5），撤回公使宝海。二月十三日（3. 21），张佩纶奏《越事趋重粤西请简边才以图方略折》，内称：现任广西抚臣倪文蔚是文吏，不习边兵，当以知兵大员代之。极力举荐徐延旭③。二月十九日，法军攻克南定。三月二十五日（5. 1），谕令在家守制的李鸿章迅速前往广东督办越南事宜，“所有广东、广西、云南防军，均归节制”④。四月初一日

① 《清季外交史料》，卷40，页123。岑毓英称：“刘永福断不宜逐”，应告知法国：“刘永福系属越官，非同土匪，未尝得罪中国，不能无故驱逐，如于此路（指红江）通商，倘刘永福阻遏，中国亦不能代为管理。”曾国荃反对通商：“保胜据富良江上游其地与滇边之蒙自等处接近，倘在该处设立通商口岸，则滇省之屏藩既撤，滇之锁钥胥开，洋商轮船溯江往来洋土各货沿流上下，滇省之蒙自一处又当其卫，日后商务日兴，难保法人不复请以该处为通商口岸。”——《清季外交史料》，卷31，页15、37。九年正月初九日（1883. 2. 16），署云贵总督岑毓英覆奏，强调：“疆界可分，而北圻断不可割；通商可许，而厂利断不容分；土匪可驱，而刘永福断不宜逐；其他不关夫制胜之方，贵知彼知己。”——《中法战争》五，页133、134－135。

② 1883年《申报》相继发表《邦交之道古今不同说》（1. 14）、《固藩三策上篇》（2. 17）、《固藩三策中篇》（2. 22）、《固藩三策下篇》（2. 25）、《固藩三策闰篇》（2. 28）。2月17日文章最为深刻：“根深则枝荣，叶靡而根亦就萎；堂高则藩峻，藩篱撤而堂亦可窥。国家之有属部，犹木之有枝叶，堂之有藩篱也。……自海禁日开，西洋通市，中国藩属盖损三分之一也。夫朝鲜也，越南也，琉球也，论其形势固有远近大小之殊，而以体制言之，皆在藩服也。藩服之得失，即中国之得失。……实之不存，名将焉附？”

③ 《中法战争》五，页139－140。

④ 李鸿章在《复张篑斋署副宪》中表达了他对此上谕的看法：“法之蓄志图越已数十年，中朝向置不问。至上年形象大著，始与力争，其何能及？今又仓卒而起不才于礼庐，只手空拳，不知所以为计。若以淮部尚有两万，则现驻要防，岂易抽调？若以鄙人素尚知兵，则白头戍边，未免以珠弹雀。枢府调度如此轻率，殊寒心也。”“桂险而瘠，实非彼族所垂涎，敢保永远无失。尊虑滇、桂去而天下不可问，危言悚听，无当事情，期期不敢诺也。”——《中法战争》四，页8。

(5. 7)，他密陈《越南边防事宜折》，提出“过金陵时，与左宗棠筹商有无可以拨之队，再至上海暂驻，就电报之迅捷，察酌南北军情，再取进止，随时奏请圣裁”。他的理由是：广西、云南相距数千里，声气隔绝，难于统一指挥。四月初七日（5. 13)，上谕同意李鸿章暂驻上海，统筹全局，将兵事、饷事，预为布置，审度机宜，再定进止①。四月十三日（5. 19)，黑旗军击毙法军上校李维业，取得纸桥大捷，法国决定派孤拔统率舰队远征越南北部，中法关系骤然紧张②。五月十六日（6. 20)，谕令李鸿章“回北洋大臣署任，筹备一切”③。

按：清流健将张佩纶与李鸿章信函往复交流频繁，对李鸿章主和及拒绝赴广州督办军务表示了不解和质疑，摘录如下：“越事竟无布置。鄙见此事当委重粤西，疏请徐晓山出关，已蒙俞允。彼此皆虚张声势，及其就范，公乃导以和局，或易为力。”“译署无人主持，劣如张赓飏亦充总办。此次传考，大约仍取白折小楷、年姻世谊而已。”“船政用张梦元，非其所长，内阁亦不甚重此事。”“佩纶入闱，须四月初，竣事，其时公且北上。”“振公归志甚坚，粤督竟归沅老，恐不足任耳。”“越南之事，鄙人两上疏言，不甚为政府所熹。而公之六百里至，又不为政府所熹，不知公是何妙算，令人莫测。此举法军已挫，如增兵大至，越恐不支，而法人之饷不能继，未必不能转圜。前刘永福杀法将一人，苟延者且十余年，是其明效。公谓先胜后败，覆辙相寻，固是处事太多之论。然胜固亡，败亦亡；战固亡，和亦亡，似胜亦不尽为覆辙也。公威望著于中外，所以承主眷者再次，所以联邦交者在此，即所以受责备者亦在此。观脱使之来，正在公节制三省之后，未必非法人中悔改盟之机。而公过示谦和，似欲冀豚鱼之格，而转失貔虎之威，愿更详思。”又说：“越南之役，法人蓄谋十年，三省初无布置。佩纶上年四月疏中，以久直帷幄，未烛先几，引为深疚；局外议论，亦未肯专苛大臣。公虽未建滇越之节，而名流四裔，位

---

①《中法战争》五，页149－151、164－166。

② 五月十三日（6. 17)，河南道监察御史刘恩溥《奏法人窥伺滇粤请保越南以固疆圉折》，内称：“法人之志非仅在越南已也。云南矿苗极旺，法人垂涎已久，借保护越南为名，而实为侵并云南起见，此假道于虞以伐虢之策也。中国即不与法争越南，法亦岂非中国之患哉?”“我中国义正辞严，各国亦断不能曲中而直法”，“并非兵端自我而开，则师直为壮，一鼓而前，自有仁者无敌之效。”“彼已撤我藩篱……一日纵敌，数世之患。”——《中法战争》五，页164－166。

③《中法战争》五，页145。

极人臣，何以当国家闲暇之时，亦未有经营交广之策，及今而委过具臣，用自解说，不亦晚乎？……夫倏形迹大著，始与力争，诚为无益，然上年亦何尝与之力争哉？徇宝海之游辞，驰三边之戍，启戎召侮，职此之由。公尤不悟，而以宝议为言，谓画北圻近边已为幸事。怯敌如此，恐将蹈商于诳楚之辙，受璧马假虞之欺。虽法全予我以北圻，岂能守哉？”“公为同光间必传之人，每举一事，发一言，宜为千秋万岁计，勿自视过轻，随人进退可耳。”“公奉权督之命，两次沥辞，情真语挚，群议翕然。时会孔艰，大臣义当出而分忧共戚。此言发之佩纶，代筹必无矛盾；如公无可受之理，佩纶何敢轻言也”①。又复信说：“奉六月八日钧答，敬承节钺回镇津沽，朝廷援胡文忠故事，复有畿辅之命，连日甘霖大沛，四野欢然，同符望岁，闻公守礼力辞，尤征纯孝；然此坐实非公莫属耳. 法人言归于好，岂非息事宁人之策？但法人聚狙诈，实不可恃。徒执通商衅款为说，在今日似去题太远。使彼窥见吾隐，虚声恫喝，必且多所要求。公处人臣极地，负天下盛名，舍力持正论、厚集边防，无可言者；若舍和无策，务徇敌求，人人能之耳”②。

通过信函，可以看出清流派对洋务官僚所寄予的深厚期待。尽管思路不同，其宗旨却殊途同归③。

五月十七日（6. 21），张佩纶《奏边情已亟宜早定宸谋折》，强调：“法越之衅，论地势则逼于俄之争伊犁；论敌情则横于倭之袭琉球；论海氛则等于西洋之驻澳门、英人之索香港，论边患则同于洪逆之起粤西、回匪之扰于云南。此诚朝廷所宜长虑却顾，熟思审处者也。”他提出彼已宜并权、和战当熟

① 《涧于集·书牍》三，页2、3、4、9，《中法战争》四，页358－363。

② 《涧于集·书牍》，卷3，页7；《中法战争》四，页361。

③ 薛福成致李鸿章函称：. “中堂宜早还北洋，或暂驻南北洋适中扼要之地，调兵选将，兼筹全局。庙堂既便于咨询，各使亦可来会议，较之局于一隅、偏主一事者相去远矣……此事关系至巨，似宜为朝廷切实言之，不必稍避嫌疑也。”薛福成还致函张佩纶指出：“如决裂之后，法兵窥我南北洋，而撤军回援，固形狼狈；若业既大举，仍归退让，则不如径置勿理，暂免大损声威。此伯相长虑却顾之苦衷也。”袁保龄认为：“论者或谓省三不悉洋情，不如竟以合肥赴粤调度，保龄则以为万万不可。盖决意征讨，则帅臣宜居中策应……重臣宜外示静镇，内顾根本，伐越人牵制之谋，则驻津便；即谓暂助声威，密通各国线索，为可和可战之地，则驻沪亦便。二者用各不同，而皆视驻粤远胜矣。”周盛传致李鸿章函指出：“朝廷之意，原以为非中堂前行不能挫折其气……一朝奋决，更赖谁人以持其后？此则非为中堂一身计，正为天下计也。”——《中法战争》四，页616、621、624、638。

计、赏罚宜参用、水路宜合防、大小宜协谋方案，认为法国“其力困于国债，贫乏殊不自支。君为虚器，政出多门，良将无人，邪士坐议”，“中国诚贫，法亦不富，中国诚弱，法亦不强，而地则主客异势，远近殊形。此耳怯惴自居，游移不断，使属藩剪灭，列国生心，实为铸一大错耳”①。

七月十二日（8. 14），法军突破黑旗军防线，进攻越南都城顺化；十六日（8. 18），法攻占顺化。二十二日（8. 24），强迫越南签订《顺化条约》，越南“承认并接受法国的保护，法国管理越南政府对一切外国关系，包括中国的关系”。消息传来，朝野震动，李慈铭日记记载了当时的舆论反应：“闻法兰夷必欲灭越南，又增兵往矣。”“闻法夷陷越南之兴化，城中尽被炮火轰毁……法夷遣其兵官孤拔以铁甲船一、轮船五载兵来北，声言办事且索兵费，不日当至大沽。中外无人，国事至此，可愤懑也”②。

二十九日（8. 31），陈宝琛上《请急越南折》，指出：“自琉球一役示弱倭奴，遂种族生心，各耽虎视。越南之于滇粤，犬牙交错，辅车相依。亦如朝鲜之密迩陪京，非若琉球之孤悬海外。故琉球失，可为求艾愈病之图，越南沦，则有舐糠及米之惧。”法“虽号骁悍，近且屡遭衄伤，加以黩武费戢，外强中干。东意西英，兵连未解，我果乘之以锐，持之以坚，则主客之形孰劳孰逸。又何能裹粮坐甲，积月累年，倾其国以与我争此土哉！”朝廷“谋越太疏，御法太怯，先机屡失”，目前“不患补牢之较迟，而患举棋之不定。”“越南未失，则战易而和亦易；越南若失，则和难而战更难”。应“乘黑旗之士气犹张，阮氏之人心未去，举义师以平其难，执条约以定其盟”。出兵援刘，若其“援绝力穷，在越南则坏其长城，在中国则失一前敌，因循坐误，虽悔何追”③。

翁同龢反对承认法越《顺化条约》，“主一面进兵，一面与议，庶有所备”④。七月，两江总督左宗棠上书总理衙门，奏请整军备战，援越抗法。强调中越两国关系密切，法国入侵，越南以“积弱之邦，被其蚕食，难以图存”，中国“不能不为保护”；中越壤地相接，若法国侵越得逞，则两广、云、贵等省“藩篱尽撤”，英、俄、日等国必将步其后尘，窥伺我东北、西北、西

---

① 《中法战争》五，页161－164。

② 李慈铭：《越缦堂日记》，卷14，页9835、10257。

③ 陈宝琛：《陈文忠公奏议》，卷下，页10－12。

④ 《清史稿》卷436《列传》223《翁同龢等传》。

南边境，西南疆局不可收拾，“默察时局，惟主战于正义有合，而于时势攸宜，即中外人情亦无不顺”，若再置之不理，“西南之祸岂有穷期”①。在主战舆论推动下，八月初三日（9. 3），上谕令岑毓英、唐炯、倪文蔚、徐延旭严密扼守，与刘永福一军声息相通，加意布置，互为声援②。

初八日（9. 8），邓承修奏《越事请饬廷议折》，表达了言路公开的诉求：“自夏间以来，道路传说，有谓督臣李鸿章节制三省，驻节上海之言，藩司徐延旭统兵出关，相机进援之语。而事关机密，臣等虽备位谏垣，徒见众情之汹汹，无由测识。……昨者道路传言，法人袭据富春，阮氏已降，国都已覆。……臣伏见祖宗朝凡有大事，必下廷议，以博采众言，故谋无不臧，人心皆服。国家自有洋务以来，凡中外交涉之件，皆欲隐藏讳匿，不使人知；及其措置乖方，则言之无及。前者俄人据地要求，疆臣遂有弃地徐图之议，仰赖我皇太后、皇上圣明，广集廷议，虽无甚裨补，而盟约亦卒底于成。未闻因廷议而决裂也。今越南之变，切于俄境，而大于琉球；军情讳匿，士气不振，甚于曩是。他奏请特诏百官廷议，各陈所见，采至公之论，集众善之长，若均无所取，则取之宸断。庶浮议可息，而国是自定矣③。

二十四日（9. 24），上谕又令岑毓英、倪文蔚、唐炯、徐延旭等“督饬在防各军，严密扼守，不可稍涉松劲”④。三十日（9. 30），浙江道监察御史丁振铎《奏夷难迭兴和局难恃请饬严申儆备折》，略谓：“统观中外，默揣夷情，彼非必财力远胜于我，而狡诈则有余；我非遽有不如，而因循过甚，但几冀和局，苟且旦夕之安，不复为自强之计。……国家不吝度支，办理海防，机器岁费千百万，筹备二十年，若竟一用不施，何必多此尾闾哉？”⑤

九月初四日（10. 4），清廷再发上谕，令倪文蔚、徐延旭“督饬防营，严密布置。所有粮饷、军火，务当力筹接济，并令唐景崧设法激励。不可因彼国议和，稍形退沮”。又令李鸿章、曾纪泽与法人谈判“坚持定见，概毋允许”。不久，总理衙门照会法国特使德理固，法军如侵及清军驻地，“惟有开

① 《中法战争》四，页 322、327。
② 《中法战争》五，页 177 – 178。
③ 《中法战争》五，页 185 – 186。
④ 《中法战争》五，页 192 – 193、204。
⑤ 《中法战争》五，页 199 – 200。

仗，不能坐视”①。

九月十四日（10. 14），掌贵州道监察御史刘恩溥《奏李鸿章贻误大局请另简贤员折》，内称：“李鸿章近年暮气渐增，又惑于日者之言，遂至保位贪荣，因循畏葸，凡事苟且敷衍，并无实心任事之处。直隶司道府县贪劣者，指不胜屈，李鸿章一意见好，向不切实纠参。……上年高丽一役，李鸿章谓张树声不宜救援，恐日人向我开衅。迄今日本就我范围，并无动静。若使李鸿章在任，高丽必为琉球之续矣。本年李鸿章到津，新旧交卸，天津阖城及各营官吏馈送礼物，张树声独不收受，李鸿章因其相形见绌，愈切齿于张树声。微论其操守平常，即度量亦复偏浅。且办理海防二十年，靡费数千百万，半系调剂私人开销正款。……即使李鸿章扪心自问，恐亦无以自解，国家安用此重臣耶？”②

二十六日（10. 26），李鸿章致总署《论越事》，提出“审势”、“量力”，做到“能发能收”、“慎始图终”；顿兵边境，固圉自守，“听越之自为”。与法国谈判，重在分界、通商，分界线以河内为界③。三十日（10. 30），谕令各海口“迅筹布置，不可视为缓图”。上谕着意提到“李鸿章筹办海防有年，为朝廷所倚任，天下所责备，尤应勉力图报”④。十月二十一日（11. 20），上谕重申：“北圻屏蔽滇、粤，久为中国保护，断难听其侵逼”，“法如侵及我军驻扎之地，不能坐视”⑤。

此间，清流派奏请朝廷派大员出关，督军抗战，坚定朝廷抗法决心。1884年1月，陈宝琛上《论越事不可中止折》，指出：“越南之于滇粤，谚所谓‘辅车相依、唇亡齿寒’者也。在阮氏事我不专，奉法惟谨，放虎自卫，坐取灭亡，亡本无足惜。……特越折而入于法，则滇粤水陆，处处逼于他族。彼既定越南，挟新胜之威，以与我争隙地，责逃人，廓尚岸，求取无厌，衅端必作。故今日法军之捷，在越南为腹心之忧，在中国亦岂癣疥之疾哉！”此时“舍议战外，别无自全之策。舍战而言守，则守不成；舍战而言和，则和亦必不久。”假如“法竟有越，则琼州孤岛，垂手可取；广东各口，一苇即达。稍有

① 《中法战争》五，页204。
② 《中法战争》五，页215－216。
③ 《李文忠公全集·译署函稿》，卷15。
④ 《中法战争》五，页222－223。
⑤ 《中法战争》五，页236。

瑕衅，要挟肆扰殆无已时，又连互滇粤山岗，卡溢节节可通，势必暗结汉奸，广设教堂，如取河内之故智。”奏折对加强海防、筹饷实边、破格用人、陆路布置等提出系列建议。总之，“国计之安危，洋务之关键，视此一举。宜用全力，勿持两端，偶败不足忧，小胜不足喜，敌人之恫吓不足畏，邻国之排解不足凭”，如此“国威可振，邦交可成”①。在《附陈战事如开不辞效用片》中表示，中法开战后，朝廷“或有用臣之处，艰苦盘错所不敢辞。”又上《请杜法人狡谋片》，指出：“法人怙恶，陆梁日甚……此其激我以不可不战之理，迫我以不得不战之势。”目前最大的问题“不在议战之无人，而在主战之不定；不在迭胜迭负之连兵莫释，而在旋战旋和之召祸弥深。”若今日再求和示弱，则“恐拱手而去者不独越南，沿海之边隅皆越南也；虎视而起者不独法人，环瀛之雄国皆法人也。”故“此次战事断无中止之理”，即便法国“偏师豕突，一隅偶胜，亦于全局无妨。是我之谋越，即以杜彼之内侵。否则防不胜防，撤不胜撤，其劳师縻饷且十倍于战。”又上《沥请陛见片》，指出：我国过去年年论自强，日日言御侮，而无一成效者，“其病在有名无实，有始无终。……每逢横逆之来，犹不敢轻言一鼓”②。

按：在中国是否有必要为安南这一附属国不惜与法国这样的西方强国开战问题上的持久争论中，清流派张之洞、陈宝琛、刘恩溥、邓承修、黄体芳等，或单独或联合上书，“主战派之强大和激烈，太后和政府也无力反对”③，将和战之间举棋不定的清廷态度推向了强硬④。

三、联合黑旗军抗法的清议努力

清流派主战方案中，有一条是起用刘永福黑旗军。它原是太平天国时期一支广西天地会反清武装。1867 年退避滇越边境红河上保胜一带。1882 年始，受越南阮氏王朝之请在河内附近及红河三角洲抗法，其事迹由《申报》报道

① 《陈文忠公奏议》，卷下，页 25 – 30。

② 陈宝琛：《陈文忠公奏议》，卷下，页 15 – 18、30。

③ （英）季南：《英国对华外交（1880 – 1885）》，页 98。

④ 这种强硬态度下有一个原则，即如 11 月 29 日上谕所称：“法人侵扰越南，究未与我先开兵衅；此时自宜静以待动，不宜自我先启衅端。”——《中法战争》五，页 341。

而为国人周知。1882年4月25日法占河内后，《申报》报道说，黑旗军“皆是百战余生，见法兵实逼处此，不能作壁上观……拟与法背城一战，曾未知鹿死谁手也”①。又刊文指出，安南境内可资以保护者，莫如黄、黑二旗，“惟此党人自知曾为贼匪，而同光以来垂二十年，疾病死亡，部落亦多不齐整，其势愈孤，则其心愈结。农樵之日暇，不废技击之术；优处之余，犹贯战阵之勇……盖用兵之道，虽贵器械精良而尤在人心齐一……中国此时宜因而赦其罪，使之永镇安南，以为捍卫。若刘义之酋，则予以副将游击之职，仍统所部，如中国内地之遣戍者”②。《申报》收集并刊登黑旗军《越南三宣副提督刘永福檄》、《越南三宣提督誓师檄》、《刘渊亭提督复法国吏部尚书书》、《刘提督战书》、《刘提督告示》等文告檄文，并评曰：“观其檄文词严义正，骈俪精工……文者如此，武者可知……蜂虿有毒，困兽能斗，此数千人者，岂必非法人之劲敌耶?”“今日之事，不必以曲直论，当以强弱论矣。……越人深恶法人，匹夫攘臂，诸路响应，法人能唾手而得之乎？何况黄黑二旗从旁相助……众志成城，胜负之数正未可景。窃谓中朝主战，越固不免于被兵，即中朝主和，越法亦不免交兵。与其越与法抗而越终亡，不若中为越助而越可自保”③。纸桥大捷后，《申报》赞曰：黑旗军于“越南全局土崩瓦解，败坏决裂之后，起而振之，传檄四境，义声布于遐迩”。今日之越人“因刘义之偏师奏河内之大捷，洵足以振士气而固人心”④。

通过《申报》的报道，刘永福黑旗军讲求道义与有理有节的形象为世人认知，为张佩纶、张之洞、黄体芳、邓承修等奏请清廷起用刘永福奠定了舆论基础。南清流首领翁同龢“敬其为中华争气，故而竭力护持”，他提议犒赏黑旗军，授刘永福顶戴⑤。光绪九年五月十七日，张佩纶在《边情已亟宜早定宸谋折》中指出：“德之毕士麻睨其后，越之刘永福当其前，我滇、粤三省水陆各军首尾衔应。法大举则饷竭，孤立则援穷，势殆难久也。”“永福一战杀安业，再战杀李维业等，不独为越屏藩，亦足为我羽翼。”“彼越南孱王，永福故盗，其谋一定，犹能凭险负隅，出奇制胜，遂已歼法之将，破法之军，越即

① 《申报》1882年9月27日。
② 《收黄黑二旗党以卫安南说》，《申报》1882年10月9日。
③ 《书黑旗刘义檄文后》，《申报》1883年6月1日。
④ 《论黑旗刘义越南之捷》，《申报》1883年6月9日。
⑤ 《翁文恭公军机处日记》上，8页。

终亡，此亦宋之黄天荡、金之大昌原也。况以堂堂中国，旧勋具存，文武备列，而无一人敢于持国体而张国威！至于倔强新造之邦，褴褛数奔之国，尤复望而生畏，莫敢枝梧；不为欧洲所轻，亦为越南所笑。臣在言路，心窃耻之，心窃忧之！”两广总督张树声肯定刘永福辉煌战绩：“法兵先动，破越南东京。幸刘永福起而拒之，每战辄胜，法兵至今未能逾山西、北宁一步”①。张之洞赞誉刘永福为“义勇奇男子”，力主“用华兵不如用刘永福，饷省战力，服水土，熟地利，敌人所畏”②。在主战派请求和舆论盛赞下，九年九月二十二日（10. 22），清廷嘉奖刘永福黑旗军，赏银 10 万两以为军饷，激励其奋勇杀敌③。

十二月初六日（1884. 1. 3），张之洞上《法患未解不可罢兵请急筹战折》，条陈战守方略，提出“决战计”、“固根本”、策敌情、择战地、“用刘团”、用越民、“务持久”、散敌援、防津、防烟台、防旅顺、防粤、防江南、筹饷、备军火、速文报、备重臣的“战守事宜十七条”，指出：“今日法越之局，惟有一战。……今日之事，断在不疑。”总之，“防不如战，近不如远，迟不如早，而要以争越、封刘、战粤、防津为四大端。若已有战衅而尚无战心，徒有战形而实无战具，则其祸不可胜言。盖今日中法事势，彼无助兵之与国，我多习战之宿将，此与道光庚子异者也；彼有后忧，我无内患，此与咸丰庚申异者也；有海防无边防，有越军以分其势，有刘（永福）团以杀其锋，此与前三俄事异者也。惟在宸衷独断，决机速行，小有利害，不为动摇”④。中法战争爆发后，二月初六日（1884. 3. 3），江苏学政黄体芳于奏请破格重用刘永福⑤。七月初四日（1884. 8. 24），张之洞致电军机处，提出“牵敌以战越为上策，图越以用刘为实济”。他奏请派唐景嵩率军赴前线，协助黑旗军牵制法军⑥。

---

① 《中法战争》五，页 227。

② 《清季外交史料》卷 43，页 7。

③ 《中法战争》二，页 98。

④ 《中法战争》五，页 263－271。

⑤ 《中法战争》五，页 288－289。

⑥ 张奏称：“查主事唐景崧与刘永福相得，救久在越地前敌，熟悉地势军情。乞假在龙州，现在病已愈。洞已电致唐，令速募四营出关，与刘永福合犄角，一面赶筹饷项军火济之，饷一到即可进兵。并助刘永福饷一万两，交唐带往，传述天恩，激厉会战，此枝似较生将生兵为便。”——《中法战争》五，页 514－515。

四、弹劾枢臣与甲申易枢

光绪九年十一月十五日（1883. 12. 14），孤拔率军进攻山西，中法战争爆发。16日，山西失陷，黑旗军、华军退至兴化。1884年2月14日，广西提督黄桂兰、道员赵沃率清军40营在北宁附近与法军接仗，唐景崧、刘永福率黑旗军自兴化赴北宁应援。3月12日，北宁失陷①。3月20日，太原失守，西南形势危急，朝野震动，言路大哗，要求严惩败将，呈请朝廷派大员出关，督军抗战。26日，将唐炯、徐延旭革职拿问。盛宣怀、王旭庄等上疏弹劾张佩纶乱荐庸将，罪失严重，支持张佩纶的李鸿藻、奕䜣和宝廷亦被“言路交章论劾”②。

三月初三日（1884. 4. 3），“南清流”宗室左庶子盛昱上《疆事败坏请将军机大臣交部严议折》，“劾丰润（张佩纶）君保延旭之谬，又牵连及于高阳（李鸿藻）之偏听”③，谓：“李鸿藻内参进退之权，外顾安危之局，义当博访，务级品位，乃以轻信滥保。”要求奕䜣等人振作精神，力图补救危局。李鸿藻保举非人，建议给予处分，奕䜣、宝鋆知内情而不加阻止，应负连带责任。慈禧接到这份奏折后，秘而不发，不交军机处。4月7日，诏拿黄桂兰、赵沃，黄服毒自杀。

4月8日，慈禧“独召领班章京入见，御前拟谕旨以上，朱书授之以出，

① 1884年3月16日，《申报》刊载《论北宁败耗》，表达了失望之情：“十三日失一炮台，十四日又失一炮台，十五日即弃城而奔，法人得台如此其易，而得城又似毫未费力，华兵刘团死伤数千，法人不过六七十名，是果开花炮之力软？”“所可惜者，半年以来调兵筹晌，震动天下，荼火军容，赫然灌灌，而一旦交绥，便尔大败，然则尚何边防之足云哉？”“吾以是知越事之不可为而刘永福之势愈孤矣。”

② 光绪十年正月二十二日，张之洞致张佩纶函表达了对此事的看法：“闻润生力扇言者之焰，必欲杀唐鄂生，实为骇然！噫！何至于此也！渠已干严谴，此时只有责其后效自赎；岂有中外战事未开，遽戮疆臣之理？当日朝命固未决意用兵，此时中旨仍是戒以稳扎；内中调度如此，则外间迷惑无主，恐不尽无因。且越南西省被陷情形尚未详知，何遽归狱一人？若然，则北宁被陷，亦将戴罪自赎，必当奋力一战。战而胜，国之福也；战而不胜，令其死于敌可矣，何必令其死于法乎？此举，朝廷必不肯如此；但自倡此论以后，事事难为。敢布其愚，惟高明察之。凡大赏罚必当乎事理之平，足以服天下人之心而后可，非私于唐也。”——《中法战争》四，页517。

③ 《翁文恭公日记》，第1册，页22。

前此所未有者也”。因为“故事召见枢臣，皆全班进，亦间有首辅独对者”①。“乃降旨言：恭亲王奕䜣等，始尚小心匡弼，继则委蛇保荣，近年爵禄日崇，因循日甚。每于朝廷振作求治之意，谬执成见，不肯实力奉行。屡经言者论列，或目为壅蔽，或劾其萎靡，或谓其簠簋不饬，或谓其昧于知人。本朝家法綦严，若谓其如前代之窃权乱政，不惟居心所不敢，亦法律所不容。只以上数端，贻误已非浅鲜。若仍不改图，专务姑息，何以副列圣之贻谋？将来皇帝亲政，又安能臻诸上理？若竟照弹章一一宣示，即不能复议亲贵，亦不能曲全耆旧，是岂朝廷宽大之政所忍为？恭亲王奕䜣，大学士宝鋆，入直最久，责备宜严。姑念一系多病，一系年老，兹特录其前劳，全其末路。奕䜣著加恩仍留世袭罔替亲王，赏食全俸，开去一切差使，并撤去恩加双俸，家居养疾。宝鋆著原品休致。协办大学士吏部尚书李鸿藻，内廷当差有年，只为囿于才识，遂致办事竭蹶。兵部尚书景廉，只能循分供职，经济非其所长，均开去一切差使，降二级调用。工部尚书翁同龢，甫直枢廷，适当多事，惟既别无建白，亦有应得之咎，著加恩革职留任，退出军机处，仍在毓庆宫行走，以示区别。命礼亲王世铎、户部尚书额勒和布、阎敬铭，刑部尚书张之万，均在军机大臣上行走。工部左侍郎孙毓汶，在军机大臣上学习行走”②。遇有紧要事件，会同醇亲王奕譞商办。此即“甲申易枢”③。

五军机被“全班休致”，这一处置与盛昱原折含义不符。盛昱与奕䜣私交甚好。他上折主要针对李鸿藻，同时让奕䜣等人振作精神，加强抗法。据《中法兵事始末》，当“醇亲王奕譞奉太后命，会同商办军机处要政。俟皇帝亲政后，再降懿旨。盖隐若首辅，以天子父不令入直”的消息传出，盛昱即刻奏言：“醇亲王自光绪建元后，分地綦崇，不当婴以世事，当日已自请开去

① 《中法战争》一，页8。

② 《中法兵事始末》。

③ 新军机处与总署班底的行政能力远不如奕䜣，时人把这次中枢机构的大换班比喻为：“易中驷以驽产，代芦服以柴胡。”——李慈铭：《越缦堂国事日记》，页3026。时人惋叹“一蟹不如一蟹。”——黄濬：《花随人圣庵摭忆》，页50。刘体智《异辞录》“甲申都中对语”条记：“甲申之役，都中对语最盛之时也。讥张丰润、何子峨（何如璋）云：‘堂堂乎张也，伥伥乎何之。’讥阎文介（阎敬铭）、张文达（张之万）、乌少云（乌拉布）、孙莱山（毓汶）云：‘丹青不知老将至，云山况是客中过。’又讥阎文介云：‘辞小官，受大官，自画供招王介甫；全战局，附和局，毫无把握秦会之。’‘辞小官’二语，乃文介疏中语也。”——该书，卷2，页107。

一切差使。今奉入赞枢廷之旨，综繁赜之处，则悔尤易集，操进退之柄，则怨讟易生。嘉庆四年，以军机处事烦，暂令成亲王永瑆入直。后以国家定制未符，仍令退出。成以亲王爵秩较崇，有功而赏，赏无可加，有罪而罚，罚所不忍。恭亲王参赞密勿，本属权宜，况醇亲王又非恭亲王之比，请收回成命"①。

这次处置的五人中，以奕䜣、宝鋆（奕䜣密友）最重，李鸿藻次之，景廉、翁同龢处分最轻。可见，慈禧之意首在奕䜣。慈禧与奕䜣之间矛盾由来已久，对其防备至深，特别疑忌恭亲王奕䜣与清流派的关系。奕䜣、李鸿藻"柄政"时，"清流实隐佐之"②。清流如此厚望奕䜣，令慈禧敏感生忌，在开缺奕䜣的同份上谕中便警告说："倘有门户之弊，标榜之风假公济私，倾轧攻讦，甚至品行卑鄙，为人驱使，就中受贿渔利，必当立抉其隐，按法惩治不贷"③。同年上谕档中可以看到很多驳斥门户标榜的上谕，邓承修甚至受到

---

① 左庶子锡钧也上奏指出："若令醇亲王入直内廷，圣心有所未安。若令枢臣就邸会商，国体亦有未协。以尊亲之极，处嫌疑之处，反诸初衷，未能相副。"御史赵尔巽言："枢臣恃有商办之名，遇事便于诿卸。设有贻误，廷臣论列，莫得主名。醇亲王谋国之苦衷，与引嫌之初志，亦不能自白。"这些奏章被慈禧太后驳回，"奉懿旨言：垂帘以来，揆度时势，不能不用亲藩，进参机务。此不得已之深衷，当为在廷诸臣所共谅。此次谕令醇亲王奕譞与诸军机大臣会商，本为军机处办理要政而言，并非寻常诸事，概令与闻。奕譞已一再坚辞，当经曲加奖励。并谕俟皇帝亲政，再降谕旨，始暂时奉命，军机政事，枢臣亦不能诿卸。"据胡思敬《国闻备乘》，盛祭酒，盛昱在宗室中颇负才名，诗文皆有雅趣，谈国朝掌故历历如数家珍，收蓄金石图籍多至数十万金。好延揽四方名士，每晨起，未及栉漱，宾客已咽集其门。光绪初年为讲官，锐意言事，东太后甚器重之。既迁祭酒，尽收太学陋规，刻石经，南学人才一时称为极盛。终以言事太直，尝谏修颐和园，甲申遍参枢府，为时所忌，沉滞不调者累年。戊子典试山东回，即谢病不出，张之洞移书劝之，昱答书谓"欲万里荷戈，自乘一障，身膏原野"，词甚凄楚。己亥闻溥俊立，病中强起，呼家人曰："吾病不可为，国亦不可为矣！"遂卒。该书又谓："甲申五大臣之同日退值也，或云醇亲王奕譞倾奕䜣，或云毓汶（按：醇党）倾同龢，疑莫能明。后询思南程编修，乃知为盛昱所劾。闻盛昱上奏时，置酒意园，诸名士毕集，谓五臣且受申斥，不疑遽罢也。薄暮见谕旨，举座失色。继任者为世铎、额勒和布及之万、敬铭，盛昱复历诋之，谓不及旧政府远甚。太后怒曰："盛昱利口覆邦，欲使官家不任一人！"裂奏抵地大骂，自是（盛昱）蹭蹬不起。翁、李皆清流所依附，是时陈宝琛方视学江西，闻朝变不怿，按临至瑞州，以"闻道长安似奕棋"命题，一生构思不及，拾西泯陈句入诗，有"天心收拾易，国手主张难"两语。宝琛赞赏，朗诵不绝，拔高等。"——《国闻备乘》，页19-20、38-39。

② 黄濬：《花随人圣庵摭忆》，页63。

③ 《清光绪朝文献汇编》，页1675-1676。

谕责。

《中法兵事本末》认为恭亲王等被罢免是因“时枢臣屡被劾，孝钦后亦极不慊于恭亲王”。据说，1882年，李鸿章因丁母忧守制百日，两广总督张树声调署直隶总督。张树声之子张华奎“在京专意结纳清流，为乃翁博声誉”①。张树声遂奏请调张佩纶帮办北洋军务，为陈宝琛弹劾，谓疆臣不应奏调天子近臣”②。张树声请王仁堪之弟王仁东“求解于张侍讲（佩纶），猝不得见，又意相牾也”③。“树声甚恐，颇虑其挟恨为难，非排去不安”，而欲去佩纶，非先去鸿藻不可。于是，王氏兄弟与张华奎说动盛昱，上疏弹劾军机大臣。张佩纶在复李鸿章信函中也提到了这个问题：“此间，字徐、唐逮问后，言者纷纷，可庄之介弟旭庄，其相识之人，力诋必然。日来盛庶子、赵侍御均有封事，盛文并及香老，至今不下（盛自云历诋中外有名人为一网打尽之计，公及清卿均不免，因唐及香帅深文周内，不解何意。真伪不可知，其自言如此）。朝局一纷，越事更无结煞。鄙人安往而不得贫贱！以白简相诒，所谓班门弄斧耳，一笑。……鄙人生平爱才，而以荐士获谤，然一息尚存，爱才之念如故也。”“乐道（恭王）之事，因好货、好色为圣心所怒，尚非同根相煎。十八日与兴献（醇王）纵论，据丹（阎敬铭）、青（张之万）二老十九、二十日见过之语，均言兴献大为感动。现在兴献复促译署具折，一边力请于上。丹老来述慈圣面谕，不候假满即出。似此内隙可弭，深恩难负。……十三大波，固上有积怒，实盛庶子一疏激成；庶子一疏，又王旭庄因袒振轩诋鄙人激成。其疏以荐徐、唐为鄙人罪，以信鄙人为高阳（李鸿藻）罪，以任高阳为恭、宝罪，不过逞其骂坐之锋，而不知酿成燎原之焰。恭、李黜，徐唐逮，而鄙人独中流容与，如绵之受弹愈起，岂非咄咄怪事哉！其不愿独完者以此也（余子均未劾枢臣，乃上所布疑阵）。丹、青于洋务隔膜，请枢兼译为起乐道地，并非为丹、青。时局纷纷，急萧墙而忘外患。日内小阮（张人骏）具疏，请召公入决策，以为止沸救燎之计；鄙人虽求去，亦未敢忘天下也。贵宗人（李鸿藻）与鄙人交而非党，及其事棘时衰，避贤乐圣，人即诟为私党而亦不辞，犹之与公亦无私，但患难之际则鄙人必与公同之，而不独求自解耶”④。

---

① 黄濬：《花随人圣庵摭忆》，页331。

② 《陈文忠公奏议》，卷下。

③ 陈毅：《李文正公家传》，《碑传集》三编，卷一。

④ 《涧于集·书牍》三，页2-9，《中法战争》四，页358-363。

中法战争间，张佩纶与张之洞、李鸿章信函往复频繁，从中可以看出清流骨干对总署、对言路、对洋务官僚的真实心态。张佩纶在《致李肃毅师相》中写道："译署无人主持，劣如张赓飏亦充总办。此次传考，大约仍取白折小楷、年姻世谊而已。""船政用张梦元，非其所长，内阁亦不甚重此事。""佩纶入闱，须四月初，竣事，其时公且北上。""振公归志甚坚，粤督竟归沅老，恐不足任耳。""越南之事，鄙人两上疏言，不甚为政府所熹。而公之六百里至，又不为政府所熹，不知公是何妙算，令人莫测。此举法军已挫，如增兵大至，越恐不支，而法人之饷不能继，未必不能转圜。前刘永福杀法将一人，苟延者且十余年，是其明效。公谓先胜后败，覆辙相寻，固是处事太多之论。然胜固亡，败亦亡；战固亡，和亦亡，似胜亦不尽为覆辙也。公威望著于中外，所以承主眷者再次，所以联邦交者在此，即所以受责备者亦在此。观脱使之来，正在公节制三省之后，未必非法人中悔改盟之机。而公过示谦和，似欲冀豚鱼之格，而转失貔虎之威，愿更详思。"在复李素毅师相中，又说："越南之役，法人蓄谋十年，三省初无布置。佩纶上年四月疏中，以久直帷幄，未烛先几，引为深疚；局外议论，亦未肯专苛大臣。公虽未建滇越之节，而名流四裔，位极人臣，何以当国家闲暇之时，亦未有经营交广之策，及今而委过具臣，用自解说，不亦晚乎?""公为同光间必传之人，每举一事，发一言，宜为千秋万岁计，勿自视过轻，随人进退可耳。""公奉权督之命，两次沥辞，情真语挚，群议翕然。时会孔艰，大臣义当出而分忧共戚。此言发之佩纶，代筹必无矛盾；如公无可受之理，佩纶何敢轻言也"①。"奉初六日钧，以佩纶参谋译署。初九以后，下榻署中，勾稽积牍。海防要略，全未施行，界务税章，漫无限制。堂司终日营营以见外国客为正务。今忽其大而务其细，劳精疲神，欲以笔舍之妙，折冲于尊俎间，亦已难矣。倘国家闲暇，以卧薪尝胆之心，作改弦更张之举，犹得从容展布，与我公内外并力，稍济时艰。今法越之事，已如残棋末弩，佩纶本不才，束缚而驰骤之，绊马而求致千里，其势不如跛鳖，事不一效，则怨家得以指摘非议，不为鼌家令之诛，亦作李束缚之贬，使后人目为书生，果不任事，则佩纶所遭之不幸耳，事可吊而公奚以为贺为?""法事败坏，此后洋务不能办，一切水师、火器亦必有人挠之，中国决无自强之日矣。愤懑曷胜!""兴献诸事痛快，我公当能行其志；但制言路易，制法人难

① 《涧于集·书牍》三，页2、3、4、9，《中法战争》四，页358－363。

耳。尊意主和一线到底，颇足内结主知，外敦睦谊。惜上年山西挫后，为鄙人参末议，忽有主战坚持之语，乃致费如许斡旋，所谓损友非耶？本日不画稿者二十九人，并鄙人而三十（按：指李鸿章与福禄诺和谈事宜）。言路于尊书，颇不平，然亦无害于事。鄙人昨请丹老代奏云，张某之论，言路主战者多，转于和局有益，愿朝廷不以异议为嫌（今日又言之兴献，作清流须清到底，犹公之谈洋务，各有门面也。一笑）。似蒙天鉴，尚雅珍请香翁助公，不知允否。此等文字，殊可不必。至鄙人来津议和，断不遵命，幸公勿为此言，才望亦不著也；能退为幸，志已决矣”①。

五、“李福协定”：“清议皆击李鸿章”

光绪九年十一月二十二日（1883. 12. 21），上谕令李鸿章加强北洋防务，并附御史秦钟简《请罢斥李鸿章片》②。这通上谕非常值得玩味：上谕内容聊聊数语，但所附秦氏奏片却很长，且措辞几近不堪。兹录其文大概并做评述：

维当今重臣莫如李鸿章，朝廷倚任亦莫如李鸿章，而声望大损，谤议喧腾者，亦莫如李鸿章。或谓其交通洋夷以为奥援，或谓其拥恃淮军以要权力。夫以李鸿章受皇上深恩，中外诸臣莫与为比，岂有丧心昧良一至于是？然而，人言不尽无因也。

自李鸿章总督直隶，今日买船，明日置炮，此处筑台，彼处设垒，岁费国家数百万金，而每有震惊，一味议和。……朝廷倚李鸿章为折冲御侮之臣，凡所请求，无不俞允，而李鸿章仅一和为报称。……使李鸿章忠于为国，二十余年，整军经武，必当卧薪尝胆，誓灭逆夷。而乃张夷声势，恫吓朝廷，以掩其贪生畏死、牟利营私之计，诚不知是何肺腑！

尤可异者，海疆每有夷患，廷议方言用兵，李鸿章必先索百万或数百万，一似北洋向无经费也，一似淮军向无饷糈也，一似炮台营垒兵船军械诸事从未兴办也者。明知库帑空虚，司农仰屋，乃故为此要挟以固和局。然则谓其以夷人为奥援，纵未必然，谓其不忠，能自解耶？……今试问勋臣宿将又能代统淮

① 《涧于集·书牍》三，页2、3、4、9、12、14、15、34、37、39、《中法战争》四，页358－374。

② 《中法战争》五，页250。

军者耶？纯臣功成名遂，远谢兵柄，非必为身图也；诚以坐拥重兵，不特自处危疑，亦且靡费军饷。使李鸿章为纯臣，岂忍以百姓脂膏，尽养其骄惰之将卒？又岂有知其军之莫能代统，而能旦夕自安也者？然则谓李鸿章挟淮军以揽权，纵或不然，谓其不忠，能自解耶？

非特此也。李鸿章出其资财，令人贸易，沿江沿海，无处不有。深恐启衅洋夷，则商本亏折，是以断不欲战。夫既不欲战，则断不能战。今日夷事方棘，畿辅所任，惟李鸿章，臣能无惴惴乎？……伏望皇上断自宸衷，立予罢斥。即或念其前绩，曲予保全，亦宜听其终制归里，别简贤能为奠安畿辅之策，毋为该大臣所误。天下幸甚！①

这样的手法，是中枢利用清议舆论制约洋务官僚的思路，尤其是对李鸿章更是如此。秦折只是附件之一，其他即便未附，李鸿章也能够体察中枢的用心。九年十一月二十八日（1883. 12. 27），李鸿章上《遵旨妥筹边计折》，明确表示了抵抗态度并提出解决策略："即敌或径犯北宁，三面受兵，势颇难守，然我兵终无遽罢之理也。""越乱未已，黑旗尚存，法亦尚存顾忌，久之彼气衰饷耗，自愿转圜，斯得理处之法。岂可望风震慑，仓卒撤防，使法窥我内怯，要挟多端，增环海各国狎侮之渐哉？""卒之，虚骄务名者恒败，而坚忍多略者恒胜，足以知制敌之奇，终在镇定。伏愿朝廷决计坚持，增军缮备，内外上下，力肩危局，以济艰难。不以一隅之失撤重防，不以一将之疏挠定见，不以一前一却定疆吏之功罪，不以一胜一败卜庙算之是非，与敌久持以待机会，斯则筹边制胜之要道矣。"《遵旨妥筹边计折》最后特地写道："津防为京师门户，尤系圣心。臣练军简器，十余年于兹……临敌因应，尚不至以孤注贻君父忧。伏祈圣躬颐神加餐，毋以法船到津挟和为虑"②。

1884年4月中旬，中法战局形势突然逆转，法国因补充实力需要时间，海军军官福禄诺请德璀淋向李鸿章发出和谈试探。4月20日，李鸿章密报总署，请旨定夺，慈禧太后当即允准③。并确定了"不损国体，不贻后患"的和谈原则。四月初十日（5. 4），又密谕李鸿章，确定四条和谈条款：一，切实辨明越为我属；二，杜绝云南通商；三，不赔兵费；四，保全刘永福部④。清

① 《中法战争》五，页250－252。
② 《中法战争》五，页257－258。
③ 《中法战争》五，页326。
④ 郭廷以编著：《近代中国史事日志》，册上，页734。

廷并就李鸿章与福禄诺和谈事宜发动廷议。总理各国事务衙门章京周家楣描述当时廷议情形说："若在我真欲谋法，此时不能不姑作收束，使在德（订购）之兵船可来，水师可备，然后可战。""现权度支，责在筹饷；官居府尹，职在守土：则有战而已，无他策。同人知之，有力劝万不可上者。……此日闻有宰冢与各卿贰等连衔一折，仍谓饬两洋派兵船援台，而主稿者曰：明知不可行，不能不如此说。……谏列联衔一折，自然专一说战矣。惟有御前大臣伯王、克王，及毓庆宫师傅叔平、燮臣四人联衔，及讲官恽次远单衔，与弟所陈同指；鸿胪寺联衔则和战两议均有，满卿为奕杕，汉即邓铁香。铁香为总署大臣，或不列衔，未之询确也。此外则有讲杀唐、徐，甚有请杀杏荪，至吴峋且请杀合肥矣。言路至此，此等要政，其从何措？……此时杀合肥，谋一替人，其谁往任乎？"①

最后，廷议诸臣，包括左宗棠及清流派主要成员159人在赞同李鸿章与福禄诺主和谈的会疏上签名②。这次廷议，张佩纶则拒绝签字。四月初八日，他上《请饬边海各军严防备战以杜要盟折》，坚持"和"必以"战"为前提，提出厚北洋之防、固前敌之防、密沿海之防、布海上之防等多项建议，指出："德璀琳之言曰倘不欲和，必须赶紧设防；臣之意则谓即欲和，亦须赶紧设防。防军强一分，敌焰必减一分矣；防饷惜一分，兵费转加一分矣。"他吁请清廷"于现任各省提臣二三宿将中择其胆略夙著、威惠允孚者，重其事权使三省互相策应，以树先声，既无临敌易将之嫌，亦杜取地要盟之计"③。他还奏称，法人将来必索刘永福，请饬李鸿章、岑毓英顾全大局，加意保全。谕鸿章等先事筹计。前大学士左宗棠，奏目疾稍愈，朝旨促其来京。法舰窥上海吴淞口，江督曾国荃命提督李成谋、李朝斌严防④。四月初十日，又上《和战当以敌情兵力为定请饬李鸿章等度量奏闻折》，指出：李鸿章覆奏时，福禄诺尚

---

① 《期不负斋全集·政书》卷2，页44。《中法战争》四，页542。

② 左宗棠在给总署的《说帖》中指出："因其请和，而姑许其成，未为非策"，法国侵占北圻，势必得陇望蜀，东侵滇桂："吾华何能高枕而卧？"若"若各国从而生心，鹰眼四集，圜向吾华，势将舐糠及米，何以待之？"他主张"撤回彼此公使，照会有约各国"，"仍示以战"。他奏请奔赴前线督战，并愿立军令状，如有"不效，则请重治其罪，以谢天下"。醇亲王奕譞描述说："左相向晦来谈，仍是伏波据鞍之概，其志甚坚，其行甚急"，"跃跃欲试，有不可遏之势。"——《中法战争》五，页52。

③ 《涧于集》奏议三，488页。

④ 《涧于集·奏议》三，页69，《中法战争》四，页348－350。

未来津，故法人所请条目，在该大臣亦难揣寻，即在廷诸臣，何从悬断？就其疏意，参以福禄诺之言，则兵费断不可许，而通商拟在何处，画界拟在何处，亦当际其来议以定准驳。窃谓该大臣之疏，和无端倪，实难以空言塞责……窃谓法越之事，朝廷始终不愿失和。宝海之议，枢臣受之，言路亦未尝挠之。法自撤使背约，其于中国何尤？今闻孤拔及巴特纳来，安知其不如德理固之气焰大盛？难就范围？李鸿章所论两端，臣恐杜言路之指摘易，而拒法人之要求者难耳。？然则今日之事，和与不和，当以敌情兵力为定。法言可许，则和不可许，则不和；兵力可战，则不和；不可战，则和。法言之可许、不可许，请饬李鸿章俟福禄诺到津定议后，度量情形，切实奏闻。兵力之可战、不可战，请由总理衙门电寄密饬沿海各疆臣统帅，就各省情形详细分别电驿上闻……至以后自强之策，言路言之，疆臣不纳也；即朝廷是之，疆臣仍不行。必疆臣激发天良，各有自强之心，然后天下振刷精神，能有自强之日。故此次议和议战，大局悉听任事之疆臣，可以一决近日之然疑，即可以默定以后之举措。不然者，自同治以来，朝廷筹海防之诏书与译署筹海防之档册，日积月累，汗牛充栋矣。臣在言路有年，译署数月，筹谋无效，分应罢斥①。

四月初十日廷议，计有29名科道言官反对②。中有：江南道监察御史冯应寿《奏会议法越事请饬速筹备豫以防后患折》③、江南道监察御史屠仁守《覆陈会议法越事宜折》④、江南道监察御史吴峋《奏筹杜议和流弊折》⑤、户科掌印给事中邓承修、户科给事中李鸿达、刑科掌印给事中秦钟简、京畿道监

① 《中法战争》五，页339－341。

② 《中法战争》五，页366。

③ 该折指出：李鸿章既豫设一必不能胜之成心，即驱之战，亦断无不败之理。为今之计，和议诚出于不得已，所虑者，损国体，贻后患耳。李鸿章既能以不贻后患无损国体自任，或者老成谋画，别有把握。朝廷应即以此二语者，著实责成李鸿章，必其所拟和章，果无不可允从之处，再令其与法会商；仍一面妥筹战具，以备不虞。——《中法战争》五，页345－346。

④ 该折曰：北洋大臣李鸿章幸得一介绍言和者，淮军之战势，既毫无把握，遂不得不为此苟逭目前之计。“自来驭戎之方，战则振国势而固人心，和则中敌谋而招外侮……夫彼既胁我以和，肆意要求，何所不至，徒恃空言拒却，终不免多方迁就，俯首曲从，贻患何待于将来，损威即在于今日。”——《中法战争》五，页343－344。

⑤ 该奏称：“窃谓今日时势，促和战局也，促战和局也……此时隐忍议和，不需三年，必夺缅甸，倭必夺高丽，俄必夺黑龙江，此若有券可操者。”——《中法战争》五，页341－342。

察御史汪仲询、掌江南道监察御史何崇光、江南道监察御史吴峋、浙江道监察御史吴寿龄、掌广东道监察御史陈锦、掌云南道监察御史丁振铎等《奏夷情叵测请饬督臣筹战守折》①、吏科掌印给事中孔宪瑴、吏科给事中万培因、掌京畿道监察御史胡隆洵、掌河南道监察御史贺尔昌、河南道监察御史黄自元、掌浙江道监察御史谭承祖、福建道监察御史赵尔巽、掌贵州道监察御史刘恩溥《奏和局断不可恃折》②。

这些御史言官的奏折，多以弹劾李鸿章为主。对此，中枢采取了同前述光绪九年十一月二十二日的同样手法。当四月十三日李鸿章电请《与法使会商事宜》时，上谕将刘恩溥《请饬李鸿章整军经武片》转发给他。刘折措辞同样十分尖锐，认为今日的李鸿章“倚畀愈隆，兵勇倍于曩时，饷源丰于畴昔。乃身家念重，忽变而为保全爵禄之思，恐稍有挫失，则已成之功名弃为土苴，于是力主和议，冀苟延残喘数年，得邀饰典礼，已为厚幸，至国体之是否有伤，后患之未来方大，概不虑及，徒以虚辞敷衍，贻误大局。……岂非全躯命保妻子之心误之耶？此诚老奸巨猾之尤者矣!”③ 此通上谕所附御史参劾之文，足令李鸿章悚惧。

四月十五日（5. 9），李鸿章致电总理衙门报告谈判经过及协定草案内

---

① 该折指责李鸿章“不贻后患不损国体”：“越南属我封藩既二百余年，一旦拱手与人，所谓国体者何在？山西、北宁尽归法人，而我不图规复，纵使画疆，无险可扼，滇、粤安能自守?”“治兵二十余年，不以丧师失地为耻。乃云起自田里，托为审势、量力、持重、待时之言，以文其爱身误国之罪。”奏请饬令李鸿章就此次和议条约中分界、通商何者应行，何者难准，兵费是否必能免商，福禄诺、德催琳所禀是否该国公议，抑出己见？一一确实覆奏，“不得以敌国游移无据之词，上渎天听。”——《中法战争》五，页332－334。

② 该折提出十不可恃的理由，“有此十端，而谓可以不损国体，不贻后患，臣等实未敢勉强附和。若果彼求和之意甚坚，此十者皆出臣等所料，则必别有隐情？非其内虞饷源之匮竭，必其外惮邻国之牵制，否则而越南新造，安集不易，姑为此委蛇之举，以待间暇而后从事于中国。此时纵有兵船到华，断非为决战而来，不过铤而走险，以求和议之速成而已。他表明不敢以和议为非，但“恐李鸿章为彼所误，我即决欲不战，彼非决欲求和，彼虽明为求和，仍将终归于战。不知李鸿章又将何以处此？……总之，李鸿章久膺疆寄，分应执干戈以卫社稷，即欲言和，亦必确有把握乃可入告，岂可游移两可，处处自占地步，以凭空结撰之事，虚声恫吓之辞，冀怂宸听!”——《中法战争》五，页329－330。

③ 《中法战争》五，页347－348。

容，并请代奏，速定可否。上谕当日允准①。次日，曾纪泽离开驻法公使职务②。

次日，编修王濂即《奏历陈议和流弊折》，指出："海防之设，几二十年，昔之少者，今已壮，而昔之壮者，今将老。若不早收其用，则我之精锐坐销。……英俄各国，见我之振作皆虚，群相效尤，缅甸、朝鲜等处，祸将继起，恐所谓唇亡齿寒者不独滇粤而已也。今以中国全局不与力争，同日属国渐为蚕食，小民益受蛊惑，疆土日蹙，人心日去，即欲背城借一不可复得，尚何时之可待乎?""越南之失，皆教民为内应。中国欲无后患，教民不可不防。既与之和，万不能禁其传教。……今入教者尚少，为害犹浅；若复数年，半成教民，一有战事，亦将纷纷内应。平日受其牢笼，谁复知辜恩背义之罪?""今日并未大挫，而遽令法人知我有不战之心，不益长其要挟之渐乎!"③

四月十七日（5. 11），李鸿章奉命与法国代表海军中校福禄诺在天津进行议和谈判，签订以"保全助护中国南界不令受侵、中国撤退北圻军队、法允在越境通商"为主要内容的《中法简明条约》，又称《李福协定》。据此，承认法占全部越南，中国撤兵，允许在滇桂通商，在税则上须"于法国商务极为有益。"且规定：清政府承认法国与越南签订的条约；法国不向中国索要战争赔款；法国在与越南修越时，决不出现有损于中国体面的字眼。中国撤回驻越军队；中国同意开放西南边境通商。该条款超出了慈禧太后的明令："越南世修职贡，为我藩属，断不能因与法人立约致更成宪，此节必严与之切实辨明；通商一节，若在越南互市商无不可，如与深入云南内地处处通行将来流弊必多，亟应预为杜绝。"此外不可撤刘永福，不可赔偿兵费④。并对此约"未将越南为我藩属一层切实说明"不满，遂令李与法使再议，议定后"必须请

① 翁同龢5月10日日记记载："廷寄略言，所拟五条，不索兵费，不人滇境，余亦于国体无损，可允。"——《中法战争》二，页14。

② 四月十七日（5. 11），《申报》发表《曾袭侯致李中堂书》，主笔在按语中说："庄诵一过，觉义正词严，思深虑远，所谓语语从血性中流出，字字从天平上称过。……夫曾侯久秉使节，熟悉外洋人情，其于法人之心思计较，不啻了如指掌。故其所言，无不确切明著……古人云：能守而后能战，能战而后能和。其序不可紊，其理不可易也。"——《中法战争》四，页268－269。

③ 《中法战争》五，页356－358。

④ 《清季外交史料》，卷四十，页14－15。

旨定夺。”①

条约内容传出后，台谏纷纷条陈签约议和之弊，要求罢斥李鸿章，另派大臣，认真备战。几日内，弹劾李鸿章的奏章多达47起②。屠仁守《自强之道不宜畏避迁延说》尤为激烈。该奏称：“比因法越构衅，出兵防御，劳费连年，曾未交绥，师徒挠败——是非主战之误，由委任非人之误也。……本月十五日……惟核李鸿章与福禄诺问答，辄谓中国所争在体制，不在区区一越南。行人失辞，莫此为甚！不思属藩见灭，于体制乎何有？而和款五条，无一语及越南疆界之事，一若全以畀法人者。良由视境土太轻，视国体过亵，苟安旦夕，无复奋发有为之气，此实不能自强之病源，不待后日而始知。俄人偪新疆，窥吉林；英人踞印度，服缅甸；今法人又越地，与中国为邻。始计所以力护越南者，固为国势强弱全局攸关也。争越南而得，则英、俄觊觎之志可衰，他国思逞之心可戢，庶自强从今日始。今以区区之越南而弃之，二百余年藩封，数千余里疆土，曾不顾惜，徒争诸和约锱铢尺寸之间。……即议成约定，而商务、界务，我将奔走承命之不暇。是中国竭精敝神，助成强敌之势以自困，唇亡可忧，噬脐何及？……夫置越南而不争，与割地何异？法人坐收数千里之实利，而又得让赔兵费之美名，谓于国体无伤，于后患无忧，臣愚有天良，不敢与盈廷同其附和！”“至李鸿章身任畿疆，昧于大计，持禄保位，苟安目前。练兵二十年未成，兵且将老；制器二十年未精，器且将朽。犹讬于持重待时，朝廷试以实事失核之，其果足倚以安危乎？若必屈意事和，度非李鸿章不可；诚欲为自强之计，而专恃一李鸿章，臣窃恐犹缘木而求鱼也。然恃之不能，去之亦未易。淮军骄惰，御敌不足，为患有余”③。

《申报》载文描述当时舆情说：“和议既定，时廷臣于李福协定不满者甚多，攻击李者愈烈。如给事中洪良品、御史冯应寿等都奏言条约宜再加酌核，仍持画界分守之说与之改议”④。《中法兵事始末》亦记其时情形曰：“是时李鸿章与法总兵福禄诺议和，条款将就绪，谕滇桂防军，候旨进止。鸿章始终主

---

① 郭廷以编著：《近代中国史事日志》，册上，页736。5月29日，李鸿章致岑毓英函中解释此事说：“中旨密令鄙人维持和局，乃敢冒不韪以成议，解此困厄。”——《中法战争》四，页14。

② 李剑农：《中国近百年政治史》，页149。

③ 《屠光禄疏稿》，《中法战争》四，页551－552。

④ 《书马岛女主人对众宣言后》，《申报》1884年5月18日。

和，而士论皆主战，弹劾鸿章无虚日。法越构衅，绵延三年，致法占越南，和战仍无定见。鸿章坚持和议。而法约已明认越南归法保护，尚饰言不伤中国体面，越南不敢藉词背畔。……当定约时，鸿章固自谓甚当也。……鸿章仍欲始终维持和议，诏予议和全权，便宜行事。续命锡珍、廖寿恒、陈宝琛、吴大澂、会同鸿章妥办法约。当时朝廷不知全权为代表君主，即率意与鸿章，又续派锡珍等会同议约。时清议既皆击鸿章，朝臣皆不敢附鸿章，议益相左矣”①。

6月初，陈宝琛上《论法约无利有弊折》，逐项驳斥条约五项条款，指出：“彼之所要于我者，无不郑重分明；我之所得于彼者，无非模糊影响。”他推断不出三月，难保法军“不瞰我空虚，恣其要挟”，即使李鸿章再细参条约，“恐亦非笔舌之所能争”。他奏请朝廷“勿因和局之成，遽罢边备”，云南、广西军火饷需，应“照常接济”，沿海各省，仍“加以严防”②。

陈宝琛的担忧不幸应验。闰五月初一日（6. 23），法军进攻北黎，“李福协定”无果而终。李鸿章又一次被众论弹劾。十六日（7. 8），右春坊右庶子锡钧奏法人要盟必不可从并参李鸿章误国折，谓：“法人之所求战，其意旨在求和，李鸿章虽不能战，在素号能和。在北，在南，同此一和，法人亦不能不

---

① 《中法战争》一，页11－12。《申报》则刊载“平心持论人”，对和议与津约予以理解，认为李鸿章“非不欲战，但不欲轻于一战；非必主和，但不能不出于和。”文章说，“使两国交绥，无论胜负，不能预必。即使胜法，能远驾重洋、夷其宗庙社稷、统其土地人民乎？无非亦以一和了事。肝脑涂地，费若干饷，遭难流离，避兵又迁徙，又殃及多少丁男妇女。现在不伤一兵，不折一矢，奠国家如磐石，固疆宇于苞桑，而和议成矣。下免斯民涂炭，更上纾君国隐忧。如必以一战为荣，请问与外洋构衅，几曾战过、且既战而尚保太平之局乎？有利于国，无病于民，和议各条更不似从前多方要挟，转祸为福，易危为安，谓非傅相智周全局，力济持艰能否若是乎？……至谓法国外患未宁，内忧又起，不于此时鱼与之战，而衅隙之乘，机会坐失，为斯言者，乃非识时务者也。抑知法非内乱不能鱼与我和，我乘其乱不必不与之和，既不侥幸图功，又不乘危启衅，于是知相臣谋国忧乎远矣。”——《中法和成书曾侯与李相书后》，《申报》1884年5月31日。

② 《奏议》，卷下，页32－35。

允①。而社会舆论也坚决主战②。

二十五日（7. 17），法一艘军舰到基隆。二十六日（7. 18），法军舰4艘陆续到福州马尾。六月十八日（8. 8），邓承修上《请豫戒边军储机立应疏》③。二十一日（8. 11），翰林院侍讲龙湛霖请一力备战以振国威折④。二十四日（8. 14），徐致祥上《论和战事宜疏》，指出："居今日而言和，计之便也；居今日而言战，事之难也。狃于便者，甘目前之辱；畏其难者，贻日后之忧：居今日而言战难矣。迟一二十年而并不得言战矣，又迟一二十年而并不得言和矣！自咸丰十年和议，至今衅端百出，未尝加遗一矢，动偿巨费。中国出于不得已，而夷人视为所当然。彼早料我之必不欲战，并不轻言战，多方以挟，接踵而来，习于所求之无不应也。今法之背约，辄以滇粤未撤兵为词，谓

① 《中法战争》五，页406－407。

② 《申报》的舆论也发生改变。1884年7月16日刊载《论中国不可不一战》，认为法人"明明迫我以战"，中国可以一战，"苟真欲战，未必竟操必胜之权。而我数十年来，义愤所激，众志成城，正可籍此以纾人心之郁结，即无常胜之理，亦岂无一胜之机？即使不能一胜，而与其以不敢战者、勉徇法人无厌之请。即令其势成必败而于既败之后偿于法人所欲，亦愈于不战之先为法人所制，其于国体之伸屈荣辱相去万万矣！况夫人心敌汽，薄海皆同……若朝廷不敢决计于战，则日来盈廷聚议，唯唯诺诺，法人始以言辞相安，继必以兵力相陵，事势愈急不得已而举书中之言一一听命，吾知天下人心有非常愤懑而大声痛哭者，则有易若战败之后，像天下皆知法兵之难敌，与中国兵力之未强，而不敢怨诸公之失计为愈乎？"7月17日《论中国目下情形惟有一战》认为索偿前"犹翘首以望和议之成"，既言之后，惟有一战："中国有如许之兵，如许之船，如许之军械，主客形殊，劳逸势判，安知必不可胜？即使战而不胜而亦籍以一伸中国普天率土之公愤，所谓虽败犹荣者。"其后又刊载《论法人在中国无可以战》(7. 21)、《论战臆说》(7. 22)、《论中国人心不可不一战》(7. 23)、《中西和战利害说》(7. 26)、《综论中国防务》(7. 31)、8月4日《书本报西人传言后》(8. 4)、《言和未议》(8. 5)、《论法事近日情形》(8. 6)、《论撤兵太速》(8. 8)、《言战》(8. 9) 诸文. 8月20日刊载《论总署欲和之意》并发社论指出，中国目前人心不得不战："前报载京华电音，谓中法一节上封奏者三十余人皆主战，惟总署主和，此则意见殊有所不合矣……彼总署诸大臣固为爱民恤商之故，不可以厚非也。彼主战诸君则又有说，此三十余封奏之中，所言未必从同，而其意则一，大都总以法人无礼太甚，不可不一为之惩，中国积弱太甚，不可不一为之振，中国之举动事事循礼，并无丝毫罅隙，而法人蹈瑕而入，实皆无理取闹，越南本我属国，为属国而御暴原属正理，法人所谓不与中国之事实属强词，……我中国二十年来练水师购船舰置枪炮，糜费帑金不下数千万，岂犹不可以战？我中国土地如是之众，岂竟不可以战？"

③ 《语冰阁奏议》，卷7，页1。《中法战争》四，页560－561。

④ 《中法战争》五，页491－494。

衅自我开，约自我败。不知约之败不败在兵之撤不撤；即早撤兵，彼追悔前约，必另求一端以背成而寻衅”①。同日，邓承修上《请速谕疆臣进兵以杜奸谋折》，提出三路抗法方案：“三路进攻”是上策，“分兵为守”是中策，而“不敢言战”、避战求和则是下策：“为今之计，惟有豫筹边兵，用以攻为守之策，则我可以得志，而沿海之祸可纾”②。盛昱亦上《请决战计奏》，奏请降旨，“将有战无和之意”布告中外，“以壹众论”③。

七月初三日（8. 23），孤拔率法舰队突袭福建水师，马尾海战爆发。福建船政水师损失惨重、船厂亦遭严重破坏。初六日（8. 26），清廷下诏对法宣战。宣战诏书中明令各路统兵大臣沿海反击、陆路进攻：“沿海各口，如有法国兵轮驶入，著即督率防军，合力攻击，悉数驱除。其陆路各军，有应进兵之处，亦即迅速前进。刘永福抱忠怀而越南昧于知人，未加拔擢。该员本系中国之人，即可收为我用。著以提督记名简放，并赏戴花翎，统率所部，出奇制胜，将法人侵占越南各城，迅图恢复。凡我将士，奋勇立功者，破格施恩，并特颁内努奖赏；退缩贻误者，立即军前正法”④。

这通上谕，花了很大篇幅申明宣告法人罪状，对法开战是因为衅自彼开：“……该国专行诡计，反复无常，先启兵端，若再曲予含容，何以伸公论而顺人心！用特揭其无理情节，布告天下，俾晓然于法人有意废约，衅自彼开”⑤。

七月初九日（8. 29），盛昱上《论战局已开宜争先著奏》，又上《请严守平潭港口奏》⑥。十一日（8. 31），法军炮击基隆。十三日（9. 2），邓承修上《请专委任以责成功折》⑦，张佩纶上《会奏闽省接仗情形折》⑧。十五日（9. 4），懿旨云：“嗣后如再有赔偿之说进者，交刑部治罪”⑨。九月初五日（10. 23），法国海军封锁台湾。初十日（10. 28），御史刘恩溥奏请饬令李鸿

① 《嘉定先生奏议》，卷上，页4。《中法战争》四，页554－556。

② 《语冰阁奏议》，卷7，页4。《中法战争》四，页563－564。

③ 《意园文略》，卷2，页9。《中法战争》四，页567－568。

④ 《中法战争》五，页518－519。

⑤ 《中法战争》五，页517－518。

⑥ 《中法战争》四，页569－570。

⑦ 《中法战争》四，页565－566。

⑧ 《中法战争》四，页351－352。

⑨ 《中法战争》六，页43。

章筹措船只，援助台湾基隆淡水①。十三日（10. 31），清廷催促李鸿章、曾国荃迅速拨船，拼力援台。该日上奏者有：礼部左侍郎徐致祥、内阁学士尚贤、周德润、延茂、福楙、太常寺卿徐树铭、光禄寺卿沈源深、大理寺少卿邵曰濂、鸿胪寺卿奕杕、翰林院侍读龙湛霖、左春坊左庶子锡钧、恽彦彬、右春坊右庶子陈学棻、国子监祭酒盛昱等、国子监司业治麟、户科给事中洪良品、刑科给事中秦钟简、御史文海、王赓荣、冯应寿、唐椿、吴峋、翟伯恒、赵尔巽等②。

六、清流骨干的擢升与清流群体的星散

甲申易枢中，清流魁首李鸿藻、翁同龢等同被罢免，但这不影响清流骨干的擢升任用。

光绪十年三月十九日：诏：山西巡抚张之洞来京陛见。山西布政使奎斌护理巡抚③。

四月十四日（5. 8），诏通政司通政使吴大澂会办北洋事宜。内阁学士陈宝琛会办南洋事宜。翰林院侍讲学士张佩纶会办福建海疆事宜，“均著专折奏事”④。大澂时驻营口，旋疏辞，严旨则其取巧规卸。又请饷三百万，亦不许。

四月二十八日：山西巡抚张之洞署理两广总督⑤。

五月初四日：张佩纶赏加三品衔⑥。

五月二十九日：闻近日张之洞、张佩纶、吴大澂随合肥由天津赴旅顺履视炮台。近议于旅顺及威海设守御，与烟台相犄角。大澂移驻烟台也⑦。

七月初三日：张之洞实授两广总督（前总督张树声因病开缺，十月逝）⑧。

七月十九日：大学士左宗棠为钦差大臣督办福建军务。福州将军穆图善、

① 《中法战争》六，页6。
② 《中法战争》六，页25－77。
③ 《李慈铭国事日记》六，页3137。
④ 《中法战争》五，页349。《李慈铭国事日记》六，页3141。
⑤ 《李慈铭国事日记》六，页3143。
⑥ 《李慈铭国事日记》六，页3143。
⑦ 《李慈铭国事日记》六，页3081。
⑧ 《李慈铭国事日记》六，页3154。

漕运总督杨昌濬均帮办军务。三品卿衔翰林院侍讲学士张佩纶以会办大臣兼署船政大臣①。

九月二十四日：以通政使司通政司吴大澂为都察院左副都御史。未到任前，以光禄寺卿沈源深署理②。

这些上谕透露出的消息是：中枢此时是将御侮的希望寄托在主张对外强硬的清流主干身上的。“是时大澂等好谈兵事，佩纶、宝琛，尤以弹劾大臣著风节，与张之洞、宝廷、邓承修、刘恩溥，好论时政，陈得失，一时有清流党之目。孝钦后亦纡怀听从，以海疆多故，同时有会办之命，盖欲试其才也”③。

据《国事日记》记载，中枢在提拔和外放清流主干的同时，五日，两次下旨要大学士六部九卿及地方大员保荐人才。值得注意的是，这次保举奏折的广泛性。举荐人才者，不仅有大学士左宗棠、吏部尚书、上书房师傅徐桐、阎敬铭、内阁学士徐致用、光禄寺卿沈源深及吴大澂等一批官员，一些中下层翰詹科道也纷纷上疏奏保，如鸿胪寺少卿方学伊（按官制，属小九卿之末）、御史赵尔巽（四品以下）、大理寺少卿邵曰濂等，均有举荐奏疏。

中枢要内外臣工会议事务时，所拟的上谕有两种范围，一是发给大学士六部九卿，九卿（大九卿）是指六部和都察院等堂官；二是发给六部九卿翰詹科道，包括小九卿在内。这两次谕旨，仅是要中央堂官和地方将军督抚举荐，即中外大臣，未尝及小九卿也，“凡谕旨云六部九卿翰詹科道者，始包小九卿言之。”但一批中小官员越过这个范围，而对于翰詹科道的荐才折子，“鸿少特小九卿之末，岂大臣乎？而公然荐人，枢府亦不置问，上下相蒙而已。”朱批对他们所荐各员，则要其上司顺天府府尹查明事迹，出具切实考语，送部带领引见④。只有少数人被认为不当，如内阁学士尚贤举已革之侍郎宝廷）受到申饬。

过去一些史书有一种看法：1884 年“甲申易枢”，慈禧全面改组军机大臣班子，将奕䜣驱出军机处。由于既往慈禧要抑制奕䜣，才允许清流言论。这时奕䜣被剥夺了权力，清流再存在就没有意义了。所以慈禧把几个文人统统派去带兵，赶出了京城：“甲申三月政地之小沧桑，清流谏官，俱为被动，当国者益厌言路纷嚣，出张佩纶等会办北洋、闽海事务，……风气为之一变。”该书

① 《李慈铭国事日记》六，页 3155。

② 《李慈铭国事日记》六，页 3167。

③ 《中法兵事始末》。

④ 《李慈铭国事日记》六，页 3177。

又记京师对慈禧任命任命三会办动机传闻曰，或谓“西太后久恶清流，故使书生典戎，以速其败”，“阳示为国用人，阴纳诸罟蒦陷井之中，而莫之辨”①。也有人认为“政府用人近于恶作剧”：“倭文端恶洋文，则命管理同文馆；李文正恶洋务，则派为总理各国事务大臣。二公终身不往朝旨，亦不催促。在政府诸公之意，但使知难而退可矣，不必强之上道，反为外交之梗也。邓铁香侍御以强项名，派至译署以折之。侍御非文端、文正二公比，不敢不往。虽疏请改武官，军营效力，以为尝试，不获所请，而仍就任。继又以谈边务，而使往勘越南边界，大窘而返。类此之举，近于恶作剧，取快一时，有碍大体。若在康熙、乾隆之时，固必有以处之，不若是之狭也。丰润之闽，侯官往苏、吴县至津，不问军旅之事曾学与否，凡主战者，即使往战地，尤近滑稽”②。

这样描写慈禧当时的心态和目的，似过简单。因为清流外放，张之洞、吴大澂均在易枢之前。而无论是易枢之前或之后被外放的清流主干，均被赋以重任，可以专折言事。至少在福建水师覆没前，慈禧对清流并无大的恶感。钦命广西勘界大臣邓承修离京上任前夕，与光绪父亲醇亲王奕譞话别时，醇王的肺腑之言可以用来解释朝廷启用“清流”人物的动机是鉴于“各省督抚绝少实力任事之人，皆由任用私人，不肯破除情面”，朝廷令张佩纶往福建，“原为外间督抚奏报全是粉饰，欲得破除情面之人，使之有所顾忌，非要他去打仗也。伊办事固不妥，闽人所探亦多出于私憾也”③。张佩纶出京前后，阎敬铭“执其手而谓之曰：子其为晁错矣。闽事之必败，智者莫不知之，即丰润亦未始不自知之，知之而不得不往殉之，其遇弥艰，而心未尝不可谅也”④。在取道天津与李鸿章会晤时，李建议张佩纶说：“中法兵力悬绝，势不侔，必勿战。兹行也，全中西大局以报国恩，悻悻者非，即胜矣，乃以不可支柱”⑤。抵闽后，总署大臣周德润致电张佩纶，告以“醇邸属阁下珍重，勿蹈险”⑥。1885年初，张佩纶被发配到察哈尔察罕陀罗海，致信李鸿章亦云：“今知谪戍既非圣意，舆论尚尔曲原，益滋惭悚”⑦。

---

① 黄濬：《花随人圣庵摭忆》，页63－70。

② 刘体智：《异辞录》，卷2，页106。

③ 《邓承修勘界日记》，萧德浩、吴国强编：《邓承修勘界资料汇编》，页116。

④ 黄濬：《花随人圣庵摭忆》，页70。

⑤ （清）赵增禹：《纪丰润张学士马江战事本末》（未刊）

⑥ 《涧于集·电稿》四，页7，《中法战争》四，页401。

⑦ 《涧于集·书牍》四，页5，《中法战争》四，页393－394。

甲申御法，清流骨干张佩纶、陈宝琛、邓承修等被罢黜降职。据罗惇曧《中法兵事始末》：“张之洞保荐徐延旭，文武兼资，实属失当。姑念在粤，颇著勤劳，从宽免议。陈宝琛、张佩纶力举唐炯、徐延旭堪任军事，贻误非轻。陈宝琛严加议处。张佩纶于马尾一役，尤属调度乖方，即行革职，来京听候查办。前军机大臣恭亲王、宝鋆，李鸿章、景廉等，亦昧于知人，业于本年三月，降旨惩警，从宽免议。左宗棠、杨昌濬查办张佩纶弃师潜逃，何如璋乘危盗帑案，为之辩护，仅请交部议处。得旨，佩纶、如璋从重戍边。左宗棠、杨昌濬夙负人望，乃意存袒护，蹈此恶习，均传旨申斥。”何刚德《春明梦录》亦云：“究其弹劾贪佞，淘汰衰庸，多称人意，不得谓清流之不胜浊流也。嗣后法事愈亟，乃简陈老为南洋会办，吴清卿为北洋会办，张幼樵会办福建军务，意谓坐言者必使之起而行也。谁知用违其才，其何能淑？南洋有曾忠襄（国荃），北洋有李文忠，不受牵制，赖以维持。而福建何小？宋制军魄力薄弱，遇事推让，遂至马江一战，全军歼焉，张被劾落职。广西兵败，陈老因前保唐炯、徐延旭二人，照滥保匪人例，降五级调用，而清流之气衰矣。”

以下简要回顾一下清流骨干的擢升罢黜及社会舆论的评价。

如张佩纶。1875 年以翰林院编修大考破格擢翰林院侍讲，1879 年丁忧回籍，其间入李鸿章幕。1881 年 8 月，丁忧期满，复任翰林院侍讲，兼充日讲起居注官。1882 年，升为署理左副都御史。次年夏赴陕西查办弹劾案①，11 月入总署。为人敢直言，好论时政，与张之洞同被誉为“青牛”二角。中法战争时期，在“河内未失之先”，即先后 11 次上疏。马尾海战失利，福州与京官奔走策划，上书纠弹张佩纶。张佩纶陷于“愆尤从集，诟诋沸传”境地，8 月 30 日，张佩纶上《水师失利自请逮问折》指挥马尾海战失利自请革职查办：“臣本书生，未知兵要。惟目睹闽事危急，事先既不敢取巧避难，事后更不敢诿咎卸责”②。他致信李鸿章说：“闽津往来各电，公既漏言于锡、廖，而鄙人意欲引疾之电，又电之译署。且屡以马江失策，法人本不攻船厂各说，频频入告，致嫉鄙人者，谓合肥素爱纶，亦操此论，足见保厂非功，而失船实罪；疑公者又谓公亦嫉鄙如仇。自非我师弟素心莫逆，必有闲隙起乎其间。盖

① 如张佩纶赴陕西查办事件，“往返五千里，咒骂十三家。”——陈夔龙：《梦梦亭杂记》，卷 2。

② 《涧于集·奏议》四，页 662。

言路不熹公，而公之左右又不尽熹佩纶故也”①。刘体智《异辞录》“甲申都中对语”条记：“甲申之役，都中对语最盛之时也。讥张丰润、何子峨（何如璋）云：‘堂堂乎张也，依依乎何之。’又讥张丰润云：‘三钱鸦片，死有余辜；半个豚蹄，别来无恙。’谓未战之先，闻彼常时言三钱鸦片殉难。及败，携豚蹄途中食之。”又记“讥张佩纶三联”曰：“丰润赦归，娶李文忠之女公子，时人又有三联。一云：‘养老女，嫁幼樵，李鸿章未分老幼；辞西席，就东床，张佩纶不是东西。’以丰润赐环，先就莲花书院馆席，既而入赘也。二云：‘后先判若两人，南海何骄，北洋何谄；督抚平分半子，朱家无婿，张氏无儿。’言丰润先娶仁和朱修伯京卿女，次娶边宝泉中丞女，后娶文忠女。三云：‘中堂爱婿张丰润，外国忠臣李合肥。’当时浮议更迁怒于文忠。然观文忠尺牍，盖于丰润再断弦后，与有婚约，而不虞其战败受谴之至于斯也。丰润败后，自称‘贱子’，乃用杜甫‘贱子因阵败’句也。梁星海有句云：‘篑斋学书未学战，战败逍遥走洞房。’抑何可笑”②。

又如陈宝琛。中法越南问题交涉期间，上折片计有18件之多，以《陈越南兵事折》、《请急越南折》、《论越事不可中止折》、《请杜法人狡谋片》、《论法约无利有弊折》、《请饬中外预筹持久并条四事折》等最为重要，全部收录在《陈文忠公奏议》中。其后，会办南洋事宜，“用违其才”，且与南洋大臣曾国荃意见不合，又同意曾国荃和法使巴德诺议约，赔款认错，大失国体。又保举非人，所保唐炯、徐延旭临阵脱逃，遭京官弹劾，部议加重处分，照滥保匪人例，降五级调用，后以丁母优回籍守制，“终德宗世，不复出”。

又如邓承修。以“敢言事”而外号“铁汉”。《清史稿》记载，他“先后疏论闱姓赌捐，大乖政体，关税浸蚀，婴害库帑，以考场积弊，陈七事纠正之。吏治积弊，陈八事肃澄之。又劾总督李瀚章失政，左副都御史崇勋无行，侍郎长叙等违制。学政吴宝恕、叶大焯，布政使方大湜、龚易图、盐运使周星誉不职状”，中法战争将媾和时，“承修联合台谏上譬，极言和难恃，旋与司业潘衍桐密上间敌五策，并劾李鸿章定和之疏嫉刘永福敢战，言之愤绝！亡何法果败盟。”又再陈三策：“法所恃为援者东京西贡，我若师分三路亟攻越南，彼将自救不暇，策之上也。分兵为守，敌至则战，敌退不追，劳师靡饷，利害

① 《涧于集·书牍》四，页5，《中法战争》四，页393－394。
② 该书，卷2，页107。

共之，策之中也。若虑饷绌运阻不敢言战，则其祸不胜言矣，是谓无策”①。后升为鸿胪寺卿充总理各国事务衙门大臣②。中法战后被派往广西边境，与法国会勘边界，力争寸土。李慈铭日记中记载，“铁香来谈，铁香深恶洋务，又以其乡人刘云生言外夷屡欲推奉合肥，合肥挟以自重，故百计媚夷，遂甚不满之。及云生以劾合肥罢官，尤致愤憾，屡疏攻击。……余屡语知好，谓此两人必不可恃。亦尝为铁香言之，此亦不幸而中者也。铁香以此数事颇与龃龉，然能深知二张之奸，列数诸人之佞。虽为小张所荐，厚与缔交。而亦谓此辈诪张，未可尽信。朋党轻薄，事正可忧。是则雅合吾心，无慙君子矣。”

该日记又载，“铁香移檄罢议，朝旨责其专擅，而随同勘界之道员李兴锐驰电上书合肥，言邓星使始则不肯遵旨办理，继则拘泥失机，以致偾事；且云动则负气，辱骂百端，万不能与之共事，故先还龙州。合肥以之内告，而言兴锐老成朴实，其言可信。有旨令粤督察实。张之洞素不喜铁香，又恐触夷怒粤，且受祸己，与粤东抚臣倪文蔚皆称病求去，遂复疏言邓承修违诏挑衅。是实（时）铁香适以病，乞入关就医。亦疏陈关外情形，有惟圣主哀怜，少加明察语，遂被严旨，责其负气规卸，不许入关，如再抗延，有咸丰间耆英成例在，并交部严加议处，有实属大负委任之谕”③。光绪十三年正月，勘查江平、白龙尾段时，提出自己的见解，又遭“勿再骛此虚言”申斥④。二月，邓承修完成了勘界任务，内心苦闷，“饮法人香槟酒，微醉”⑤。光绪十四年开缺。

又如黄体芳，“更劾尚书贺寿慈饰奏俄使崇厚误国，洪钧译地图舛谬，美使崔国因赴赛会失体，皆人所难言，直声震中外。七年选内阁学士督江苏学政。明年授兵部左侍郎。中法事起，建索还琉球，经画越南议。十一年还京劾李鸿章治兵无效，请敕曾纪泽还归练师”⑥。慈禧以“莠言乱政”，降二级。

又如，宝廷自请去职。吴大澂欲辞北洋会办，遭严斥，在外典兵，直到甲午战败革职。

---

① 《清史稿》《列传》231《邓承修传》。

② 刘体智评论说：“邓铁香侍御以强项名，派至译署以折之（指1884年奉命在总理衙门上行走）。继又以谈边务，而使往勘越南边界，大窘而返。”——《异辞录》卷2，页106。

③ 《越缦堂国事日记》六，页3275、3607－3608。

④ 《光绪朝东华录》二，总页2217－2218。

⑤ 《邓承修勘界日记》，萧德浩、吴国强编：《邓承修勘界资料汇编》，页163。

⑥ 《清史稿》《列传》231《黄体芳传》。

中法战后，其他清流派诸人纷纷被罢黜降职，“比甲申之役，张佩纶等并得罪谴去，当时清流党大受掊击，几尽于绝”①。

只有张之洞“官运殊佳”。他“遇事敢为大言”②，但又与其他清流有所不同。抚晋两年间，多次就越南边务、中法战和问题上奏，竭力主战。1884年5月，奉命署理两广总督，8月实授。“到广之日，即逢海警、内防外援应接不暇，兵食兼筹，无一不难。事机则非常之紧急，而我只人才、物力、文法、习气则无不患非常之疲。数月以来，寝馈并废，烛武之精亡矣。洞所殚精悉虑，全力注之者，尤在征越一举。今兵机方利，而款议骤成，以后事体尚难预料。此时惟有仍不懈驰而已。”战争爆发后，积极以饷械、兵员支援福建、台湾等地抗法，并力主承认并重用黑旗军。他建议派久在越地、熟悉边情的唐景嵩率军赴前线，协助黑旗军牵制法军，并提出接济刘永福军饷一万两③。1885年初谅山、镇南关失守之际，毅然起用老将冯子材主持关外军务，取得了镇南关——谅山大捷。张佩纶赞曰：“沿海各督抚，舍香老外，无一有天良者”④。刘体智《异辞录》“张之洞坐收成功”条记载：“醇邸隐握朝纲，礼遇文士，以要时誉，开当时词臣言事、清流结党之风。洎法越兵兴，轺车四出，率一试而败，惟南皮声名俱泰。粤督张靖达制府、桂抚潘琴轩中丞，以军事失利相继罢。南皮继任，适我军先败后胜，克复失地。当时战将冯子材、苏元春，悉前任疏荐至军。王孝祺本树军旧部，以靖达弟勇烈倒树湾与捻战败死，坐失主将贬职，至是起用。南皮以文人为帅，激励将士，坐收成功，虞允文采石之捷，不能专美于前矣”⑤。战后，张之洞被赏戴花翔。时人记曰：“法越战役中，张文襄授山西巡抚，闽县会办江防，丰润会办福建船政，以词臣而仕军役，皆异数也。文襄受命，上书谢恩，有‘身为疆吏，犹是依恋九重之心；职限方隅，敢忘经营八表之略’。及越事急，移督两广，力主潘仕钊之说，弛闱姓之禁，颇为时论所訾。都人为之联云：‘八表经营，也不过山西禁烟、广东开赌；三边会办，请先看侯官降级、丰润论功。’”⑥ 督粤五年后，张之洞调任

① 《清稗类钞》，页158。

② 《清史稿》卷437《张之洞传》。

③ 《中法战争》四，页514。

④ 《中法战争》第4册，第356页。

⑤ 该书，卷2，页104。

⑥ 刘体智《异辞录》卷2，页104，“都人讥词臣任军役联语”条。

湖广总督，1907年入京为军机大臣，成为清末政治舞台上举足轻重的人物。

张之洞的成功，盖与清流政治运作模式有关。《张文襄公全集》收录了中法战争期间他与张佩纶的多封书札，从中可以看出他在人事安排、建言献策、中枢意向等方面的着意关注。如光绪九年十一月初六日致信张佩纶曰："越事令人愤闷焦急。尊论觥觥，虽未悉其详，而六义已得要领，末一议尤要。平心而论，俄事自以不决裂为胜，法事即决裂亦复何妨？横逆太甚，一味容忍，何所底止？合肥回津，不审此种命意若何？目前此事，责之于谁？望详示。此等大事，岂太冲（左宗棠）、南丰（曾国荃）一无议论耶？窃谓此举，惟有稚公（丁宝桢）忠壮可任。"又，"连得手书，具悉一切。时事日急，力任艰巨，敬仰！敬仰！闻二十五日廷议云云，焦急不可言。其时已有一篇，尚未缮完，因再撰一首，并将前篇略改，两篇一并进呈。如下廷议，望先摘其可采者裁度行之，免致迟误；似不至无一语之可采也。此事别无下台之法，惟有力战是下台之法。但须一切赶紧布置，再一游移延误，祸不可胜言矣。各事胪书于左。"

其中包括人事安排：丁（丁宝桢）赴闽可惜，不如调之北来，较为活便。其用处甚多，外间拟闽是南丰，此似妥当。其人吏治非所长，兵事究是老手，有急时尚可撑持，爪牙较便，与台湾刘璈同乡，易联络。营口须择将增兵受之，现苦无人，李雨苍或可；某屡经称荐，不便固言之。其人不免茅草，大任殆恐不胜，此一将一障之任，或可优为；须听合肥节制方妥。此枯窘不得已之思，请裁酌可耳。振（张树声）、雪（彭玉麐）不和，最关紧要，务须设法调和之。此事以属清卿当可，但须朝廷命责成之。清卿前往，其兵若何？带往乎？渠赴粤甚好，可以连团维彭，但其部下不知与南相习否？鲍公来否，当已有覆奏，祈示。用之于粤最好。津防第一要紧，万不可谓敌不来也。根本不固，前敌万不能战。与巴使一翻甚好；不然不可为国矣。彼虽怒，断无因语言礼节遽然下旗发兵入寇之理之事也。粤之官绅不和，钦督不和，大是坏证。滇桂不和，何也？（望示其故）黄赵不和，更不可解。（亦望示）宜请诏谕其和衷为要，然后思所以调护之方耳。振翁不能出海，乃一定时势，却非其懦。唐既回防，（岂岑、唐皆驻越耶？乞示）来书又谓之怯。不解枢府并无成算定计，而执事动责外间将帅以怯懦，外间事难办矣"①。

光绪十年二月十二日又致信云："拙疏何足言！愚闇而兼后时，计划岂能

① 《中法战争》四，页514－515。

有当？即一条不采，亦无所憾。其扼要用意，全在空谈议论数处。如第一疏所云：定计宜坚，赴机宜速，自守宜固，料敌宜审。若已有战衅而尚无战心，徒有战形而实无战具，则其祸不可胜言。持以敬慎之心，守以坚强之志，破格以任贤，节用以养兵，等语。第二疏：从来有防则必有战，有战则不能无败，此时势，有如奇虎不下，慈圣断之于上，三邸断之于下，责枢译以谋画而不计强弱，责将帅以力战而不苛胜败，十八省合为一身，南北洋联为一气，等语。倘朝廷于此等处稍加鉴纳，则微忠愚悃感幸多矣。又闻粤西议设电报通粤东，确否？果然，亦有益也。前闻谗言彭出示，尽拒洋船，尽歼洋人，振老请朝命止之，颇怪雪老不应孟浪至是。嗣乃知其所阻者，即将到粤时示稿，略言中法曲直，若法必内犯交兵，各国船货伤损须向法人索赔，中国不任其咎云云。此稿早经寓目。窃喜雪老甚中窾綮，能为中国预占地步，使他国不与协力。不意译署竟乃力止之，示终未出。此示有何妨碍？愚懵殊不解也。此示尚不敢出，何论交锋乎？就此看来，诚不如趁早罢兵，尚可省钱省事也。拙疏所谓：如与人斗，既欲击之，又恐怒之。正谓此矣。"

又："徐唐逮问，固是罪由自取。边圉孔棘，圣怀震怒，自是当然。惟两人情节不同：以徐为夸诞，则当宥唐；以唐为怯懦，则当恕徐。异罪同罚，令任事者何所适从？况前敌黄赵败北，徐在谅山未动，何遽至此？若前敌军败而主帅即被逮问，恐从古军营将帅无全人矣。正理只宜令此两君褫职，戴罪军营效力，或可收使过之效。若后来生手，果能胜之乎？如此举动，以后将帅不复言战者矣。总而论之，中外兵事，鄙意与尊意及京朝诸言事者，迥然不同。诸公意为法不足畏，我易胜法，故纷纷主战。鄙人则明知法强华弱，初战不能不败，特非战不能练海防，非败不能练战。只要志定气壮，数败之后，自然渐知制胜之方。若一败而即扰动，更易将帅，则战备永无练习得手之日矣……兵凶战危，何等大事，何等难事，岂有谈笑指挥数营杂兵裂械而能坐摧强敌者乎？世间安有此等便宜事也！此疏意在坚恳圣断，俾枢译诸公得以慷慨筹划，不忧咎责，正所以为枢译计。乃闻灵光甚不悦此文，怪极"①。

在上述的信息渠道下，张之洞总是能够把握中枢的脉搏，提出具体得当的

---

① 《中法战争》四，页517–519。

建言①。这是他成功的重要原因。

七、小结

光绪十一年二月二十五日（1885. 6. 9），李鸿章与法使巴德诺在天津签订《中法越南条款》，中法战争结束。条款主要有：法国不侵犯滇桂边界；中国不过问法越所订条约：中法派员勘界，并商陆路通商章程；中国将来在南境筑铁路时，向法人商办；法兵退出台湾澎湖②。中越两国宗藩关系彻底解体。

李慈铭光绪十一年二月二十六日（1885. 4. 11）日记记载此事，并发表看法说："近日通商署中与法夷为和议，大略本去年津门之约。庆郡王奕劻、阎朝邑及许侍郎庚身、徐侍郎用仪主其事，日与英国税务司赫德密议之。前日已立草约，以三月初二日定议而秘不令朝士知。国家不与贤士大夫为密而与丑夷斯竖为密，此古人之所不及料者矣"③。

中法战争中，"北清流"势力最盛，"时公（李鸿藻）领导清流，翁同龢、潘祖荫、广绍彭、徐桐等皆为其好友，张之洞、张佩纶多以公马首是瞻，彼等所上奏折，亦先得公之同意耳"④。"实有左右朝野舆论之权，朝廷于和战大计，往往为所劫持"，"尊王攘夷之论靡漫全国"⑤。自军机处大换班，李鸿藻、翁同龢被赶出军机处，党魁失势，"张佩纶等并得罪谴去，当时清流党大受掊击，几尽于绝"，"至是遂星散"⑥。其后，"朝士乃不敢复自命清流，以匡济

---

① "按清流中以张绳庵（佩纶）为最风厉，南皮（张之洞）虽以绳庵、弢庵（陈宝琛）善，然南皮惟上条陈言时务，与张陈专事抨击者不同。"——《花随人圣庵摭忆》，页63。

② 王铁崖编：《中外旧约章汇编》，第1册，页466。

③ 李慈铭：《越缦堂日记》，卷15，页10683－10684。

④ 李宗侗、刘凤翰：《李文正公鸿藻年谱》上册，台湾商务印书馆，1981年，第288页。

⑤ 裘毓麟：《清代轶闻》，卷4，页19。

⑥ 徐珂：《清稗类钞》。

自负"①。言路从此沉寂②，清流成员开始分化，更多地卷入帝党后党之争。

但是，有一个重大的改变则是："士大夫多喜谈洋务，而拘迂自囿之辈，亦颇欲驰域外之观"③。

---

① 《戊戌变法》四，第311－312页。

② "计自乙酉以来，御史吴峋以劾朝邑相国，目为汉奸；编修梁鼎芬以劾合肥宰相，指为可杀，均革职；侍郎黄体芳以请开李合肥会办海军差，并饬曾纪泽遄归练师，降调御史；朱一新以陈请遇灾修省，豫防宦寺流弊，降调御史……上虑开攻击之风。"——继昌：《行素斋杂记》，卷上，页30。

③ 《上李傅相书》，《万国公报》，70册，页14789、14790。

第十四章 铁路之争：清流派与洋务官僚的求强趋同

第一次鸦片战争后，国人对修建铁路除了怀有“奇技淫巧”之不解与惊惧，更多是对列强侵略中国的包藏祸心的疑忌。光绪初年，李鸿章等创议修建铁路，以开风气。内外臣工交章论奏，条陈铁路之弊。因“顾虑清议”，无人敢主持大计。李鸿章首倡津通铁路之议，举朝以为不可，双方激辩，达到高潮。张之洞特创卢汉干路说，调停其间，而醇亲王奕谖复赞之于内，修造铁路成为一定不易之国策，长达二十余年的铁路之争结束。

本章选取这一事件，旨在阐释争议双方考量的出发点：总理海军衙门及李鸿章等以为修筑铁路必当行者，虽与时议或未必交孚而遭受众谤，却实为穷变通久之计。以修建铁路为资敌扰民而必不可行的清议舆论，所陈者累万言，上为宗社筹划巩固之方，下为生民尽安全之策，众口同声，虽与时局或未能深究，却足见忧危忠爱之诚。如此，正确认识双方因事属创始而造成的局限。同时，通过梳理清流人物参与这一事件的脉络，考察清流与洋务在自强诉求上的趋同。

一、抵制洋人筑路

第一次鸦片战争后，国人对铁路怀有极度地惊惧和疑忌，其深刻的背景在于英、美等对在中国筑路的同声造请与再三坚执①。

同治四年七月，英人杜兰德，以小铁路一条，长可里许，敷于京师永定门外平地，以小汽车驶其上，迅疾如飞，“京师人诧所未闻，骇为妖物，举国若狂，几至大变。旋经步军统领衙门饬令拆卸，群疑始息。此事更在淞沪行车以前，可为铁路输入吾国之权舆”②。同年，英商筹设了“淞沪铁路公司”，呈请修筑上海至吴淞约30里的铁路，被上海道应宝时以“七不可”拒绝。

但是，筑路提请已上升到中央层面上。同年九月十六日（1865. 11. 6），总税务司赫德向总署呈递《局外旁观论》，称铁路是“外国可教之善法”，“做轮车以利人行”为四条好法之一，中国“应学应办”③。五年正月十九日（1866. 3. 5），英公使馆参赞威妥玛亦向总署呈递《新议略论》，建议清政府在“各省开设铁道飞线”，则“各国闻之无不欣悦”④。

为此，总理各国事务衙门饬令有关督抚和通商大臣对《局外旁观论》与《新议略论》“专折密奏”。在这次讨论中，疆吏们从各个角度分析，除一致地警惕“洋人可任便往来”，且其心内必有所图，将大不利于中国的祸心外，更多考虑的是凿我山川、害我田庐、碍我风水、占我商民生计等民生民俗民情因素。它奠定了日后论争双方考量的视角与反对的基调。

这种基调在同治五年的另一次讨论中再一次被强调。鉴于各国公使向总理衙门“屡次饶舌”、“持之甚坚”、“志在必遂”地提请筑路，奕䜣预见到列强会利用1868年“更议条约”时“互相要结，强欲增入约内。”同治六年九月十五日（10. 12），他上折奏请“先事规划，临事折冲，俾其不便请行，以杜后患之处预先谋划”，与“有地方之责者请共商之。”该折从政府立场上表明了“坚持定议”，“未肯稍涉依违”给予辩驳的理由：首先是“以失我险阻，害我田庐，妨碍我风水”为词辩驳，而“彼悍然不顾”；又“以占我民间生计，势必群起攘臂相抗，众愤难当，设或勉强造成，被民间拆毁，官不能治其

① 1863年底，以英商怡和洋行为首联络英、法、美三国27家洋行联名，通过上海关道转请江苏巡抚李鸿章禀请造上海到苏州的铁路。李鸿章认为英、法、美“三国所觊觎者，在苏州未通商地方，竟以开路为主；其用意似有深浅之殊，其关系亦有轻重之别”，怀疑“三国同声造请，必有为之谋者，未必尽出于商人”而断然拒绝。——宓汝成：《中国近代铁路史资料》，第1册，页4。

② 李岳瑞：《春冰室野乘》，页204。

③ 《筹办夷务始末》（同治朝），卷40，页3764－3816。

④ 《筹办夷务始末》（同治朝），卷40，页3764－3816。

罪，已不能责令赔偿”，而“彼则以自能派人看守防御为词抵制”①。

这次讨论中，所有预料到的各国必来争执的问题有：请觐遣使、铜钱铁路、内地设行栈、内河驶轮船、并运盐挖煤、开拓传教等。督抚们的基调基本与前次一致。电线铁路之害在于“惊民扰众，变乱风俗”（福建巡抚李福泰）②、妨碍风水重地，二是影响民间生计田庐，行之必犯众怒（盛京将军都兴阿）③、“此事为害过大，使我之国计民生，日耗日削于冥冥之中，不堪设想”（山东巡抚丁宝桢）④、筑路“凿我山川，害我田庐，碍我风水，占我商民生计，百姓必群起抗争拆毁，官不能治其罪，亦不能责令赔偿，致激民变”（江苏巡抚署鄂督李瀚章）⑤。铜线铁路于中国毫无所益，而贻害于无穷，中国此时“寇氛未尽肃清，军务省分，险隘未尽解严”，且“内地股匪未靖，伏莽滋多，遇此等惊世骇俗之举，乘机煽动，作梗生端，即外国人之在中国者，亦断不能平安无事”（三口通商大臣崇厚）⑥。“各国但以速传递便贸易为词，自图捷径，而于中国疆域之险阻、民间之庐墓田地概置不顾，不知中国情形与各国迥异，各国地旷人稀可以开设，中国人稠地密，势有难行。且民间之田地庐舍，尚可价买，而独至坟墓，则虽重价，亦难相强。……如畿辅重地，以及通都大邑，皆人烟稠密，万难准行。……在通商口岸海口百里以内，或准行用铜线铁路等事，然仍须民间愿卖地基，会同地方官审度办理，不得有所强占”（福州将军英桂）⑦。

铁路之害显然易见，如何辩驳？督抚们提出，以众怒难犯为由，竭力相争：“我如立意不行，或以民情不便，或以事多窒碍为词，彼亦不能强也。”（陕甘总督左宗棠）⑧“洋人在粤省，亦曾屡有是议，麟当以民心不服，必然群起拆毁。众怒难犯，力劝阻止。彼亦以洋人自能保守，华民拆毁，可无关中国官事，狡逞其说，麟又以中国官有地方之责，例应保全华民，并应保护洋人，一视同仁，试问铜线铁路，此造彼拆，两相争斗，纷纷生事，地方何以相

① 《筹办夷务始末》（同治朝），卷50，页4813－4827。
② 《筹办夷务始末》（同治朝），卷55，页5190－5205。
③ 《筹办夷务始末》（同治朝），卷52，页4951－4957。
④ 《筹办夷务始末》（同治朝），卷52，页4960－4966。
⑤ 《筹办夷务始末》（同治朝），卷52，页4970－4982。
⑥ 《筹办夷务始末》（同治朝），卷54，页5093－5112。
⑦ 《筹办夷务始末》（同治朝），卷54，页5075－5087。
⑧ 《筹办夷务始末》（同治朝），卷51，页4884－4889。

安。中国官员岂能坐视不顾，于是俯首无词。”（两广总督瑞麟）“（铜线铁路）专吾利以毒害吾民，而虑民之群起为难，即现有之利，亦不可保。”（江西巡抚刘坤一）① 两江总督曾国藩奏称：“独至铁路轮船行盐开栈登事，害我百姓生计，则当竭力相争。不舍抵制之词，不用严峻之语，但以婉言求之，诚意动之，始终不可移易。使彼知恤民保邦，乃千古帝王之常经，亦我朝列圣之家法。在今日中国多事，洋人方张，我不能因曲徇和议，而不顾内地生民之困。即异日中国全盛，洋人衰弱，亦但求保我黎民，而别无耀兵海外之心。彼虽倔强诡异，当亦知真理不可夺，众怒不可犯，或者至诚所感，易就范围②。浙江巡抚马新贻、闽浙总督吴棠、署直隶总督官文、粤抚蒋益澧、湖北巡抚郭柏荫等也认为铁路“自洋人行之，则以外国而占内地之利；自华人之附和洋人者行之，亦以豪强而占夺贫民之利。皆不可行”，应“竭力相争”，“就小民生计与之理论”，马新贻强调内外臣工要“协力同心，持万不可行之定议”，决不迁就载入约内③。

总理船政沈葆桢提出的办法较其他督抚们似乎前进了一步，他认为：“铜线、铁路，如其有成，亦中国将来之利也。且为工甚巨，目前亦颇便于穷民。”只要不载入条约，“果能别创一法，于民间田庐坟墓毫无侵损”，“百姓退无后言，朝廷便当曲许”，否则断难准行，“彼虽曰自能派人看守防御，设其人为百姓所戕，彼能晏然不问乎？设我百姓为其人所戕，我能晏然不问乎？万事皆可从权，民心必不可失”④。

这场讨论至同治六年十二月二十二日（1868. 1. 16）止，近三个月。既有以小民生计与之理论，又有以民情不便相抵制。除了对洋人进入中国太深、枝节多生的隐患、铁路使中国险阻尽失的忧虑，对有害民间田地、庐舍、陵

---

① 《筹办夷务始末》（同治朝），卷 54，页 5088－5093。

② 《筹办夷务始末》（同治朝），卷 54，5065－5072。

③ 湖广总督官文称：“轮车电机等事，论者不一，其显而易见者，则垄断牟利也；其隐而难窥者，则包藏祸心也。”两江总督马新贻奏：“轮车铁路者，是欲广通其路于中国也。以中国之中，而皆有该夷之兵，皆有该夷之民，皆为该夷任意往来之路。轮船所不能至，轮车皆至之。使无地不可以号召，无地不可以冲突，以重怵我百姓之心。”赣抚沈葆桢、粤督毛鸿宾等亦多沿着筑路耗费人力财力、破坏民间庐墓、夺民生计、易引发伏莽滋事等思路表示反对。——《筹办夷务始末》（同治朝），卷 55，页 5133－5189。

④ 《筹办夷务始末》（同治朝），卷 53，页 4987－5000。

墓、妨碍小民生计的考虑也是重要的范畴。如果船夫、车夫等亿兆中国人民的生计，忽然被汽船或铁路所剥夺，以至穷蹙无归时，就可能成为统治者的严重灾害与真正危险。这种考量符合中国现实，是传统文化中民本思想的深刻烙印。

尤其是修建铁路有碍风水，会破坏祖先陵寝、墓地这一点，它触及了中国最普遍的宗教传统——祖先崇拜，成为日后论争的坚执要素。因为，在中国，自然崇拜、鬼魂崇拜、祖先崇拜以及包括与儒学圣道有关的各种信仰及其它俗神信仰是民众最基本的信仰，举凡天地日月、皇天后土、五岳五镇、江河湖海、日月星辰、风雨云雷、社神稷神、列祖列宗、帝王功臣、先哲贤良、关帝财神、门户灶井、狐黄蛇鼠等，皆在崇祀之列，为之设坛、修庙、建祠，定时祭祀，“在很多情况下祖宗崇拜具有渗透于一切的特征。这种特征充分地反映并规定了全部的宗教和社会生活。在中国，被国家宗教所认可和控制的对祖宗的这种崇拜，被看成是人们可以有的唯一宗教”①。基于宗法制度血缘亲情的祖先崇拜作为维系家庭、宗族、村落社会的基础，稳固而普及，祭祀活动波及到社会的各个层面，上至宫廷贵族，下至民间百姓，无不参与其中，可以说“祖先崇拜不仅是固定的、长期的活动，而且是人类古老、最普遍的信仰，不仅是上自皇帝贵族，下至平民百姓都要举行的祭祀亡灵的仪式，而且是一个民间的宗教系统。于是祖先崇拜成为广大普通民众共同奉行的信仰民俗之一，也是中国民众宗教意识的重要组成部分”②。而铁路修建对祖先坟墓、对风水构成威胁，从而也构成对现世子孙家族的威胁，是不能容忍的，这对于天子、王公贵族、士大夫、庶民等都是具有普遍意义。如果不能理解中国人对祖先的崇拜，就无法了解这个事件背后深层的内涵。

由此，是否修筑铁路有着深刻的背景，既有对洋人“包藏祸心”的疑惧、猜忌与警惕，更多地是对民计、民生、民俗、民情的忧虑、焦虑，它伴随着人们的思维理路，并导致了李鸿章的有倡无和与无人敢主持大计的局面。

二、李鸿章的“有倡无和”

比督抚们考虑更久远的是湖广总督李鸿章，他的意见是：电线铁路“此

① 卡西尔：《人论》。
② 查尔斯：《鬼魂：中国民间神秘信仰》。

两事有大利于彼，有大害于我，而铁路比铜线尤甚”，“百姓必群起抗争拆毁，官不能治其罪。亦不能责令赔偿，致激民变”，应坚持不允，且“铁路工本，动费千数百万，即各国商众集赀，亦非咄嗟能办。或谓用洋法雇洋人，自我兴办，彼所得之利，我先得之。但公家无此财力，华商无此巨资。官与商情易隔阂，势尤涣散，一时断难成议，或待承平数十年以后。”然而，“铜线费钱不多，递信极速，洋人处心积虑要办，将来不知能否永远禁阻。”他提出自置铜线、自行仿办铁路的退一步主张：“洋人如不向地方官禀明，在通商口岸私立铜线，禁阻不及，则风气渐开，中国人或亦仿照外洋机巧，自立铜线，改英语为汉语，改英字为汉字，学习既熟，传播自远，应较驿递尤速。若至万不能禁时，惟有自置铜线以敌彼飞线之一法。”与其任洋人在内地开设铁路电线，又不若中国自行仿办，“权自我操，彼亦无可置喙耳”①。

李鸿章从抵制洋人筑路转向了“自行仿办、权自我操”②。伴随着中国边疆危机的日益加深，他不断奏请自行仿办。

同治九年十二月初一日（1871. 1. 21），他在《遵议日本通商事宜片》中指出：“日本近在肘腋，永为中土之患”，近年引进西方技术，制造铁路，“其志固欲自强以御侮，究之距中国近而西国远，笼络之或为我用，拒绝之则必为我仇”③。同治十年十月十三日（1871. 11. 25），他复函王凯泰说：“日本颇为西人引重，其制造铁厂铁路练兵设关，一仿西洋所为，志不在小”，“识时务者当知所变计”④，“变计”内容即是电线、铁路、开矿等。

同治十一年（1872），俄国侵占伊犁。李鸿章奏请改“土车为铁路”⑤。

---

① 《筹办夷务始末》（同治朝），卷55，页5144－5164。

② 他这种思路的转变是受到了王韬的影响。王韬在60年代中期即呼吁中国必须兴办机械铁路火轮车等，才能“足与诸西国抗”，并“渴望豪杰之士及早而自握此一变之道。”1870年，王韬上书丁日昌，劝办铁路，俾夺西洋之利。——王韬：《答包荇洲明经书》、《上丁中丞书》，《弢园尺牍》，卷7、卷8。

③ 《李文忠公全书·奏稿》，卷17，页54。

④ 《复王补帆中丞》，《李文忠公全书·朋僚函稿》，卷11，页27。

⑤ 九月十一日（1872. 10. 12），复函丁日昌说：“电线由海至沪，似将盛行。中土若竟改驿递为电信，车为铁路，庶足相持。闻此议者，鲜不咋舌。吾谓百数十年后，舍是莫由。……俄人坚拒伊犁，我军万难远役，非开铁路则新疆、甘陇无转运之法，即无战守之方。俄窥西陲，英未必不垂涎滇蜀，但自开煤铁矿与火车路，则万国蹜伏，三军必皆踊跃，否则日蹙之势也。”——《复丁雨生中丞》，《李文忠公全书·朋僚函稿》，卷12，页25－26。

同治十三年十一月初二日（1874. 12. 10），李鸿章在《应诏筹议海防折》中强调兴建铁路的必要性：“富强之势，远不逮各国者，察其要领，固由兵船兵器讲求未精，亦由未能兴造铁路之故。”必须“筹造铁路而后能富能强”。若设置火车铁路，南北洋滨海七省可联为一气，“有事之际，军情瞬息变更，倘如西国办法，有电线通报，径达各处海边，可以一刻千里；有内地火车铁路，屯兵于旁，闻警驰援，可以一日千数百里，则统帅当不至于误事，而中国固急切办不到者也”①。然而，此折强调海防，却言及放弃或暂缓收回伊犁，由此成为众矢之的，因为在时人观念中，新疆是皇朝武功和大一统政治格局的标志。

1875年春，李鸿章进京叩谒同治帝“梓宫”，又向恭亲王奕䜣“极陈铁路利益，请先试造清江至京以便南北转输”，请其主持兴造铁路，奕䜣“意以为然”②。但他深恐修铁路难以实行，遂以“无人敢主持”拒绝，李鸿章复请其“乘间为两宫言之”，又以“两宫亦不能定此大计”作答。

李鸿章既遭廷臣“痛诋”，又常苦有倡无和又无人能定大计，“从此遂绝口不谈矣”③。

他将思路转向了电报线架设。此年，沈葆桢以钦差大臣率兵援台，深感“台洋之险，甲诸海疆，欲消息常通，断不可无电线”，奏请架设福州经厦门到台湾的水陆电报线。上谕允准，令沈葆桢等迅速办理闽台电报。

光绪元年九月初二日（1875. 10. 2）工科给事中陈彝奏请停止陆路架设电线。他的立论是：电线“可以用于外洋，不可用于中国”。陈氏例举了最大害处是：“华洋风俗不同，天为之也。洋人知有天主、耶稣，不知有祖先，故凡入其教者，必先自毁其家木主。中国视死如生，千万年未之有改，而体魄所藏为尤重。电线之设，深入地底，横冲直贯，四通八达，地脉既绝，风侵水灌，势所必至，为子孙者心何以安？传曰：‘求忠臣必于孝子之门’。藉使中

① 《李文忠公全书·奏稿》，卷24，页22–23。

② 《李文忠公全书·朋僚函稿》，卷17，页12–13。其后德国公使巴兰德致总理衙门函称：“当今之世，如尚有一人不以电气蒸汽为救时急务，以为别有道以制胜于他国也，吾诚不知其将果操何道也已。”——光绪元年四月三十日（1875. 6. 3），总理各国事务衙门档案。

③ 《复郭筠仙（嵩焘）星使》，光绪三年六月初一日，《李文忠公全书·朋僚函稿》，卷17，页13–14。

国之民肯不顾祖宗丘墓，听其设立铜线，尚安望尊君亲上乎？……”①

按：陈奏以华洋风俗不同来阐释铜线最大之害：视死如生，是“千万年未之有改”的文化传统，而电线之设，破坏了地脉，使祖先风侵水灌，则子孙是不孝；不顾祖宗丘墓，则难以指望其忠于君主。在此观念下，举朝无人抗辩。

光绪元年十二月二十四日（1876. 1. 20）吴淞铁路开始铺设。二年正月十九日（2. 14）开始试行，国人往观日达千人。二十八日（2. 22），上海道冯焌光面见英领事麦华陀，要求暂停筑路。经多次会商与论争激烈，九月二十七日（11. 12），订立《收买吴淞铁路条款》10条，以白银28. 5万两买回吴淞铁路。

在收路交涉中，清廷一再声明“收回自办”，李鸿章认为洋人筑路已成事实，中国自办总胜于洋人，主张由华商集股，继续经营。沈葆桢始主自办，继则决定拆除。十一月十四日（12. 18），路轨全部拆除②。光绪二年（1876）初，丁日昌改任福建巡抚。李鸿章将筑路视线转向了台湾，希望丁日昌在台湾修建铁路。十二月十六日（1877. 1. 29），丁上《统筹台湾全局折片》，奏请在台修筑铁路，理由是：台湾四面环海，岛内山区未及开辟，无铁路既难以防敌，亦难以安内。丁奏详细阐明了修筑铁路的十害、十利和七不必虑③。

丁奏是与李鸿章充分商量而定，李鸿章对草稿提出意见，认为“各省煤铁矿渐兴，内地轮路亦须筹办，独惜大疏后段声明他处不得援以为例，未免瞻顾太多，转予廷僚以口实。兄曾发狂论，以‘朝开铁路、电线，夕死可矣！’仅见台湾线路之成，尤非志愿之所及”④。

---

① 《军机处交出工科给事中陈彝奏陈闽省电线办理舛谬情形吁恳停止折》，《海防档》丁《电线》上，一八〇，页211。

② 李鸿章致信郭嵩焘说：“幼丹识见不广，又甚偏愎。吴淞铁路拆送台湾，已成废物，不受谏阻，徒邀取时俗称誉。”——《李文忠公全书·朋僚函稿》，卷18，页6。

③ 即轮路矿务不兴，则有道阻信艰、文报难通、敌兵随处可以登岸、我驻兵撤兵进退两难、兵多饷需糜费等十害；轮矿务兴，则有军情可瞬息而得、军队可朝发夕至，敌人有“迅雷不及掩耳”之感、日本看到台强有如“芒刺在背”时，存忌惮之心，狡谋自息等十利；轮路矿务并举、工商发达，自不愁经费不足等七不必虑。总之，对台湾而言，“轮路矿务，奏功之针石也。”他并在附片中强调，台湾“必须办轮路、电线、矿务，而后始能一劳永逸。”——《洋务运动》二，页346－353。

④ 《李鸿章致丁日昌函稿》，载《丰顺文史》，第2辑，页113。

清廷将丁折发交有关衙门讨论。李鸿章、沈葆桢上疏支持。李鸿章极力主张“铁路、电线相为表里，功用最大”、“丁日昌到台后，叠次函商，该处路远口多，非办铁路、电线不能通血脉而制要害，亦无以息各国之垂涎，洵笃论也。”沈葆桢亦认为“铁路一端，实为台地所宜行。”光绪三年二月二十四日（1877. 4. 7），上谕允准丁日昌在台湾修筑铁路，吴淞铁路铁轨等器材运至台湾，然终因“经费无措，迄未果行”①。六月初一日（1877. 7. 11），李鸿章“沥陈煤铁矿必须开挖，电线铁路必应仿设”②。

光绪五年（1879）秋，中俄伊犁交涉紧张，备战呼声强烈，李鸿章以“用兵之道，必以神速为贵”、“全赖军报神速，相机调拨”为由，专折奏请“在大沽、北塘海口炮台试设电报以达天津。”光绪六年八月二十二日（1880. 9. 26），又以通讯快捷、有利防务为由，奏请筹设沟通南北洋的津沪电报。两天后获准。同年，又修筑从唐山至胥各庄铁路以备运煤。

三、议修清京铁路的论驳

（一）《筹造铁路以图自强折》

光绪六年八月二十二日（1880. 9. 26），李鸿章推荐“自解兵柄，养疴田园”的刘铭传，希望把铁路作为一项专门问题，在刘进京陛见时呈请给慈禧太后③。

九月十二日（10. 15），张佩纶为李鸿章提出一个“变通”办法：“余以为果兴铁路，必自边境始。今日之势，西域为首，关东次之，漠北又次之，其地旷人稀，事前无绅民阻挠，事后使商贾利赖。屯兵四处，应援可免馕运之艰，风雪之苦。边境有效，然后推行腹地，事半功倍矣。合肥击节，以为名论。”张佩纶提出的边境有效再推行腹地、按西域、关东、漠北次第修建的策略，是出于以下三点考虑：一则，可加强边疆地区军事力量，防边固圉——恰

① 光绪十三年四月二十八日总理海军事务大臣奕䜣奏，《洋务运动》六，页193。

② 李鸿章：《复郭筠仙星使》，光绪三年六月初一日，《李文忠公全书·朋僚函稿》，卷17，13页。

③ “俄罗斯议还伊犁，有违言，急备边。召铭传至京，疏陈兵事。”——《清史稿》卷416《列传》203。

合时局；二则，利于边地商业发展；三则，也是最重要的，可以避免或减少舆论阻挠①。

十月二十日（11. 22），刘铭传抵津。二十六日（11. 28），起程赴京。十一月初二日（12. 3）入觐，即上《筹造铁路以图自强折》，奏请速修铁路以图自强："中国自与外洋通商以来，门户洞开，藩篱尽撤，自古敌国外患，未有如今日之多且强也。彼族遇事风生，欺凌挟制，一国有事，各国环窥。而俄地横亘东、西、北，与我壤界交错，扼亢附背，尤为心腹之忧。我以积弱不振，不能不忍辱负垢，遇事迁就，不惜玉帛以解兵戎。然而，和难久恃，财有尽期，守此不变，何以自立？"该折又以主战者立场来论说筑路的紧迫性："今论者动曰用兵矣。窃谓用兵之道，贵审敌情。俄自欧洲起造铁路，渐近浩罕，又将由海参崴开路以达珲春。此时之持满不发者，非畏兵力，以铁路未成故也。不出十年，祸且不测；日本一弹丸国耳，其君臣师西洋长技，恃有铁路，动欲逞螳螂之臂，藐视中华，亦遇事与我为难。今不图自强，后虽欲图恐无及矣。"

奏折接下来极言铁路之利："利于漕务、赈务、商务、矿务、厘捐、行旅者，不可殚述，于用兵一道，尤为急不可缓之图。中国幅员辽阔，北边绵亘万里，毗连俄界；通商各海口，又与各国共之。画疆而守，则防不胜防，驰逐往来，则鞭长莫及。惟铁路一开，则东西南北呼吸相通，视敌所驱，相机策应，虽万里之遥，数日可至，虽百万之众，一呼而集。无征调仓皇之虑，无转输艰阻之虞。且兵合则强，分则弱。以中国十八省计之，兵非不多，饷非不足，然各省兵饷主于各省督抚，此疆彼界，各具一心，遇有兵端，自顾不暇，征饷调兵，无力承应"，若"铁路造成，则声势联络，血脉贯通，裁兵节饷，并成劲旅，防边防海，转运枪炮，朝发夕至，驻防之兵即可为游击之旅，十八省合为一气，一兵可抵十数兵之用，将来兵权、饷权俱在朝廷，内重外轻，不为疆臣所牵制矣。方今国计绌于边防，民生困于厘卡，各国通商，争夺权利，财赋日竭，后患方殷。如有铁路，收费足以养兵，则厘卡可以酌裁，并无洋票通行之病。裕国便民之道，无逾于此。且俄人所以挟我，日本所以轻我者，皆因中国守一隅之见，畏难苟安，不能奋兴。若一旦下造铁路之诏，显露自强之机，则气势立振，彼族闻之，必先震耸，不独俄约易成，日本窥伺之心，亦可从此潜

① 《涧于日记》，第1册，页185。

消矣”。

奏折提出借洋债筑路，并规划了四条铁路线路，南路宜修二条：一条由清江经山东，一由汉口经河南，“俱达京师。”北路直宜京师东通盛京，西通甘肃。目前“拟请先修清江至京师一路，与本年议修之电线相表里”。奏折最后“请旨饬下总理衙门迅速议复”，若“徒托空言，则永无自强之日矣”①。

该折论说目的是希望枢廷能“下造铁路之诏”，压服舆论。然而，奏折在陈述铁路开修，则东西南北呼吸相通、声势联络等益处时，亦因其“俱达京师”而使人有既可利己，则亦可利敌之虑，因此，中枢也不敢贸然定计。当日上谕令李鸿章、刘坤一“按照折内所陈，悉心筹商，妥议具奏”。

（二）李鸿章与张家骧的论驳

十一月二十一日（12．22），翰林院侍读学士张家骧上《未可轻议开造铁路折》②，力陈铁路“三弊”：其一，清江浦乃水陆通衢，“若造成铁路，商贾行旅，辐辏骈阗，必较之上海、天津更为热闹。洋人工于贸利，其从旁觊觎，意想可知。……设或借端生事，百计要求，则将何以应之?”其二，自清江浦至京一千数百里，沿线田亩、屋庐、坟墓、桥梁之拆移，“火轮车电掣风驰，易于冲突，必致贻害民间。”其三，“若铁路既开，则由上海、汉口入京者，大半归于陆行，天津码头即将从此而衰，招商局数百万款项弃于一旦”，是“耗费巨资以求不可必得之利”。以此，张折奏请将刘铭传请造铁路一节，置之不议③。

① 《筹造铁路以图自强折》，光绪六年十一月初二日，《洋务运动》六，页137－139；又见刘铭传《刘壮肃公奏议》，卷2，页1－3，亦见《陈文忠公奏议》，卷上。

② 张家骧，字子腾，浙江鄞县人。同治元年进士，选庶吉士，授编修。督山东学政，调山西。遭父忧解职，服除，起故官。迁侍讲，入直南书房。光绪元年，转侍读，充日讲起居注官。五年，命直毓庆宫，迁侍讲学士。明年，刘铭传奉召入都，疏请筹造清江浦铁路，下李鸿章等议。家骧念典学方新，讲求上理，万一言利之臣随声附和，一言偾事，关系匪轻，乃力陈三弊阻止之。疏入，仍令鸿章核覆，鸿章力主铭传策。然自是御史洪良品陈五害，侍讲张楷陈九不利，并随家骧而上谏书矣，事竟寝。数迁内阁学士，充经筵讲官。九年，授工部右侍郎，调吏部。家骧纯谨好学，一谢时趋。莅官端慎。授帝读，朝夕纳诲，颇能尽心所职。十年，卒，上悼惜，赐祭葬如制，谥文庄。——《清史稿》卷441《列传》228。

③ 《洋务运动》六，页139－140。

张奏则极言铁路之弊，除小民生计、风水庐墓、虚靡帑币外，最重要的是提出了清江浦、汉口、盛京、甘肃四条铁路“俱达京师”，若洋人借机生事，将如何应之？此言正中中枢内心所忌所惧，京畿重地，天子安危所系，最忌洋人来此。上谕令李鸿章悉心妥筹具奏。

十二月初一日（1880. 12. 31），李鸿章上《妥筹铁路事宜折》，力主刘铭传所言。首列欧美各国“所以日臻富强而莫与敌者，以其有有轮船以通海道，有铁路以便陆行也”，“盖处今日各国皆有铁路之时，而中国独无，譬犹居中古以后而屏弃舟车，其动辄后于人也必矣”。其次胪列铁路利国计、利军政（军饷、运输、集兵）、利拱卫京师、利民生、利转运、利邮政通讯、利矿物、利轮船招商、利行旅，尤其利于国计、军谋：“兵合则强，兵分则弱，中国边防海防各万余里，若处处设防，非特无此饷力，亦且无此办法。苟有铁路以利师行，则虽滇、黔、甘、陇之远，不过十日可达。”

奏折指出，刘铭传所拟先造清江至京一路，其意“盖欲先创规模以为发轫之端，庶将来逐渐推广，不患无奋兴之日也。”奏折驳斥了开铁路“转便敌人来犯之途”、铁路一开则洋人“愈滋烦渎”、“中国之车夫、贩竖将无以谋衣食，恐小民失其生计，必滋事端”、“于民间田庐、坟墓有碍比多阻挠”等说。并指出，暂借洋债是不得已而为之，只要在合同中订明一切招工、采购材料及铁路经营等事都“由我自主，借债之人毋得过问”，并规定不许洋人附股，借款由日后铁路收益归还，即可杜绝“洋人之把持而铁路不能自主”、“洋人之诡谋而铁路为所占据”、“因铁路之债或妨中国财用”之弊。

该折又附《议覆张家骧争止铁路片》，对张家骧所说“三弊”逐一论驳，指出：“臣谓洋人之要挟与否，视我国势之强弱，我苟能自强而使民物殷阜，洋人愈不敢肆其要求；我不能自强，则虽民物萧条，洋人亦必隐图其狡逞。”“大抵近来交涉各务，实系中国创建之端，士大夫见外侮日迫，颇有发愤自强之议。然欲自强必先理财，而议者辄指为言利。欲自强必图振作，而议者辄斥为喜事。至稍涉洋务，则更有鄙夷不屑之见，横亘胸中。不知外患如此其多，时艰如此其棘，断非空谈所能有济。我朝处数千年未有之奇局，自应建数千年未有之奇业。若事事必拘守成法，恐日即于危弱而终无以自强”①。

张家骧极言铁路之害，承继了前此地方督抚与总署讨论的基调，而刘铭传

① 《洋务运动》六，页 141 – 149。

和李鸿章奏折则是首次倡言铁路之利，尤其是奏折中借用“今论者动曰用兵”，以言路主战思路作为论驳的根据，又使用了空谈、浮议、积弊等字样，由此引发了都中议论汹汹，并且措辞有些激烈了。

（三）议修清京铁路：都中议论纷湧

光绪六年十二月十八日（1881. 1. 17），降调顺天府丞王家璧奏称：“观该二臣筹划措置之迹，似为外国谋，非为我朝谋也。刘铭传奏折实是李鸿章幕中范姓底稿，李鸿章先已预知，故一经奉旨，不待与刘坤一妥筹熟商，急行覆奏，人臣从政，一旦欲变历代帝王暨本朝列圣体国经野之法制，岂可轻易纵诞若此！”①

光绪七年正月初八日（1881. 2. 6），两江总督兼南洋大臣刘坤一奏陈铁路修与不修各有利弊，“铁路火车之有裨益，别项虽未深知，至于征调转输两端，可期神速，实为智愚所共晓”，欲仿造铁路火车，“实与李鸿章、刘铭传有同志”。他赞成先修筑清江浦至北京一路，同时又认为铁路有“妨民间生计”、“内地税厘，将归乌有”等“过虑”，建议总理衙门“覆明造路行车有无格碍，收税还款有无把握，参酌异同，权衡轻重，则其事或行或止，一言可决矣”②。

正月初十日（1881. 2. 8），翰林院侍读周德润奏称铁路“行之外夷则可，行之中国则不可”，因为“外夷以经商为主，君与民共谋共利者也”。而“中国以养民为主，君以利利民，而君不言利者也”。他条列了对开铁路之议的“六不解”，并指出：“风闻铁路之说，刘铭传倡于前，李鸿章和于后。……如或有之，是俨然以桑、孔自居，直欲破坏列祖列宗之成法以乱天下也。”③

正月十六（1881. 2. 14），通政使司参议刘锡鸿奏请罢议铁路，希望通过陈明奉使西洋所见所闻，“以期早日罢论息此纷纭也。”他在近八千字奏折中称，在出使前已认识到火车乃“古今之奇观、绝世之巧术，臣虽迂拙，亦乐其便，冀以施诸中华”，出使期间亦“遍览其纵横之道，亲履其制造之局，

① 《洋务运动》六，页149－150。

② 《洋务运动》六，页150－152；又见《刘忠诚公遗集·奏疏》，卷17，页8。

③ 《洋务运动》六，页152－153。

与其巨商、老匠悉心推求，而又博考诸各国豪酋及波斯、日本、土耳其等国非西洋而效为西洋之火车者。”然而，火车“实西洋利器，断非中国所能仿行也。”他详列“不可行者八，无利者八，有害者九。”又在《密陈不可借款造路片》中奏报出使前后与英使威妥玛相见时的见闻，认为威妥玛包藏祸心，铁路一说，“固彼人所挟以惑中国，万万不可听从者”①。

同日，上谕终结了长达一年的修筑清京铁路论争：“铁路火车为外洋所盛行，若以创办，无论利少害多，且需费至数千万，安得有此巨款？若借用洋债，流弊尤多。叠据廷臣陈奏，佥以铁路断不宜开，不为无见。刘铭传所奏，著无庸议”②。

从本研究角度，要梳理的是清流人物在这一回合论争中的参与脉络：

首先，张佩纶为李鸿章提出建议，被李视为名论。《筹造铁路以图自强折》背后授意是李鸿章，他希望借助刘铭传上奏增加中枢“下造铁路之诏”的分量。期间，他多次与张佩纶函件往来，互通信息③。

---

① 八条不可行者中，有“我国名山大川，历古沿为祀典，倘骤加焚凿，恐惊耳骇目，群视为不祥，山川之神不安，即旱潦之灾易召”，九条有害者中，有“民庐所在之处，纷纷徙就，载道流离，情形深为可悯；自火车既行，西洋各货流入内地，人虽知其无当日用，而心好之，遂以穷匮。”若造铁路，“则不惟不设险，而且自平其险，山川关塞，悉成驰骤之坦途，重门洞开，屏障悉撤，一夫奋臂可直入室矣。今奈何自失其险以延敌哉？……曩者英法构忧，屡获逞于海隅，然而未敢深入者，则以道途阻修，运炮运粮皆易窒之故。今奈何失其险以延敌哉；若火车既行，他族难禁其附载，则洋人踪迹自必遍及里闾里，以利啗人，即不至交通勾结内溃为虞，然使百姓之视洋人无异其视华人，则他时和局或更，民情已不可尽恃。——《洋务运动》六，页154－166。翁同龢光绪十四年四月二十九日日记记载，“看刘云生（锡鸿）奏铁路不可修状，言言中肯。此折在光绪七八年上，额裕如有抄本，借得之。”——《洋务运动》八，页245。

② 《清德宗实录》，卷126，页13。

③ 光绪六年十一月十九日致信张佩纶：“省三回津，日趣复奏铁路事，此乃鄙意所欲言而久未敢言，幸与吾党发其端。”——《李文忠公全书·朋僚函稿》，卷19，页39。十二月初五日又致信张佩纶：“铁路一事，鄙人蓄之十年，明知与世龃龉，未敢遽发，此执事所略知矣。省三入山后，书问久绝，比应召而出，谓专以此献之大廷，方服其识力之勇决，乃天语亦相咨询，倘不乘斯时敷陈事理之必当行，负国负友兼负平生矣。子腾（张家骧）所驳三大弊，乃粗俗之见。业经详具一疏，剀切上闻。即使阻于廷议，后世必有踵而为之者，勿令笑我辈之拙也。”——《李鸿章致张佩纶往来手札》，上海图书馆藏未刊稿本，第16信。

其次，“敷陈事理之必当行”需要功力，于是他借助了清流健将的力量。此折草拟人包括李的幕僚吴汝纶、李家的西席范当世①，张佩纶丁母忧(1879—1881）期间恰在李鸿章幕府，对奏稿提供修订意见。陈宝琛则捉刀定稿②。李鸿章授意、张佩纶参与、陈宝琛操刀、刘铭传面陈，这个运作过程说明：在对外患日迫，边疆被蚕食、藩属国被鲸吞的噬脐剥肤之痛下，士大夫追求自强、维护国体、捍卫边疆的意识是共通的，此折可以看成是清流对洋务实践的奥援。以京师为中心修建铁路作为自强的关键，有两个出发点，一是应对外患，主要是应对俄国的威胁和日本的潜在威胁。二是利用现代化交通将权力一统于中枢，“不为疆臣所牵制。”主张中央下明诏，办洋务，打破东南督抚的洋务垄断，似是清流与东南洋务官僚的一种区别。

《越缦堂国事日记》光绪六年十二月二十二日日记简要地记述了此折引起的争论反应：“夜作书致赵桐孙（按：赵为李鸿章幕），以近日开铁路之议中外纷纭也。先是十一月朔日，前直隶提督刘铭传奉诏入都陛见，陈开铁路之策。诏付李鸿章议。学士张家骧首疏争之，言有三大弊，亦下其疏于合肥。近日合肥复奏，力主刘策，言有九利，凡自京师开铁路四，一达清江浦，一达汉口，一达汉中，一达盛京。先借洋款一千六百万金试行其事。

十八日，都察院合疏争之。侍讲张楷陈九不利。御史洪良品疏陈五害。朝廷不能决也”③。

张楷，时亦被目为清流。他和何金寿、邓承修、李慈铭等均恶洋务。

陈氏此折，是中国近代最早的铁路设计，它引起了廷议几乎一致的反对，有“五害”、“三大弊”、“九不利”等说法。李慈铭也是反对派，他在致赵桐孙的信中略谓：“开千古之未有，费既不赀，法四夷之不经事将益拙。……而途既捷，则沟渠益废而不修；道既开，则盗贼且从而思逞。业舟者无所得食，则患甚于裁驿递；设戍守者无以为险，则祸烈于夷城池”④。

这段话，反映了守旧者对于现代化交通必将破坏帝国既有社会结构和日常

---

① 王家璧在奏片中指陈：“臣闻刘铭传此奏，系李鸿章幕中范姓（范当世）底稿，李鸿章先已与知，故一经奉旨，不待与刘坤一妥筹熟商，急行复奏。”——《洋务运动》六，页150。

② 《陈文忠公奏议》，卷上，有陈宝琛代刘铭传疏。

③ 《越缦堂国事日记》五，页2449-2550。

④ 《越缦堂国事日记》五，页2500。

秩序的焦虑，颇具代表性。作者写信将这番道理告诉李鸿章颇为看重的幕僚（“桐孙久在合肥幕府，为所重”）用意明显。

复次，在信息传递上，京城的议论、枢臣的态度李鸿章了如指掌，而传递中枢、王公大臣尤其是“清流”同道意见者，即有张佩纶。张曾密告李鸿章：“铁路闻兴献（醇亲王）不以为是。”李遂致函醇亲王，指出“火车铁路利益甚大”，希望他“主持大计”①。翁同龢日记载醇王与之长谈，翁“为醇邸拟复李相信稿，极论铁路一事，凡数百言。”他提示李鸿章“不妨试行于煤铁之矿、开垦之地，以及屯军设防之一二口岸，俾见闻习熟，渐推渐广。”李鸿章接信后即复函醇亲王，强调“中国有可富可强之资，若论切实办法，必筹造铁路而后能富能强，亦必富强而后可以居中驭外，建久远不拔之基。”但“今尚非其时，倾须俟诸数十年之后”，认为醇王所示“权衡至当，深协机宜”，鸿章“亦素有此意”②。

复次，《妥议铁路事宜折》是薛福成参考1878年《创开中国铁路议》与马建忠《铁路论》起草而成，1891年，薛福成将其以《代李伯相议请试办铁路疏》为题，收入《庸庵文续编》中，并加注说明：当年，刘铭传上疏请开铁路，李鸿章支持其说，“都中议论汹汹”，“斯时主持清议者，如南皮张庶子之洞，丰润张侍讲佩纶，虽心知其有益，亦未敢冒言于众，”遂作罢论。“台官合疏力争，侍讲张楷言九不利，御史洪良品言五害，语尤激切。以廷臣谏止者多，诏罢其议。嗣是无复有言之者矣”③。从薛福成记载可见，在都中议论汹汹、台谏争陈铁路之害时，“青牛角”张之洞、张佩纶，“心知有益”而不敢昌言于众，它表明：一则，在铁路问题上，清流与其他清议舆论已有分歧；二则，修筑直达京师腹地铁路使“一夫奋臂可直入室”也是清议无法克服的顾忌。三则，青牛尾陈宝琛捉刀《筹造铁路以图自强折》，则是“心知有益”的流露，通过一种阴为助力方式的表达，它反映的是外患日迫下，清流与洋务派在修筑铁路上的同调。

最后，中枢的态度。中枢对刘铭传、李鸿章所请明确表示“毋庸议”，制

① 《李文忠公全书·译署函稿》，卷14，页25。

② 《复醇邸论铁路》，光绪七年正月初四日（1881. 2. 2），《李文忠公全书·译署函稿》，卷12，页2-3。

③ 《清史稿》卷149《志》124《交通》一。

止了舆论的纷争，“廷臣谏止者多，诏罢其议”①。但实际并未制止李鸿章修路之举，它同样反映了中枢寻求自强的诉求②。只不过，在当时政治文化背景下，人们观念根深蒂固，不能骤然改变，即如陈彝所指，华洋风俗不同，“千万年未之有改”，如何朝夕可弃？因此，中枢的权衡，是深协机宜的。

四、开修津通铁路的台谏舆论

（一）“亟开铁路以抗法”：新闻舆论的呼吁

光绪七年十一月初八日（1881. 12. 28），津沪间通信开通，其作用是：李鸿章具有了与“中朝大官”、台谏争陈铁路之害等相抗衡的社会舆论优势③。

中法越南问题交涉期间，如何“保藩固边”，做到“藩属不保而自保，强敌不却而自却”，成为社会关注焦点。光绪九年五月初十日（1883. 6. 14）申报发表《大一统论》，认为今日不能富国保藩之局实乃“天运有变而人事不以变通”所致。变通即包括修筑铁路。

六月初一日（1883. 7. 4），发表《电线当有以辅其不逮论》云：“中国而欲助安南当舍舟而从陆，陆行不若舟行之逆而且捷，是固非铁路不为功。”文章论述了筑铁路于军政的九大好处，即：以济军士，法人知中国志在必战，将有所严惮；以济师，则非法人之所能御；有铁路则千里程途朝发夕到，兵无滞机，士有锐志；知何处有警，即发兵至何处，不必处处设防，则兵费可以从省；策应可四面周到，无顾此失彼之患；粮食接济极为迅速，可省无数运载夫役之劳费；电线朝来应，兵夕至而仍不患奔命之疲，兵士有以自养其全力；安南知中国大有可恃而不必复以强暴为畏，必将专意于拒法以自固其边圉；中国接济安南军火粮食皆有得从速，安南一意拒法，更无他虑。”此论与李鸿章如

① 《清史稿》卷149《志》124《交通》一。

② 光绪七年五月十三日，唐胥铁路开铺，十一月告竣。1882年，英国工程师金达用废锅炉改制成一台蒸汽机车用作牵引，因东陵在唐山西北部而遭弹劾，“谓机车直驶，震动东陵，且喷出黑烟，有伤禾稼，遭奉旨查办，旋勒令停驶。”唐廷枢等改用骡马牵引运行。——宓汝成：《中国近代铁路史资料》，第1册，页121。

③ 早在1876年10月（光绪二年），洋人兴办的上海至吴淞铁路通车时，《申报》即曾专门报道；次年，铁路买回后拆毁时，也曾发表《论铁路有益于中国》申明异议。

出一辙。

六月二十日（1883. 7. 23），李鸿章上《论法兵渐进兼陈铁舰铁路之利》，向奕䜣建议修筑津通铁路："火车铁路利益甚大，东西洋均已盛行，中国阻于浮议，至今未能试办。将来欲求富强制敌之策，舍此莫由。倘海多铁舰，陆有铁道，此乃真实声威，外人断不敢轻于称兵恫喝。尚祈主持大计为幸"①。此议一出，台谏争陈铁路之害，"疑阻者众"②。《申报》则发表《铁路不可不垦开说》，谴责"中朝大官不宜逞一时之议论，阻国家经世利用之远谟"③。此种公开的舆论似是对李鸿章的声援。

光绪十年（1884），中法战争爆发，漕粮海运恐有资盗之虞，河运则有阻滞之难，亟开铁路以抗法的社会舆论达到高潮④。三月十四日（1884. 4. 9），清军在越南战场失利⑤，慈禧太后将以恭亲王奕䜣为首的军机处大臣全班罢免，以醇亲王奕譞代替，奕譞得以"隐握朝纲"⑥，转而支持兴办铁路。三月二十六日（1884. 4. 21），清廷令刘铭传来京陛见⑦。五月二十日（1884. 6. 13），刘铭传抵津。时值新任会办福建海疆事务大臣张佩纶赴任途经天津，与李鸿章会商闽海防务，而刘铭传已从李鸿章处得知将要赴台，遂参加讨论，其中即有筑路之议。

上谕尚未明定修路大计，《申报》却连发文章，将朝廷同意修建铁路的半真半假的消息地纷传开来。6月16日，发表《论中国富强之策轮船不如铁路》，认为轮船之利致富于外，铁路之利致富于内，轮船之利为人所共得，铁路之利乃己所独得，筑路费用可仿招商局创办之法"招股集商，通力合作"。6月19日，刊出《准开铁路》云："昨日午前接到天津发来电报云，创办铁路

① 《李文忠公全书·译署函稿》，卷14，页25。

② 汪兆镛辑：《碑传集》三编，卷1，页119。

③ 《申报》1883年11月2日。

④ 1884年1月14日，《论火车火船之险》为火车便捷商旅往来、传送消息灵通，失事"归咎于人谋之不臧"，而非车船其本身。3月1日，《与法战宜筑铁路说》提出筑路经费可由"各省分任其事，或酌抽厘金，或劝捐绅富，或广募股份。"3月4日，《续论火车铁路》提出电线径达关外，工已将竣，"今设此而置彼，譬如货色之高下，传信则当日可至，而装货仍需时日，庸有益乎？"

⑤ 1884年3月26日、28日，法军连陷太原、北宁。

⑥ 刘体仁：《异辞录》，卷2。

⑦ 此由时任总理衙门大臣的周家楣（字筱堂）提议，由军机大臣兼总理衙门大臣阎敬铭出面上奏。周家楣与李鸿章关系密切，因此，这项提议可以说是李鸿章的意思。

一节，业经朝廷俞允，许由大沽开至天津。但电音简略，不知所派何人，容后续闻再录。”6月20日，刊出《书德税务司璀琳请开铁路条陈后》；6月21日，发表《铁路继电线而成说》指出：“铁路之不日兴办，有可操券者。”

果真，清廷发布上谕，令总理各国事务衙门会商李鸿章详加酌覆，妥筹具奏。此谕的奥妙即如周盛传《请开清江铁路禀》所云：“今此议发自京员，又奉有酌量试办之谕旨，且不发交南洋，而独命中堂会商，总理衙门不欲旁挠之意，盖可想见，此诚难得之机遇”①。

五月二十九日（1884. 6. 22），刘铭传抵京，次日与惇亲王、醇亲王、左宗棠觐见慈禧太后。同日，北黎冲突爆发。《申报》刊出《论中国铁路事宜》认为铁矿开采与修筑铁路息息相关：“铁矿不开，则铁路虽开而不能广。”

五月，詹事府代递左中允崔国因奏折，提出修筑铁路以求自强②。指出：“今日世界，犹如战国时代七国之纵横者，国与国之间相处，论势不论理，如果不能自强，则断不可立国。”折中提出十一条建议，即“储人才、兴国利、增兵船、练精兵、设武备、筑炮台、修铁路、精水师、精制器、设议院、讲洋务。”指出：“铁路之设，有事可以调兵转饷，无事可以通商惠工，英美各国铁路公司每年所获之利，以数十百万计也，则不但强兵，而且富国矣。”建设铁路，“则调兵转饷运漕，均可迅速，且通商惠工，可夺外洋之利。”他主张先在云南、山西试办，转运铜铁、取得效益后逐步推广。此折对清廷决策起到推动作用。

此间，不断有开修津通铁路的消息传播出来。6月25日，《申报》刊出《津信译登》：“天津西友来信，言及奏请自大沽开至天津之铁路，已蒙朝廷允准者，系崔宫允国。因而德君璀琳所请开之铁路，则自天津开至通州，刻尚未蒙俞允。西友此信未知确否，姑录之以俟续闻。”6月26日，刊载《论借洋债利弊》，建议如告贷外国，应“径直商议，毋使多人参预，则耗费省而厥事有成。”7月4日，刊载《铁路利益》，8月23日，刊载《铁路纪闻》：“前日闻京师传有电谕，令李傅相即日派员赶筑铁路，由京师以达通州，计路四十里。若然，则解饷调兵，瞬息可达。法虽狡诈，其将奈我何哉！”8月，附属《申

① 《周武壮公遗书》，卷12。周盛传（1833－1885），字薪如，晚号北海老农，安徽省肥西县人。

② 崔国因（1831－1909），字惠人，号宣叟，安徽太平人。同治十年进士，授翰林院编修，充詹事府中允，署日讲起居注官。因留心国际时务，尤其是洋务、西学，得到李鸿章赏识。光绪十五年，密荐崔国因任出使美国、西班牙、秘鲁等国大臣。

报》的《点石斋画报》推出《兴办铁路》，配图文字一表时代风气，一做未来展望："泰西通商以来，仿行西法之事，至近年而益盛。将从前一切成见，虽未能破除尽净，然运会至而风气开，非复曩时之拘于墟矣。……兹于五月下旬，天津来信云，创办铁路一节，朝廷业已允准，由大沽至天津，先行试办。嗣于六月二十三日悉，朝廷又颁谕旨，饬令直督李相速即筹款兴办天津通州铁路。……将来逐渐推广，各省通行，一如电线四通八达，上与下利赖无穷，窃不禁拭目俟之矣。"

这样情形之下，修筑铁路之事，进入了整个社会的视域之中，中枢的态度也被预先通过新闻媒介传播开来，为社会周知、关注。铁路已成为社会话题，谈论铁路显成一种社会风气。报纸在主导舆论、收开通之效、广闻见之途方面作用充分发挥出来。

（二）奏请停开津通铁路的合谏舆论

光绪十年九月十三日（1884. 10. 31）内阁学士徐致祥上《论铁路利害折》，议论激切："窃闻诸道路纷纷传播，佥谓朝廷有开铁路之议，其说创自洋人，而中国之臣从而附和之，怂恿之，期必行而后已。臣其惑焉。夫夷人贪渎无状，包藏祸心，中国丝毫之利，必百计争而垄之。今为画是策，必谓中国行此有数利焉，以利动我，实以害重我？我受其害，则彼享其利，而中国附和而怂恿之者，无非为肥己进身之地，而置国家之利害于不顾也。"他力陈开设铁路之"八害"：总之，"利小而害大，利近而害远，利显而害隐。彼所为利者，在五年之中；臣所为害者，在十年以外。外洋有以此说煽诱者，拒弗纳；中国有以此说尝试者，罪毋赦；恪守祖宗之成法，以固结民心，以永保天命，则天下臣民之福也"①。

光绪十年（1884）十月、十一月间，京师修筑西山至卢沟桥铁路的传闻不断。十一月初七日（1884. 12. 23），山东道监察御史文海上折，力陈铁路"四害"②。十一月二十三日（1885. 1. 8），陕西道监察御史张廷燎奏陈铁路"六不可开"③。十一月二十五日（1885. 1. 10），徐致祥又上《请罢开铁路

① 《洋务运动》六，页167－168。
② 《洋务运动》六，页169－170。
③ 《洋务运动》六，页170－171。

急修河工折》，内称："倡导此说与赞成此说者，非奸即谄，而置国家之大害于不顾也。借夷之款，以增夷之利，用夷之法，以遂夷之计。……况西山为神京拱卫，地脉所系，王气所钟，妄施开凿，亦属不详。……"① 同日即遭上谕谴责："徐致祥此奏，并不平心论事，辄敢肆行訾诋，殊属妄诞，著交部议处"②。部议"降三级调用，不准抵销"③。十二月初一日（1885. 1. 16），浙江道监察御史汪正元上奏，也列举了不能在京师开铁路的六条理由④。

光绪十一年（1885）七月，闽浙总督左宗棠病故，临终遗折条上七事，其一是力主先造清江至通州铁路："铁路宜仿造也。外洋以经商为本，与中国情形原有不同，因商造路，因路治兵，转运灵通，无往不利。其未建以前，阻挠固甚，一经告成，民因而富，国因而强，人物因而倍盛。……电报、轮船，中国所无，一旦有之，则为不可少之物。倘铁路造成，其利尤溥。清江至通州宜先设立铁路，以通南北之枢，一便于转漕，而商务必有起色；一便于征调，而额兵即可多裁。且为费仅数百万，由官招商股试办，即可举行，且与地方民生并无妨碍……至推广西北一路，尤为日后必然之势"⑤。左氏临终建言对朝廷影响颇深。

九月初六日（1885. 10. 13），"总理海军事务衙门"设立，奕譞为总理海军事务大臣，李鸿章为帮办大臣。清流、兵部侍郎黄体芳奏请以曾纪泽取代李鸿章会办海军⑥；廷旨斥为"迹近乱政"而"交部议处"⑦。

九月二十日（1885. 10. 27），御史文海上奏反对创修铁路："铁路之修，

---

① 《洋务运动》六，页 172－173。

② 徐致祥，字季和，江苏嘉定人，咸丰十年进士，选庶吉士，授编修，晋中允，典试山东，累迁内阁学士，督顺天学政。据《清史稿》，光绪十年，"法越构兵，德璀琳以和议进，朝旨未决。致祥上三策，谓：决战宜速，任将宜专，军势宜联。闽事棘，言何璟、张兆栋无干济才，而荐杨岳斌、张佩纶堪重任，颇嘉纳。时议筑铁路，致祥闻而恶之，痛陈八害，并请力辟邪说，亟修河工，上责其诞妄，镌三级。越二年，铁路议再起，又再阻止之。时议筑铁路，致祥闻而恶之，痛陈八害，并请力辟邪说，亟修河工，上责其诞妄，镌三级。越二年，铁路议再起，又再阻止之。"——《清史稿》卷 444《列传》231。

③ 《光绪朝东华录》，页总 1862。

④ 《洋务运动》六，页 173－176。

⑤ 《清史稿》卷 149《志》124《交通》一。

⑥ "曾纪泽谙于各国风土人情，政教技艺，习见习闻，必能切究要图，有所抉择。"——《洋务运动》三，页 17－19。

⑦ 《光绪朝东华录》，页总 2048。

工料皆用洋人，数百万两徒资外国，外国得利，中国伤财……且夷人熟习海面，中国人不能与之争锋，惟陆地交兵彼犹有顾虑踌躇之候。”“是洋人蓄志已久之谋，不能自办，而中国代偿其愿也。……或谓海疆有警，铁路随时可撤。此更欺人之谈也。铁路既修，各国同用，一国生衅，他国尚须保护，岂能一律摈弃？至于蹂躏地方，扰害居民，失境内之人心，截华民之生计，皆其显焉者矣。”他奏请明降谕旨，将铁路停修，嗣后中外大小臣工断不准请修铁路①。

十月初五日（1885. 11. 11），太仆寺少卿延茂奏陈：“窃维今之谈洋务者，动以效法泰西为自强之计。每见洋人之船坚炮利，辄艳羡之；艳羡不已，往往堕其术中，遂并其有害中国者而亦艳羡之。惟铁路一事，洋人怂拥几二十年矣。”铁路不可开，“修造铁路宜防各国接修也。”“修铁路宜防敌人反逼也。”“修铁路宜防借款难偿也。”“修铁路宜防变生意外也。”延奏指出，西方各国“环绕中国之北西南三面而皆有铁路以相逼，其所以尚未接入腹地者，特以朝廷未允铁路之请耳”。铁路一开则“关山尽失其险”②。

十月二十七日（1885. 12. 3），漕运总督崧骏等奏报查勘运漕铁路，提出黄河迁徙无定，能否不至冲决，尚无把握。上谕令暂缓议办③。

光绪十二年（1886）四月，李鸿章奏请将铁路事务统归海军衙门管理。同月，醇亲王巡阅北洋海防，并就兴办铁路一事与李鸿章深入面谈，回京后又往返函商，认为铁路之修，势在必行，决定先将此前所造唐山至胥各庄十八华里铁路延长六十五里至阎庄，再从两端分别接造，西至天津，东至山海关，以使京畿附近沿海防务贯通一气，而后分别轻重缓急，逐步筹划。1886 年 8 月间，李鸿章组成开平铁路公司，出资收购唐胥铁路，并扩修至芦台。

九月二十七日（1886. 10. 24），督察院左都御史奎润等代递武举李福明奏折，内称天津现修铁路，民心惶惑。奏请将现修者拆毁，未修者永禁④。

十二月初八日（1887. 1. 1），奕譞与李鸿章筹划展筑阎庄至大沽铁路，并建议“由海署奏明由贵处（直隶总督北洋大臣）筹筑为调兵运军火之用，

① 《洋务运动》六，页 177 – 178。
② 《洋务运动》六，页 179 – 181。
③ 《洋务运动》六，页 183。
④ 《洋务运动》六，页 185 – 186。

名曰试办……徐为扩充”①。李鸿章当即复函照办②。

光绪十三年二月二十二日（1887. 3. 6），总理海军事务奕𫍽、李鸿章、曾纪泽联名上《请准建津沽铁路折》，内称：“臣奕𫍽向亦习闻陈言，尝持偏论。自经前岁战事，复亲历北洋海口，始悉局外空谈与居中实济，判然两途。”“臣曾纪泽出使八年，亲见西洋各国轮车铁路，于调兵、利商、便民诸大端为益甚多，而于边疆之防务，小民之生计，实无危险窒碍之处。华洋规则自古不同，铁路利益虽多，若如外洋之偏地安设纵横如织，不维经费难筹，抑亦成何景象。至调兵运械，贵在便捷，自当择要而图，未可执一而论。”“开平铁路若接至大沽北岸，则出矿之煤，半日可上兵船；若将铁路由大沽接至天津，商人运货最便，可收取洋商运货之资，藉充养铁路之费”③。慈禧谕准④。李鸿章为此致函醇王：“幸得殿下亲历北洋，决疑定计，奏准兴修津沽铁路，鸿章额手称庆。以为铁路乃举世所疑，而殿下雄心毅力，一闻鄙言，如石投水，诚千载一时，为中国自强之基。”

三月初四日（1887. 3. 27），太常寺卿徐致祥奏请罢开铁路称：“创斯议者，不过托于运煤、转饷、征兵之迅速，以为自强之策莫逾于此。”“今之讲西法者，动辄谓风气使然，争相效慕。不知风气者视朝廷之措施与士大夫之趋向为准，非宇宙间所能自为也。若开铁路，无事则显耗中国之财源，隐蹙小民之生计；有事则千人守之而不足，一夫隳之而有余。况其害尤有不可胜言者”⑤。

三月二十日（1887. 4. 13），台湾巡抚刘铭传奏请台湾筑路⑥。

四月十四日（1887. 5. 6），太常寺卿徐致祥针对开平煤厂有续增铁路之说，奏请“明降谕旨，宣示中外，已开之铁路姑且存之，未办之铁路立予罢之”⑦。

四月二十八日（1887. 5. 20），奕𫍽等奏请台湾开办铁路，以裨台防

① 《李文忠公全书·海军函稿》，卷2，页25。
② 《李文忠公全书·海军函稿》，卷3，页2。
③ 《洋务运动》六，页186－188。
④ 《清史稿》卷149《志》124《交通》一。
⑤ 《洋务运动》六，页188－189。
⑥ 《洋务运动》六，页189－191。
⑦ 《洋务运动》六，页192。

大局①。

闰四月十一日（1887. 5. 20），云南道监察御史辒德上奏，指出：铁路之设，譬如一身血脉，必使五官百骸周流无滞。以大势论，京师为首善之区，是为各路汇归要领。此外各省，如腹地、边檄如肢体，凡轮舟所不达者，铁路一开，筋脉即可联络，声势不至隔阂。然通津大邑在所多有，若处处必待官修，恐巨款难筹，非一时所能并举。与其官修，不如民办，与其公帑，不如商捐②。

光绪十四年九月初九日，（1888. 10. 3），阎庄经塘沽至天津铁路全线竣工，李鸿章乘车沿途察看后，认识到“铁路汹为今日自强急务”，同日函请醇王大力主持，速建津通铁路，“以为各省兴造铁路表率”③。11 月，海军衙门奏请修筑津通铁路：“新旧铁路首尾衔接，轮车通行快利，为轮船所不及。通塞之权，操之自我，断无利器假人之虑。由此经营推广，一遇征兵运械，挽粟飞刍，咄嗟可致；商民贸迁，无远弗届，榛莽之地，可变通衢，洵为今日自强之急务”④。获准。奕谡并利用承修三海工程，从法国买进机车钢轨，在西苑修了长 7 里的小铁路，意在让慈禧太后及大臣们亲睹火车之优势，亦使都中士庶打开眼界⑤。

修津通路和西苑小铁路两件事凑在一起，在懿旨发布后，举朝骇然，上自台阁大臣，下至御史讲官，纷纷具奏反对，“台谏争陈铁路之害，请停办”。

十一月十二日（1888. 12. 14），大学士恩承、尚书徐桐、侍郎孙毓汶、徐致祥、国子监祭酒盛昱上奏，指出“铁路之议”，施之荒漠广远之区则有利无害，施之人烟辐辏商贾通行之路则有害无利”，“铁路之利在重物能引之使出，道远能促之使近，今津通本为往来大路，商贾经行并无难运之物，而车户、船户以及肩挑背负之人资以为生者，当以数万计。铁路一开，大众失业，虽曰上货、下货以及存储之地，失业之人皆可就谋生计”，“是所利者奸黠之游手，而所害者数万有业之愚民，利者自利，害者自害，不相通也”。总之，“铁路之举，享利在官，受害在民。官之利有限，洋人之利无穷”，“夺贫民之

① 《洋务运动》六，页 193－194。

② 《洋务运动》六，页 194－195。

③ 《李文忠公全书·海军函稿》，卷 3，页 9。

④ 《清史稿》卷 149《志》124《交通》一。

⑤ 《李文忠公全书·海军函稿》，卷 3，页 10。

利以予富贾，夺中国之利以予外夷，知朝廷之必不为此也①。

十一月二十二日（1888. 12. 24），河南道监察御史余联沅上奏，认为修建铁路作为奇巧之物贡献给朝廷，即使出自私囊，此心已不堪问，况侵蚀国帑，剥削民生，此端更不可开②。

同月，掌山西道监察御史屠仁守上《奏陈铁路宜慎始疏》，认为李鸿章“必欲肇始于津沽，而遂接办于通州，则失策莫此为甚矣。请饬下王大臣、部院九卿、翰詹科道公同会议，并谘南北洋大臣及海疆各督抚，策其短长，以定国是”③。

十二月八日（1889. 1. 9），余联沅又奏陈铁路“五大害”：铁路害舟车、害田野、害根本、害风俗、害财用，其利不在国不在民，仅在洋人等④。

十二月十八日（1889. 1. 19），御史屠仁守、国子监祭酒盛昱、仓场侍郎游百川、内阁学士文治等上奏，反对由天津开至通州铁路，内称：李鸿章此议一出，“朝野哗然。臣维自强之策，不务修道德、明政刑，而专恃铁路，固已急其末而忘其本。即就铁路而论，非其人不可开，非其地则更不可开。若通州则有万不可开者。迫近海疆，计畿甸三百里耳，宗社万年，道在盘固，皇居辰极，义重深严。自京师至直沽，方将阻之以峻垒，限之以重关，犹恐不足深恃。若置铁路其间，尽撤藩篱，洞启门户，风驰电走，朝夕可至。昔火积薪而寝其上，日无高枕治安，伏弩千钧而当其锋，时有骇机之虑，设险守国之谓何矣”⑤。

十二月十八日（1889. 1. 19），御史张炳琳、林步青、给事中洪良品等会奏，反对从天津海口开铁路到通州，认为“铁路之开，此地决不可以尝试。

---

① 《洋务运动》六，页200。

② 《洋务运动》六，页201。

③ 《洋务运动》六，页201－205。屠仁守，湖北孝感人，同治十三年的翰林，由编修转御史，风骨棱棱，是清流中的后起之秀。《越缦堂国事日记》光绪十三年四月十七日记载：是日，闻御史孝感屠仁守于初四日上言六事，曰：戒游观、罢土木、抑宦寺、节财用、开言路、杜倖门。其词甚直而留中不下。十四日复上言九事，词尤激切，仍不报。又近日又诏：开铁路，先由天津造至开平。徐致祥太常已两疏争之，其一疏亦于十四日上，皆留中。然屠君此举，不愧朝阳鸣凤矣。”——该书，六，页3623－3624。

④ 《洋务运动》六，页205－207。

⑤ 《洋务运动》六，页208－209。

虽有百利不能偿此一害，开辟所未有，祖宗所未创，无事生事，设有意外之虞，谁职其咎？臣等职司言责，此关大局安危，意见既问，不敢缄默”①。

翰林院侍读学士徐会沣、王文锦、李培元、曹鸿勋、王仁堪、高钊中会奏，请停津通路，“改修德州济宁路，利漕运”②。

十二月二十日（1889. 1. 21），懿旨令海军衙门会同军机大臣就余联沅、屠仁守等、洪良品等奏请停办铁路折三件、徐会沣等折内请停铁路一条妥议具奏③。

十二月二十一日（1889. 1. 22），礼部尚书奎润与九卿言官等21人会奏，反对开设津通铁路，指出：“中外建言之人，多以铁路为请，未尝非深维边患，力图自强之意。其所陈说铁路之利，如调兵、调饷、运货、运煤诸大端，臣等略参众论，言其利者实罕，言其弊者实多。窃谓事关国本民心，即使利多弊少，亦当立予停止，以顺舆情。况此事利则垄于下，怨则归于上，从古未有争什一之利而积怨于民以为自强者也。论者必谓臣等之言过于激切，事势亦何遽至此？”④

十二月二十一日（1889. 1. 22），户部尚书翁同龢、孙家鼐等会奏，指出：“铁路势必举办，然此法可试行于边地，而不可遽行于腹地。”“津通铁路宜暂缓办，俟边远通行，民间习见，然后斟酌形势，徐议及此。”津通铁路一开，“本业顿失，其不流而为盗者几希。近来外间议论，无不以此事为可虑”。“况明春恭逢归政盛典，皇上履端肇始，而盈廷多风议之辞，近郊有怨咨之口，似非所以光昭圣治、慰安元元也”⑤。

十二月二十一日（1889. 1. 22），仓场侍郎游百川奏请停止修建津通铁路⑥。

同日，内阁学士文治也奏请将津通铁路停修，并嗣后中外大小臣工断不准

---

① 《洋务运动》六，页209－210。

② 《清史稿》卷437《列传》224。

③ 《洋务运动》六，页210。

④ 《洋务运动》六，页210－212。翁同龢十二月十五日日记记载：“在朝房晤奎星斋，言铁路事，欲邀余联衔抗疏，婉辞之；然民情恟恟，诚以不办为宜。——《洋务运动》八，页245。

⑤ 《洋务运动》六，页213。

⑥ 《洋务运动》六，页214－215。

请修铁路，以杜徼幸之心，以解臣民疑惧之惑①。

同日，懿旨将翁同龢等、奎润等、游百川、文治等停办铁路折四件，片一件，交总理海军事务衙门会同军机大臣归入余联沅等折件，一并妥议具奏②。

十二月二十二日（1889. 1. 23），左庶子朱琛奏称："议者谓铁路之举将以有利于国也。臣愚以为国之有利与否尚不可知，而民已受其害。夫病民利国犹且不可，况病民而未必有利于国乎？"他请太后不因津通铁路一事而令畿辅赤子受无穷之扰累③：

此次，奏请停开津通铁路的有数十名，包括尚书、侍郎、御史、学士，铁路之争至此进入高潮。分析言路意见，可以分为几种：一是反对修建铁路；二是铁路可以试办，但不宜在京师腹地遽行，三是缓建津通，改建其他。争论激烈，内阁学士文治《知过轩谈屑》卷二"争铁路疏"记载："闻铁路而惊，睹电杆而泪下。"《清史稿》记载，"于时举朝骇然，尚书翁同龢、奎润，阁学文治，学士徐会沣，御史余联沅、洪良品、屠仁守交章谏阻。其大端不外资敌、扰民、失业三者，亦有言宜于边地及设于德州、济宁以通河运者。命俱下海军衙门"。

大学士恩承和吏部尚书徐桐并联名致函奕谖，奕谖复函称，此路若废，"一旦有事，设误戎机，则海署、北洋转觉卸过有辞耳"④。

十二月二十二日（1889. 1. 23），李鸿章复函奕谖说："国有大政，不得稍执成见，亦不得维阿取容。铁路一事，既有虑及病民因以病国者，若不切实敷陈，力破其似是而非之论，何以慰九重叩恤民之隐，何以保海署自强之谋？"他在《议铁路驳恩相徐尚书原函》中，议驳了"铁路乃公司之利，非民人之利"、"津通铁路及码头所占之地，民间坟墓立限迁徙，愚民迁怒于洋人，欲焚洋楼以泄忿"、"民间因立限迁坟，百姓向衙门呈诉有二百起之多，俱未准理"、"穷民怨民迁怒洋人，铤而走险"等说，并希望奕谖将此信转给恩承、徐桐阅看，并给海署各同寅公看，凡有议及铁路者，均不妨给其阅看，庶几海署不得已之苦衷可以共白，局外之过虑可以稍息。李鸿章在此并未将各种议论

① 《洋务运动》六，页 215－216。

② 《洋务运动》六，页 216－217。

③ 《洋务运动》六，页 152、212、218。

④ 奕谖致恩承等函，光绪十四年十二月，《李文忠公全书·海军函稿》，卷 13，页 12－13。

说成是局外浮议，而是说成了过虑，这是一种易于让人接受的说法，否则，必会激发更无休止的争论①。

十二月二十五日（1889. 1. 26），监察御史何福堃上奏称："政事之要，不外乎俯顺舆情，所以顺舆情者无他，亦使之有田庐之乐，衣食之计而已。……通州至天津二百余里，为京师水陆通衢，陆有车辆，水有船只，操业者不止数万人，并其妻孥家室计之，何止数十万人。铁路开后，轮车行远而价廉，谁不趋之若鹜？而平日资舟车为命之百十万人，失其所衣食之计矣。"奏折最后强调："臣职在风闻言事，不敢不以上陈。事关至大，敕下六部九卿会议，或特派重臣数员将臣所奏各节切实查覆，出自圣裁"②。

十二月二十八日（1889. 1. 29），李鸿章写了《议驳京僚谏阻铁路各奏》，驳议各种津通腹地不可遽行铁路之论。驳议余联沅"铁路一开，即有数十百万生灵绝无生计非饥即盗"之论；议驳徐会澧"外国设铁路以通远方，中国设铁路以迫禁近"："外国铁路皆必由都会繁盛之处起手，由近以通远，中国议设津通铁路意亦犹是。"议驳翁同龢、孙家鼐"铁路宜于边地不宜于腹地，边地有运兵之利，无扰民之害"，认为铁路贵在"由腹至边耳。若将铁路设于边地，其腹地之兵与饷仍望尘莫及。且铁路设于腹地，有事则运兵，无事则贸迁，经费方能措办"③。

光绪十五年正月十四日（1889. 2. 13），总理海军事务衙门军机大臣将停修津通铁路各折意见归纳后会奏，提出了带有总结性的建议："原奏所虑各节，一在资敌。不知敌至而车已收回，岂有资敌之虑？一在扰民。建设铁路，首在绕避民间庐舍丘墓，其万难绕避者，亦给重价，谕令迁徙，可无扰民之事。一在失业。铁路兴而商业盛，谋生之途益广，更鲜失业之虞。津通之路，非为富国，亦非利商，外助海军相辅之需，内备征兵入卫之用，一举两益，所关非浅。""亦有举西洋之事以为证者，或依稀影响，或毫无根据。在进言者诩博闻旁采之才，为推波助澜之笔，虽属无足轻重，然耳食之言每致误事，传播外国贻笑堪虞。""至于传教之禁久开，洋人布满都京，何计乎穷乡僻壤？华洋之防久撤，风气遍于大地，更难论上古先朝。""方今环球诸国，各治甲兵，惟力是视。其性也，非干羽所能格，其来也，非牛饩所能退，全视中华之

---

① 《洋务运动》六，页218－220。

② 《洋务运动》六，页223－225。

③ 《李文忠公全书·海军函稿》，卷3，页10－22。

强弱，为相安相扰之枢机。臣等创修铁路本意，不在效外洋之到处皆设，而专主利于用兵。不仅修津通之路，而志期应援全局。诚能于江南、赵北、关东、陇西各设重兵，各安铁路，则军行万里无胼胝之劳，粮运千仓有瞬息之效，零星队伍可撤可并，浮滥饷乾或裁或节。此专指陆战而言也。”“至于通货物、销矿产、利行旅、便工役、速邮递，利之所兴，难以枚举。”“议建铁路，忽然中止，显然之害，亦有二端。主见不定，朝令夕改，外洋讥诮固无足论，海上铁路失此资助恐难久存。遇事分防抵御，岸长兵少，设有疏失，咎将谁归？且已成之功，无端废业，虚掷款项，失信于民，继此再兴他事，难于招徕。津沽铁路，前因力催不善，亦无可著落赔偿，势须户部动拨正款。”“言者之论铁路，乃云即使利多弊少，亦当立予停止，此臣等之所甚不解也。现当大婚归政举行在即，礼仪繁重，诸赖慈虑亲裁。臣等以本分应办之事，若与局外浮议屡事抵牾，哓哓不已，以致重烦披阅，实非下悃所安；而关系军国要务又不敢为众咻牵制，遽萌诿诿之心，惟有将臣等所见所闻切实可查之事，据实胪陈，伏乞圣鉴。”“至于事属创办，本属不厌求详；然局外浮谈，恒多失实。查防务以沿江沿海最为吃紧，各该将军督抚利害躬亲，讲求切实”，请“饬下沿江沿海各将军督抚，各抒所见，再行详议以闻”①。

同日，奕譞上奏，指出：“方今时局为自古所未有，欲弭非常之患，必有非常之法。欲法之畅行无阻，必须群策群力，内外一心。溯自法越构难，军事遽兴，我皇太后赫然震怒，立罢枢臣，重申军律，臣以菲材，受命于多事之际，情形既非素悉，时势复极迫促，设非慈虑深远，乘胜允和，兵连祸结，饷竭防单，大局曷堪设想。烽燧既息，圣意安不忘危，于召见微臣，切实训饬，命筹长策。彼时臣即奏云：外敌之窥伺易防，局外之浮议难靖。盖言路至近年庞杂已极，辩给者深文曲笔、恣意所谓，庸暗者随波逐流，联衔沾誉。自甲申以来，圣明独断，甄别整饬，浇风为之顿敛。乃因太和门失火，交章言事，借题发挥，又有倒峡燎原之势。”他奏请慈禧训教皇帝：“总揽全局，详审经权，

① 《洋务运动》六，页229－231。

纳忠谠而杜莠言”①。

本文详列各奏，发现：内宫并未以交章上奏等语加以诘责，反而在正月十五日（1889. 2. 14），明降暂时收回允建津通铁路的懿旨。同时令庆裕、定安、曾国荃、卞宝第、裕禄、张之洞、崧骏、陈彝、德馨、刘铭传、奎斌、王文韶、黄彭年等13位督抚将军对修津通铁路“按切时势，各抒所见”②。

（三）疆吏复奏：对论争双方主旨的评说

本文详列疆臣的奏稿，以防止断章取义，从而了解疆臣们对待铁路之争的态度以及他们对争议双方的公允分析。

正月二十八日（1889. 2. 27），湖南巡抚王文韶复奏：“时至今日，中外之交涉为千古未有之创局，因而风会之迁流，遂多千古未有之创举。即如铁路一事，总理海军衙门以为必当行，而廷臣交章论奏以为必不可行。如治病然，以为必不可行者，专主培养之议，于时局或未能深究，要足见忧危忠爱之诚；以为必当行者，力求瞑眩之方，于时议或未必交孚，要实为穷变通久之计。”“中国铁路创自开平，津沽继之，现拟接办津通一路，名为推广，实与试办无异。……此路迫近畿疆，众情之所谓资敌、病名者，实以此为第一必争之地。夫以试办而适中人情之所最忌，苟非情见势迫，似可不必首及于此。”或者“移置黄河北岸，自陶城埠起，经东昌府至临清州止”③。

正月二十九日（1889. 2. 28）两江总督曾国荃复奏：“国家凡创一事，利与害相因；凡议一事，闻与见互异。铁路之兴经海军衙门熟筹审处，而后奏请举行，非详加讲求，深以阅历辨别利害焉能如斯精确。诸臣因事属创举，纷纷议论，所虑者不一端，而以资敌、扰民为重；所陈者累万言，而以停造、缓办为主。虽系得之传闻，要皆心存忠爱，上为宗社筹巩固之方，下为生民尽安全之策，众口同声，其心若揭，不可谓非务本之论，切理之辞。”我朝自乾隆

① 《洋务运动》六，页231－233。翁同龢在十二月二十九日日记中说：今年五月地震，七月西山发蛟，十二月太和门火，皆天象示儆；虽郑工合龙为可喜事，然亦不足称述矣。况火轮驰骛于昆湖，铁轨纵横于西苑，电灯照耀于禁林，而津通开路之议，廷论哗然。朱邸之意渐回。北洋之议未改，历观时局，忧心忡忡，忝为大臣，能无愧恨。——《洋务运动》八，页245。

② 《洋务运动》六，页233－234。

③ 《洋务运动》六，页234－236。

嘉庆以前，时当全盛，“士大夫但知诵习书诗，不知机器为何物。自道光季年而外衅起，咸丰年间各国通商，不能不讨论洋务。同治初年而始制轮船，光绪初年而始兴电线，事事仿造西法，精益求精，消弭法越之争已著成效。”“泰西铁路之利，各国皆同，中国所欲模仿而收其利权者，已非一日。臣窃以为，不开于近日，必开于将来，势必为之也。”“即如出使外洋一役，当年群臣鄙夷不屑者居多，有人言及，几何不掩耳而走？不数年而人人思奋，乐于趋事。”“铁路一事，为中国前代所未闻，一旦创办，小民骇异，无怪其然。待落成以后，向之所称有害者，未必尽然，而征兵运漕，随废随至”①。

二月一日（1889. 3. 2），浙江巡抚崧骏复奏，称：“铁路之开，建议昔时，自属奇创，骇人听闻，行之近年，风会所趋，正与轮船、电线相辅而行，此海军衙门之所以独排众议，力任其难，以期仰副宵旰勤求之望；而诸臣所奏，度必确有所闻，似非敢故作危词，上渎天听。如诸臣虑及为敌所乘，夺民生计，细绎海军衙门会奏，其苦心经营，思虑周密，二者似可无虞”②。

二月初二日（1889. 3. 3），开缺安徽巡抚陈彝奏复，电线铁路两事，“因洋人而虑有战事，因战事而虑调兵、转饷之艰，因调兵转饷之艰人转不得不仿照洋人创办铁路，用心之苦，虑事之远，谅非得已，臣何敢复赘一辞”③。

二月初十日（1889. 3. 11），闽浙总督卞宝第复奏，称：“津沽密迩京都，防务自日臻周密，果能遏夷人于海口不使登岸，则畿疆巩固，毫无可虞。惟胜负兵家之常，辇毂重地，不得不倍加顾虑。”“津通一路，恃舟车为生活者实繁有徒”，纵使铁路需人，“恐未必能养此数十万之众。近畿地方添此无数游民，深为可虑”。总之，“诸臣所奏，皆非自计身家，但不必危言耸听”④。

二月十三日（1889. 3. 14），钦差大臣署盛京将军定安复奏：“铁路机要，平昔亦未讲求。事关国政，实不敢凭空揣摩，附会其词”⑤。

二月二十五日（1889. 3. 26），江西巡抚德馨复奏：“铁路自津沽一带兴办告竣，去腊拟接通津通一路，在海军衙门原为外助海路之需，内备征兵入卫之用，一举两得，所关匪浅。而言者以逼近辇毂重地，不惟扰民及夺民生业，

① 《洋务运动》六，页236－237。
② 《洋务运动》六，页239－240。
③ 《洋务运动》六，页241－242。
④ 《洋务运动》六，页242－243。
⑤ 《洋务运动》六，页244－245。

且恐变生肘腋，猝不及防，徒以资敌，纷纷陈奏，力请禁止。细思御史余联沅等先后所奏，俱系慎重图维，不失深谋远虑之意。惟读海军衙门与军机大臣会奏，敷陈剀切，辩论精详，深中海防机要。”欲修铁路“不如先就南北适中之处，自保定以达王家营，先行安设试办，既免外人窥伺，并可独擅利权”。“铁路创自外洋，渐入中国，风会所关，实时势使然，恐难概议禁止。惟在津通开设，外通海口，内近禁廷，虽于海防有裨，究属离京太逼。事关创办，有不可不出以审慎者，似不若迁地为良。先由腹地创建，统俟试行有效，再行推广尽利”①。

二月二十八日（1889. 3. 29），福建台湾巡抚刘铭传复奏，认为修筑津沽至京师铁路是安内攘外，刻不容缓之图：“朝廷屡诏求富强之策，倘通盘筹画，事苟有胜于铁路者，何苦效法西人，轻贻众谤。无如外审海疆之形势，内揆战守之机宜，计无有过于此者。”“夫海口者，京师之门户也，安危所系，固宜呼吸相通。臣以为铁路建至京城，方为尽善。有事则津沽之劲旅即为宿卫之禁军，无事则遣神机营与海口各营之兵合队并操，联为一气，临变策应，声势倍壮。”言者“以铁路为开辟所未有，祖宗所未创。不知人事随天道为变迁，今之人既非上古先朝之人，今之政岂犹是上古先朝之政。”“际此中俄无事，正宜先事预防。预防之法，要非铁路不为功。”“近日訾议铁路者，即异日之赞美铁路者也”②。

三月初六日（1889. 4. 2），盛京将军庆裕复奏，请饬李鸿章明定章程，出示晓谕：“何项货物拨归火车运转，何项货物仍归舟车运载，使食力之民知其不失本业，中外得以相安，必如此则火车方可添设，而舟车亦不偏废”③。

署江苏巡抚黄彭年将修筑铁路分成三步骤或三种情况，总体赞成修建津通铁路，但措辞很巧妙：“臣窃观天下之大势，铁路之宜先办者二，可缓办者一，不妨试办者一，”津通铁路即属不妨试办者④，即“先办边防、漕路，缓办腹地及沿江沿海各省，而试行于津通”⑤。

---

① 《洋务运动》六，页245－246。

② 《洋务运动》六，页247－250。刘铭传致电李鸿章说：“津通铁路此次如办不成，以后绝难再举，不独贻笑外洋，朝野有志之士，亦冷心解体。”李鸿章复电称其阅后“痛快得未曾有。”顾廷龙、叶亚廉主编：《李鸿章全集·电稿》二，页66－67。

③ 《洋务运动》六，页256。

④ 宓汝成：《中国近代铁路史资料》，第1册，页166－167。

⑤ 《清史稿》卷149《志》124《交通》一。

督抚们的奏折，与前此讨论的基调不同，更多地阐释自己对争议双方的态度。本文详列各折，一则希望通过全面地阅读而后公允地分析，更大的目的在于，从中提炼出争议双方的主旨，尤其是台谏们的主旨。他们的言语，更加客观公允、更加精当地阐释那些人在那个时代、针对该问题不断论争、甚至不惜冒犯天颜或得罪权势的背后深意。这些分析，已经带有总结的性质。

1. 以言官们一方而言，“古今有不易之治理，无不变之治矣。理为有生所莫外，法贵因时而制宜也。时至今日，中外之交涉为千古未有之创局，因而风会之迁流，遂多千古未有之创举。即如铁路一事，总理海军衙门以为必当行，而廷臣交章论奏以为必不可行。如治病然，以为必不可行者，专主培养之议，于时局或未能深究，要足见忧危忠爱之诚；以为必当行者，力求瞑眩之方，于时议或未必交孚，要实为穷变通久之计”（王文韶）。“国家凡创一事，利与害相因；凡议一事，闻与见互异。……诸臣因事属创举，纷纷议论，所虑者不一端，而以资敌、扰民为重；所陈者累万言，而以停造、缓办为主。虽系得之传闻，要皆心存忠爱，上为宗社筹巩固之方，下为生民尽安全之策，众口同声，其心若揭，不可谓非务本之论，切理之辞”（曾国荃）。“细思御史余联沅等先后所奏，俱系慎重图维，不失深谋远虑之意”（德馨）。——皆非好逞词锋。

2. 以李鸿章一方而言，如刘铭传复奏所言，坚持定见，决意修筑津沽至京师铁路是“安内攘外，刻不容缓之图：朝廷屡诏求富强之策，倘通盘筹画，事苟有胜于铁路者，何苦效法西人，轻贻众谤。无如外审海疆之形势，内揆战守之机宜，计无有过于此者”——庶几富强可以立致，唯一目标。

3. 诸臣所奏，皆非自计身家。中枢的态度则是：事关创始，事关民计民生，任何人不敢固执成见，此可作为铁路之争所体现的政治文化的注脚。

五、“下铁路之诏”：“青牛角”张之洞的助力

（一）干路说：别开生面、疏解众论忧虑

在铁路是否应该修建的争议中，“都中议论汹汹”，“青牛角”张之洞选择了沉默和规避，“斯时主持清议者，如南皮张庶子之洞，丰润张侍讲佩纶，虽心知其有益，亦未敢冒言于众”。在确认了慈禧已经认同总理衙门、李鸿章等督抚门意见的态度后，在把握了慈禧太后苦于津通铁路是否继续修建下去

（谕旨已下发，若停修则有朝令夕改、毫无定见之嫌）、苦于无法“顺应舆情”的脉搏之后，在确认了地方督抚们奏折所阐述观点之后，光绪十五年三月初二日（1889. 4. 1），两广总督兼署广东巡抚张之洞几乎是最后上《干路折》①，为慈禧开了一剂药方，既能修铁路又可避开津通阻议。这次，除了身为疆吏所具备的审慎思维外，又一次发挥了清流健将的风采：逻辑清晰，有根有据，别开生面，妙笔生花，堪称一流。这个“翰林院文章”为旷日持久的铁路争议画上了休止符。

该折首先从泰西创行铁路百年来，实已成为富强之一大端立论：“其初各国开建干路以通孔道，迨后物力日裕，开路日多，支脉贯注，都邑相属，百货由是而灌输，军屯由是而联络，上下公私，交受其益。……今中国方汲汲讲求安攘之略，自不得不采长技以为自强之助。

奏折赞同总理海军事务衙门复奏所陈铁路之利，认为“欲推之南北各省，广安铁路以振全局，在王大臣谋画闳远，本非专为津通之一隅”。

该折顺应台谏舆论对民生民情的考虑，从土货、利民等视角切入：“臣之愚见，窃以为今日铁路之用，尤以开通土货为急。盖论中外通商以后之时局，中国民生之丰歉，商分之息耗，专视乎土货出产之多少，与夫土货出口较洋货进口之多少以为断。近数年来，洋货洋药进口价值每岁多于土货出口价值者，约二千万两，若再听其耗漏，以后断不可支。现在洋货洋药之来源无可杜遏，惟有设法多出土货、多销土货以救之。此乃王道养民立国之本源，并非西商争利会计之小数。中国物产之盛，甲于五洲，然腹地奥区，工艰运贵，其生不蕃，其流不广。且土货率皆质粗价廉，非多无利，非速不多，非用机器、化学不能变粗贱为精良，化无用为有用。苟有铁路，则机器可入，笨货可出，本轻费省，土货旺销，则可大减出口厘税以鼓舞之。于是山乡边郡之产，悉可致诸江岸海壖，而流行于九洲四瀛之外。销路畅则利商，制造繁则利工，山农、泽农之种植，牧竖、女红之所成，皆可行远，得价则利农。”从而推导出“内开未尽之地宝，外收已亏之利权，是铁路之利首在利民”的结论。

接下来，从利民推及到利国：“民之利既见，而国之利因之，利国之大端则征兵转饷是矣。方今强邻环伺，外患方殷，内而沿海沿江，外而辽东三省、秦陇沿边，回环何止万里，防不胜防，费不胜费。若无轮车铁路应援赴敌，以

① 《洋务运动》六，页250－256。

静待动，安所得无数良将精兵，利炮巨饷而守之？夫守国即所以卫民，故利国之与利民实相表里。似宜先择四达之衢，首建干路以为经营全局之计，以立循序渐进之基。至津通一路，其缓急轻重之宜，尚有宜加审察者。”张之洞以精当的措辞，巧妙的论说，清楚的头绪，呈现改建卢汉铁路“无引敌之虑，而有征调之便和贸易必旺、饷源必旺”的设想，这对于担心铁路之弊一方而言，似有疏解忧虑之奇效。

他接下来分析了台谏意见与李鸿章观点的不足之处，指出：御史余联沅等奏，“或恐洋教之煽张，或惜捐金以资敌，或以狡谋利啖为惧，或以人心风俗为忧。不知铁路不过行程迅速，至洋人洋教之多少与此无涉，造路之铁可用华产，修路之工仍用民人，洋将薪工亦属有限，洋厂劝造不过市侩图揽贸易之故智，此事似非别藏祸心。轮车与轮船、电线等确有利用之实，不得谓之淫巧。凡此数端，举无足虑。至所陈引敌、失业二事，业经王大臣剖析详尽，自属切中时宜。”他接下来指出李鸿章等修筑津通铁路的五点宜加审察之处，如“惟津通密迩辇毂，非寻常散地可比”，“今大沽铁路已至天津，若再开至通州，不为置兵筑垒以扼要隘，但恃临时收车撤轨之图，则备预似觉未密”，“津通之民以车船行店负贩为生者约六万人，一家五口，已有三十万人，此项人数本难确知，然就极少计之，仰食于此者总不下六七万人。粗货舟行不能尽废，短车客店不能尽歇，尚可安插其半，其废业者必有三万余人。若铁路既用，其投效公司、备趁车站固必需转移执事之人。顾津通二百余里，地段不长，中站停顿不过数处，一切修路扫轨等役，需人不能甚多”，“盖津通一段，内近神京，外近海口，又有仓场，三者兼之，故闲民苦其太多，而地段苦其太短，其难于消纳，实与他处不同”，“津沽为京师门户，常屯重镇在焉。大沽有事，后路援师，早应厚集津门，若待至天津郡城告急，势难再分，都门之禁旅远出赴援，亦无从抽大沽山海关之防军回师宿卫，苟无此路，亦无甚妨。夫利不百而不兴，害虽隐而必慎。既非万不得已之计，即宜防意外枝节之端。设此路创造之时，稍有纷扰，则习常蹈故者益将执为口实，视为畏途，以后他处继续仿造，集股之官必裹足，疑沮之愚民必有辞，则铁路之功终无由成，而铁路之效终无由见矣”。如此，不如缓办。

他又着重分析建于边地和改建德州的弊端：“翁同龢等请试行铁路于边地以便运兵，徐会沣等请改设于德州、济宁，就黄河古道，垫路以便运漕，均拟缓办津通为另开一路之计。但边地偏远，无裨全局，若于边隅废端，其效难见。且非商旅辐辏之所，则铁路费无所出，不足以自存。德济一路，黄河岸阔沙松，工费太巨。河流迁徙无定，其铁桥等事，尤难时时改作，似拟改之路，尚非尽善。”

接下来提出缓办津通，改建腹省干路主张：“宜自京城外之卢沟桥起，经行河南，达于湖北之汉口镇，此则干路之枢纽，枝路之始基，而中国大利之所萃也。盖豫、鄂居天下之腹，中原绾毂，胥出其涂。铁路取道，宜自保定、正定、磁州，历彰、卫、怀等府，北岸在清化镇以南一带，南岸在荥泽口以上，择黄河上游滩窄岸坚经流不改之处，作桥以渡河，则三晋之辙下于井陉，关陇之骖交于洛口，西北声息刻期可通。自河以南，则由郑、许、信阳驿路以抵汉口，东引淮、吴，南通湘、蜀，万里奔凑，如川赴壑。”并重点阐释藏富于民之利若干①。

张之洞并且提出了修路经费与筑路规划，再次强调“除首段动工参购洋料外，其余悉用土铁，以杜外耗，庶几施工有序，而藏富在民”。

因此，当慈禧看到“似宜先择四达之衢，首建干路以为经营全局之计，以立循序渐进之基。至津通一路，其缓急轻重之宜，尚有宜加审察者……臣愚以为宜自京城外之芦沟桥起，经行河南，达于湖北之汉口镇，此则干路之枢纽，枝路之始基，而中国大利之所萃”，“干路专归官办，以一事权；枝路留待商股，以便招徕”之议时，心中疑虑已经扫除，并且似乎可以预见“以次推行，惟力是视，二十年以后，中国武备屹然改观”之情景，定天下大计的决心已定②。

恭亲王奕䜣对张之洞的评价是“杂”——深知慈禧太后的想法，因而总是在奏章中提供非常得体的解决策略，将慈禧从两难境地中解脱出来，观其以往奏折，莫不如此，如午门护军太监互殴案，如中俄伊犁交涉、中法战争中的

---

① 《清史稿》卷149《志》124《交通》一。

② 看一看《清史稿》记载，就可明白张之洞论说的精妙与文采所在：“河北路成，则三晋之辙接于井陉，关陇之于骖交洛口；自河以南，则东引淮、吴，南通湘、蜀，万里声息，刻期可通。其便利有数端：内处腹地，无虑引敌，利一；原野广漠，坟庐易避，利二；厂盛站多，役夫贾客可舍旧图新，利三；以一路控八九省之衢，人货辐辏，足裕饷源，利四；近畿有事，淮、楚精兵崇朝可集，利五；太原旺煤铁，运行便则开采必多，利六；海上用兵，漕运无梗，利七。有此七利，分段分年成之。北路责之直隶总督，南路责之湖广总督，副以河南巡抚。”——《清史稿》卷437《列传》224。

所奏都是头绪清晰，利用排比，气势如虹的表现，总能起到调停各方意见，并一锤定音的效果，这种表现超越了陈宝琛、黄体芳、邓承修、张佩纶等。此次，张之洞提出“缓办津通，改建芦汉路”建议，以缓办津通调和反对声音，回避朝中纷争；又从“利一”一泻而下，排比开列到“利八”，以改建芦汉之利疏解众论忧虑；又强调将来“通接关东”的必要性，既将修建铁路付诸实践，又与李鸿章站在同一立场上，而这又是慈禧所需要的。

张之洞奏折更巧妙之处在于，与李鸿章一样，并未脱离修筑至京师铁路的根本点，惟起点一在通州，一在卢沟桥而已，这正是此次反对筑路的最核心内容。那么，张之洞奏折又为何能起到一锤定音、熄灭纷争的作用？与李鸿章建议相比，李鸿章修筑铁路的终点是通州，范围在京畿河北天津，增加了铁路由沿海至京师的“引敌之虑”；而张之洞的卢沟桥则是起点，方向则指向内陆的武汉，一则穿越南省各地区，超越了李鸿章的势力范围，二则可减少洋人从海路入侵的忧虑，因为两次鸦片战争、伊犁交涉、中法战争中海路入侵京师总是最大掣肘，张之洞以“卢汉铁路无引敌之虑”巧妙地避开了“津通铁路有资敌之忧”，以一无抵万有，以一人而排众议。三则，关于小民升级、利民、藏富于民的论说占了很大篇幅。因此，张之洞以巧妙文词表达了所有人公开或隐在的思虑，并实现了缓办津通、改建芦汉的计划，从而突破了李鸿章长久以来坚持修筑铁路的阻力。

（二）“下铁路之诏”：铁路为自强要策之认同

张之洞的干路说，将1889年这次争论划上休止符，奕譞致电李鸿章称赞张之洞的建议是“别开生面，与吾侪异曲同工”，认为“西果行，东必可望，但争迟早”。李鸿章虽不赞成缓建津通，认为张之洞所言非是：通州和卢沟桥均乃京城附近，如果若说铁路筑到了通州会影响到京城安全，那卢汉铁路的起点也在京郊的卢沟桥，难道就不威胁京城安全？“通州、卢沟同一近畿，未必通州则谣诼纷来，卢沟则浮言不起”①。最终还是认同了先办卢汉路之议，希望借此突破舆论与中枢在内地修筑的禁令。四月二十日（1889. 5. 19），李鸿章在《详陈创修铁路本末》中指出：“粤都所奏津通宜审五端，本拟逐条驳

① 光绪十五年四月初九日，《醇邸来电》，《李文忠公全书·电稿》，卷11，页16。

斥；继思香涛之意不过调停言路，不值与之辨难。鸿章平生不解空言高论，只知以实心办实事，三十年来日在谣诼之中，而祸福得失，久置度外”①。十月初九日（1889. 11. 1），李鸿章在《覆鄂都张香帅》中说道：“津通本可急办，试行有利，再筹推广。此各国铁路通例，乃因群言中止。鄂豫直长路，实自公发端也，尊论四宜，只可如此。筹画开矿，炼成钢条，器款甚巨，岂能各省同开？粤既购机炉、雇矿师，似宜就大冶开办。黔铁难成而运远，断不可指。晋矿佳，惜无主人耳”②。

海军衙门复议督抚各奏后上奏，慈禧称赞张之洞所奏“尤为详尽。此事为自强要策，必应通筹天下全局。海军衙门原奏意在开拓风气，次第推行。本不限定津通一路，但冀有益于国，无损于民，定一至当之不易之策，即可毅然兴办，勿庸筑室道谋”。上谕令总理海军衙门立即就张奏各节，详细覆议，奏明请旨。

八月初一日（1889. 8. 26），总理衙门会奏说：“各国兴办铁路，以干路为经，以枝路为纬，有事则以路征兵，无事则以商养路，故能历久不敝，国富兵强而官民交便。就五大洲言之，宜于西洋，宜于东洋，岂其独不宜于中国？就中国言之，或云宜于边防，或云宜于腹地，岂其独不宜于臣衙门所奏准之津通？臣等统筹天下大局，津通则畿东南一正干也。水路受沿海七省之委输，陆路通关东三省之命脉；豫鄂则畿西南一正干也，控荆襄，达关陇，以一道扼七八省之冲。初意徐议中原，而先以津沽便海防，继以津通扩商利，区区二百里，其关系与豫鄂之千里略同。固将以开风气而利推行也。今张之洞亦设为津通五总理衙门最后说宜审之议，其中所虑各节，臣衙门前奏固已剖析无遗。惟事关创始，择善而从，臣等亦不敢固执成见。津通铁路应即暂从缓办……至铁路段落，则必以汉口至信阳为首段，层递而北，为最合算。”总理衙门最后说道，“铁路为今日利国利民之大端，经臣衙门与各疆臣反复推求，实已无义不搜，无微不至。今缓议津通而先办汉口卢沟，两头并举，四达不悖，以为经营全局之计，循序渐进之基，庶几有益于国，无损于民，事出万全，决可毅然兴办”③。

八月初二日（1889. 8. 27），上谕同意张之洞从卢沟桥直达汉口铁路设想，并拟从两头试办：南由汉口至信阳州，北由卢沟桥至正定府。上谕令李鸿章、张之洞会同海军衙门，“将一切应行事宜，妥筹开办”。并强调“此事造

---

① 《洋务运动》六，页295。
② 《洋务运动》六，页295。
③ 《洋务运动》六，页257－261。

端闳远，实为自强要图。惟创始之际，难免群疑，著直隶、湖北、河南各督抚剀切出示，晓谕绅民，毋得阻挠滋事。总期内外一心，官商合力，以蒇全功，而裨至计”①。

据《清史稿》记载：“盖自光绪初年，内外臣工往往条陈铁路，当国者亦欲试行以开风气，而疆吏畏难因循，顾虑清议，莫敢为天下先。”“初，鸿章倡津通铁路之议，举朝以为不可，鸿章持之甚力。之洞特创卢汉干路之说，调停其间，而醇亲王奕譞复赞之于内，其事始定。然其时廷臣尚多不以卢汉造路为然，但无敢昌言者。故通政黄体芳谓铁路不可借洋债以自累②，而台臣亦有言黄河桥工难成者③，以执政者坚持举办，久之浮议始息。鸿章与之洞书，谓局外议论纷歧，宜速开办，免生枝节，之洞深然之”④。

长达二十多年的铁路之争，最终经过张之洞“缓办津通，改建卢汉”的巧妙大挪移，促使“下铁路之诏”，铁路成为“自强要策”，且是一“至当不易之国策”——“青牛角”张之洞的撼动力无人能及。

---

① 《德宗实录》，卷269，页5–6。翁同龢在十月二十二日记中说：“又伊见醇邸，竟允每年二百万办铁路，余甚不谓然。”十六年闰二月初八日记载，“同福相访醇邸，商奉宸苑借款事（三十六万），因该铁路改议事，邸意怏怏，以为与香涛定议，不应中辍。”——《洋务运动》八，页246。

② 光绪十五年八月十八日（1889. 9. 12），署都察院左副都御史黄体芳上奏，针对筹办铁路借用洋款一事指出：“洋款用之甚便，偿之甚难，殆非计之得也。”——《洋务运动》六，页263–264。

③ 光绪十五年八月二十二日（1889. 9. 16），给事中张廷燎奏请“从黄河修起，桥成而南北可通，可以一气呵成。桥不成则别筹良策，帑或不至虚糜。”光绪十五年九月初五日（1889. 9. 29），给事中洪良品奏请“慎开工役以富储蓄也。”并反对借用洋款。——《洋务运动》六，页264。

④ 《清史稿》卷149《志》124《交通》一。铁路之诏下达不久，张之洞由两广总督、署广东巡抚调督两湖，锐意兴办卢汉铁路。光绪十六年（1890），“以东三省边事亟，从海军衙门王大臣及直督李鸿章言，命移卢汉路款先办关东铁路”，卢汉铁路中辍。甲午战后，为救亡图存，卢汉铁路重新上马，张之洞起用盛宣怀，借洋债筑路，招来谤议。盛宣怀倡议各省铁路自办以重路权，得请，铁路由官办改为商办，“当其时，以铁路为救时要图，凡有奏请，立予俞允。请办干、枝各路，经纬相属，几遍全国。”由此必然产生的弊端是事权不一，官商争利，并最终成为清朝灭亡的导火线。即如溥伟《清稗琐缀》记载，宣统辛亥春，北京有一歌谣出现，曰：“明亡于庙，清亡于道。”骤闻之似尚费解。释者曰：“庙祀魏阉，明祚随去；铁道国有，清运告终。秘数如此，前定可知。民国之兴，岂偶然哉？”

第十五章 清流派干预内宫权力的尝试

本章选取这几个案例，具有共同的特点。一是，这些事件很小，但牵涉对象都是内宫（太监、皇太后，甚至是皇帝）“家事”，因此，需要“大勇气”乃至“大联合”做出“大决策”。二是，清流敢于直言，甚至敢于据死力以保卫皇权国家，从而展现出士大夫的政治品格，如吴可读的“尸谏”。三是，它们体现了清议对内宫的联合干预。维护皇权、警惕太监干政、戒奢尚俭、维护祖制、辅弼君德圣德等等传统政治文化观念成为联合干预的理论基础，如安德海事件和阻修圆明园风波。四是，这种干预，更主要的是清流个人或群体应对与内宫相关联的突发事件和遭遇、为维护皇权、维护祖制传统、维护政治健康而进行的带有横向联合、互通声气特征的操作。如午门护军太监互殴案，张之洞、陈宝琛与张佩纶互通声气，通信往来频繁，对奏折内容、奏折呈递先后、奏折还是奏片一起上等进行商议等等。

本章力图通过描述这些小事件的处理过程，着重呈现以京师南城地区为依托的清流们的政治行为模式及其横向联合的增强态势。

一、安德海案

同治八年八月（1868. 9），恃功自大、飞扬跋扈、恃宠弄权的慈禧宠监安德海，违反祖制，以“奏旨差遣，织办龙衣”为名，出京南下，在山东境内被山东巡抚丁宝桢捉拿。在恭亲王奕䜣、文祥、李鸿藻、宝鋆等军机大臣力主严办的支持下，同治帝密谕丁宝桢将安德海就地正法。慈禧闻讯大惊，但碍于祖制，只得接受即成事实，并下令严肃宫禁。

安德海，道光二十四年（1844）出生在直隶南皮一个极贫苦的家庭。因父母早故，叔父无力抚养，10岁被阉割，12岁（咸丰元年）入宫成为咸丰帝御前太监。同年，叶赫那拉氏入宫被封为"兰贵人"，次年，进懿贵人。因咸丰召幸叶赫那拉氏多由安德海传谕，那拉氏便着意对安德海笼络安抚。六年三月，那拉氏生皇子载淳，进懿妃，得安德海随侍左右。七年，进懿贵妃。十年（1860），美法联军进逼京师，咸丰帝携后妃皇子及王公大臣逃往热河行宫，安德海随往。十一年七月，文宗崩，载淳继位，年号"祺祥"，上皇后钮钴禄氏尊徽号"慈安"，晋为慈安太后，上懿贵妃那拉氏尊徽号"慈禧"，晋为慈禧太后。咸丰临终密诏，派肃顺等八人为"顾命大臣"，辅弼幼主，赞襄政务。其后，慈禧太后和恭亲王奕䜣联合从肃顺等手里夺得最高统治权，史称辛酉政变。

与本节主题相关的是，安德海使用苦肉计，充当那拉氏和恭亲王密使，奔走于热河和北京间，为政变成功立下功劳，从而成为慈禧的心腹，深得宠爱和器重，升为大内总管，权倾宫中。有很多资料描述安德海的恃功自大，恃宠而骄，恃宠弄权，如在同治帝面前不守规矩，挑拨离间慈安与慈禧关系，挑拨慈禧与恭亲王关系等等。最典型的是同治四年慈禧太后借编修蔡寿奏参恭亲王"揽权、纳贿、循私、骄盈"之机处，罢黜恭亲王"议政王"称号，一度赶出军机处，弄得气宇轩昂、威严孤傲的恭亲王威严扫地。这件事据说是与安德海有关，《世载堂杂忆》"王湘绮之遗笺零墨"条就这样写道："孝钦侍监名小安者，恃宠索取。王戒以宫中宜节用。小安曰：'何事多费?'王不能举，但曰，即如磁器，每月例供一份，所存不少。于是小安悉屏御磁，尽用粗磁。孝钦异之，小安对以六爷有责言。孝钦曰：'约束乃及我也。'蔡御史知之，劾王贪恣。后以奏示王，王问谁奏？后答蔡寿祺。王亟曰：'彼非好人。'后怒，布王罪状，有'暖昧不明，难深述之'等语，朝野大骇。外国使臣亦探问事由，后意乃解，令王供职如初。顾因此而疑忌被斥者八人。恭王自此，愈形谨饬，卒得贤谥。小安则以擅离京师罪，斩首历城。"

历城杀安之事发生在同治八年（1869）七月。为给14岁的载淳筹办大婚，要到江南采办物品。安德海向慈禧提出去江南先行探听，获准。在京置办了两艘太平船（桅杆上悬挂着一面“三足乌”旗、二面有“奉旨钦差”和“采办龙袍”字样的龙凤旗）后，安德海带着女眷、家丁、随从40多人及大量珍宝，在通州登船，招摇南下。

安德海大概没有料到，当他无视祖制，踏出赖以生存、依附发展“母后的宫中”时，一张秘密的联合诛安网络已经铺展开来。指挥者就是同治皇帝。他最先得知安德海出京的消息，他颁发了自己的第一道密诏，盖上御玺（没有加盖两宫太后的“御赏”和“同道堂”印），以六百里加急密谕山东巡抚丁宝桢密切监视安的行踪，随时奏报①。丁立刻密令德州知州赵新在安德海入境后密切监视其行踪。七月二十日，安德海抵德州。二十一日，停船靠岸，在船上庆寿。赵新断定安德海此行定是私自出京，而太监违背祖制，擅自出京，必是死罪。但因太平船上挂着“奉旨钦差”、“采办龙袍”旗帜，又令他不能确保安德海是否奉有慈禧太后懿旨，遂决定观察几天。当安德海船驶出德州地界后，赵新“夹单密禀”丁宝桢安德海“招摇煽惑，骇人听闻”之处：“我朝三百余年，从不准宦官与外人交结，亦未有差派太监赴各省之事”的祖制，而且违制妄用“龙袍、龙凤旗帜”等御用禁物，并“携带女乐，尤属不成体制”。丁宝桢接到密报，立即与幕僚拟密折参奏安德海，以六百里加急密报同治帝，同时分别饬令东昌（今聊城）知府程绳武、驻东昌总兵王心安、济宁知州王锡麟、泰安知县何毓福及沿河各县，严密跟踪，伺机缉拿。

同治帝见折（据说是在慈安太后帮助下从慈禧太后手里取得了阅读奏折、熟习政事的机会），立即召见恭亲王奕䜣和内务府大臣明善，又召见李鸿藻、文祥、宝鋆等军机大臣，皆力主严办，“恭邸、文、李两公亦颇持说论，事遂决”②。李鸿藻亲书廷寄，“令所在严捕，指认明白，勿庸讯供，就地正法”③。

安德海船行至临清，转雇20余辆车马直奔聊城，并未察觉带员尾随其后

---

① 丁宝桢（1820－1886），字稚璜，贵州平远人。咸丰三年进士。十年授湖南岳州府知府，后调长沙府。同治二年授山东按察使，次年迁布政使。六年升山东巡抚。以为人刚毅、不畏强悍见称于朝野。光绪二年调四川总督。（《清史稿》卷447《列传》234《丁宝桢传》）。据《清史纪事本末》：“安德海声势煊赫。帝年浸长，心恒忧之。时于宫中以剑断泥人首，……则曰杀小安子。会宝祯入觐，帝遣人与宝祯密谋诛德海。”又据《清朝野史大观》：“先是山东巡抚丁宝桢陛见，载淳见其遇事敢为，密商于慈安后，令宝祯俟机诛安德海。”

② 《翁同龢日记》，第2册，页711。

③ 李宗侗，刘凤翰：《李鸿藻先生年谱》，册上，页164。

的聊城东昌府署理知府程绳武。八月初二日，抵达泰安，夜宿义兴客栈。知府程绳武、总兵王心安与泰安知县何毓福商定①，由何毓福带员先去参见安，随后派差役张升去客栈请安德海赴县衙接风。晚上，待安德海赴宴，又派泰安参将姚绍修率兵包围义兴客栈，待安德海返回时搜捕，解往济南巡抚衙门。八月初三日，丁宝桢亲自审问，以“宦竖私出，非制；且大臣未闻有命，必诈无疑”奏请同治帝将安德海定罪处斩。

安德海被抓的消息被几个漏网的随从连夜报告给慈禧，她的懿旨先于同治帝圣旨到了济南，丁宝桢则以建皇亭接懿旨而后隆重开读为由，将懿旨先行供奉，争取时间等候皇帝圣旨。

八月初四日，接到丁折的同治帝召见恭亲王奕䜣、李鸿藻、文祥、宝鋆等军机大臣，拟密旨令将安德海就地正法。八月初六日，以六百里加急分别密谕直隶总督曾国藩、两江总督马新贻、漕运总督张之万、江苏巡抚丁日昌、山东巡抚丁宝桢，饬令将安德海等人“一体严拿正法”。这通上谕，如同一个绝杀令，安德海几乎没有脱逃的可能了：“八月初四日奉上谕，丁宝桢奏太监在外招摇煽惑一折。据德州知州赵新禀称，七月间有安姓太监乘坐太平船二支，声势炫赫，自称奉旨差遣织办龙衣，船上有日形三足乌旗一面，船旁有龙凤旗帜，带有男女多人，并有女乐品竹调丝，两岸观者如堵。又称本月二十一日系该太监生辰，中设龙衣，男女罗拜。该州正在访拿间，船已扬帆南下。该抚已饬东昌济宁各府州饬属跟踪追捕，等语。览奏深堪诧异。该太监擅自远出，并有种种不法情事，若不从严惩办，何以肃宫禁而儆效尤。著马新贻、张之万、丁日昌、丁宝桢迅速派委干员，于所属地方将六品蓝翎安姓太监严密查拿，令随从人等指证确实，毋庸审讯，即行就地正法，不准任其狡饰。如该太监闻风折回直境，即著曾国藩饬属一体严拿正法。倘有疏纵，惟该督抚是问。其随从人等有迹近匪类者，并著严拿，分别惩办，毋庸再行请旨”②。

同治帝又令荣禄查抄安府。慈禧得知安府被抄，盛怒，令李莲英请奕䜣进宫，奕䜣佯装生病，让李把同治帝的谕旨带给慈禧太后，其意在于表明是奉旨杀安。八月十一日，丁宝桢连夜将安德海正法。天亮后，开读慈禧懿旨并复奏。慈禧接到奏折，召见军机大臣，明发上谕，以肃纲纪。同治八年八月十一

① 何毓福，字松亭，汉军镶红旗人。在京任监察御史，因参奏安德海而被陷入狱。后因证据不足，又因何母是同治帝乳娘，得以释放，贬为泰安县令。

② 《咸同两朝上谕档》十九，页212。

日上谕称：

“本月初三日丁宝桢奏，据德州知州赵新禀称，有安姓太监乘坐大船，捏称钦差织办龙衣，船旁插有龙凤旗帜，携带男女多人沿途，招摇煽惑，居民惊骇。等情。当经谕令直隶山东江苏各督抚派员查拿，即行正法。兹据丁宝桢奏，已于泰安县地方将该犯安得海拿获，遵旨正法。其随从人等本日已谕令丁宝桢分别严行惩办。我朝家法相承，整饬宦寺，有犯必惩，纲纪至严。每遇有外在招摇生事者，无不立治其罪。乃该太监安得海，竟敢如此胆大妄为，种种不法，实属罪有应得。经此次严惩后，各太监自当益知儆惧，仍著总管内务府大臣严饬总管太监等，嗣后务将所管太监严加约束，俾各勤慎当差，如有不安本分，出外滋事者，除将本犯照例治罪外，定将该管太监一并惩办，并通谕至省各督抚严饬所属，遇有太监冒称奉差等事，无论已未犯法，立即锁拿奏明惩治，毋稍宽纵。”同日，又发上谕将安德海的太监随从若干执行绞决、分别惩办①。

这通上谕，强调的是一切都是依照谕令，遵旨、遵循祖宗家法行事。它凸显的是皇权，凸显了同治帝的“君德”，九月初七日，又将此谕旨一并“载入宫中现行则例”②。严肃宫禁的目的达到了——在强调皇帝权力的同时，间接地限制了慈禧太后的威权。

安德海事件，是一次由慈安太后③、同治皇帝、恭亲王奕䜣、军机大臣文祥、帝师李鸿藻、山东巡抚丁宝桢乃至地方知县参与的联合干预。

1. 这场干预的各个环节，都是瞒着慈禧太后秘密进行的，这是因为担心慈禧太后知道后，此事会受到阻挠而无法处决安德海。这个案件的最高权力支撑是同治皇帝，是奉“圣旨”杀安，维护皇权、肃宫禁、遏制宦官干政势头是参与者的共同动机。

2. 促使众人下定决心处决安德海以及最终使得慈禧无话可说的是清朝限

---

① 《咸同两朝上谕档》十九，页218－219。

② 《咸同两朝上谕档》十九，页240。

③ 《清史稿》认为丁宝桢是奉东宫慈安太后的懿旨而杀安德海：“同治八年，内监安德海出京，山东巡抚丁宝桢以闻，太后（慈安）立命诛之。”——《清史稿》卷214《列传》1《后妃传》。

制太监的祖制。清朝历代帝王对祖制可以说是遵守最为严肃，自始至终①。入关前，“祖宗创业，未尝任用中官”。入关后，顺治帝鉴于明朝委用宦寺亡国的教训，设立内务府管理内监②，又额定宫中内监人数，从明代三万人减少到千余名。顺治十年，明发上谕规定太监品级“不过四品。非奉差遣，不许擅出皇城。外官有与交结者，发觉一并论死”③。十一年，设十三衙门，亲撰严禁宦官干政谕旨。十二年，复于交泰殿铸铁碑，文曰：“以后有犯法干政，窃权纳贿，嘱托内外衙门，交结满、汉官员，越分擅奏外事，上言官吏贤否者，凌迟处死”④。这道铁牌，成为有清一代禁止宦官干政、世遵勿替的家法，经过二百多年来的严格执行，已成为人们的思维理路⑤。作为熟悉历史的士大夫而言⑥，他们对宦官专权，败坏政治清明，乃至国家倾覆的惨烈危害牢记戒惧。

辛酉政变，慈禧太后以政变而得权，她的垂帘听政是“暂时而为之”，她的身边有个皇帝待成长、待亲政。当有人借助慈禧太后的权势，尤其是太监仗恃她的宠爱而违犯祖制，且到处招摇时，就会引起人们对太监干政的恐惧，尤其是前明政权覆亡的担忧，因此历史经验的提醒，促使人们对此事件产生焦虑，而祖制规定则为其提供了处罚的依据。

维护祖制或传统，在这次行动中成为了无论是王公大臣或地方督抚，抑或是洋务或者清流派的共同识认。而安德海违反了祖制所有规定：“私自出京”罪（内监不得出京，违者立诛）；“诈称内使等官”罪（以六品蓝顶冒名钦差）；“窃权纳贿”罪（口称带有密旨到处招摇）等数罪，而胆大妄为，违背

---

① 这一点与明朝不同。明太祖朱元璋为了防止宦官干政，曾铸铁碑悬于宫门：“内臣不得干预政事，预者斩。”明成祖朱棣在“靖难之变”中得到宦官支持，遂宠信重用太监，赋予其出使、专征、监军、刺探情报等权，使内廷宦官干涉军政大事，“卒贻子孙之患”。从明英宗朱祁镇开始，先后出现过宦官王振、曹吉祥、汪直、刘谨等专权局面，而明末宦官魏忠贤，专断国政达到顶峰，终致明亡，可谓“明代阉宦之祸酷矣，其去汉、唐何远哉！”——《明史》卷340《阉党传》；卷93《刑法志》。

② 《清史稿》卷118《志》93《职官》5《内务府》。

③ 《清史稿》卷5《本纪》5《世祖本纪》。

④ 《清史稿》卷118《志》93《职官》5《内务府》。

⑤ 高宗认为“我朝列圣家法，事事超越往古，而内庭法制尤为严密……迄今百有余年，从无一人能窃弄威福者，固有于法制之整肃，而实由于君德之清明。”乾隆三十四年，《国朝宫史》告成，其中“训谕”门辑录管理宦官防止其专权的谕旨。

⑥ “其败国蠹政之事，不可单（尽）书。”——《后汉书》卷78《宦者列传》。

祖制则更属“大逆不道”，将其处以极刑，有理有据。

此案，不在于安德海该不该杀，而在于敢不敢杀。因为安德海和慈禧太后是联系在一起的，因此，也才有了丁宝桢诛杀安德海、不畏西太后之说，因此也才有朝野震惊、举国瞩目之状。在参与者以维护祖制并给慈禧太后足够尊严和体面之时，慈禧权衡利弊，她不会怀疑王公大臣地方督抚等维护祖制、维护皇权、维护清朝统治的忠心。更何况，维护严格、严密的祖制，就等于巩固皇权的威严，而这也正是她苦心孤诣之所在。

3. 此案所反映的清议洋务等联合思路，与同光之交清议整顿吏治、内宫节廉修省、人才、官职和科举改革、洋务与涉外等各种思路不同，它更多地反映了一种联合，一种对于祖制传统的维护，一种对于政治健康的维护，希望通过对内宫皇权周围尤其是太后身边的“官吏”的治理，来切断它对宫外吏治的影响和联合，从而维护宫外的吏治，使其健康发展。

本案表明，维护皇权国家、防止内监擅权，是洋务与清流联合干预内宫的政治心理共识，是他们在内政治理上的同调。以下两个最有实力的疆吏的褒词是很好的注脚：一是湖广总督李鸿章，他从《邸钞》看到诛安消息后，“矍然起，(将邸抄) 传示幕客，字呼丁公曰：‘稚璜成名矣!’”二是直隶总督曾国藩，他闻讯后对幕僚说：“吾目疾已数月，闻是事积翳为之一开，稚璜豪杰士也”①。

二、阻修圆明园

同治十二年正月二十六日，同治帝亲政，谕令重修圆明园为两宫颐养之所，遭到廷议的反对。既而，因工部内务府等舞弊丑闻，王公大臣、科道言官纷纷上奏，同治帝被迫收回成命。其大概情形摘抄如下，并做如下概述。

圆明园地处西郊，原为前明懿戚徐伟别墅旧址，康熙间名畅春园。世宗在潜邸时，圣祖命于园中辟地筑室，为世宗读书之所，并赐名圆明。该园“闳敞壮丽冠中国。清制宫中祖制严，兴居有时，饮食服御有常度，帝恒苦之，时巡幸热河。林清变后，则罕幸热河，而常驻园，后暨妃嫔皇子悉侍焉”②。咸丰十年，咸丰帝由圆明园出逃并病死热河，圆明园惨遭火烧，遂成不可触摸之

① 钱仪吉：《清代碑传全集》，册下，页942。

② (清) 王无生：《述庵秘录》“恭忠亲王谏复建圆明园”条。

隐痛。“载淳御极，洪金田事败，张乐行、濑汶光先后毙，内外颂承平。慈禧、载淳思所以为乐者，于是重建圆明园之说起”①。1868年至1871年，重修圆明园被多次提出。

同治七年（1868）七月，御史德泰奏请重修圆明园，并代递内务府官员贵祥所拟京外各地按亩按户按村鳞次收捐的筹款章程。此议一出，立遭恭亲王奕䜣等极力反对，请旨严责。八月初一日上谕说：“前日据御史德泰奏请修理园庭，以复旧制，并称内务府库守贵祥有拟就章程五条，既不用动用库款，又可代济民生，条理得宜，安置有法，各等语。当论军机大臣将德泰代递贵祥所拟章程呈览，详加批阅，荒谬离奇，实出情理之外。当此军务未平，民生困苦流离，朝廷方欲加抚恤，以副视民如伤之隐，乃该库守则请于京外各地方，按户按亩按屯麟次收捐，如此扰害闾阎，尚复成何政体？前明加饷派饷以致民怨沸腾，国事不可复问，我列祖列宗屡次引为殷鉴。中外大小臣工，讵不深知。况御史为言事之官，其于国计民生有碍者，正当历陈其弊，藉资补救，不意德泰所陈显违列圣之彝训，反欲朝廷剥削人民，动摇邦本，并以贵祥所拟章程为可取，且云于国计民生两有裨益。丧心病狂，莫此为甚。德泰著即革职，贵祥以微末之员，辄敢妄有条陈，希图渔利，著即革去库守，发往黑龙江给披甲人为奴，以为莠言乱政者戒”②。

德泰所为据说是受到了慈禧宠爱的太监安德海的指使。宦寺参与朝政本身就违祖制，何况当时的国情根本不容再兴土木③。

同治十二年正月二十六日，同治帝亲政。慈禧令李鸿藻、徐桐、林天龄、桂清、广寿“均著照常入直，尽心讲贯，用收启沃之功”④。并在上谕中昭示

① （清）陈康祺：《郎潜纪闻初笔》，卷1，“沈侍御谏罢重修圆明园”条。

② 《咸同两朝上谕档》十八，页297。

③ 当时的况正如同治七年七月十七日上谕所说：“现在捻军虽已肃清，陕甘云贵等省军事方殷，河患未平，库储未裕，流亡未复，物产未丰，正我君臣交相咨儆之时。朕钦奉两宫皇太后懿训，忧勤惕厉，轸念时艰，典学亲师，讲求治道。大学士倭仁等务当尽心启沃，裨益朕躬。军机大臣恭亲王等亦当兢惕同深，弥勤赞画，其各部院臣工均有官守言责，并当精白乃心，实事求是，各该督抚将军府尹等，身膺重寄，尤不可以军务渐平，于察吏安民及兴利除弊事宜，稍形疏懈，总期力戒因循，同求上理，以收长治久安之效。”——《咸同两朝上谕档》十八，页282。安德海作为宦寺，却唆使身为言官的御史上如此奏折，不能不引起恭亲王奕䜣等人的警惕，也为次年诛杀安德海埋下了伏笔。

④ 《咸同两朝上谕档》二三，页33。

广开言路、孜求用人行政、励精图治之意，这无论如何都是鼓舞人心之事，言官纷纷上奏，对国家用人、行政、吏治等问题建言献策①。

八月二十一日，同治帝以“颐养”太后，“以备圣慈燕憩’为名颁发修园上谕②。李鸿藻率先上疏谏止，认为“粤捻初平，回焰方炽，必当培养元气，不宜以有用之财，置无用之地”③。其后，他多次上疏和密谏，力图阻止修园计划。

九月二十八日（1873. 11. 17），同治帝发布“择要重修”上谕，“命葺治圆明园，奉皇太后驻跸，上娱两宫皇太后之圣心，下尽朕之微孝薄忱”④。并令“王公以下京外大小官员量力报效捐修。择要重修的部分也有三千余间，规模不可谓不大。在大乱初平，自强自治为急务之际，新君即位即发游兴，实非国家之福。

十月初一日（1873. 11. 20），陕西道监察御史沈淮上疏，以帑藏支绌、水旱频仍、军务亦未尽蒇为由，力请暂缓修理圆明园。同治帝非常恼怒，时人陈康祺笔记记载：“当园工议兴，中外错愕，台谏中惟沈桐甫侍御淮，首上书力争。上震怒，立召见，谕以大孝养志之义。沈素呐呐，青蒲独对，慑于天威，但连称兴作非时，恐累圣德而已”⑤。

又，“沈退朝过余，余曰：‘上圣明，丈宜补草一疏，剀切和平，必回天听。大略谓：天子以天下养，凡可以博亲欢者，何敢顾惜帑项。然淀园之毁，

① 二月初一日，御史吴鸿恩上呈《敬陈管见一折》，提出了为政之要，首重得人、治理军饷弊端、广开言路等建议，得到上谕鼓励：“现当言路广开之际，凡属臣工，均当竭诚献纳，嗣后有言责诸臣，务于政治之得失，民生之疾苦，剀切核陈，用资采择。内而部院诸臣，外而封疆大吏，责任至重，尤当随时严饬属僚，矢慎矢勤，实事求是，不得粉饰新训，致负谆谆告诫至意。”——《咸同两朝上谕档》二三，页45。

② 中国第一历史档案馆：《圆明园》，上册，页626。

③ 李宗侗、刘凤翰：《李鸿藻先生年谱》，上册，页190。

④ 李宗侗、刘凤翰：《李鸿藻先生年谱》，上册，页191。

⑤ 《清史稿》卷423《列传》200《沈淮传》：“淮，字东川，浙江鄞县人。道光二十九年举人，授内阁中书，充军机章京。咸丰十年，文宗狩热河，淮不及从，恸哭欲投井，家人守之不得死。迁刑部主事，进员外郎，授陕西道监察御史。疏劾户部主事杨鸿典揽权纳贿，下刑部逮治，仅以小过议镌级，及阎敬铭为尚书，始奏劾谴黜。园工兴，淮疏首上，当时与百川齐名。光绪元年，充顺天乡试监试，力疾从事，出闱，旋卒。家固中人产，官京师，斥卖殆尽，人尤服其清节。”

非由天灾，今时事艰难，仇人在国，即库藏充溢，亦不当遽议兴修。皇上之意，原为两宫颐养起见，但臣恐园工落成，两太后入居其中，反觉愀然不乐。愿皇上自强不息，时时以继志述事为念，则所以仰慰文宗及两宫皇太后者，于孝道尤为光大云云。如此立言，上必感悟。'沈丈深韪余言，拟次日削稿，又次日封上"①。

十月初二日（1873. 11. 21），同治帝再次下谕酌修圆明园，以为两宫养颐之所，上谕说："现在帑藏支绌，水旱频仍，军务亦未尽蒇。朕躬行节俭，为天下先，岂肯再兴土木之工，以滋烦费。该御史所奏，虽得自风闻，不为无见。惟两宫皇太后保佑朕躬，亲裁大政十有余年，劬劳倍著，而尚无休憩游息之所以承慈欢，朕心实为悚仄。是以谕令总管内务府大臣，设法捐修，以备圣慈燕憩，用资颐养。但物力艰难，事宜从俭，安佑宫系供奉列圣圣容之所，暨两宫皇太后驻跸之殿，并朕办事住居之处，略加修葺，不得过于华靡，其余概毋庸兴修，以昭节省。将此明白通谕中外知之"②。

十月初七日（1873. 11. 26），福建道御史游百川上奏阻止修园。游百川，字汇东，山东滨州人。同治元年进士，选庶吉士，授编修。六年，迁御史，巡西城。以谏言闻名所上奏疏多涉及清除吏弊问题，如胥吏舞弊、赏罚分明、慎重保举等。此次，针对同治帝的修园上谕，游百川又拿出憨直劲头，他在奏折中说，修园计划"兴作非时，恐累圣德"。在上谕特别宣示孝养两宫之意，专修安佑宫供奉列圣御容，暨皇太后驻跸之所，并强调"治事之地，量从节俭，不事华靡，此外均不必兴修"之后，百川继疏申谏。同治帝大怒，亲拟一道谕旨："两宫皇太后保佑朕，亲裁大政十有余年，勋劳倍著，而尚无休憩游息之所以承慈欢。今令内务府集资，修复旧园，以备圣慈燕憩，竟有游百川等不知大孝养志，敢以阻修，实堪痛恨。"同治帝虽然恼怒，却并未真的将游百川革职。据《清史稿》记载："十二年，上亲政，命葺治圆明园，奉皇太后驻跸。御史沈淮疏请暂缓修理，上特谕宣示孝养两宫之意，专修安佑宫供奉列圣御

① （清）陈康祺《郎潜纪闻初笔》，卷1，"沈侍御谏罢重修圆明园"条。

② 《咸同两朝上谕档》二四，页219。《越缦堂国事日记》（三），页1140记此事稍略。《清史稿》记载，同治十二年，"上亲政，命葺治圆明园，奉皇太后驻跸。御史沈淮疏请暂缓修理，上特谕宣示孝养两宫之意，专修安佑宫供奉列圣御容，暨皇太后驻跸之所，治事之地，量从节俭，不事华靡，此外均不必兴修。"——《清史稿》卷423《列传》200《游百川等传》。

容，暨皇太后驻跸之所，治事之地，量从节俭，不事华靡，此外均不必兴修。百川继疏申谏，上召入诘责，百川侃侃正言无所挠，上为动容，一时敢谏之名动朝野。寻以忧归，服除补官，迁给事中。”游百川上疏犯颜直谏，声震朝野，《清史稿》论曰：“游百川等阻修圆明园，謇謇负直谏名，良不虚也”①。

时人及后世多赞此为国朝盛事，陈康祺《郎潜纪闻初笔》“沈侍御谏罢重修圆明园”条记载：“嗣闻游侍御百川者，袖疏廷诤，谔谔数百言，声震殿瓦，上虽未遽收成命，而懋直犯颜，不加谴责。”作者将游百川、沈淮与国朝谏臣并列，该书“本朝谏臣”条记载：“国朝谏臣，首数彭鹏、郭琇，至孙文定公嘉淦以‘自是’箴高宗，袁铣以‘寡欲’规宣庙，昌言主德，风棱卓然，盖古之遗直矣。……同治一朝，张盛藻论同文馆，边宝泉参李伯相进瑞麦，及游、沈二君谏停园工诸疏，皆剀切可涌。主圣臣直，亦遭其时然也。”

修理圆明园一事，虽由上谕下发，但外间已经传闻是慈禧在幕后主使，李慈铭十月初八日日记即云：“闻修理圆籞，出自西朝之意。李傅（按：李鸿藻）苦谏不可违。今日宫门钞召见御史游百川及恭醇两邸，盖游昨日有疏，二王当亦有言也”②。李慈铭所记，既然是出自西朝之意，那么二王当有言，只是推测，奕䜣等所言为何，已难知晓。从奕䜣十二月初三日“筹备纹银二万两，为捐助圆明园工程用”看，他已知修园之举不可更改，故于十三年三月二十四日，又“筹备银五千两，捐助圆明工程之用”③。

同治十三年正月十九日（1874. 3. 7），重修工程正式开始。据《越缦堂国事日记》，至次年二月，总管内务府奏准，行文两湖两广四川等省，各采办大件木料各三千件（楠、柏、黄松等），限期报送北京，以备修园所需木材。此时，“候补知府”李光昭声称，愿为修园“报捐”三十万元的优质木植应急④。内务府官员出面奏请获准，李遂以“奉旨采办”为名并私刻“奉旨采

① 《清史稿》卷423《列传》200《游百川传》。游百川在上疏谏阻圆明园后，官职一路升迁，光绪五年，游百川出任湖南衡永郴桂道，后迁四川按察使，又擢顺天府尹，又迁仓场侍郎。

② 《越缦堂国事日记》三，页1140。

③ 中国第一历史档案馆：《圆明园》，上册，页694。

④ 李光昭，原籍广东嘉应，以贩卖木材和茶叶为生。同治元年由监生在安徽省报捐知府衔，但未得部照。同治十一年，到京贩卖木材时，结识内务府大臣诚明、堂郎中贵宝、笔帖式成麟，谎称自己在各省购留许多楠、柏、衫、梓、松木，愿报效修圆明园木料，运至通州，限十年运足价值十万两银子的木料。

运圆明园木植李衔”关防，在四川等地招摇撞骗。

五月二十日，四川总督吴棠上折，以巨木已经被回民及太平军起义毁伐，水陆运输极度困难，奏请展期办理。同时又奏李光昭报捐优质木植数十万金纯属空言：“数十年来，未闻有外来李姓客在川购办木料存留未运之事，近岁亦无李光昭其人采办木植，殊属毫无凭拟。”

李光昭从法国商人那里购买了价值五万四千二百五十元的洋木，先付定洋十元，货到天津即付全款。又向内务府谎报自己购买了价值三十万元两的木材“报效”①。木材运到天津后，同治帝急令直隶总督、北洋大臣李鸿章免税放行，迅速运京。孰料李光昭以木材尺寸与原议不合为由，拒不付款。于是，法商经由法国驻天津领事出面，照会津海关和天津道，李光昭私自废约有意欺诈，要求清廷立即拘留李光昭，勿使逃走，令其付款并赔偿法商损失。

七月初七日，直隶总督李鸿章将查明情况上奏，同治帝大怒，令将李光昭先行革职，交李鸿章严办②。

李光昭谎报木价案彻底暴露，消息传开，舆情大哗。李案所反映的吏治弊端，修圆过程中同治帝的多次巡视③，以及游观宴乐、微服冶游等传闻，令人产生一种新君即位伊始，大兴土木而不图励精图治的忧虑。于是出现了以下王公大臣联衔上奏、御史言官交互上疏劝止修园的局面。

七月十六日（1874. 8. 27），恭亲王奕䜣、醇亲王奕譞、惇亲王奕誴、军机大臣、吏部尚书、大学士文祥、大学士李鸿藻等十位王公重臣联衔上折，痛陈修园巨弊，恳请速停园工。该疏由帝师李鸿藻润拟，“罗举畏天命、遵祖制、慎言动、纳谏章、勤学问、重库款凡六事，六方面，其要则在诫帝与太监

① 六月初十日邸钞：内务府代奏李光昭呈进木植。——《越缦堂国事日记》三，页 1145 - 1146。

② 上谕云：“李鸿章奏职官报效木植，现在无从验收转解一折。据称候选知府李光昭报效木植，现与美法两国商人互控结讼，轇轕甚多，且所买法商木植较之呈报内务府之数木价既多且浮开，银亦分毫未付等语。李光昭所办木植，经李鸿章查明，系买自法商，其价仅议定洋银五万四千余元，而在内务府呈称购运洋木，竟敢浮报值银三十万两之多。似此胆大妄为，欺罔朝廷，不法已极。李著即先行革职，交李鸿章严行审究，照例惩办。所有李光昭报效木植之案，著即注销。”——《越缦堂国事日记》三，页 1147。

③ 十三年三月十二日，上幸圆明园佑安宫等处看视工程。四月初九日，上幸佑安宫阅视工程，于双鹤斋进晚膳。五月二十日、六月初三日，阅视工程。——《越缦堂国事日记》三，页 1142 - 1146。

等以嬉戏为乐，藉看工程，恣意游观，人言不可不畏也”①。

七月十八日（1874. 8. 29），经再三奏请，载淳才召见王大臣，态度极不耐烦：“我停工如何？尔等尚有哓舌？”当恭亲王说道“臣等所奏尚多，不止停工一事，容臣宣诵”并逐条讲读折中所陈、反复指陈时，载淳大怒，竟然说出了“此位让尔如何”之话，吓得文祥“伏地一恸，喘息几绝”，被先行搀扶出去。醇王接着“泣陈”，至“微行”一条时，载淳“坚问何从听闻”，当醇王“指实时地”时，乃“怫然语塞”。最后，面对强大的谏阻势力，才表示“园工一事，未能遽止，为承太后欢，尝请命太后也”②。李鸿藻遂亲撰奏折呈递两宫皇太后，指出圆明园系伤心、不祥之地，而“非驻跸之所宜”；在军饷、防务“经费尚不知从何筹措”及“大局粗安，元气未复，当匮乏之时”，重修圆明园，“为不急之务，其知者以为皇上之孝思，其不知者将谓皇上渐耽安逸，人心有不免涣散者也”。如此，“徒伤国体，于事万难有成”，不如及早停工，以安天下之人心③。

七月十八日，御史陈彝上“内务府大臣办事欺朦，请予处分折”，上谕令将牵涉此案的内务府大臣“交部议处，以示惩儆”④。七月二十四日，御史孙凤翔上“前署内务府司员肆行欺罔，情罪尤重，请先予严惩”折，奏参现内务府大臣贵宝朦混具稿呈堂，并与李光昭交通舞弊。上谕令将贵宝先行交部严加议处⑤。

七月二十七日，同治帝召见奕䜣，诘问微行一事从何处听闻，若不指出，则是捏造虚言。奕䜣如实告知是“臣子载澂”。同治帝恼怒，“且迁怒及载澂”⑥。（清）王无生《述庵秘录》“恭忠亲王谏复建圆明园”条证实了这种说法：“时交涉日棘，库无储蓄，谏言不行，恭忠亲王坦然力争之。一日叩宫门

① 萧一山：《清代通史》三，页672－673。

② 萧一山：《清代通史》三，页673。

③ 李宗侗，刘凤翰：《李鸿藻先生年谱》，上册，页212。

④ 《越缦堂国事日记》三，页1147－1148。陈彝，字六舟，号听轩，晚号蜕翁，江苏仪征人。同治元年殿试传胪（其父山西按察使、江西布政使陈嘉树为道光二年传胪，陈嘉树祖孙三代有“一门三进士，父子二传胪”的美谈），授修撰，转科道，历任宗人府府丞，浙江学政，顺天府尹，安徽巡抚，礼部侍郎，湖广道御史。耿直敢言，上书弹劾侍讲王庆祺诱导同治皇帝冶游沾染恶疾而亡，时称“敢言御史”。

⑤ 《咸同两朝上谕档》二四，页242；《越缦堂国事日记》三，页1148。

⑥ 吴相湘：《晚清宫廷实纪》，页202。

请见，载淳知为园事也，问曰：‘尔来为阻建园乎？朕志久决，亦何必拂太后意。且朕居彼，与尔等讨论国是亦甚善。’恭王叩首言：‘当今内患虽平，外难日亟，库藏无存蓄。圆明园宪、纯两庙所修，当时财力远过今日。且纯庙谕旨：后世子孙勿得踵事华饰。今建园简陋，无以备翠华之临幸，复旧则国币不足。以某之愚，不若少缓便。’载淳默良久，卧榻上。王更言祖制不可失，历数所以训俭者。时载淳好著黑色衣，谓曰：‘尔熟祖训，于朕事尚有说乎？’王曰：‘帝此衣即非祖制也。’（宫中制色衣无黑色）因诫载淳勿微行。载淳曰：‘朕此衣同载澂一色，尔乃不诫，而来谏朕（载澂，王之子也）。尔姑退，朕有后命。’”

恭亲王退下后，同治帝“旋召大学士文祥入，且坐正殿曰：‘朕有旨，勿展视，下与军机公阅，速行之。’文祥知其怒，拆视则杀王诏也。文祥碰头再三请，终弗怿。”同治帝此时已从“卧榻上”转为“坐正殿”，且不让文祥展视圣旨，说明他在很短时间内下了杀王圣旨，说明同治帝年少气盛，加之亲政后帝王威权，受不得他人忤逆的性格。以慈禧的政治智慧，在皇帝刚刚亲政亟须励精图治之时（军需亟须保障，吏治积弊亟待清除），在众多王公大臣联名上书之下，她不会动杀恭亲王的念头，也不会听任皇帝的作为，因此，当“文祥退，叩太后宫，泣诉之。太后曰：‘尔勿言，将诏与予。’杀王之事乃寝”①。

上疏力阻中诤言最力者为李文田②。据李慈铭《越缦堂国事日记》记载：“（七月三十日）若农师出示其六月初七日所上请停止园工封事若三千语言。以近日彗星见戌亥之交，为天象示警。其前列今有三大害，一是民穷已极，二是伏莽遍天下，三是要害尽为西夷盘据。中言焚圆明园之巴夏里等人尚存，昔既焚之而不惧，安能禁其后之不复为？常人之家，或被盗窃犹必固其门墙，慎其筦钥。未有更出其财物以誇富于盗贼之前者。后言此皆有内务府诸臣及左右宵人荧惑圣听，导皇上以朘削穷民为其自利之计。《大学》言：聚敛之臣不如盗臣，又言：小人为国家菑害，并至说者谓菑者天灾，害者人害。今天象已见，人事将兴，彼内务府诸人岂知顾天下大局？借皇上之威，肆行朘削，以固其宠，而益其富。其自为计则得矣。皇上亦思所克剥者固皇上之民，所败坏者

① （清）王无生：《述庵秘录》“恭忠亲王谏复建圆明园”条。

② 李文田，光绪二十年七月甲午战争爆发，在政府不敢言、外廷不敢言情况下，“疏请起用奕䜣”，得旨。

固皇上之天下，于皇上何益哉？使自来为人君者，日朘削其民而无他患，则唐宋元明，将至今存，大清又何以有天下乎？又言，皇上亦知圆明园之所以兴乎？其时高宗西北拓地数万里，俄罗斯英吉利日本诸国皆远震天威，屈服隐匿，又物力丰盛，府库山积，所有园工悉取至内帑而民不知，故天下皆乐园之成。今俄罗斯诸夷出没何地乎？国帑所积何在乎？百姓皆乐赴园工乎？圣明在上，此皆不待思而决者矣。云云深论，危言详尽，痛切古今之名奏议也。闻上阅，竟不置一语。盖圣心亦颇感动。外间闻传上震怒裂疏掷地，妄言也。若农师去年江西任满，以太夫人已七十有七，常有小疾，已欲乞养归。因闻朝廷议修园籞，江西僻陋，邸报罕至，巡抚刘坤一又秘廷寄不肯告人，师乃入京复命。先以东南之事可危，李光昭之奸猥无行告尚书宝鋆，责其不能匡救。宝曰：君居南斋，亦可言也。何必责军机？李曰：此来正为此耳，无劳相勉。遂不欢而散。上疏以后，绝不告所知。有往询者，则曰已焚稾矣。（此疏）见之者，惟逸山与予等一二人耳。……自去年圆工之兴，上疏者沈、游两御史，大臣惟李尚书力争之。外间则李总督宗羲、袁阁学保恒（时尚为詹事）、谢麐伯学使而已。其参劾李光昭者，王少卿家璧、两湖李总督翰章。……其力陈时弊者，今年春邓铁香、陈六舟两御史先后有疏。近日，李尚书及侍讲宝廷亦言之甚切，皆留中不报”①。

七月二十八日，吏部议处内务府大臣工部尚书崇纶、左侍郎明善、前任总管内务府大臣镶黄旗汉军都统春佑、总管内务府大臣前署堂郎中贵宝等，因对李光昭具呈报效木植一事蒙混回堂、欺蒙入奏，革职②。

七月二十九日，（9. 9）早朝，同治帝又召见军机大臣、御前大臣等再议是否修园之事。中午，又召见王公大臣和帝师翁同龢③。同日，发布上谕，停止圆明园工程，改修三海：“前降旨谕令总管内务府大臣将圆明园工程择要兴修，原以备两宫皇太后燕憩，用资颐养而遂孝思。本年开工后，朕曾亲往阅看数次，见工程浩大，非克期所能蒇功，现在物力艰难，经费支绌，军务未尽平定，各省时有偏灾，朕仰体慈怀，甚不欲以土木之工重劳民力，所有圆明园一

① 《越缦堂国事日记》三，页1150－1153。

② 《越缦堂国事日记》三，页1148－1149。

③ 据吴相湘《晚清宫廷实纪》，翁同龢奏请“今日事须有归宿，请圣意先定，诸臣始得承旨”时，同治帝问：“待十年或二十年，四海平定，库款充裕，园工可许再举乎？”诸臣答以：“如天之福，彼时必当兴修！”——该书，页205。

切工程，均著即行停止。俟将来边境乂安，库款充裕，再行兴修。因念三海近在宫掖，殿宇完固，量加修理，工作不致过繁，著该管大臣查勘三海地方，酌度情形，将如何修葺之处，奏请办理①。

翁同龢等人至军机处拟停修谕旨，递上去后被留中不发。但内廷忽然发下一道朱谕交给文祥等人，列举恭亲王种种罪状：“闻之道路……恭亲王无人臣礼，当重处。遂朱笔尽革恭亲王所兼军机大臣及一切差使，及其子载澂一切爵秩，降为不入八分辅国公，交宗人府严议。王大臣等顿首，固请，上不顾而起，即以所革恭王差使分简诸王大臣，复崇纶等三人官收回”②。文祥等不奉旨，上疏请求缓发谕旨：“在皇上盛怒之下，不觉措辞过重，惟恭亲王万当不起。且谕旨系昭示天下后世，必期字字允当，可否容臣等明日召见后请旨，再行缮发，抑或本日由臣等恭拟进呈御览，即行宣示。”军机处奉同治帝朱笔“文祥等所奏著不准行”③。午后，停止修园的诏书才由内廷发下，文祥等退出。

在停修工程上谕发布后，又特谕将已革总管内务府大臣崇纶、明善、春佑加恩改为革职留任④。地位高低相差悬殊，处罚却轻重倒置，足见同治帝对奕䜣的恼怒程度以及他的气盛任性和鲁莽颟顸。

七月三十日（9. 10），同治帝颁发一道朱谕：“传谕在廷诸王大臣等，朕自去岁正月二十六日亲政以来，每逢召对恭亲王时，语言之间，诸多失仪，著加恩改为革去亲王世袭罔替，降为郡王，仍在军机大臣上行走，并载澂革去贝勒郡王衔，以示惩儆”⑤。

八月初一日（9. 11），同治帝以“朋比谋为不轨”为名，将惇王、醇王、文祥、李鸿藻等十名力主停修的王公重臣尽行革职。并准备召集六尚书、侍郎、内阁学士宣读。两宫太后闻听，急至弘德殿，垂泪抚慰恭王奕䜣：“十年以来，无恭王何以有今日，皇帝少未更事，昨谕著即撤销”⑥。明降谕旨，恢复恭王及载澂爵秩：“朕奉两宫皇太后懿旨，皇帝昨经降旨，将恭亲王革去亲王世袭罔替，并载澂革去贝勒郡王衔。在恭亲王于召对时言语失仪，原属咎有

---

① 《越缦堂国事日记》三，页1149－1150。
② 《越缦堂国事日记》三，页1154－1155。
③ 中国第一历史档案馆：《圆明园》，上册，页744。
④ 《咸同两朝上谕档》二四，页253；《越缦堂国事日记》三，页1149。
⑤ 《咸同两朝上谕档》二四，260页；《越缦堂国事日记》三，页1153。
⑥ 吴相湘：《晚清宫廷实纪》，页206。

应得。惟念该亲王自辅政以来，不无劳勚足录，著加恩赏还亲王世袭罔替，载澂贝勒郡王衔一并赏还。该亲王当仰体朝廷训诫之意，嗣后益加勤慎，宏济艰难，用副委任”①。

同日，又特发上谕：“前降旨谕令总管内务府大臣将圆明园工程择要兴修，嗣朕以经费支绌，深恐有累民生，已特降谕旨，将圆明园一切工程，即行停止，并令该管大臣查勘三海地方，量加修理，为朕奉两宫皇太后驻跸之所。惟现在时值艰难，何忍重劳民力，所有三海工程，该管大臣务当核实堪估，力杜浮冒，以昭撙节而恤民艰”②。

李慈铭《国事日记》同日日记记载：“闻之道路，二十九日辰刻，已升魁龄为工部尚书，崇绮调吏部左侍郎，志和内调户部右侍郎，绵宜调工部左侍郎。上忽震怒，召军机御前王大臣等，论以恭亲王无人臣礼，当重处。遂朱笔尽革恭王所兼军机大臣及一切差使，降为不入八分辅国公，交宗人府严议。王大臣等顿首固请，上不顾而起，即以所革恭王差使分简诸王大臣，复崇纶等三人官，收回魁龄等升调谕旨，及未刻，阁中急奏至，乃复恭王军机大臣。三十日朱谕下，故有加恩改为云：今日宣皇太后懿旨，尽还恭王父子爵秩矣。又闻上将以前月二十日复阅园工，十六日军机大臣恭王、御前大臣醇王等合疏上言八事，曰停园工，戒微行，远宦寺，绝小人，警晏朝，开言路，惩夷患，去玩好，辞极危切。俟上出，伏陈痛哭，文相国至昏绝于地。其疏草于贝勒奕劻，润色之者，李尚书也。上大怒，醇王三进见，以死要上下停园工手诏。上益怒，今日先有朱谕，尽革惇王、恭王、醇王、伯王、景寿、奕劻、文祥、宝鋆、沈桂芬、李鸿藻十人职，谓其朋比谋为不轨，故遍召六部尚书、侍郎、左都御史、内阁学士，即将宣谕。两宫闻之，亟止上勿下，因出见军机大臣，御前大臣，慰论恭王，还其爵秩云”③。

八月十八日，李鸿章根据有关律令，判处李光昭斩监候，秋后处决④。

如上所说，以慈禧的政治智慧，她或许会将奕䜣革职，当绝对不会让同治帝将十名王公大臣全部革职。有学者认为是慈禧在要弄“夺”与“还”的政治手腕，同治所作所为都是慈禧在幕后操纵，意在再次向朝廷内外表明奕䜣等

① 《咸同两朝上谕档》二四，页261；《越缦堂国事日记》三，页1153－1154。
② 《咸同两朝上谕档》二四，页262。
③ 该书，三，页1154－1155。
④ 《咸同两朝上谕档》二四，页278。

王公大臣都可被她玩弄于股掌之中，她已大权在握，她的权威不容轻舰，更不容侵犯。但是，分析此事前后经过及上谕及后世记载，此次对奕䜣的罢黜，与同治四年时并不相同。重修圆明园事件中的种种谏诤，并不如后世学者所说的含有慈禧太后与奕䜣等政治斗争的因素。从主观上而言，此时同治帝已经亲政，天下已属慈禧母子，奕䜣已不构成威胁，大家对皇帝抱以极大希望；以慈禧而言，在面临着众多言官御史的憨直犯颜上疏后，从维护同治帝的政治声望而言，不会不顾及言论舆论，因为她对朝局和国力并非不了解。由于重修圆明园一事，已经引起舆论和社会的反对和非议，出于维护皇权、统治的目的而出面制止。慈禧等人的含泪抚慰，也断不至是出于做戏。尽管如此，此次修园风波，同治帝以其帝王威权再次严重打击了恭亲王奕䜣。

在王公重臣的联合干预下，在朝野上下人言藉藉下，重修圆明园工程停止了。十二月初五日，同治帝驾崩。十二月初八日，两宫皇太后懿旨："所有三海地方一切工程，无论已修未修，均著即行停止"①。

在阻修圆明园这一个案件中，出面上奏谏阻的共十五人，其中言官、翰詹、科道、学政居多。御史有沈淮（激伯）、游百川（汇东）、陈彝（六舟）、孙凤翔（文起）、邓铁香（承修）、李宏谟、张景清；詹事有袁保恒、王家璧；内阁学士有谢麐伯②；京内大员有大学士李鸿藻③；侍讲有宝廷；学政有若农师（李文田）起了很大作用；直接或间接起作用的总督巡抚有吴索、李鸿章、李瀚章等。以上京内大员一人，翰詹科道学政十三人，京外大员三人，共17人。诸人中，属清流或与之关系密切的，至少有李鸿藻、宝廷、邓铁香（承修）、谢维藩（麐伯），陈彝（六舟）等五六人。

在1865年罢黜恭王时，京官们还口口声声讲是皇室家事，不便与闻。八年后，当同治帝打出孝道的名义为太后修园时，却招来一片反对之声，最后被迫让步。这是忌讳舆论的批评。尤其是忌讳这次案件中王公重臣的联合谏诤、

---

① 《咸同两朝上谕档》二四，页409。

② 内阁学士谢维藩（1834－1878），字麐伯，湖南长沙人。同治元年进士。师事倭仁，相交甚好，据李岳瑞《春冰室野乘》"倭文端沮开同文馆"条记载，倭仁（文端）去世，巴陵谢麐伯太史以联挽之曰："肩正学于道统绝续之交，诚意正心，讲席敢参他说进；夺我公于国是纷纭之日，攘夷主战，明朝无复谏书来。"历任广东乡试副考官，山西学政。与张之洞交谊颇笃。

③ 修园计划，李鸿藻"始终争执，事竟得止。"——徐世昌：《李鸿藻传》，《碑传集补》，卷1。

督抚大吏的暗中抗议、科道言官的舆论攻势。这次联合行动中，奕䜣和李鸿藻联合上奏，透射出洋务派和清流派在内政治理上，尤其在强调内宫节俭、维护皇权，培养君德、维护祖训方面的共同思路，他们表现出一致的联合。

重修圆明园一事，因谏阻而停止。李慈铭日记中录诗一首，盖为此事所感发，颇令玩味，录之以为本节结语："昨日中旨下，率钱修离宫。读诏私太息，此举宜从容。圣人秉纯孝，不暇权始终。长乐楼百尺，积庆花千重。取足天下养，承欢良无穷。四海幸平壹，物力犹未充。岛夷怙群丑，鼾睡长安中。诚宜法文景，励治威诸戎。安可舍禁铃，危照甘泉烽。台疏间一上，未得回宸衷。贤传造辟言，主德本至聪。岂不念民瘼，何难罢新丰。事关国根本，连章期诸公。冗官未食禄，涕泪徒沾胸。伏阙讵可效，草疏谁为通。负此读画力，仅争章句功。漆室夜深议，四顾无予同"①。

三、干预帝统"家法"："孤臣"吴可读的"尸谏"

光绪五年，山西、陕西、河南、直隶等持续了四年的特大旱灾并未缓解，灾荒引发的广开言路、修明政体等吁请，形成了清流联合发言的势头。他们交章奏弹，不仅使京城权贵和封疆大吏时有制肘，甚至在一定程度上影响到中枢权力的运作和皇室的"家事"。最能体现清流们的作用、价值和议政模式、最能展现其名声的是吴可读"尸谏"事件。

同治帝载淳身后无子，慈禧太后以同治帝的堂弟载湉继位，是为光绪帝，并明谕宣示日后光绪帝有子，为同治后嗣。但这位后嗣是否即继统于光绪帝，明谕没有提及。而据清流派的看法，此旨应把定为同治后嗣的光绪之子，明确为其帝位的继统者，才能维护帝系一脉相传的合法性。特别是在慈禧太后独掌大权，而光绪又是她的外甥（名义上母子）的情势下，这种皇统谱系意识更具有敏感性。这就是仅任主事并无建言权的吴可读，要拼掉性命以引起"公论"的原委。

这个事件的过程可以反映出如下政治文化事象：一是清流开始干预内宫事务，这种干预，主要是在参与宫廷事务的处理、提供解围之策中维护内宫；二是清流们互通声气、横向联合的清议模式更加凸显；三是清流精神得到张扬，

① 《越缦堂国事日记》三，页1157－1158。

清流名声从此大震，张之洞从此登上了晚清政治舞台。

（一）慈禧再度垂帘和清流心目中帝统明谕的缺陷

同治十三年十一月初八日（1874. 12. 16），皇帝病，这时离他的亲政不及两年，慈禧欲再度垂帘。但这种决策在操作方式上反映了对清议的顾忌。据翁同龢日记，十一月初八日，慈禧先行召对王大臣，讨论皇帝天花期间政事运作问题，暗示诸臣“具折奏请”垂帘，并着意强调“此事体大，尔等当先奏明皇帝，不可径请”①。之后，翁同龢与诸臣拟稿，恭请两宫在皇帝天花期间“权时训谕”，代行慑政，俟来年天花期满皇帝病好后“再照常办理”。

次日，一脸痘症的同治和慈禧一起在东暖阁召见军机、御前大臣。据《翁同龢日记》：“上起坐，气色皆盛，头面皆灌浆饱满，声音有力。皇太后亦同在御榻。上首谕恭亲王：‘吾语无多，天下事不可一日稍懈，拟求太后代阅折报一切折件，俟百日之喜，余即照常好生办事。’并谕恭亲王当敬事如一，不得蹈去年故习，语简而厉。太后谕略如昨，并言西暖阁一起乃出臣工之请，本恐烦皇帝心虑，故未告知。今当诸王大臣即告皇帝勿烦急，已允诸臣所请矣”②。慈禧在这次会议上又申明，昨天的议决是出自大臣之请，因为怕皇帝心烦，所以没有事先告知，现在皇帝已经批准了。

这两次会议，经同治之口，慈禧顺理成章地拿到了权力。之所以如此说，是因为诸臣相信太后垂帘不会太久，即如翁同龢上面日记所说：“上举臂以示，颗料极足，不胜喜悦而退。”这种喜悦是因为看到了皇帝的病症好转。但是，不到一个月，即十二月初五日（1875. 1. 12），载淳就驾崩了。

同治帝死时无嗣，由谁来继承皇位？这是清朝首次遇到需从皇帝子嗣外寻找继承人的严重情况。对同治死亡和光绪继位，有各种各样互相歧异的说法，但有一点是共同的，即刚刚四十多岁的慈禧不想从宗室里挑选一位年长的继承人，她还要继续垂帘下去。慈禧的决策，表明她的政治控制已经具有了无可替代性。

当天，两宫太后在养心殿西暖阁，召见惇亲王奕誴、恭亲王奕䜣、醇亲王奕譞、孚郡王奕譓、惠郡王奕详、贝勒载治、载澂、公奕谟、御前大臣伯彦

---

① 《翁同龢日记》，第2册，页1075－1076。

② 《翁同龢日记》，第2册，页1076－1077。

讷、谟祜，奕劻、景寿，军机大臣宝鋆、沈桂芬、李鸿藻，总管内务府大臣英桂、崇纶、魁龄、荣禄、明善、桂宝、文锡，弘德殿行走徐桐、翁同龢、王庆祺，南书房行走黄钰、潘祖荫、孙贻经、徐郙、张家骧等王公大臣入见，商议选嗣。翁同龢记述选嗣的过程："太后召诸臣入，谕云此后垂帘如何？枢臣中有言宗社为重，请择贤而立，然后恳乞垂帘。谕曰：文宗无次子，今遭此变，若承嗣年长者实不愿，须幼者乃可教育，现在一语即定，永无更移，我二人同一心，汝等敬听。则宣布曰某。维时醇郡王惊遽敬唯，碰头痛哭，昏迷伏地，掖之不能起"①。当晚，派人到醇亲王府接4岁的载湉入宫，即皇帝位②。

载湉继承皇位，既非王大臣会议推举，亦非遗诏形式确定，更非秘密立储，而是由皇太后一言而定，由堂弟继承皇帝位。为皇太后垂帘听政提供了合乎仪规的辈分③，并改变了幼帝由大臣辅政的祖制，权位独尊④。

但清流们认为，至少和字面上和程式上，要符合继承大统的合法性，因而在奏章里干预"皇室"的家事。两宫皇太后颁布同治帝遗诏称："顾念统绪至重，亟宜传付得人。兹钦奉两宫皇太后懿旨，醇亲王之子载湉，著承继文宗显皇帝为子，入承大统，为嗣皇帝。"又颁布懿旨："皇帝龙驭上宾，未有储贰，不得已以醇亲王奕譞之子载湉，承继文宗显皇帝为子，入承大统，为嗣皇帝。俟嗣皇帝生有皇子，即承继大行皇帝为嗣。"

这道懿旨是由潘祖荫、翁同龢所拟："诸臣承懿旨后，即下至军机处拟旨，潘伯寅意必宣明书为文宗嗣，余意必应书为嗣皇帝，庶不负大行付托，遂参用两人说定议"⑤。翁、潘祖荫考量最多的是如何处置同治、光绪两帝间的平衡，为光绪立嗣寻找入乎情理的解释。但"俟嗣皇帝生有皇子，即承继大行皇帝为嗣"的懿旨，留下了诸多危机变数。其中，由光绪继咸丰为子，待

① 《翁同龢日记》，第2册，页1086－1087。

② 慈禧选择载湉的原因，学界已有探讨充分，此不赘述。据《清史稿·奕譞传》记载："忽蒙懿旨下降，择定嗣皇帝，仓猝昏迷，罔知所措。"尔后，被"舁回家内，身战心摇，如痴如梦。"

③ 如新皇帝继承同治为嗣皇帝，则应由同治皇后垂帘听政。

④ 顺治6岁继位，由郑亲王济尔哈朗、睿亲王多尔衮先为辅政王，后为摄政王；康熙8岁继位，由索尼、苏克萨哈、遏必隆和鳌拜四大臣辅政；同治6岁继位，先由赞襄政务八大臣，后由议政王奕䜣辅政。载湉4岁继位，没有辅政王、摄政王、辅政大臣、赞襄政务大臣、议政王辅政，而只有皇太后垂帘听政。

⑤ 《翁同龢日记》，第2册，页1087、1088。

光绪有子，即行承继大行皇帝为嗣这两句话，引起了“以德为本，统绪为重”的清流们的敏感。因为立嗣是出自慈禧而并非病笃的同治口谕；何况，“为嗣”一词，将来是不是可以继承皇位，也是悬案。

光绪元年正月十五，内阁侍读学士广安上奏廷争，要求两宫颁布铁券，将这位未来的嗣子法定为继承同治统绪的事确定下来。这份奏折触及了皇家的权威，“著传旨申饬”①。

正月二十日，光绪帝即位，王公大臣们依照前例，同上奏折，恳请两宫皇太后垂帘听政。慈禧立即以“皇帝幼冲，时势艰难，不得不听从臣下之请，出而垂帘，庶国事有所秉承”理由下谕允之。然而此次“垂帘之举，本属一时权宜。惟念嗣皇帝此时尚在冲龄，且时事多艰，王公大臣等，不能无所禀承，不得已姑如所请。一俟嗣皇帝典学有成，即行归政”②。

二月二十日（1875. 3. 27），同治驾崩百日之内，22岁的嘉顺皇后（阿鲁特氏）崩逝，朝野震动，并产生了种种传闻，如有孕在身，如与慈禧关系不睦等等。五月，御史潘敦俨（字清畏，江宁人，父为总督潘铎）以岁旱上奏请更定同治后谥号，内称：“后崩在穆宗升遐百日内，道路传闻，或称伤悲致疾，或云绝粒賈生，奇节不彰，何以慰在天之灵？何以副兆民之望。”“默念穆宗嗣统未有定议，孝哲毅皇后又仰药殉，遂疏请表彰穆后潜德，更谥号。”慈禧“斥其以无据之词率登奏牍，实属谬妄，交部严议”，潘被“严斥夺职。归隐于酒”③。

按：同治帝驾崩，传闻皇后已有身孕，而慈禧却立光绪为帝并再度垂帘，因此同治皇后暴死，令人产生极度不安，因为与此相伴随的还有清一代二百六十余年所未有的大祲奇灾，即丁戊奇荒，可谓天灾人祸相连。吴可读此年复官京师，对这些传闻以及御史们被严责罢官，应该有所感受。他要以更激烈的行动，来表达其的忠节观和对统绪的极端重视。据名士李慈铭光绪五年闰三月初

① 光绪元年正月十五日（1875. 2. 20），内阁侍读学士广安上奏，折内援引《宋史》“宋太祖遵母后之命，传弟而不传子，厥后太宗偶因赵普一言，传子竟未传侄，是废母后成命”的典故，奏请将“我皇上将来生有皇子，自必承继大行皇帝为嗣，接承统绪”的安排“即请饬下王公大学士六部九卿会议，颁立铁券，用作奕世良模”。——《光绪朝东华录》，第1册，页总22。

② 《清实录·德宗景皇帝实录》，第52册，页77。

③ 《清史稿》卷445《列传》232《吴可读潘敦俨等传》；《翁同龢日记》，第3册，页1213。

十日日记，“闻其人，素忼慨，喜为诗歌，不饰边幅，及以争成禄事，锡秩归皋兰，左湘玥（左宗棠）甚重之，延主书院。比再入都补官，年已将七十。人窃以其再出为疑，而闭门谢客，不复赋诗饮酒。前月十七日大雪，忽戒车告其子，以独游盘山，如久不归，当至山相迎也。盖其再出山时，志已早定，欲俟山陵毕后从毅皇帝于地下”①。

他的“尸谏”，应该是以上述背景为依托的。左宗棠即谓吴可读尸谏“当由狷忿之念所激而成”②。于是，光绪五年（1879 年）闰三月初，同治皇帝灵柩入葬时，这位主事在跟班送灵后没有回京，夜宿蓟州马伸桥三义庙，服毒自杀，临死前留下一通遗疏，要求两宫将以后的“大统”仍归同治嗣子的这件事用明谕确定下来，以正定名分，预绝纷纭。

（二）吴可读以死“尸谏”

在清流中有一种人，喜欢以激烈的言辞态度来表达自己的见解，吴可读是一个典型。吴可读（1812－1879），字柳堂，甘肃皋兰（今兰州）人。道光三十年进士，授刑部主事，晋员外郎。在刑部任职 10 年，后遭母忧去，主讲兰山书院。服阕，起故官。迁吏部郎中，五年后，转河南道监察御史（六品京官）。

吴可读的建言突出者有三：一是“各国使臣请觐，议礼久未决，可读请免拜跪，时论韪之”。二是弹劾成禄。乌鲁木齐提督成禄苛派捐输，诬民为逆，枉杀二百余人，并“虚饰胜状”，即捏造捷报，邀功请赏。同治十三年，为陕甘总督左宗棠所劾。同治帝交大臣穆图善查办。吴可读了解到穆图善有包庇成禄之意，连夜上疏，“继陈其罪有可斩者十，不可缓者五”。疏文上呈后，成禄被“逮问，谳上论斩”，廷议改为斩监候。吴可读闻此，“愤甚”，再上《请诛已革提督成禄疏》，奏请“斩成禄以谢甘民，再斩臣以谢成禄”③。慈禧

---

① 《越缦堂国事日记》五，页 2211－2212。

② 《左宗棠全集》，第 12 册，页 566。

③ 疏云：“臣愚以为等此一斩与宽以死期，使狡猾者得后施伎俩，……奏请皇上先斬成禄之头悬之藁街以谢甘肃百姓，然后再请斩臣之头悬之成氏之门以谢成禄，……臣与成禄素无半面之识，亦无片纸之通，无怨无德，徒以公议私情两难而已。一则为臣乡三百余男妇老幼伸冤，二则为国家惜二百余年列祖列宗之大法。”——《携雪堂全集》，卷 1，页 17、22、30－32。

将此疏交给御前大臣、大学士、六部九卿核议。醇亲王等奏：成禄案维持原议。吴可读奏，“牵涉天时”，“负气忿激，有斩头悬门，延颈待刃及请收监禁等语，大乖尽礼尽教之义”①。其辞语“过戆直，被诃责，镌三级”②，被发送原籍。第三件就是下文将论及的“尸谏”事件。

据萧一山《清代全史》，吴可读在咸同两朝以言词偏激，屡屡“犯上”而著称。这种人已经超越了清流敢于向邪恶势力抗争的传统心理，将名节看得比生死更重，不惜以一死来换取青史留名。这种心理反映了一些京官对于朝政的悲观暗淡的认识及无可奈何的态度；同时，清议努力却又是借助于一些人中存在的这种变态心理和激烈言辞，而营造了高涨的议政氛围。

光绪二年，吴可读起复吏部主事。他认为，慈禧在立载湉时，虽有“俟嗣皇帝生有皇子，即承继大行皇帝为嗣”懿旨，但载湉嗣位时，是奉两宫皇太后之命承继咸丰为子，是为咸丰立子，并未明确为大行皇帝（同治）立嗣，则今日嗣皇帝所承大统，是奉两宫皇太后之命，受之于文宗显皇帝（咸丰），而非受之于大行皇帝。懿旨内“承继为嗣”一语，不能保证大统归于同治继子。纵令今日嗣皇的父亲醇亲王公忠体国，今日嗣皇仁孝性成，他们能够按照两宫太后的旨意去办，而在廷之臣，忠佞不齐，对大统的归属有可能议论不一。像宋初的贤相赵普，犹有怂恿太宗传子不传侄之事，贤者尚且如此，那些不肖之臣的行为不问可知。为保两宫太后诺言实现，防止宋太祖、明景帝因继嗣造成的政局动荡重演，必须正名定分，预绝纷纭。

吴可读“思以尸谏”，促使慈禧明确解决同治的继嗣、清朝的“继统”问题。光绪五年三月，穆宗奉安惠陵，吴可读决定“甘心以死，自践前日心中所言，以全毕生忠爱之忱”。三月二十一日（1879. 4. 12），两宫大后和皇帝启銮，王公大臣随扈，百官中选出若干随行。吴可读自请随赴襄礼：“力谓于长官愿备员以往，人皆笑其迂（此乃一苦差，且礼节要周到，繁文褥礼极多，人多不愿往），而先生则喜甚。行之日，大雪载途，达官扈从者咸苦之。礼成后，诸臣归，先生独留于蓟，僦屋于马伸桥之三义庙。昼则扃户出观乡人之渔

① 李慈铭：《越缦堂国事日记》二，页705－706，载此疏节略。

② 上谕云：“御史虽准风闻奏事，何得以私意揣测，吴可读著降三级调用。”——《越缦堂国事日记》二，705、702页。

于河上，归则秉烛达旦，庙祝异而窥之，见其奋笔疾书”①。二十六日，梓宫在惠陵下葬。礼毕，吴可读“还次蓟州，宿废寺，自缢，未绝，仰药死，于怀中得遗疏，则请为穆宗立嗣也”。

吴可读抱定必死之心。其遗书《与周老道书》即云：“我因住屋，与尔师徒逼迫，恐其惊醒，尔等解救，则我事败矣。故用自己由京带来洋药服之，则缳首之时，尔等救亦无济。”又选好葬所，遗书请周老道在惠陵附近非山陵禁地中买地一块，以为葬身地。在《与儿之桓书》中交代“出蓟州一步即非死所”，不必扶柩回籍，归葬祖茔，“勿令闲人至其房中观看，勿令小儿妇女近其身旁”，告诫其子待朝廷查案后，“总以速出京为要”，出京后可投靠左宗棠②。

另有“封存密折一匣”，嘱托知州转呈吏部代递。经按级报顺天府，转吏部宝鋆等，惊骇万分，亲自看验确认。闰三月十七日（5．7），吏部将吴可读《奏为以一死泣请懿旨，预定大统之归，以毕今生忠爱事》遗疏入奏③。遗疏写到：“自大行皇帝宾天之后，于兹四年，当望国中士大夫于承继大事有所论列。两宫太后鉴群下之情，明降上谕，定将来大统所归，以慰大行皇帝之灵。既久候而不得，心中失望，故于大行皇帝奉安之后尽于陵寝之旁，以托于古尸谏之义。”

继统之事过于重大，尸谏方式又过于激烈，朝野惊愕，京城轰动。这个突发事件，使沉寂多时的继统问题成为继灾荒之后的热门话题④。

---

① 吴可读侄子吴宗韶撰《柳堂先生传》时亦云，吴可读“临行辞其先茔……吾年已六十余而圣朝不终弃之，敢不以死报哉”。——《吴柳堂先生诔文》。

② 左、吴至交，吴可读“谪官归里，恪靖优礼之，延主兰山书院，忌者或为谗言，家人颇闻其语，然先生还朝后，恪靖每有使者至，必问先生起居”。——《携雪堂全集》，卷4，页15－18、24。左宗棠对吴氏家人屡有接济，光绪五年：“以二百两为柳堂营葬”光绪六年：“吴柳堂瞻家银千余两”；光绪七年：“吴柳堂世兄之桓处，弟曾划廉余千二百金畀之”。——《左宗棠全集》，第12册，页554、576、658、687。

③ 《光绪朝东华录》，第1册，页724－725。

④ 1879年5月26日，《申报》摘录遗折中最激烈的言词，以寄哀思。5月29日，又刊载《读吴柳堂先生遗书敬注》云：“凶耗传闻，盈廷震骇，无论知与不知，咸相顾失色矣。”

吴的“遗折”措辞激烈。读其原折，措辞激烈者莫过于“三误”①。

1.“一误再误”：“乃天崩地坼，忽遭十三年十二月初五日之变，钦奉两宫皇太后懿旨，以醇亲王之子承继文宗显皇帝为子，入承大统为嗣皇帝，俟嗣皇帝生有皇子，即承继大行皇帝为嗣。罪臣涕泣跪诵，反复思维，窃以为两宫皇太后一误再误，为文宗显皇帝立子，不为我大行皇帝立嗣。既不为我大行皇帝立嗣，则今日嗣皇帝所承大统，乃奉我两宫皇太后之命，受之于文宗显皇帝，非受之于我大行皇帝也，而将来大统之承，亦未奉有明文，必归之承继之子。即谓懿旨内有承继为嗣一语，则大统之仍归继子，自不待言。”

这个“一误再误”措辞很有分量。看似一语带过，却令人产生联想。如与同治皇后之死相比附②，则此“一误”似有所指：若皇后有孕传闻为实，则帝位属天定之归，即所谓“我朝二百余年，祖宗家法，子以传子，骨肉之间，万世应无间然。”那么，慈禧太后急于立光绪为嗣皇帝，而不是等待同治帝的子嗣即位，即是“一误”。而“再误”，则不免令人联想起慈禧垂帘的合理性及动机的恰当性，慈禧既然能够一言而定大统之归，那么，将来说不定也可以再出现这样情况：“宋初宰相赵普之贤，犹有首背杜太后之事……名为已定者如此，况在未定？”

2.“不得已于一误再误中，而求归于不误之策”：“仰祈两宫皇太后，再行明白降一谕旨，将来大统，仍归承继大行皇帝嗣子，嗣皇帝虽百斯男，中外及左右臣工，均不得以异言进。正名定分，预绝纷纭。如此则犹是本朝祖宗传子之家法，而我大行皇帝，未有子而有子，即我两宫皇太后，未有孙而有孙。异日绳绳揖揖，相引于万代者，皆我两宫皇太后所自出，而不可移易也。罪臣所谓一误再误，而终归于不误者此也。”

---

① 《越缦堂国事日记》闰三月二十一日（5. 11）日记也指出了吴折的重点：“诣紫泉谈，见吴吏部疏稿约千余言，惟反复谓，今上将来有皇子，即继穆宗承万世之统；皇太后先降懿旨，庶穆宗无子而有子，皇太后无孙而有孙；今上虽则百斯男，皆无预于统祚，而皇太后虽一误再误，可终归于不误。余多泛滥自叙之辞，未尝有所它及也。”——该书，五，页2213。

② 户部尚书崇绮之女阿鲁特氏同治十一年入宫。不少私家著述称阿鲁特氏与慈禧的关系始终不相融洽，并说同治宾天时，皇后已有孕在身。光绪元年二月二十日（1875. 3. 27），同治病逝百日之内，22岁的年轻皇后即暴死，朝野震动。道路传闻纷纷。

因此，吴折看似预订大统之归，但实际亦纠结在同治帝的子嗣问题之上①："彼时罪臣即以此意拟成一折，呈由都察院转递，继思罪臣业经降调，不得越职言事。且此何等事？此何等言？出之大臣、重臣、亲臣，则为深谋远虑，出之小臣、疏臣、远臣，则为轻议妄言；又思在廷诸臣忠道最著者，未必即以此事为可缓，言亦无益而置之，故罪臣且留以有待。……迩来又已五六年矣。此五六年中，环顾在廷诸臣，仍未念及于此者。"揣摩其用辞，表达出的是一种绝望："昔有赴死而行不成步者，人曰：'子惧乎？'曰：'惧。'曰：'既惧何不归？'曰：'惧，吾私也；死，吾公也。'罪臣今日亦犹是'鸟之将死，其鸣也哀；人之将死，其言也善。'……今罪臣诚愿异日臣言之不验，使天下后世笑臣愚；不愿异日臣言之或验，使天下后世谓臣明"②。

此外，"毋创祖宗之所未创，为子孙留有余"一句，虽是承接"罪臣尤愿我两宫皇太后、我皇上，体圣祖、世宗之心，调剂宽猛，养忠厚和平之福，任用老成；毋争外国之所独争，为中华留不尽"而来，但所指令人费解。

闰三月十七日，发布懿旨："吏部奏，主事吴可读服毒自尽，遗有密折，代为呈递。折内所称，请明降懿旨，豫定将来大统之归。等语。前于同治十三年十二月初五日降旨：'俟嗣皇帝生有皇子，即承继大行皇帝为嗣。'此次吴可读所奏，前降旨时即是此意"③。

这道懿旨，是一个态度明确的回应。问题在于，在已有明确态度情况下，却又令"王大臣、大学士、六部、九卿、翰詹科道"将吴可读原折会同妥议具奏，把它搬到一个公开讨论的层面上，其手法、其立意，经历过同治四年罢黜议政王、善于解读官方上谕的臣工们，对于个中微妙不难理解：慈禧要利用这个突发的事件来检验朝臣对她立光绪和垂帘的态度。

于是"探测内廷圣意"成为朝臣，包括清流们的解读吴可读遗折的必备

---

① 何刚德《春明梦录》记曰："穆宗之崩，未有皇子。而文宗位下，当时亦未有皇孙。若欲立子继统，则必须求之宣宗位下之曾孙，孝钦自有所不欲，乃权以德宗为继。德宗为醇王福晋所生，福晋即孝钦之胞妹也。改元曰光绪，意谓缵道光之绪也。当时廷臣尚无间言，而于穆宗如何立嗣固未议及也。惠陵奉安之日，吏部主事吴柳堂前辈（可读）乃自请往行礼。事毕，住在蓟州小庙，缮一奏折，作绝笔诗一首。折内只记有"今者惠陵永寝，帝后同归，既无委裘植腹之男，又乏慰情胜无之女"数语。其大意则指太后不为穆宗立子，是使穆宗绝嗣为不当。"

② 《光绪朝东华录》，第1册，页总725－727。

③ 《光宣两朝上谕档》，五，页132。

步骤，也因此，在闰三月十九（5. 9），命臣属赴内阁“公同阅看”①、四月初一日（5. 21），遵旨“会同妥议”时，有了下面的种种态度与表现：

一是王公们。礼亲王世铎引雍正七年上谕认为：“建储关系宗社民生，岂可易言。我朝圣圣相承，皆未有先正青宫而后践天位，乃开万世无疆之基业……吴可读以大统所归，请旨颁定，似我朝家法未能深知，而于皇太后前后此所降之旨，亦未能细心体仰……请毋庸置议”②。因其“涉及建储之大嫌”，王公大臣多以“不敢参议，不得擅请，不能预拟”为由提议对吴折“以毋庸置议复奏”③。翁同龢还记载他将奏稿“折底交恭邸（奕䜣），恭邸意以为不然，而不加驳诘”。礼亲王世铎“惟惟而已。”惇亲王（奕誴）“阅之坠泪”④。

二是大臣们。闰三月二十五（5. 15），工部尚书翁同龢与礼部尚书徐桐、刑部尚书潘祖荫“连衔一疏”。翁对此折十分慎重，稿成后曾找多人商议⑤。

三是中下层的清流言官们。御史李端棻指出：“此时两宫若不再申一命，群臣若不更赞一词，专待亲政之年，自行裁度，皇子即生而即宣承嗣之旨，廷臣必争之曰，此违建储祖训也。皇子既生而不闻承继之旨，廷臣又必争之曰，此违初次懿旨也。”那样将陷皇上于左右为难，因此一定要对吴折有所交代⑥。而翰林院侍读黄体芳、国子监司业张之洞、国子监司业宝廷、翰林院传讲张佩纶、编修盛昱等也有不同看法。张之洞认为礼亲王所言与懿旨存在矛盾。

会议的结果，是与会者决定各自疏陈所见，也就有了各自表态的机会。在这个参与过程中，清流们采取了横向联合、互通声气的方式。张之洞、黄体芳、宝廷、张佩纶仔细寻绎慈禧“即是此意”内涵，一方面就吴可读“尸谏”事件明确表示支持慈禧，一方面又则试图将吴折与太后懿旨距离拉近，以肯定吴可读死谏的价值。最后商定：回避吴可读提出的“继统”、“继嗣”问题，

---

① 光绪五年闰三月十九日（1879. 5. 9），翁同龢“始见吴御史密折”。——《翁同龢日记》，第3册，页1418。

② 《光绪朝东华录》，第1册，页总741。

③ 《光绪朝东华录》，第1册，页总748。

④ 《翁同龢日记》，第3册，页1419－1422。

⑤ 闰三月二十九日（5. 19），“访荫轩（徐桐）未值，拟折稿送之。”次日，与同仁讨论，“绍彭（吏部尚书兼总管内务府大臣广寿）、伯寅（潘祖荫）俱从余议，同事孙、张二君亦同。”沈桂芬也“甚以为是也。”——《翁同龢日记》，第3册，页1419－1422。

⑥ 《光绪朝东华录》，第1册，页总748－749。

阐发慈禧“即是此意”四字之“微言大意”，即以“恭绎懿旨”为言。

有了上述的准备，张之洞、黄体芳、宝廷、李端棻的奏折成为四月初十日（5.30）廷臣再议时讨论的蓝本。

黄体芳略言：“‘即是此意’一语，止有恪遵，更有何议？乃激烈者盛气力争，巽畏者嗫嚅不吐，或忠或谨，皆人臣盛节，而惜其未明今日事势也。譬诸士民之家，长子次子各有孙，而自祖父母视之则无异。然袭爵职必归之长房者，嫡长与嫡次之别也。又如大宗无子，次宗止一嫡子，然小宗以嫡子继大宗，不闻有所吝者，以仍得兼承，本宗故也。唯君与民微有不同。民间以嫡子继大宗，则大宗为主，本宗为兼。天潢以嫡子继帝系，则帝系为主，本宗可得而兼，亲不可得而兼。若人君以嫡子继长支，则固以继长支为主，而本宗亦不能不兼。盖人君无小宗，即称谓加以区别，亦于本宗恩义无伤。此两宫意在嗣子承统，慈爱穆宗，亦即所以慈爱皇上之说也。今非合两统为一统，以不定为豫定，就将来承继者以为承嗣，似亦无策以处之矣。试思此时即不专为穆宗计，既正名为先帝嗣子，岂有仅封一王贝勒者乎？即不专为皇上计，古来天子之嗣子，岂有以不主神器之诸皇子当之者乎？即仅为穆宗计，皇上可如民间出继之子乎？即仅为皇上计，穆宗可如前明称为皇伯考乎？夫奉祖训，禀懿旨，体圣意，非僭。先帝今上皆无不宜，非悖。明其统而非其人，非擅。论统系，辨宗法，正足见国家亿万年无疆之庥，非干犯忌讳。此固无意气可逞，亦无功罪可言也。”疏入，诏藏毓庆宫①。

宝廷谓：“恭绎懿旨之意，盖言穆宗未有储贰，即以皇上所生之子为嗣，非言生皇子即时承继也，言嗣而统赅焉矣。引伸之，盖言将来即以皇上传统之皇子继穆宗为嗣也。因皇上甫承大统，故浑涵其词，留待亲政日自下明诏，此皇太后不忍歧视之慈心，欲以孝弟仁让之休归之皇上也。广安不能喻，故生争于前；吴可读不能喻，故死争于后。窃痛可读殉死之忠，而又惜其遗折之言不尽意也。可读未喻懿旨言外之意，而其遗折未达之意，皇太后早鉴及之，故曰‘前降旨时即是此意’也。而可读犹以忠佞不齐为虑，诚过虑也。宋太宗背杜太后，明景帝废太子见深，虽因佞臣妄进邪说，究由二君有自私之心。乃者两宫懿旨悬于上，孤臣遗疏存于下，传之九州，载之国史，皇上天生圣人，必能以皇太后之心为心。请将前后懿旨恭呈御览，明降谕旨，宣示中外，俾天下后

---

①《清史稿》卷444《列传》231《黄体芳传》。

世咸知我皇太后至慈，皇上至孝至弟至仁至让，且以见穆宗至圣至明，付托得人也。如是，则纲纪正，名分定，天理顺，人情安矣。因赴内阁集议，意微不合，谨以上闻。”

又奏：“廷臣谓穆宗继统之议，已赅于皇太后前降懿旨之中，将来神器所归，皇上自能斟酌尽善，固也。然懿旨意深词简，不及此引伸明晰，异日皇上生有皇子，将继穆宗为嗣乎，抑不即继乎？不即继似违懿旨，即继又嫌迹近建储。就令仅言继嗣，不标继统之名，而臣民亦隐以储贰视之，是不建之建也。而此皇子贤也，固宗社福；如其不贤，将来仍传继统乎，抑舍而别传乎？别传之皇子，仍继穆宗为嗣乎，抑不继乎？即使仍继穆宗，是亦不废立之废立也，岂太平盛事乎？至此时即欲皇上斟酌尽善，不亦难乎？廷议之意，或以皇上亲政，皇子应尚未生，不难豫酌一尽善之规。然国君十五而生子，皇子诞育如在彻帘之前，又何以处之乎？与其留此两难之局以待皇上，何如及今斟酌尽善乎？且懿旨非皇上可改，此时不引伸明晰，将来皇上虽斟酌尽善，何敢自为变通乎？此未妥者一也。廷议又谓继统与建储，文义似殊，而事体则一，似也。然列圣垂训，原言嗣统之常，今则事属创局，可读意在存穆宗之统，与无故擅请建储者有间，文义之殊，不待言矣。今廷议不分别词意，漫谓我朝家法未能深知，则日前懿旨‘即是此意’之谓何，臣民不更滋疑乎？此未妥者又一也”①。又奏请“将前后懿旨与广安、吴可读及此次与议诸臣奏议存之毓庆宫，俟皇上亲政日，由毓庆宫诸臣会同军机大臣恭呈御览，自必明降朱谕，宣示中外”②。

按：宝廷的奏折归纳起来有三点：一是对于“即是此意”，“止有恪遵”而无可议之处；二是吴可读“未明今日事势”。三是以宗法论述“以不定为预定”的合理性，合乎文化传统、合于祖制、合乎圣意。

国子监司业张之洞的长篇奏疏《遵旨妥议折》则明确设计了如何解决建储与立嗣矛盾的方案。他的方案是此事待将来光绪皇帝传位时再说。该折结合儒家经典与历史典故，力图为太后辨白，谓吴可读：“至忠至烈，然谓其于不必虑者而过虑，于所当虑者而未及深虑也。”他提出吴可读继统问题“不必虑者三”，明确论断：“该主事所虑赵普、黄之辈，诚难保其必无。然忠佞不齐，数年前曾有请颁铁券之广安矣，大小臣工岂遂绝无激发，明宗紊大统而昵私亲

① 《清史稿》444《列传》231《宗室宝廷传》。

② 《光绪朝东华录》，第1册，页总742－743。

者？……今醇亲王天性最厚，忠直恪恭，该主事既知其贤，万一果如所虑，他日有人妄进异言，醇亲王受累朝之厚恩，必能出一言以救正。”原谕中提出光绪生子即为同治继子，则此过继人显然要成为光绪帝位的继承者，有违反不预立皇储的祖制之虞；且如果光绪无子或多子怎么办？生子不贤又怎么办？张之洞提出了继嗣与继统合并解决：“天子，公庙不设于私家，苟不承统，何以嗣为？”“继嗣、继统毫无分别。”不管光绪生有几子，都先不继嗣，直到继统决定才继嗣，继承光绪帝位之人也就是继嗣同治之人①。

张折举重若轻，另辟蹊径，将先前争论不休、复杂纠缠的问题一下子廓清云雾，王文韶即认为在有关吴可读案上疏中，“透达切当，以张之洞一疏为最”②。

当日，潘祖荫、翁同龢、徐桐三位同治帝师合疏呈递：“窃思吴可读所陈预定大统，此窒碍不可行者也。我朝家法，不建储贰，此万世当敬守者也。臣等恭绎同治十三年十二月懿旨，于皇子承嗣一节，所以为统绪计者至深切远。圣谕煌煌，原无待再三推阐。今吴可读既有此奏，而懿旨中复有‘即是此意’之谕。特命延臣集议具奏，若不将圣意明白宣示，恐天下臣庶转未能深喻慈衷。臣等以为诚宜申明列圣不建储之遗训，将来皇嗣繁昌，默定大计，以祖宗之法为法，即以祖宗之心为心。总之，绍膺大宝之元良，即为承继穆宗皇帝之圣子。揆诸前谕则合，准诸家法则符，使薄海内外咸晓然于圣意之所在，则诒谋久远，亿万世无疆之体，实基于此”③。此折包含有先建储后立嗣之意，先选继统，谁继统谁即为同治之嗣。与张之洞所提方案相合。

最后，会奏由世铎领衔发出，确定了四个原则：“如何而圣意可必行，如何而祖训可不背，如何而穆宗之大统垂于久远，如何而皇上之孝友利于推行。”

四月初十日，颁布懿旨，作为对吴可读“尸谏”事件的一个最后总结：

“本日王大臣等遵议已故主事吴可读请豫定大统之归一折，并尚书徐桐、翁同龢、潘祖荫，翰林院侍读学士宝廷、黄体芳，国子监司业张之洞、御史李端棻另议各折，览奏大略相同。前于同治十三年十二月初五日降旨：俟嗣皇帝生有皇子，即承继大行皇帝为嗣。原以将来继绪有人，可慰天下臣民之望。第

① 《光绪朝东华录》，第1册，页总744；《张之洞全集》，第1册，页9－13。
② 《王文韶日记》，册上，页473。
③ 《光褚朝东华录》，第1册，页总741－742。

我朝圣圣相承，皆未明定储位，彝训昭垂，允宜万世遵守。是以前降谕旨，未将继统一节宣示，具有深意。吴可读所请豫定大统之归，实于本朝家法不合。皇帝受穆宗毅皇帝付托之重，将来诞生皇子，自能慎选元良，缵继统绪，其继大统者，即为穆宗皇帝嗣子。守祖宗之成宪，示天下以无私，皇帝亦必能善体此意也。所有吴可读原奏及王大臣等会议折，徐桐、翁同龢、潘祖荫联衔折，宝廷、张之洞各一折，并闰三月十七日及本日谕旨，均著另录一分，存毓庆宫。至吴可读以死建言，孤忠可悯，著交部照五品官例议恤”①。

（三）小结

1. 吴氏死谏，朝野震动。经群臣合议，内宫做出了让步。慈禧的懿旨虽然批评吴可读不懂清室不定储位的“家法”，但还是明确昭示将来从光绪诸子中选出一位贤者为同治帝位继承人，将帝位保持在咸丰至同治帝系一脉之内。

2. 吴氏以“尸谏”是实现了敢言直谏的清流品格。他名列“北清流”的“十朋”，“以直言极谏，著声都下”，“操行清洁，不附权贵”②。他将以德政忠节为核心的清流观发展到了极致，不惜以自杀来捍卫皇室大统的不可替代性。但这种行动对于晚晴政局没有实际意义，不可能改变慈禧日益专断的政治格局。

3. 经吴氏死谏，清流的精神更加播扬开去。当时颇有一些赞扬吴的文字。宝廷诗云：“圣朝纳谏优直言，伏阙抗疏争纷纭，以死建言公一人，吁嗟乎！直谏容易死殉难”③。张佩纶“居横街，与先生邻，已卯闰月，先生就义蓟州后一月，佩纶遭母毛太恭人丧，一墙之隔，两家哭泣相闻也。呜呼先生为忠臣，佩纶为不孝子，冥冥之中何以教我。悲夫！……先生之丧，有壮士图入吊，大哭留百金而去，问姓氏不答”④。黄体芳评曰：“先生以直言得重名者凡两疏，一疏而谪，再疏而死”⑤。陈宝琛作五言排律《赠柳堂二十韵》曰：“乾坤双眼泪，铁石一儒冠。”“我交侍御恨已晚”⑥。又诗云：“折汉廷槛，攀

① 《光宣两朝上谕档》五，页150。
② 坐观老人：《清代野记》，页59。
③ 《吴柳堂先生诔文》。
④ 《携雪堂全集》，卷4，页24。
⑤ 《携雪堂全集》，卷4，页23、25。
⑥ 陈宝琛：《吴柳堂御史围炉话别图为仲昭题》，《沧趣楼诗集》，卷7，页18。

鼎湖弓，一疏千古，一死千古；湘垒哀吟，卫史尸谏，我悲先生，我愧先生”①。御史安维峻有言：“一疏动天颜，所言者大；千秋论臣节，如公其难”②。王作枢赠诗：“先帝无儿臣有主，世人皆知我独愚。忠魂常恋一土，蓟门烟树苍苍。马伸桥畔晚风香，地不可移时难失。此心皎皎日月光，故人千古垂青史”③。

名士李慈铭在其《国事日记》光绪五年闰三月初十日日记中，记录了事件自己看法：“……闻其人，素忼慨，喜为诗歌，不饰边幅，及以争成禄事，锡秩归皋兰，左湘玥（左宗棠）甚重之，延主书院。……孤忠独行，二百年来所仅见者。然其疏指如专为穆宗绍统，则帝王立后与臣庶异。凡嗣位者，皆为子道。今上宫中已如世及故事，三年素服；又山陵告窆，已踰五年，奉安以前，尚行遏密，吉主祔庙，百世不祧，岂若民间必别立后人承祧传嗣，方为父子乎?”④

左宗棠在私信中说：“吴柳堂侍御尸谏一疏，都门传诵，想九重亦必洒然动容。疏中自称‘罪臣’，而山陵讫事犹称‘大行’，似其微意不以庙号为妥。盖先皇御极，削平大难，在本朝为中兴之主，‘穆’之与‘毅’，不足尽之，当时定议，固未及详审耳。又，大统之归，自是正义，非感恩图报之私所可托。柳堂为正义而以尸谏，却羼入此节，亦属不伦。此君骨鲠可风，意见微偏，在所不免。其绝命诗亦可诵”⑤。“此事自由天定，非人所能为。本朝之不预建储贰，为历代所无，原有深意也”⑥。

其《绝命词》“一时都下传和者甚多。童竖亦悲吴御使，市阛处处谱歌词”⑦。吴可读死前已明示其归葬处：“谓出蓟州一步，即非死所。”⑧ 吴可读

---

① 傅严霖辑：《吴柳堂先生诔文》，光绪六年刊本。

② 《吴柳堂先生诔文》。

③ 《吴柳堂先生诔文》。

④ 《越缦堂国事日记》五，页2211－2212。

⑤ 《左宗棠全集》，第12册，页486－487。

⑥ 《左宗棠全集》，第12册，页564－565、486、493。

⑦ 《吴柳堂先生诔文》。“回头六十八年中，往事空谈爱与忠，土已成黄帝鼎，前星预祝紫微宫，相逢老辈寥寥甚，到处先生好好同，欲问孤臣恋恩所，五更风雨蓟门东。”吴可读绝命词各书记载在个别字句上有所不同。此处征引《顺天府志》卷26《地理志》8，页763。

⑧ 《清史稿》，第41册，卷445，页12461。

死，时任蓟州知州“刘枝彦甚才，先生就义时衣行衣，刘自解端罩朝珠殓之”①，亲自操持葬事，将吴葬于马伸桥三义庙东一里许。李鸿章亦颇感慨：“西望惠陵，穿土而茔，扈从大行，呜呼先生！”②，他上《吴可读建专祠片》奏请为吴建专祠。张之洞请旨在南横街吴可读住处建立祠堂③。“都人即所居城南旧宅祠祀之”。在文昌馆举行吊唁礼，渲染其精神④：“光绪己卯（1879）春三月下旬，予在京住潘家河沿。是日，天朗晴明，予正午饭，忽见空中有白片纷纷下。亟至庭中视之，六出雪花也，瞬息即化，炊许始止。不知烈日中何以忽然落雪，甚异之。数日即闻吴柳堂侍御尸谏事……京师同官同年等为设祭于文昌馆，挽联无数”⑤。

吴可读在宣武门外南横街路北的故宅，也在晚清和谢公祠、顾炎武祠、杨继盛祠并列，成为宣南胜迹了。

3. 此案，清流们引经据典，站在传统的立场上，以遵循祖制的名义为慈禧不合祖制的行为辩护，帮助她渡过此次合法性危机，名声大振，《清史稿》论曰：“体芳、宝廷、佩纶与张之洞，时称翰林四谏，有大政事，必具疏论是非，与同时好言事者，又号‘清流党’。然体芳、宝廷议承大统，惓惓忠爱，非佩纶等所能及也”⑥。清流的主要成员，如张之洞、张佩纶、宝廷、陈宝深、黄体芳等，在短短几年时间内连升数级。

其中最有代笔性的就是张之洞。光绪三年，按宗庙制度，穆宗升祔太庙，但太庙九室已满，无地可容。巨典攸关，群臣筹议。张之洞代时任礼部右侍郎的潘祖荫拟奏议，根据《春秋公羊传》和朱熹的说法，主张在太庙后更建世

---

① 《携雪堂全集》，卷4，页24。

② 《携雪堂全集》，卷4，页22。

③ 马芷痒：《老北京旅行指南》，页95－96。黄濬《花随人圣庵摭忆》载：“蓟祠，言蓟州柳堂有祠。故宅横树，谓柳堂故宅在南横街，，仿杨椒山故宅例，以祠柳堂，门前有匾额”

④ 何刚德《春明梦录》记曰：“其时清流竞以气节相高，乃鸠赀立祠私祀之。当修祠时，陈芸敏侍御（琇莹）告余曰：‘我拟送他一联，曰：二三豪俊为时出，七十老翁何所求。’余应之曰：‘吴柳堂以庶吉士散馆，铨选主事到吏部，人尚朴诚。迟暮伤心，思欲树一节以表见，自亦恒情。烈士殉名，既以身殉，何必不予以名？’渠曰：‘死者固可原，生者亦未免太好事了。’盖其意不甚附会清流，而以建祠为无谓也。”

⑤ 坐观老人：《吴可读尸谏》，《清代野记》，页53。

⑥ 《清史稿》卷444《列传》231《黄体芳宗室宝廷等传》。

室，作为“百世不祧之庙”，供奉太宗及其皇后的神主，为穆宗在太庙空出位置①。宝廷、张佩纶亦各自上疏，主张另建世室②。经讨论，决定仿道光时改奉先殿龛座先例，在原太庙基础上增修龛座。陈宝琛忆此事说：“是时侍讲（张佩纶）侃侃论列，公（张之洞）未开坊，犹不得具折言事，然自是究心时政，不复措意于考订之学”③。

此言暗示了清流这一群体的思想倾向：以固守传统的姿态出现，以传统服务现实，亦即所谓的“术用化。”④ 据《清史稿》，张之洞“以文儒致清要，遇事敢为大言。……往者词臣率雍容养望，自之洞喜言事，同时宝廷、陈宝琛、张佩纶辈崛起，纠弹时政，号为清流”⑤。

光绪五年初，张之洞还只是国子监司业，仅为正六品，光绪七年底已由侍讲学士擢阁学，不久擢升至山西巡抚，官居从二品。

在这样的氛围下，清议势头在京师继续高涨。

四、庚辰午门护军太监斗殴案

如果说，光绪五年的吴可读尸谏事件，使得清流人物黄体芳、宝廷、张之洞等名声大振，光绪六年八月发生的午门太监护军斗殴案，更使人们领略到了作为翰林名士的清流们奏疏的真魅力。在这件惊动朝野的门禁小事件中，慈禧太后给予护军最严厉的惩罚，而由于慈禧的权威，竟出现“枢臣莫能解，刑部不敢讯”的局面。这件事引起时人的普遍关注和人们对于垂帘体制的焦虑，即对后宫专政的密切关注。此外，若按照慈禧的处理，很可能演变成禁帷丑闻。此时，“青牛角”张佩纶、张之洞、“青牛尾”陈宝琛“抗章论之”，终使慈禧改变原判，护军从轻发落，挽回已定之局。通过分析他们上奏的细节，可

---

① 张之洞:《惠陵升祔第一议》、《惠陵升祔第二议》,《张之洞全集》, 第 12 册, 页 10047 - 10051。

② 张佩纶奏《敬献升祔礼议以备采择并昭穆位次及考证异同折》。——《清实录·德宗实录》, 卷 51, 页 708;《光绪朝东华录》, 第 1 册, 页 411 - 414、429、437 - 433、444。

③ 胡钧编:《张文襄公之洞年谱》, 页 46。

④ 王雁、侯吉昌:《穆宗神主升祔太庙筹议述论》,《西南交通大学学报》, 2008. 4。

⑤《清史稿》卷 437《列传》224《张之洞传》。

以看出清流的敢言和善言，清流之间的横向联合与交章上奏及最终改变“圣意”的行为模式，从中透视京师南城这一特定区域对推动这一行为模式的有力支撑。

光绪六年八月十二日（1880. 9. 16），孝钦后命侍奄李三顺赍物出宫，致其妹醇王福晋。至午门，以未报敬事房知照门卫放行，护军照例诘阻，三顺不服，遂至争斗。三顺以被殴失物归诉。孝钦时在病中，怒甚，言于孝贞后，必杀护军①。慈禧面谕兼南书房行走的刑部尚书潘祖荫处死护军。次日，又要求内务府大臣会同刑部，严审起事护军玉林等人，岳林等护军领导一并交议处严惩。慈禧如此明发上谕，严惩忠于职守的护军，对而对李三顺之违例却不置一罪。李三顺是小太监，且是汉人，而护军则是守卫清宫之八旗兵。

此案发生后，众论哗然，朝野注目。李鸿藻“苦口力争，召对十刻之久”，但慈禧太后“仍命刑部加重定拟”②。奕䜣虽持异议，亦不敢公开表态。其他王公大臣们更是无人敢再争议。

但清流们深虑这样办理“恐长诸阉之焰”。他们太熟悉历史上太监为患至深的案例，抑制阉宦是其政治意识中最深刻的部分；他们也太熟悉本朝祖宗防止宦官专权的祖制，同治八年，即是依此将安德海正法的。但彼一时此一时，此案，“直言”的同时，更必须“善言”，才能改变慈禧的心意。时陈宝琛官居右庶子，张之洞为左庶子。二人决心奋力一争。

首先，确定奏折的基调。张之洞和张佩纶、陈宝琛等事先密商，根据张之洞的意见草拟奏折：“惟均只可称引祖制，泛论裁仰宦寺，俾太后自悟，万勿直就本题发挥，恐反激怒，则无益有害矣”③。

其次，确定上奏的程序。是一起上奏，还是分别上奏？最终计议，由张之洞和陈宝琛二人分别上疏抗争。顺序则依李鸿藻所“嘱右庶子陈宝琛上疏争辩，之洞继之”④。

陈宝琛首先上奏，他在奏折中明确指出午门案和上谕的不当之处：李三顺

---

① 《越缦堂国事日记》五，页2463。

② 李宗侗，刘凤翰：《李鸿藻先生年谱》，册上，页305。

③ 徐一士：《谈陈弢庵》：《国闻周报》，第12卷，第10期。

④ 李宗侗，刘凤翰：《李鸿藻先生年谱》，册上，页306。李鸿藻是清流领袖，该年谱谓：时公领导清流，翁同龢、潘祖荫、广绍彭徐桐等，皆其好友，张之洞、陈宝琛、张佩纶，多以公马首是瞻。彼等所上奏折，亦先得公之同意耳。

违反宫廷禁例，咎由自取；惩罚护军，既违祖训，亦有悖情理，要求宽免护军裁抑奄官。在被人称为“措词最难，妙在得体”的附片中又设法为慈禧开脱，予以下合之阶。

十二月初四日（1881. 1. 3），张之洞递呈《阉宦宜加裁抑折》。张奏的高明之处在于绝口不提是否应该处罚护军，而是反复重申严厉管束内廷太监的清朝“家法”，只说太监私自出入是“动托上命”，假传圣旨，不点明奉有差使，为太后开脱之心明显可见。

慈禧本身对清议有所顾虑，同时也感到杀掉满族护军办法太过。张之洞疏上之后，慈禧太后心领神会，十二月初七日（1881. 1. 6）下懿旨：“改定玉林（护军）杖一百，流三千里，照例折枷，枷满鞭责发落。祥福（护军）杖一百，鞭责发落，忠和（护军）杖一百，实行责打，不准折罚钱粮，仍圈禁二年，圈满后加责三十板。岳林（护军统领）免其再行交部严议，并将李三顺交慎刑司责打三十板，罚首领大监月银六个月。”此案“最后得陈、张二庶子抗章论之，始得从轻改处。二庶子挽回已定之局，其力伟矣”①。其间，清流们互为奥援，联合干预发挥了至关重要的作用。

这件事，被李慈铭完整地记录在《越缦堂国事日记》（五）中，从中我们可以分析清流们的运作经过及二张一陈奏疏的内容，同时看到时人对此的反应：

“八月十三日邸钞：上谕 昨日午门值班官兵有殴打太监以致遗失赉送物件情事，本日据岳林奏太监不服拦阻，与兵丁互相口角，请将兵丁交部审办，并自请议处一折。所奏情节不符。禁门重地，原应严密盘查，若太监赉送物件，并不详细问明，辄行殴打，亦属不成事体。著总管内务府大臣会同刑部提集护军玉林等，严行审讯，护军统领岳林、章京隆昌、司钤长立详，著一并先行交部议处。

“十一月二十九日邸钞：上谕：午门值班护军殴打太监一案，曾谕令刑部内务府详细审办，现据讯明定拟具奏，此案护军玉林等于太监李三顺奉使赉送物件，竟有拦阻殴打情事，已属荒谬。该衙门拟以玉林从重发往吉林充当苦差，祥福从重发往驻防当差，觉罗忠和从重折圈三年，并将岳林请旨交部议处。自系照例办理，惟此次李三顺赉送赏件，于该护军等盘查拦阻，业经告

---

① 徐一士：《一士谈荟·庚辰午门案》，《近代稗海》，第2辑，页421。

知，奉有懿旨，仍敢抗违不遵，藐玩已极，若非格外严办，不足以示惩儆。玉林、祥福均著革去护军，销除本身旗档，发往黑龙江充当苦差，遇赦不赦。忠和著革去护军，改为圈禁五年，均著照拟枷号加责。护军统领岳林著再交部，严加议处。至禁门理宜严肃，嗣后仍著实力稽查，不得因玉林等抗违获罪，稍形懈驰。懔之。刑部谳已三上，中旨以为轻，饬更审。实二十六日复执前议上，始有此谕云"①。

"十二月初七日邸钞：两宫皇太后懿旨，午门值班兵丁殴打太监一案，护军玉林等因藐抗获咎，原属罪有应得。惟念门禁至为紧要，嗣后官兵等倘误会此意，稍行瞻顾，关系匪轻。著格外加恩，玉林改为杖一百，流二千里，照例折枷，枷满鞭责发落。祥福改为杖一百，鞭责发落。忠和改为杖一百，实行责打，不准折罚钱粮，仍圈禁二年，圈满后加责三十板。护军统领岳林免其再行交部严议。太监李三顺著交慎刑司责打三十板，首领太监刘玉祥罚月银六个月。至疯犯刘根生混入宫禁，已将该总管首领太监等分别摘顶罚银，斥革责打发遣，以示惩儆。仍著总管内务府大臣恪遵定制，将各该太监严行约束。禁门重地，如值班人等稍有疏懈，定当从严惩办，决不宽贷"②。

该日附注记此事并加按曰："事下刑部暨内务府审办，谳三上，后以为轻，饬更审拟。十一月二十九日奉上谕：（护军）玉林、祥福均著革去护军，发往黑龙江充当苦差，遇赦不赦。对护军不惜重处，而于奄人之违例不置一词。翁同龢对此案经过略有取记：'十二月初七日云，钦奉懿旨：午门殴打太监一案，将首犯杖一百，流二千里折枷，余犯皆减。涣然德音，海内欣感。前日庶子陈宝琛、张之洞各有封事争此，可见大臣失职。既感且愧。'盖以枢廷刑部之争持，而仍以从重定罪，大臣不敢再争。最后得陈张二庶子挽回已定之局，其力伟矣。……"

据闻重处护军之上谕既颁，陈氏决意上疏争之。张佩纶与过从最密，知而告之洞。洞曰，吾亦欲上一疏，为同声之应。惟太后盛怒之下，不宜激之，致无益有损。陈正疏之外，并附一片，则仍争此案处分之失当。之洞闻之，亟致一笺，谓附片万不可服，以药名作隐语也。陈以示佩纶，佩纶曰：精义不用可惜。卒上之。十二月初七日，太后特颁懿旨。此案既结，之洞喜而问陈，附片

① 《越缦堂国事日记》五，页2462。《光宣两朝上谕档》六，记此上谕，对刑部原议加重。——页332。

② 《越缦堂国事日记》五，页2463。

中究是何说法。陈为诵数语，之洞乃大赞其词令之妙，示推服焉。陈之胆力及为义之勇，尤过于张也。

张、陈之疏，为恭王奕䜣所叹服①。张疏云：……查玉林固系殴太监之人，而刘根生实因与太监素讧，以致冒干禁籞。是两案皆由太监而起也。伏维奄臣恣横，为祸最烈。我朝列圣驭之者亦最严。惟是两次谕旨，具无戒责太监之文，窃恐皇上皇太后裁抑太监之心，臣能喻之，而太监等未必喻之，各门护军等未必喻之，天下臣民未必尽喻之。太监不喻圣心，恐将有借口此案，恫喝朝列，妄作威福之患。护军等不喻圣心，恐将有因噎废食、见奸不诘之忧。天下臣民不能尽喻圣心，恐将有揣摩近习、谄事貂珰之事。万一此后太监等竟有私自出入，动托上命，甚至关系政务，亦复信口媒孽，充其流弊所至，岂不可为寒心哉……

陈疏云：……昨日午门案结，朝廷既重科护军殴打违抗之罪，复谕以门禁理宜严肃，仍当以实力稽查，圣虑周详，曷胜钦服。维此次刑部议谴玉林等，谓其不应于禁地斗殴，非谓其不应稽查太监也。谕旨从而加重者，谓其不应藐抗懿旨，亦非谓不应稽查太监也。臣愚以为此案在皇上之仁孝，不得不格外严办，以遵懿旨；而在皇太后之宽大，必自格外施恩以抑宦官……拟请嗣后仍照旧例报门者方许放行，庶有稽查之实而无抗违之误。……

附片云：……我皇太后垂帘以来，法祖勤民，虚怀纳谏，而于制驭宦寺，尤极严明。臣幸遇圣明，若旷职辜恩，取容缄默，问心先无以自安。伏乞宫中几暇，深会此案罪名有无过当。如蒙特降懿旨，格外施恩，使天下臣民知藐抗之兵丁，皇上因尊崇懿旨而严惩之于前，皇太后因绳家法而曲宥之于后，则为天下之仁愈是以快人心而光圣德，垂休称于无穷也。

此附片措词最难，妙在得体。

陈太傅（宝琛）以此事扬名清流党，亦因此案遭忌，似与李莼客攻击闽

---

① 恭亲王奕䜣对张之洞、陈宝琛的敢言和善言大为称赏，逢人便赞张之洞此奏为“真奏疏”：“光绪庚辰、辛巳间，张文襄公之洞方官庶子，有中官率小阉两人，奉旨担食物八盒，赐醇王。出午门之东左门，与护军统领及门兵口角，遂毁弃食物回宫，以殴抢告。德宗震怒，命褫护军统领职，门兵交刑部，将置重典。枢臣莫能解，刑部不敢讯，乃与陈宝琛上疏切论之，护军统领及门兵遂得免。时又有两御史言事琐屑，不合政体，被责议处。恭王手张、陈两疏示同列曰：‘两御史折真笑柄，若此，真可谓为真奏疏矣。’”——徐珂：《清稗类钞·谏诤类》“张文襄、陈宝琛谏诛护军统领”条。

派名流有关。”（梁敬錞教接纽约函）①

按：庚辰午门一案，见于多种笔记、年谱，诸如翁同龢日记、张文襄年谱、《抱冰堂弟子记》王照《方家园杂咏纪事》、金梁《清后外传》、高树《金銮琐记》等均有揭载，而以徐一士的《一士谭荟》记述最为详尽。上述《国事日记》的注，全部摘自《谭荟》之大意②。

一个十五六岁的小太监和禁门护军争吵，比起当时的军国大计，不过是小事一桩。这件事引起时人的普遍关注和人们对于垂帘体制的焦虑，即对长诸阉之焰、后宫专政的焦虑。如果按照慈禧粗暴的处理，很可能演变成禁帷丑闻。事关皇统，这是清流们要力争的原因。

张之洞和陈宝琛出面干预，张佩纶从中联系画策，现在的《一士谭荟》里，还保留了陈给张佩纶的三封手札。奏本的基调是张之洞定的：“惟此事只可就注意门禁、裁抑宦官立言，蕲太后之自悟，勿为护军乞恩”③。

他要求陈不可操之过激，不能在上奏时折片并投，所谓“附子一片请勿入药”，“药”指奏折，“附子”系药名之一，隐指奏折的附片。此隐语达意，深可玩味。但张佩纶与陈商量的结果，是“二剂并下，更易奏功。”

陈的折和片，“精义”是一条——母慈子孝为立国之本。所以他反复讲的是一个道理：皇帝为了维护懿旨的尊严，必须严办护军（严惩是以上谕形式发布的）；而两宫皇太后为了恪守家法（抑制太监），则应该从宽处理。这种措词，既给足了太后的面子，更切中其搞政治平衡的心理。

陈、张的折子还含有一种更深层的暗示：劝告两宫防止阉党乱政的历史重演。内容和宦官勾结使皇权削弱，在历史上多次出现。清流们最终的目标是维护皇权与德政，这和同治立嗣案，本于一条思路。也是他们的奏折，能引起朝士们的强烈共鸣，而构成了一个“思想事件”的原因。

五、小结

形成于19世纪六七十年代“同治中兴”之后，受到慈禧太后“要求中外

---

① 抄自《越缦堂国事日记》五，记述此案之“注“，页2463－2467。

② 徐一士：《一士谭荟》，页168－188。

③ 徐一士：《一士谭荟》，页179。

臣工九卿科道有言事之责者，于用人行政一切事宜皆当据实直陈”的积极鼓励而兴起的清流派，虽然有钳制威望日隆的恭亲王奕䜣及权力越来越重的地方实力派作用，但不能否认其广开言路、励精图治的积极追求。

在维护皇权、强调君德、警惕太监干政、戒奢尚俭等传统政治文化观念支撑下，清流派与洋务派对内宫事务实行了联合干预。在此过程中，清流议政的横向联合、互通声气模式加强，名声大振，政治纳用与政治参与也不断深入。

其后，在国内复杂派系斗争和国外干涉的压力下，洋务派和清流派在自强与自治、主战与主和问题上发生了论争，如同文馆之争、天津教案、伊犁交涉、中法战争等。

第十六章 以权力为中心：内宫对清流的支持与压制

光绪五年（1879）、光绪十年（1884），是两个很重要的年份。前者是在同治帝驾崩与光绪帝即位之初发生的连续四年的巨大天灾之后，言官或清流们承接丁戊奇荒而来的各种奏议，劲头依然很大，对整顿吏治的呼吁更加强烈，弹劾的对象多指向了朝中大员，并且为定案翻案的奏请不断。清流亮相最为精彩的是张之洞，他揭开了一查再查的四川东乡案的真相。而在同年发生的吴可读“尸谏”案引起国法与家法、继统之争时，张之洞、陈宝琛又为慈禧提供了完美的解决方案。此后的几年，清议舆论似乎陷入了平淡之中；后者是在面临着边疆国土危机与宗藩体制瓦解之际，由清流奏请所引发的甲申政潮，结束了辛酉政变以来二元政治的格局。这一年虽是清流们受到擢拔的高峰，是清议主战舆论的最高涨时期，却也是清流（前清流）星散的标志（除了得到升迁的张之洞）。此后的清流（后清流）更多地卷入了帝党和后党之争，缺少了前清流搏击议政的风采。本章摘取此两年的若干条陈，以从中考察内宫对清议的回应以及从裁抑到遏制的态度变化。

一、内宫对清流的支持

这种回应表明的态度十分复杂，有的是肯定，有的是否定，有的是告诫。虽然警惕言路交章上奏的趋势，但并未给予严厉的申斥。

（一）云南知府孔昭莱被戕案：清流交章上奏

孔昭莱被戕案中，商人李钟铭是个活跃人物。早在何金寿上奏前，李钟铭已经被参多次：

光绪五年二月二十六上谕：翰林院侍讲张佩纶奏山西人李钟铭即李春山在琉璃厂开设书斋书铺，藉势招权，干预公事，煽惑官场，败坏风气，请饬驱逐。等语。李钟铭身为商贾，胆敢不安本分至于此极，亟应严行究办。该侍讲所称该商人捏称工部尚书贺寿慈亲戚，招摇撞骗一节，李钟铭与贺寿慈究竟有无戚谊，著该尚书明白回奏。其所称与内外官吏交结往来，包揽户部报销、打点吏部诠补，为京官钻营差使，为外官谋幹私书，带用五品冠服。每有职官引见验放，混入当差官员，出入景运门各节，著都察院堂官将该商人传案，逐款讯明，据实具奏。至身膺仕宦，宜如何敦品励行，谨守防闲，若如所奏，近来士大夫不分流品，风尚日靡，甚至显秩崇阶，有与吏胥市侩饮博观剧，酬酢馈遗，实属不知自爱。嗣后如有此等情事，或一经奏参，或别经发觉，定当照例严惩，决不宽贷①。

三月初四日上谕：翰林院侍讲学士黄体芳奏，大臣覆奏欺罔，据实直陈一折。据称工部尚书贺寿慈与商人李钟铭毫无瓜葛，惟李钟铭前后两妻，贺寿慈皆认为义女，往来一如亲串。贺寿慈之轿常时停放其门，地当孔道，人人皆见。前次覆奏之语，显然欺蒙。等语。贺寿慈身为大臣，于奉旨询问之事，岂容稍有隐匿，自取愆尤。此次黄体芳所奏各节，著该尚书据实覆奏，不准一字捏饰。如敢回护前奏，稍涉欺蒙，别经发觉，决不宽贷。以上各节，并著都察院堂官归入前案，会同刑部将李钟铭严切讯究②。

闰三月三十日上谕：前据翰林院侍讲张佩纶、御史李璠先后具奏，商人李钟铭称系尚书贺寿慈亲戚，招摇撞骗及侵占官地等情，并据翰林院侍讲学士黄体芳奏贺寿慈与李钟铭时常往来各节，降旨令都察院堂官会同刑部将李钟铭讯究。兹据该衙门讯明具奏，此案李钟铭即李炳勋，由商人捐纳监生，布政司经历职衔，考充謄录。既得议叙，仍在市井营生，辄攀援显宦，交结司坊官员，置买寺观房屋，任意营造，侵占官街，匿税房契，又于差满后，擅入东华门

① 《光宣两朝上谕档》五，页74。

② 《光宣两朝上谕档》五，页82。

内，进国史馆寻觅供事，谋求差使，希图再得议叙，实属不安本分。李钟铭即李炳勋，业已革去职衔，著照所拟杖六十，徒一年。俟年满后解回山西原籍，交地方官严加管束，毋许出外滋事。李钟铭与贺寿慈认为姻亲，交易来往，讯无干预公事情弊，贺寿慈前已有旨降三级调用，著免其再行置议。余著照所拟办理①。

五月二十七日，御史孔宪瑴奏硕辅不宜远离，请收回崇绮（同治后之父）外补（热河都统）成命，留在朝中辅政一折，受到上谕的申饬：

御史孔宪瑴，国家用人，内外并重。热河素称繁剧，治理需人，兹特简崇绮为都统，具有权衡。该御史谓使之效用边隅，甚为可惜，殊未悉朝廷用人之意。至所称置左右俾资启沃，是欲使崇绮在毓庆宫行走也。毓庆宫行走重任，出自朝廷特简，岂臣下所宜妄预？且前此崇绮任京职时该御史何以不言而乃于简放外任之后？亟思位置所奏，殊属冒昧。著不准行②。

对于孔宪瑴的奏折，只是以殊属冒昧加以驳斥；同日，孔宪瑴又奏请捐纳直省，弊难枚举，请旨停止，以清弊源等，令户部议奏。可见，上谕（慈禧之意）对孔宪瑴为同治后父请求留京任职的奏折与同日另一奏折的态度是不同的，这里并不存在过多的压抑，如果说是压抑，也是因为孔宪瑴是为同治后父说话，不甚合慈禧心意而致③。

看一看这些奏折的上奏时间：光绪五年二月二十六内阁奉上谕：翰林院侍讲张佩纶参商人李钟铭，牵涉出工部尚书贺寿慈；五年三月初四日翰林院侍讲学士黄体芳奏工部尚书贺寿慈覆奏欺罔；五年闰三月三十日根据翰林院侍讲张佩纶、御史李璠先后具奏，上谕对贺寿慈进行了一定的袒护。中枢似乎已经觉察到清流们交章上奏、横向联合的趋势，态度有所改变。

---

① 《光宣两朝上谕档》五，页82。

② 《光宣两朝上谕档》五，页193。

③ 清代笔记资料中对慈禧与同治皇后不和的传闻有所推测，据《国闻备乘》“穆宗遗事”条记载，穆宗春秋寖富，性豪爽，引内务府郎中贵宝为酒友，上书房翰林王庆祺导之冶游，微行无弗至，旋遘恶疾，讳云出痘，遂崩。李鸿藻傅帝十四年，临危入见，受遗诏辅立溥伦，寻窥太后意不然，乃立德宗。其母即太后女弟，以故得立。皇后闻德宗入继文宗，不为穆宗立后，泣涕坚卧不起，出怨言。太后召至宫，切齿大骂，批其颊者三。后父崇绮遣人以死讽之，遂不食，七日崩。

（二）对编修何金寿“沥陈时弊请分别饬查”的明白宣示

此事引起了上谕的警惕以及言官的争议。

光绪五年六月初，何金寿的请除积习、重查旧案一折，因涉及朝廷定案结论的权威性，受到了长篇上谕的“宣示”和批评①。光绪五年六月初十日上谕：

翰林院编修何金寿奏，沥陈时弊，请分别饬查一折。详加披览，大率以中外臣工瞻徇情面，非止一端。所奏自为破除积习起见，朝廷综理庶政，一秉大公，内而部院堂官，外而封疆大吏，皆素所信任。遇有陈奏事件，情弊显然者，自应随时驳斥。若必事事逆德，过于吹求，亦非政体。何金寿所奏各节，或应查办，或毋庸议，不可不明白宣示。仓场侍郎毕道远失察，亏短仓米，该部议以分赔并照防范不严例降一级留任，系属照例办理。该编修所称仅议薄罚三月，自系传闻之误。……刑部员外郎朱荫縠因承审刘金华案，牵涉被控，特派毛昶熙等会同刑部讯明，并无藉端恐吓等情，业经照请，撤去差使，予以处分，并非竟不参处。……王海系属商人，非贱役可比，因承办陵工，著有微劳，历有保奖，成案不为滥保，至各衙门当差人员，但当考其勤惰，大员子弟固不当徇情滥行保奖，如果差使奋勉，亦应一体奖励。若因大员子弟不准列保，亦不足以昭平允。道员胡光墉（雪岩）因左宗棠奏称该员购办西征军火，筹运饷项，劳绩与前敌无异，是以赏穿黄马褂。此次沈葆桢等及周恒祺先后奏称知府李金镛及胡光墉等办赈出力，自为鼓励起见，惟沈葆桢等请将李金镛送部引见，系照胡光墉所禀入告。现经吏部查明核，与定章不符，请旨更正，并请将胡光墉、沈葆桢议处，业经照准；福建职妇林戴氏以伊子林文明被杀，冤抑京控三次，前月又遗抱赴都察院呈诉，此案时逾八年之久，延不奏结，殊属不成事体。著勒限三个月，责成该省督抚即将此案秉公讯结，如仍前泄沓，逾限不能结案，必将该督抚予以处分；上年御史唐树楠奏湖南各属莠民滋事，未能认真整顿，当派李瀚章前往查办。旋据奏称，湖南通省地方现均绥靖。邵亨

---

① “（光绪）五年，复沥陈时弊，斥言中外臣工皆瞻徇，侃侃不挠。上以所奏为祛积习，特宣示。忤当轴意，出知江苏扬州府。未出都，会崇厚与俄定约，敕下廷臣议。金寿引西国上下议院例，请资众论，折强敌。逾岁到官（光绪六年外官江苏扬州知府），录筑堤功，赐三品服。八年秋，祷雨中暍，病卒，贫不能归葬。总督左宗棠等上其事于朝，谓有古循吏风云。”——《清史稿》卷445《列传》232《何金寿传》。

豫迭次办匪，尚无贻误。至湖南提督罗大春所奏，兵单添练一折，系于折尾会李瀚章、邵亨豫之衔。昨已有旨，询问该督抚俟覆奏到日再行办理；前因叛将李扬才呈诉广州将军等文内有抚道挟诈之语，当令刘坤一查奏。嗣据覆奏，该逆因杨重雅不肯奏留西省之故，所称挟诈，系属虚诬，等语。是李扬才之叛不得谓为杨重雅激变，冯子材督军剿贼，叠克者岩等处巢穴，并将李扬才家属拿获办理，尚属得手。该编修所称刘坤一不将巡抚提督参劾，实于办理情形未能深悉；云南提督胡中和被参之案，现经恩承等查明，该提督并无含混支领勇粮情事，业经赏还黄马褂勇号。著毋庸置议；云南东川知府孔昭钤被刺一案，经前任巡抚岑毓英审明，将杨汝楫奏请治罪杨玉科并无同谋情弊，业于同治十三年二月奉旨照刑部所议办理案结多年，毋庸再议；至所称杨玉科以重金交通京官，为之游说，竟得免于弹奏，安然赴任，究竟交通者何人，著何金寿指实覆奏；提督王照南系四川东乡案内应行治罪之员，本日据刑部奏，拟发往黑龙江充当苦差，著丁宝桢于奉到谕旨后迅速解往；浙江衢州镇总兵喻俊明驻扎衢州，自有职守，何以梅启照派令兼统杭嘉湖水师？是否必须该员统带，抑或另行派员接统，著该抚酌度情形，奏明办理；至所称各部院堂官派差保举，各省督抚委差委缺，大半皆徇情面，吏部于议叙保案，不敢执奏，议处事件，避重就轻。刑部于谳狱议罪，出入任情，都察院坐视欺蒙，不知纠劾。内外大臣于覆奏查办事迹，欺罔弥缝。等语。该堂官及督抚等皆受国厚恩，膺兹重任，其中实心任事，守正不阿者固不乏人，而瞻徇情面者，亦在所难免。嗣后务当共矢公忠，力除积习，凡属差委升补等事，一切应秉公任使，期于得人。而办理事件，尤宜查照例案，详慎妥议，毋得任意重轻，尤不准稍有欺饰。至军机大臣赞画枢务，亦宜认真察核，宏济艰难，用副谆谆训诫至意之意。国家广开言路，原期裨补缺失，若拾摭历年已定之案，杂以传闻失据之词，率意陈奏，适足以淆朝廷之观听。嗣后言事诸臣，务当于重要事件有关于国计民生者，尽言献替，不得毛举细故，信口诋諆，致开攻讦之渐。懔之慎之①。

按：此上谕长达1721字，在上谕档中所有言官御批奏折中堪属长者。此乃一箭 双雕之作。中枢也许已经察觉到清流们交章上奏的态势，一方面固然有利于遏制大吏，但也可能影响政治的平衡。所以，在这一年对何金寿折的批复中，以及在李钟铭案的处理中，都对中央或地方大吏采取了回护态度。

---

① 《光宣两朝上谕档》五，页208－210。

三日后，何金寿根据谕旨查明总兵杨玉科以重金交通京官为之游说得免弹奏的情况回奏后，上谕对三日前对何金寿“率意陈奏历年已定之案”的批评发生改变，谕令刑部奏明是否应该查办。光绪五年六月十三日，上谕：

前据翰林院编修何金寿奏，云南东川府知府孔昭钫被戕一案，总兵杨玉科以重金交通京官为之游说，得免弹奏等情，降旨令何金寿将该总兵交通者何人指实覆奏。兹据奏称，杨玉科以重赀（在京）开设云丰泰银号，该总兵以边省之人远来京城，安一银号，又以数万金交商人李钟铭书铺内，并与李钟铭结交拜盟，往来亲昵。该总兵初次入都，暂住旬日，即与该商人密交，又与礼部主事高蔚光认作亲戚，竭力应酬，恣其挥霍，委曲结纳，皆重金交通之明证。等语。著刑部将高蔚光李钟铭等传讯，务得确情，据实具奏。至所奏孔昭钫以匪被戕，即非主使，亦系知情等语，此案前已办结，该编修所称应否查办，著刑部此次讯明具奏①。

十二月初九日 邸钞 略谓：查明杨玉科并无戕杀知府知情同谋情事，惟开设银号，罔利营私，著降三级调用②。

中枢对言官态度变化这点也可以看出，“责令”言官其实是对中央和地方大吏的警示，这才是其背后的真实的政治目的。中枢只是不希望翻出那些陈年旧案来，以此损害朝廷的权威，但一有确据，则仍予以查办，亦见公允和裁抑。其中裁抑的不仅是言官，如此在上谕中细致地罗列诸多事件，已然含有隐喻之意，较之含糊其词，没有具体实例而言，更足以引起臣僚的重视，因此有所戒惧。中枢利用清流们交章上奏的态势，既遏制大吏，又不能破坏政治制衡。所以，对何金寿奏折的批复中以及在李钟铭案的处理，都显示了中枢对作为思想文化系统的言官与作为政治操作系统的中央与地方大吏的平衡，此皆为裁抑。

（三）对侍讲王先谦“言路宜防流弊请旨饬谕”的首肯

同时，清流们对于某一事件争谏所用词之雷同，态度之一致，更引起了中枢对“党援之风”的警觉。

光绪五年六月十七日，翰林院侍讲王先谦上折，指出言路宜防流弊，请旨

---

① 《光宣两朝上谕档》五，页211。

② 《越缦堂国事日记》五，页2240。

饬谕，以肃政体，显然是针对前次孔宪瑴和何金寿奏折，并根据中枢的态度而来。而借助翰林院侍讲王先谦的“言路宜防流弊”折子所作的批复，似可看作是该时期对清流舆论的第一次正面警告。上谕说：

国家广开言路，遇有陈奏事件，无不采择施行，原期广益集思，有裨政治。近来，言事诸臣虽颇有搀越陈奏者。念其遇事敢言，亦无不虚怀听纳，分别办理。第恐无识之人以朝廷从谏如流，遂至逞其私见，率意上陈，必至是非淆乱，渐开攻讦之端，甚至此唱彼和，议论纷腾，亦恐启党援之渐，于风俗人心大有关系。乾隆初年因给事中邹一桂交部议事件，科道不待部覆，搀越渎陈，徒滋烦扰。钦奉谕旨，训饬自宜永远遵守。

嗣后言事诸臣于政事阙失、民生利病仍当各抒所见，剀切敷陈。至交部议奏之事，不得率尔搀越陈奏，更不得以雷同附和之词，相率渎陈，致滋流弊，用副实事求是之至意①。

（四）对御史李端棻“莠言乱政请旨惩戒”的肯定

王先谦奏折上递后第四天，御史李端棻亦上“莠言乱政，请旨惩戒”折，延续了惩戒言路的思路。因此，上谕对李端棻奏折的批复中再次明颁谕令，肯定了王先谦的奏折，并援引了明代党争的经验，重申警惕士大夫横向联合、交章议政的必要。光绪五年六月二十一日奉上谕：

朝廷日理万机，惟恐政事偶有阙失，叠经谕令，有言责诸臣各抒所见，以备采择。近来言事诸臣洞悉利弊，切实陈奏者，固不乏人，而拾摭吹求，率意渎陈者，亦所不免。虽是非可否，朝廷自有权衡，若每遇一事，或各执一说，议论繁兴，或随声附和，相率渎奏，众口纷腾，亦足以淆观听。至党援攻讦之风，乃前明台谏恶习，我朝向无此等风气。然亦不可不防其渐。侍讲王先谦前奏言路宜防流弊，所见未尝不是，是以降旨宣示，且仍令言事诸臣于政事阙失民生利病，剀切敷陈，言路何尝阻塞？乃李端棻辄以王先谦为莠言乱政并请将该侍讲立予斥革治罪，措词过当，适开攻讦之渐，所奏殊属冒昧，著毋庸议。嗣后言事诸臣仍当遇事直陈，不得自安缄默，亦不得稍存私见，任意妄言，毋负谆谆诰诫至意②。

---

① 《光宣两朝上谕档》五，页215。

② 《光宣两朝上谕档》五，页218。

该谕明白指出，“近来言事诸臣洞悉利弊，切实陈奏者，固不乏人，而拾摭吹求，率意渎陈者，亦所不免”。与对何金寿奏折中批复“该堂官及督抚等皆受国厚恩，膺兹重任，其中实心任事，守正不阿者，固不乏人，而瞻徇情面者，亦在所难免”语气如出一辙，显系“以雷同附和之词”。朝中确实存在“拾摭吹求，率意渎陈”之人，若“每遇一事，或各执一说，议论繁兴，或随声附和，相率渎奏，众口纷腾，亦足以淆观听。”而且最重要的是党援攻讦之风气，“乃前明台谏恶习”，亦“不可不防其渐”。所以中枢采取对言官之间的平衡之术，李端棻奏折“著毋庸议”。

虽然何金寿奏折引起中枢对言官“搀越陈奏”及“党援攻讦”的警告裁抑，但是事情并未结束。光绪五年七月初十日上谕：

翰林院编修何金寿奏云南知府孔昭棻被戕一案，总兵杨玉科以重金交通京官，为之游说，得免弹奏。该总兵开设云丰泰银号，与高蔚光等交结往来等情，当谕令刑部将高蔚光等传讯具奏。兹据奏称，将礼部候补员外郎高蔚光暨云丰泰银号商人王体乾，徒犯李钟铭详加研讯，均供并无其事。

何金寿所奏孔昭鈖以拿匪被戕，杨玉科、杨汝楫挟众雠法，该省督抚曲为开脱等语，与原案情节不符，且该编修所称杨玉科交通京官各情，既因图脱罪名起见，此案当以杨玉科曾否同谋知情戕杀孔昭棻为紧要关键，请饬覆查等语，刘长佑、杜端联均先未承此案，无所用其回护，著即会同详查。孔昭棻被戕实在情形，并杨玉科究竟有无同谋知情及交通京官开脱罪名情事，彻底根究，讯取确供，秉公定拟具奏，不得因案已审结，稍涉迁就。余依议①。

清流们交章上奏，弹劾大员，尤其是地方官以重金交通京官这种吏治弊端所引起的言官之间的争论，中枢在言官与大员之间有所回护，在言官之间有所平衡；但是对于此案中所涉及的具体问题则予以坚决查处。这反映了中枢在意识形态及监察系统与政府操作机构及吏治系统中的平衡，其目的无疑是围绕讲求吏治而来，这其中正反映了政治文化的本质，即通过政治参与而讲求吏治，使国家机器得以运转，皇权得以维护。因此，中枢又怎么会真的压抑言官呢？不压抑是事实，为什么言官所代表的监察或思想领域却最后发生质疑，或保持缄默，是因为中枢对吏治实际操作系统中的官员进行回护，不能彻底根治所致，最终导致言官及思想监察领域对吏治及其最高统治者的丧失信心，从而或

---

① 《光宣两朝上谕档》五，页228。

者缄默，或者提出另外一种更好的整顿吏治的办法，那就是不再依靠中枢少数人的决策来决定如何治理政府运作系统中出现的种种弊端，必须要有某种公开信息、更多人能够参与其中的机制，更多人有发言权，这种机制自然而然地导向了与原有的行政体制的改变，而这种改变又反而会促使机构及选拔人才机制的改变，最终导致这些维护原有体制体系的言官们失去了存在的政治依托，并最终边缘化，并最终促使政局的转变。

对于思想意识系统的言官予以牵制，而对于行政操作系统的中外臣工们尤其是地方官“交通京官开脱罪名”问题，中枢同样不能容忍，尽管不许言官再就“交部议奏之事”，“率尔搀越陈奏”，却明谕“彻底根究，讯取确供，秉公定拟具奏，不得因案已审结，稍涉迁就。”可见，对中枢而言，言官“党援攻讦”之风气与地方官“交通京官”都足以“致滋流弊”，因此，所采取的态度和措施，亦是“实事求是”的处理办法。

（五）对国子监司业张之洞奏请“修省以弭灾变敬陈管见”的回应

张之洞揭开四川东乡案的真相，使涉案官员受到惩处，在慈禧看来是属于切实陈奏之类，与纠结于朝廷已结案件不同。因此，当光绪五年七月十六日张之洞奏请修省以弭灾变敬陈管见时，中枢借机表达了言路应该对政事缺失、民生利弊剀切敷陈的必要。上谕说：

本年六月以来，金星昼见，五月中旬，甘肃地震为灾，陕省毗连，处所同时震动，自应恐惧修省以弭灾沴。著在廷诸臣有言事之责者，于政事阙失，民生利病，懔遵历次谕旨，剀切敷陈，用备采择。至中外臣工务当振刷精神，实事求是，毋蹈因循疲玩之习。如有因事获咎者，非平日官声卓著之员，各该督抚均不得奏请调遣及乞恩释回。其来京另候简用大员，引疾归田，朝廷原不欲故为逆億，第该员等受恩深重，病体痊愈即应赴阙候简，岂可稍耽安逸，自外生成。小民生计，全在廉洁之吏随时培养。近来官途颇杂，廉吏罕闻，甚至有病国以肥身家，剥民以媚大吏，民生日蹙。职此之由，著各该督抚认真访察，秉公举劾，属吏中如有清操卓著者，即当据实保荐，特加奖提擢，以风其余①。

按：中枢强调各省督抚认真访察保荐属吏中“如有清操卓著”者，这无

① 《光宣两朝上谕档》五，页230-231。

疑是清流们所倡扬的德政人心在实践上的运用，是政治清明的保证。因此，从这个角度而言，中枢是谈不上真正的弹压言官的，因为“小民生计，全在廉洁之吏，随时培养”。而清操廉洁的官吏是维持政府公信力和凝聚民心的唯一依托。

（六）对讲求吏治以固民心的回应

按：本年，除了以上对中央大员的弹劾外，对庸劣官员的参奏也成为核心。笔者遍查《光宣两朝上谕档》（五）发现，翰林讲官、御史言官们的奏折总体上是指向了赈灾过程中暴露出来的吏治腐败现象。其参劾的对象多是州县官吏，皆得上谕允准。兹摘列如下，旨在从内宫与言官的互应中，考察其整顿吏治、关注民生的切实努力：

正月初八日：裕禄奏甄别庸劣各员请旨分别惩处①。

正月初十日：刘长佑杜瑞联奏特参贪暴颟顸之知府请旨革职②。

正月十一日：李瀚章潘霨奏甄别庸劣不职各员请旨分别革职勒休③。

正月十八日：御史楼誉奏参御史英震抽查漕粮营私舞弊④。

二月初七日：沈葆桢奏参庸劣不职各员⑤。

二月初八日：国子监司业汪鸣銮奏参山西荣河县知县王性存侵吞赈银⑥。

二月初九日上谕：御史黄元善奏敬陈管见一折，奏陈裁减各局，提出釐务弊端各条。各省设局经费浮滥，当降旨谕令各该督抚裁减归并。今据御史戈靖奏直省各局不惟经费虚糜亦且保举多滥：“各省向来祇有发审清查各局，嗣因办理军务设局渐增，现在军务告竣，各局尚未裁撤，开销经费殊多浮冒。著该省督抚等体察情形，即将各局裁减归并，以节糜费。办理厘务各员，自应力求敷实，妥为经理。若如所奏，厘局讹索留难及浮冒支销等情，实属不成事体。著该督抚等懔遵前旨，裁革陋规，并将厘务弊端严查整顿，遴派妥员办理。将该委员衔名随时报部。倘有办理不善暨营私舞弊之员，即分别严行参办。另片

① 《光宣两朝上谕档》五，页6。
② 《光宣两朝上谕档》五，页6。
③ 《光宣两朝上谕档》五，页7。
④ 《光宣两朝上谕档》五，页10。
⑤ 《光宣两朝上谕档》五，页50。
⑥ 《光宣两朝上谕档》五，页53。

奏请饬各省以养民为务，荒田则设法招徕开垦，厘税则勿因捐输停止额外抽加等语。现在各省民间元气未复，亟宜加意培养。该督抚等务当督率属员，勤求民瘼。凡闾阎利病，应兴应革之次第讲求，认真妥办，用副朝廷轸念民依至意①。

按：这一点，是丁戊奇荒以后，御史第一次将“局”的弊端提请中枢闻知与注意。此奏表明，在晚清政局中，出现了体制外与体制内的矛盾。

二月十二日：御史邓溥元奏请禁私销私铸②。

二月二十二日：给事中吴镇泰奏参四川总督丁宝桢不谙机器，私亏库款纵容私人徇庇劣员③。

二月二十三日：左宗棠奏特参不安本分之武弁请旨惩办④。

二月二十九日：有人奏参道员劣迹彰著，请旨饬查⑤。

三月初二日：御史戈靖奏滇省抽厘养勇于事无益，请饬归复绿营旧制，挑选乡练编入行伍⑥。

三月二十日：巡视北城给事中舒璧奏土混假冒宗室藉端生事请饬拿办⑦。

三月二十九日：给事中张观准奏请饬整顿军队严加防卫⑧。

闰三月十二日：有人奏员弁结党勒捐请饬查办⑨。

闰三月十四日：吴元炳奏请将庸劣各员革职⑩。

四月初十日：涂宗瀛奏请将庸劣不职各员分别降革⑪。

七月十七日上谕：吏治以固结民心为本，兵事以整顿营伍为先。近闻各直省牧令中每有恣意虐民情事而佐杂各员为尤甚，以致民不聊生，流为匪类。又闻东南各省水陆提镇中竟有贿卖升缺者，将升得缺后尅扣兵粮，窝匪纵赌，小

---

① 《光宣两朝上谕档》五，页54－55。
② 《光宣两朝上谕档》五，页61。
③ 《光宣两朝上谕档》五，页75。
④ 《光宣两朝上谕档》五，页71。
⑤ 《光宣两朝上谕档》五，页76。
⑥ 《光宣两朝上谕档》五，页81。
⑦ 《光宣两朝上谕档》五，页98。
⑧ 《光宣两朝上谕档》五，页91。
⑨ 《光宣两朝上谕档》五，页128。
⑩ 《光宣两朝上谕档》五，页130。
⑪ 《光宣两朝上谕档》五，页152。

康之户至以贿赂挂名兵籍，冀免书差讹诈，自有兵之名，无兵之实。此等文武各员相习成风，吏治兵事安望日有起色？言念及此，殊堪痛恨。嗣后著各督抚留心查察，破除情面，凡有此不肖之员，立即严行参劾，务令从前恶习湔除净尽，以苏民困，而肃营规①。

七月十八日：张树声奏参庸劣不职之参将请旨革职②。

七月十九日：杜瑞联奏请将劣绅革职提讯③。

七月二十一日上谕：御史邓庆麟奏仕宦蒙混取巧，请饬查办一折。据称近闻捐纳部属人员，有于分部后复捐外任官阶，或俟京官得缺后即将外官注销，或外官轮选到班，即赴吏部注册，并有谋保花样，得保后始行呈明出署者，请饬确查办理。等语。职官蒙混取巧，自应严行整顿，著户部查明此等人员，俟捐案核准后，即速分咨吏部及该员行走衙门，饬令将所改之官赴部注册，不准仍在原衙门行走，以杜取巧及为营谋保举地步。倘查办后，犹敢任意蒙混，别经发觉，即将该员惩处，以示儆戒④。

七月二十一日上谕：御史邓庆麟奏军机章京不宜仍在本署当差。等语。满汉军机章京，系以本衙门额缺承办军机处事物，其升迁等项，悉由本衙门堂官注考，并无不准仍兼部务之例。嘉庆十一年钦奉谕旨，军机司员内其办事勤慎又能兼部务者，自当列之上考，其祇在军机处行走而于部务未能谙习者，本衙门堂官不得意存迁就，滥行保荐，军机大臣尤不得授意各部院堂官扶同荐举。圣训昭垂，遵行已久，邓庆麟未悉以前奉有谕旨，率意渎陈，所请著毋庸议⑤。

由此谕可见，军机章京的地位虽然不高，但其熟悉部务和军机处内情，消息灵通，往往是传播信息的中介。清末新政中，张之洞上《江楚会奏三则》前后运作中，就有军机章京通报信息的环节。

七月二十三日：广寿、潘祖荫奏查讯大员被参各款，先行拟结一折⑥。

七月二十三日上谕：御史甘醴铭奏各部院书吏凡保有官职者，请一律勒令

---

① 《光宣两朝上谕档》五，页184。
② 《光宣两朝上谕档》五，页230。
③ 《光宣两朝上谕档》五，页235。
④ 《光宣两朝上谕档》五，页237。
⑤ 《光宣两朝上谕档》五，页237。
⑥ 《光宣两朝上谕档》五，页239。

离署，既保官职，复递保升阶者，概将保升之案撤销，并嗣后书吏既保一次者，不准再保，等语。著吏部议奏①。

关于清代书吏问题，罗惇曧《宾退随笔》“记书吏”条描述最为清晰：“清世曹司不习吏事，案牍书吏主之，每检一案，必以属书吏。朝以习常为治，事必援例，必检成案，自开国以来二百余年，各部例案，高与屋齐，非窟其中者末从得一纸。书吏皆世其业，一额出，争以重金谋得之，蟠踞窟穴，牢不可拔。书吏执例以制司官，司官末如之何。吏遂藉例以售其奸欺，故以吏起家者恒富。都中有‘东富西贵’之谚，盖吏多居正阳门东与崇文门外，恒多华宅；京曹则多居宣武门外也。时谓有清之弊在吏、利、例三者恒相因，冯林一桂芬《校邠庐抗议》言之有余痛焉。”

户部书吏达千余人，为至盛。次则吏部、兵部。文武官补缺必待部准，吏因缺之肥瘠以求贿，贿不至，则多方驳之，或延阁焉。故外吏得缺有“到部打点”之说。打点云者，即贿吏之谓。若铨缺，则后先之序，有年资限之，吏则按籍以求金，若由他途以易之，则必费巨金；有时为例所缚，巨金亦无力焉。循年资而得者亦鲜。吏、兵二部之书吏，索贿及于补官而止，视户部则大远矣。户部之权，在各省之核销。军兴时，军费之报销，相出入恒百数十万，故核销一案，往返驳辩恒至逾年，或数年，督抚将帅，深知其意，故报销时恒预计打点之费。一案恒费数十万，少或数万，司官之掌印、主稿与书吏朋比分之，贪黠之堂官亦恒所染指；而书吏实为枢介，此为其最大者。他凡发饷拨款，罔不由吏手，吏皆有所沾濡，故称阔书办必首户部。工部公事最闲，然朝廷有大兴作，则部员、部吏乃大获利。刑部、礼部向称穷署，所获不丰，独遇会试或大婚丧，则礼部乃骤忙。

光绪二十九年，长沙张尚书百熙长吏部，首倡裁书吏之举，时论皆谓至难，张毅然为之。选新入署司官，行书吏之事，两月余，乃大定。他部乃渐效之。户部既改称度支部，乃独迟，然卒至各部裁书吏尽绝，皆自张创之。

庚子拳变，百官奔亡，独书吏不散。乱渐定，有建言例案太繁，宜毁之。有旨命御史陈璧往户署择毁焉。至日，户部书吏悉列诸案塞大堂，高与檐齐，告陈璧请编阅。陈既穷于术，语吏择其要存之。吏言无非要者，仍请择焉，倘误毁要者，公任其责。陈不得已，一以付吏，使择毁其残缺者，用以复命焉。

---

① 《光宣两朝上谕档》五，页240。

自顺康以至同光二百余年，书吏之运乃止于丙午之改官制。前此则虽以曾国藩、左宗棠之勋业束于部制，不能不为书吏屈，及丙午废吏制，乃无复孑遗，则时会为之也。

因此，吏部奏议的结果，可想而知。

七月二十七日：御史文镛奏近来验放大臣有不亲自听宣，遣人探听得信后始行自家起身到班①。

七月二十七日：御史文镛奏王公子弟请饬认真管束等语②。

七月二十七日：御史文镛奏请裁撤各省交代清讼等局，以杜弊端③。

七月二十七日上谕：御史文镛奏职官聚赌请饬拿办④。

七月二十八日：御史甘醴铭奏荣禄徇情滥调指挥⑤。

八月初八日上谕：前因时事多艰，需才孔亟。迭经谕令各直省督抚随时保荐人才，以备录用。现在所举各员量才授任者，颇不乏人，第恐闻见难周，尚未尽登荐剡。频年讲求吏治，经武整军，各该省文武历练既深，必多堪备任使者。著各直省大吏加意访求，秉公保奏，候旨简用。……总之，全在委员得人。各督抚尤当慎重选择，毋稍迁就，致累民生。州县摊捐各款，原难尽裁，但为数太多，其廉洁自持者办公，动多掣肘⑥。

八月初十日：涂宗瀛奏请将庸劣不职各员分别降革⑦。

九月初六日：给事中郭从矩奏晋省连年荒旱水利亟宜讲求⑧。

九月初七日：有人奏山东临朐县知县严家正以官为利薮⑨。

九月十五日：张树声奏特参庸劣各员请旨分别革职改教开单呈览⑩。

九月二十五：有人奏陕西绥德地方官绅侵蚀赈款及该州书手扰害民间⑪。

---

① 《光宣两朝上谕档》五，页246。
② 《光宣两朝上谕档》五，页246。
③ 《光宣两朝上谕档》五，页247。
④ 《光宣两朝上谕档》五，页247。
⑤ 《光宣两朝上谕档》五，页247。
⑥ 《光宣两朝上谕档》五，页258。
⑦ 《光宣两朝上谕档》五，页258。
⑧ 《光宣两朝上谕档》五，页280。
⑨ 《光宣两朝上谕档》五，页281。
⑩ 《光宣两朝上谕档》五，页285。
⑪ 《光宣两朝上谕档》五，页321。

十月初四日：御史邓庆麟奏顺天府属办理赈务并不核计灾①。

十月初八日：御史孔宪瑴奏浙江余姚绅衿谢端及其侄谢锡恩豪霸一方②。

十一月初八日上谕：御史章乃畬奏仕途太杂，请饬中外大臣严加甄别。现在部院司员以及外省道府以下各官仕途拥挤，难保无庸劣之员滥竽充数，自应严加甄别，以冀逐渐澄清。所有部员学习三年期满，著该堂官认真考试，严定去留，毋稍迁就。至各直省试用人员，著该将军督抚懔遵本年十一月十六日谕旨，切实考核，不得视为具文③。

十一月二十二日：御史田翰墀奏蠹役需索胪陈四害，请饬严禁④。

十一月二十九日：御史孔宪瑴奏大员混用贪纵请饬查办⑤。

十二月初十日：李瀚章潘霨奏查明庸劣不职各员分别参劾⑥。

按：这样的摘列，是想表明，内宫对滥行保举所造成的仕途太杂、仕途拥挤的诉求是给予积极回应的。它说明，讲求吏治以固结民心也同样是中枢的诉求，并且应该是最为关注和讲求的。

二、"甲申易枢"后内宫对清流的压制及议政声音的流散

甲申御法期间，清流人才得到极大的纳用与提升。这在本书中法战争中已有介绍。从当时的一些上谕可见，中枢是将御侮的希望寄托在主张对外强硬的清流主干身上的，京师清议也处于高涨状态。

过去一些史书有一种看法：1884年"甲申易枢"，慈禧全面改组军机大臣班子，将奕訢驱出军机处。由于既往慈禧要抑制奕訢，才允许清流言论。这时奕訢被剥夺了权力，清流再存在就没有意义了。所以慈禧把几个文人统统派去带兵，赶出了京城。

是否这样，似可进一步研究：

1. 通观清流的奏折，其绝大部分锋芒并不针对奕訢。他们抨击诸如万青

① 《光宣两朝上谕档》五，页338。
② 《光宣两朝上谕档》五，页345。
③ 《光宣两朝上谕档》五，页379。
④ 《光宣两朝上谕档》五，页392。
⑤ 《光宣两朝上谕档》五，页413。
⑥ 《光宣两朝上谕档》五，页420。

藜、董华、董恂、宝鋆、文煜（贪赃）等中枢重臣的颟顸和失德。这种抨击标准并不适宜于奕䜣。相反在一些事件中，清流的举动得到奕䜣的欣赏，如庚辰午门案，或两者意见一致，如伊犁交涉事件。清流和恭亲王的关系，应作进一步研究。

2. 清流外放，张之洞、吴大澂均在易枢之前。而无论是易枢之前或之后被外放的清流主干，均被赋以重任，可以专折言事。至少在福建水师覆没前，慈禧对清流并无大的恶感。用省去耳边啰嗦来描写慈禧当时的心态，似过简单。

3. 如下所述，京师中下层官员的政治热情，仍在持续。

人们常以中法战争为界，将清流分为前后，前清流以军机大臣李鸿藻为首领，陈宝琛、张之洞、张佩纶、宝廷、黄体芳、邓承修等人为健将；后清流以户部尚书翁同龢为首，盛昱、王仁堪为中坚，接着又有文廷式、志锐、黄绍箕、丁立钧、张謇等参与，直至清末。他们每遇应言之事，一拍即合，互相呼应，纠弹声讨，颇引人注目，在社会上也很有影响。因此，在甲申易枢之后，内宫或枢廷抑制言路态度开始表现出来。

查光绪十年上谕档，此年内宫对言路的态度开始压抑，认为言路不可不开，不可太杂，对联翩奏章、对博直谏之名严加申斥，并申引乾隆圣训为戒。

（一）刘恩溥以言官保荐大吏被议处

光绪十年七月十一日内阁奉上谕：御史刘恩溥奏请于刘铭传、张佩纶二员中简任一人暂权闽督等语。封疆大吏出自朝廷简任，臣下岂能擅请？该御史所奏，实属冒昧。刘恩溥著交部议处①。

李慈铭《越缦堂国事日记》记此事：刘恩溥，北人昏狂，为二张死党，故敢妄言至此。若援祖制交通之律，当身首异处，即从轻以违制论，亦应革职。而吏部畏其势，仅援不应轻公罪，议降一级留用。是言官罔上，诠曹舞文，其罪皆当诛也②。

按：从刘恩溥奏折及其处理可以看出两件事：

1. 刘恩溥是清流党的一员，“二张死党”。此人一直为言官，到1900年还

---

① 《光宣两朝上谕档》十，页217。

② 《越缦堂国事日记》六，页3089。

是御史，主张抚团剿洋。刘氏在1900年至1901年有两篇有名的奏折（载《义和团档案史料及其续编》），从此人可以发现清议风气的某种前后延续。

2. 此时的官僚和言官，一再突破清朝成例，越权进言。如此折不顾官员交通联结之嫌，以言官保荐大吏；如梁鼎芬标榜清名，列李鸿章八罪可杀；如张树声超越皇室特恩成例，要求授张佩纶以京卿衔。等等。这些建议虽然因违背“祖制”而遭到清廷的一再训饬，但处理很轻。按李慈铭说法，言官违制是要革职杀头的。这反映了清议群体在当时已经形成了一股势力，在一定程度上影响了中枢的决策。

七月二十六日：吏部议御史刘恩溥处分，仅降二级留任。盖深畏北党，故从轻议①。

（二）梁鼎芬劾李鸿章被议处

光绪十年五月二十二日：作书致梁星海（梁鼎芬字星海），星海少年喜事，四月间疏劾合肥，言有可杀之罪八，东朝大怒，几罹重谴。阎敬铭持之而免，中外传以为骇。此血气之过，亦近日风气使然也。张之洞佥壬首祸，李鸿藻要结取名，遂使纤人小夫皆有以上书为捷径。余于三月十二日之夜，与翁尚书师牋，曾痛言积弊，望其挽回。乃书甫投而朝局已变，其害何日除哉②。

按：梁后为张之洞幕府心腹，时称小张之洞。劾李，与李氏中法战争中一味求和有关。据李慈铭《国事日记》光绪十年五月二十一日记：“铁香（邓承修）深恶洋务”，对合肥“屡疏攻击”③。而与邓承修交好的李慈铭却对弹劾李鸿章的梁鼎芬十分不满，不以为然，认为是张之洞等朋党要挟，对二人深恶痛绝。据该书五月十三日日记：

“云门来，夜谈。近日南皮、丰润两竖，以朋党要结，报复恩怨，恶余之力持清议，深析奸盟，二憾相寻，欲致死力于我，遂广引纤子，诱以美官。南皮俭腹高谈，怪文醜札，冀以炫惑一时，聋瞽尤恶，余之烛其隐也，故日寻觅干戈。以云门盛气负才，益笼络之，诱以随往广东为掌书记，甘言重幣，煽惑百端，许以捐升同知，或登之荐牍，擢以不次，幸其叛我，多树敌仇。丰润宵

① 《越缦堂国事日记》六，页3094。
② 《越缦堂国事日记》六，页3077。
③ 《越缦堂国事日记》六，页3273。

小，弄姿自昵，承南皮之余竅，假高阳之下风，依坿虎皮。张歙𩨊鳖，屡发狂谵。既知得罪于余，亦力挽云门以为余难。陕西巡抚边宝泉者，汉军旗人也，亦巧宦而不学，与南皮同年同乡，夙相樛坿①。丰润因要其女为后妻，而女丑甚。丰润初娶吾乡朱修伯大理女也。昔年丰润之生母死，旋又丧妻，未及小祥，娶一妾，或之甚。及服阕，娶边女（按：张佩纶前后换三妻，边宝泉系两张向李鸿藻推荐）。边女既陋，丰润不礼之，惧宝泉之怒也。因谋之南皮，合力推挽于高阳（李鸿藻），擢之为秦抚。因语云门曰：边公惟我所为也”②。

按：云门：樊增祥字，人谓樊先师越缦，而后执赘于南皮，此为李氏最不满之处③。《越缦堂日记》最后八年，很可能涉及这些人事关系。后樊氏借阅不还，至今不知流落何处。这则日记表明了清流与外吏之间复杂的的关系。

（三）涂致祥奏请罢开铁路被议处

光绪十年十一月二十五日上谕：“内阁学士徐致祥奏请罢开铁路，急修河工一折。朝廷广开言路，原期拾遗补缺，实事求是，以臻上理。言事诸臣自当于政治得失据实直陈。若妄逞臆见，信口攻讦，此风断不可长。徐致祥此奏，并不平心论事，辄敢肆行訾诋，殊属诞妄。著交部议处”④。

按：铁路之争，至少以刘铭传奏议起，延续了好几年。反映了洋务与传统经世思路的分歧。再，此上谕有两句话值得玩味：“朝廷广开言路，原期拾遗补缺”，即倡导言事，仅是为对政务作枝节性、边缘性的补正，不允许触及体制。事实亦如此。清议之风，总体上是被框限在“拾遗补缺”范围之内而决定弃取的。

十二月初三日，徐致祥降三级调用。

此案在十二月及下年一月，引起一些言官的不平。内容秉此抑制言路。

（四）邓承修奏请宽免降调言官处分被议处

光绪十年十二月十六日内阁奉上谕：鸿胪寺卿邓承修奏，讲官被议罚重情

---

① 光绪九年十月初六日，江西布政使边宝泉为陕西巡抚。——《越缦堂国事日记》六，页3112。

② 《越缦堂国事日记》六，页3078－3040。

③ 《越缦堂国事日记》六，编后记，页3912。

④ 《光宣两朝上谕档》十，页393。

轻，请将樊恭煦降调处分宽免一折。所奏非是。

近来言事诸多，每多肆口讥评，并不平心论事。此次徐致祥获咎，因其有意诋讦，前经降旨甚明。樊恭煦未能体会，辄行陈奏，是以仅予薄惩。该员前在陕西学政任内，声名尚好，朝廷早有所闻，将来是否录用，自有权衡。该京卿何得辄称有乖众论，请将处分宽免？使用人之权，操之在下，尚复成何政体？

折内所称，祖宗因时垂训，不仅以分别门户、标榜攻讦训斥诸臣。等语。试思门户标榜，最为恶习。恭阅乾隆年间圣谕，屡以暗结党援，混淆国是为戒，并恭引圣祖仁皇帝实录，内有言路不可不开，亦不可太杂之谕。严切申诫，实为亿万世训行之准。本年三月间，钦奉懿旨，亦以门户标榜、倾轧攻讦等弊谆谆训饬。

方今时事多艰，广开言路，中外臣工陈奏事件，如果切中事理，无不立见施行，即偶有语言文字之疵，亦不轻加责备。独至妄逞胸臆，挟私揣测，则不得不切实训谕。徐致祥降调后陈奏时事，如万培因、汪鉴、汪正元、恽彦彬、黄自元等折，或留备观览，或分别饬议，无非集思广益，可为言路无阻之明证，何至臣下相率缄口，如该京卿所虑耶？邓承修于本年春间奏参徐延旭庸妄等情，已在该革员偾事之后，成败论人，并无远见，此类奏章往往有之，从未稍加申饬，正是优容言官，不存苛责。该京卿自负敢言，竟以言出祸随等语，登诸奏牍。纯臣忠爱之心，必不出此。是直故激朝廷之怒，以博直谏之名。此等技俩，难逃洞鉴。著将原折掷还，并交部议处①。

按：此谕后面，专门引用了乾隆十年至二十八年的上谕②，凡六件，抨击明朝御史言官暗结党援，各立门户，交章倾轧，互相报复之弊，有的上谕中并引康熙实录：明朝国事，全为言官所坏。康雍乾朝的大权独揽，是以纠正前朝朋党之弊的理论形态出现的。嘉道之后，士界对前明朋党有新的评价，但不可能动摇中枢的态度。在统治者认为是需要的时候，祖宗圣训就成了打击言路的思想武器和法律依据。

---

① 《光宣两朝上谕档》十，页446。

② 乾隆十年，谕御史互相标榜，一场百和，暗结党援，固为人心风俗之害，设各执意见，以攻击相尚，不顾国家政体……此风亦不可长。范廷锴甚属妄诞，著严饬行。乾隆十一年，谕前明言官各立门户，相互排击，矢口讥讪，以致混淆国是，酿成尾大不掉之患。

这份训饬邓承修的上谕，长达500余字，上谕所附圣训的分量也和前者相似。其严重程度在历次谕旨中是不多见的。但它的核心内容，主要并不是康乾大权独揽时那种对言官们互相攻讦的厌烦，而是在皇权衰落之时，对丧失用人权力的警觉。这一期间，几次训饬清要的上谕，反复强调的都是用人之权应操之于上。慈禧最不能容忍的是清要们对用人权力的干预和臧否。而这种争议朝中用人是否妥当，要求根据“众议”重新予以审定的发言，则是康雍乾时期所不可想象的。它反映了廷议范围的扩大和言论的激进化。因此在某种意义上讲，这种争持，隐隐含有此后议会要求的端倪。

这则材料载入上谕档，透露一个信息：中法战争惨败、甲申政潮政局变动后，清流星散，士风为之一变。

（五）吴峋、梁鼎芬被严加议处

光绪十一年正月初六，御史吴峋奏，大意谓邓承修折内恭录圣训，不应掷还。再次遭谴：“其居心殊不可问。”“自徐致祥降调，樊恭熙言之；樊恭熙被议，邓承修言之。今该御史又有此奏……仍是门户党援之习。”传旨申饬①。

光绪十一年六月二十四日内阁奉上谕：国家广开言路，原期各抒忠谠，集思广益，上有补于国计，下有裨于民生。……若挟私妄奏，信口讥弹，既失恭敬之义，兼开攻讦之风，于人心政治大有关系。

恭读高宗纯皇帝圣谕：中外大臣，皆经朕简用，苟其事不干大戾，即朕亦不遽加斥詈。御史虽欲自著风力，肆为诋讪，可乎？又恭读仁宗睿皇帝圣谕：内自王公大臣，外自督抚藩臬，以致百职庶司，如有营私骫法，辜恩负职者，言官据实纠弹，即严究重惩；若以毫无影响之谈，诬人名节，天鉴难逃，国法具在。等因。钦此。

训谕煌煌，允宜遵守。如上年御史吴峋参劾阎敬铭，目为汉奸；编修梁鼎芬参劾李鸿章，摭拾多款，深文周内，竟指为可杀。诬谤大臣至于此极，不能不示以惩警。吴峋、梁鼎芬均著交部严加议处。……②

按：史书上通常讲的慈禧“解散”清流，时间应该是在中法战争失败之后，以驳斥御史邓承修奏请从轻处置获咎言官和议处攻击大员的御史吴峋、翰

① 《光宣两朝上谕档》十一，页8。

② 《光宣两朝上谕档》十一，页148。

林梁鼎芬这两份上谕为主要标志。前者因邓对中枢的贬官提出异议，要求重新处置；后者则是吴梁这两位言官攻击阎敬铭为“汉奸”和李鸿章为“可杀”。

这两份上谕，都大篇引用了康乾以来的历代“圣谕”，重申严禁结党之风，表示了问题的严重性。但如果比较一下，既往“圣训”和这时打击清要的基调，两者似有不同。清前期是一个皇权独揽的时期，康乾各帝对攻讦之风的抨击，主要是厌烦言官们沽名钓誉，意存徇私，于“非所言之事，而亦肆其笼鼓”①。而慈禧主要则是警惕用人权、决策权的旁落。

康乾数帝有驾驭群臣、洞察一切的自信。慈禧在外廷干政、地方坐大的情况下，只能搞政治平衡。言官时用时弃，有很大的任意性。

附：据胡思敬《国闻备乘》“梁鼎芬奇气”：“湖北臬司梁鼎芬，丙午（光绪三十二年）俸满来京，连上四疏，一疏参军机大臣瞿鸿禨、一疏参邮传部、一疏保陈澧、一疏请立曲阜学堂，京僚皆侧目而视。既入见，又面参两广总督周馥，谓馥为李鸿章执虎子，士大夫羞与为伍。又面保黄体芳、宝廷、陈宝琛、张佩纶、邓承修、盛昱、朱一新、屠仁守、王鹏运等十一人，大半皆已物故。及陛辞入见，又面诘太后曰：‘光绪初年，太后所用督、抚，若胡林翼、沈葆桢、阎敬铭、丁宝桢诸臣为何如人？今日所用督抚，若周馥、端方、杨士骧等又何如人？……’太后知其戆直，亦优容之，勿以为忤也。”光绪十年与三十二年，同样是梁鼎芬，同样是弹劾大吏，且间接地又牵连到李鸿章，而慈禧却予以优容，不以为忤，表明她对言路的态度是非常复杂的。

（六）屠仁守以“归政届期”被“革职永不叙用”

光绪十五年元月十五日（1889. 2. 14），屠仁守上《归政届期谨溯旧章》折。其奏折立意在“归政届期”，应“谨溯旧章”，这恰好触犯了慈禧担心权力旁落的大忌。光绪十五年二月初三日（1889. 3. 4），举行“归政大典”，而此前一日罢黜屠氏。此前，屠氏先因请罢园工而为慈禧所忌，至此，“竟简事绌吏议，经降中旨黜之。由是言事者颇具戒心，台谏不振者累年”②。

此事原委被时人记载在笔记中。胡思敬《国闻备乘》“屠仁守罢职”一则

① 《光宣两朝上谕档》十，页447。

② 《屠光禄奏疏》，胡思敬序。以上行文大意及引文均参见孔祥吉：《康有为变法奏议研究》，页50－56。引文转引于该书页56。

记载："孝感屠仁守在台谏颇负直声，同时大僚若大学士恩承、李鸿章、刑部侍郎薛允升、湖广总督卞宝第、两广总督张树声、广西巡抚徐延旭皆被纠弹。其后，光绪十四年（1888）谏修颐和园一疏，引宣宗圣谕五百余言，太后览奏，怒责枢臣曰：'祖宗家法如是，何不早告我知之?'孙毓汶（按：原醇王府蒙师，得醇亲王援入军机，时人目为"醇党"）进曰：'小臣冒昧何责焉?'寝其奏不下。

越一年，太后归政，仁守复疏言：'时事方殷，太后不宜委卸，当仿高宗内禅故事，一切内外封奏仍进呈慈览，徐议施行。'太后遂下诏罪状仁守，谓：'垂帘听政本属万不得已，深宫鉴前代流弊，特饬及时归政，上符列圣成宪，下杜后世口实，主持坚定，用意甚深，早经宣示中外。令出未几，旋即反汗，天下后世将视予为何如人耶?'掷还原疏，即令解职，候部议。吏部议以补官日革职留任。太后大怒，尽罢吏部六堂官及考功掌印郎中，中旨径革仁守职，永不叙用。当时士论颇疑仁守以揣摩得罪，实则园工一疏进言太直，早伏祸机也"①。

《越缦堂国事日记》（六）、吴庆坻②、徐珂亦录此事③。胡思敬的这段札记，加了评论，但没有讲透。屠仁守是一位守旧分子，两件奏折，都出于维护慈禧的一片忠心。但他不了解慈禧已经布好了不垂帘也能揽政的防线，话讲得太直白了。所以慈禧要重重地砍上一刀，免得此后言官们发自各个角度的对内宫的啰嗦。

三、小结

据李慈铭《越缦堂国事日记》光绪十四年正月初五日载："铁香来夜谈，

---

① 胡思敬：《国闻备乘》，卷1，页11-12。

② "屠仁守字梅君，湖北孝感人；吴兆泰字星阶，湖北麻城人，皆由翰林官御史。屠以光绪十四年十二月上疏，请皇太后收回成命，仍前听政，懿旨严责，交部议，革职。"——（清）吴庆坻：《蕉廊脞录》"湖北三御史"条。

③ "光绪己丑，孝钦后撤帘之令既下，御史屠仁守知孝钦后之必不遽释政柄也，乃上疏，谓：'皇上春秋方富，正宜专心典学，请太后勿遽撤帘，再训政三年。'疏中且微及李莲英事。后得疏，立褫仁守职，永不叙用。"——徐珂：《清稗类钞·谏诤类》"屠仁守吴兆泰因谏去官"条。

极言其同乡沈、区、李三吏部之贪秽。今日言路噤寂，诸曹狼戾，市道公行，不以为羞。”该日记记举两个案例，说明当时贿赂公行，重罪轻谴，民人京控，言官奏劾皆不得直的情况①。

光绪十五年（1889）七月初八日，李慈铭《国事日记》大意谓：“近日台谏阒寂已甚，自宝廷、陈宝琛、张佩纶行事败露，佩纶尤名节扫地，朝廷久厌薄言者。今年屠仁守御史罢斥，科道益不张自振”②。

在集权体制之下，即使是在“开放言路”的时期，台谏的权力也是很有限的。其间缘由，清末当过御史的胡思敬看得很透：

其《国闻备乘》“母子夫妇不和”条记载：“德宗既由藩邸入承大统，孝钦偏厚母家，援立其兄桂祥女为后，后长德宗二岁，貌不甚扬。长善二女同时入宫为贵妃，长曰珍妃，工翰墨，善棋，德宗尤宠爱之，与皇后不甚亲睦。二妃屡受孝钦鞭责，诉之上，上勿敢言，由是母子夫妇之间微有隙。戊戌康党构逆，论者不直德宗。庚子载漪信用拳匪，谋内禅，论者又不直孝钦。孝钦西巡还，亦自悔之，年且耄矣，屡更忧患，后事遥遥不可知，因推权政府不肯任劳怨。荣禄虽专，犹稍知大体。奕劻继之，侈而贪，群小辏进，久而左右前后之人皆其私党，孝钦亦无如何也。自光绪元年至十八年为兄弟不和时代，自十八年至三十四年为母子夫妇不和时代，终帝之身，两事相为首尾凡三十四年。自古国家之败多起于伦理，家齐而后国治，不诚信哉？”

又，“兄弟不睦”条记载，“恭亲王奕䜣与醇亲王奕譞为异母兄弟，恭王在文宗时已出参枢政。穆宗中兴，两宫并出垂帘，封为议政王，内外多赖其调护，天下称为贤王。醇王虽嫉之，莫能挤也。及德宗立，醇王之势渐张，趋附者益众，日伺恭王之短而攻之，遂有甲申□月□日（原文没有标明）之谕。恭王虽罢，醇王以太上之尊不便径入枢府，乃援孙毓汶为军机大臣。毓汶人甚狡诈，曾充醇邸蒙师，既得志，倚势骄横，每入对，班在后而发言最先。孝钦尝目送之，见毓汶如见醇王也。醇党多小人，稍通贿赂，自是政事日脞，恭王不敢与较。甲午和戎之役，皆毓汶等从中主持，而国势弱矣。”

又，“陈璧、袁世凯之去”条载：“台谏弹章，虽孝钦暮年奕劻专政，未有不交查者。但查办大臣必先探询政府意旨，然后复禀。凡政府不愿去之人，虽空台以争，无效也。光绪三十二年谢远涵劾罢陈璧、三十三年陈田、赵炳麟

① 《李慈铭国事日记》六，页3674。

② 《越缦堂国事日记》六，页3836－3837。

劾罢袁世凯，不知者以为言官之力，实则非也。伦贝子督办陵工，以争利故，与璧不协，授意远涵，使捃摭他事以闻。璧仓卒周旋不及，遂败。隆裕奉德宗遗诏，命诛世凯，监国与张之洞力解之，迟迟未决，炳麟侦得其情，乃邀田各具一疏参之，而世凯款段出都门矣"①。

又"言路盛衰"一则，记同光时期言路整体脉络最为精当："言路至同治末年而盛，至宣统初年而极衰。恭亲王奕䜣当国时，太后示以谏章，辄叩头曰：'我辈当自省，毋令外廷多言。'故当时鲜有败德。穆宗既亲政，念两宫训政之劳，欲修复圆明园以资颐养。辞非不顺也，言者交章谏阻，颇以土木为戒，最后御史游百川一疏，言尤悚动。穆宗召百川人，告以内情，百川曰：'无已，则西苑犹近宫中。'即南海子也。穆宗佯为不解，取御笔令百川书之，怀以谒两宫，意欲藉外廷清议以罢此役，当时视言路之重如此。光绪时仍循旧法，虽末年不改，故蒋式星参奕劻寄私贿于汇丰银行，命鹿传霖查办；赵启霖参奕劻父子受贿营私，派孙家鼐查办，未尝不示天下以公也。至载沣摄政之初，江春霖以参奕劻被斥，旋告养去，士林互相褒重，作为诗歌，祖饯无虚日，报馆又极力张扬，朝廷丑声大播。自是凡言路章奏稍有关系者，悉留中不发，亦不谴及言者。于是老于谏垣者若左绍佐、陈田诸人皆噤不发声，唯新进入台者锐欲以言自见，时一上陈，久亦稍稍厌矣。"

按：甲申以后，言路受到压抑，但是新的政治诉求已经萌发了。设议院、公开信息在目的上表现为希望政府办事的效率、决策的正确率能够加强。而这些目的得以实现的背后，却是打破王公大臣独揽朝纲的体制，扩大士大夫参政或者参与渠道的诉求。内宫的态度，也似乎是体会到这种要求，这同样表明作为中枢对待言路的思维理路上的矛盾：希望开，又怕开，希望言事诸臣，能于政治得失据实直陈，又怕他们暗结党援，攻击相尚，不顾国家政体，有害人心风俗。这一切为了现实政治即维护皇权的需要，但是却凭着汲取传统政治文化中的经验来驾驭，思维的理路于是影响着政治处理方式，从而影响着政治文化的轨迹。从这个角度而言，清流作为一种"起蔽振衰"舆论力量的传统余绪犹存，尤其是处于民族危机严重、政治腐败、统治集团斗争激烈的历史条件下，其纠举弹劾、力图清明政治的遗风仍在，它反映着人们对所处时代的社会、政治的愿望，因而是深入观念之中的。

---

① 胡思敬：《国闻备乘》，卷1，页25。

又按：如果将清流界定为一种既崇尚皇权宇宙论，又对现实政治不满，既维护王朝体制又主张某种顺时改革，并以匡复理想德政为目标的思想流派，那么这种思潮在晚清则时起时伏地表现一种批评时政的基调和风气，渗透在许多士大夫的心理和行为之中。辜鸿铭的《清流传》中提供了一个细节：

“两年前（按：指1908年左右）我在北京时，一位都察院官员和我走在大街上，他一看到袁世凯口衔金烟咀叼着香烟，身坐西洋新式轿车，后面还跟着同样狂妄骄奢的骑着马的侍从，便情不自禁地向我朗诵起一段《诗经》来：骄人好好，劳人草草。苍天苍天，祝彼骄人，矜此劳人。

这是典型的清流遗风：对崇洋权贵的憎恶，对民族道法精神堕落的焦虑，以及自比“劳人”的压抑等等，溢于言表①。

---

① 《清流传》，页115。

代结语
清末教育改革主角张之洞：清流本色及其变异

百日维新失败后，“通商、惠工、重农、育才以及修武备、浚利源”等新政措施，因其“实系有关国计民生者”，并未全部取消，而是“即当切实次第举行”①。这些举措奠定了清末十年政治改革的基础和理路，可以说，清末十年新政，将戊戌维新的各项未能实现的改革诉求大都付诸实施。其中影响深远的是废科举改学堂的教育制度改革。

本章选取清末教育改革这一命题，旨在考察新政上谕如何企图将西方富强之源纳入儒学体系的过程中，张之洞为新政这一“大举动”、“大转关”所作的一篇“大文字”，即《江楚会奏三折》，是如何将清流的政治行为模式延续下来的，特别是他在罢停科举过程中，为衔接科举与新学之间的通道，补救科举废除后意识形态领域的混乱状态所做出的努力；考察张之洞在《学务大纲》中强调的“外国学堂最重保存国粹，此即保存国粹之一大端”读经角度，即经学不再被看成是驾驭天下之道，而是世界各国传统文化系列中的一种。既然保存文化传统是各国的立国经验，则读经的本身（保存“国粹”）亦已成为学习西方的条目之一，如此以德政为立国手段的清流本色，纳入了对中西文明的新体认。进而考察张之洞倡扬保存国粹与国魂，并对国粹主义思潮做出了他所理解的回应，从中解析其清流底色及其变异。清末教育改革，“意味着传统政治的轴心制度和政治体系的儒学经由科举而建立起来的制度化的传播途径的丧失，作为封

① 中国史学会：《中国近代史资料丛刊·戊戌变法》，第2册，页102。

建社会统治根基的绅士阶层的分化与消亡，与封建王朝息息相关、互相依存的儒学作为官方意识形态，在这场变革中遭受的是最为致命的打击，以至香火断绝”①。京师南城作为汉族士大夫和其他文化精英会聚之地，它所承载的晚清政治文化因此发生了巨大改变。

一、新政上谕解析：西方富强之源纳入儒学的论述

光绪二十六年十二月初十日（1901．1．29），逃亡西安的慈禧太后以光绪帝名义发布了一道上谕，它的基本精神是宣称要“改弦更张”，推行变法新政。这道上谕，由于发布时机与地点的特殊性以及此前几年内廷、官僚内部的复杂矛盾，朝野上下不免对其真实意图心生疑虑。

与以往不同的是，上谕将西方富强之源纳入儒学体认之中，以为改弦更张提供理论支持，但意蕴十分复杂。兹录其原文，以解析其精神，为张之洞的清议行为提供铺垫。上谕说：

世有万古不易之常经，无一成不变之治法。穷变通久，见于大《易》。损益可知，著于《论语》。盖不易者三纲五常，昭然如日星之照世。而可变者令甲令乙，不妨如琴瑟之改弦。

伊古以来，代有兴革。即我朝列祖列宗，因时立制，屡有异同。入关以后，已殊沈阳之时。嘉庆、道光以来，岂尽雍正、乾隆之旧。大抵法积则敝，法敝则更，要归于强国利民而已。

自播迁以来，皇太后宵夜焦劳，朕尤痛自刻责。深念近数十年积习相仍，因循粉饰，以致成此大衅。现正议和，一切政事尤须切实整顿，以期渐图富强。懿训以为取外国之长，乃可补中国之短；惩前事之失，乃可作后事之师。

自丁戊以还，伪辩纵横，妄分新旧。康逆之祸，殆更甚于红拳。迄今海外逋逃，尚以富有、贵为等票诱人谋逆。更藉保皇保种之妖言，为离间宫廷之计。殊不知康逆之谈新法，乃乱法也，非变法也。该逆等乘朕躬不豫，潜谋不轨。朕吁恳皇太后训政，乃拯朕于濒危，而锄奸于一旦。实则翦除乱逆，皇太

① 刘梅：《清末新政与儒学的衰亡》，辽宁师范大学，2006年硕士论文。

后何尝不许更新；损益科条，朕何尝概行除旧。执中以御，择善而从，母子一心，臣民共见。

今者，恭承慈命，一意振兴，严禁新旧之名，浑融中外之迹。我中国之弱，在于习气太深，文法太密，庸俗之吏多，豪杰之士少。文法者，庸人藉为藏身之固，而胥吏倚为牟利之符。公事以文牍相往来而毫无实际，人才以资格相限制而日见消磨。误国家者在一私字，困国家者在一例字。至近之学西法者，语言文字、制造器械而已。此西艺之皮毛，而非西政之本源也。居上宽，临下简，言必信，行必果，我往圣之遗训，即西人富强之始基。中国不此之务，徒学其一言一话、一技一能，而佐以瞻徇情面、自利身家之积习。舍其本源而不学，学其皮毛而又不精，天下安得富强耶！

总之，法令不更，痼习不破；欲求振作，当议更张。著军机大臣、大学士、六部、九卿、出使各国大臣、各省督抚，各就现在情形，参酌中西政要，举凡朝章国故，吏治民生，学校科举，军政财政，当因当革，当省当并，或取诸人，或求诸己，如何而国势始兴，如何而人才始出，如何而度支始裕，如何而武备始修，各举所知，各抒所见，通限两个月，详悉条议以闻。再由朕上禀慈谟，斟酌尽善，切实施行。

自西幸太原，下诏求言，封章屡见。而今之言者，率有两途：一则袭报馆之文章，一则拘书生之成见，更相笑亦更相非，两囿于偏私不化；睹其利未睹其害，一归于窒碍难行。新进讲富强，往往自迷本始；迂儒谈正学，又往往不达事情。尔中外臣工，当鉴斯二者，酌中发论，通变达权，务极精详，以备甄择。

惟是有治法尤贵有治人。苟得其人，敝法无难于补救；苟失其人，徒法不能以自行。流俗之人，已有目短，遂不愿人有一长。以拘牵文义为认真，以奉行故事为合例，举宜兴宜革之事，皆坐废于无形之中；而旋进旋退之员，遂酿成此不治之病。欲去此弊，其本在于公而忘私，其究归于实事求是。又改弦更张以后，所当简任贤能，上下交儆者也。朕与皇太后久蓄于中。事穷则变，安危强弱全系于斯。倘再蹈因循敷衍之故辙，空言塞责，省事偷安，宪典具存，朕不能宥。将此通谕知之①。

按：上谕表达和传递了中枢的变法基调和态度：

1. 变法要遵循“中体西用”原则：不易者三纲五常，可变者令甲令乙。

---

① 《光绪宣统两朝上谕档》二六，页460－462。

此乃维护皇权主义政体。

2. 变法刻不容缓的正当性："法令不更，痼习不破；欲求振作，当议更张。"变法乃继承祖宗所传之成法传统。今日变法合于古今，合于祖制，自然正当。

3. 上谕力图为戊戌以来"两宫"已经明朗化的种种矛盾辩护，将其归结为"伪辩"、"妖言"，如慈禧光绪母子不和、光绪帝废立与"己亥建储"，等等，并将之扣到维新人士头上，强调"康逆之祸，殆更甚于红拳"，一则离间宫廷，二则其所谈新法是"乱法，非变法"。这类内容在上谕中占了很大比重。

4. 上谕提出以前所学语言文字、制造器械等皆"西艺之皮毛"，此次要学的是"西政之本源"。这类论说反映了朝野对三十年来洋务自强求富的总结和再认识。上谕倡扬要学习"西政之本源"，并将其纳入了儒家正学体系之中："居上宽，临下简，言必信，行必果，我往圣之遗训，即西人富强之始基。"这实际上还是一种"中体西用"式的论证。此外，传统哲学中"或取诸人，或求诸己"的修身概念，转变成对"参酌中西政要"的注解。这一切都是站在儒学立场上对学习西方富强本源的理论阐释。

5. 对清议舆论与开言路的认识。在上述体认之下，上谕强调，所有建言应该避免两个极端："今之言者，率有两途：一则袭报馆之文章，一则拘书生之成见，更相笑亦更相非，两囿于偏私不化；睹其利未睹其害，一归于窒碍难行。新进讲富强，往往自迷本始；迂儒谈正学，又往往不达事情。"这是对清议舆论的一种检讨与要求。今后的言路要"酌中发论，通变达权"，而"归于实事求是"。

6. 在检讨了洋务自强和清议自救这两条思路之后，转向"改弦更张"。上谕要求文武官员将"举凡朝章国故，吏治民生，学校科举，军政财政"中事关国势、人才、度支、武备等"当因当革，当省当并"者加以讨论，传递出制度和机构改革的姿态。"当因当革"开启了科举制度渐变骤止之途；"当省当并"开启了新设职官之端，并最终演变成传统士大夫的边缘化、新进者政治参与势头扩张的政治现象，并朝着君主立宪、设立议院等制度改革前行下去。值得注意的是，这种"改弦更张"的声明是在时局激变的情境下发生的。其情形如时人何刚德《春明梦录》所云："庚子拳匪乱后，厉行新政，拟将中国旧法，逐渐变更。至丙午之夏，袁项城以直督入觐。时余正入京候简。端午桥以闽浙总督留京不行，待袁来共议立宪，费尽营谋，改授两江总督。盖是时中国始发见‘立宪’二字也。”

7. 上谕要求“各举所知，各抒所见，详悉条议以闻”，而后再由“朕上禀慈谟，斟酌尽善，切实施行”。这无疑是在规避戊戌维新时期各种激进举措交迭并行在官僚和士人群体中造成的混乱和不安；而一个重大的变化是，除了命军机大臣、大学士、六部九卿及各省督抚讨论复奏外，还将出使各国大臣列入，这是一个参酌中外的重要信息。

8. 当时的任务是：如何将戊戌维新开启的变革诉求融入三纲五常不易之法的传统政治架构？这需要一篇“大文字”来回应上谕，为“改弦更张”提供得体的理论说明与哲学支持，此非政论家无能完成。

这个任务，由时任湖广总督的张之洞承担起来。而从张之洞制作这篇“大文字”的过程中，我们看到了清议传统的延续。

二、张之洞《江楚会奏变法三折》的清议风格解析

上谕发出了明确的改弦更张信号，但是改什么、如何改，方向是什么？诚意有多大？在戊戌维新后各种社会思潮泛行、尤其是义和团失败和八国联军入侵所造成的政局复杂情况下，实在令人难以把握。因此，如何能够“窥测内意”，提供“酌中发论，通变达权”建言，亦是臣工们颇费心思之事。

回应这个上谕需要的不仅是具体的举措，而主要是怎样在意识形态领域阐明调适新学与旧学、西学与儒学关系的合理性，需要一种理论上说明和支持，需要在统治阶层中提供合乎时势的理论视角与表述这一视角的高超的文字能力。考之同光两朝政治，能够担当这个角色的似乎只有一个人——清流健将、封疆大吏张之洞。此次，他交出的答卷是《江楚回奏变法三折》①。以下通过考察张之洞运作这篇大文字的过程，来窥测士大夫清议的政治行为模式及张之洞的清流本色。

（一）探测内廷意向

探测内廷意向，是同光朝清议行为模式的特点之一。这在张之洞回应新政

① 李细珠《张之洞与〈江楚会奏变法三折〉》（《历史研究》，2002. 2）将《三折》出炉经过阐释极为清晰。本文以其叙事脉络和资料为参考，旨在对《三折》的清议方式做出解析。

上谕中表现最为明显。

新政上谕下达前，张之洞已从端方和袁世凯来电得知“不日将有上谕，举行新政”消息①。之后，他透过多种渠道探测“何人陈请、何人赞成”等信息，得到军机大臣荣禄和户部尚书鹿传霖“赞成”、上谕由荣禄幕僚、张的门生樊增祥起草等内幕情况②。从这些信息中可以分析朝局、政局动向，他必须确定上谕是出自“圣意”，由此确定变法的诚意与真意。这是一种共同的心态。山西巡抚岑春煊曾致电说：“煊意时局尚未定，此时不能议兴革，奏入亦置之”③。两广总督陶模亦称：“观政府意，未必真欲变革”④。因此，张之洞必须把握中朝的脉搏，他开始运用人际网络，探测各方面的态度。

下面这件材料，让我们看到中下层京官在这个信息网络中的作用：安徽巡抚王之春电告张之洞他所得到的消息：“顷行在军机章京密报，‘……奏复变法，毋偏重西’云，想见两宫宗旨，奈何？然就复我古法立论，或不干怒”⑤。这则来电中一个环节即军机章京“密报”了“奏复变法，毋偏重西”的重要基调——由此可见，军机章京等中下层官吏在中枢和地方督抚间是如何传递信息的，他们的信息直接影响和规定了封疆大吏复奏建言的方向和内容。如果没有这个环节，以此次新政而言，一些改革的奏章恐怕很难切中朝廷的脉搏，也难以得到实施。本文希望通过这个关节来体味南城中下层京官群体在清末政治文化演变过程中的地位和作用。

“奏复变法，毋偏重西”，则朝廷变法的真实意向为何？顺着军机章京的密报，张之洞致电鹿传霖探测究竟：“闻有‘小枢’致他省督抚电云初十谕旨，令条议变法整顿一件，切嘱各省复奏万勿多言西法”云云，殊堪骇异。窃思采用西法，见诸上谕明文。鄙意此后一线生机，或思自强，或图相安，非多改旧章、多仿西法不可。若不言西法，仍是旧日整顿故套空文，有何益处？

---

① 劳祖德：《郑孝胥日记》，第2册，页782。

② 致西安易道台顺鼎、易道来电，苑书义等主编：《张之洞全集》，第10册，页8497；庚子十二月十七日西安谭道来电，《张之洞电稿》，中国社会科学院近代史研究所图书馆藏档（简称所藏档）甲182-209。

③ 辛丑二月十八日侯马岑抚台来电，《张之洞存各处来电》，第45函，所藏档甲182-147。

④ 辛丑三月十二日广东陶制台来电，《张之洞存各处来电》，第46函，所藏档甲182-148。

⑤ 王抚台来电、致安庆王抚台，《张之洞全集》，第10册，页8497-8498。

不惟贫弱，各国看我中国，乃别是一种顽固自大之人，将不以平等与国待我，日日受制受辱，不成为国矣。究竟此事慈意若何？略园（荣禄）能透澈否？各省能否切实复奏？哪几种事可望更张？鄙意第一条欲力扫六部吏例痼习痼弊，枢廷诸公肯否？"①

按：这件材料，张之洞以询问"小枢"密报口吻顺势将自己对仿行西法的态度说出，以探风向，接着询问慈禧太后、荣禄、督抚大员的态度及更张等事，并提出澄清吏治的老问题，探听朝臣意向，实为询问鹿传霖的态度。这里，张之洞询问的是"慈意"，而不是"圣意"，这与同光朝政局及张之洞一贯作风一致。

张之洞希望透过鹿的回电来把握内廷的脉搏。鹿回电询问："小枢何人？妄骋臆谈。"鹿在电文中向张明确了如下信息："变法一诏，菘（鹿传霖）与略（荣禄）建议，上亦谓然。至应如何变通，总期实事求是，决无成见。来教谓第一力扫六部吏例，深合鄙衷。及今曹署焚荡之余，尤为机可乘而制易改。然腐儒固执，宵小不利，阻挠必多。将来想有助略相极力主持，惟当切实行之，逐渐变之，总期除弊兴利，似不必拘定西学名目，授人攻击之柄。此大举动大转关，尤要一篇大文字，方能开锢蔽而利施行，非公孰能为之？极盼尽言"②。

至此，张之洞确认了上谕背后的所有信息。同时，鹿传霖的回电也带给他一项重托："此大举动大转关，尤要一篇大文字，方能开锢蔽而利施行，非公孰能为之？极盼尽言。"由此可见，此次改弦更张，必然引起清议舆论的反响，而据以往经验，能够胜任并超越这种清议舆论的最合适人选莫过于曾经的"青牛角"张之洞了——他的翰林出身、清流名望、搏击风采、疆臣地位、尤其是"经济文章一时无两"的文字表述能力。因此，枢廷诸公把这个重任交给了张之洞。

（二）互通声气："大文字"变成"公论"

这篇大文字该如何做？内意似乎与张之洞主张不同。他在复鹿传霖电中说："嗣闻人言，内意不愿多言西法，尊电亦言'勿袭西法皮毛，免贻口实'

---

① 致西安鹿尚书，《张之洞全集》，第10册，页8506－8507。

② 辛丑正月初十日鹿尚书来电，《张之洞电稿》，所藏档甲182－209。

等语。不觉废然长叹：若果如此，‘变法’二字尚未对题，仍是无用，中国终归澌灭矣！盖‘变法’二字，为环球各国所愿助、天下志士所愿闻者，皆指变中国旧法从西法也，非泛泛改章整顿之谓也。”他主张“大变西法”，认为“欲救中国残局，惟有变西法一策。精华谈何容易，正当先从皮毛学起，一切迂谈陈话全行扫除”①。

将枢廷诸公交给的“大文字”做好，对于张之洞而言并非难事；他现在需要的是将“大变西法”的主张形成政策性意向，向上传递给中枢，这必须形成一个“公论”。他的做法是：与各省督抚互通声气，探测其意见，并争取各省督抚们意见一致，联衔上奏，将文字变成“公论”，上达朝廷。张之洞回电王之春②，叮嘱“复奏万不可急，东南数大省必须大致商妥”③。互通声气的结果是：各省督抚惟他马首是瞻。变法上谕颁布不久，山东巡抚袁世凯和两江总督刘坤一接连致电张之洞，望他“先拟大纲”，以便各省参照，在各省督抚复奏时“建议相同，庶易采择”④。刘坤一致电张之洞、袁世凯，提出联衔会奏：“定议后可否会合东南各帅联衔入告？此等文字，正不嫌同”⑤。袁世凯亦致电张、刘认为，“此文以同为贵，可见公论”。袁同时提出了联衔的疑问：“原旨有各举所知、各抒所见等语，未知宜联奏否？”⑥ 张之洞回电刘坤一，坚决主张联衔：“变法复奏，必宜督抚联衔，方可有益，人多尤善。请公主稿，鄙人当附名。”此电后转致东南、西南各省督抚大臣。两广总督陶模、广东巡抚德寿、安徽巡抚王之春、山东巡抚袁世凯、四川总督奎俊、闽浙总督许应骙、江西巡抚李兴锐、贵州巡抚邓华熙、浙江巡抚余联沅、湖南巡抚俞廉三、署理云贵总督丁振铎、江苏巡抚聂缉椝、漕运总督张人骏等都希望张之洞与刘

---

① 致西安鹿尚书，《张之洞全集》，第10册，页8526－8527。

② 王之春（1842－1906），字爵棠，号椒生，清湖南清泉县人。先后作为曾国藩、李鸿章和彭玉麟的部属，参与镇压太平天国起义，历任山西巡抚、安徽巡抚、广西巡抚。曾出访日本、俄罗斯、德国、法国，多次向朝廷上书主张自强新政。

③ 致安庆王抚台，《张之洞全集》，第10册，页8497。

④ 庚子十二月二十日济南袁抚台来电、庚子十二月二十一日江宁刘制台来电，《张之洞存各处来电》，第43函，所藏档甲182－145。

⑤ 辛丑正月二十九日江宁刘制台来电，《张之洞存各处来电》，第44函，所藏档甲182－146。

⑥ 辛丑正月二十九日济南袁抚台来电，《张之洞存各处来电》，第44函，所藏档甲182－146。

坤一主稿并领衔由各省督抚联衔会奏①。

张之洞确定了“以仿西法为主”的复奏基调：“惟鄙意以仿西法为主，抱定旨中‘采西法补中法’、‘浑化中西之见’二语作主意。大抵各国谓中国人懒滑无用而又顽固自大，其无用可欺，其自大尤可恶，于是视中国为一种讨人嫌之异物，不以同类相待，必欲蹂践之，制缚之，使不能自立而后已。此时非变西法，不能化中国仇视各国之见；非变西法，不能化各国仇视中国之见；非变西法，不能化各国仇视朝廷之见。必变西法，人才乃能出，武备乃能修，教案乃能止息，商约乃能公平，矿务乃能开辟，内地洋人乃不横行，乱党乃能消散，圣教乃能久存。应变者多，宜有次第。管见宜先办者有九事：一、亲贵游历；二、游学各国；三、科举改章；四、多设学校；五、西法练兵；六、专官久任；七、仿设巡捕；八、推广邮政；九、专用银元。此九条最要而不甚难，已足令天下人精神为之一振，陋习一变，各国稍加青眼。其余若多设行都、设矿务总公司、行印花税、酌改律例、设课农专官、各省推广制造局、鼓励工匠各条，相机量力，从容举办。其专论整顿中法者，如另制官禄、尽革部吏、更定选法、停止题本、伤减浮文、扫除漕弊等事，须另拟数条，另为一折。若西法折不能允，则希冀旧法之稍加变通耳。窃谓当此危如累卵之国势、千载一时之事机，似宜先以第一义陈之上前。如不采纳，再及第二义，聊尽臣子之心而已。总之，今日国土日蹙，国权日夺，群强日逼，同则存，孤则亡，决定不移，更无他说。若仅整顿中法，以屡败之国威，积弱之人才，岂能除二千余年养成之积弊？以此而望自强久存，必无之事也”②。刘坤一对张之洞的变法基调极表赞成：“尊拟各条，极为精当，曷胜钦佩。第一义果能内外同心，结实做去，尚可办到。多联数省，较易动听。”

接下来就是确定由谁主笔。刘坤一请张之洞“主稿挈奏”，称张“经济文章一时无两”，希望“幸勿多让”③。山西巡抚岑春煊致电张说：“变法折，岘

① 5辛丑二月十四日至十八日两广总督陶模、广东巡抚德寿、安徽巡抚王之春、山东巡抚袁世凯、四川总督奎俊、闽浙总督许应骙、江西巡抚李兴锐、贵州巡抚邓华熙、浙江巡抚余联沅、湖南巡抚俞廉三、署理云贵总督丁振铎、江苏巡抚聂缉椝、漕运总督张人骏等人来电，《张之洞存各处来电》，第45函，所藏档甲182-147。

② 致江宁刘制台发后转成都奎制台、广州陶制台、福州许制台、云南丁署制台、济南袁抚台、安庆王抚台、南昌李抚台、苏州聂抚台、杭州余抚台、长沙俞抚台、贵阳邓抚台、清江张漕台、上海盛大臣，《张之洞全集》，第10册，页8533-8534。

③ 刘制台来电，《张之洞全集》，第10册，页8535。

帅电云推公主稿，此事为中兴关键，煊亦以非公莫属，乞挈贱衔”①。陕西巡抚端方亦赞同。张之洞则请刘坤一主稿：“此奏鄂断不敢主稿。鄙人主意多鲁莽，思虑多疏漏，文笔亦艰涩，仍请岘帅主持”②。刘坤一则力推张之洞：“香帅博通今古，惯澈始终，经济文章海内推为巨擘，非由香帅主稿，断难折衷至当，万望勿再客气，主持办理”③。无论督抚们对新政的态度如何复杂，但他们这时需要一位领衔会奏的政治代表。他们倚重的是张之洞这个清流骨干的经济文章一时无两、海内推为巨擘的声誉：“非由香帅主稿，断难折衷至当”，张之洞当年的搏击风采给官员们留下了深刻的记忆。

变法上谕所定的两个月内复奏期限已过，而各省督抚大员尚未复奏。光绪二十七年三月初三日（1901. 4. 21），清廷谕令设立督办政务处，《光绪东华录》载：“上年十二月初十，因变通政治，力图自强，通饬京、外各大臣，各抒所见，剀切敷陈，以待甄择……此举事体重大，条件繁多，在体察时势、抉择精当，分别可行不可行，并考察其行之力不力，非有统汇之区，不足以专责成，而挈纲领，著设立督办政务处，派庆亲王奕劻、大学士李鸿章、荣禄、昆冈、王文韶、户部尚书鹿传霖为督办政务大臣，刘坤一（两江总督）、张之洞（湖广总督）亦著遥为参预。该王大臣等，于一切因革事宜，务当和衷商榷，悉心详议，次第奏闻”④。袁世凯致电张之洞和刘坤一，主张单衔上奏，他透露的消息及来源是：一是陕西“行在”的友人来电，得知上面的意思是不愿意各省督抚联衔会奏，“请仍各举所知，勿联衔上”；二是因为张、刘“两帅现列参政，又与他省分际不同”，似不便联衔。张之洞回电赞同：“陕电以各抒所见为然，各省自不便联衔，尊处请即单衔具奏”，但他主张江、鄂、济三

---

① 辛丑二月二十四日赵城岑抚台来电，《张之洞存各处来电》，第46函，所藏档甲182-148。

② 致江宁刘制台、广州陶制台德抚台、济南袁抚台、安庆王抚台、苏州聂抚台、杭州余抚台、上海盛大臣，《张之洞全集》，第10册，页8540。

③ 刘制台来电并致袁抚台等，《张之洞全集》，第10册，页8541。

④ 督办政务处属员设提调、帮提调、总办、帮总办各2人，章京8人，委员2人。初皆以军机处章京及各部司员兼充，后改由内阁、翰林院官员兼任，员额亦有增减。负责制订新政各项措施，办理学校、官制、科举、吏治、财政、军政、商务、邦交、刑律等事务。凡督抚、将军、各部院衙门的新政奏折，先由该处审核、议奏，由慈禧太后定夺。光绪三十二年（1906），改组内阁，督办政务处改名会议政务处，以各部尚书为内阁政务大臣。宣统三年（1911），改设责任内阁，以军机大臣为总协理大臣，政务处撤销。

处复奏基调应保持大体一致：“他处可听其参差歧异，惟江、鄂、济三处要紧数条，似须大致相同，方能有益”①。刘坤一接到袁世凯来电后亦致电张之洞表示：“谕旨外省仅派两人，自未便再联各省。袁拟单奏，亦可。然江、鄂必须联衔。”张之洞复电赞同此议②。之后，张之洞致电原来联络过的各省督抚，说明各省不便联衔，宜各单衔具奏的缘由③。

此后，张之洞便与刘坤一函电往来商议江、鄂（楚）会奏事宜。他建议二人各自先拟一稿，“如所见有异同，无妨更改，总期切实有益”④。之后商定起草文稿的幕僚人选。刘坤一拟邀请张謇（季直）、何梅生、汤寿潜（蛰先）、沈曾植（子培）到南京“代拟条陈”⑤。后因何氏突然去世⑥，只邀张、沈、汤来宁“共相商酌”⑦。张之洞则告知将由郑孝胥（苏龛）、劳乃宣（玉初）、梁鼎芬（节庵）、黄绍箕（仲韬）四人起草⑧。张力邀“硕学通儒”劳乃宣不成⑨，又致电希望他将有关变法的高见“详切电示”⑩。劳乃宣回电“仍请勿

---

① 袁抚台来电并致刘制台、致济南袁抚台，《张之洞全集》，第10册，页8553。

② 刘制台来电、致江宁刘制台，《张之洞全集》，第10册，页8554。

③ 辛丑三月初七日至十三日致福州许制台、苏州聂制台、杭州余抚台、南昌李抚台、成都奎制台、广州陶制台、安庆王抚台、太原岑抚台、清江张漕台、云南丁制台、贵阳邓抚台、长沙俞抚台各电，《张之洞电稿》乙编，第14函，所藏档甲182－75。

④ 致江宁刘制台，《张之洞全集》，第10册，页8554。

⑤ 刘坤一：《复盛杏荪》，中国科学院历史研究所第三所主编：《刘坤一遗集》，第5册，页2281。

⑥ 《张謇日记》，张謇研究中心、南通市图书馆编：《张謇全集》，第6卷，页448。

⑦ 辛丑正月二十九日江宁刘制台来电，《张之洞存各处来电》，第44函，所藏档甲182－146。

⑧ 致江宁刘制台等，《张之洞全集》，第10册，页8534。

⑨ 其时，劳远在浙江，得张电约后已允，但同时又得知山西巡抚岑春煊奏调劳氏赴晋获上谕允准，如此“鄂约在先，而晋奉朝旨，事处两难，徘徊不决，连夕小寐，心疾复发，因辞之。”——劳乃宣：《韧庵老人自订年谱》，沈云龙主编：《近代中国史料丛刊》，第7辑，页16。

⑩ 又致电劳，对他“因辞晋调，并辍楚游”表示遗憾，仍希望他来鄂“兼旬暂驻”。劳乃宣复电称“宣实病，非托词”，一时难行，“请勿待”。——辛丑三月十三日致苏州八旗会馆张黄楼、辛丑三月十八日嘉兴劳主事来电、辛丑三月十九日致嘉兴西门内劳玉初吏部，《张之洞电稿》，所藏档甲182－465。

待”①。张还把有关变法的两道上谕通知了治下司、道两级属吏，要求他们“按照上次谕旨内指饬事宜，各抒所见，条议具复，以凭汇核酌采”，因现在急待复奏，“务须于电到五日内开具条陈，由五百里派递来省，一面将所议纲领先行电复”②。

刘坤一的幕僚张謇、沈曾植、汤寿潜各拟一稿，然后寄给张之洞，由张之洞结合郑孝胥、梁鼎芬、黄绍箕等人意见，拟出初稿，再互商定稿。事实上张氏是主稿：“（张）公荟萃众说，断以己意，日撰一条，月余始就”③。刘坤一亦致电王之春称：“兄年衰多病，近益委顿不堪，一切因应事宜，多系香帅主政”④。

张之洞不断与各省督抚互通声气，希望各处保持大体一致的论调：“分奏而大意相同，方见公论”⑤。他致电湖南巡抚俞廉三，商请他将复奏变法稿“六百里飞寄一阅”，阅后并对俞稿提出修改意见⑥。又时时窥测“内意”及同僚复奏情况，致电易顺鼎问：“各省变法奏到者几省？京官奏者几人？望将最警动重大者示知。内意许可者何事？孙宝琦识见议论何如？云门（樊增祥）于此事有何定见？此外有何要闻？均速详示”⑦。易回电告知：“闽、浙、粤、滇、齐、豫奏到，浙主丁捐印税，豫主抬枪八股，齐有慎出令，粤有裁内监一条，粤独未交下。京官孙、薛、张、贻、陆、葛皆上，瞿请逐渐变通”⑧。

可见，在互通声气，保持复奏基调一致这个基本点上，张之洞实为主导。他之所以一再坚持督抚连衔上奏，或在各自独奏中保持舆论的基本一致，自然

① 杭州劳主事来电，《张之洞存各处来电》，第47函，所藏档甲182－149。

② 辛丑三月初十日致荆州陈道台、襄阳朱道台，《张之洞电稿》乙编，第14函，所藏档甲182－75。

③ 许同莘：《张文襄公年谱》，卷7，页147。

④ 《复王爵棠》，《刘坤一遗集》，第5册，页2283。

⑤ 致上海盛大臣、江宁刘制台、天津袁制台，《张之洞全集》，第10册，页8561。

⑥ 辛丑三月二十七日、四月十一日致长沙俞抚台，《张之洞电稿》乙编，第14函，所藏档甲182－75。

⑦ 辛丑四月十六日致西安易实甫观察，《张之洞电稿》乙编，第14函，所藏档甲182－75。

⑧ 辛丑四月二十日西安易实甫来电，《张之洞存各处来电》，第48函，所藏档甲182－150。

有将其改革理念变成公论①，促成朝廷决策方向的深意在内。

光绪二十七年（1901）五月初，在张之洞主持下，江楚复奏变法初稿起草完毕。早在四月中旬，袁世凯即致电刘、张，希望他们迅速复奏，使朝廷能在回銮前举行新政，以免各国要挟②。五月中旬，张之洞将折稿由“专弁乘轮”递送刘坤一，望他“详酌改定”③。又送去一份清稿，“以备咨政务处之用”④。刘坤一大加赞许：“明公文章经济，广大精微，凡古今之得失，与中外之异同，互证参稽，折衷至当。竭两月之力，成此一代典章，崇论宏议之中，犹复字斟句酌，贤劳独任，感佩难名！夫变法莫重于学校，科第一折所陈，人人知为先务。第二折整顿中法十二条……及第三折采用西法十一条，莫不中时弊而切时宜”⑤。

五月底，江、鄂会奏折稿修改就绪，张之洞与刘坤一电商发折的方式与时间：“第一折由驿六百里。第二、第三折双差赍递，均请酌办。能于初一二日拜发尤佳”⑥。至此，著名的《江楚会奏变法三折》由刘坤一领衔，分别于五月二十七日、六月初四、五日由南京发出。

奏折发出之后，张之洞又细心了解各处反应，为奏折转为中枢决策而努力。他致电樊增祥说：“江、鄂折二十日内外可到，如蒙政府采择，有决计愿办之事，宜在西安早为举行，不必待回京后，庶早慰海内、海外望治之忱，且

① 《劝学篇》分内、外两篇，“内篇务本，以正人心；外篇务通，以开风气”，其文化观是“中体西用”，主张中学为主西学为辅，取西学之长补中学之短，学习西方的同时，坚持中国的伦常名教。在主张科举改章和设立新式学堂时，坚持“以讲求有用之学、永远不废经书为宗旨。”——《变通政治人才为先遵旨筹议折》，《张之洞全集》，第2册，页1393、1401、1402。

② 袁电：“回銮以前，如不先行新政，有大可虑者二：各国以现之政府守旧顽固，倘回銮后，各国要挟以更换执政，拒之不足，国体安在？可虑一。各国皆盼我变法，倘回銮后各国缕列多款，要挟照行，执政不敌，允则干预，可虑二……拟请两帅或联名电枢，或会衔电奏，如能将兴学堂、改科举等事，先行数件，则各国耳目一新，保全甚多，其弛张横议之流，亦可稍敛。”——辛丑四月十一日济南袁来电，《张之洞存各处来电》，第47函，所藏档甲182-149。

③ 致江宁刘制台，《张之洞全集》，第10册，页8603。

④ 致江宁刘制台，《张之洞全集》，第10册，页8605；辛丑五月二十二日致江宁刘制台，《张之洞电稿》乙编，第14函，所藏档甲182-75。

⑤ 《复张香涛》，《刘坤一遗集》，第5册，页2289-2290。

⑥ 《致江宁刘制台》，《张之洞全集》，第10册，页8611-8612。

免到京后事多掣肘”①。同时致电鹿传霖说：“新政若有急须举办之事，务望稍候，江鄂奏到，俯赐采择”②。恰在此时，梁鼎芬到了西安，他在慈禧太后召见时为张氏美言，且密切关注朝廷内外对江、鄂会奏的态度，随时传递给张。例如，他从鹿传霖处得知“懿旨”有“整顿新政，照江鄂折，饬各省切实奉行”意向后，在第一时间向张之洞报信，称“此真吉祥盛事”③。

（三）《江楚会奏变法三折》：大局从兹而定

八月二十日（10. 2），发布明谕，肯定了刘坤一、张之洞联衔会奏的变法三折：“自经播越，一载于兹。幸赖社稷之灵，还京有日。卧薪尝胆，无时可忘。推积弱所由来，叹振兴之不早。近者，特设政务处，集思广益，博采群言，逐渐施行。择西法之善者，不难舍己从人；除中法之弊者，统归实事求是。数月以来，兴革各事，业已降旨饬行。惟其中或条目繁重，须待考求，或事属创举，须加参酌。回銮以后，尤宜分别缓急，锐意图成。兹据政务处大臣荣禄等面奏，变法一事，关系甚重，请重新诫谕，示天下以朝廷立意坚定，志在必行，并饬政务处随时督催，务使中外同心合力，期于必成。用是特颁懿旨，严加责成。尔中外臣工，须知国势至此，断非苟且补苴所能挽回厄运。惟有变法自强，为国家安危之命脉，亦即中国民生之转机。予与皇帝为宗庙计，为臣民计，舍此更无他策。尔诸臣受恩深重，务当将应行变通与兴革诸事，力任其难，破除积习，以期补救时艰。昨据刘坤一、张之洞会奏整顿中法、仿行西法各条，事多可行。即当按照所陈，随时设法，择要举办。各省疆吏应一律通筹，切实举行。大要不外言归于实，用得其人。予与皇帝宵旰焦劳，母子同心，力图兴复。大小臣工，其各实力奉行，以称予意”④。

这通宣告实行新政的明谕里，最值得注意的地方是强调新政决策出自于“特颁懿旨”，并且两次使用了“予与皇帝”如何如何的用语。在八国联军盘踞京师、王朝命运很不明朗的形势下，慈禧太后用“母子同心，力图兴复”来表示“两宫”政见的一致。尽管她至死不会承认，她批准的新政是以更激

---

① 《致西安樊云门》，《张之洞全集》，第10册，页8613。

② 辛丑六月初七日致西安鹿尚书，《张之洞电稿》乙编，第14函，所藏档甲182－75。

③ 辛丑八月二十日西安梁守来电，《张之洞存各处来电稿》，所藏档甲182－435。

④ 《光绪宣统两朝上谕档》二七，页188。

进的方式，对戊戌时期康梁“乱法”的继承和发展。

《三折》由张之洞起草主稿，虽然未成各省联衔初衷，但通过互通声气，保持了“公论”的大体一致。而后，张之洞将变成了“公论”的“大文字”传递给中枢，经过慈禧皇太后的认可，最终变成了政治决策，从而奠定了清末“新政”的基调。即如参与起草三折的沈曾植所云：“惟是中朝宗旨，实以江鄂为南针。江鄂之言不必尽行，而江鄂奏入之后，大局未必不从兹而定”①。张之洞在新政过程中的角色与地位因《江楚会奏变法三折》而确立。

从这一篇奏折的运作和出台，我们看到了张之洞坚持的清流议政方式在更大范围内的延续，同时也看到张氏“以仿西法为主”，对中西政学的新调适。

三、科举渐废：力求稳健的改革思路与举措

笔者在此强调的是：曾为“青牛角”的张之洞在清议时期的才干到清末仍为时人所倚重，他完成“大文字”时，通过互通声气而将其变成“公论”的过程，承袭并彰显了清议的政治行为模式。可以说，在中法战争和中日甲午战争之后，清流人物星散、京师南城政治文化氛围逐渐退变的情境下，当年的清流色彩是通过张之洞而延续并展现出来的。这一次，他的“翰林院文章”不再是“空谈”，而是发挥了作用，着实地将舆论转变为政策。从这个意义上讲，张之洞可以作为研究晚清京师南城政治文化的一个特例：对清议特色既有继承，也有变异，无论是清议的内容（以仿西法为首选），还是方式（从议政到进入决策圈子），从而成为奠定清末新政政治基调的主角。张氏的这种作用，突出地表现在科举渐废的进程中。

（一）科举改章与《劝学篇》思路的延续

张之洞通过上述运作，在《三折》中将其“以仿西法为主”的变革主张贯彻在“科举改章”中，成为清末新政的蓝本。他向刘坤一电告《三折》思

---

① 沈曾植：《扬州与南皮制军书》，钱仲联辑：《沈曾植未刊文稿》，载王元化主编《学术集林》，卷3，页106。

路是“仿戊戌年敝处所奏已奉旨允准办法”，将陶模和袁世凯“两奏大意酌采叙入，以见科举旧法必应变通”①。刘坤一回电赞同：“科举改章，戊戌年尊处所奏办法，甚裨实学，最为扼要，现在奏请改章，应以前奏为主……引证陶、袁两奏，以见科举改章，具有同心，尤易动听”②。张之洞还邀请为刘坤一拟稿的张謇和沈曾植到武昌面谈，“商复新政谕旨，并筹兴学事”③。

可见，为了将戊戌维新时张氏《劝学篇》的思路贯彻下去，张之洞等互通声气，使“科举旧法必须变通”成为督抚们“具有同心”的意向，再经过张之洞的“折衷至当”的大文字，使科举改章变得“尤易动听”。于是，他在戊戌维新时期试图整合新旧各派所作《劝学篇》的表述：既“图救时”又“虑害道”，既能救身心又能应世事，既要救危亡、立富强又要维护专制政体。既学习西方文化又维护孔孟之道的思路，为慈禧太后所接受④。无论学界对张氏的历史地位以及对清末新政的评价有怎样的歧异，有一点可以肯定的史实是，张氏接受了百日维新失败的经验，新政实施的举措更为温和与慎重，从而与内廷决策形成同调。可以说，如果没有张之洞的“大文字”，科举渐废的“大举动”很难转化为政策性意向，至少进程不会如此畅顺⑤。

---

① 致江宁刘制台，《张之洞全集》，第10册，页8586－8587。山东巡抚袁世凯奏请分科减额，即逐年核减岁科乡试取中名额，另增实学一科。将旧科所减之额，作为实科之数减到五成为止，此时学堂中多成材之士，考官中亦多实学之人，然后将旧科中五成中额，一并按照实科取士章程办理。两广总督陶模奏折主张用学堂取代科举：“自甲午以后，诏设学堂者屡矣，而人才不出，何也？则以利禄之途仍在科目，欲其舍诗赋、八股、小楷之惯技，弃举人、进士之荣途，而孜孜致力于此，此必不可得之数也。是故变法必自设学堂始，设学堂必自废科目始。今宜明降谕旨，立罢制艺、大卷、白折等考试。……科目既废，进身之阶舍此末由，自无不踊跃从事。”——《皇朝经世文新编续集》，卷1，《通论中》。

② 辛丑四月十四日江宁刘制台来电，《张之洞存各处来电》，第47函，所藏档甲182－149。

③ 《张謇日记》记载，他们与张之洞从上午8点一直谈到下午5点，“所谈甚多，惟小学校必可立。”——《张謇全集》，卷6，页454－455。沈曾植说，张之洞“谈兴甚浓。”——《致盛宣怀》，王尔敏、陈善伟编：《近代名人手札真迹——盛宣怀珍藏书牍初编》，第6册，页2582。

④ 郝晏荣：《〈劝学篇〉：整合维新运动的最后努力》，《河北学刊》，1996．3。

⑤ 这一点，王德昭《清代科举制度研究》、萧功秦《危机中的变革：清末现代化进程中的激进与保守》、任放《近百年张之洞研究述评》、李细珠《张之洞与清末新政研究》等著作中已有详尽阐释。

《三折》的核心是张之洞在戊戌时期《劝学篇》之“大抵会通中西，权衡新旧”思路的延续①。张氏在《劝学篇》中以“中体西用”这样一种带有弹性的文化整合模式来调和新旧各派的不同观念。如称维新派为“海内志士”，对其出发点予以中肯的评价：“今日之事变，岂特春秋所未有，抑秦汉以至元、明所未有也。”为此，“庙堂旰食，乾惕震厉，方将改弦以调琴瑟，异等以储将相、学堂建、特科设”，而此时，“海内志士，发愤搤捥，于是图救时者言新学，虑害道者守旧学，莫衷于一”，因此，“则旧者愈病新，新者愈病旧，交相为愈，而恢诡倾危，乱名改作之流遂杂出其中。”这样会使“敌既至无与战，敌未至无与安；吾恐中国之祸不在四海之外，而在九州之内矣。”他呼吁“天下之秀才”、“天下之命官”、“天下之匹夫”、“皆有持危扶颠之心，抱冰握火之志”，“君臣同心，四民同心。”光绪帝详阅后赞其“剀切周详，颇中肯綮”，“持论平正通达，于学术人心大有裨益。”令各省学官督抚对《劝学篇》“广为刊布，实力劝导，以重名教而杜卮言”②。如同曾国藩将义理、考据、辞章、经济四种学术全归于孔学，张之洞也对孔门之学进行了重新解读：“浅陋之讲章，腐败之时文，禅寂之性理，杂博之考据，浮诞之词章，非孔门之学也。孔门之学，博文而约礼，温故而知新，参天而尽物。孔门之政，尊尊而亲亲，先富而后教，有文而备武，因时而制宜”③。因此，《劝学篇》专列“变科举”，指出“救时必自变法始，变法必自变科举始。”

（二）“布告天下则不至于骇俗”的基调

与他在维新时期的思路一致，张之洞此次奏折所举各条皆属平实，并无标新立异之处，其基调就是“布告天下则不至于骇俗”④。当是张之洞以清流之

① 《抱冰堂弟子记》，《张之洞全集》，第12册，页10621。

② 《清实录·德宗实录》，卷421，页531。

③ 其幕僚辜鸿铭曾揭示张氏的思想动机：“盖当时济济清流……尚知六经大旨，以维持名教为己任。是以文襄在京曹时，精神学术无非注意于此。即初出封疆重任，其所措施，犹是欲行此志也。洎甲申马江一败，天下大局一变，而文襄之宗旨亦一变，其意以为非效西法、图富强无以保中国，无以保中国即无以保名教。”

④ 《遵旨筹议变法拟采用西法十一条折》，《张之洞全集》，第2册，页1450。

辩才为减小改革阻力所作的最大努力。这既是对维新思潮的回应①，又是对维新运动的调和。维新运动的目的是自强救亡，但政治改革中兴起的各种思潮大大超出了皇权国家框架内改革所能容纳的限度。维新人士组织学会、创办报纸、筹建学堂、对中国传统政体及清代著名官僚与学者进行了一系列颠覆性的批判（典型的如《时务报》倡扬的民权说），兼之大批变革谕令连日下达，引起了士人社会普遍的震动与恐慌，许多原来同情或支持维新运动的官僚、士绅转入反对阵营，强化了政治改革的社会阻力，特别是引起了本来并不坚决的反对维新的慈禧皇太后对于权力旁落的警觉，进而导致了百日维新失败的悲剧。早在戊戌维新时期，政治敏感性极强又熟悉宫廷内幕的张之洞已预感到这场风潮的前途凶险，他以《劝学篇》定下“中体西用”的构架及其相应论说，表

---

① 甲午战败后，废科举呼声日高。1895年，康有为《上清帝第二书》，列举科举之弊。1896年，梁启超在《时务报》上发表《论科举》，提出变革科举上策是“合科举于学校”，中策是“多设诸科，与今日帖括一科并行”，下策是“乡会试必三场并重”。1896年，筹备建立京师大学堂。1897年，贵州学政严修奏请设经济专科。1897年，徐勤在《时务报》疾呼废除科举制。1898年4月6日，浙江巡抚廖寿丰奏请经济岁科不附庸乡、会试，不试四书文。4月14日，御史杨深秀奏请厘定文体。6月17日，康有为上《请废八股试帖楷法试士改用策论析》，提出废除八股。同日，御史宋伯鲁亦上《请改八股为策论折》（实为康有为代拟）。22日，翰林院侍读学士徐致靖上《请废八股育人才折》（亦为康有为代撰）。6月23日，光绪帝谕令停用八股文，改试策论。6月30日，宋伯鲁上《请废八股勿为所摇片》（康有为代拟）。同日，宋伯鲁又上折，奏请将经济科归并正科，各省岁科童试立即改试策论。光绪帝谕令立取消童试、岁试和科试的八股文，改考策论。7月10日，礼部尚书怀塔布将该部拟定的改革条款上奏，光绪谕令“嗣后一切考试均著毋庸五言八韵诗。”7月4日，湖广总督张之洞、湖南巡抚陈宝箴联名具奏《妥议科举新章》，极力赞同废止八股文，同时设计出一套“存其大体而斟酌修改之”方案，改革科举考试内容与程式，并提出“先博后约，随场去取”之法（《张文襄公全集·奏议》，四十八）。具体是：将原有三场考试顺序互易：第一场试中学经济，试以中国史事、国朝政治论五道，取预定录取人数的十倍，取中者方准试二场；第二场试西学经济，为时务策五道，专问五洲各国之政、专门之艺，取预定录取人数的三倍，取中者进入三场；第三场试四书义两篇与五经义一篇，取其学通不杂、理纯不腐者。目的是：“首场先取博学，二场于博学中求通才，三场于通才中求纯正。先博后约，先粗后精”，三场各有取义。每试一场，发榜一次，不取者罢归，取者方准参加下一场考试。合校三场均优者中试，如额发榜。这样，“二、三场卷数愈少，校阅亦易，寒士无候榜久羁之苦，誊录无卷多谬误之弊，主司无竭蹶草率之虞，一举三善，人才必多”，且因“着重尤在末场”，可保中试之人“必其宗法圣贤见理纯正者。”光绪赞其“所奏各节，剀切周详，颇中肯綮。”22日，谕礼部详议颁行。又谕“嗣后一经殿试，即可量为授职”，朝考一场即行停止。——《清实录·德宗实录》，卷422，页512。

明了他和康梁的政见歧异。尽管他曾一度被维新人士视为同道，但《劝学篇》帮助他从这场极其复杂的政治纷争中解脱出来。因此，为了他坚持的科举变革主张得以逐步、稳健的实施，需要确立一个布告天下不至于惊世骇俗的基调。即如他在致鹿传霖函中所说："弟识短才疏，岂知大计？昨会岘帅复奏变法三折一片，大率皆书生文章，俗吏经济，作按部就班之事，期铢积寸累之功，了无惊人之谈，亦无难行之事。自知撮壤消流，未必有裨山海"①。

（三）"给予进身之阶"：架设科举与学堂之间的通道

《江楚会奏变法三折》第一折《变通政治人才为先遵旨筹议折》，建议设文武学堂、酌改文科、停罢武科、奖励游学等："酌改文科科举一事，为自强求才之首务。时局艰危至此，断不能不酌量变通……拟即照光绪二十四年臣之洞所奏变通科举，奉旨允准之案酌办。……育才要指，自宜多设学堂，分门讲求实学……数年之内各省学堂不能多设，而人才不能一日不用；即使学堂大兴，而旧生员年岁已长，资性较钝不能入学堂者，亦必须为之筹一出路。是故渐改科举之章程，以待学堂之成就……与学堂并行不悖，以期两无偏废；俟学堂人才渐多，即按科递减科举取士之额，为学堂取士之额"②。张之洞提出的变通之法，即一为酌改文科，一为停罢武科③；渐改之法，即令科举与学堂并行，取士额数渐次增减。

但是，随之而来的新问题是，必须有切实筹划学堂学生功名问题，这是避免科举与学堂之间的文化断裂，其间必须有一联系的纽带。从措施上看，光绪二十七年四月十七日（1901. 6. 3），清廷即下诏举行经济特科。七月十六日（8. 29），清廷诏令罢除八股文程式、改试策论："科举为抡才大典，我朝沿用前明旧制，以八股文取士，……乃行之二百余年，流弊日深，士子但视为弋取科名之具，剿袭庸滥，于经史大义，无所发明，急宜讲求实学，挽回积习。"规定"自明年为始，乡会试，头场试中国政治、史事论五篇，二场试各国政治、艺学策五道，三场试四书义二篇、五经义一篇。考官评卷，合校三

① 辛丑七月初七日致军机大臣户部大堂鹿，《张之洞函稿·京信稿》，所藏档甲182-215。

② 《变通政治人才为先遵旨筹议折》（光绪二十七年五月二十七日），《张文襄公全集·奏议五十二》。

③ 裁撤旧式绿营、防勇，编练新军，袁世凯的北洋六镇新军最先练成。

场，以定去取，不得全重一场。……以上一切考试，凡四书、五经义均不准用八股文程式，策论均应切实敷陈，不得仍空衍剽窃”①。八月初一日（9. 14），明谕各地兴办各级各类学堂。

张之洞力图为二者之间架设一个通道——给予学堂出身者以进身之阶。因为“学堂虽立，无进身之阶，人不乐为也。其来者必白屋钝士，资禀凡下，不能为时文者也。其世族俊才，皆仍志于科举而已”；而特科二十年一举，“为时过远，岂能坐待？”如此，虽然“日讨国人而申儆之，告以祸至无日，戒以识时务、求通才、救危局，而朝野之暗如故，空疏亦如故矣。”之所以如此，皆因科举制度长期在人们心中固有的烙印，科举虽然以上谕形式诏停，人们心目中对科举出身与功名的看重并未减弱：“仕宦出于科举，虽有他途，其得美官者，膺重权者，必于科举乎取之。”因此，最稳妥的办法是“必当使举人进士作为学堂出身，以励济世之人才”②，“学堂不说明给予举人、进士出身，天下不能鼓舞”，“大约以学堂出身，须速颁明旨，许以进士、举、贡、生员，为第一要义，如此则不筹官款而学堂自多、人才自众”③。张之洞等按照学堂毕业生与科举功名对应的法则设计了一套“大中小学层递考取录用”的具体方案，1901 年 12 月，清廷正式规定各级学堂毕业生经考试合格后给予贡生、举人、进士的科举功名④。光绪二十九年十一月二十六日（1904. 1. 13），张之洞主持修订的《奏定学堂章程》中专列《各学堂奖励章程》，详细规定了各级各类学堂毕业生给予相应的出身以示奖励⑤。

（四）科举从“渐废”到“立停”：力图平稳转关以应对危局

光绪二十九年二月十五日（1903. 3. 13），署两江总督张之洞又会同直隶总督袁世凯会奏《请递减科举中额专注学校折》，奏请变通科举，明确指出科举不废，则人人有侥幸观望之心，无人肯上新式学校学习，故各省于兴立学

---

① 《光绪朝东华录》，第 4 册，页总 4697。

② 《变通政治人才为先遵旨筹议折》。——《张文襄公全集·奏议五十二》。

③ 转引自李细珠：《张之洞与清末新政研究》，页 141。

④ 《光绪朝东华录》，第 4 册，页总 4787－4788。

⑤ 其客观效果则使“本来已遭各方面非难的旧的科举制度已成一具空躯壳，这种釜底抽薪式的手法使新学堂取代旧科举得以顺利实现。”——李细珠：《张之洞与清末新政研究》，页 144。

校一事，大率非观望迁延，即敷衍塞责："其患之深切著明，足以为学校之敝而阻碍之者，实莫甚于科举。……何者？利禄之途，众所争趋；繁重之业，人所畏阻。学校之程期有定，必累年而后成材；科举之诡弊相仍，可侥幸而期获售。虽废去八股试贴，改试策论经义，然文字终凭一日之长，空言究非实谊可比。……人见其得之易也，群相率为剽窃抄袭之学，而不肯身入学堂，备历艰苦。善谓入学堂亦不过为得科举地耳，今不入学堂而能得科举，……又孰肯舍近而图远，避易而就难？"会奏重提按年递减科举考试取中之额，并将所减之额移作学堂中当取之额办法。此折递进后交"政务处会同礼部妥议具奏"①。

十一月二十六日（1904. 1. 13），张之洞与张百熙、荣庆等联衔奏请《重订学堂章程折》及《请试办递减科举折》附片，折、片再次强调"时局阽危，非人莫济，除兴学堂外，更无养材济时之术。"故公同商酌，"拟仍查照臣之洞会同袁世凯原奏分科递减之法，……明降谕旨，布告天下，将科举旧章量为变通。从下届丙午科起，每科递减中额三分之一，暂行试办。俟三科后中额减尽，即停止乡试；岁科试中额亦相应减少，俟学额减尽，即行停止岁科试。以后生员即可尽出于学堂"②。清廷接受其分科减额渐废科举方案，下令自"丙午科为始，将乡、会试中额及各省学额，按照所陈，逐科递减。俟各省学堂一律办齐，确有成效，再将科举学额分别停止，以后均归学堂考取，届时候旨遵行"③。

这通明谕是张之洞就渐废科举问题与袁世凯、端方等地方督抚互通声气，并取得王文韶、鹿传霖等枢要诸臣支持的结果，可以说是议政舆论与行政决策配合得相当默契的一次，它获得了最高决策者慈禧皇太后的允准。在科举体制内进行渐进改革，这是张之洞的思想，是他力所能及的为培养人才以救危局开出的一张平稳的方子。

不过，1905年日俄在中国东北展开争夺权利的战争和沙俄战败的现实刺激，改变了张之洞的上述药方。光绪三十一年八月初四日（1905. 9. 2），直隶总督袁世凯会同盛京将军赵尔巽、湖广总督张之洞、两江总督周馥、两广总督岑春煊与湖南巡抚端方上折，请立停科举，以广学堂："默观大局，熟察时

---

① 《光绪朝东华录》，第5册，页总5000。

② 《请试办递减科举折》（光绪二十九年十一月二十六日），《张文襄公全集·奏议六十一》。

③ 《光绪朝东华录》，第5册，页总5129。

趋，觉现在危迫情形，更甚曩日，竭力振作，实同一刻千金，而科举一日不停，士人皆有侥幸得第之心，以分其砥砺实修之志。民间更相率观望，私立学堂者绝少，非公家财力所能普及，学堂绝无大兴之望。就目前而论，纵使科举立停，学堂遍设，亦必须十数年后，人才始盛。如再迟至十年，甫停科举，学堂有迁延之势，人才非急切可求，又必须二十余年后，始得多士之用。”设立学堂的原因，“并非专为储才，乃以开通民志（智）为主，使人人获有普及之教育，具有普通之智能，上知效忠于国，下得自谋其生也。其才高者，固足以佐治理，次者亦不失为合格之国民。兵农工商，各完其义务，而分任其事业。妇人孺子亦不使闲处而兴教于家庭。无地无学，无人不学，以此致富奚不富，以此图强奚不强”，故“欲补救时艰，必自推广学校始，而欲推广学校，必自先停科举始”①。

这个奏折由袁世凯主持起草后，仍交张之洞“笔削定稿”②。清流健将的才干又得到上谕肯定，称其“所陈不为无见”，旋即批准：“三代以来，选士皆由学校而得人极盛，实我中国兴贤育才之隆轨，即东西洋各国富强之效，亦无不本于学校。方今时局多艰，储才为急。朝廷以提倡科学为急务，屡降明谕，饬令各督抚广设学堂，将俾全国之人咸趋实学，以各任使……著即自丙午科为始，所有乡会试一律停止，各省岁科考试亦即停止，其以前之举、贡、生员分别量予出路，及其余各条，均著照所请办理。总之，学堂本古学校之制，其奖励出身亦与科举无异。历次定章，原以修身、读经为本；各门科学，又皆切于实用。是在官绅申明宗旨，闻风兴起，多建学堂，普及教育，国家既获树人之益，即地方亦有光荣”③。于是，“救时必自变法始，变法必自变科举始”，发展为“欲补救时艰，必自推广学校始，而欲推广学校，必自先停科举始。”

我们看到，这中间有一个重要的环节，就是用学堂出身取代科举出身，并力图使两者衔接的举措，从而完成了科举制度由“渐变”到“立停”的转换。这种在今人看来似乎是非中非西、荒谬可笑的举措，但是，从隋代起绵延了一千三百年的科举取士制度毕竟寿终正寝，规避了因其停罢而引发的士人社会的震动与惊世骇俗。时人似乎感觉到科举与学堂并无差别，《申报》在上谕下达

① 端方：《端忠敏公奏稿》，卷6，《请停科举折》；舒新城：《中国近代教育史资料》，册上，页63－64。

② 李细珠：《张之洞与清末新政研究》，页140。

③ 《光绪朝东华录》，第5册，页总5390－5392。

第四天，即全文刊载，同时以“谨注”形式发文说：“今上谕谓学堂优予出身，本与科举无异，则日后毕业将至于中学生员、省学举人、大学进士，人人骛此虚学趋于仕路，不几与科举之旧习名异而实同乎？”

（五）妥筹善后：“老儒不至失所”的文化关怀

张之洞秉承“科举一事，天下学术所系，即为国家治本所关，若一切考试节目，未能详酌妥善，则恐未必能遽收实效，而流弊亦不可不防”思路①，在渐废到立停科举的过程中，或为防止新滋流弊，或为减轻改革阻力，在其设计变革科举的方案中始终注意妥筹善后，“科举停矣，尚有切要之办法数端”②。这是顺应士人社会现实的考量：“科举即停，使数百万老举人、老秀才，一旦尽失其登进之路，恐未免伤于急激”③。“昨日在县，同人皆言科考一废，吾辈生路已绝。欲图他业以谋生，则又无业可托，将之如何？”④ 因此，废科举之前，张之洞、刘坤一等已考虑到学堂大兴，而旧日生员年岁已长，亦必须为之谋一出路：旧时举贡生员，60 岁以下或“年壮才敏者”可进入新式学堂尤其是师范学堂学习。60 岁以上已不能参加各种考试者，则“酌给虚衔”；“经生寒儒，文行并美而不能改习新学者”，可选派到各学堂充任经科或文科教习，使老儒不至失所⑤。同时张之洞建议停废科举后的十年中，优贡与拔贡照旧办理，并酌量增加录取名额，如此“则乡试虽停，而生员可以得优拔贡；会试虽停，而举贡可以考官职”，达到“少长同臻于有用，新旧递嬗于无形。”这个设想得到朝廷批准：停科举后，“以前之举贡生员，分别量予出路”⑥，“在筹议变废科举的过程中，为减缓变废科举的社会震荡和延续中学之命脉，张之洞主张实施一些补救措施，这种趋新之中的守旧意识，正体现了张

---

① 《妥议科举新章折》（光绪二十四年五月六日），《张文襄公全集·奏议四十八》。

② 《光绪朝东华录》，第 5 册，页总 5391。

③ 梁启超：《戊戌政变记》，《新政诏书恭跋》，页 34。

④ 刘大鹏：《退想斋日记》。

⑤ 《请试办递减科举折》（光绪二十九年十一月二十六日），《张文襄公全集·奏议六十一》。

⑥ 《光绪朝东华录》，第 5 册，页总 5392。

之洞的文化关怀与价值取向”①。

四、“保存国粹”：中学与西学并行的新体认

在议废八股，奏停科举后，张之洞视书院改制和兴办学堂为第一要务，并始终以“讲求有用之学，永远不废经书”为宗旨②。他意识到停罢科举之后可能会出现“士人竞谈西学，中学将无人肯讲”的局面，试图以设置读经课程为之补救，拟定“各学堂课程于中学尤为注重”，特别强调“无论何等学堂，均以忠孝为本，以中国经史之学为基”③。

（一）《奏定学堂章程·学务纲要》：中学与西学并行的新体认

光绪二十九年（1903），张之洞和管学大臣张百熙等奉旨拟定了《钦定学堂章程》，亦即著名的“癸卯学制”，这是首次向全国颁行和付诸实施的接近于近代分科设学的教育制度。这个章程包括小学、中学和大学三个阶段、七个层次的共22个文件。其中的《学务纲要》最特别之处在于设立高等教育中最高层级的“通儒院”，规定士人在高等教育阶段的分科大学毕业后，才能取得进入该院的资格。通儒院的培养目标在于“能自悟新理，自创新法，为全国学业力求进步之方”，也就是能发明新学理，创造新技术，探求中国学业进步的规则和方法，同时“设立中国旧学专门，为保存古学古书之地。”儒学的提法改为“旧学”、“古学”，该院兼为研究和保存古学古书即保存传统儒学体系的研究中心。而在《进士馆章程》中，特别强调“意在使已经得第入官者，通知各种实学大要，以应济时急需。”亦即进士馆也被纳入了实学济时的轨道。

至于“京外各学堂”章程，则强调“以忠孝为敷教之本，以礼法为训俗之方，以练习艺能为致用治生之具”的宗旨。规定“各省办理学堂员绅，宜

① 刘佰合：《试论张之洞与清季科举变废》，《淮北煤炭师范学院学报》（哲学社会科学版），2004. 6。

② 《变通政治人才为先遵旨筹议折》（光绪二十七年五月二十七日），《张文襄公全集·奏议五十二》。

③ 《请试办递减科举折》（光绪二十九年十一月二十六日），《张文襄公全集·奏议六十一》。

先派出洋考察”，考察外国各学堂规模制度，及一切管理教授之法。该章程特别鼓励就近去日本，因“欧美各国，道远费重，即不能多往，而日本则断不可不到。”纲要特别强调学生品行的考核，这无疑是在规避社会日渐动荡所带来的人心道德的担忧，“造士必以品行为先。”

纲要专列“中小学堂宜注重读经以存圣教”、“经学课程简要，并不妨碍西学”和“学堂不得废弃中国文辞以便读古来经籍”的必要，并详细说明经学课程的意义与内容①，同时使“中国向有之经学、史学、文学、理学，无不包举靡遗；凡科举之所讲习者，学堂无不优为”②，希望借此使中国旧有之学更加“昌明”。

本书关注的视角，是从纲要的阐释方式来讨论张之洞将中学与西学并行的新体认及其清流本色。

1. “中小学堂宜注重读经以存圣教”的阐释方式是：“外国学堂有宗教一门。中国之经书，即是中国之宗教。若学堂不读经书，则是尧舜禹汤文武周公孔子之道，所谓三纲五常者，尽行废绝，中国必不能立国矣。学失其本则无学，政失其本则无政。其本既失，则爱国爱类之心亦随之改易矣，安有富强之望乎？故无论学生将来所执何业，在学堂时，经书必宜诵读讲解。各学堂所读有多少，所讲有浅深，并非强归一致。极之由小学改业者，亦必须曾诵经书之要言，略闻圣教之要义，方足以定其心性，正其本源。”该纲要严定中小学堂儒学课程，增加学堂学经时数，并禁止讲授“泰西哲学”，声称“中国圣经贤传无理不包”，不必“舍四千年之实理，而鹜数万里外之空谈。”如此，设立经学的目的是“则学堂中决无一荒经之人，不惟圣经不至废坠，且经学从此更可昌明矣。”经学实已处于偏冷的边缘地位，但纲要却冠以“圣教”，并将外国学堂设立宗教一门来比附“泰中国之经书，即是中国之宗教”，以此建立中国学人的信仰。

2. “经学课程简要，并不妨碍西学”的阐释方式是：“西国最重保存古学，亦系归专门者自行研究。古学之最可宝者，无过经书，无识之徒，喜新蔑古，乐放纵而恶闲检，惟恐经书一日不废，真乃不知西学西法者也。”这里有趣的是，他从无论中西都最重古学的角度立言，经学也就变成古学了。

---

① 舒新城：《中国近代教育史资料》，册上，页202－205。

② 《请试办递减科举折》（光绪二十九年十一月二十六日），《张文襄公全集·奏议六十一》。

3. “学堂不得废弃中国文辞，以便读古来经籍”的阐释方式是：“中国各体文辞，各有所用。古文所以阐理纪事，述德达情，最为可贵。骈文则遇国家典礼制诰，需用之处甚多，亦不可废。古今体诗辞赋，所以涵养性情，发抒怀抱，中国乐学久微，借此亦可稍存古人乐教遗意。中国各种文体，历代相承，实为五大洲文化之精华，且必能为中国各体文辞，然后能通解经史古书，传述圣贤精理，文学既废，则经籍无人能读矣。外国学堂最重保存国粹，此即保存国粹之一大端。假使学堂中人，全不能操笔为文，则将来人官以后，所有奏议、公牍、书札、记事，将令何人为之乎？行文既不能通畅，焉能畀以要职重任乎？”强调学堂要重国学文辞，以方便于读经，一方面“中国各种文体，历代相承，实为五大洲文化之精华”，一方面“外国学堂最重保存国粹，此即保存国粹之一大端”，如此表述使中国文明的各种文辞，成为世界文化之林中的一个重要构成。

（二）学堂保存国粹：对国粹思潮的回应

《奏定学堂章程·学务纲要》体现了通过保存国粹来延续中学命脉，弥补废除科举给中国传统纲常名教带来的颠覆性冲击，这是对当时重要社会思潮即国粹主义思潮的回应。国粹主义是“20世纪初中国资产阶级革命派内部兴起的一股学术文化思潮。提倡民族主义和爱国主义，主张学习西方，会通中西，却反对醉心欧化和欧化主义；批判封建旧学，却又要求弘扬传统文化的精粹；重视史学，强调以历史激励国民的民族主义和爱国心，是国粹派学术文化思想的主要特征”①。国粹主义所关注的是在民族沉沦中，怎样保存、倡扬国粹即中国全部的历史文化遗产来唤起国魂即民族精神。②。“国粹”一词在当时的中国风靡一时，“近数年来，中国之号称识者，动则称国粹。环海内外，新刊之报章书籍，或曰保存国粹，或曰发挥国粹，甚者则曰国粹之不讲，则中国其真不可救药”③。

此时，张之洞也倡扬保存国粹与国魂，在《纲要》中强调读经的角度：

---

① 颜桂珍、叶建华：《章太炎与近代国粹主义文化思潮》。《浙江学刊》，1997. 5。

② 郑师渠：《简论晚清国粹派的崛起》，载胡伟希编：《辛亥革命与中国近代思想文化》

③ 《新世纪》，第44期，《国粹之处分》。

"外国学堂最重保存国粹，此即保存国粹之一大端"①。如此，经学不再被看成框架天下之道，而是世界各国传统文化系列中的一种（最优秀的一种）。既然保存文化传统是各国的立国经验，则读经的本身（"保存国粹"）即是参照西方立国的条目之一了。

在这种认识之下，废除科举、改变传统文官制度的意向，才由于现实的救世需要而提上日程，才有了 1905 年 9 月 2 日张之洞、袁世凯、赵尔巽联衔会奏的"请废科举折"②。奏章中专门强调，只要方法得当，废科举不仅不会有害于儒家经学，还可能因此而"昌明"之："今学堂奏定章程，首以经学根柢为重。小学中学，均限定读经讲经温经善刻，不准减少；计中学毕业，共需读过十经，并通大义。而大学堂、通儒院，更设有经学专科；余如史学、文学、理学诸门，凡旧学所有者皆包括无遗，且较为详备。盖于保存国粹，尤为兢兢。所虑办学之人，喜新厌故，不知尊经，则虽诸生备谙各种科学，亦仅造就一泛滥无本之人才，何济于用。应请饬下各省音抚学政，责成办理学务人员，注意经学暨国文国史，则旧学非但不虑荒废，抑且日见昌明"③。强调学堂"首以经学根柢为重"，"盖于保存国粹，尤为竞竞。"

张氏主旨在于缓解废除科举制度将会给中国传统纲常名教带来的颠覆性冲击，试图采取弥补措施，希企以此保存国粹，延续中学命脉。因为在他看来，科举废罢不到一年即出现"不忍见闻"的"种种恶风怪俗"："有议请为罢四书五经者，有中小学并无读经功课者，甚至有师范学堂改订章程，声明不列读经专科者"等等。面对士人弃儒学就西学的"末流之弊"，使张之洞"怵然不宁"。在国粹论的启发下，他终于想出挽救儒学的最后一个办法，即以特种学

---

① 舒新城：《中国近代教育史资料》，册上，页 204。

② 罗惇曧《宾退随笔》"记废科举"条记载："王文韶在枢府，恒以聋自晦，为人透亮圆到，有"琉璃球"之目，遇事不持己见，独于废科举一事极坚持。张文襄自鄂督展觐，留京师，力谋废科举，结袁项城以助力。其时荣禄当国，文襄与荣禄言，荣禄亦颇赞之。惟自以非出身科目，不敢力主废。文韶谓："老夫一日在朝，必以死争之。"文襄浩叹而已。及文韶出枢垣，端方以江督入觐，过天津，项城与商废科举。乃约文襄联请诸朝，遂得请。朝士方颂文韶，乃集矢项城。丙午，项城入都，议官制，朝士攻之尤力，项城乃几败矣。请废科举之奏，为北洋主稿，电商鄂督连衔，文襄来电乃加入考优拔与举贡、考职两段，科举依然未绝也。文襄方力倡废科举，而甲辰会试，其侄婿林世焘以候补道员中进士，欲请归原班，文襄乃一日五电责其必取馆选留学生。殿试授官亦文襄在枢府时力主行之。时人皆引为谈助焉。"

③ 《光绪朝东华录》，第 5 册，页总 5390－5391。

堂的方式保存儒学，创办专门的“存古学堂”。1906年，他在湖北首创存古学堂，广集儒学图书，延请各门通儒为教员。翌年又奏请各省仿建。在《创立存古学堂折》中表示，“中国圣经贤传”等中国“国粹”绝不能“听其衰微，渐归泯灭”，而应该“宝爱护持”，以“延正学而固邦基”①。

可以说，张之洞作为清末教育制度改革的主角，已经竭尽了他汇通中西的努力。一方面他始终坚持以儒学为基地，以道德救世为核心的政治文化理念，在学术上殚思竭虑，在实践上身体力行。他从京官做到封疆大吏，一贯勤政图治，公正清廉，以至身后债务累累，全家八十余口几无以为生②，实现了其忠君爱国、道法自律的清流本色。另一方面，他在清末教育改革中，从“仿西法为主”开始，努力汇通中西，“以中学治身心，以西学应世事”，逐渐将中学列入在他看来是中西各有所长的世界文化体系之中，因而实际上已经超出了他自我匡定的“中体西用”框架，也体现了他的清流本色的某种变异。

五、小结

张之洞在改革学制、推动中国教育制度走向近代化过程中的建树，已经为当代多数学者所肯定。但他晚年心力交瘁，仍没有能挽救儒学和皇权互为支撑的大清王朝。有一些学者特别是有的海外汉学家，可能是出于对当代文明国家的文官选拔制度的体认，为文官考试制度起源的中国在清末废科举而深深惋惜。他们认为，这一举措破坏了社会凝聚力，造成了人心动荡，乱象横生和无章可循的局面。作为总结历史经验，这自是启发人们思考清末教育改革乃至考察中国历史走向的思路之一。不过，废科举办学堂，毕竟只是清代覆亡之前各种复杂的历史事象中的一个举措。从1840年到1900年整整一个甲子的民族危机所造成的“大变局”，特别是《辛丑条约》加给中国的10亿银两的巨大赔款以及其他种种彻底堕入半殖民地深渊的民族枷锁，使根本不能与当代西方国家比附的清王朝陷入了绝境。当权者不仅以关税、常关税和盐税收入作为赔款担保，而且以滥开税种、天赋加征、盐斤加价等一切可以挤出民财的办法向各省摊派。竭泽而渔，将农工商逼到绝境。而本书前面所揭示的嘉道以降的政治

① 《张文襄公全集·奏议六十八》。

② 参见《辜鸿铭文集》，册上，页429。

社会危机，诸如人口膨胀、灾荒连年、鸦片禁而不决、教门会党及盗匪日起等等社会绝症，也在王朝由中衰到覆灭的这一时段中日演日烈。“山雨欲来风满楼”，民族危机和内部病症的日见深重、纵横交织，清王朝的每况愈下、风雨飘摇，使清王朝实行新政、“改弦更张”——无论慈禧的诚心与决心如何——都为时已晚。各种历史条件综合交叠所引发的社会大动荡，都无可挽回地在尖锐化和深刻化。

以科举制度为枢纽的士大夫政治社会，将中国人分为少数有权参政和多数无权发言的两个层级的人群。毕竟，与科举制度无缘的中国普通民众占据了绝大多数。在晚清国危民穷的社会大动荡中，普通民众关心的是温饱，而不是科考。当鲁迅笔下的小说人物阿Q这号集中了中国国民性各种弱点的赤贫分子（他们绝不会为废科举去伤心），听到“革命”也兴奋得手舞足蹈的年代，大清王朝已经失掉了民心。于是，科举改革造成的大批留学人士或从各地新式学堂毕业的年轻学子，纷纷违背了清王朝培养人才，以“应济时急需”的初衷，顺应潮流，走到了当权者的对立面，变成了鼓吹民权革命的宣传者和组织新军起来造反的骨干。尽管辛亥革命存在由于先天不足、后天失调所带来的种种弱点，使这场革命从乱到治，从破到立，找到新旧制度之间的社会结构转型还有一个很长的过程，但毕竟是开辟了一条以民主共和制度为依托，重新探索中国独立自强和走向现代化的通道。

时人民谣：“不用掐，不用算，宣统不过两年半。”宣统元年八月二十二日（1909. 10. 5），在“国运尽矣”的哀叹中①，张之洞在北京白米斜街寓所去世，谥号文襄，寓意隽永。

中国学者有隔代修史的传统。随着时间的流逝和历史场景的变迁，人们对历史人物事象的认识和评价，越来越趋于明智和平静。后人不应苛求张之洞超越他的时代去做什么或不要做什么，但他的“儒臣”性格和清流本色，留在了时人和后人的记忆里。这里，兹征引几条前后相隔将近一个世纪的对张之洞

---

① 其幕僚辜鸿铭在《张闻襄幕府纪闻》以史拟人：“窃谓中国自咸、同以来，经粤匪搅乱，内虚外感纷至迭乘，如一丛病之躯，几难着手。当时得一时髦郎中湘乡曾姓者，拟方名曰‘洋务清火汤’，服若干剂未效。至甲午，症大变，有儒医南皮张姓者另拟方曰‘新政补元汤’，性躁烈，服之恐中变，因就原方略删减，名曰‘宪政和平调胃汤’。自服此剂后，非特未见转机，而病乃益将加剧焉。势至今日，恐非别拟良方不可。”但辜氏也没有给出“别拟良方。”

的评说，以为本书结语：

在张之洞辞世的当年，《神州日报》署名“梵”的论说《论张文襄故后之政局如何》：“中国近数十年来，言维新变法者不一其人，然内而枢臣，外而督抚，位高望重而又唱之最早持之最力者，则莫张文襄。……综观公之生平，其于一切新政，不得谓无直接间接之关系，而今日一切新政上之所由徒有形式而未得其精神者，要亦受公之影响。盖公之学识，一半新半旧之学识耳，诋公者谓公为模棱两可，工两面藏刀之术，以自保禄位，要亦太过。总之，公之识力政见，兴革举措，无一不根其新旧夹杂之学识而来，故公之生与政局上有莫大之关系，而其身后于政局之前途，亦不能不因之有所更动”①。《泰晤士报》亦称：“中国大臣若南皮者，不得谓非海内之柱石也。南皮起家科目，早登上第，文雄一时”，“平日政策，虽不能人尽满意，然卒能持以镇定，务达目的，殆非易易。重以学问渊懿，于教育之振兴多所擘画，学部专章，大半为手所定。废科举，兴学校，舍旧谋新，类非他人所能逮。而于学务路政，殚精竭虑，宏此远谋，尤足令人永矢勿谖者也”②。《文汇报》评论道：“公虽为旧学界之英杰，而能晓然于西学之利益，虽天性笃信中国之旧学，而能提倡国民之教育，是其见识诚非他人所及也。”《新闻报》发表《哀张相》说：“综观张相之一生，实可为三大时期之区划。而其所以随时通变者，一则其秉质之不滞于物，一则其好名之心，有以战之耳。京官偷息，则以言论为清高；疆吏阘茸，则励行事为干练。即至弥留疾革之时，犹自以为借款不容于舆论，而欲商各使以罢之。三代下惟恐不好名，若张相者，固犹晚近所不可多靓者也，以视彼好爵厚禄，自植其私者远矣。若与历代贤臣相比，张之洞不愧为诤臣、能臣、良臣”③。

与张氏至交的李文田评曰：“南皮之学，因风气而非开风气者也”④。幕僚辜鸿铭称之为“儒臣”⑤。

这些评论，肯定张之洞是“旧学界之英杰”，又贵在“随时变通”，他的

① 《论张文襄故后之政局如何》，《神州日报》1909年10月12日。

② 《张文襄公事略》第十八节《张文襄之病状》，《神州日报》1909年10月7日，页2，《外人对于南皮之评论》。《民吁日报》1909年10月7日署名“寄时”的译论：《〈泰晤士报〉对于张相国之评论》。

③ 《哀张相》，《新闻报》1909年10月6日。

④ 《张故相遗闻》，《民吁日报》1909年10月19日。

⑤ 黄兴涛等编译：《辜鸿铭文集》，页418。

“识力政见，兴革举措，无一不根其新旧夹杂之学识而来”，所以将他定位为“因风气而非开风气”的“诤臣”和“儒臣”。有的评论还预感到在他的身后，清末“政局之前途”，“不能不因之而有所更动。”如果排除相关评论中将清末政局系于一人的旧史观，这些论述大体上是符合张氏生平经历及其角色特点的。

在张之洞辞世的一个世纪之后，当代史学家龚书铎、黄兴涛两位先生，在一个新的历史平台上，对这位“儒臣”怎样面对近代中国“千古之奇变”下的文化困境及其深层的儒家兴革，做出了深刻的概括：

“千百年来，儒学作为封建文化的主体，和封建王朝互相依存，稳如泰山，牢不可破。而时至近代，现实的逼迫尤其是西方的冲击，却使其面临了‘千古之奇变’。在新的形势下，封建儒学究竟如何适应现实统治的需要，在适应过程中又如何维护儒学自身？这个时代的难题就无可回避地摆在统治者的面前。在晚清，张之洞无疑是统治集团中对这个问题关注得最为持久，处理得较为灵活，意见甚为王朝所重视，于儒学也最有影响的代表人物。……从张之洞振兴和维护儒学的思想活动中，我们可以清楚地看到，他那复杂多变的色彩背后实具有着深沉不变的儒家性格”①。

① 龚书铎、黄兴涛：《“儒臣”的应变与儒学的困境——张之洞与晚清儒学》，《清史研究》，1999．3。

附：参考书目

一、档案官书

中国第一历史档案馆藏：《朱批奏折》。

故宫博物院明清档案部、中国第一历史档案馆编：《清代档案史料丛编》，中华书局，1978 年。

故宫博物院明清档案部编：《义和团档案史料》，中华书局，1959 年。

故宫博物院明清档案部编：《鸦片战争档案史料》，上海人民出版社，1987 年。

中国第一历史档案馆：《圆明园》，上海古籍出版社，1983 年。

中国第一历史档案馆编：《光绪宣统两朝上谕档》，广西师范大学出版社，1996 年。

中国第一历史档案馆编：《咸丰同治两朝上谕档》，广西师范大学出版社，1996 年。

中国第一历史档案馆、福建师范大学历史系合编：《中国近代史资料丛刊续编·清末教案》，中华书局，1996 年。

北京图书馆藏：《李鸿章书札册》。

中国社会科学院近代史研究所图书馆藏档：《张之洞电稿》、《张之洞存各处来电》。

程宗裕辑：《教案奏议丛编》，上海书局石印，光绪二十七年。

李刚己：《教务纪略》，上海人民出版社，1986 年。

台湾中研院近代史研究所：《教务教案档》，台湾中研院近代史研究所，1977 年。陈弢辑：《同治中兴京外奏议约编》，上海书店影印本，1985 年。

中国史学会：《中国近代史资料丛刊·洋务运动》，上海人民出版社、上海书店出版社，2000 年。

中国史学会：《中国近代史资料丛刊·太平天国》，上海人民出版社、上海书店出版社，2000 年。

中国史学会：《中国近代史资料丛刊·中法战争》，上海人民出版社、上海书店出版社，2000 年。

中国史学会：《中国近代史资料丛刊·鸦片战争》，上海人民出版社、上海书店出版社，2000 年。

（台湾）中央研究院近代史研究所编：《中法越南交涉档》，《中国近代史资料续编》，1983 年。

中国近代经济史资料丛刊编辑委员会编：《中国海关与中法战争》，中华书局，1983 年。

沈云龙主编：《清光绪朝中日交涉史料》，中国近代中国史料丛刊，（台北）文海出版社影印本。

沈云龙主编：《清光绪朝中法交涉史料》，中国近代中国史料丛刊，（台北）文海出版社影印本。

沈云龙主编、佚名著：《中法战争资料》，中国近代中国史料丛刊，（台北）文海出版社影印本。

王彦威、王亮编：《清季外交史料》，沈云龙主编：《近代中国史料三编》，（台北）文海出版社影印本

中国社科院近代史所编：《近代史资料》，中国社会科学出版社，1996 年。

王铁崖：《中外旧约章汇编》，北京三联书店，1957 年。

吴晗辑：《朝鲜李朝实录中的中国史料》，中华书局，1980 年。

王明伦选编：《反洋教书文揭帖选》，齐鲁书社，1984 年。

萧德浩、吴国强编：《邓承修勘界资料汇编》，广西人民出版社，1990 年。

王溥：《唐会要》，上海古籍出版社，1991 年。

《清实录》，中华书局，1987 年。

赵尔巽等：《清史稿》，中华书局，1977 年。

王钟翰点校：《清史列传》，中华书局，1987 年。

《清朝文献通考》，商务印书馆，1936 年。

《续修四库全书》，上海古籍出版社，2002 年。

文庆等纂：《筹办夷务始末》（道光朝），（台北）文海出版社影印本。

贾桢等纂：《筹办夷务始末》（咸丰朝），（台北）文海出版社影印本。

宝鋆等纂：《筹办夷务始末》（同治朝），（台北）文海出版社影印本。

蒋良骐：《东华录》，中华书局，2009 年。

朱寿朋：《光绪朝东华录》，中华书局看，1958 年。

周家楣等总纂：《顺天府志》，光绪十二年刻十五年重印本。

席裕福、沈师徐辑：《皇朝政典类纂》，沈云龙主编：《近代中国史料丛刊续编》，文海出版社，1982 年。

葛士浚辑：《皇朝经世文编续编》，沈云龙主编：《近代中国史料丛刊》，台湾文海出版社，1979 年。

甘韩辑、杨凤藻校正：《皇朝经世文新编续集》，光绪二十八年绛雪斋书局石印本。

《畿辅通志》，商务印书馆，1934 年。

徐世昌：《大清畿辅先哲传》，北京古籍出版社，1993 年。

《万国公报》，台北华文书局，1968 年影印版。

《申报》，上海书店，1983 年影印版。

二、文集日记

沈垚：《落帆楼文稿》，四部丛刊本。

韩崶：《还续斋稿》续刻，道光七年刊本。

吴锡麒：《有正味斋骈体文》，同治七年刻本。

吴廷栋：《拙修集》，同治十年六安求我斋刊本。

吕培：《洪江北先生年谱》，光绪授经堂重校刊本。

吴汝纶：《李文忠公全集》，金陵 1905 年刻本。

《倭文端公遗书》，光绪二十年山东书局重刻本。

李棠阶：《李文清公日记》，1915 年石印本。

洪亮吉：《更生斋诗续集》，光绪丁丑孟夏，授经堂重校刊。

汪世荣编注：《曾国藩未刊信稿》，中华书局，1959 年。

中国科学院历史研究所第三所主编：《刘坤一遗集》，中华书局，1959 年。

张佩纶：《涧于日记》，台湾学生书局，1966 年。

张佩纶：《涧于集》，台北文海出版社，l967 年。

包世臣：《安吴四种》，台北文海出版社，1969 年。

周家楣著：《期不负斋政书》，台湾文海出版社，1973 年。

李瀚章编辑、李鸿章校刊：《曾文正公全集》，台北文海出版社，1974 年。

翁方纲：《复初斋文集》，台北文海出版社，1974 年。

龚自珍：《龚自珍全集》，上海人民出版社，1975 年。

李慈铭著，吴语亭编：《越缦堂国事日记》，台北文海出版社，1978 年。

魏源：《魏源集》，中华书局，1979 年。

汪兆镛辑：《碑传集》，台北文海出版社，1980 年。

夏东元：《郑观应集》，上海人民出版社，1982 年。

曾纪泽：《曾纪泽遗集》，岳麓书社，1983 年。

《曾纪泽遗集》，岳麓书社，1983 年。

郭嵩焘：《郭嵩焘日记》，湖南人民出版社，1983 年。

王锡棋：《小方壶斋舆地丛钞》，杭州古籍书店，1985 年。

《曾国藩全集》，岳麓书社，1987 年。

《李文忠公全书》，中华书局，1987 年。

钱仪吉：《清代碑传全集》，上海古籍出版社，1987 年。

李兴锐著，罗真容、廖一中整理：《李兴锐日记》，中华书局，1987 年。

左宗棠著，罗文华校点：《左宗棠全集》，岳麓书社，1992 年。

中国历史博物馆编，劳祖德整理：《郑孝胥日记》，中华书局，1993 年。

仲联辑注：《沈曾植未刊文稿》，王元化主编：《学术集林》，上海远东出版社，1994 年。

张謇研究中心、南通市图书馆编：《张謇全集》，江苏古籍出版社，1994 年。

王韬：《韬园文录外编》，辽宁人民出版社，1994 年。

《李鸿章全集》，海南出版社，1997 年。

苑书义等主编：《张之洞全集》，河北人民出版社，1998 年。

曾纪泽：《曾纪泽日记》，岳麓书社，1998 年。

洪亮吉撰，刘德权点校：《洪亮吉集》，中华书局，2001 年。

姚鼐：《惜抱轩诗集训纂》，黄山书社，2001 年
刘德权点校：《洪亮吉集》，中华书局，2001 年。
袁枚：《随园诗话》，昆仑出版社，2001 年。
俞天舒：《黄体芳集》，上海社会科学院出版社，2004 年。
李慈铭：《越缦堂日记》，广陵书社，2004 年。
曾纪泽著，喻岳衡点校：《曾惠敏公遗集》，岳麓书社，2005 年。
陈宝琛：《沧趣楼诗文集》，上海古籍出版社，2006 年。
陈义杰整理：《翁同龢日记》，中华书局，2006 年。

三、笔记年谱

徐崇立：《西域舆地三种汇刻序》，中国西北文献丛书。
祁韵士：《西陲要略序》，《丛书集成初编本》。
崇厚述、衡永编：《鹤槎年谱》，1930 年刊本。
王云五主编、朱芳圃编：《清孙仲容先生诒让年谱》，台湾商务印书馆，1931 年。
姚名达：《朱筠年谱》，上海商务印书馆，1933 年。
许同莘编：《张文襄公年谱》，商务印书馆，1946 年。
萧奭：《永宪录续编》，中华书局，1959 年。
刘成禺：《世载堂杂忆》，中华书局，1960 年。
朱一新：《京师坊巷志稿》，北京出版社，1962 年。
高伯雨：《听雨楼丛谈》，香港南苑书屋，1964 年。
祁韵士：《西陲要略・自序》，台北成文出版社，1968 年影印本。
李宗侗，刘凤翰：《李鸿藻先生年谱》，中国学术著作奖著作委员会，1969 年。
胡钧重：《清张文襄公之洞年谱》，台湾商务印书馆，1978 年。
王云五主编：《清王湘绮先生闿运年谱》，台湾商务印书馆发行，1978 年。
朱彝尊：《腾笑集》，上海古籍出版社，1979 年。
吴相湘：《晚清宫廷实纪》，台北正中书局，1979 年。
昭梿：《啸亭杂录》，中华书局，1980 年。
张集馨：《道咸宦海见闻录》，中华书局，1981 年。

来新夏：《林则徐年谱》，上海人民出版社，1981 年。

王嵩儒：《掌故零拾》，沈云龙主编：《近代中国史料丛刊》，台北文海出版社，1982 年。

戴璐：《藤阴杂记》，北京古籍出版社，1982 年。

震钧：《天咫偶闻》，北京古籍出版社，1982 年。

黄濬：《花随人圣庵摭忆》，上海古籍书店，1983 年。

薛福成：《庸庵笔记》，江苏人民出版社，1983 年。

罗正钧：《左宗棠年谱》，岳麓书社，1983 年。

何刚德：《春明梦录》，上海古籍书店，1983 年。

易宗夔：《新世说》，沈云龙主编：《中国近代史料丛刊》，台北文海出版社。

欧阳兆熊，金安清，谢兴尧点校：《水窗春呓》，中华书局，1984 年。

魏源：《圣武记》，中华书局，1984 年。

继昌：《行素斋杂记》，上海书店，1984 年。

陈康祺：《郎潜纪闻初笔》，中华书局，1984 年。

徐珂：《清稗类钞》，中华书局，1984 年。

陈夔龙：《梦蕉亭杂记》，北京古籍出版社，1985 年。

王先谦：《葵园四种》，岳麓书社，1986 年。

黎庶昌：《曾国藩年谱》，岳麓书社，1986 年。

芍唐居士：《防海纪略》，上海书店，1987 年影印本。

欧阳昱：《见闻琐录》，岳麓书社 1987 年。

钱仲联：《清诗纪事》，江苏古籍出版社，1987 年。

刘体智：《异辞录》，中华书局，1988 年。

叶衍兰、叶恭绰：《清代学者像传》，上海古籍出版社，1989 年。

裘毓麟：《清代轶闻》，中华书局、上海书店，1989 年。

陈其元撰，杨璐点校：《庸闲斋随笔》，中华书局 1989 年。

吴庆坻.：《蕉廊脞录》，中华书局，1990 年。

张舜徽：《爱晚庐随笔·学林脞录》，湖南教育出版社，1991 年。

陈宗藩：《燕都丛考》，北京古籍出版社，1991 年。

王士祯撰，孙言诚点校：《王士祯年谱》，中华书局，1992 年。

石继昌：《春明旧事》，北京出版社，1996 年。

邓之诚：《骨董琐记全编》，北京出版社，1996 年。
徐凌霄、徐一士：《凌霄一士随笔》，山西古籍出版社，1997 年。
徐一士：《一士类稿》，辽宁教育出版社，1997 年。
瞿兑之：《杶庐所闻录·养和室随笔》，辽宁教育出版社，1997 年。
胡思敬：《国闻备乘》，上海书店出版社，1997 年。
小横香室主人撰：《清朝野史大观》，河北人民出版社，1997 年。
刘声木：《苌楚斋随笔》续笔、三笔、四笔，中华书局，1998 年。
夏仁虎：《旧京琐记》，辽宁教育出版社，1998 年。
邓云乡：《增补燕京乡土记》，中华书局，1998 年。
刘体智：《异辞录》，中华书局，1988 年。
恽毓鼎：《崇陵传信录》，《清代野史丛书》，北京古籍出版社，1999 年。
陈宗蕃：《燕都丛考》，北京古籍出版社，2001 年。
赵慎畛：《榆巢杂识》，中华书局，2001 年。
高拜石：《南湖录忆》，《新编古春风楼琐记》，作家出版社，2003 年。
徐松：《西域水道记》（外二种），中华书局，2005 年。
徐一士：《一士谭荟》，中华书局，2007 年。
杨谦：《朱竹垞先生年谱》，北京图书馆馆藏珍本年谱丛刊。
王代功述：《湘綺楼府君年谱》，《近代中国史料丛刊》第一辑。

四、近人著作

商衍鎏：《清代科举考试述录》，三联书店，1958 年。
（美）马士：《中华帝国对外关系史》，上海三联书店，1958 年。
吕实强：《中国官绅反教原因》，中央研究院近代史研究所，1966 年。
王萍：《西方历算学之输入》，台北中央研究院近代史研究所，1966 年。
李华：《明清以来北京工商会馆碑刻选编》，文物出版社，1980 年。
顾长声：《传教士与近代中国》，上海人民出版社，1981 年。
舒新城：《中国近代教育史资料》，人民教育出版社，1981 年。
翦伯赞、郑天挺主编：《中国通史参考资料》，中华书局，1982 年。
金鼎雯：《清朝翰詹科道编年》，沈云龙主编：《近代中国史料丛刊》，台北文海出版社，1982 年。

赵靖、易梦虹主编：《中国近代经济思想资料选辑》，中华书局，1983 年。

江藩：《国朝汉学师承记》，中华书局，1983 年。

王德昭：《清代科举制度研究》，中华书局，1984 年。

（英）季南：《英国对华外交（1880－1885）》，商务印书馆，1984 年。

伊犁师范学院学报编辑部编：《伊犁府志注释》，伊犁师范学院学报编辑部，1985 年。

萧一山：《清代通史》，中华书局 1985 年。

卡西尔：《人论》，上海译文出版社，1985 年。

梁启超：《中国近三百年学术史》，复旦大学出版社，1985 年。

章伯锋等主编：《近代稗海》，四川人民出版社，1985 年。

（美）费正清、刘广京编：《剑桥中国晚清史》，中国社会科学出版社，1985 年。

于定安：《曾国藩事略》，岳麓书社，1986 年。

刘陪华：《近代中外关系史》，北京大学出版社，1986 年。

钟叔河主编：《走向世界丛书》，岳麓书社，1986 年。

郭廷以编著：《近代中国史事日志》，中华书局，1987 年。

李文海：《近代中国灾荒纪年》，湖南教育出版社，1990 年。

孙江：《十字架与龙》，浙江人民出版社，1990 年。

程歗：《晚清乡土意识》，中国人民大学出版社，1990 年。

费行简：《近代名人小传》，中国书店，1990 年。

乔纳森·斯潘塞：《改变中国》，三联书店，1990 年。

张仲礼著、李荣昌译：《中国绅士——关于其在 19 世纪中国社会中作用研究》，上海社会科学院出版社，1991 年。

郑师渠：《简论晚清国粹派的崛起》，胡伟希主编：《辛亥革命与中国近代思想文化》，中国人民大学出版社，1991 年。

李文海、周源合著：《灾荒与饥谨：1840－1919》，高等教育出版社，1991 年。

查尔斯：《鬼魂：中国民间神秘信仰》，湖南文艺出版社，1991 年。

陈旭麓：《近代中国社会的新陈代谢》，上海人民出版社，1992 年。

高时良：《中国近代教育史资料汇编——洋务运动时期教育》，上海教育出版社，1992 年。

韦政通：《中国十九世纪思想史》，台湾东大图书公司，1992年。
陈志奇：《中国近代外文史》，册上，台北南天书局，1993年。
江涛：《中国近代人口史》，浙江人民出版社，1993年。
费正清：《剑桥中国晚清史》，中国社会科学出版社，1993年。
陈学询主编：《中国近代教育史教学参考资料》，人民教育出版社，1993年。
余华青：《中国宦官制度史》，上海人民出版社，1993年。
钱穆：《中国文化导论》，上海商务印书馆，1994年。
李文海、程歀：《中国近代十大灾荒》，上海人民出版社，1994年。
熊月之：《西学东渐与晚清社会》，上海人民出版社，1994年。
曹子西主编：《北京通史》，中国书店，1994年。
萧一山：《曾国藩传》，海南国际新闻出版中心，1994年。
桑兵：《晚清学堂学生与社会变迁》，上海学林出版社，1995年。
梁园东：《中国政治社会史》，群联出版社，1995年。
陈景馨：《中国近代教育史》，人民教育出版社，1995年。
陈金陵：《洪亮吉评传》，中国人民大学出版社，1995年。
钱穆：《国史大纲》，上海商务印书馆，1996年。
阎步克：《士大夫政治衍生史稿》，北京大学出版社，1996年。
黄兴涛等编译：《辜鸿铭文集》，海南出版社，1996年。
顾卫民：《基督教与近代中国社会》，上海人民出版社，1996年。
王育济主编：《中华名门望族丛书》，山东人民出版社，1997年。
王立新：《美国传教士与晚清中国现代化》，天津人民出版社，1997年。
马芷庠著、张恨水审定：《北平旅行指南》，北京燕山出版社，1997年。
辜鸿铭著，语桥译：《清流传》，北京东方出版社，1997年。
张鸣：《乡土心路八十年》，上海三联书店，1997年。
汪辟疆：《光宣以来诗坛旁记》，辽宁教育出版社1998年。
梁启超：《清代学术概论》，上海古籍出版社，1998年。
（美）马士、必亨利：《远东国际关系史》，上海书店出版社，1998年。
支伟成：《清代朴学大师列传》，岳麓书社，1998年。
李长莉：《近代中国社会变迁录》，浙江人民出版社，1998年。
马文大、陈坚：《清代经学图鉴》，国际文化出版公司，1998年。

邓拓：《中国救荒史》，北京出版社，1998年。

彭明、程歗主编：《近代中国的思想历程（1840－1949）》，中国人民大学出版社，1999年。

程歗、温乐群主编：《近代中国的政治和社会》，中国人民大学出版社，1999年。

尚小明：《学人游幕与清代学术》，社会科学文献出版社，1999年。

蒋廷黻：《中国近代史》，上海古籍出版社，1999年。

沙莲香主编：《外国人看中国人100年》，山西教育出版社，1999年。

萧功秦：《危机中的变革：清末现代化进程中的激进与保守》，上海三联书店，1999年。

林济：《长江中游宗族社会及其变迁》，中国社会科学出版社，1999年。

孙燕京：《晚清社会风尚研究》，中国人民大学出版社，2000年。

辜鸿铭著，黄兴涛等译：《辜鸿铭集》，海南出版社，2000年。

李细珠：《晚清保守思想的原型——倭仁研究》，社会科学文献出版社，2000年。

中国人民大学清史研究所：《清史编年》，中国人民大学出版社，2000年。

王英志：《袁枚暨性灵派诗传》，吉林人民出版社，2000年。

戴逸、李文海：《清通鉴》，山西人民出版社，2000年。

邵循正：《中法越南关系始末》，河北教育出版社，2000年。

孔祥吉：《晚清史探微》，巴蜀书社，2001年。

萧一山：《曾国藩传》，海南出版社，2001年。

杨珍：《清朝皇位继承制度》，学苑出版社，2001年。

康沛竹：《灾荒与晚清政治》，北京大学出版社，2002年。

李剑农：《中国近百年政治史》，复旦大学出版社，2002年。

冯天瑜、黄长义：《晚清经世实学》，上海社会科学院出版社，2002年。

郭成康等著：《康乾盛世历史报告》，中国言实出版社，2002年。

梁启超：《中国近三百年学术史》，天津古籍出版社，2003年。

王尔敏：《中国近代思想史论》，社会科学文献出版社，2003年。

李细珠：《张之洞与清末新政研究》，上海书店，2003年。

张分田：《中国帝王观念》，中国人民大学出版社，2004年。

李春光：《清代名人轶事辑览》，中国社会科学出版社，2004年。

（美）丁韪良著、沈弘等译：《花甲记忆——一个美国传教士眼中的晚清帝国》，广西师范大学出版社，2004年。

陈桦、刘宗志：《救灾与济贫：中国封建时代的社会救助活动，1750-1911)》，中国人民大学出版社，2005年。

顾长声：《从马礼逊到司徒雷登—来华新教传教士评传》，上海书店，2005年。

陈庆国主编：《晚清社会与文化》，社会科学文献出版社，2005年。

罗检秋：《嘉道年间京师士人修禊雅集与经世意识的觉醒》，郑大华主编：《西方思想在近代中国》，社科文献出版社，2005年。

林富士主编：《礼俗与宗教》，中国大百科全书出版社，2005年。

（英）李提摩太著，李宪堂、侯林莉译：《亲历晚清四十五年——李提摩太在华回忆录》，天津人民出版社，2006年。

侯德仁：《清代西北边疆史地学》，北京群言出版社，2006年。

王汝丰主编：《清代宣南人物事略初编》，北京出版社，2006年。

戴逸主编：《简明清史》，中国人民大学出版社，2006年。

朱浒：《地方性流动及其超越——晚清义赈与近代中国的新陈代谢》，中国人民大学出版社，2006年。

王开玺：《晚清政治新论》，商务印书馆，2006年。

钟叔河主编：《走向世界丛书》，岳麓书社，2008年。

王岗主编：《北京政治史》，人民出版社，2008年。

王尔敏：《清季兵工业的兴起》，广西师范大学出版社，2009年。

程歗：《文化、社会网络与集体行动——以晚晴教案和义和团为中心》，四川出版集团巴蜀书社，2010年。

后　记

《晚清京师南城政治文化研究》是我从事北京地方史研究方向中一个兴趣浓厚的选题。在书稿即将付梓之际，我首先要感谢我所在的北京社科院领导并历史所、科研处各级领导和专家们的大力支持与鼓励。本选题得到了北京社科院研究基金的资助，也是领导和专家们为我提供了一个安心静气地从事科研的平台。

本书得以成稿，最想要感谢的是中国人民大学国际关系学院的程歉教授。从选题立意、结构思路、理论方法、布局谋篇、资料搜集的每一个环节，先生都给予指导和点拨，尤其是在写作过程中，先生经常就相关问题提供建设性意见，并对部分初稿加以审读，提出了具体的修改建议。先生渊博的学识素养和严谨的治学态度使我受益匪浅，能得到先生无私的教诲与帮助，是我的幸运，我将永远铭记在心。在此，向先生致以深深的敬意和谢意。

我还要诚挚感谢北京时代华语图书股份有限公司的朱大平董事长对策划本书出版给予的热情支持。同时也要感谢凤凰出版社李相东先生为审校书稿所付出的辛勤劳动。

课题的学术意义和研究难度是成正比的。鉴于本课题研究的内涵深厚博大，以我本人的学识能力，很难尽如设想地将所思所虑呈现出来，尚俟日后在相关研究中再作探索与深化。我期待得到学术前辈和同行专家的批评指正。

赵雅丽

2011 年 3 月